브런치타임
경제뉴스

ECONOMIC NEWS

브런치타임 경제뉴스

김상봉 교수의 경제이야기

김상봉 지음

지필미디어

브런치타임 경제뉴스

발행일 2019년 12월 13일
저　자 김상봉
발행인 김성남
발행처 (주)지필미디어

주　소 경기도 파주시 문발로 132 402호
전　화 031-957-4504
팩　스 031-957-4503
이메일 book@jiphil.co.kr
홈페이지 www.jiphil.co.kr
등록번호 제 312-1997-000043호 (1997년 7월 16일)

ISBN 979-11-86674-62-8 03320
편　집 디자인콤마
정　가 23,000원

서문

민간의 언론, 금융기관, 연구원을 거치며 대학으로 온 지 10여년이 흘렀다. 10년이 넘는 세월 동안, 전공과 관련된 여러 가지 전공 서적을 출판하였고 다양한 인터뷰와 언론에 기고를 하게 되었다. 이 책을 처음 내려고 마음먹은 것은 몇 년 전이다. 언론사의 기자분들 중, 출입처가 비경제분야에 있다가 오신 분들은 경제 분야가 너무 복잡하고 어렵다고 한다. 그렇다면 조금 더 쉬운 경제 관련 책을 쓸 수 없을까? 라는 고민을 하기 시작했다. 또한, 대학교 저학년들에게 수업을 하거나 기업체 강연을 할 때도 조금 더 쉬운 책을 쓸 수 없을까? 라는 고민도 하게 되었다. 여기에 고등학생을 대상으로 하는 경제 교재를 검정하거나 강연을 할 때, 조금 더 쉽게 경제 현상을 풀어야 하는 문제가 있다. 경제학 전공자로서 가장 쉽게 글을 써야 하는 곳이 언론의 기고, 사설, 오피니언이다. 독자들이 보다 쉽게 읽을 수 있도록 하기 위해 숫자나 수식으로 되어 있는 부분을 이해할 수 있도록 쉽게 써야 하기 때문이다. 또한, 장황한 문장보다 짧은 호흡의 문장으로 기술해야 한다. 따라서 언론의 글들은 보기 쉽지만, 뒤에 숨어 있는 내용을 이해하기 힘들 수도 있다는 측면에서 새로운 설명을 덧붙이는 책이 필요하여, 그 동안 쓴 글들을 모아 출판하게 되었다.

지금까지 써 왔던 대부분의 대학교재에 서문을 넣지 않았다. 서문을 넣더라도 아주 짧게 '한국 경제의 지속가능한 발전을 위하여' 등의 단문만 넣었다. 거시경제 측면에서, 우리 경제의 현재 위치, 우리 경제가 나아 가야할 방향을 정해야 한다. 또한, 미시경제

측면에서 각 산업의 위치, 산업이 나아가야 할 방향이나 도약 방식 등 여러 가지를 고민해야 할 상황에 도래했기 때문에 이러한 서문이 필요하게 되었다.

매일 발표되는 국내외 경제 지표 및 정책과 관련된 인터뷰, 매월 경제 동향, 각종 분기별 전망 등을 하다 보면, 경제의 흐름이 일부 보이고, 통계나 해석 오류들을 이해할 수 있게 된다. 2018년 5월에 통계 수치와 전망으로 우리 경제가 침체 초입에 있을 수 있었고, 2019년 9월 초에 디플레이션 초기 현상이 보임에 따라 글을 쓰고 인터뷰를 하였다. 현재에도 우리 경제가 저성장·저물가 시대에 접어들고 있는 상황이 되었다. 이러한 상황을 인식하고, 정부는 여러 경제 정책을 내놓게 된다. 보통 시차가 존재하고 정책에 따른 파급효과도 내적이나 외적으로 효과는 달라진다. 따라서 거시 경제의 주요 변수들을 살펴보아야 하고, 조세나 재정들도 살펴야 한다. 실물경제의 움직임에 따라 일자리와 산업을 살펴보아야 하고, 민생까지 어떻게 연결되는 지에 대해 볼 필요가 있다. 이러한 부분들이 민생으로 어떻게 흐르고 있는 지에 대해서 다루어야 한다. 단기와 중기의 경제정책이 있다면, 중기에 노동시장 문제가 존재하고, 장기에 교육 문제가 연결되어 있다. 이러한 실물경제가 있다면, 실물경제와 반대로 움직이는 금융시장과 금융기관의 상황을 살펴보면, 현재의 실물경제가 이해될 수 있다.

이 책이 출판되기까지 여러 분들과 기관에게 많은 도움과 자료를 받았다. 모든 분들께 감사드리고, 한국 경제가 더 나은 방향으로 나아가기를 바란다.

목차

PART 2 정부재정 및 조세 정책 87

PART 3 서민금융과 가계부채 139

PART

4 민간 금융시장 및 정책 219

PART
5 일자리 및 정책 329

PART
6 대외경제 및 정책 393

PART

1

거시경제 및 정책

1

한경비즈니스, 2019.10.28. 작성

올해 경제성장률 2% 달성 힘들다

2019년 3분기 경제성장률(속보치)이 발표되었다. 통상 속보치는 통상 분기가 끝난 후 28일 이내에 발표된다. 잠정치는 속보치에서 감안되지 않은 모든 지표를 검토하고 해당 분기 종료 후 70일 이내에 발표된다. 잠정치는 분기 중의 마지막 월에 이루어진 경제활동까지 반영한다. 따라서 예상보다 경기가 좋으면 잠정치가 속보치보다 높아질 수 있으나, 반대로 경기가 좋지 않으면 잠정치가 속보치보다 낮아질 수 있다. 이러한 경우 쉽게 생각할 수 있는 것이 월별로 나오는 산업활동동향을 참고하여 속보치와 잠정치의 차이를 예상할 수 있다.

계절조정된 실질 국민총생산(GDP)는 전기 대비 0.39% 성장하였다, 1분기 –0.37%, 2분기 1.03%, 3분기 0.39%로 나타나기 때문에, 속보치 기준으로 3분기까지 1.06%이다. 따라서 4분기에 0.94% 이상의 경제성장률이 나타나면, 연간 경제성장률은 2.0% 이상이 된다. 그러나 현재 기준으로 각종 경제지표와 정부의 재정여력 등을 감안하면 4분기에 0.94% 이상 나오기는 상당히 어려워 보인다.

원계열 실질 국민총생산(GDP)는 전년동기 대비 2.03% 성장하였다. 1분기 1.67%, 2분기 2.04%, 3분기 2.03%로 나타나고 있기 때문에 4분기에 전년동기 대비로 2.24% 이상 성장하면 2.0%가 된다. 그러나 전년동기 대비로 3분기가 2.1%로 매우 낮았고, 4분기가 2.9%로 매우 높았기 때문에 4분기에 2.1% 이상 나오는 것은 매우 어렵다. 그렇다면 업종 기준으로 3분기에 어디가 평균 이하였을까? 가장 상황이 좋지 않은 업종은 건설업으로 –2.66%를 나타내고 있다. 아마도 최근 정부가 건설업 경기가 좋지 않았기 때문에 활력을 주기 위해 SOC 투자를 늘리려고 하는 것이다. 예전의 건설업은 전체 국내총생산에서 10% 이상을 차지하다가 작년 기준으로 5%까지 감소하였으나, 경제적 파급효과가 큰 산업이기 때문에 모든 정부가 경기가 좋지 않으면 SOC 투자 증가에 쉽게 접근할 수 있으나 생활이나 안전 SOC에 투자하는 것이 더 나을 지도 모른다. 건설업 다음으로 전기가스 및 수도사업, 운수업, 교육서비스업, 도소매 및 숙박음식업, 문화 및 기타서비스업, 제조업이 부진하였다. 제조업의 비중은 약 27%로 상당히 높다. 따라서 제조업 생산이 제대로 되지 않으면 성장률은 감소할 수 밖에 없다. 계속 제조업의 상황이 좋지 않은 경우, 현 정부의 초기 모토인 '사람 중심의 투자'로 돌아갈 필요가 있다. 즉, 각 업종의 기술 수준을 이해하고, 모자란 기술에 대해 사람 중심으로 투자하는 전략이 필요하다. 여기에 재취업의 사각지대에 있는 30대~50대가 생산성이 높은 곳으로 이동하기 위한 정책들이 필요하다.

국내총생산에 대한 지출 면에서는 정부의 역할이 당연히 돋보인다. 즉, 정부가 성장을 주도했다는 의미가 된다. 3분기 최종소비지출은 2.92% 증가했으나 민간소비지출은 1.72%로 상당히 낮다. 오히려 정부의 최종소비지출이 6.78%로 민간의 약 4배 가까이 되고 있다. 민간과 정부의 최종소비지출 차이의 확대는 3년 정도 계속되고 있다. 투자에서도 건설투자 –2.96%, 설비투자 –2.69%로, 1분기와 2분기보다 마이너스 폭은 작아졌으나 여전히 부진한 상태이다. 건설투자는 생활SOC쪽으로 강화하고, 설비투자는 국내 기업의 투자가 확대되어야 하지만, 그렇지 못한 상황이다. 즉, 금리가 충분히 낮은 상황에서는 금리가 낮아지더라도 투자는 증가하지 않는다. 왜냐하면 경영자가 앞으로의 경기에 대해 비관적이면 투자를 하지 않는 야성적 충동이 작용하기 대문이며, 국내보다 해외에 투자하는 경우가 증가하기 때문이다. 따라서 투자를 증가시키기 위한 어떠한 세부 정책들이 필요한 상황이다. 마지막으로 수출이다. 수출은 3분기 1.31%로 양호한 것처럼 보이지만, 실제 재화는 –0.50%로 나타나고 있다. 9월의 실지 데이터가 적용되는 잠정치가 나오면 더 낮아질 가능성도 배제할 수 없다. 오히려 서비스 수출이 2분기 이후 양호해 지고 있으면서 수출이 증가한 것으로 나타난다. 정부는 현실을 있는 대로 보고 인식해야 하며 이에 대한 정책의 방향들도 수정해야 한다. 자칭, 타칭 민간 경제전문가가 책임감 없이 경제를 예측하지 않으며, 우리 경제를 나쁘게 볼 의도도 전혀 없다. 신뢰할 수 있는 데이터와 모형을 기반으로 분석 및 예측하고, 국내 현실도 보면서 해외의 경제 흐름에 대해 이해하여야 한다.

TIP | 국내총생산이란 무엇인가?

국내총생산(Gross Domestic Product, GDP)이란 「❶한 나라 안에 있는 ❷가계, 기업, 정부 등 모든 경제주체가 ❸일정기간 동안 ❹새로이 생산한 재화와 서비스의 가치를 ❺시장가격으로 평가하여 합산한 것」을 뜻한다. 위의 정의에서 알 수 있듯이 국내총생산은 일정한 기간을 기준으로 하여 그 양을 측정하는 경제변수이다.

❶ 국내총생산은 생산자가 내국인이든 외국인이든 국적에 상관없이 한 나라의 국경 내에서 생산된 재화와 서비스의 가치를 포함하는 개념이다. 즉, 한국영토에서 미국사람이 생산한 재화는 한국의 GDP에 포함된다. 이와는 대조적으로, 국민총생산은 영토에 관계없이 한 나라의 국민에 의해 생산된 것을 고려한 개념이다. 즉, 위의 미국 사람이 생산한 것은 미국의 국민총생산(Gross National Product, GNP)와 한국의 GDP에 포함된다.

❷ 「일정기간」이란 통상 1년 또는 1분기를 말하며 일정 시점과 다르다. 예를 들어, 재산이 1억원인 한 근로자가 2009년 1년 동안에 2,000만원을 벌어 1,500만원을 소비하고 500만원을 저축하였다면, 근로자의 2009년 중(일정기간) 소득은 2,000만원이고 2009년말 현재(일정시점) 재산은 본래의 재산 1억원에 저축액 500만원을 더한 1억 500만원이 된다. 이와 같은 변수를 경제학에서는 유량(flow)변수라고 한다. 이와는 대조적으로, 통화량이나 자본량과 같이 주어진 특정한 시점을 기준으로 그 양을 재는 변수는 저량(stock)변수라고 불린다.

❸ 「새로이 생산한 가치」는 각 생산단계에서 추가된 가치로 공장에서 만든 물건을 판매하였을 때의 수입액과는 차이가 있다. 공장에서 물건을 만들기 위해서는 원재료가 있어야 한다. 그런데 원재료는 이미 다른 데서 생산해 낸 것으로서 이 공장에서 만들어 낸 새로운 가치는 아니므로 물건의 값에서 이 원재료 투입비를 뺀 나머지만이 이 공장에서 새로이 생산한 가치라 볼 수 있다. 국민계정 체계의 용어로 표시하면, 이 때 물건의 판매수입을 산출액(Output)이라 하고 원재료비를 중간투입액(Intermediate Input)이라 하며, 새로이 생산한 가치를 부가가치(Value Added)라고 한다. 국민소득통계에서의 생산액은 이와 같이 산출액에서 중간투입액을 공제한 부가가치를 뜻한다. 즉, GDP나 GNP는 최종단계의 재화와 서비스(final goods and services)만의 가치를 포함하는데, 이는 이중계산을 피하기 위한 것이다. 최종생산물의 가치는 각 단계에서 창출되는 부가가치의 합과 같다. 〈그림 1.1〉에서 보는 것처럼 최종생산물인 빵의 가치 1000은 각 단계의 부가가치의 합과 동일하다.

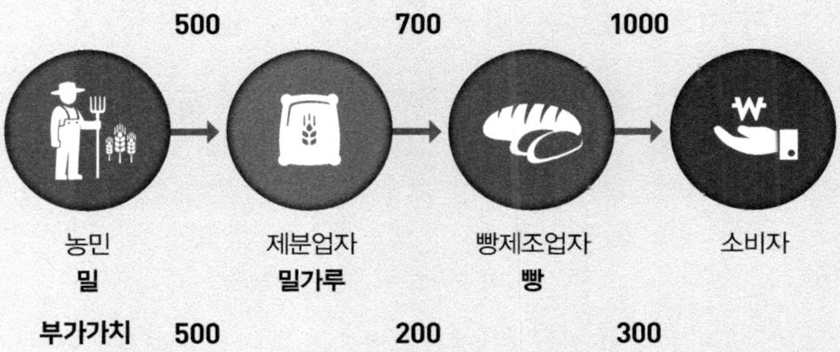

그림 1.1 각 생산단계에서의 부가가치

❹「재화와 서비스」란 사람이 살아가는 데 필요한 의식주 등의 생존적 욕망과 정신적 및 문화적 욕망을 충족시키기 위하여 생산되는 것으로 재화는 쌀, 의복, 자동차, 건물처럼 물질적 형태를 가진 것을 말하며 통상 용역이라고 불리는 서비스는 운송, 숙박, 금융, 의료, 교육, 문화활동 등과 같이 형태가 없는 사람의 노력을 의미한다.

❺「시장가격으로 평가하여 합산한 것」이란 각 생산물에 해당 시장가격을 곱해서 화폐가치액으로 환산한 다음 이들 생산액을 합계한다는 의미이다. 이렇게 하는 이유는 국민경제 내에서 산출되는 생산물의 종류가 다양하고 각각의 물리적 단위 또한 달라 단순 합계가 불가능하기 때문이다. 예를 들어 쌀 10가마와 옷 10벌을 단순히 합산할 수는 없다. 그러나 쌀 1가마 값이 15만원이고 옷 1벌이 10만원이라 한다면 쌀 10가마와 옷 10벌의 가치합계는 150만원과 100만원을 더한 250만원이라고 할 수 있다.

TIP | 실질GDP, 명목GDP, 그리고 경제성장률

GDP는 화폐가치로 환산되었으므로, 해당연도의 가격을 기준으로 계산할 수도 있고 정해진 기준연도의 가치로 표시할 수도 있다. 해당연도를 기준으로 계산한 것을 경상(명목)GDP(nominal GDP)라고 하고, 기준연도를 기반으로 계산된 것을 실질GDP(real GDP)라고 부른다. 실질GDP는 물가상승을 고려한 산출량을 나타내며 실질 GDP의 증가율을 경제성장률이라고 한다.

TIP | 국내총생산의 세 가지 측면과 삼면 등가

국민 경제가 일정한 기간 동안 생산해낸 상품의 총량이라는 의미에 초점을 두어 국내총생산(GDP)를 정의하였다. 그런데 한 나라 국민이 일정한 가치의 상품을 생산했다면, 바로 그 만큼의 소득이 국민에게 돌아가게 되고 나아가 바로 그 만큼의 지출이 발생하게 된다. 즉, GDP는 보는 관점에 따라 총생산과 같고 총지출과도 같으며 또한 총소득과도 같다. 이와 같은 항등관계를 국민소득 삼면등가의 법칙이라고 한다. 이를 보다 자세히 살펴보자.

국민소득은 생산, 분배, 지출 세 가지 측면에서 포착할 수 있는데 이를 각각 생산국민소득, 분배국민소득, 지출국민소득이라 부르고 있다. 그리고 이러한 세가지 국민소득은 기본적으로 그 크기가 똑같다. 그것은 국민소득이 생산 ➡ 분배 ➡ 지출의 과정을 거쳐 순환하기 때문이다. 먼저 생산주체인 기업이나 정부가 노동, 자본, 토지 및 경영 등의 생산요소를 투입하여 생산활동을 수행한 결과로 부가가치, 즉 생산국민소득이 발생한다. 여기에서 생산에 참여한 근로자는 급료와 임금, 돈을 빌려준 사람은 이자, 토지를 빌려준 사람은 임료를 받게 되고 정부는 다른 경제주체에 의해 생산된 재화와 서비스의 거래와 관련하여 세금, 즉 생산 및 수입세를 부과하게 된다.

그리고 이들 소득을 공제한 나머지가 이윤으로서 기업에게 돌아가게 되는데 이와 같은 소득을 모두 합하면 분배국민소득이 된다. 따라서 생산국민소득과 분배국민소득은 원칙적으로 같아진다. 또한, 분배된 소득은 개인이 물건을 구입하는 데 사용(소비)하거나 기업이 차기의 생산을 위하여 공장을 짓거나 기계를 사들이는 데 지출(투자)함으로써 최종생산물에 대한 수요로 나타나며 이를 지출국민소득이라 한다. 이와 같이 국민소득은 만들어서(생산) 나누어 갖고(분배) 쓰는(지출) 양이 모두 같게 되는데 이를 가리켜 국민소득 삼면 등가의 원칙이라 한다. 그러면 우리나라의 국민소득 통계작성과 관련하여 국민소득 3면 등가의 원칙이 어떻게 적용되는지 알아보자. 편의상 국내총생산(=국내총소득)을 이용하여 삼면등가의 원칙을 살펴보기로 한다. 우리나라의 경우에는 센서스 등 각종 기초통계가 지출활동이나 분배활동보다는 생산활동을 측정하기에 더 적합하도록 작성되고 있어 먼저 생산활동을 중심으로 국내총생산을 편제하게 된다.

생산측면에서의 국내총생산(시장가격)은 기초가격으로 평가된 경제활동별 부가가치와 순생산물세(생산물세 - 생산물보조금)로 구성되어 있다. 기초가격은 구매자가격에서 순생산물세와 운송마진을 뺀 가격으로, 경제활동별 부가가치를 기초가격으로 평가토록 권고하고 있다. 이는 세금이나 보조금이 부가가치에 미치는 영향을 배제하는 것이 각 산업부문의 국민경제에서 차지하는 비중, 기여도 등을 정확히 파악하고 경제분석 및 정책수립에 보다 유용하다고 보기 때문이다. 생산측면에서 파악한 2018년 중 당해년 가격 기준 국내총생산액은 1,893조 4,970억원으로 제조업이 504조 6,070억원으로 높게 나타나고 있다.

2018년 중 분배소득 측면에서 파악한 국내총생산을 보면 노동을 제공한 대가로 가계에 분배되는 임금과 급료 등 피용자보수 865조 9,060억원, 생산활동을 주관한 생산주체의 몫인 영업잉여 484

표 1.1 2018년 우리나라의 국내총생산(당해년 가격, 잠정치) 단위: 10억원

생산 국내총생산		분배 국내총생산		지출 국내총생산	
농업임업 및 어업	34,528.9	피용자보수	865,906.0	민간최종소비지출	908,273.7
광업	2,247.7	영업잉여	484,825.3	정부최종소비지출	305,513.0
(제조업)	504,607.0	고정자본소모	359,120.8	총고정자본형성	574,986.4
전기가스 및 수도사업	36,813.2	생산 및 수입세	195,392.1	재고증감 및 귀중품 순취득	17,872.0
건설업	102,356.3	(공제) 보조금	11,747.2	재화와 서비스의 수출	788,279.0
도소매 및 음식숙박업	180,661.0			(공제)재화와 서비스의 수입	701,150.7
운수 및 보관업	57,088.1			통계상 불일치	−276.4
금융 및 보험업	104,336.2				
부동산 및 임대업	135,890.3				
정보통신업	79,242.9				
사업서비스업	161,832.1				
공공행정 및 국방	115,086.1				
교육서비스업	90,933.2				
보건 및 사회복지서비스업	80,937.0				
문화 및 기타서비스업	43,857.8				
총부가가치(기초가격)	1,730,417.7				
순생산물세	163,079.3				
국내총생산	1,893,497.0	국내총생산	1,893,497.0	국내총생산	1,893,497.0

자료: 한국은행

조 8,253억원, 생산활동에 사용되는 고정자본(시설)의 가치감소분인 고정자본소모 359조 1,208억원, 정부가 다른 경제주체에 의해 생산된 재화와 서비스의 거래와 관련하여 부과하는 세금에서 정부의 보조금을 제외한 순생산 및 수입세 195조 3,921억원으로 구성된다.

2018년 중 지출 측면의 국내총생산은 국내총생산에 대한 지출내역을 통하여 파악할 수 있는데 민간최종소비지출 908조 2,737억원, 정부최종소비지출 305조 5,130억원, 총고정자본형성 574조 9,864억원, 재고증감 1조 8,720억원, 재화와 서비스의 수출 788조 2,790억원과 공제항목인 재화와 서비스의 수입 701조 1,507억원 등으로 구성되어 있다. 여기에서 생산측면에서 파악한 국내총생산과 지출 항목의 합간 차이는 통계상 불일치로 표시된다.

TIP | 한국은행이 발표하는 경제성장률의 종류

한국은행은 실질 국내총생산(GDP)에 대해 크게 4가지를 발표한다. 먼저, 실질 국내총생산에 기반한 경제성장률 전망치는 사전 추정치로써 각 해 연도가 시작되기 전에 발표된다. 속보치는 연도 및 분기가 끝나면 바로 발표되며 통산 분기나 연도가 끝난 후 28일 이내에 발표된다. 잠정치는 속보치에서 감안되지 않은 모든 지표를 검토한 후에 발표되며 분기는 70일, 연도는 90일 내에 발표된다. 확정치는 연간단위로만 발표되며, 연도가 끝난 2년 후 3월에 발표된다. 해당분기의 속보치는 2개월에 대해서는 확정된 통계를 이용하지만, 마지막 1개월은 앞의 2개월의 추세에 근거한 예상치를 활용하고 있다. 잠정치는 분기 중의 마지막 월에 이루어진 경제활동까지 반영하기 때문에 예상보다 경기가 좋으면 잠정치가 속보치보다 높아질 수 있으나, 반대로 경기가 좋지 않으면 잠정치가 속보치보다 낮아질 수 있다.

2

2019년 하반기 및 2020년 경제전망

2019년 하반기와 2020년 국내 경제를 전망한다. 2019년 국내 경제성장률은 1.87%, 2020년 1.78%로 전망한다. 이렇게 전망한 이유는 세계경기 둔화로 인한 수출 부진과 민간소비, 설비투자 위축으로 2018년 대비 성장률이 감소할 것으로 보인다. 여기에 수출둔화의 여파로 기업의 수익성이 악화되며, 투자와 고용부문으로 확산될 것으로 전망된다. 또한, 세계경기 불확실성의 장기화로 안전자산 선호가 강화되면서 달러 강세 흐름이 지속될 전망이다.

2019년 민간소비는 경제성장률 하락과 수출 위축으로 2018년 대비 0.99%p 하락할 전망이다. 이는 경제성장률 하락과 기업 경기 둔화 등으로 임금상승률 둔화에 기인하고 있다. 또한, 배출가스 기준 강화에 따른 수입차 출고 지연과 승용차 판매 부진으로 등으로 민간소비 하락 요인이며, 경기부진 우려 및 세계 경제 불확실성에 따라 소비심리 악화될 가능성이 존재한다.

2019년 투자는 2018년에 이어 하락세를 보일 전망이다. 설비투자는 기업투자가 줄어들고, 수출 증가세도 완만해 지면서 2018년에 이어 마이너스 성장이 지속될 전망이다. 건설투자는 주택에 대한 수주와 착공 및 인허가가 감소하고, 비수도권 미분양 물양의 증가가 수도권으로 확산될 것으로 전망된다.

2019년 수출은 교역환경 악화로 인한 수출 물량 감소로 전년동기 대비 2.49%p 감소할 것으로 보인다. 먼저 세계교역 둔화로 수출이 위축될 전망이고, 미·중 무역갈등이 지속되는 가운데 세계경기 둔화로 수요가 위축될 것을 보인다. 글로벌 소비 둔화로 특히 내구재 수요가 위축되고, 선박 수출은 미·중 무역갈등 여파로 수주량이 감소할 것으로 보인다.

2019년 실업률은 전년대비 증가하지만 2020년 실업률을 하락할 전망된다. 제조업 구조조정 영향 완화와 인구구조 변화로 인한 노동공급 감소로 실업률의 하락 압력으로 작용할 전망이며, 정부의 공공 일자리 확대 정책 등으로 신규 취업자수 증가세가 유지될 전망이다.

2019년 소비자물가는 2018년보다 낮은 물가상승률 보일 것으로 전망된다. 세계경기 둔화가 지속되면서 국제유가가 하향안정세를 보일 것으로 예상되며, 전월세 등 주거비가 낮아지는 가운데 자영업 부문의 공급경쟁으로 서비스 가격 안정세도 지속될 전망이다.

2019년 경상수지는 2018년 대비 흑자 규모가 축소될 것으로 전망이다. 2019년 경상수지는 수출 증가세 둔화와 교역조건 악화로 흑자폭이 축소될 전망며 2019년 운송 및 여행 수지 등의 서비스수지가 일부 개선되나 상품 수출액이 급감으로 인해 경상수지 흑자 규모가 축소될 것으로 전망된다.

해외 경제전망을 살펴보면 다음과 같다. 경제협력개발기구(OECD)는 2019년 9월, 세계 경제는 2019년 2.9%, 2020년 3.0%로 금융위기 이후 최저로 성장할 것으로 전망했다. 무역갈등 심화 등에 따른 투자심리 약화 및 불확실성 확대가 예상보다 오래 지속되면서 대다수 G20 국가 성장전망 하향 조정하였다. 미국경제는 양호한 고용상황에 힘입어 소비가 견조하지만, 관세부과 등에 따른 투자·수출 둔화세를 반영하여 성장전망 하향되었다. 중국의 경우, 무역분쟁 심화는 불확실성을 확대시키고 투자에 대한 부담으로 작용할 우려, 2020년 성장률은 5.7%까지 하락할 전망이다. 유로존의 경우, 부진한 대외수요 등으로 투자와 수출이 둔화되면서 2019~2020년 성장률은 1%대 초반에 머물 것으로 전망이다. 일본의 경우, 양호한 고용상황 등을 감안하여 2019년 전망치 상향 조정되었다. 다만, 무역갈등, 중국 둔화, 브렉시트, 금융 불안정성 등 하방요인 상존하고 있다.

표 1.2 2019년과 2020년 경제전망 단위: 전년동기 대비, %

	2018	2019							2020		
	연간	1Q	2Q	3Q	4Q	상반	하반	연간	상반	하반	연간
GDP	2.66	1.67	2.04	2.03	1.72	1.86	1.88	1.87	1.72	1.83	1.78
민간소비	2.79	1.86	2.05	1.72	1.56	1.96	1.64	1.80	1.58	1.62	1.65
건설투자	−4.26	−7.18	−3.53	−2.96	−5.06	−5.36	−4.01	−4.68	−2.32	−1.20	−1.76
설비투자	−2.37	−17.42	−7.04	−2.69	−5.44	−12.23	−4.06	−8.15	−2.82	−4.61	−3.72
수출 (재화+서비스)	3.47	−0.17	1.19	1.31	1.59	0.51	1.45	0.98	1.53	1.96	1.74
수입 (재화+서비스)	0.77	−5.13	−0.03	1.97	1.87	−2.58	1.92	−0.33	1.43	1.66	1.54
소비자물가	1.48	0.54	0.65	0.05	0.23	0.60	0.14	0.37	0.38	0.35	0.36
경상수지 (억 달러)	764.09	112.46	105.25	154.01	142.46	217.71	296.48	514.19	208.20	217.20	425.40
상품수지 (억 달러)	1,118.67	196.09	174.53	163.70	161.40	370.62	325.09	695.71	297.61	339.28	636.89
수출(억 달러)	6,254.37	1,375.03	1,402.15	1,379.85	1,362.02	2,777.18	2,741.87	5,519.05	2,714.18	2,760.76	5,474.94
증가율(%)	7.78	−8.40	−11.07	−13.20	−14.17	−9.76	−13.69	−11.76	−2.27	0.69	−0.80
수입(억 달러)	5,135.71	1,178.94	1,227.62	1,216.15	1,200.63	2,406.56	2,416.78	4,823.34	2,416.56	2,421.48	4,838.05
증가율(%)	10.04	−7.59	−3.88	−2.13	−10.42	−5.73	−6.43	−6.08	0.42	0.19	0.30
환율(원/달러, 평균)	1,100	1,125	1,166	1,193	1,198	1,146	1,195	1,170	1,197	1,201	1,199
회사채수익률 (3년, AA−)	2.65	2.25	2.13	1.79	1.75	2.19	1.77	1.98	1.65	1.72	1.69
실업률(%)	3.80	4.50	4.10	3.30	3.40	4.30	3.35	3.83	3.40	3.30	3.35

국제통화기금(IMF)은 2019년 10월, 세계경제는 2019년 3.0%(2009년 이후 최저), 2020년 3.4% 전망하였다. 2020년 성장률은 최근 경기 악화를 겪은 신흥국(브라질, 멕시코, 러시아 등)의 회복 전망에 힘입어 2019년보다 상승할 것으로 예상하였다. 무역긴장, 금융긴축 촉발요인, 위험 회피심리 심화, 금융 취약성 누적, 지정학적 긴장, 정치적 불확실성 등 추가적 전망 하향 가능성도 존재한다.

세계은행(World Bank)은 2019년 1월 기준, 세계경제는 2018년 3.0%, 2019년 2.9% 성장할 전망하였다. 세계은행은 국제무역과 제조업 활동이 약화되고 무역 갈등이 고조되었으며, 일부 신흥국들은 금융시장 불안을 경험하고 있다고 보았다. 선진국은 금년 2.0% 성장이 예상되며, 신흥·개도국은 대외수요 둔화, 차입비용 증가, 정책 불확실성 등에 따라 4.2%로 성장이 둔화될 것으로 전망하였다. 특히, 신흥국의 경우 차입비용 증가로 자본유입이 제한되고, 그동안의 부채증가로 금융시장 변동에 대한 취약성이 커지며, 무역긴장 고조로 글로벌 성장둔화 및 글로벌 가치사슬이 약화될 가능성을 우려가 있다. 지역별로는 동아시아·태평양 지역은 성장세가 다소 둔화되나 6.0%의 높은 성장률을 유지할 전망이다. 유럽·중앙아시아 지역은 터키의 금융 불안, 러시아 성장 둔화 등으로 전년대비 성장률이 감소하는 반면, 남아시아·중남미·아프리카 등은 소비와 투자 개선 등으로 전년도 대비 성장률이 상승할 것으로 전망되었다.

TIP | 경제전망모형

정부출연기관이나 기업연구소들은 연간 1회~4회 경제성장률 등의 거시경제 지표들을 예측한다. 경제전망은 국가의 성장 전략이나 경제정책에 영향을 미칠 수 있다. 예를 들어, 성장 추진 동력이 약해지는 부분을 고려하여 전략을 추진할 수 있다. 또한, 경제성장률은 국가 경제 전반에 걸쳐 영향을 미칠 수 있는데, 국가재정(세수 및 세출 등), 지방재정교부금 등에도 영향을 미칠 수 있다

기업의 입장에서 기업의 성장 및 투자전략을 짜는데 필요하다. 각 기업들도 연말에 자기들의 사업과 관련된 부분에 예측을 통해 다음 해의 매출 및 투자전략을 짜게 된다. 예를 들어, 반도체 생산 기업과 백색가전 생산 기업의 시장은 다르지만, 다음 해의 전체 매출을 예상하고, 투자계획 등을 수립할 수 있다.

2% 이하 경제성장률과 마이너스 물가상승률, 디플레이션 초기에 있다

최근 8월 소비자물가동향과 2분기 국민소득 잠정치가 나오면서 경기 후퇴기를 넘어서 경기 침체기와 디플레이션에 대한 우려가 나오고 있다. 지난 달 기저효과로만 1.89%, 추경 집행을 포함하면 1.98% 정도로 예측한 바 있다. 1분기 1.67%, 2분기 2.04%, 3분기 2.5% 내외, 4분기 1.5% 내외를 기록한다면 약 1.92%가 된다. 재고 등을 감안하여 일본의 수출규제가 현실화되는 4분기에 훨씬 낮아질 수 있다. 이번 잠정치에서 경제활동별로 보면, 전기가스 및 수도사업 13.29%, 의료보건 및 사회복지서비스업 9.01% 등 재정이 투입되는 곳에 성장률이 상당히 높았다. 또한 정부소비가 전년동기 대비 7.0%로 증가하여 민간소비 2.0%에 3.5배에 달한다. 거의 현재의 경제성장률은 정부부문의 비대화로 정부가 이끌어 간다고 볼 수 있다. 문제는 돈을 계속 푸는 확장 재정정책에도 한계가 있다. 공공부문 부채를 포함하는 채무비율인 D3도 빠른 속도로 커지고 있기 때문에 돈을 푸는 정책에도 한계가 있다는 점이다.

이러한 가운데 물가상승률은 전년동월 대비 –0.038%로, 1965년 소비자물가 통계를 작성한 이래로 가장 낮은 증감률이다. 물론, 국민들이 느끼는 체감물가는 실제 물가와 상당히 다르다. 품목성질별로 상품은 전년동월 대비 –1.3%, 서비스는 1.0% 증가하였고, 농산물 및 석유류 제외 지수도 0.9% 정도 증가였다. 따라서 한국은행의 물가안정목표의 범위에서 벗어나 있다고 할 수 있다.

문제는 기저효과로만 보아도 2018년 8월 1.4%, 9월 2.1%, 10월 2.0%, 11월 2.0%, 12월 1.3%였기 때문에 9월~11월도 물가상승률은 마이너스로 나올 확률이 상당히 높다. 지금 상황에서 12월의 물가상승률도 0% 근처일 확률이 높다. 이렇게 되면 올해 4분기 경제성장률이 매우 낮고 내년 경제성장률은 1%대가 될 가능성이 높은 상황에서, 이번 달은 디플레이션 초기에 있을 확률이 상당히 높다. 문제는 일본과 같은 장기불황이 올 수도 있다는 불안감이다. 경제성장률의 하강 압력과 마이너스 물가상승률, 마이너스 금리가 오게 되면 이러한 상황도 배제할 수 없다.

대안으로 단기적인 재정정책, 금융정책, 규제개혁을 들 수 있다. 재정정책은 이미 적자국채를 발행하는 상황에 있고, 연간 44조원 정도 예산이 늘어나는 슈퍼예산을 편성하고 있다. 문제는 효율성이고, 가장 답답한 정책이 돈을 투입으로 경제를 살펴보겠다는 생각이고, 초고령 사회에서 세금부담의 주체가 바뀌는 세대 문제로 바뀔 수 있다. 보편적 복지는 이 정도에서 멈추고, 사각지대를 보다 더 살펴야 한다. 예산을 이번 정부 초기의 슬로건인 “사람에 대한 투자”로 다시 돌아가야 한다. 또한, 기업을 중심으로 산업을 성장시키고, 교육, R&D 등에 예산을 늘릴 필요가 있다. 예를 들어, 은퇴하는 40~50대에 대해 예산을 늘려 포화상태인 소상공인으로 이동하는 것이 아니라 같은 업종이나 다른 업종으로 이동할 수 있도록 교육 등을 늘려 인적자본을 극대화하여야 한다. 금융정책은 금리를 내려 생기는 부문별 통화정책 파급경로를 잘 살피고, 금리를 내려서 이익이 생기는 부분과 손실이 생기는 부분을 잘 따져 보고, 장기불황에 빠지지 않도록 해야 한다. 규제가 필요한 부분에 반드시 있어야 하지만, 안전 등이 보장되면 과감하게 규제를 풀 필요도 있다. 여기에 중장기적으로 노동시장 개혁과 교육정책의 변화를 통해 인적자본을 성장시켜야 한다.

TIP | 물가와 물가지수

우리는 매일 생활에 필요한 상품과 서비스의 대부분을 구입하여 쓰고 있는데, 이 때 지급하는 돈의 액수를 가격이라고 한다. 그런데 시장에서 거래되는 상품은 대우 다양하여 같은 시간에도 어떤 것은 가격이 오르고 어떤 것은 내리는 현상이 발생하며 그 정도 또한 각각 다른 것이 보통이다. 우리는 개별상품의 가격변화보다 전반적인 상품가격의 변화를 알아야 할 필요성이 종종 발생하는데 이러한 필요에 의해서 만들어진 개념이 '물가'와 '물가지수'이다. 즉, 물가란 시장에서 거래되는 개별 상품의 가격을 경제생활에서 차지하는 중요도 등을 고려하여 평균한 종합적인 가격수준을 말하며 물가지수는 이러한 물가의 움직임을 알기 쉽게 지수화한 경제지표를 일컫는다. 지수란 통상 시계열자료에 대하여 기준이 되는 시점의 수치를 100으로 해서 비교시점의 수치를 나타낸다. 예를 들어, 어느 특정시점의 물가지수가 115라면 이는 기준시점보다 물가수준이 15% 높다는 것을 의미한다.

표 1.3 우리나라 주요 물가지수 비교

구분	소비자물가지수	생산자물가지수
작성기관	통계청	한국은행
작성목적	가계가 소비하는 상품 및 서비스의 가격수준 측정	국내생산자가 국내시장에 출하하는 상품 및 서비스의 가격수준 측정
대상품목	가계소비지출 비중이 큰 소비재와 개인서비스 460개 품목	국내 거래규모가 큰 상품 및 서비스 878개 품목
대상품목 선정 기준	가계동향조사 소비지출액이 총소비지출액의 1/10,000 이상인 품목	국내출하액의 1/10,000이상인 상품 및 1/2,000 이상인 서비스 품목
지수 기준연도	2015년	2015년
조사가격	소비자구입가격	기초가격
지수산식	연쇄가중 라스파이레스식	연쇄가중 로우식
이용범위	생계비 또는 화폐가치 비교, 국민연금 수령액 및 노·사간 임금조정 등을 위한 기초자료 등	상품 및 서비스의 전반적인 수급파악, 실질국내총생산 산출 등

TIP | GDP디플레이터

우리나라의 물가지수는 다양하게 존재한다. 먼저, GDP디플레이터를 고려할 수 있다. 명목GDP를 실질GDP로 나누어 사후적으로 얻어지는 값을 GDP디플레이터라 한다. 그런데 GDP추계 시에 생산자물가지수(PPI)나 소비자물가지수(CPI)뿐만 아니라 수출입물가지수, 임금, 환율 등 각종 가격지수가 종합적으로 이용되고 있기 때문에 GDP디플레이터는 국민소득에 영향을 주는 모든 물가요인을 포괄하는 종합적인 물가지수로서 GDP라는 상품의 가격수준을 나타낸다고 할 수 있다. 따라서 GDP디플레이터는 생산자물가지수나 소비자물가지수와 함께 국민경제 전체의 물가수준을 나타내는 지표로 사용되기도 한다. 그러나 GDP디플레이터는 부가가치의 합인 국내총생산을 이용하여 산출되므로 기술구조의 변화나 생산성의 변화에 의해서도 실제 영향을 받고 있다.

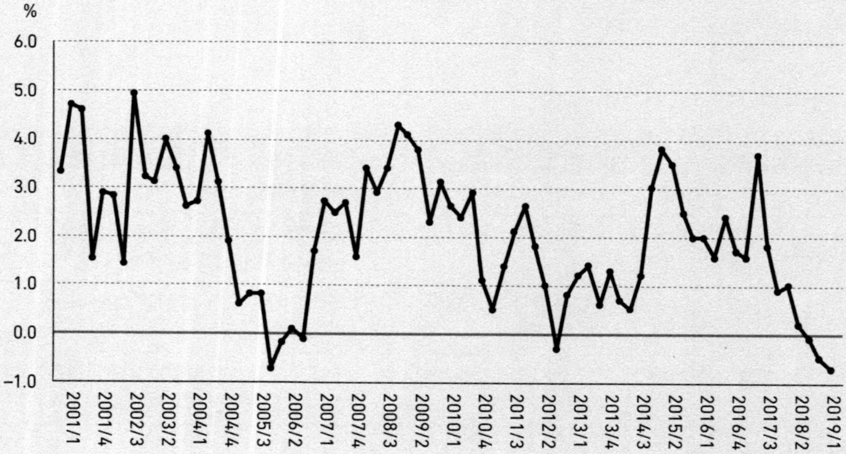

그림 1.2 분기별 GDP 디플레이터

자료: 한국은행

TIP | 소비자물가지수

소비자물가지수(Consumer Price Index, CPI)는 해당연도에 주어진 품목의 소비재와 서비스를 구입하는데 드는 비용이 기준연도에 비해 얼마나 증가했는가를 나타내는 물가지수이다. 또한, 대표적인 인플레이션지표로서 소비자가 일상 소비생활에서 구입하는 상품과 서비스의 가격 변동을 조사함으로써 도시가계의 평균적인 생계비나 화폐의 구매력 변동을 측정하는 물가지수이다.

조사대상지역은 현재(2015년 기준지수) 서울을 비롯한 38개 주요 도시이며 조사대상품목은 가계

표 1.4 소비자물가지수 품목 및 가중치 변동내역 단위: 개, 천분비

	품목수		가중치		비고
	2010년	2015년	2012년	2015년	
▶ 소비자물가	481	460	1000.0	1000.0	
– 농산물 및 석유류 제외	429	407	887.2	901.4	
– 식료품 및 에너지 제외	337	317	760.8	776.7	
▶ 생활물가	142	141	555.7	551.6	
– 식품	78	81	167.3	191.5	
– 식품이외	64	60	388.4	360.1	
▶ 신선식품	51	50	40.7	40.3	기타신선은 신선채소로 통합
▶ 자가주거비용포함지수	482	461	1245.5	1251.9	
– 자가비용	1	1	245.5	251.9	집세지수를 차용

자료: 통계청

표 1.5 품목성질별 물가지수 개편 전후 비교 단위: 전년동기비, %, %p

		품목수		가중치		등락률('16.1~11)	
		2010년	2015년	2012년	2015년	'10년	'15년
총지수		481	460	1000.0	1000.0	1.0	0.9
상품	농축수산물	71	73	77.6	77.9	4.2	3.6
	공업제품	252	231	326.6	325.8	–0.4	–0.6
	– 석유류	6	6	56.7	46.6	–8.9	–8.9
	전기·수도·가스	4	4	49.0	44.4	–8.2	–9.0
서비스	집세	2	2	92.8	93.2	2.6	1.9
	공공서비스	29	32	142.6	145.1	1.6	1.5
	개인서비스	123	118	311.4	313.6	2.2	2.7

자료: 통계청

소비지출 중에서 차지하는 비중이 1/10,000(231원) 이상인 460개 품목이며 상품이 314개, 서비스가 152개 품목으로 구성되어 있다. 한편, 1995년 기준지수부터는 소비자물가지수의 보조지수로서 생활물가지수가 작성되고 있는데 소비자물가 조사대상 품목 중에서 일반 소비자들이 자주

구입하는 기본 생필품 141개를 선정하여 이들 품목의 평균적인 가격변동을 나타낸다. 이는 소비자가 피부로 느끼는 장바구니 물가에 보다 근접한 물가지수이다. 소비자물가지수는 소비지출목적별 분류를 기본분류로 채택하고 있으며 그밖에 상품성질별지수, 신선식품 및 신선식품제외지수, 생활물가지수, 농산물 및 석유류제외지수, 자가주거비용 포함지수, 지역별지수 등이 작성되고 있다. 이중, 농산물 및 석유류제외지수는 일시적 외부충격에 의한 물가변동을 제외한 장기적이며 기초적인 물가변동을 나타내는 근원인플레이션(underlying inflation, core inflation) 지표로 이용되고 있으며 자가주거비용 포함지수는 주택 비소유자의 주거비용은 물론 주택 소유자의 주거비용 변동까지 포함된 소비자물가지수 동향을 나타내고 있다.

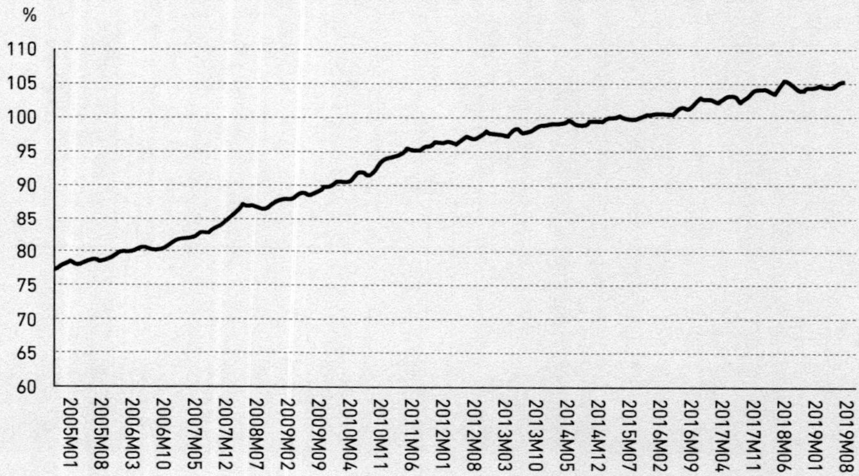

그림 1.3 소비자물가지수 추이

자료: 통계청

TIP | 생산자물가지수

생산자물가지수(Producer Price Index, PPI)는 생산비용의 증가를 나타내는 물가지수인데, 서비스 가격을 포함하지 않는다는 점에서 CPI에 비해 덜 포괄적인 물가지수이다. 생산자물가지수는 국내에서 생산된 상품과 기업서비스가 국내시장에 출하되어 1차 거래단계에서 기업 상호간에 이루어진 가격의 변동을 측정하는 물가지수이다. 생산자물가지수의 조사기준가격은 생산자출하가격 즉, 부가가치세를 제외한 생산자판매가격(공장도가격)을 원칙으로 하고 있으며, 조사대상품목은 대표성을 고려하여 선정하는데 2015년 기준지수에서 거래액이 국내시장에서 거래되는 상품거래 총액의 1/10,000 이상이 되는 품목(서비스의 경우 전체 거래액의 1/2,000 이상인 품목)으로서 소속상품군의 가격변동을 대표할 수 있고 가격시계열의 유지가 가능한 878개 품목을 조사대상으로 하고 있다. 이와 같이 선정된 품목들은 한국표준산업분류(KSIC)체계에 따라 기본분류 지수가 작성되며, 그밖에 특수한 이용 목적에 맞추어 특수분류로 재분류되는데 현재 식료품과 식료품이외, 신선식품과 신선식품이외, 에너지와 에너지이외, IT와 IT이외, 신선식품 및 에너지이외 등이 특수분류 지수로 작성되고 있다.

그림 1.4 생산자물가지수 추이

자료: 한국은행

TIP | 인플레이션

인플레이션(inflation)이란 일반 물가수준의 지속적인 상승을 의미하는데, 인플레이션이 초래하는 사회적 비용은 인플레이션이 예상되었는지 아니면 예상되지 않았는지에 따라 다르다. 예상된 인플레이션(anticipated inflation)이 초래하는 폐해는 다음과 같다. 먼저, 제품의 가격(이자율 포함)을 변화시키는데 수반되는 비용 즉, 메뉴비용(menu cost)을 꼽을 수 있다. 메뉴비용 외에 예상된 인플레이션은 다음과 같은 거래비용(transaction cost)을 발생시킨다. 인플레이션이 예상됨에 따라 사람들은 되도록 현금보유는 줄이고 예를 들어 예금을 늘리는데, 이렇게 되면 은행에 가야 하는 횟수가 잦아지는 등 거래비용이 커진다. 즉, 경제의 효율성 측면에서 인플레이션은 화폐에 대해 부과하는 일종의 조세이므로 사람들은 화폐보유를 기피하게 되어 명목이자율이 상승하므로 화폐수요가 감소한다. 이런 비용을 은행에 자주 왔다갔다하면 구두의 밑창이 빨리 닳는다는 것에 비유하여 '구두창비용(shoe leather cost)'이라고 부른다. 예상되지 못한 인플레이션(unanticipated inflation)은 먼저 효율성의 측면에서 장래를 내다보고 행해지는 투자와 노동의 장기계약(long-term contract)에 관한 의사결정을 왜곡시킨다. 이는 자본형성과 노동력을 위축시켜 장기적인 생산능력을 저하시킨다. 또한, 예상치 못한 인플레이션은 상대가격을 변화시켜 투기를 성행시키는 등 사회 전체적으로 부정적인 영향을 미치게 된다.

실물자산 선호로 화폐경제의 효율성이 저하된다. 메뉴비용이 발생할 수 있는데, 물가변화에 따라 가격을 조정하려면 가격표작성비용 발생한다. 메뉴비용이 커서 가격조정이 즉각적으로 이루어지지 않으면 재화의 상대가격이 변화하고 이에 따른 자원배분의 비효율성이 초래될 수 있다.

경제성장 측면에서도 인플레이션이 발생하여 실물자선선호가 늘고, 금융저축이 감소하여 투자가 감소하여 경제성장이 작아질 수도 있다. 조세부담 측면에서도 일반적으로 조세는 명목소득에 대하여 부과하므로 실질소득이 불변이라도 인플레이션에 따라 명목소득이 증가하면 조세부담이 증가한다. 국제수지 측면에서도 인플레이션이 발생하면 국산품의 상대가격이 상승하고 수출이 감소하고 수입은 증가하여 국제수지가 악화될 수도 있다.

TIP | 디플레이션

디플레이션은 상품 및 서비스 전반의 물가수준이 지속적으로 하락하는 현상을 말한다. 디플레이션은 장기간 지속되는 경향이 있고, 경기침체와 금융불안을 동반할 가능성이 높기 때문에 큰 경제적 비용을 유발할 수 있다. 즉, 디플레이션 상황에서는 물가가 추가로 하락할 것이라는 예상이 경제주체들 사이에 확산되면서 가계는 소비를 미루고 기업도 투자를 줄이는 등 수요가 둔화될 수 있다.

디플레이션은 실업을 증가시킬 수도 있다. 디플레이션이 발생하면, 사람들이 물가의 변화에 즉각적으로 반응하지 못하는 화폐환상(money illusion)을 가지게 되고 실질임금이 상승하게 되고, 실업이 증가할 수 있다. 따라서 디플레이션은 수요 둔화와 실업증가를 통해 실제 물가하락 압력을 증대시킨다. 즉, 물가가 하락할 것이라는 예상이 경제주체의 소비와 투자를 위축시키고 실업을 증가시켜 실제 물가하락을 유도하게 되는 자기실현적 기대가 충족되면서, 물가하락이 경기둔화를 유발시키고 경기둔화가 다시 물가하락을 초래하는 경제적 악순환이 발생한다. 이로 인해 디플레이션 현상은 발생하게 되면 장기간 지속되는 경향이 있으며 그 과정에서 경기침체가 나타나게 된다.

또한, 디플레이션은 담보의 가치를 낮추고 명목금액으로 표시된 채무의 실질가치를 높여 가계, 기업 등 채무를 진 경제주체의 상환부담을 가중시킨다. 이는 경제주체의 원리금 상환 지연, 금융기관의 수익성 악화 등을 초래하여 금융불안이 발생할 가능성을 높일 수 있다.

ifsPOST, 2015.11.12. 작성

4

경제전망이 매해 엇갈리는 이유

정부나 국책연구원과 민간 경제연구소들은 매해 11월 이후부터 당해 연도의 경제성장률 전망 수정치와 다음 해의 경제성장률에 대한 전망치를 발표한다. 즉, 많은 경제연구기관들은 이전 해에 제시하였던 올해의 경제전망치를 11월 이후에 수정하고, 다음 해의 경제성장률 전망치 제시한다. 이후 분기 또는 반기마다 올해의 경제상황을 반영해 미세조정을 하고, 전망치를 실적치에 근접시킨다. 미세조정은 보통 0.1~0.2%p 이내로 미세하게 수정하는 것을 말한다. 그러나 전년이나 1월 기준으로 각 기관의 예측치에 대비하여 연말에 가까워 올수록 변화의 폭이 커져, 미세조정이라고 보기 어렵다. 예를 들어, 많은 기관들이 2010년 1월부터 2015년 1월에 발표한 주요 기관들의 경제성장률 전망치와 실제 성장률의 오차가 많게는 1.9%p까지 차이가 난다. 이러한 잘못된 경제전망은 여러 가지 파급효과를 가진다. 경상성장률을 기반으로 한 세수예측에서 성장률을 과대 예측하면 세수가 부족하게 되는데 최근 4~5년 동안 세수가 부족한 가장 큰 이유이기도 하다. 또한, 경기변동에 대해 예측을 잘못하게 되어 재정정책이나 통화정책으로 인해 경제성장률 변동성에 크게 영향을 미칠 수도 있으며, 금리 결정에도 상당한 영향을 줄 수도 있다. 그렇다면 경제전망 예측이 잘 틀릴 수 있는 이유에 대해 알아보자.

해외의 경제전망 예측도 틀리는 경우가 많다.

우리나라에서만 유독 경제전망이 틀리는 것일까? 그렇지 않다. 경제협력개발기구(OECD)이나 국제통화기금(IMF)의 경제전망도 자주 틀린다. 예를 들어, OECD는 2014년 11월에 2015년 세계의 경제성장률을 3.7%로 예측하였으나 2015년 6월에 3.1%, 2015년 11월에 2.9%로 수정하였다. 또한, 한국의 경제성장률에 대해서도 2014년 11월에 2015년 3.8%로 예측하였으나, 2015년 6월에 3%로 수정하였으며, 2015년 11월에 2.7%로 수정하였다. IMF도 2014년 10월에 2015년 세계의 경제성장률을 3.8%로 예측하였으나, 2014년 10월에 3.8%, 2015년 10월에 3.3%로 하향 조정하였다. 미국의 연방준비제도(FED)도 미국의 2011년 경제성장률을 3.7%로 예측하였으나 실제로는 2%에 그쳤고, 2012년에 2.5%를 예측하였으나 실제로는 1.6% 성장률에 머물렀다. 따라서 해외의 경제전망 예측도 틀리는 경우가 많다.

지나친 계량경제학적 모형을 의존하는 것도 문제가 될 수 있다.

경제전망 모형은 크게 4세대로 구분된다. 1세대 모형은 1980년대까지 케인즈 이론에 기반을 둔 대규모 IS−LM 연립방정식모형을 이용하였다. 경제주체의 적응적 기대(adaptive expectation)를 가정하며, 시차변수를 이용하여 동태적 요소(dynamics)를 구현하였으나 루카스(Lucas) 비판이 제기된 이후, 그 활용도가 현저히 낮아졌다. 여기서 루카스 비판이란 계량적인 회귀분석과 벡터자기회귀(VAR)모형을 이용하면, 경제주체의 행태가 각종 경제정책 변경이나 경제구조 변화에 관계없이 일정하다는 가정 하에 분석을 실시하는 것을 말한다. 따라서 경제구조에 의존하지 않는 1세대 모형은 루카스 비판에 직면하는 한계를 노출된다.

2세대 모형은 1세대 모형을 모태로 경제주체의 정태적 최적화(static optimization)를 이용하여 변수 간의 관계를 유도하거나, 장기회귀식의 오차를 단기회귀식에 이용하는 오차수정방법(Error Correction)을 사용하여 변수간 장단기 관계를 설정하는 것을 말한다. 사실, 이 모형도 루카스 비판으로부터 자유롭지 못했으며 자의적으로 설정된 변수들의 관계에 대한 논란을 야기할 수 있다.

3세대 모형과 4세대 모형은 동태적 확률 일반균형이론(DSGE)을 이용한다. DSGE 모형은 각 경제주체들이 각종 임의의 충격이 발생하는 경제상황에 대한 합리적 기대를 바탕으로 최적의 의사결정을 하는 가운데, 균형에서는 모든 시장이 청산되는 구조를 가지게 된다. 즉, 경제주체들의 경제행위가 현재와 미래가 연결되는 기간간 대체(inter-temporal substitution)의 개념이 도입되어 동태적(dynamic)이고, 국내외에서 임의로 발생하는 각종 기술, 선호 및 통화정책 충격(shock) 등에 경제주체들이 반응하는 과정으로 인해 경기순환 및 경제성장 현상을 설명하고자 하는 확률적(stochastic) 모형이 된다. 또한, 재화시장, 노동시장, 금융시장 등의 부문별 시장에서 결정되는 각 경제주체들의 최적화 행위가 동시적이고 종합적인 시각에서 고려되는 일반균형(General Equilibrium) 모형이다. 3세대 모형은 1국가 개방경제 모형을 나타낸다. 4세대 모형은 각종 가격경직성(또는 조정비용)뿐 아니라, 이질적인 경제주체 및 재화종류를 감안하는 4세대 모형이 개발되기 시작하였다. IMF와 일부 선진국 중앙은행에서 2국가 DSGE모형을 개발하였으며 최근에는 다국가모형으로 확장하였다.

그러나 다른 경제학 모형과 마찬가지로 DSGE는 복잡한 경제 구조를 단순화시킨 모형이므로 점추정을 해서 맞춘다는 것은 상당히 어려운 일이다. 따라서 인간의 행동에 기반한 경제적 활동을 수학적인 모형을 이용하여 점추정한다는 것은 상당히 어려운 일이다. 또한, 불확실성을 내포하는 경우에도 상당히 추정을 어렵게 한다. 예를 들어, 행동경제학에서 이용될만한 기대심리나 정책신뢰성과 같이 분기나 반기에 불확실성을 내포하는 변수를 모형에 도입하는 것은 상당히 어렵다. 물론, 중장기적인 외부의 충격에 따른 해석에 있어 DSGE가 우월한 경우가 많다. 그러나 계량경제학적인 모형의 발전에 따라 정확도가 높아져야 할 것 같지만, 2010년 이후의 국내의 주요기관의 2세대 모형에 대한 오차가 작게 나타날 수 있다. 따라서 지나치게 계량경제학적인 모형에 의존하는 것이 문제의 시작일 수 있다. 이럴 경우에는 예전부터 모형을 만져왔던 경력자의 감이 상당히 중요할 수 있다. 이러한 경력자의 감으로 점추정치를 예측하는 모형보다 추세를 읽거나 방향을 읽는 경우도 존재할 수 있다.

데이터의 부정확성 때문에 예측이 틀릴 수도 있다.

많은 모형들이 블록을 이용하게 된다. 예를 들어, 총수요블록, 통화정책 블록, 인플레이션 블록, 금리블록, 대외거래 블록 등을 이용하게 된다. 여기에 각 통계적 데이터들이 들어가게 된다. 예를 들어, 통화정책 블록에는 콜금리, GDP갭, GDP 디플레이터, 인플레이션 등이 포함된다. 경제전망에 있어서 통계적 데이터의 역할은 상당히 중요하다. 경제전망을 1년에 2번을 할 수도 있으며, 3번을 할 수도 있고, 4번을 할 수도 있다. 대부분 기관들은 연간 2번 또는 4번을 선호하는 이유는 데이터가 분기이거나 반기이기 때문이다. 그러나 많은 데이터들은 연간으로 이루어져 있는 경우도 많기 때문에 이용하기가 쉽지 않다.

또한, 통계적 데이터 자체가 실물과 연결되지 않는 경우도 많다. 즉, 통계적 데이터는 완벽한 것이 아니다. 통계가 거짓이라는 것이 아니라 통계를 생산하는 단계에서 오류가 섞여 있거나 의도를 더하는 경우, 자신에 맞게 해석하는 경우에 완벽하지 않는 통계적 데이터가 된다. 소비자물가지수나 GDP디플레이터의 경우에 항목의 변경으로 인플레이션이 변화할 수 있다. 비슷하게 실업률의 경우에도 체감실업률과 실제실업률의 차이는 상당히 크게 나타날 수 있다.

경제성장률을 예측할 때 가장 많이 이용하는 자료는 국민계정이다. 국민계정 산출기준은 5년 단위로 갱신된다. 이러한 산출 기준이 개편되는 경제전망치는 바뀔 수도 있다. 또한, 일시적인 어떠한 행사나 이벤트의 파급효과를 산출하여 성장률에 반영하는 문제점이 발생할 수도 있다. 예를 들어, 어떠한 하루의 행사로 인해 0.1%만큼의 경제성장률에 반영된다고 하는 것은 매우 곤란하다. 왜냐하면 분기나 연간 단위로 계산하면 매우 큰 숫자가 산출되기 때문이다.

정책 부분을 반영할 수 있는 모형이 필요하다.

정부와 국책연구원 등이 발표하는 경제전망은 장밋빛으로 시작하는 경우가 많다. 왜냐하면 경제심리를 반영해야 하는 부분도 있고, 세수나 세출 등 여러 가지를 고려해야 하기 때문이다. 그러나 연말으로 갈수록 수정전망치를 내놓을 때에 상당히 높은 전망치들의 하향 조정이 된다. 민간 연구소들은 11월경에 다음 해의 그룹의 사업계획을 하게 된다. 많은 대기업들의 진출 업종이나 관심 업종이 다르기 때문에 전체적인 전망치도 다른 경우가 많다. 이러한 경우, 가장 중요한 점은 전체 경제를 보는 측면에서 객관성을 확보하는 것이다.

경제전망은 목적이 무엇이냐에 따라 발표 횟수와 모형이 달라질 수도 있다. 예를 들어, 정책적 목적에 활용하기 위하여 2세대 모형이 보다 바람직하다. 왜냐하면 실제 정책효과 분석시 DSGE 모형이 데이터를 설명하는 능력은 만족스럽지 못한 것으로 알려져 있으며, DSGE는 기본적으로 실제 데이터의 생성과정(data generating process)의 시계열적 특성을 반영하기 위한 목적으로는 적합하지 못하기 때문이다. 물론, 계량경제학적이고 거시경제학적인 측면에서 DSGE가 발전된 모형인 것은 분명하며, 중장기적 예측모형이나 충격에 의한 피드백은 DSGE 모형이 훨씬 효과적이다. 그러나 정책적인 부문을 반영하기 위하여 1월의 업무보고와 7월 추경을 반영하여 상반기와 하반기 2회 정도 보고하는 것이 보다 정확도를 높일 수 있을 수도 있다. 또한, 최근의 많은 연구소들이 연간 4회의 추정을 상반기와 하반기와 같이 2회로 줄이고 있는 추세이다. 따라서 이러한 연 2회 발표를 통해, 보다 신뢰성이 높고 객관적인 경제전망치를 산출하고, 추세를 확인할 수 있을 것으로 보인다.

5

월간중앙, 2019.05.13. 작성

식어가는 한국경제에서 열쇠는 내수 회복과 수출 확대 뿐

2019년 1분기 전기 대비 경제성장률이 쇼크에 가까운 상황을 나타내면서 어느 부분을 회복시켜야 하는 지에 대해 관심이 가게 된다. 국민소득은 생산, 분배, 지출 3가지 측면에서 포착할 수 있는데, 이를 생산국민소득, 분배국민소득, 지출국민소득이라고 부른다. 이 3가지는 기본적으로 크기가 같아야 하는데, 국민소득은 생산, 분배, 지출의 과정을 거쳐서 순환하기 때문이다. 특히 국내총생산에서 한정하면 국내총생산의 지출로 파악할 수 있으며, 국내총생산에 대한 지출은 내수인 최종소비지출(민간 및 정부), 총고정자본형성(건설투자, 설비투자, 지식재산생산물투자)와 순수출(수출과 수입)으로 구분된다. 일반적으로 내수라고 하면 좁은 의미로 민간소비만을 의미하는 경우도 있다. 2019년 1분기 전년동기 대비 경제성장률은 1.8%로 나타나며 여기저기서 경기침체가 왔다고 이야기 하고 있다. 다른 해외기관들이 국내 성장률을 1% 후반으로 예측하여 국내기관과 차이가 나는 이유도 여기에 있다. 경제활동별 국내총생산을 살펴보면, 2019년 1분기에 경제성장률 1.8%보다 높은 업종은 대부분 정부지출과 관련이 있다. 보건 및 사회복지서비스업(8.5%), 금융 및 보험업(4.9%), 전기가스 및 수도사업(3.9%), 공공행정 및 국방(3.3%)이 매우 높게 나타나며 정보통신업(2.4%), 부동산 및 임대업(2.3%), 농림어업(2.3%), 운수 및 보관업(2.0%)은 경제성장률보다 약간 높게 나타난다. 반대로 건설업(−7.9%), 문화 및 기타서비스업(−1.2%), 교육서비스업(1.0%), 사업서비스업(1.0%), 도소매 및 음식숙박업(1.1%), 제조업(1.4%)은 경제성장률보다 낮게 나타나고 있는 상황이다. 특히, 제조업의 침체는 매우 심각한 상황이다.

특히, 최근의 내수는 정부소비를 제외한 전 분야에서 좋지 않은 상황이다. 1분기의 최종소비지출은 2.7%로 1.8%보다 높게 나타나 준수하게 보인다. 그러나 자세히 보면 상황은 달라진다. 민간의 소비는 1.9% 증가하였고, 민간 중 가계의 소비는 2.1%로 나타나고 있다. 통계에는 잡히지 않지만 가계에 봉사하는 비영리단체는 1.9%보다 낮을 것으로 예상된다. 반면 정부의 소비는 5.2%로 상당히 높다. 이렇게 정부소비가 2018년 1분기부터 이전에 비해 높아진 이유는 아주 간단하다. 예산이 늘었기 때문이다. 정부예산이 늘면 지출도 늘어날 수 밖에 없고, 정부의 소비도 증가할 수 밖에 없다. 반면에 민간소비지출이 2% 이하로 떨어진 적이 2016년 4분기(1.4%) 이후 최초라고 볼 수 있으며 1분기에 1%대는 훨씬 더 이전으로 돌아가야 한다.

이렇게 민간소비가 줄어드는 이유는 매우 다양하다. 먼저, 소득분위별 가계소득 증감률은 명목임금에 대한 증감률이고, 1분기 물가상승률이 낮았던 점을 감안하면, 근로자가구는 2분위(하위 40%)까지 실질소득이 감소하고, 근로자외 가구는 4분위(하위 80%), 두 가구를 다 감안하면 3분위(하위 60%)까지 모두 실질소득은 감소하는 현상이 이어지고 있다. 즉, 소득 하위 분위의 경우 최저임금의 급격한 상승이 고용이 감소하고 있고, 고용을 유지하는 가구는 근로시간 감소 등으로 인해 임금은 줄었다고 볼 수 있다. 다시 말하면 저소득층은 많은 실업상태에 있기 때문이고, 중소득층은 상대적으로 낮은 실업과 최저임금 등 각종 정부정책, 고소득층은 세금과 연결되어 있기 때문이다. 따라서 4분위 이하의 소득은 매우 낮은 것으로 나타나는 이유이고, 소비를 제대로 하지 못하는 이유가 되기도 한다.

그렇다면 저소득층에 대한 복지 지원이 민간소비를 회복할 수 있는 지도 물어야 하는데, 어느 정도 선까지는 그런 것으로 보인다. 실제로 고용상태에서 소득을 증가시키게 되면 받을 수 있는 복지 지원이 줄어들기 때문에 오히려 노동공급을 줄이는 상태가 더 많아질 수도 있다. 중소득층은 저소득층에 비해 상대적으로 확률적으로 낮은 실업상태에 있지만, 비소비지출이 상당히 많아진다. 여기서 비소비지출이란 가계소득이 늘더라도 조세, 연금, 사회보험, 이자비용, 가구 간 이전 등이 포함되는 비소비지출이 증가하며, 처분가능소득은 감소할 수 밖에 없으며, 실제로 2018년 1분기에 비소비지출 비율은 21%로 역사상 처음으로 20%를 돌파하여 비슷한 상황이 전개될 수 밖에 없다. 일부 고소득층은 자산이 증가하지만 각종 소득세나 증여세, 상속세 때문에 소비를 급격하게 늘릴 수도 없는 상황이다. 소득과 더불어 민간소비가 떨어지는 이유는 가계부채 때문이다. 서울 등의 일부 지역의 경우, 주택가격지수와 주택구입부담지수가 계속하여 상승하여 많은 지역에서 2018년 1월 이후 50% 이상 급등한 곳이 많기 때문에 주택을 파는 입장에서도 이자에 대한 부담이 있고, 주택을 사는 사람 입장에서도 이자가 존재하기 때문에 소비여력이 감소할 수 밖에 없다.

마지막으로 경기둔화를 예측하는 경우가 많다. 소비자심리지수가 일부 반등 구간이 있기는 하지만 대부분 100이하에서 머무는 경우가 많다. 현재의 생활형편, 가계수입과 같은 현재 상황은 100이하에서 계속 머물고 있으며, 향후 전망도 어두운 경우가 많다. 따라서 긴축해야 하는 상황으로 연결될 수 있으며 투자도 비슷한 상황으로 풀이될 수 있다. 이러한 상황에서 내수를 살리기 위한 방법은 역으로 생각하면 된다. 저소득층에 복지차원이 아닌 실제로 일할 수 있는 일자리를 제공하여 처분가능소득이 늘도록 유도해야 한다. 중소득층에 대해서는 업종이나 종사상 지위와 상관없는 균일한 최저임금 정책, 주 52시간 근무, 주휴수당 등 정부정책 변화로 실제소득을 증가시킨 후 소비를 증가시킬 필요가 있으며, 고소득층에게는 각종 세제에 대한 부분 검토가 소비로 이어질 수 있도록 할 필요가 있다.

식어가는 다른 하나의 문제는 수출이다. 올해 들어와서 2월 –11.4%, 3월 –8.2%, 4월 –2.0%로 수출이 계속하여 감소하고 있는 상황이다. 물론, 작년에 수출이 역대로 매우 높았고, 미중 무역분쟁이나 브렉시트와 같은 상황으로 인해 수출 여건이 좋아지기 어려운 상황을 맞이하였다. 특히, 무역분쟁에 대한 효과는 시간이 지날수록 클 것으로 보인다. 이미 작년 10월에 국제통화기금(IMF)은 미중 무역분쟁이 미국과 중국의 경제성장에 미치는 영향을 발표하였다. 미국의 경제성장률은 2018년 2.9%로 유지하고 있으나 2019년은 2.7%에서 2.5%로 하향 조정하였다. 중국의 경제성장률은 2018년 6.6%로 일정하지만 2019년 전망은 6.4%에서 6.2%로 낮추었다. 세계의 경제성장률은 2018년 3.9%에서 3.7%로 하향 조정하였고, 2019년의 경제성장률은 3.9%에서 3.7%로 하향 조정하였다.

또한, IMF는 미중 무역분쟁에 따라 2018년 미국의 경제성장률은 최소 0.11%p에서 최대 0.23%p 낮아질 것으로 예상하였고, 중국의 경제성장률은 0.16%p~0.43%p로 예측하고 있으며, 2018년 세계 경제성장률은 0.06%p~0.29%p 하락할 것으로 예상하였다. 2019년은 2018년보다 확대되어 미국 0.15%p~0.91%p, 중국 0.56%p~1.63%p, 세계 0.11%p~0.78%p 하락할 것으로 보았다. 미중 무역분쟁은 직접 및 간접적으로 우리나라에 파급효과를 만들어 낼 수 있다. 미중 무역분쟁은 직접적인 효과로 우리나라 수출을 주도하는 반도체와 자동차 수출 등에 바로 영향을 줄 수 있다. 2018년 상반기 국내총생산(GDP) 중 중국의 수출비중은 43.2%이고, 2018년 상반기 경제성장률 2.8% 중에서 수출의 성장기여도는 1.68%p이다. 2018년 1월~8월 우리나라 수출 중 중국비중은 26.8%이며 대중국수출의 국내총생산 비중은 11.6%이고 미국에 대한 수출은 약 12%로 우리나라 전체 수출의 39%에 해당된다. 조금 더 길게 보면, 2015년~2017년 우리나라 평균 경상수지 흑자 중에서 중국비중은 47%로 거의 반을 차지하고 있다. 또한, 간접적으로 미국과 중국의 무역분쟁으로 인해, 중국의 내수가 위축되는 경우 중국 수입수요 감소로 연결되며 한국의 수출이 위축될 수 있다. 이러한 중국의 수입수요 감소로 인해 세계경제가 위축되어 한국 수출을 위축시킬 수 있다. IMF는 이러한 미중 무역분쟁으로 인해 2019년 경제성장률은 0.56%p~1.65%p 추가 하락할 것으로 보았다. 또한, 중국 경제성장률이 1%p 하락하면 한국의 경제성장률은 0.3%p~0.5%p 감소하는 것으로 알려져 있다. 직접적인 효과와 간접적인 효과에 의해 잠재성장률 수준의 한국의 경제성장률을 가정하면, 미중 무역분쟁으로 인해 한국의 경제성장률은 약 0.2%p~0.8%p 정도 감소할 수 있다. 즉, 중국의 경제성장률이 0.56%p 하락하고, 한국의 경제성장률에 0.3%p 영향을 준다면 0.17%p 하락한다. 또한 중국의 경제성장률이 1.65%p 하락하고, 한국의 경제성장률에 0.5%p 영향을 준다면 0.83%p 정도 하락한다.

먼저, 기존 주력 산업에 대한 경쟁력을 확보해야 한다. 수출 상위권으로 보면, 반도체, 일반기계, 석유화학, 석유제품, 자동차, 선박, 철강, 자동차부품, 디스플레이, 무선통신기기 등이 있다. 여기서 반도체는 주로 메모리 반도체에 의존하고 있으며 큰 폭의 반도체 단가 하락은 이미 작년 말부터 예측되고 있는 상황이었다. 우리나라의 비메모리 반도체 점유율은 전세계 60%대를 나타내고 있으나 시스템 반도체 등의 메모리 반도체는 5% 내외의 점유율을 나타내고 있다. 또한 차세대 및 지능형 반도체 시장은 2025년까지 전체 반도체 시장의 50%를 점유할 것으로 예상되고 있기 때문에 여기에 대한 과감한 투자가 필요하고 정부도 규제 등 국내 투자 여건을 형성해 주어야 한다. 일반기계 분야에서는 미국 등의 주요 선진국의 건설 경기가 호조되어 건설지출이 증가되고 있고, 독립국가지역(CIS)의 유전개발과 관련한 곳에 수출이 증가할 수 있다. 석유화학은 글로벌 수요 둔화와 미국발 공급물량 증가에 따라 단가하락 영향이 크다. 석유제품 또한 수출단가 하락 요인이 가장 큰 것과 아시아 국가의 정제설비 증설이 영향을 미치고 있다. 따라서 석유화학과 석유제품은 수출단가를 올리지 못하는 상황이라면 설비투자나 고부가가치 산품에 대해 집중할 필요가 있다. 자동차는 신차 출시 효과로 최근에 수출이 증가하는 현상이 나타나고 있으며 고가인 SUV나 친환경차의 호조가 눈에 띈다. 그러나 여전히 국내 자동차는 연료의 문제나 자율중행과 관련된 부분에서 유럽이나 미국에 비해 기술력이 떨어지고 있는 상황이다. 선박은 최근 증가세를 지속하고 있으나 이제 자율운항 선박 등 고부가가치 시장으로 이동을 해야 하는 상황이다. 다른 산업들도 마찬가지이지만, 경제상황이 좋지 않은 상황에서는 기술, 인력, 설비 등에 투자를 하고, 경기가 좋을 때 치고 나가야 되는 준비를 하고 있어야 한다. 물론 이러한 투자가 국내에서 이루어지면 향후 수출 증가와 더불어 고용 등 훨씬 큰 효과를 만들어 낼 수 있다.

또한, 정부는 기존 산업에 활력을 줄 수 있도록 산업별 경기변동을 반영하여 산업별 로드맵을 업계와 만들고, 필요한 규제 등을 점검하여야 한다. 정부는 기존 산업과 더불어 신산업에도 활력을 주어야 한다. 정부는 작년말 신기술·신산업 창출 지원 강화와 관련하여 8대 선도 사업 추진과 4대 신산업(스마트공장·산단, 미래차, 핀테크, 바이오헬스)에 대해 재정, 세재, 제도 등 집중 지원하기로 하였다. 스마트 공장·산단에 대해 지원단가, 보증비율·보증료 감면, 미래차에 대한 육성전략 수립, 핀테크의 간편결제서비스 해외이용 허용, 바이오헬스와 관련된 해외 임상시험 R&D 세액공제가 대표적이다. 또한, 인공지능(AI), 사물인터넷(IoT), 로봇에 대한 비즈니스모델 개발로 융복합 신시장을 확산한다는 것이다. 수출을 보면, 바이오헬스는 민간의 주도와 K-뷰티의 영향으로 치과용 임플란트·콘택트렌즈 수출 호조가 나타나고 있다. 신산업에는 없지만, 이차전지, 전기차, 플라스틱제품, 농수산식품에서 딸기·포도 등 신선농산물과 라면·맥주 등 가공식품 중심으로 선전하고 있다. 따라서 일부 정부 정책이 효과가 나타난다고 할 수도 있으나, 여전히 시장에 대한 이해도는 낮다고 할 수 있다.

4대 신산업 중 스마트공장·산단에 대해 대부분 금융지원으로 인해, 국내 인력 유입이 늘어나지 않고 있는 상황이다. 오히려 외국인 근로자가 어렵다고 하는 3D 업종에 유입이 늘어나고 있는 상황이다. 또한, 미래차는 일부분 수출이 이루어지고 있으나 여전히 저가 전기자 위주로 전체 시장 크기 증가율보다 훨씬 낮은 증가율을 나타내고 있다. 핀테크는 규제 샌드박스의 도입으로 일부 해결될 수 있으나, 현재의 제도를 변경하는 것보다 예외로 두고 있는 상황이다. 물론 핀테크 모두를 개별 산업의 기준과 다르게 할 필요는 없으나 산업별 특성을 충분히 감안한 상태에서 접근하여야 한다. 우리의 핀테크는 여전히 지급결제에 치우쳐져 있기 때문에 금융업으로의 진출은 어려울 것으로 예상된다. 따라서 새로운 기술로 해외와 경쟁할 수 있는 업체가 나올 수 있도록 도와야 한다. 바이오헬스도 정부의 의도와는 다르게 뷰티나 문화의 수출로 인해 같이 덕을 보고 있는 상황이다. 아직 정부의 성과는 나오지 않았다고 볼 수 있다. 따라서 4대 신산업은 국내에는 물론이고 해외에서 조차 정부의 성과보다는 민간의 영향으로 수출이 늘어나고 있는 상황으로 인식될 수 있다. 인공지능, 사물인터넷, 로봇 등의 경우에는 아직 기반이 거의 없는 상황이다. 이론과 실증 모두에서 인력도 없고, 데이터도 없으며 프로그램도 로열티를 주고 사오고 있는 실정이다. 이러한 상황에서 시장을 열면 바로 앞선 국가들에 점령당할 확률이 높다. 따라서 신산업에서도 여전히 소수의 산업단 빼고 로드맵과 정책이 부재한 상황이고, 이를 수출한다는 것은 기술이 아닌 다른 문화적인 요소만으로 이루어질 가능성이 높다. 이제라도 정부는 기존 주력 산업과 신산업, 두 영역에 없는 금융 산업 등과 같은 분야에 장기적인 로드맵을 만들고, 단기나 중기로 어떻게 운영할지에 대해 고민할 필요가 있다. 단기로 경제, 중기로 노동시장, 장기로 교육시장으로 연결되는 사람에 대한 투자를 통해 인적자본을 형성하고 수출에 연계될 수 있어야 한다.

TIP | 소비자심리지수(CCSI)

소비자동향지수(Consumer Survey Index, CSI)는 소비자의 경제상황에 대한 인식과 향후 소비지출전망 등을 설문조사하여 그 결과를 지수화한 통계자료이며 개별 소비자동향지수는 다음과 같이 산출된다.

$$\text{개별 소비자 동향지수} = \frac{(\text{매우긍정}\times 1.0+\text{다소긍정}\times 0.5+\text{비슷}\times 0.0) - (\text{다소부정}\times 0.5+\text{매우부정}\times 1.0)}{\text{전체 응답가구수}}\times 100+100$$

표 1.6 소비자동향조사 항목

조 사 항 목		조 사 내 용
가계 재정상황에 대한 인식	현재생활형편[1]	6개월 전과 비교한 현재
	생활형편전망[1]	현재와 비교한 6개월 후 전망
	가계수입전망[2]	〃
	소비지출전망[2]	〃
경제상황에 대한 인식	현재경기판단[1]	6개월 전과 비교한 현재
	향후경기전망[1]	현재와 비교한 6개월 후 전망
	취업기회전망[2]	〃
	금리수준전망[2]	〃
가계 저축 및 부채 상황에 대한 인식	현재가계저축[2]	6개월 전과 비교한 현재
	가계저축전망[2]	현재와 비교한 6개월 후 전망
	현재가계부채[2]	6개월 전과 비교한 현재
	가계부채전망[2]	현재와 비교한 6개월 후 전망
물가상황에 대한 인식	물가수준전망[2]	현재와 비교한 1년 후 전망
	주택가격전망[2]	〃
	임금수준전망[2]	〃
	물 가 인 식	지난 1년간 소비자물가상승률에 대한 인식
	기대인플레이션	향후 1년간 소비자물가상승률 전망

주: 1) 100보다 큰 경우 긍정적으로 응답한 가구수가 부정적으로 응답한 가구수보다 많음을, 100보다 작은 경우 그 반대를 나타냄

2) 100보다 큰 경우 증가 또는 상승할 것으로 응답한 가구수가 감소 또는 하락할 것으로 응답한 가구수보다 많음을, 100보다 작은 경우 그 반대를 나타냄

소비자심리지수(Composite Consumer Sentiment Index, CCSI)는 소비자동향지수(CSI)중 6개 주요 지수를 이용하여 산출한 심리지표로서 장기평균치(2003년 1월~2018년 12월)를 기준값 100으로 하여 100보다 크면 장기평균보다 낙관적임을, 100보다 작으면 비관적임을 의미한다. 조사대상은 전국 도시 2,500 가구이다.

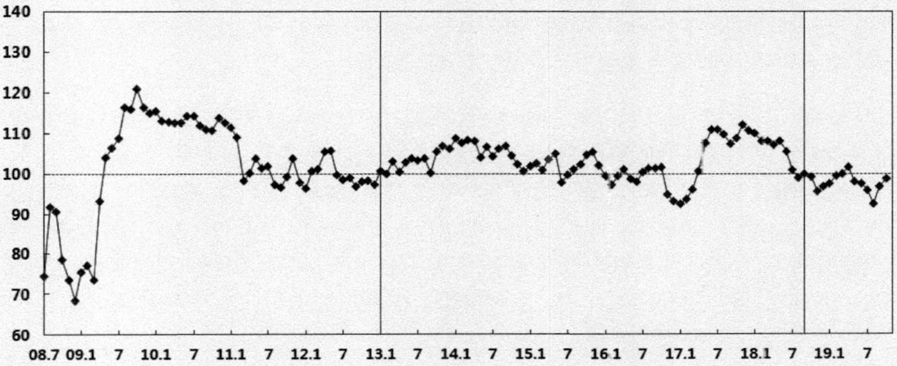

그림 1.5 소비자심리지수 추이

주: 1) 2003~2018년중 장기평균치를 기준값 100으로 하여 100보다 크면 장기평균보다 낙관적임을, 100보다 작으면 비관적임을 의미

2) 실선은 표본개편 시점(2013.1월, 2018.9월)을 의미

자료: 한국은행

표 1.7 소비자심리지수 구성지수의 기여도

		19.2월	3월	4월	5월	6월	7월	8월	9월	10월
소비자심리지수		99.5	99.8	101.6	97.9	97.5	95.9	92.5	96.9	98.6
(전월 대비 지수차)		2.0	0.3	1.8	−3.7	−0.4	−1.6	−3.4	4.4	1.7
구 성 지수의 기여도 (p)	현재생활형편	0.7	−0.5	0.5	−0.5	0.0	0.0	−0.2	0.5	0.0
	생활형편전망	0.3	0.5	0.3	−0.8	0.0	0.0	−0.8	0.7	0.3
	가계수입전망	0.0	0.0	0.4	−0.8	0.0	−0.4	−0.8	1.2	0.0
	소비지출전망	0.0	0.4	0.0	−0.4	−0.4	−0.4	−0.7	0.4	0.7
	현재경기판단	0.5	0.0	0.4	−0.5	0.0	−0.2	−0.4	0.5	0.4
	향후경기전망	0.5	−0.1	0.2	−0.7	0.0	−0.6	−0.5	1.1	0.3

자료: 한국은행

TIP | 가계동향조사

통계청의 가계동향조사는 소득부문과 지출부문으로 나누어 진다. 가계동향조사는 가구에 대한 가계수지 실태를 파악하여 국민의 소득과 소비 수준변화의 측정 및 분석 등에 필요한 자료를 제공한다. 소비자 물가지수 작성에 필요한 가중치 기초자료로 제공되고, 소득수준 측정 및 소득동향 파악을 위한 정책수립의 기초자료로 제공되며, 가계수지 및 가구의 후생수준 분석, 국민소득 추계 등 경제·사회통계 작성에 필요한 기초자료로 제공된다. 또한, 주거이전비 산정, 취약계층 지원사업, 근로자 임금기준의 결정 등의 기준으로 제공된다.

소득부문은 조사기준 분기 익익월, 지출부문은 조사기준 년도 익년 4월에 발표된다. 2020년부터 분기별로 발표된다. 현재 조사대상 표본규모(지출)는 연간 목표 17,400가구, 월간 목표 7,200가구, 분기 목표 9,600가구이다. 월 900개 조사구, 조사구 내에서 8가구를 조사하며 조사지역은 5개 지방청, 34개 사무소이다. 표본규모(소득)는 918개 조사구(조사구당 10가구)로 적격가구는 약 8,000가구이다. 조사대상 범위로 전국가구는 도시 또는 비도시지역 가구원 2인 이상인 일반가구(농어가 제외)이며, 도시근로자가구는 동(洞)지역의 가구원 2인 이상 일반가구(농어가 제외) 중 가구주 직업이 임금근로자인 가구이다.

소득에는 가구주 개인의 소득뿐만 아니라 가구를 구성하고 있는 모든 가구원의 소득, 사업소득, 재산소득, 타가구로부터의 이전과 정부 및 사회단체로부터의 보조금 등이 모두 포함된다. 소득에 관한 모든 금액자료는 가구당 월평균 금액이며, 별도의 표시가 없는 한 물가상승분이 포함된 명목금액이다. 현재 가구를 구성하고 있는 가구원에 대한 소득과 지출을 조사하여 집계한 자료이므로 타지에 나가 있는 가족의 소득과 지출은 포함되지 않는다.

가구특성은 가구주를 기준으로 한 것이다. 분기별 소득 자료는 계절성을 가지고 있으므로 전년동분기비를 중심으로 분석하여야 한다. 5(또는 10)분위별 소득이란 가구를 소득 순으로 나열한 다음, 최하위 가구부터 최상위 가구까지 5(또는 10)구간으로 등분하여 각 구간별 소득을 평균한 금액이다. 따라서 구간별 가구수는 전체 가구수의 20(또는 10)%이다. 여기서 소득이 가장 낮은 쪽의 구간이 1분위이고 가장 높은 쪽의 구간이 5(또는 10)분위이다. 비소비지출에는 조세, 사회보험료 등의 공적지출과 타가구 송금 등 사적 이전지출이 포함되어 있으며, 조세는 가구에서 납부한 직접세(소득세, 재산세, 자동차세 등)이다.

2019년 2/4분기 가구당 월평균 소득은 470만 4천원으로 전년동분기 대비 3.8% 증가(실질기준 3.2% 증가) 하였다. 경상소득은 4.2% 증가하였는데, 근로소득 4.5%, 재산소득, 7.0%, 이전소득(근로에 대한 대가로 받는 보수가 아닌 소득의 형태로 들어오는 수입인 공채 이자·연금 등) 13.2% 증가하였다. 비경상소득(경조소득, 퇴직수당 및 실비보험 탄 금액 등 비경상적 수입)은 44.6% 감소하였다.

표 1.8 2019년 2/4분기 가구당 월평균 소득(전국가구, 전년동분기대비) 단위: 천원, %

구 분	금 액				증감률		
	2018.2/4	2019.1/4	2019.2/4	구성비	2018.2/4	2019.1/4	2019.2/4
소득	4,530.5	4,826.3	4,704.2	100.0	4.2	1.3	3.8
경상소득	4,492.9	4,802.9	4,683.3	99.6	6.3	1.7	4.2
근로소득	3,031.4	3,220.8	3,169.2	67.4	5.3	0.5	4.5
사업소득	925.0	892.2	908.5	19.3	3.8	−1.4	−1.8
재산소득	23.3	16.5	24.9	0.5	34.4	−26.0	7.0
이전소득	513.2	673.4	580.8	12.3	16.6	14.2	13.2
비경상소득	37.6	23.4	20.8	0.4	−68.6	−43.5	−44.6
처분가능소득	3,588.4	3,748.0	3,684.0	−	1.4	−0.5	2.7

자료: 통계청

2019년 2/4분기 가구당 월평균 비소비지출은 102만원으로 전년동분기대비 8.3% 증가하였다. 이자비용, 경상조세, 연금 기여금, 사회보험, 가구간 이전지출은 각각 12.4%, 10.7%, 7.8%, 7.3%, 7.1% 증가하였다.

표 1.9 2019년 2/4분기 가구당 월평균 비소비지출(전국가구, 전년등분기대비) 단위: 천원, %

구 분	금 액				증감률		
	2018.2/4	2019.1/4	2019.2/4	구성비	2018.2/4	2019.1/4	2019.2/4
비소비지출	942.1	1,078.3	1,020.2	100.0	16.5	8.3	8.3
경상조세	156.3	202.6	173.0	17.0	23.7	−0.1	10.7
비경상조세	6.2	14.2	6.4	0.6	−52.7	−6.8	3.9
연금	145.4	153.0	156.7	15.4	10.0	9.1	7.8
사회보험	155.9	159.9	167.3	16.4	14.6	8.6	7.3
이자비용	103.0	112.4	115.7	11.3	26.5	17.5	12.4
가구간이전지출	257.8	308.2	276.0	27.1	25.4	8.9	7.1
비영리단체로이전	117.7	127.8	125.1	12.3	2.8	14.9	6.3

자료: 통계청

6

2019년 경제성장률 2% 초중반으로 낮아질 듯

2018년 상반기와 하반기에 발표된 2019년 세계 경제성장률은 경제협력개발기구(OECD) 3.9%에서 3.7%로 하락 전망, 국제통화기금(IMF) 3.9%에서 3.7%로 하락 전망, 세계은행(World Bank) 3.1%로 예상하고 있다. 주요국에 대해 OECD는 2019년 미국 2.9%에서 2.7%로 하락 전망, 중국은 6.4%로 예상하고 있으며, IMF는 미국 2.7%에서 2.5%로 하락전망, 중국 6.4%에서 6.2%로 하락 전망하고 있다. Word Bank는 미국 2.5%와 중국 6.3%로 예상하고 있다.

아직 우리나라의 2018년 4분기의 통계가 나오지 않았으나 2017년 경제성장률 3.1%은 매우 이례적인 숫자이고, 2018년의 경제성장률은 상고하저 형태로 상반기 2.8%, 하반기 2.3%로 연간 2.6% 내외가 될 것으로 전망되고 있다. 반면 2019년은 2018년보다 낮은 2.5% 내외의 경제성장률을 전망한다. 2018년 상반기와 하반기는 비슷할 것으로 보이지만, 경기변동 상으로는 상반기가 낮고 하반기가 상반기보다 상대적으로 높아질 것으로 보인다. 특히, 반도체의 가격경쟁률이 떨어지거나 미중 무역분쟁이 격화될수록 하반기 경제성장률은 낮아질 수 있다. 지출 항목별로 보면 다음과 같다.

최종 소비지출은 정체될 전망이다. 2017년 소비지출 증가율은 2.6%, 2018년 상반기 3.2%, 하반기 2.3%로 연간 2.8%로 예상된다. 최근 몇 년 동안 소비지출 증가율이 경제성장률보다 높았던 적은 없다. 따라서 2019년 상반기 2.4%, 하반기 2.3%로 연간 2.3% 정도가 될 것으로 전망된다. 소비심리가 악화되고 있고, 최저임금 인상 등의 요인으로 인한 가계의 임금소득 증가로 인해 소비지출을 증가될 수도 있으나, 비소비지출의 증가 및 실업으로 인해 소비지출 증가율은 매우 낮아질 것으로 예상된다. 그러나 민간 소비지출 증가율이 낮더라도 정부소비의 증가율은 계속해서 높아지고 있다. 2018년 전기 대비 민간 소비지출은 1분기 0.7%, 2분기 0.3%, 3분기 0.3%이나 정부소비는 1분기 2.2%, 2분기 0.3%, 3분기 1.5%로 매우 높게 나타난다.

투자 또한 매우 낮을 전망이다. 설비투자는 2017년 14.6%였으나, 2018년에는 반도체 산업 등의 영향으로 인해 상반기 1.9%보다 매우 낮은 –1.7%로 예상된다. 2019년은 –3.1%로 예상된다. 기업 실적 악화로 투자 여력은 감소되고 있고, 미국의 금리 인상 영향에 따라 국내금리가 인상되면 기업들의 자금조달 환경이 악화되는 점도 투자를 제약하는 요인이 될 수 있다. 여기에 최저임금 인상과 주52시간 근무, 주휴수당 등 정책불확실성이 투자 확대에 장애 요소가 될 수 있다.

건설투자는 2017년 7.6%, 2018년 상반기 –0.1%이었으나 하반기에는 보다 악화되어 –2.7%가 될 것으로 보인다. 2019년에 –2.9%로 낮아질 전망이다. 2019년의 건설투자는 수도권을 제외한 지방의 미분양주택수가 증가하고, 분양률도 낮아지고 있다. 신 DTI나 DSR 등 금융규제에 변화가 생기면서 수요가 둔화될 전망이다. 여기에 비주거용 건물투자 역시 공급확대로 공실률이 높아지는 상황이므로 금리 인상 등으로 오피스텔 수익률이 축소되는 점도 제약요인이 될 전망이다. 또한, SOC 예산 축소로 인프라 등 토목 건설 투자도 마이너스 성장을 지속할 전망이다.

2019년 경상수지 흑자규모는 줄어들 전망이다. 재화와 서비스의 수출은 2017년 1.9%, 2018년 4.1%였으나 2018년 3.1%로 예상된다. 수출물량 증가가 완만하게 이루어지는 가운데 수출단가 상승세는 낮아질 전망이고, 환율에 대한 가격효과도 거의 사라졌기 때문에 수출증가율은 낮아질 수 있다. 또한, 유가상승률이 감소하면서 석유화학 부문에서도 단가상승 효과가 줄어들 수 있다. 반도체의 경우, 이미 환율효과가 제거되고 있으며 2019년 하반기부터 중국의 양산체제에 따라 수출 항목에서 비중감소가 예상된다. 경상수지 흑자는 2017년 785억 달러, 2018년 730억 달러로 예상되나 2019년에는 전년보다 줄어든 651억 달러로 예상된다. 경상수지는 흑자를 유지하겠으나 상품수지 흑자가 감소하면서 2018년보다 흑자규모는 감소할 전망이다. 미국과 중국의 글로벌 경제 성장률 하방 압력, 수출단가 하락 등으로 상품수지 흑자폭이 줄어들 전망이다. 또한, 미국과 중국과의 무역전쟁으로 인해 국내 경제성장률에 0.2%~0.8%까지 영향을 미칠 것으로 보인다.

소비자 물가는 2%가 넘을 것으로 예상된다. 2016년 1.9%, 2017년 상반기 1.4%였으나 전체적으로는 1.6%가 될 것으로 예상된다. 특히 하반기에 거의 2%에 육박할 것으로 보인다. 2019년에 상반기 2.0%, 하반기 2.1%로 예상된다. 공공요금 및 공공서비스 가격 인상, 최저임금으로 인한 상품 가격 인상으로 인해 올해보다 높아질 것으로 예상된다.

고용은 악화될 것으로 예상된다. 2017년 월평균 취업자수는 32만명이었으나 2018년 상반기 14만명, 하반기 10만명이 되지 않아 월평균 9만명 내외가 될 것으로 보인다. 2019년에도 이러한 기저는 이어져 10만명 내외가 될 것으로 보인다. 실업률은 올해보다 악화된 4.1% 내외가 될 것으로 예상된다.

표 1.10 2018년 3월 기준 경제전망

	2017	2018							2019		
	연간	1Q	2Q	3Q	4Q	상반	하반	연간	상반	하반	연간
GDP	3.1	2.8	2.8	2.0	2.6	2.8	2.3	2.6	2.4	2.5	2.5
민간소비	2.6	3.5	2.8	2.5	2.2	3.2	2.3	2.8	2.4	2.3	2.3
건설투자	7.6	1.8	−1.5	−8.9	−1.9	−0.1	−5.4	−2.7	−3.1	−2.6	−2.9
설비 투자	14.6	7.3	−3.0	−7.4	−3.2	1.9	−5.3	−1.7	−0.1	1.2	0.5
수출(재화+서비스)	1.9	1.6	4.8	3.1	7.0	3.2	5.0	4.1	3.5	2.7	3.1
수입(재화+서비스)	7.0	4.2	2.0	−1.8	10.5	3.1	4.4	3.7	2.9	2.1	2.5
소비자물가	1.9	1.3	1.5	1.6	2.2	1.4	1.9	1.6	2.0	2.1	2.1
경상수지(억 달러)	785	118	178	280	154	296	434	730	312	339	651
상품수지(억 달러)	1,199	239	317	359	224	556	583	1,139	461	489	950
수출 (억 달러, BOP 기준)	5,774	1,497	1,575	1,584	1,521	3,072	3,105	6,177	3,116	3,240	6,356
증가율(%)	12.8	7.5	10.1	6.4	4.1	8.8	5.3	7.0	1.4	5.0	3.2
수입 (억 달러, BOP 기준)	4,575	1,258	1,258	1,225	1,297	2,516	2,522	5,038	2,655	2,751	5,406
증가율(%)	16.4	12.3	10.8	7.3	10.1	11.5	8.7	10.1	5.7	9.3	7.5
환율(원/달러, 평균)	1130.4	1072.3	1078.6	1121.6	1119.3	1,075.4	1,120.4	1,097.9	1,090.3	1,082.8	1,086.6
회사채수익률 (3yrs, AA−)	2.33	2.79	2.82	2.62	2.71	2.80	2.66	2.73	2.72	2.81	2.77
실업률(%)	3.68	4.30	3.90	3.80	4.00	4.10	4.00	4.00	4.20	3.90	4.05

7

ifsPOST, 2018.10.29. 작성

올해 경제성장률 2.6%도 위험하다

3분기까지의 국내 경제성장률(GDP 성장률)이 발표되었다. 국제적인 기관들도 전망을 1년에 2회~3회 정도 하게 된다. 국제통화기금(IMF)는 올해 전망에서 세계 경제성장률을 계속해서 낮추고 있으며, 2019년의 전망도 시간이 지날수록 낮아지고 있다. 한국의 경제성장률에 대해 가장 최근인 10월에 2018년 3.0%에서 2.8%로, 2019년 경제성장률을 2.9%에서 2.6%로 낮아질 것으로 예상하였다.

표 1.11 IMF 경제성장률 전망

단위: %

	2018년			2019년		
	2018.4전망	2018.7전망	2018.10전망	2018.4전망	2018.7전망	2018.10전망
세계	3.9	3.9	3.7	3.9	3.9	3.7
미국	2.9	2.9	2.9	2.7	2.7	2.5
유로존	2.4	2.2	2.0	2.0	1.9	1.9
일본	1.2	1.0	1.1	0.9	0.9	0.9
한국	3.0	3.0	2.8	2.9	2.9	2.6
중국	6.6	6.6	6.6	6.4	6.4	6.2
인도	7.4	7.3	7.3	7.8	7.5	7.4
브라질	2.3	1.8	1.4	2.5	2.5	2.4

세계은행(World Bank)는 한국에 대한 경제성장률 전망을 따로 하지 않는다.

표 1.12 World Bank 경제성장률 전망

단위: %

	2018년		2019년	
	2018.1전망	2018.6전망	2018.1전망	2018.6전망
세계	3.1	3.1	3.0	3.0
미국	2.5	2.7	2.2	2.5
유로존	2.1	2.1	1.7	1.7
일본	1.3	1.0	0.8	0.8
중국	6.4	6.5	6.3	6.3
인도	7.3	7.3	7.5	7.5
브라질	2.0	2.4	2.3	2.5

경제협력개발기구(OECD)는 연간 3회 경제성장률 예측을 한다. 그러나 시간이 흐를수록 세계 경제성장률의 전망치는 낮아지고 있다. 특히 세계 경제성장률, 유로존, 한국, 브라질 등의 경제성장률 전망치가 낮아지고 있다.

표 1.13 OECD 경제성장률 전망

단위: %

	2018년			2019년		
	2018.3전망	2018.5전망	2018.9전망	2018.3전망	2018.5전망	2018.9전망
세계	3.9	3.8	3.7	3.9	3.9	3.7
미국	3.2	2.9	2.9	3.2	2.8	2.7
유로존	2.3	2.2	2.0	2.1	2.1	1.9
일본	1.5	1.2	1.2	1.1	1.2	1.2
한국	3.0	3.0	2.7	3.0	3.0	2.8
중국	6.7	6.7	6.7	6.4	6.4	6.4
인도	7.2	7.4	7.6	7.5	7.5	7.4
브라질	2.2	2.0	1.2	2.4	2.8	2.5

국내에서도 정부, 국책 연구기관, 민간 연구기관들이 국내 경제전망을 발표하고 있다. 한국은행은 올해 4차례 전망을 통해 2018년 3.0%에서 2.7%로 낮추었고, 2019년은 최근에 2.9%에서 2.7%로 낮추었다. 한국개발연구원(KDI)는 상반기 전망에서 2018년 2.9%, 2019년 2.7%로 예측하였다. 민간 연구원인 LG경제연구원은 2018년 2.8% 유지, 2019년 2.5%로 낮추어 예측하였다. 한국경제연구원은 2018년 2.7%, 2019년 2.6%로 예측하였다. 현대경제연구원도 2018년은 2.8%, 2019년은 2.6%로 낮추었다. 국가미래연구원은 2018년 2.8%에서 2.6%로 낮추었고 하반기 경제성장률 예측이 남아 있다.

표 1.14 국내 주요 연구기관 경제성장률 전망 단위: %, 년, 월

	2018년				2019년			
한국은행	3.0(2018.1)	3.0(2018.4)	2.9(2018.7)	2.7(2018.10)	2.9(2018.1)	2.9(2018.4)	2.9(2018.7)	2.7(2018.10)
KDI		2.9(2018.5)				2.7(2018.5)		
LG경제 연구원		2.8(2018.5)	2.8(2018.9)			2.8(2018.5)	2.5(2018.9)	
한국경제 연구원	2.8(2018.1)		2.8(2018.8)	2.7(2018.10)				
현대경제 연구원	2.8(2018.3)	2.8(2018.6)	2.8(2018.9)				2.6(2018.9)	
국가미래 연구원		2.8(2018.6)		2.6(2018.9)		2.7(2018.6)		

그러나 최근의 성장률을 보면 2.6%도 위험해 보인다. 최근 3분기까지의 경제성장률을 보면, 전년동기 대비 성장률이 1분기 2.8%, 2분기 2.8%, 3분기 2.0%이다. 2016년 4분기 2.6%, 2017년 4분기 2.8%임을 감안하면 2.6%~2.8% 정도로 예측할 수 있다. 4분기가 2.6%~2.8%라면 단순계산으로 연간 2.6% 정도가 나온다. 그러나 4분기 경제성장률이 2.6% 미만이라면 2.5%까지도 떨어질 수 있다. 근거는 여러 가지가 있다. 먼저 2017년 4분기의 민간소비 증가율은 전년동기 대비로 3.4% 증가하며 2017년에 매우 높았고, 최근에 정부소비가 증가하고 있기 때문에 4분기 민간소비 증가율이 높을 이유가 없다. 건설투자는 전년동기 대비로 2분기부터 매우 빠른 속도로 나빠지고 있다. 2분

기 –1.5%, 3분기 –8.6%이다. SOC투자 등이 이유가 될 수도 있으나, 건축의 건설기성액이 빠르게 감소하고 있고, 토목의 건설기성액이 점차 감소하고 있다. 또한, 건축과 토목의 건설수주액도 빠르게 감소하고 있다. 설비투자 또한 2분기 이후 마이너스로 돌아서며 좋지 않다. 기존 산업의 경쟁력에 대한 정부의 무관심이나 반도체나 자동차 외에 설비투자처를 찾지 못하고 있기 때문으로 보인다. 일반기계류, 전기기계, 특수산업용기계 등이 빠르게 감소하고 있으며 대부분 반도체 관련 산업이나 자동차 산업에서 투자가 집중되었기 때문이다. 따라서 전체적으로 소비와 투자에 문제가 보이지만, 다행히 수출은 견조한 상태이다. 그러나 수출에서도 여전히 리스크는 남아 있다. 반도체 및 석유제품 위주의 수출이 되고 있다. 또한, 환율효과에 의한 가격경쟁력은 통상적으로 환율역전에 의해 5분기~6분기 지속하게 되므로 2019년 상반기 정도에 환율효과가 국내수출에도 영향을 줄 수 있다. 따라서 2018년의 경제성장률은 2.6%도 위험하다고 볼 수 있다.

8

ifsPOST, 2018.10.25. 작성

소득주도성장이 성공적으로 안착하고 있는가?

한국은행, 2018년 연간 국내총생산 속보치 2.7%를 발표하다.

한국은행은 1월에 2018년 경제성장률 속보치 2.7%를 발표하였다. 속보치는 분기가 끝나면 바로 발표되지만, 일반적으로 분기가 끝난 후 28일 이내에 발표된다. 분기 실질 국내총생산속보치의 일부 부문의 경우 해당 분기 2개월 실적 자료와 분기 말월 결측치의 추정자료를 사용하여 잠정치 편제방법과 유사하게 작성하게 된다. 여기서 분기 말월 결측치는 기업체 등에 대한 모니터링, 이동평균법, 추세분석, ARIMA 모형, 회귀분석 등을 통해 추정잠정치는 속보치에서 감안되지 않은 모든 지표를 검토한 후에 발표되며 분기 자료는 70일 내에 발표된다. 잠정치는 분기 중의 마지막 월에 이루어진 경제활동까지 반영한다. 따라서 예상보다 경기가 좋으면 잠정치가 속보치보다 높아질 수 있으나, 반대로 경기가 좋지 않으면 잠정치가 속보치보다 낮아질 수 있다.

속보치보다 잠정치를 기다려야 한다.

2018년 1분기 실질 국내총생산 잠정치는 1.0%였으나 속보치는 1.1%로, 잠정치는 속보치 대비 0.1%p 하향 수정되었다. 일부 실적치 자료를 반영한 결과 민간소비(+0.1%p)가 상승한 반면 건설투자(−1.0%p), 설비투자(−1.8%p) 등이 하락하였다. 2018년 2분기 실질 국내총생산 잠정치는 전기 대비 0.6% 성장하였는데, 속보치는 0.7%로 0.1%p 하향 수정되었다. 일부 실적치 자료를 반영한 결과 설비투자(+0.9%p)가 상향 수정된 반면 건설투자(−0.8%p), 수출(−0.4%p), 수입(−0.4%p)은 하향 수정되었다. 3분기 실질 국내총생산 잠정치는 전기 대비 0.6% 성장하였으며 속보치와 동일하였다. 다만, 설비투자(+0.3%p)가 상향 수정된 반면 건설투자(−0.3%p), 민간소비(−0.1%p) 등이 하향 수정되었다. 따라서 2018년 연간 국민소득 잠정치는 올해 3월초에나 알 수 있다. 따라서 잠정치와 속보치는 0.2% 정도 차이나 날 수 있다.

정부의 최종소비지출이 소비지출증가율에 큰 역할을 하고 있다.

최근까지 최종소비지출 증가율이 경제성장률보다 높은 적은 거의 없다. 속보치에서 최종소비지출 증가율은 2.8%이며 경제성장률은 2.7%이다. 이러한 결과를 놓고 소득주도성장이 성공했다고 보기 어렵다. 최종소비지출 내의 민간소비는 2.6%로 경제성장률보다 낮고, 정부 소비지출은 3.4%로 월등히 높다. 기여도 측면에서 보아도 전년동기 대비 최종소비지출은 1.8%p인데 민간의 최종소비지출은 1.3%p, 정부의 최종소비지출은 0.5%p를 차지하고 있다.

민간 소비여력은 생각보다 매우 낮다.

조업일수 기준으로 보면 2018년 9월부터 생산이 줄면서 저성장 국면에 접어들었다고 볼 수 있다. 수출 또한 12월부터 떨어지고 있는 상황이다. 이러한 상황에서 소득분위별로 소비를 할 수 있는 여력이 크지 않다. 정부가 많이 인용하는 소득불평도 자료를 보면, 소득 하위 가구까지 물가상승률을 감안한 실질소득은 감소한다. 이에 대한 원인은 실업 상태에 있거나 소득 자체가 낮은 것이 주요인이다. 따라서 경기침체가 발생하면 소득 하위 분위의 소비여력은 더욱 낮아질 수 밖에 없다. 또한, 소득이 높은 상위 분위에서는 세금, 이자, 사회보험 등의 비소비지출이 매우 빠른 속도로 늘어난다. 따라서 처분가능한 소득의 정체는 경제성장률보다 큰 소비증가율과 경제성장으로 이어지기 어렵다.

소비여력이 감소하는 이유는 복합적이다.

국민총소득에서 가계소득 비중은 좋아지고 있으나, 소비지출이 늘지 않는 이유는 다양하며 민생고로 연결된다. 민간에서 소비자심리지수는 악화되고 있다. 소비자심리지수는 2017년말 110.6을 시작으로 계속 하락하였으나, 2018년 8월에 99.2로, 2017년 3월에 100보다 낮은 수준을 나타내다가 이후에 상승하여 100이하로 하락한 것은 1년 5개월만이며 최근엔 96.9까지 떨어져 있다. 앞에서 언급한 비소비지출 증가도 소비여력을 떨어뜨린다. 가계소득이 늘더라도 조세, 연금, 사회보험, 이자비용, 가구 간 이전 등이 포함되는 비소비지출이 증가하며, 처분가능소득은 감소할 수 밖에 없으며, 실제로 2018년 1분기에 비소비지출 비율은 21%로 역사상 처음으로 20%를 돌파하였다. 부동산 매매가격 증가도 소비여력을 떨어드린다. 서울의 경우, 주택가격지수와 주택구입부담지수가 계속하여 상승하여 많은 지역에서 2018년 1월 이후 50% 이상 증가한 곳이 많으며 최근 감소하는 것은 매우 제한적이므로 소비여력이 감소할 수 밖에 없다. 마지막으로 일자리 취약계층의 대거 실직, 시간당 최저임금이 늘더라도 일하는 시간이 줄기 때문에 소득 감소에 따라 소비가 감소할 수 밖에 없다.

9

2019 물가 전망

정부나 연구소 등은 경제성장률 모형을 예측할 때, 각 블록과 블록 내의 변수들의 상호작용을 보게 된다. 특히, 물가블록에서는 소비자물가, 생산자물가, GDP디플레이터, 수출입단가, 임금 등을 고려하고, 외생변수로 국제유가를 이용하는 경우가 많다. 물론 각 변수 내에서도 이외의 환율, 단위노동비용, 콜금리, 세계 소비자물가 지수 등 다른 변수들을 고려하여 전망하기도 한다. 여기서는 물가전망에서 가장 기본이 되는 소비자물가, 생산자물가, 수출입물가를 전망하고, 이에 대한 주요 요인인 환율과 국제유가를 살펴본다.

2017년의 소비자물가지수는 102.9로 전년대비 1.9% 상승하였다. 2017년 상반기에 2.0%, 하반기에는 1.9% 상승하였다. 2018년 상반기에는 보다 안정적으로 1.4% 상승하였다. 그러나 가장 최근인 9월에 105.60으로 1.9% 증가하며 2017년 상승률과 비슷한 상황으로 돌아오고 있다. 2018년 9월 기준으로, 총지수 구성요소 중에 상품이 2.6% 상승하였는데 농축수산물과 석유류가 크게 증가하고 있으며, 서비스가 1.4% 상승하였다. 또한, 생활물가지수 및 신선식품지수는 기후변화 등의 영향으로 매우 높은 상승률을 나타내고 있다. 한국은행의 물가상승 목표치인 2.0%에 근접하였으며, 국제유가와 원/달러 환율이 상승하고 있는 상황에서 4분기 물가상승률은 2.2% 정도로 예상되고 있다. 따라서 2018년 물가상승률은 1.7% 정도로 예상된다. 2019년 상반기에는 국제유가의 상승, 환율의 상승, 임금 상승 등으로 인해 2018년 상반기에 비해 상대적으로 높을 것으로 예상되며, 2019년 하반기는 2018년 하반기와 비슷할 것으로 예상된다. 따라서 2019년 소비자물가지수는 2.0%내외로 예상된다.

일반적으로 생산자물가지수가 높아지게 되면, 상품과 서비스마다 차이가 있으나 소비자물가지수에 1개월~3개월 정도의 시차(lag)를 두고 반영된다. 2017년 생산자물가지수는 102.5로 전년대비 3.5% 상승하였다. 2017년 상반기에 3.7%, 하반기에는 3.2% 상승하였다. 2018년 상반기에 기저효과로 인해 1.8% 상승하였다. 그러나 가장 최근인 8월에 105.43으로 3.0% 증가하며 2017년 하반기와 같은 평균상승률과 비슷해지고 있다. 농림수산품의 변동성은 기후 등의 영향으로 매우 크게 나타나지만, 여름의 이상기후로 인해 농산물의 가격이 빠른 속도로 상승하고 있다. 축산물과 수산물은 2017년 급등세가 최근에는 낮아지고 있는 것으로 보인다. 공산품 중에서는 국제유가 상승 등으로 인해 석탄 및 석유제품의 생산자물가가 매우 빠른 속도로 상승하고 있다. 서비스 중에서 음식점 및 숙박, 사업서비스는 임금 상승 등의 영향이 큰 것으로 보인다. 이러한 점들을 감안할 때, 2019년 상반기는 2018년 상반기에 비해 높아질 것으로 예상되며, 2019년 하반기는 2018년 하반기와 비슷할 것으로 예상된다. 따라서 2019년 생산자물가지수는 3.6% 내외로 예상된다.

2017년 수출물가지수와 수입물가지수는 5.0% 상승하였다. 2017년 상반기의 수출물가지수는 4.8%, 하반기에 5.1% 증가하였다. 2017년의 수출물가지수는 석탄 및 석유제품, 제1차 금속제품을 중심으로 상승하였다. 2018년 상반기의 수출물가지수는 –0.9% 감소였으며, 2018년 8월의 수출물가지수는 1.8% 상승하였다. 2019년의 수출물가지수는 국제유가 상승과 환율의 영향이 클 것으로 예상된다. 2019년 상반기의 수출물가지수는 2018년 상반기 수출물가에 비해 높아질 것으로 예상되며, 2019년 하반기 수출물가도 2018년보다 높아질 것으로 예상된다.

2017년 상반기의 수입물가지수는 5.6%, 하반기에 4.4% 상승하였다. 2017년의 수입물가지수는 원재료의 광산품, 중간재의 석탄 및 석유제품, 제1차 금속제품 위주로 상승하였다. 2018년 상반기의 수입물가지수는 3.2% 상승하였으며, 2018년 8월의 수입물가지수는 8.1% 상승하였다. 2019년의 수입물가지수와 수입물가지수도 국제유가 상승과 환율의 영향이 클 것으로 예상된다. 2019년 상반기의 수입물가는 2018년 상반기 수입물가에 비해 높아질 것으로 예상되며, 2019년 하반기 수입물가에 비해 낮아질 것으로 예상된다.

표 1.15 소비자물가지수 주요 등락률(전년 및 전년동월비) 단위: %

지수	2017년	2018년 9월
생산자물가지수	1.9	1.9
상품	1.9	2.6
농축수산물	5.5	7.1
공업제품	1.4	1.9
석유류	7.5	10.7
전기·수도·가스	–1.4	1.4
서비스	2.0	1.4
외식	2.7	2.4
농산물 및 석유류 제외지수	1.5	1.2
식료품 및 에너지 제외지수	1.5	1.0
생활물가지수	2.5	2.2
신선식품지수	6.2	8.6

자료: 통계청

표 1.16 생산자물가지수 주요 등락률(전년 및 전년동월비) 단위: %

지수	2017년	2018년 8월
생산자물가지수	3.5	3.0
농림수산품	6.4	8.4
농산물	–1.5	19.6
축산물	8.5	–0.3
수산물	23.7	–2.0
공산품	4.8	4.0
석탄 및 석유제품	19.7	28.8
제1차금속제품	16.0	8.4
전력·가스·수도	1.0	–2.5
서비스	1.5	1.7
음식점 및 숙박	2.3	3.3
사업서비스	2.1	2.3

자료: 한국은행

표 1.17 수출입물가지수 주요 등락률(전년 및 전년동월비) 단위: %

지수	2017년	2018년 8월
수출물가지수	5.0	1.8
수입물가지수	5.0	8.1

자료: 한국은행

원/달러 환율은 6월 중순부터 급격하게 상승하여, 7월 19일에는 1달러당 1,138원으로 최고점을 나타내었고, 이후 1,100원~1,130원대를 형성하고 있다. 이러한 달러화 강세는 수출총액을 감소시키고, 국내 수입물가를 상승시켜 생산자물가와 소비자물가를 상승시키는 요인으로 작용할 수 있다. 2018년 상반기 원/달러 환율은 1달러당 1,080원이었으며, 하반기는 1,140원으로 연간 1,108원으로 정도로 예상된다. 그러나 현재의 미국 및 한국 경제상황과 금융시장 상황이 유지된다면 2019년은 2018년 하반기의 환율인 1,140원보다 높을 것으로 예상된다.

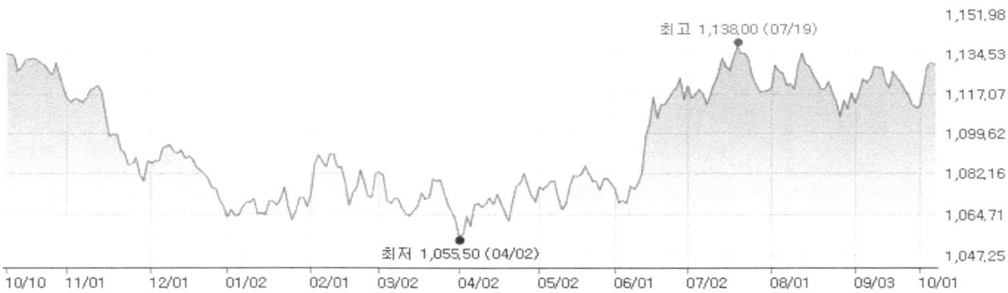

그림 1.6 원/달러 환율
자료: NAVER

원/엔 환율은 2018년 1월 5일에 100엔당 940.12원이었으나 3월 2일에 1,028원으로 상승하였고, 최근에는 1,000원 이하로 떨어져 있다. 일반적으로 엔화 약세가 지나고 엔화가 강세로 돌아서면, 국내 상품의 가격경쟁력이 낮아지기 때문에 국내 수출과 물가에 영향을 줄 수 있다. 환율효과에 의한 가격경쟁력은 통상적으로 환율역전에 의해 5분기~6분기 지속하게 되므로 2019년 상반기 정도에 환율효과가 국내수출 뿐만 아니라 국내물가에도 영향을 줄 것으로 보인다. 또한, 현재의 수준에서 국제유가의 변동성이 확대되면 수출과 수입에 동시에 리스크가 커지므로 경상수지를 낮출 수 있는 요인이 될 수 있다.

국제유가는 2017년 12월초에 배럴당 60달러에서 6주 만에 70달러를 기록하였다. 최근인 10월 1일에 80달러를 돌파하였다. 이러한 배경에는 석유수출국기구(OPEC)와 러시아가 감산기간을 2018년 12월까지 연장하였고, 북해 송유관 누유, 리비아 송유관 폭발 등과 같은 일시적인 공급부족, 이란 제재 및 베네수엘라 경제난, 세계 경기회복에 따른 수요 증가 등이 유가를 상승시키고 있다. 우리나라는 원유 및 석유제품 순수입 규모가 국내총생산(GDP)의 2.2% 규모로 주요국 중 6위를 나타내고 있어 유가 변동은 경상수지 뿐만 아니라 물가에도 상당히 큰 영향을 미친다. 이란 제재 등으로 인한 국제유가는 보다 높아질 것으로 예상된다.

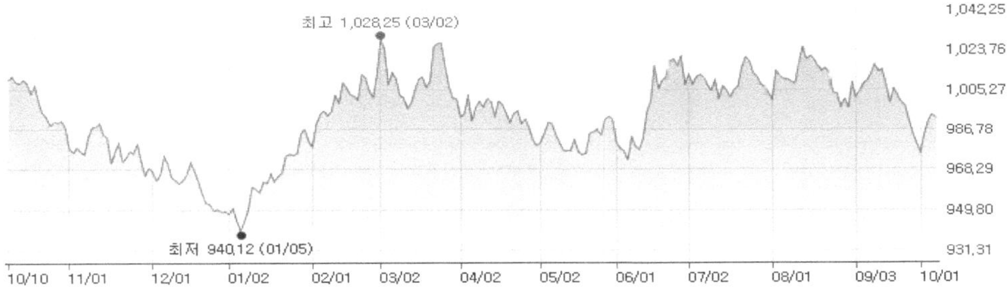

그림 1.7 원/엔 환율

자료: NAVER

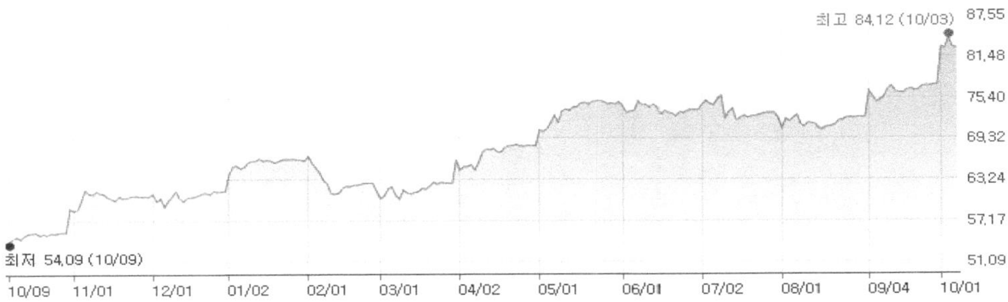

그림 1.8 국제유가(두바이유)

자료: NAVER

TIP | 수출입물가

앞에서 살펴본 GDP디플레이터, 소비자물가지수, 생산자물가지수 외에도 수입 및 수출과 관련된 물가지수, 국내공급물가지수, 총산출물가지수도 존재한다.

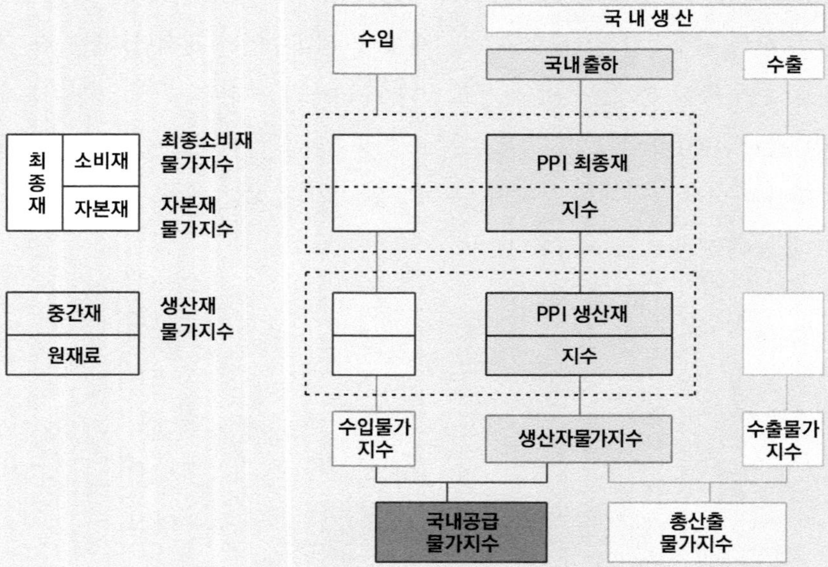

그림 1.9 우리나라 물가지수 체계

자료: 한국은행

수출물가지수의 조사대상 품목은 모집단거래액의 1/2,000(1,983억원) 이상의 거래비중을 갖고 동종 산업 내 상품군의 가격변동을 대표할 수 있으며 품질규격이 계속성을 지닌 품목이다. 2015년 기준 수출물가지수 조사대상 품목은 206개로 개편 전(205개)보다 1개 품목이 증가하였다.

수입물가지수의 조사대상 품목은 모집단거래액의 1/2000(2,026억원) 이상의 거래비중을 갖고 동종 산업 내 상품군의 가격변동을 대표할 수 있으며 품질규격이 계속성을 지닌 품목이다. 수입물가지수 조사대상 품목은 230개로 개편 전(235개)보다 5개 품목 감소하였다.

국내공급물가지수(생산자+수입 물가지수)는 종전 가공단계별 물가지수를 사업서비스, 개인서비스 등 서비스부문까지 확장한 것이다. 즉, 물가변동의 파급과정 등을 파악하기 위하여 국내에 공급(국내출하 및 수입)되는 상품 및 서비스의 가격변동을 측정하는 지수이다. 최종재, 중간재, 원재료 등으로 구분·편제함으로써 가격상승 요인을 생산단계별로 파악이 가능하다.

총산출물가지수는 국내기업이 재화와 서비스의 제공대가로 지급받는 총산출가격을 파악하도록 해주는 총산출물가지수를 말한다. 즉, 국내생산품의 전반적인 가격변동을 파악하기 위하여 국내에서 산출(국내출하 및 수출)되는 상품 및 서비스의 가격변동을 측정하는 지수이다. 생산자물가지수를 국내출하기준이 아닌 총산출기준으로 작성하고 있는 국가와의 비교가능성을 제고하며 생산자의 채산성 변동 측정에 이용 가능하다.

10

디지털타임스, 2018.09.03. 작성

우리 경제상황, 올바르게 해석되고 있는가?

최근에 정부는 소득주도성장, 혁신성장, 공정경제의 3대 축 중 가장 중요한 부분이 소득주도성장으로 보고 있다. 거시경제학에서 성장이론과 실제에 대해 여러 연구가 이루어져 왔으나, 소득주도성장에 대한 이론과 방법론은 정립되지 않은 상태이다. 그렇다면 현실에서 이용되고 방법론이 전체적인 이론으로 이어질 수도 있다. 그렇다면 현실이 먼저 제대로 해석되고 있는 지에 대해 살펴보아야 한다.

먼저 고용 시장은 악화될 수 있다. 취업자수는 7월 취업자수 5천명 증가하며, 1월~7월 평균 12만 2천명 증가하였으나 하반기 경제 둔화를 비추어 볼 때 정부 목표인 18만명이 달성되려면, 남은 기간 동안 평균 21만 3천명이 늘어야 하는데 불가능에 가깝다. 또한, 연령대별로 보면 급격한 최저임금 인상과 주 52시간 근로 등의 영향으로 10대, 경기둔화 및 구조조정으로 30대, 40대 고용이 대폭 감소하고 있다. 종사상 지위별로는 고용원이 없는 자영업자가 대폭 감소하였으며, 일자리 취약계층인 임시근로자와 일용근로자 고용 대폭 감소하였고 상용근로자 증가 수도 감소하고 있다. 최근의 고용원이 있는 자영업자가 증가한 이유는 이미 고용되고 있는 상황에서 일자리 안정자금 지원 등으로 인해 4대 보험에 가입하면서 증가하였다. 업종별로는 정부예산이 투입되는 보건업 및 사회복지 서비스업, 공공행정(국방 및 사회보장 행정) 등에서 증가하였으나, 경기둔화에 따른 제조업 고용 감소, 저출산 고령화와 최저임금 등으로 인한 교육서비스, 음식숙박업, 도소매업 고용 감소가 이어지고 있다.

소득자료에 대한 혼선도 나타난다. 2000년 이후, 경제성장에 비해 평균 가계소득이 낮아지는 이유는 가계소득 분배비율이 낮은데, 1인 가구 증가, 평균 가구원수 감소와 저출산 고령화 영향 등에 기인한다. 또한, 소득분위별 가계소득 증감률을 보면, 근로자 가구만을 대상으로 하고 있으며, 구조조정으로 인한 실직이나 구직단념자와 같은 비경제활동인구는 발표 자료에서 모두 빠져 있어 해석에 유의해야 한다. 여기에 소득분위별 가계소득 증감률은 명목임금에 대한 증감률이고, 1분기 물가상승률이 1.3%였던 점을 감안하면, 근로자가구는 2분위(하위 40%)까지 실질소득이 감소하였으며, 근로자외가구는 4분위(하위 80%), 두 가구를 다 감안하면 3분위(하위 60%)까지 모두 실질소득은 감소하였다. 즉, 최저임금의 급격한 상승이 고용을 감소시키고 있고, 고용을 유지하는 가구는 근로시간 감소 등으로 인해 임금은 줄고 있다.

국민총소득에서 가계소득 비중은 좋아지고 있으나, 민생고로 소비지출이 감소할 것으로 보인다. 최근 한국은행의 소비자심리지수를 보면 2017년말 110.6을 시작으로 계속 하락하였으나, 2018년 8월에 99.2로, 2017년 3월에 100보다 낮은 수준을 나타내다가 이후에 상승하여 100이하로 하락한 것은 1년 5개월만이다. 이유는 비소비지출 증가가 있다. 가계소득이 늘더라도 조세, 연금, 사회보험, 이자비용, 가구 간 이전 등이 포함되는 비소비지출이 증가하며, 처분가능소득은 감소할 수 밖에 없으며, 실제로 1분기에 비소비지출 비율은 21%로 역사상 처음으로 20%를 돌파하였다. 여기에 서울의 경우, 주택가격지수와 주택구입부담지수가 계속하여 상승하여 많은 지역에서 1월 이후 50% 이상 증가한 곳이 많기 때문에 소비여력이 감소할 수 밖에 없다. 이러한 상황에서 우리 경제상황과 민생이 제대로 해석되고 있는 지에 대해 많은 고민이 이루어져야 하고, 제대로 된 정책이 나와야 한다.

11

중앙일보, 2018.05.17. 작성

한국경제, 경기후퇴기에 진입했는가?

우리 경제는 통계가 작성된 1972년부터 현재까지 총 10회의 경기순환을 거쳤는데, 2013년 3월이 마지막 순환의 경기저점으로 잡히고 있다. 따라서 올해 3월까지 경기가 저점을 통과하여 확장되는 국면에 있다면, 61개월은 통계 작성이후 가장 긴 기간이다.

3월 경기순환시계에서 우리 경제는 둔화국면(후퇴기) 초입에 있는 것으로 볼 수 있다. 경기순환시계에서 10개의 주요 지표들 중에 소비를 나타내는 소매판매액지수를 빼면 대부분 둔화국면(후퇴기)이나 하강국면(불황기)에 있다. 둔화국면에 3지표가 있고, 하강국면에 6개 지표가 있다. 경기동행지수 순환변동치와 경제협력개발기구(OECD)의 경기선행지수를 보아도 비슷한 현상이 발생한다. 경기동행지수 순환변동치는 2017년 5월 100.7 이후로 10개월 하락하여 올해 3월 99.8을 나타낸다. 또한, OECD의 2월 경기선행지수는 99.8로 2017년 4월의 100.9 이후 9개월 연속 하락하고 있다. 주요국 중에 영국, 아시아에서 인도네시아와 한국의 경기선행지수가 6개월 이상 하락하고 있다. 이를 종합하면, 우리 경제는 경기동행지수 순환변동치나 경기선행지수로 보면 경기후퇴기 초입에 있다고 볼 수 있다.

특히, 제조업 생산이 심각하다. 3월의 재고출하비율(재고지수/출하지수)은 114.2로 외환위기 직전인 1998년 9월의 122.9 이후 최고치를 나타내는데, 기업들에 재고가 쌓이고 있다. 또한, 제조업 생산이 작년 10월부터 비교적 큰 폭으로 감소하고 있다. 제조업 평균 가동률도 3월 71%로 매우 낮은 수준인데, 2009년 74%로 현재보다 높았다. 반도체는 예상 수요에 공급을 맞추기 때문에 재고를 유지하고 있으나, 1차 금속과 화학제품의 재고가 늘고 있다. 그러나 엔화 약세와 중국이 반도체 생산을 늘리는 경우 생산은 위축될 수 밖에 없다.

투자에서 건설기성을 포함한 건설투자가 하락하는 것도 문제이지만, 더 큰 문제는 설비투자가 급감하고 있다는 점이다. 3월 설비투자는 7.8%을 나타내며 6개월 만에 감소로 전환했고, 설비투자 감소율도 지난 2016년 7월 이후 20개월 만에 가장 크다. 설비투자가 감소하는 이유는 반도체 관련 투자가 감소하고 있기 때문이다. 또한, 미국이 금리 인상을 몇 차례 예고한 만큼, 자본유출 등을 고려하면 우리나라도 금리를 인상할 수 밖에 없는 상황이다. 일정 수준 이상으로 금리가 상승하면, 경영자 전망을 감안하더라도 투자는 감소할 수 밖에 없다.

대외부문에서 올해 1~4월 수출은 전년 동기간에 비해 낮아졌으며, 4월 수출은 1.5%p 감소했다. 2017년 5월 이후, 우리나라 최대 수출국인 중국과 미국에 대한 수출 증가세는 둔화되고 있다. 우리 산업경쟁력도 문제가 있으나 국제유가와 환율도 영향을 미칠 수 있다. 국제유가는 2017년 12월초에 배럴당 60달러에서 최근 80달러를 돌파하였다. 석유수출국기구와 러시아의 감산, 북해 송유관 누유나 리비아 송유관 폭발 등의 일시적인 공급부족, 이란의 지정학적 리스크 증가, 세계 경기회복에 따른 수요 증가 등이 유가를 상승시키고 있다. 국제유가가 100달러 수준으로 상승하면 국내 생산재 물가 상승으로 가격경쟁력을 우리 제품의 가격경쟁력을 약화시키고, 수출을 둔화시킬 수 있다. 원/달러 환율은 2017년 3월 9일에 1달러당 1,160원에서 현재 약 1,080원 수준으로, 원화는 달러에 대해 강세를 나타내고 있다. 이러한 원화 강세에서 대미 수출액은 감소할 수 밖에 없다. 또한, 미국의 보호무역 정책 등은 환율효과와 더불어 수출총액까지 감소시킬 수 있는 요인으로 작용하고 있다. 원/엔 환율도 2017년 1분기까지 상승하다가 현재 약 970원으로 원화강세가 나타나고 있다. 일본은 주요 수출 품목이 비슷하기 때문에 우리 수출품의 가격경쟁력이 떨어져 수출총액이 감소할 수 있다.

2018년 세계 경제성장률은 경제협력개발기구(OECD) 3.9%, 국제통화기금(IMF) 3.9%, 세계은행(World Bank) 3.1%로 예상하고 있다. 이러한 세계 경제 호황과 우리 경제는 차이가 존재한다. 우리 경제는 성장률보다 낮은 소비와 산업에서 반도체를 제외하면, 성장을 이끌 수 있는 부분이 눈에 보이지 않는다. 여기서 고용 상황을 감안하지 않더라도, 우리 경제는 경기후퇴기 초입에 있다고 볼 수 있다. 따라서 정부는 현재와 같은 경제상황을 정확히 판단하여 경제정책을 펼칠 필요가 있다.

TIP | 경기변동

경기변동이란 경제활동의 호황과 불황이 거듭되는 순환적인 움직임(fluctuations)을 의미한다. 경제와 산업활동의 변동을 이해함으로써 호황기와 불황기에 앞으로 다가올 변화를 미리 대처할 수 있다. 글로벌 경기침체 시기에 미래의 회복국면과 관련하여 산업별 회복 시기와 속도의 차이에 대한 이해는 설비투자 계획, 자금관리(유동성 확보), 신규사업 진출 등 경영계획 수립에 도움이 된다.

경기변동은 불황기, 회복기, 호황기, 후퇴기 2국면(사이클)으로 주기가 반복된다고 볼 수도 있다. 2사이클의 경기변동은 정점 ➡ 저점은 하강기, 저점 ➡ 정점은 상승기로 구분할 수도 있다.

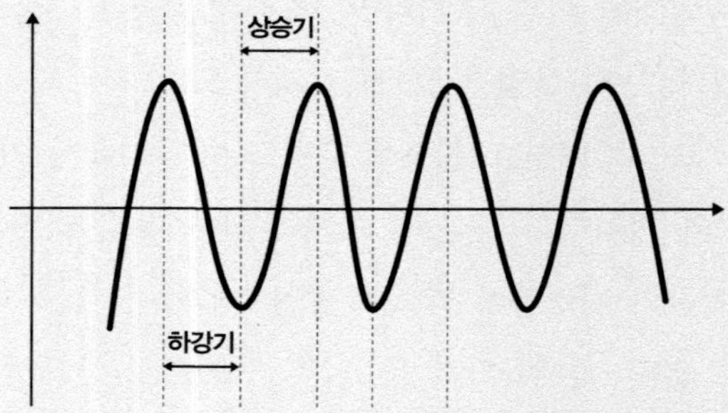

그림 1.10 2사이클의 경기변동 구분(상승기와 하강기)

또한, 0보다 큰 부분을 호황기, 0보다 작은 부분을 침체기로 보는 방법도 있다.

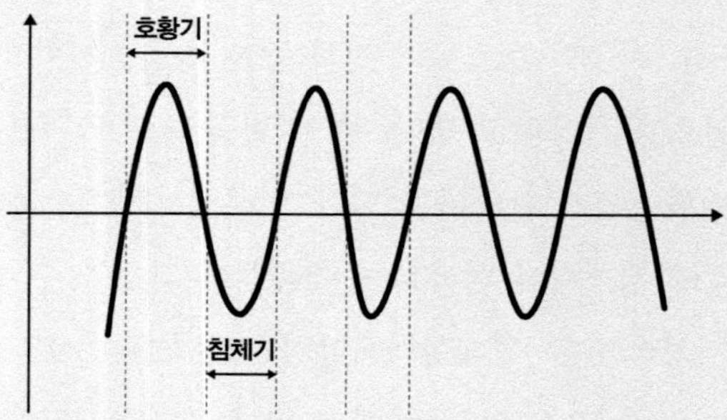

그림 1.11 2사이클의 경기변동 구분(호황기와 침체기)

또한, 경기변동은 불황기, 회복기, 호황기, 후퇴기 4국면(사이클)을 하나의 주기를 형성하여 주기가 반복되는 특징을 가질 수도 있다.

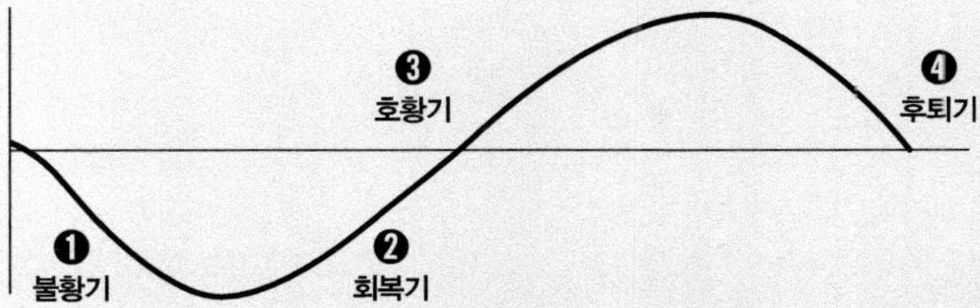

그림 1.12 경기변동주기

❶불황기(depression)에는 경제활동이 전반적으로 침체국면으로 진입하다가 시간이 지나면서 생산과 투자 등이 회복되는 ❷회복기(recovery)로 진입. 경제활동이 매우 활발하게 이루어지는 ❸호황기(boom) 이후 과잉 생산과 과잉 설비 등으로 인해 경제활동이 위축되는 ❹후퇴기(recession)로 진입한다.

정점과 저점을 찍는 기준은 다음의 4가지로 요약된다. ❶경제통계의 순환변동계열 값이 전후 4분기 큰(작은) 값을 갖는 시점을 고점(저점)으로 한다. ❷순환변동계열의 상승(하강) 국면 지속기간은 2분기 이상이어야 한다. ❸정점은 0보다 커야 하며, 저점은 0보다 작아야 한다. ❹위 조건을 만족하는 정점(저점)이 이어지는 경우 가장 큰 값을 정점(저점)으로 한다.

이러한 경기변동은 산업별로도 상황을 분석할 수도 있고, 거시경제 지표와의 방향성인 공행성, 주기, 진폭 비교 등을 이용하여 다양하게 분석될 수 있다.

TIP | 경기종합지수

경기순환국면(경기변동)에서 기준순환일이란 한 나라의 경기순환변동 과정에서 국면이 전환되는 시점(turning point, 정점·저점)을 의미한다.

경기종합지수 중 경기선행종합지수(Composite Leading Indicators, CLI)는 가까운 장래의 경기동향을 예측하는 지수이다. 경기동행종합지수(Coincident Composite Index, CCI)는 경기의 현재흐름을 파악하는 것을 목적으로 하고, 경기후행종합지수(Lagging Composite Index, LCI)는 선행과 동행지수를 확인하고 평가하기 위해 작성된다.

순환변동치란 각 지수에서 국면평균법 등의 방법을 이용하여 추세치를 제거해 경기의 순환만을 보는 것이다. 따라서 순환변동치는 현재의 경기가 어느 국면에 있는 지에 대해 비교적 정확하게 반영하고 있다. 동행지수에서 추세치를 제거한다는 것은 동행지수에서 경제성장에 따른 자연추세분을 빼준다는 의미가 된다. 100을 기준으로 그 이상이면 호황, 미만일 때는 불황으로 분류된다.

2019년 9월 경기종합지수의 구성지표 수가 변경되었다.

표 1.18 우리나라의 경기순환국면 도표

	기 준 순 환 일			지속기간(개월)		
	저 점	정 점	저 점	확장기	수축기	순환기
제1순환기	1972. 3	1974. 2	1975. 6	23	16	39
제2순환기	1975. 6	1979. 2	1980. 9	44	19	63
제3순환기	1980. 9	1984. 2	1985. 9	41	19	60
제4순환기	1985. 9	1988. 1	1989. 7	28	18	46
제5순환기	1989. 7	1992. 1	1993. 1	30	12	42
제6순환기	1993. 1	1996. 3	1998. 8	38	29	67
제7순환기	1998. 8	2000. 8	2001. 7	24	11	35
제8순환기	2001. 7	2002.12	2005. 4	17	28	45
제9순환기	2005. 4	2008. 1	2009. 2	33	13	46
제10순환기	2009. 2	2011. 8	2013. 3	30	19	49
제11순환기	2013. 3	2017. 9[1]	–	54	–	–
평 균	–	–	–	33	18	49

주: 1) 잠정
자료: 통계청

표 1.19 경기종합지수의 구성지표 수

	선행지수	동행지수	후행지수
지표 수	8개 ➡ 7개	동일(7개)	동일(5개)

자료: 통계청

2019년 9월에 선행종합지수 구성지표가 변경되었다. 특히, 소비자기대지수는 경제심리지수로 바뀌었고, 구인구직비율이 제외되었다.

표 1.20 선행종합지수 구성지표 변경내용

	개편 전(8개)	개편 후(7개)	변경사유
생산	재고순환지표	좌 동	
투자	기계류내수출하지수(선박제외)		
	건설수주액		
소비	소비자기대지수	**대 체**	포괄범위가 확대되고 선행성이 개선되는 **경제심리지수로 대체**
대외	수출입물가비율	좌 동	
고용	구인구직비율	**제 외**	경기대응력 부족 등으로 제외
금융	코스피지수	**코스피**	코스피로 **명칭 변경**
	장단기금리차	좌 동	

자료: 통계청

표 1.21 선행종합지수 구성지표(7개)

경제부문	지 표 명	내 용
생 산	재고순환지표	생산자제품제조업출하 전년동월비 – 생산자제품제조업재고 전년동월비
생산·소비	경제심리지수	BSI(32개), CSI(17개) 중 경기대응성이 높은 7개 항목의 가중평균
투 자	기계류내수출하지수	설비용기계류에 해당하는 69개품목(선박제외)
	건설수주액(실질)	종합건설업체의 국내건설공사 수주액
대 외	수출입물가비율	수출물가지수 ÷ 수입물가지수 × 100
금 융	코스피	월평균
	장단기금리차	국고채유통수익률(5년, 월평균) – 무담보콜금리(1일물, 중개거래, 월평균)

자료: 통계청

표 1.22 동행종합지수 구성지표(7개)

경제부문	지 표 명	내 용
고 용	비농림어업취업자수	취업자수–농림어업취업자수
생 산	광공업생산지수	광업,제조업,전기·가스업(대표품목485개)
	서비스업생산지수	도소매업 제외
소 비	소매판매액지수	소매업, 자동차판매 중 승용차
	내수출하지수	광업,제조업,전기·가스업(내수용)
투 자	건설기성액(실질)	건설업체에서 시공한 공사액
대 외	수입액(실질)	수입액(CIF) ÷ 수입물가지수

자료: 통계청

표 1.23 후행종합지수 구성지표(5개)

경제부문	지 표 명	내 용
고 용	취업자수	경제활동인구 중 취업자수
생 산	생산자제품재고지수	광업·제조업(대표품목 417개)
소 비	소비자물가지수변화율(서비스)	서비스 152개 품목 물가지수의 전년동월 대비 변화율
대 외	소비재수입액(실질)	소비재수입액 ÷ 소비재수입물가지수
금 융	CP유통수익률	CP(Commercial Paper) 91일물의 단순평균수익률

자료: 통계청

12

정부의 경기판단, 문제 있다

2018년 5월 11일, 기획재정부는 '18년 5월 최근경제동향(그린북)을 발표했다. 경제동향에서 최근 우리경제는 1~2월 높은 기저 영향 등으로 광공업 생산·투자가 조정을 받는 가운데, 소비는 증가세를 지속하면서 전반적으로 회복 흐름을 이어가고 있다고 종합적으로 평가하고 있다. 2017년 12월부터 올해 4월까지 경제상황을 설명하던 용어인 '회복 흐름'이 이번에도 들어가 고 있는데, 5월의 초기 버전에는 이러한 내용이 없었다. 수정본에서 회복 흐름이 다시 들어간 것으로 보인다. 그러나 종합평가의 세부 상황을 보면, 내용이 빠지는 것이 맞을 수도 있다. 왜냐하면 3월 전산업 생산은 전월 대비 1.2% 감소하였고, 광공업 생산은 자동자와 기계장비 등의 부진으로 인해 –2.5% 감소로 전환되었다. 다만, 기저효과로 인해 도소매업과 숙박·음식점업이 포함된 서비스업이 전월 대비 0.4%로 늘었고 소비가 2.7% 증가했다. 따라서 생산쪽에서 감소로 보는 것이 맞다. 투자에서 설비투자는 전월대비 –7.8%, 건설투자는 전월대비 –4.5%로 감소하고 있으므로 투자도 감소하고 있는 것으로 보는 것이 맞다. 수출도 전월대비 –1.5% 감소하였다. 따라서 전체적으로 경제성장률보다 낮은 소비와 서비스업 일부가 개선된 부분을 빼면 우리 경제가 회복 흐름이라고 보기 어렵다. 오히려 선행지수 순환변동치가 0.2p 하락하고 있으므로 4사이클 기준으로 후퇴기의 초입에 있을 수도 있다.

이러한 점에 대해서 경제협력개발기구(OECD)도 비슷한 의견을 제시하고 있다. 매월 발표되는 경기선행지수(CLI)가 5월 13일 발표되었는데. 여기에서 우리나라의 2월 경기선행지수는 99.8로 2017년 4월의 100.9이후 9개월 연속 하락하고 있다. 경기선행지수는 통상 6~9개월 뒤 경기흐름을 예측하는 지표로, 각이 집계한 6개 지표인 제조업 재고순환지표, 경기전망지수, 장단기금리 차, 수출입물가비율, 자본재재고지수, 종합주가지수를 반영한다. 지수는 100이 기준으로, 그 이하면 경기하락, 반대면 경기상승을 의미한다. 물론, 주요국 중에 영국과 중국은 10개월 정도 경기선행지수가 하락하고 있고, 중국, 인도, 인도네시아, 일본, 한국이 속한 5개 아시아 주요국도 2017년 7월 이후 7개월 하락하고 있기는 하다. 여기서 아시아 5개국 중에 중국, 인도네시아, 한국의 경기선행지수가 6개월 이상 하락하고 있다.

우리나라의 작년 2분기 경제성장률이 매우 높았고, 올해 1분기 경제성장률이 1.1%로 약간 높았을 뿐이다. 그러나 월별통계를 보면, 2분기 경제성장률은 기저효과를 감안하더라도 소비를 제외한 부분을 보면 거의 나아진 부분이 보이지 않는다. 따라서 정부의 경기판단은 문제가 있으며, 경제정책의 판단과 방향을 바뀔 필요가 있다.

디지털타임스, 2017.12.18. 작성

13

2017년 예상 밖의 경제성장, 2018년은 어떨까?

2017년 5월에 문재인 정부가 출범하고 7개월이 지났다. 2016년 추웠던 겨울부터 시작되었던 촛불민심은 정권을 바꾸었고, 새로운 경제상황을 맞이하게 되었다. 2016년 2.8%의 경제성장률, 2017년 1분기 2.9%와 2분기 2.7%의 경제성장률만 나타낼 때도 2017년 연간 경제성장률이 3% 이상으로 예측하리라고 대부분 생각을 하지 못하였다. 3분기에 시장의 예측보다 훨씬 높은 3.6%를 나타내었고, 4분기에 음(−)의 성장률만 나타내지 않아도 3%의 성장률은 넘어가게 된다. 정치적인 문제를 떠나서 현 정부는 일시적으로 운이 좋았다고 볼 수도 있고, 아직 해결하지 못한 문제도 많다.

내년 2018년에 경제성장률은 상고하저로 2.8%를 나타낼 수 있을 것 같다. 반도체 등의 일시적인 가격 상승으로 인한 순수출 증가는 내년 상반기까지는 이어질 것으로 보인다. 반면에 반도체의 가격하락 등으로 인해 수출에 대한 효과는 하반기에 낮아질 것으로 보인다. 경제성장률을 구성하는 요소들에 대해 자세히 살펴보고 대안을 고민하자.

경제성장률 계산은 소비, 투자(건설투자와 설비투자), 순수출(수출과 수입) 등으로 이루어진다. 여기에 영향을 주는 요소도 굉장히 많다. 2016년 이후 민간소비가 경제성장률보다 높은 적이 없다. 2017년에 극심했지만, 내년에 일부 완화될 것으로 보인다. 그러나 여전히 민간소비가 경제성장률을 밑도는 이유는 여러 가지 원인이 잇다. 먼저, 가계부채 문제이다. 최근의 가계부채는 연간 약 120조원씩 늘어나고 있는데, 이는 2년 전에 비해 2배의 속도로 늘어나고 있으며 이미 GDP의 95% 이상에 와 있다. 즉, 세금 등을 빼고 난 가처분소득 중에 원금과 이자를 내고 나면 쓸 돈이 없다는 말이 된다. 이는 소비를 할 수 없게 만드는 가장 큰 요인이다. 또한, 최저임금 변화의 영향도 고려해야 한다. 자영업 비중이 높은 업종에서는 고용이 떨어지고, 고용이 불안해지면 소비도 줄어들 수 밖에 없다. 반대로 고용이 보다 안정적으로 되는 경우에 소비는 늘 수 있는 유인이 된다.

2017년의 투자는 매우 좋았다. 설비투자의 경우, 금리가 충분히 낮은 상황과 반도체 투자가 증가하였다. 건설투자도 2017년에 주거용, 비주거용, 토목이 동시에 좋은 상황이었다. 그러나 2018년에 설비투자는 반도체 중심으로 증가를 보일 수 있다. 그러나 기업에 대한 구조조정이 없이 그대로 진행되면 조선이나 철강 등에 대한 투자가 어렵다. 단순히 생각하기에 기업 구조조정이 실업을 만들어 내는 것이라고 생각하지만, 실제로 그렇지 않을 수도 있다. 펀드와 전문경영인 중심으로 새로운 부가가치를 만들어 낼 수도 있다. 경기변동 상으로 2019년이 노후 선박 등으로 인해 조선이 경기상승기로 접어들게 되는데, 아무런 준비가 되어 있지 않다면 2019년에 경제는 매우 고전하게 된다. 2016년(10.7%)과 2017년(약 8%)에 경제성장을 주도했던 건설투자는 증가율이 축소될 전망이다. 실제로 건설투자의 성장률은 매우 높았었지만, 기저효과를 감안하여 정상으로 돌아올 때가 되었다. 즉, 거의 50만호씩 지었던 주거용 건물과 대규모 토목 사업이 마무리 단계에 있기 때문에 안전과 관련된 시설 외에는 더 이상 투자할 곳이 많지 않다.

2018년의 수출은 하반기에 둔화될 전망이다. 2017년에 반도체 메모리 위주로 수출 증가폭이 높았으나 가격경쟁력은 엔화 등의 약세와 공급증가로 인해 반도체는 하반기에 수출금액 증가폭이 줄어들 수 있다. 석유류 제품의 단가 상승세가 감소할 수 있으며 선박은 물량과 단가 모두 감소할 것으로 보인다. 2017년 하반기에 사드문제로 인해 중국과의 교역량이 줄고 있으며, 이러한 부분은 동남아시장으로 이관되고 있다. 또한, 미국의 보호무역 정책 확대로 인해 수출은 최근부터 줄고 있다.

마지막으로 금융부문은 매우 어려울 전망이다. 국내 금융은 규제산업이라고 해도 과언이 아니다. 미국은 내년의 금리를 3차례 정도 예고하고 있다. 자본유출 등을 고려하면 국내도 미국과의 금리역전 현상이 일어나지 않게 하도록 하기 위하여 여러 차례 인상이 예고되고 있다고 볼 수 있다. 이러한 경우, 가계부채와 기업부채의 문제는 커질 수 밖에 없고 경제성장률에 굉장히 큰 영향을 미칠 수 있다. 최고금리 인하, 원칙없는 부채탕감, 금융부문의 자금조달금리 인상 등은 금융부분을 매우 어렵게 하는 요인으로 작용할 수 있다. 이러한 것은 실물로 바로 전이될 수 있다.

올해는 반도체와 건설투자 위주로 성장을 하고 있는 것이 맞다. 내년 역시 반도체 위주의 성장을 할 것으로 보인다. 하반기부터 어떠한 산업을 어떻게 키워 성장을 하게 될 지는 우리에게 달려있다. 아무런 기술과 인력도 없이 해외의 기술을 로열티를 주고 사와서 사업화에만 몰두하고 있으면서 규제를 풀어달라고 하는 산업 등은 우리가 잠깐 지킬 수 있어도 대부분 해외의 큰 기업에게 넘어가게 되어 있다. 오히려 지금까지 있었던 산업 중에 기술과 인력을 모두 보유하면서 기업 구조조정을 통해 새로운 부가가치를 만들어 낼 수 있는 산업이나 지금까지 없었으나 우리만의 강점을 보유하고 있는 산업에 기술과 인력이 있는 산업 중에 정부 재정을 투입해 키워나갈 필요가 있다.

14

ifsPOST, 2017.07.27. 작성

2017년 2분기 경제성장률 0.6%의 의미와 건전한 3.0% 성장을 이루려면

2017년 2분기 경제성장률 속보치 0.6%를 기록하다.

한국은행은 7월에 2017년 2분기 경제성장률 속보치를 발표하였다. 실질 국내총생산(GDP)은 전기 대비 0.6%, 전년동기 대비 2.7% 성장하였다.

국내총생산에 대한 지출에서 민간소비가 0.9% 증가하였다는 것은 고무적이다.

국내총생산에 대한 지출을 살펴보자. 소비부문에서 민간소비가 0.9% 증가했다는 점은 고무적이다. 2015년 민간소비는 2.2%, 2016년 2.5%, 2017년 1분기 0.4%로 나타나고 있다. 분기별로는 2015년 1분기에 0.9% 증가한 이후에 9분기만이다. 성장기여도 측면에서도 민간의 최종소비지출의 기여도는 2015년 1분기 0.5%p, 2016년 1분기 –0.1%p, 2017년 1분기 0.2%p, 2분기에 0.5%p로 나타나고 있다. 특히, 의류와 신발같은 준내구재 소비가 줄었으나 가전제품과 휴대폰 등의 내구재 소비가 증가했다는 점은 중요하다. 내구재 소비는 2016년 4분기부터 증가하고 있다. 뜻하지 않은 소득(windfall income)이 발생하면 내구재 등을 구입하는 경향이 있으며, 경기변동의 방향 전환과 직접적인 연관을 가지고 있다.

정부소비는 2015년 2분기에 1.1%, 2016년 1분기에 0.4% 증가하였으며, 2017년 2분기에 1.1% 증가하여 2016년과 비슷하다고 할 수 있다. 2017년 1분기까지 건설투자와 수출이 성장을 견인해 왔다면, 소비심리가 최근 들어 꾸준히 개선되어 옴에 따라 건전한 3.0% 성장이 가능한 신호탄이라고 볼 수 있다. 민간소비를 보다 증가가 이루어지기 위해서는 단기적으로는 국외소비를 일부 국내 내수로 전환할 수 있는 방법이 필요하다. 또한, 장기적으로 가처분소득의 증가, 저출산·고령화 문제, 부동산 가격 상승 문제, 가계부채 문제 등을 해결할 필요가 있다.

국내총생산에 대한 지출에서 설비투자가 5.1% 증가하였으나 순수출은 감소하였다.

설비투자는 2015년 5.3%, 2016년 –2.4%로 나타난다. 2015년 1분기 0.3%, 2016년 1분기 –7.0%, 2017년 1분기 4.4%로 나타난다. 2017년 2분기에는 5.1% 증가하였다. 2016년 4분기에 5.9%로 증가하여 회복의 신호가 나타나고 있었으나, 1분기에 4.4%로 낮아졌다. 그러나 반도체 제조용장비와 같은 기계류 투자를 중심으로 5.1% 증가하였다.

수출은 2015년 –0.1%, 2016년 2.1%, 2017년 1분기에 2.1%, 2분기에 –3.0%를 나타내고 있다. 운송장비, 석유 및 화학제품 등의 수출이 감소하였다. 성장기여도 측면에서 2015년 1분기 0.1%p, 2016년 1분기 –0.3%p, 2017년 1분기 0.9%p로 높았으나 2017년 2분기에 –1.3%p로 낮아졌다. 그러나 이미 1분기에 예측한대로 브렉시트 등 엔화 약세에 따라 단가를 회복한 부분이 매우 크다. 그러나 통상 엔화 약세의 기간은 2~3분기 정도 지속된다고 볼 때, 하반기에는 단가가 원래의 가격으로 돌아갈 가능성이 높다. 또한, 미국과의 무역수지 흑자를 고려할 때 수출 부분이 둔화될 수도 있다. 수입은 원유 등이 줄어 1.0% 감소하였다. 2016년 1분기 –1.5%, 4분기 –0.1%에 이어 2017년 2분기에 –1.0%를 나타내었는데, 전분기인 1분기에 4.8%로 매우 높아 기저효과일 가능성이 높다. 수입의 성장기여도는 –0.4%p이며 순수출의 성장기여도는 –0.9%p로 나타나고 있다.

경제활동별 국내총생산에서 제조업과 건설업은 소폭 감소하였으나, 서비스업이 증가하였다.

증가한 산업을 보면, 2017년 1분기에 전기가스수도사업은 전력판매량이 늘면서

2.6% 성장하였다. 계절조정을 하더라도 통상 전기기스수도업의 국내총생산은 전력사용이 많은 3분기에 증가한다. 2015년 3분기에 3.8%, 2016년 3분기에 3.4% 증가하였다. 그러나 2016년 2분기 1.1%, 2016년 2분기 0.0%인데, 2017년 2분기에 높은 것은 2016년 4분기 –3.0%, 2017년 –1.4%의 기저효과일 수 있다. 2017년 2분기에 금융보험업은 2.0%, 보건 및 사회복지는 2.6%, 문화 및 기타서비스는 2.9% 증가하였다. 그러나 2017년 2분기에 농림어업은 –2.5%, 제조업은 –0.2%, 건설업은 –0.3%를 나타내고 있다. 전년동기 대비로 보면 제조업 3.3%, 건설업 8.8%로 우려할 만한 수준은 아니다. 그러나 농림어업은 전년동기 대비로도 –0.6%를 나타내며 심각한 상황으로 보인다.

건전한 3.0% 성장이 불가능한 것은 아니다.

분기별 경제성장률을 살펴보면, 2017년 2분기 0.6%, 2017년 1분기 1.1% 이전에 2015년 3분기에 1.3%, 2014년 1분기에 1.0%, 2013년 2분기에 1.0%, 2011년 1분기에 1.0%으로 나타난다. 2017년 1분기의 성장이 매우 높았기 때문에 2분기 성장률 0.6%는 기저효과가 일부분 나타난 것으로 보인다. 1분기 경제성장률 1.0%를 넘긴 해의 연간 성장률은 2015년 2.8%, 2014년 3.3%, 2011년 3.7%로 나타나, 2011년 이후 1분기에 분기 경제성장률이 1.0%를 넘는 경우에 3.0%를 넘는 것으로 파악된다. 기저효과가 있더라도 2분기에 0.6%를 매우 합리적인 성장률로 보인다. 또한, 추가경정예산의 승수효과 0.5를 감안하면 3.0% 성장이 불가능한 것은 아닌 것으로 보인다.

2017년 하반기의 여러 리스크에도 불구하고, 건전한 3.0% 성장을 이루어 내기 위해서는 민간소비의 확대와 국외소비의 국내 전환, 설비투자 조정기에서의 증가 전략, 건설투자 의존 비중 축소, 수출의 지속성 확보가 필요하다.

농민신문, 2017.02.24. 작성

15

농축산물 가격 변화와 소비자물가지수

요즈음 농축수산물 가격이 오른다는 뉴스가 많이 나오고 있다. 농축수산물의 가격이 오르면 인해 물가지수가 많이 오른다는 것이 사실이며, 물가상승의 주범일까? 이를 이해하기 위하여 물가와 물가지수에 대한 이해가 필요하다.

물가와 물가지수는 다르다. 물가는 시장에서 거래되는 개별 상품의 가격에 대해 소비생활에서 차지하는 중요도 등을 감안하여 평균한 종합적인 가격수준을 말한다. 반면에 물가지수란 이러한 물가의 움직임을 알기 쉽게 지수화한 경제지표이다. 예들 들어, 작년에 물가지수가 100인데 올해 110이라면 올해 물가수준이 10% 올랐다는 것을 의미한다.

이러한 물가지수는 4가지 기준으로 만들어진다. 먼저, 소비자둘가지수에는 조사품목이 있어야 하는데, 조사품목은 5년 단위로 바뀐다. 또한, 기준이 되는 기준시점이 있어야 한다. 예를 들어, 2015년을 기준으로 하면 2015년이 100이 된다. 이러한 지수의 기준연도는 5년 단위로 작성되며, 2017년 현재의 기준연도는 2015년이 된다. 다음으로 가중치가 필요하다. 조사품목이 지수에서 차지하는 비중이 다르기 때문에, 물가지수에서는 상품거래금액이나 소비지출금액을 이용한다. 예를 들어, 전세가격과 쌀 한 가마니의 가격은 같을 수가 없기 때문에 가중치를 적용한다. 이러한 가중치는 가격의 변화를 감안하기 위해 2~3년 주기로 개편된다. 마지막으로 지수를 산출하기 위한 지수산식이 필요하다.

흔히, 물가상승의 주범이라는 표현에서 물가지수는 소비자물가지수를 의미한다. 소비자물가지수는 소비자가 일상 소비생활에서 구입하는 상품과 서비스의 가격 변동을 조사한다고 하였다. 소비자물가지수 내에 소비자들이 자주 구입하는 품목을 지수화한 생활물가지수, 신선식품물가지수, 자가주거비용포함지수도 포함되어 있다. 또한, 소비자물가지수에서 가격의 변화가 큰 농수산물과 석유류를 제외하는 농산물 및 석유류제외지수가 있다. 이러한 소비자물가지수 외에 생산비용의 증가를 나타내는 생산자물가지수가 있으며, 수출입상품의 가격변동을 나타내는 수출입물가지수, 국내 기업이 재화와 서비스를 제공한 대가로 지급받는 총산출가격을 파악할 수 있는 총산출물가지수 등이 있다.

2017년 현재의 기준연도인 2015년 소비자물가지수에서 품목은 소비하는 금액의 10,000분의 1이상인 231원이 되며, 품목수는 460개이다. 460개 품목 중에 상품이 308개, 서비스가 152개로 구성되어 있다. 이러한 460개의 상품 중에서 농축수산물이 73개를 차지하여 높은 것처럼 보인다. 공업제품이 231개, 개인서비스 118개로 농축수산물보다 품목이 많다. 따라서 농축수산물이 차지하는 품목의 개수는 많은 편에 속한다. 그러나 소비하는 금액을 감안하는 가중치를 보면 상황이 달라지는데, 가중치 1,000에서 농축수산물은 77.9에 불과하다. 즉, 가계 소비금액이 1,000원이면, 농축수산물 비중은 77.9원에 불과하고, 수산물을 제외한 농산물은 66원에 불과하다. 또한, 농축산물의 가중치는 2000년 87에서 2015년 66으로 계속 하락하고 있어, 농축수산물 가격 상승이 물가상승의 주범이라는 표현은 옳지 못한 표현이 된다.

보다 세부적으로 보면, 농축수산물에서 가중치가 가장 큰 것은 돼지고기로 9.1이다. 즉, 가계가 1,000원을 소비하면 9.1원으로 돼지고기를 구입하고, 국산쇠고기 8.2원, 쌀 5.2원, 수입쇠고기·고등어·달걀이 각각 2.4원이 된다. 나머지 농축수산물 품목은 대부분 1보다 작다. 그러나 휘발유, 경유, 담배, 전기료, 도시가스, 전세, 월세, 휴대전화, 외래진료비, 공동주택관리비, 구내식당식사비, 고등학생학원비는 모두 농축수산물 구성품목의 가중치보다 훨씬 높다.

따라서 농축수산물이 소비금액에서 차지하는 비중은 점점 감소하고 있기 때문에 물가가 오르는 이유가 농축수산물이 주범이라고 보기 매우 어렵다. 오히려 가중치가 큰 항목들의 가격 변화에 초점을 두어야 한다. 또한, 농축수산물의 가중치는 작기 때문에 약간의 가격 변화만 생겨도 소비자들은 매우 변화를 크게 느끼지만, 실제로 물가지수에 미치는 영향은 작다.

ifsPOST, 2016.12.09. 작성

16 경기침체, 심화되고 있다

최근 국내 정치문제가 가장 큰 이슈가 되고 있다. 경제에도 영향을 미치고 있으며, 경제 외에도 사회, 문화, 외교, 안보 등 여러 분야에 영향을 미치고 있다. 이러한 상황에서 10월의 경제 동향을 살펴보면, 국내 경제의 침체는 심화되고 있는 것으로 나타난다.

경기 상황, 총체적 난국이다.

10월 전산업 생산지수는 전년동월 대비 2.0% 상승하였다. 2분기 3.6%, 3분기 3.2%보다도 훨씬 낮다. 광공업 생산은 훨씬 심각하다. 9월에 –1.7%를 기록한 후, 10월에는 –1.6%로 나타나고 있다. 제조업의 생산은 2분기 1.1%, 3분기 0.7%에 이어 10월에는 –1.6%를 나타내고 있다. 10월의 제조업의 출하는 내수 –1.7%, 수출은 –3.2%까지 떨어져 있다. 제조업의 평균가동률은 8월 70.2%로 이번 정권에서 최저치를 나타낸 후, 10월 70.3%로 제자리걸음을 하고 있다.

경기를 떠받치던 두 개의 기둥 중 하나인 소비도 여력이 없다.

10월 소매판매액지수는 전년동월 대비 2.3% 증가하였다. 메르스 등의 기저효과를 감안하더라도 2분기 6.2%, 3분기 3.6%로 낮아지고 있으며 9월에는 0.6%를 기록하였다. 이 중에서 내구재는 0.6%, 준내구재는 1.1%, 비내구재는 3.9% 증가하였다. 즉, 소비 2.3% 정도를 이끈 것은 비내구재라고 볼 수 있다. 경기침체, 소비여력의 악화로 당분간

소비의 증가율은 하락할 것으로 예상되고 있다. 이러한 예상을 반영하듯 소비자심리지수는 −2.8% 하락하였다. 8월 0.3% 상승, 9월 −0.9% 하락, 10월 −2.8% 하락하여 하락의 폭은 점점 깊어지고 있다.

설비투자는 부진이 계속되고 있으며, 건설투자만 단기 성과를 내고 있다.

10월 설비투자는 운송장비의 하락폭이 감소하였지만, 기계류가 하락하여 부진이 계속되고 있다. 10월 중 설비투자지수는 전월(–4.0%)의 감소에서 –4.9%의 감소하고 있다. 운송장비의 감소는 지난 1년간(2015년 7월~2016년 6월) 시행된 개별소비세 인하의 종료로 자동차가 부진하며, 선박해양구조물 및 부품을 중심으로 기타운송장비(–32.7%)가 감소하고 있다. 기계류는 기타기기가 개선되고 있지만, 일반기기류와 전기 및 전자기기가 하락하고 있다. 10월 건설기성과 수주가 전년동월 대비 모두 상승하고 있다. 10월 중 건설기성은 전월(9.5%)보다 증가폭이 확대된 17.3%를 기록하였으며, 건설기성은 작년 10월의 낮은 증가(4.3%)에 일부 기인하여 증가폭이 확대되고 있다. 건설수주는 10월 41.2%의 증가율을 나타내고 있는데, 건축 및 토목 부문 전년동월 대비 모두 증가로 전환하였다. 건축부문은 기저효과로 9월 –28.0%의 증가율을 보였지만, 10월 32.6% 상승하였으며 토목부문은 9월 –68%, 10월 83.4%가 상승하였다. 토목부문에서 전년동월 대비 도로 및 교량(219.2% ➡ 646%), 항만 및 공항(505.6% ➡ 1879.5%), 토지조성(3.8% ➡ 187.8%)의 상승이 원인이 되고 있으며 공공부문(62.1% ➡ 78.8%)과 민간부문(−48.2% ➡ 32.4%) 모두 9월에 비해 증가율이 대폭 상승하였다. 그러나 건설투자도 최근 2년간 공급된 아파트 등을 고려하면 내년 하반기에는 건설투자도 한계를 나타낼 것으로 보인다.

수출입은 여전히 불황형 흑자를 내고 있다.

11월 수출 455억달러(전년동월 대비 +2.7%), 수입 375억달러(+10.1%)로 수출보다 수입의 증가율이 전년동월 대비 조업일수 증가에 따른 수출증가를 나타내고 있다. 13대 품목 중 11개 품목의 전년대비 수출 증가하였고, 2016년 8월을 제외하고 가장 양호한 증감률(–0.6%)을 나타내고 있다. 11월 수출은 선박(–20.7억불), 무선통신기기(–6.0억불) 수출 부진에도 불구, 주력품목의 전반적인 수출 호조로 3개월 만에 증가로 전환하였다. 품목별 수출증감률을 살펴보면, 석유화학 20.0%, 일반기계 19.3%, 컴퓨터13.0%, 반도체11.6%, 무선통신기기 –17.9%, 선박–36.8%를 나타내고 있다. 지역별로 살펴보면, 러시아·독립국가연합(CIS) 43.6%, 베트남 38.5%, 아세안 22.0%, 일본 12.6%, 인도 12.6%, 중동11.1%, 미국3.9%, 중국 0.4%, 중남미–16.0%, EU –22.0%를 나타내고 있다. 11월 수입은 8월 이후 3개월 만에 증가 전환, 원자재·자본재 수입 증가 전환하였는데, 소비재 수입은 4개월 연속 증가하고 있다. 11월 소비재는 8.9% 증가하였으며 원자재(11.3%)와 자본재(8.9%)가 증가하였다. 무역수지는 수출보다 수입증가로 인해 전년동월 대비 (102억 달러)보다 감소한 80억 달러 흑자를 나타내고 있다.

노동시장, 고용 부진과 고용의 질 악화는 계속되고 있다.

서비스업 취업자 증가폭이 크게 축소되고 제조업 고용 부진도 지속되고 있다. 10월 고용률은 전년동월 대비 0.3%, 9월 0.2%에 비해 0.1% 증가하였다. 10월 취업자는 27만 9천명(1.1%)이 증가하여 9월(26만 7천명, 1.0%)에 비해 증가하였다. 산업별로는 제조업(–7만 6천명 ➡ –11만 5천명)에서 구조조정 및 수출부진 등으로 고용 감소세가 지속된 가운데, 서비스업(35만 6천명 ➡ 37만 5천명)에서는 기저효과 등으로 취업자가 증가하였다. 고용의 질을 나타내는 종사상 지위별로는 상용직(29만 3천명 ➡ 25만 6천명)은 감소하고, 비임금근로자(8만 9천명 ➡ 12만명)와 임시·일용직(–11만 5천명 ➡ –9만 5천명)은 증가세에 있다. 10월 전체 실업률은 3.4%로 9월 3.6%에 비해 하락하였다. 나이대별 실업률에서는 전년동월 대비 15–19세, 30–39세 구간의 증가폭이 9월에 비해 상승하였다. 10월 청년실업률(15–29세)은 전월말 대비 소폭 하락하여 8월 9.3%, 9월 9.4%, 10월 8.5%을 나타내고 있다.

금융시장, 가계부채 증가세가 멈추지 않고 있다.

국내 금융시장은 미국 기준금리 인상 가능성 등으로 장기금리가 상승하는 가운데,

가계대출은 주택담보대출을 중심으로 높은 증가세를 유지하고 있다. 11월말 채권시장과 외환시장에서는 미국의 기준금리 인상 가능성 등이 반영되며 원/달러 환율이 상승하였다. 국고채(3년 만기) 금리는 전월말(1.44%) 대비 21bp 감소한 1.23%이며 원/달러 환율은 전월말(1,145.2원) 대비 13.2원 상승한 1,158.4원을 나타내고 있다. 10월 은행 가계대출은 주택담보대출을 중심으로 전년과 유사한 증가를 나타낸다. 은행 가계대출 증감액은 2013년 9월 0.9조원 ➡ 2014년 9월 3.7조원 ➡ 2015년 10월 8.9조원 ➡ 2016년 10월 7.5조원이다. 은행 주택담보대출 증감액은 2013년 9월 1.1조원 ➡ 2014년 9월 3.5조원 ➡ 2015년 10월 6.9조원 ➡ 16년 10월 5.5조원을 나타내고 있어 연말에 작년 정도의 증가세를 유지할 것으로 보인다.

정치적인 불확실성, 경제의 불확실성과 경기침체의 골을 깊게 할 수 있어 전권을 가진 컨트롤타워가 필요하다.

국내외 경제의 리스크 중에서 국내의 리스크 중의 하나는 정치이다. 최근 탄핵정국이 지속됨에 따라 정치적인 불확실성은 많이 커져 있는 상태이다. 9일, 탄핵이 가결됨에 따라 정치적인 불확실성은 일부 작아졌다고는 하지만, 탄핵 이후의 단계부터의 대응에 따라 경제에 큰 영향으로 다가올 수 있다. 예를 들어, 거시 및 금융, 산업구조조정, 기업구조조정, 인사문제, 가계부채 문제, 부동산 버블 문제 등과 같이 정부가 나서야 할 분야에서 정부가 역할을 하지 못하여 경제의 불확실성을 증폭시킬 수 있다. 이러한 정치적인 불확실성은 침체에 들어선 국내 경제를 보다 장기로 가져가거나 침체의 골을 보다 깊게 만들 수도 있다. 따라서 정치적인 리스크가 일시에 해결되지 않는 경우. 정부와 민간의 전문가가 경제에 대한 전권을 가진 컨트롤타워를 구성하고, 현재 당면한 경제 분야별로 나누어 경제에 나타날 수 있는 리스크를 일부 해소해 나갈 수 있을 것으로 보인다.

17

경제흐름, 악화되고 있는가?

국가미래연구원은 2016년 1월 초에 2016년 한국의 경제성장률을 연간 2.6%로 예측하였으며, 5월 초에 수정보고서를 통해 0.3%p 낮아진 2.3%를 예측하였다. 특히, 하반기의 성장률을 2.1%로 수정 전망하여 하반기에 경제성장률이 상반기에 비해 매우 어려워질 것으로 보았다. 현재 추가경정예산(추경)이 논의되고 있으나, 현재의 경제흐름은 설비투자와 수출입을 중심으로 악화되고 있는 상황으로 보여 진다.

세계경제의 불확실성이 증대되고 있다.

세계경제 성장률은 2009년 금융위기 이후 5.4% 성장률을 시작으로 2014년 3.4%를 제외하고 꾸준하게 하락하고 있다. 세계의 여러 전망기관들은 2016년의 세계 경제성장률을 약 3.0%로 보고 있다. 이 중에서 세계은행(World Bank)은 미국의 경제성장률을 1월 2.7%에서 6월 1.9%로 낮추었으며, 유로존 1.6%로 0.1%p, 중국 6.7%, 일본 0.5%로 0.8%p 낮추어 예측하고 있다. 브렉시트의 영향이 미국에 직접적이지 않더라도 달러 강세로 인한 수출 감소나 투자 가소로 이어지고, 금융시장에 불확실성을 보일 수 있다. 또한, 미국의 대선 등으로 인해 보호무역주의 성향이 확산되면 국내 수출업체에 영향을 미칠 수 있다. 브렉시트의 영향이 유로존에 본격적으로 나타나지 않았으나, 3분기 이후에 실물 및 금융시장에 직접적으로 영향을 미칠 수도 있다. 중국의 경우에도 1분기와 2분기에 6.7%의 성장률을 나타내고 있으나, 금융위기 이후인 2010년 10.6%

이후로 계속하여 하락하고 있다. 또한, 3분기 이후에는 과다한 부채로 인한 구조개혁 연기, 수출이나 부동산 경기 둔화 등으로 인한 실물과 금융에서 불확실성이 증가되고 있다. 일본의 경우, 경기부양책에도 불구하고 엔화 강세 등으로 인해 경제의 불확실성이 증대되고 있다. 홍콩, 태국, 인도네시아, 말레이시아 등 아시아 여러 국가들도 브렉시트의 영향으로 인해 경제의 불확실성이 높아지고 있다. 이러한 영향 때문에 올해 상반기 세계 교역량이 6년 만에 최저 수준으로 낮아졌다.

2016년 7월까지 설비투자와 수출입의 감소가 심각하다.

2016년 4월 전산업생산지수는 전년동월 대비 0.8%p 증가하여 최저치를 나타내었으나 5월과 6월에는 각각 4.9%p와 4.8%p 증가하여 높게 나타난다. 그러나 이는 메르스 사태가 작년에 있었기 때문에 이에 대한 기저효과가 존재하고 있다. 그러나 광공업생산지수는 6월에 0.8%p 증가하여 매우 낮게 나타나고 있다. 특히, 반도체 생산은 증가하였으나, 자동차 등의 업종은 매우 저조하게 나타난다. 또한, 제조업 평균가동률은 2016년 4월에 71%를 나타낸 이후 6월에 72.1%를 나타내고 있다. 조선과 자동차 생산부진이 크게 영향을 미치고 있다.

소비부문은 6월에 승용차판매가 급증하면서 내구재 판매가 증가하였다. 또한, 메르스 사태로 부진했던 서비스업의 증가 폭이 크게 나타난다. 그러나 메르스 사태에 대한 기저효과가 없어지고 2/4분기 이후 개별소비세 인하가 종료되면 일시적으로 증가하였던 소비는 다소 완만해 질 것으로 보인다. 또한, 이러한 소비부양이 종료되면 기업 구조조정과 연결되면서 성장세에 영향을 미칠 것으로 인다.

건설투자는 양호한 흐름을 나타내고 있다. 2016년 6월, 건설기성액은 18.5%p 증가하였는데, 건축부문은 20%대로 안정적으로 유지하고 있으며, 토목부문은 6.1%p 증가하였다. 그러나 설비투자는 매우 부진한 상태에 머물러 있다. 2016년 6월 중 설비투자지수는 2.0%p 증가하였으나 4월까지 감소하고 있었다. 이 중에서 비중이 큰 기계류는 여전히 –8.5%p를 나타내고 있어 설비투자의 부진이 지속되고 있다.

수출과 수입은 꾸준히 감소하고 있다. 2016년 7월, 수출은 –10.2%p 감소하였다. 주요 품목의 수출이 감소하고 있는데, 선박(–42.5%), 평판디스플레이(–19.2%), 자동차

(−14.6%), 철강(−11.1%), 석유류(−10.9%) 등 대부분 품목의 수출이 감소하고 있다. 지역별로 살펴보면, 미국(−14.3%), 중국(−9.3%), 중남미(−16.3%)에서 큰 폭으로 감소하고 있다. 2016년 7월 수입은 −14%p를 나타내며 6월(−7.7%)보다 감소폭이 크게 나타나고 있다. 따라서 주요 산업에 대한 구조조정과 더불어 산업의 경쟁력을 점검해야 하며, 규제 변화 등을 파악해야 할 것을 보인다.

가계부채나 인구구조 변화 등의 구조적 변화가 향후 장기 성장의 하방리스크로 존재할 수 있다. 특히, 주택과 관련된 가계부채 증가는 매우 심각하다. 몇 년 전의 주택시장 및 대출 규제 완화에 따라 주택가격이 상승하였고, 소비와 건설투자가 증가하였으나 최근의 가계부채 증가는 매우 심각한 상태이다. 1/4분기 가계의 처분가능소득 대비 부채비율은 165%로 1년간 약 10%p 상승하였는데 이는 GDP대비 민간부채비율이 주요 선진국이나 아시아 신흥국에 비해 매우 높은 상황이다. 즉, 가계부채 수준이나 증가율이 이미 심각한 수준에 직면하였다.

추경은 경제성장률 제고에 긍정적이나, 목적과 시기를 놓치면 효과는 없다.

정부는 6월 하반기 경제정책 방향을 통해, 10조원의 추가경정예산을 포함한 20조원 이상의 재정을 투입하여 하반기 경기부양에 나서기로 하였다. 이미 통화정책은 실효성이 거의 없는 것으로 나타나고 있으며 브렉시트 등의 경제에 불확실성이 증가하고 있는 상황에서 재정보강으로 경제성장률을 0.25%~0.3%p 끌어올리려고 하고 있다. 그러나 이러한 수치는 효율적으로 재정을 운영하였을 경우에 나타날 수 있으며 재정 집행 시기가 늦어지면 올해에는 거의 효과가 없다고 보아야 한다. 여기에 기업에 대한 직접적인 투입보다 실업이나 실업과 연계된 사업에 재정이 쓰여야 한다. 이러한 추경은 산업구조조정은 조선과 해운뿐만 아니라 철강, 화학, 건설 등에 대해서도 변화를 주어야 하고 4차 산업혁명에 따른 신산업으로 이동을 원활하게 해 주어야 한다. 또한, 구조조정과 일자리 창출이나 실업대비라는 목적으로 추경이 이루어져야 한다.

18

ifsPOST, 2018.07.20. 작성

경제정책 운용 방향은 복지정책 운용에 가깝다

2018년 7월 18일에 정부는 하반기 이후 경제여건 및 정책방향, 이른바 하반기 경제정책 운용 방향을 밝혔다. 거시경제 전망에서 올해의 경제성장률은 2.9%, 내년의 경제성장률은 2.8%로 예측하고 있다. 2018년의 민간소비는 2.7%, 설비투자 1.5%, 건설투자 –0.1%이며 취업자는 18만명, 소비자물가는 1.6%로 전망하고 있다. 연구기관 간 차이가 있기는 하지만, 대부분 연구기관이 2.8% 내외로 전망하고 있기 때문에 거의 비슷한 수치가 나왔다고 할 수 있다. 그러나 민간소비와 설비투자가 매우 빠른 속도로 떨어지고 있기 때문에 결과는 더 낮아질 수 있다. 또한, 취업자 증감도 전년의 31.6만명에서 18만명 증가로 매우 나빠지게 예측하고 있으나, 상반기 취업자수 증가를 볼 때, 이마저도 힘들 수 있다. 물가부분에서도 매우 낙관적으로 보고 있는데, 이미 생활물가는 매우 올라서 민생고에 큰 영향을 미치고 있다.

이에 대한 정책방향으로 일자리·소득분배 개선, 혁신성장 가속화, 시장경제 규율과 공정성 강화, 거시경제 활력 제고를 정책 분야로 제시하고 있다. 많은 내용 중에 대부분은 일자리·소득분배 개선에 치중하고 있다. EITC 지원 확대, 실업급여 확대, 기초연금 인상, 공공부문 일자리 확대 등이다. 이러한 모든 것은 재정이 투입되는 것이다. 물론, 사회안전망도 중요하다. 그러나 정부가 2013년 이후 급격하게 세수를 많이 걷어 들여 경제주체들 중에 대기업과 더불어 가장 부자인 상황이다. 그렇다면 민간의 세금, 보험료 등의 비소비지출이 늘어나 소비지출이 당연히 줄어들 수 밖에 없다. 따라서 재정지출을 하더라도 소비지출로는 이어지지 않는다는 의미가 된다. 오히려 과도하게 재정을 집행하는 경우에 국가채무가 한계비율을 넘어갈 수 있어 국가부도를 불러올 수도 있다. 이러한 정책방향은 대부분 대선공약에 있던 내용들이다. 그 중에 폐기할 정도로 심각하게 재정을 조달하지 못하는 부분도 있다. 바로 공공부문 일자리를 2022년까지 81만 명 확대하는 것이다. 단순 계산으로도 연간 수십조원, 이들이 은퇴하고 연금까지 따지면 엄청난 재정이 투입되어야 한다. 물론 사회안전을 위한 공공부문을 늘릴 필요가 있으나, 공무원을 더 뽑아 큰 정부를 만드는 것을 민간 경제주체가 바라지 않을 것이다.

혁신성장, 공정경제에서는 기존의 정책이 유지되고 있다. 따라서 이번의 경제정책 운용 방향은 복지정책 운용 방향이라고 보아야 한다. 경제성장률이 떨어지는 상황에서 어떻게 반도체를 제외한 산업의 경쟁력을 키우고, 민생이 나빠지는 상황에서 어떻게 민생을 좋아지게 할 지에 대한 고민이 전혀 보이지 않는다.

19

매경이코노미, 2018.10.15. 작성

금리 인상, 적기를 놓치고 있다

이번 주에 한국은행 금융통화위원회가 열린다. 그리고 11월에도 금융시장이 한국은행을 주시하고 있다. 대부분의 전문가들도 10월에는 기준금리 동결과 인상이 갈리고 있으며, 소수의견이 일부 존재하고, 11월에 인상을 예상하기도 한다. 아예 올해는 금리인상이 어렵다고 보는 견해도 있다.

그렇다면 금리인상의 가장 적기는 언제였을까? 7월경이었을 것이다. 1분기 경제성장률이 전년동기 대비 2.8%, 2분기 경제성장률이 2.8%였다. 따라서 실질GDP와 잠재GDP 사이의 차이인 GDP갭이 거의 없었을 것으로 분석된다. 즉, 5월경의 경기침체 초입단계의 분석이 나왔을 때, 금리인상에 어느 정도 대비하고 있어야 했다. 또한, 상반기에 물가상승률 목표보다 안정적으로 유지되어 물가상승 압력은 없었다. 따라서 GDP갭률과 인플레이션율을 감안하면 7월이 적기였다고 볼 수 있다.

3분기 경제성장률은 1분기와 2분기에 비해 상당히 낮아질 것으로 예상된다. 2017년 3분기의 성장률이 상당히 높아 기저효과를 감안하면 2% 초반까지도 밀릴 수 있다. 또한, 고용이나 산업생산동향을 보면 소비와 투자는 3분기에 그다지 좋지 못한 흐름을 가져가고 있다. 단지, 수출만 반도체를 중심으로 증가하고 있는 경제상황을 나타내고 있다. 전체적으로 올해 성장률이 2.5%~2.7%임을 감안하면 하반기로 갈수록 금리를 올리기 어려운 구조이다. 그러나 금리가 현재와 같이 충분히 낮은 상황에서 금리를 인상하더라도 기업가의 야성적 충동에 따르면 투자가 줄어들지 않는다. 소비측면에서 금리가 오르더라도 소비감소는 크게 일어나지 않을 것으로 보인다.

2017년의 소비자물가지수는 102.9로 전년대비 1.9% 상승하였다. 2017년 상반기에 2.0%, 하반기에는 1.9% 상승하였다. 2018년 상반기에는 보다 안정적으로 1.4% 상승하였다. 그러나 가장 최근인 9월에 105.60으로 1.9% 증가하며 2017년 상승률과 비슷한 상황으로 돌아오고 있다. 한국은행의 물가상승 목표치인 2.0%에 근접하였으며, 국제유가와 원/달러 환율이 상승하고 있는 상황에서 4분기 물가상승률은 2.2% 정도로 예상되고 있다. 따라서 금리를 인상할 수 있는 부분이 물가부분에서는 발생하고 있다.

문제는 미국의 금리인상이다. 미국은 올해 12월에 금리 인상이 유력시 되고 있다. 만약 미국이 금리를 인상하고, 우리나라 금리를 동결하게 되면 두 국가의 금리차이는 1%p가 된다. 이 경우, 자본유출은 매우 심각해질 수 있다. 현재와 같이, 두 국가 간 금리가 0.75%p 차이인데도 불구하고, 최근에 주식시장부터 시작하여 자본유출이 발생하고 있다. 물론 아시아쿼터의 일부가 다른 나라로 자본이 빠지더라도 금리가 일부분 정상화되면 돌아 올 수 있고, 현재에는 환율에 의한 예상수익률이 금리 차에 대한 수익률을 커버할 수 있기 때문이라고 볼 수 있다. 그러나 금리차이가 현재보다 커지게 되면 자본유출은 급격하게 발생할 수 있다. 또한, 미국은 내년에 3차례, 2020년에 1차례 금리인상을 예고하고 있기 때문에 지금이라도 금리를 인상할 필요가 있다.

금리는 여러 경로로 영향을 미친다. 금리경로, 자산가격경로, 신용경로, 환율경로, 기대경로 등이 있다. 일반적으로 알려진 이론은 금리경로를 통해 장단기 금리가 상승하고 여수신 금리가 상승하고, 신용경로를 통해 소극적인 대출행태를 보여 현재와 같이 유동성이 풍부한 상황에서 가계부채의 문제가 언급된다. 그러나 가계부채의 많은 부분이 주택담보대출과 같은 담보가 있는 대출이다. 따라서 저신용자와 자영업자 위주의 정책을 펼쳐야 한다. 자산가격경로는 자산의 미래수익이 하락할 수 있는 부분인데, 바로 부동산이다. 서울과 경기의 부동산만으로 금리를 올리는 것은 무리가 있으나, 1월부터 지금까지 부동산 버블에 가까운 상황이라면 금리정책도 자산가격 경로에 영향을 줄 수 있어야 한다. 현재 국내에 유동성이 풍부한 상황이다. 그러나 금리인상 기회를 놓쳤기 때문에, 채권시장, 주식시장, 외환시장 등에서 수익을 낼 수 있는 곳은 부동산 밖에 없다. 환율경로에서는 국내통화표시 자산가격 상승에 따라 수출이 감소하고 수입이 증가하여 경상수지가 감소할 수 있다. 그러나 경상수지 흑자는 중국과 미국 위주의 수출입을 다변화할 수 있는 기회가 된다. 마지막으로 기대경로인데, 기준금리 인상은 기대인플레이션을 하락시키고 제품가격 인상과 임금인상 효과를 막게 된다.

마지막으로 한국은행은 중립성이다. 한국은행법에도 있지만, 한국은행의 독립성은 보장되어야 한다. 그러나 현재의 상황이 지속된다면 올해 12월부터는 경제상황을 고려하면 금리를 인상할 수 있는 기회가 거의 없을 것으로 보인다. 따라서 한국은행 입장에서 운신의 폭이 좁아지고, 향후 금리나 통화량 결정에 상당한 정책불신을 만들어 낼 수 있을 것으로 보인다.

TIP | 통화정책의 파급경로

다른 경제정책과 마찬가지로 통화정책도 물가와 고용의 안정, 경제성장의 제고 및 국제수지의 균형 등을 최종 목표로 삼고 있다. 이를 달성하기 위하여 중앙은행은 다양한 정책수단을 사용하지만, 정책수단(instruments)이 최종목표에 영향을 주기까지는 상당한 시차가 필요하며, 그 과정 또한 불확실한 경우가 많다. 따라서, 정책당국은 정책수단과 최종목표 사이에 중간목표를 설정하고, 이 표적을 적절히 관리함으로써 보다 효율적으로 최종목표에 도달하는 방식을 채택하고 있다.

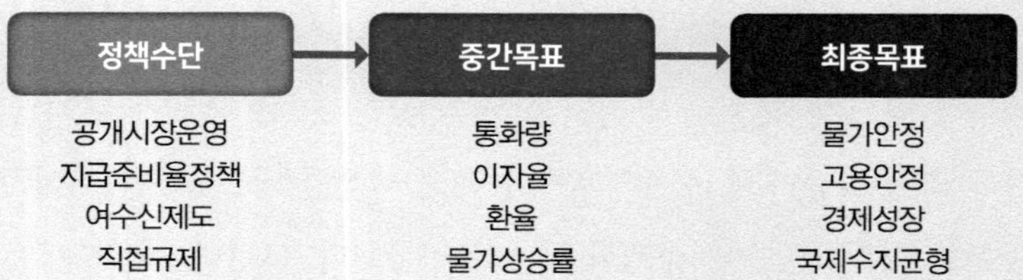

그림 1.13 통화정책의 정책수단과 중간목표 및 최종목표

통화정책이 물가 및 생산 등 실물경제에 파급되는 경로로는 대표적으로 금리경로(interest rate channel), 자산가격경로(asset price channel), 환율경로(exchange rate channel), 기대경로(expectation channel), 신용경로(credit channel)를 꼽을 수 있으며 글로벌 금융위기 이후 위험선호경로(risk-taking channel) 등이 존재한다.

금리경로는 중앙은행이 정책금리를 하향 조정하면 단기시장금리와 함께 장기시장금리, 은행 여수신금리가 하락하여 투자와 가계소비가 늘어나고 이는 총생산 확대 및 물가 상승으로 이어진다.

자산가격경로는 통화정책이 외환, 주식, 주택 및 토지 등의 상대가격 및 실질 부(wealth)의 변화를 통하여 경제에 영향을 미치는 파급경로를 말한다. 정책금리 인하 등 완화적 통화정책으로 개인이 보유하고 있는 주식이나 부동산의 가격이 오르면 개인의 부가 늘어나 소비를 늘릴 수 있는 여력이 커진다. 또한, 정책금리 인하로 주가가 상승하여 Tobin의 q는 상승하므로 투자는 확대된다.

환율경로는 국내금리가 하락하면 원화표시 정기예금 및 채권과 같은 국내 금융자산의 수익률도 함께 낮아지는데, 투자자들은 수익률이 하락한 국내 금융자산은 매각하고 외국통화 표시 금융자산을 매입하는 경우가 된다. 이 과정에서 다수의 투자자들이 국내통화를 매각하고 외국통화를 매입하면서 국내통화의 가치는 외국통화에 비해 하락(환율 상승)하게 된다.

기대경로는 다음과 같다. 중앙은행이 향후 상당 기간 금리 수준을 낮게 유지할 것으로 시장에 신호를 보내면 예상 단기금리의 평균치인 장기시장금리가 하락하여 투자와 가계소비가 늘어나고 이는 총생산의 증대 및 물가상승으로 이어진다.

신용경로는 통화정책이 수량변수인 은행대출이나 기업의 대차대조표에 영향을 미쳐 실물경제에 파급되는 과정을 말한다.

위험선호경로는 통화정책이 금융기관의 위험선호도를 변화시켜 실물경제에 영향을 미치는 과정을 말한다. 완화적 통화정책은 금융기관의 위험선호도를 증대시키게 되며, 이로 인해 고위험·고수익 대출 등을 중심으로 신용공급이 확대되면서 소비, 투자 등이 늘어나게 된다.

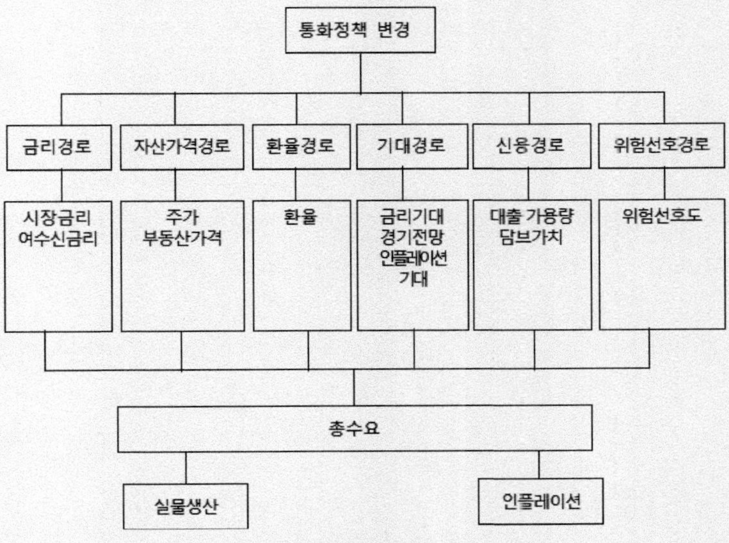

그림 1.14 통화정책의 파급경로

PART

2

정부재정 및 조세 정책

1

매일경제, 2019.09.03. 작성

2020년 예산안, 효율성과 후생 모두 감소할 수 있다

2020년 예산안이 발표되었다. 2020년 총지출은 2019년 대비 43.9조원 증가한 513.5조원이며, 총수입은 5.9조원 증가한 482조원이다. 세입 증가세 둔화로 GDP 대비 재정수지는 –3.6%로 악화되며, GDP 대비 국가채무 비율(D1)은 39.8%로 확대된다. 이에 따라 국가재정운용계획도 바뀌어 D1은 2023년 46.4%까지 증가한다.

분야별 재원배분에서 효율성이 감소한다. 경기침체 상황에서 지출을 늘리는 것은 맞지만, 내용이 경기침체에 대응되는 것이 아니다. 총지출 513.5조원 중 보건·복지·노동이 181.6조원(35.4%)로 전체의 1/3 이상을 차지하고 있고, 일반·지방행정 80.5조원(15.7%), 교육 72.5조원(14.1%), 국방 50.2조원(9.8%) 순으로 높으며 나머지 항목들은 모두 5% 이내의 비중을 차지한다. 문제는 증감률로 보게 되면 상대적으로 금액이 적은 산업·중소·에너지(비중 4.7%)가 27.5% 증가하며, 환경(비중 1.7%)이 19.3%, R&D(비중 4.7%)가 17.3% 증가한다. 즉, 예산이 작았던 곳은 조금만 증액을 해도 증가율은 높아진다. 그런데 계속해서 보건·복지·노동, 일반·지방행정 등은 크게 증가해 왔다는 점이다. 여기에 보건·복지·노동의 일자리 예산은 21.2조원에서 25.8조원 증가한다. 요즈음 밖에 나가 보면 노인들에게 정부가 지원하는 사업이며, 고용으로 잡히고 있다. 오히려 중국 R&D 규모의 5%도 안 되는 국내 R&D 부분과 중소기업을 중심으로 하는 산업에 사람을 키우는 정책에 예산이 더 나가야 했다. 즉, 청년층과 노인층에 집중되어 있는 예산이 은퇴 후 포화된 치킨집, 빵집, 커피숍, 편의점 창업으로 진출하는 것보다 인맥과 시스템을 알고 기술 전환이 빠른 세대에게 예산이 보다 많이 편성되었어야 했다. 이것이 처음 J노믹스 예산에서 사람에 대한 투자이다. 사회안전망은 반드시 필요하며 현재와 같은 보편적 복지는 이 정도에서 끝나고 사각지대에 있는 분들에게 선별적 복지가 필요하며, 공공분야보다 민간분야에 더 투자했어야 했다. 따라서 관성적으로 짜는 예산보다 무엇이 어디에 얼마나 더 확인했어야 한다. 따라서 현 경제상황에서 분야별 재원배분은 효율성이 떨어진다고 볼 수 있다.

다음으로 총후생과 가계 측면의 후생이 감소한다. 중앙재정 채무와 지방정부 채무를 더한 국가채무(D1)는 2017년말 기준으로 660.2조원이며 최근 2015년도 개편된 명목 GDP대비 36.0%를 차지하고 있고, D1에 비영리공공기관 부채를 포함한 일반정부 부채(D2)는 735.2조원으로 GDP대비 40.1%를 차지하고 있다. 일반정부 부채(D2)에 비금융공기업까지 포함한 공공부문 부채(D3)는 1,044.6조원으로 GDP대비 56.9%를 차지하고 있다. 그런데 2023년에 D1기준 국가채무 비율이 46.4%까지 늘어나면 D3는 70%를 훌쩍 넘어가게 된다. 일반적으로 64% 정도를 넘어서게 되면 가계나 기업 중의 후생 감소가 발생한다. 이는 주로 세입인 조세를 통해서 이루어지게 된다. 2020년 예산도 34.5조원의 적자재정이 발생하게 되는데, 이는 채권발생이나 증세를 통해 이루어지게 된다. 증세를 하게 되면 준조세 성격의 4대 보험까지 같이 오르게 되므로 실제 조세부담률은 상당히 높게 되고, 채권을 발행하게 되면 지금은 문제가 없지만 다음 세대에게 우리는 잘 쓰고, 빚 갚으라는 의미가 된다. 즉, 생산가능인구가 줄어들고 있는 상황에서 적자 재정에 대해 세대 갈등은 훨씬 커지게 된다.

TIP | 국가 예산안 확정 절차

국가 예산안 확정은 행정부의 예산안 편성 및 국회제출, 국회의 심의·의결 과정을 거쳐 정부에 넘기는 절차로 진행된다. 국가의 예산은 1년 동안 국가의 수입(세입)과 지출(세출)을 미리 정해놓은 것이다. 예산은 예산총칙·세입세출예산·계속비·명시이월비와 국고채무부담행위를 총칭한다. 예산은 국민의 부담인 조세를 전제로 하고 있고, 규모가 방대하며 국민경제 전체에 미치는 영향이 매우 크기 때문에 국회에서 예산안을 심의 및 확정한다.

예산안 확정은 행정부의 예산안 편성 및 국회제출, 국회 상임위원회의 예비심사, 예산결산특별위원회의 심의·의결, 본회의 심의·의결 과정을 거쳐 정부에 넘기는 절차로 진행된다. 정부는 예산안을 회계연도(1월1일 - 12월 31일) 개시 90일 전까지 국회에 제출하고 국회는 30일 전까지 의결해야 한다. 예산이 성립되면 각 중앙관서의 장은 예산배정요구서를 기획재정부장관에게 제출하여 분기별로 예산액을 배정받아 집행한다.

정부 예산안 편성과 국회 제출(회계연도 개시 90일전까지)

각 부처는 매년 기획재정부에서 나온 "예산안 편성지침"에 의거하여 매 회계연도 예산요구서를 전년도 5월 31일까지 기획재정부에 제출한다. 기획재정부는 이 내용을 분석하고 소요액을 산출하여 예산안을 작성한다.

이 예산안은 기획재정부 예산심의회, 장관협의회, 당정협의를 통해 조정되며, 국무회의 심의를 거친 후, 대통령의 승인을 얻어 회계연도 시작 90일 전까지 국회에 제출되어야 한다.

상임위원회 예비심사

정부가 예산안을 제출하면 국회의장은 예산안을 각 상임위원회에 회부하고, 각 상임위원회는 이 안을 예비 심사하여 국회의장에게 보고한다.

상임위원회 예비심사는 예산안 상정 ➡ 제안 설명 ➡ 전문위원 검토보고 ➡ 대체토론 ➡ 찬반토론 ➡ 의결(표결)의 순서로 이루어진다.

예산결산특별위원회 본심사

소관 상임위원회의 예비심사가 끝나면, 국회의장은 예산안과 예비심사보고서를 예산결산특별위원회에 넘긴다.

국회법은 국회의 재정에 관한 권한의 실질적 전담기구로서 예산안과 결산을 종합적으로 심사하기 위하여 국회의원으로 구성된 예산결산특별위원회를 두고 있다. 예산결산특별위원회는 제16대

국회(2000. 5. 30)부터 연중 운영되는 상설특별위원회로 전환되었다.

예산결산특별위원회에서 제안 설명 ➡ 전문위원 검토보고 ➡ 종합정책질의 ➡ 부별심사 ➡ 예산안 계수조정 소위원회 심사 ➡ 찬반토론 ➡ 표결 또는 의결의 순서를 거쳐 예산안을 확정한다.

예산결산특별위원회에서는 심도 있는 심사를 위해 국무위원 전원을 대상으로 국정전반에 대하여 묻고 답을 듣는 종합정책질의와, 각 상임위원회별 예비심사결과를 보고받은 다음 예결위원들이 관계 국무위원에게 묻고 답을 듣는 부별심사를 거친다.

또한, 종합정책질의, 부별심사과정에서 나타난 예결위원들의 질의 및 요구사항, 소관상임위원회 예비심사결과를 토대로 예산안을 종합, 조정하기 위해 예산안 계수조정 소위원회를 열어 최종적으로 심사를 하고, 그 결과를 예산결산특별위원회 전체회의에 보고한다.

예산결산특별위원회는 계수조정 소위원회에서 넘어온 안에 대해 찬반토론을 거친 후, 표결 또는 의결한다.

국회 본회의(회계연도 개시 30일전까지 의결)

예산결산특별위원회의 심사를 거친 예산안은 본회의에서 재적의원 과반수의 출석과 출석의원 과반수의 찬성으로 의결한다.

예산의 배정

예산이 성립되면 정부는 예산이 정한 바에 따라서 각 중앙관서의 장에 대하여 각각 집행되어야 할 세입, 세출예산, 국고채무부담행위 등에 대하여 배분하는데, 이것을 배정이라 한다.

예산이 성립되면 각 중앙관서의 장은 사업운영계획 및 이에 의한 세입, 세출예산, 계속비와 국고채무부담행위를 포함한 예산배정요구서를 기획재정부에게 제출하고 세입예산 월별 징수계획서와 세출예산 월별 지출계획서를 재정경제부장관에게 제출한다.

기획예산처장관은 각 중앙관서의 장이 제출한 예산배정요구서와 기획재정부장관이 제출한 월별 자금계획서에 의거하여 4분기별로 예산배정계획을 작성하고 재정경제부장관이 제출한 월별 자금계획과 함께 국무회의의 심의를 거쳐 대통령의 승인을 얻는다.

이러한 예산배정계획과 자금계획이 대통령의 승인을 얻게 되면, 기획재정부장관은 각 중앙관서의 장에게 4분기별로 예산을 배정하고 감사원에 통지한다.

TIP | 최근 우리나라 예산안

정부는 2020년 예산안을 8.29(목) 국무회의를 거쳐 9.3(화)에 국회 제출하였다. 2020년도 예산안은 일본 수출규제 등 경기 하방위험에 적극 대응하여 경제 활력을 제고하고 경제체질 개선과 미래성장동력 확충을 위한 혁신성장 가속화 등을 위해 확장적으로 편성하였다. 총지출은 2019년 대비 9.3% 증가한 513.5조원이다.

2020년 총수입은 482.0조원으로 반도체 업황 부진, 재정분권 등에 따른 세수둔화의 영향으로 금년 대비 1.2% 증가하였다. GDP 대비 재정수지는 전년 대비 악화(–1.9 ➡ –3.6%)되고, GDP 대비 국가채무는 전년대비 증가 (37.1 ➡ 39.8%)된다.

표 2.1 2019년과 2020년의 재정수지 및 국가채무 　　단위: 조원, %

	2019년 예산		2020년 예산안 (B)	증감 (B – A)
	본예산(A)	추경		
총지출(증가율)	469.6	475.4	513.5	43.9 (9.3)
총수입(증가율)	476.1	476.4	482.0	5.9 (1.2)
국세수입(증가율)	294.8	294.8	292.0	–2.8 (–0.9)
재정수지	–37.6	–42.3	–72.1	–34.5
(GDP 대비 %)	(–1.9)	(–2.2)	(–3.6)	(–1.7%p)
국가채무	740.8	731.5	805.5	64.7
(GDP 대비 %)	(37.1)	(37.2)	(39.8)	(+2.7%p)

자료: 기획재정부

복지분야에서 사회보장성 급여 확대, 기초생보 제도개선, 기초연금 인상, 건강보험 국고지원 확대 등 사회안전망이 보강될 예정이다. 일자리 예산과 관련하여 국민취업지원제도 도입, 구직급여 보장성 강화, 직업훈련·고용서비스 등 적극적 노동시장 정책 중심으로 확대된다.

R&D분야에서 핵심 소재·부품·장비 자립화 및 AI 사회로의 전환을 위한 핵심 미래산업 지원 등을 중심으로 투자 확대된다. 산업분야에서 수출·투자 활력 제고, 제 2 벤처붐 확산 및 영세 자영업자·소상공인 지원 등을 위해 가장 높은 증가세를 나타낸다. 환경분야에서 미세먼지 저감 투자 확충, 스마트 상수도 관리시스템 구축 등 안전 투자소요 중심으로 확대된다. SOC분야에서 노후 SOC 개량, 국가균형발전프로젝트 추진, 신기술을 접목한 스마트 인프라 등 안전·삶의 질 투자 중심으로 확대된다. 농림분야에서 농어업 스마트화 지원, 공익형 직불제 도입, 어촌뉴딜 300 본격 투자 등을 중심으로 확대된다. 문화분야에서 5G, 한류 기반 문화·관광 콘텐츠 개발·보급 중

심으로 확대된다. 교육분야에서 고교무상교육, 대학혁신 중심으로 투자가 확대된다. 외교·통일 분야에서 공공외교, ODA 및 한반도 평화경제 구현 투자 확대된다. 국방분야에서 장병 봉급 인상 등 사기진작, 차세대 잠수함 등 첨단 무기체계 확충 소요 중심으로 최초로 50조원이 돌파된다.

표 2.2 분야별 재원배분

단위: 조원, %

구 분	2019년(A)	2020안(B)	증감 (B – A)	증감률
◆ 총지출	469.6	513.5	43.9	(9.3)
1. 보건·복지·노동	161.0	181.6	20.6	(12.8)
※ 일자리	21.2	25.8	4.5	(21.3)
2. 교 육	70.6	72.5	1.8	(2.6)
※ 지방교육재정교부금	55.2	55.5	0.2	(0.4)
3. 문화·체육·관광	7.2	8.0	0.7	(9.9)
4. 환 경	7.4	8.8	1.4	(19.3)
5. R&D	20.5	24.1	3.6	(17.3)
6. 산업·중소기업·에너지	18.8	23.9	5.2	(27.5)
7. SOC	19.8	22.3	2.6	(12.9)
8. 농림·수산·식품	20.0	21.0	0.9	(4.7)
9. 국 방	46.7	50.2	3.5	(7.4)
10. 외교·통일	5.1	5.5	0.5	(9.2)
11. 공공질서·안전	20.1	20.9	0.8	(4.0)
12. 일반·지방행정	76.6	80.5	3.9	(5.1)
※ 지방교부세	52.5	52.3	–0.2	(–0.3)

자료: 기획재정부

2

매경이코노미, 2018.07.30. 작성

슈퍼 예산안, 편익과 비용

2018년 우리나라 예산은 428.8조원이었다. 2017년의 기획재정부의 중기재정운용계획을 보면, 2018년 429조원(7.1%), 2019년 453.3조원(5.7%), 2020년 476.7조원(5.2%), 2021년 500조원(5.1%)로 연평균 5.8% 증가로 총지출이 설계되어 있다. 2017년의 대선 후에 일시적으로 7.1%로 늘었다가 이후에 감소하는 구조로 되어 있다.

올해 기획재정부가 각 부처에 5월말까지 받은 예산 요구안에 따르면 2019년 예산은 6.8% 증가한 458.1조원이다. 중기재정운용계획상의 예산 453.3조원보다 약 5조원 많다. 여기에 올해 추경 3.8조원을 포함하면 약 461조원(7.5%)이 된다. 또한, 정치권에서 요구한 10% 이상 증액하거나 2차 추경을 3~4% 증액 하게 되면 470조원이 된다. 최종 예산안은 9월에 확정되지만, 저소득층 일자리, 소득지원 대책과 최저임금이나 근로시간 단축에 따른 재정지출을 감안하면 460조원 후반 정도에서 예산안이 결정될 확률이 높다.

2019년 분야별 요구 현황을 증액과 감액을 살펴보면 다음과 같다. 보건·복지·고용이 기초연금, 아동수당, 구직급여, 건강보험가입자지원 등 국정과제 확대 요구로 6.3% 증가한 153.7조원이고, 교육이 지방교육재정교부금 증가, 국가장학금 지원 확대 요구 등으로 11.2% 증가한 71.3조원, R&D가 연구자 중심의 기초연구 확대 요구 등을 중심으로 2.3% 증가한 20.1조원, 산업·중소기업·에너지가 신재생에너지, 창업 지원 확대 요구로 0.8% 증가한 16.4조원, 국방이 군 인력 증원, 방위력 개선 확대 요구로 8.4% 증가한 46.8조원, 외교·통일이 남북교류, 공적개발원조(ODA) 확대 요구로 6.2% 증가한 5조원, 공공질서 및 안전이 재난예방 인프라 확대 요구로 4.7% 증가한 20조원, 일반·지방행정이 지방교부세 증가 등으로 10.9% 증가한 76.5조원이다. 감액하는 분야는 SOC가 그간 축적된 SOC 스톡 및 이월금 등을 고려하여 10.8% 감소한 16.9조원, 농림·수산·식품이 쌀값 상승에 따른 변동직불금 축소 등으로 4.1% 감소한 18.9조원, 환경은 환경기초시설 인프라 감축 등으로 3.9% 감소한 6.6조원, 문화·체육·관광은 평창동계올림픽 지원 완료 등에 따라 체육·관광 중심으로 3.8% 감소한 6.2조원이다.

중기재정운용계획과 비교하면, 교육, 산업·중소기업·에너지, 국방, 공공질서 및 안전의 증책이 나타나고, 농림·수산·식품의 감액이 특징이다. 가장 큰 부분을 차지하는 보건·복지·고용은 중기재정운용계획의 159.4조원보다 5.7조원 낮은 153.7조원이지만, 작년과 올해의 일자리 추경 등을 감안하면 총지출은 비슷할 것으로 예상된다. 대선 당시의 J노믹스의 예산안은 원래 5년간 평균 7.7% 평균증가율로 짜여져 있었다. 2017년 대선 당시인 해에 대한 예산 증가가 7% 정도의 일반적인 수준이었으므로 2019년의 예산은 현재 예상안인 470조원보다 낮아야 한다.

이러한 예산 증가의 편익은 예산분야별로 나타나야 한다. 그런데 현재의 경제정책 방향은 일자리창출 및 사회안전망 지속 확충, 핵심규제 개선, 공정경제 정착, 소비 증가가 주가 되고 있다. 그 중에서도 보건·복지·고용에 초점을 두고 있다. 그런데 매해 일자리창출에 막대한 예산을 쏟아 붇고, 추경을 통해 또 쏟아 부어도 가시적인 성과를 이루어내지 못하고 있다. 오히려 고용은 뒷걸음질 치고 있고, 물가가 빠르게 오르는 현상이 발생하고 있다. 즉, 예산의 편익이 경제 전체적으로 작았다는 의미가 된다.

슈퍼 예산의 비용측면은 재정건전성으로 이어진다. 올해 초과세수가 5월까지 약 15조원이고, 하반기 19조원 정도로 예상되고 있다. 그러나 여전히 국가채무 증가속도는 빠르다. 2019년말 국가채무비율(D1)은 39.9%이고, 2020년에는 40.3%를 기록해 40%를 넘어서게 된다. 공공부문 부채(D3) 비율을 기준으로 하면 이미 63.1%로 한계수준을 넘어서 있기 때문이다. 오히려 세수가 좋을 때 국가채무비율을 줄이는 부분을 찾아야 한다. 또한, 국내총생산(GDP) 대비 관리재정수지 −2%는 2021년에 넘어서게 되는데, 일반적으로 관리재정수지는 –3%를 한계로 보고 있다. 따라서 현재의 방식과 같은 슈퍼 예산을 이용하는 방법보다 산업경쟁력 확대나 신산업 개발을 통한 고용 창출이 필요하고 각종 정책의 부작용을 고려하여 물가를 안정화시킬 필요가 있다.

3

ifsPOST, 2016.10.10. 작성

구조적인 경기침체를 단기 재정정책으로 막을 수 없다

정부는 10월 6일 경제관련장관회의에서 관계부처 합동으로 최근 경제동향과 대응방향을 논의하고 확정하였다. 추가경정예산(추경)이 나온 후, 약 1개월 만에 나온 재정보강책이다. 정부는 국내 경제상황이 매우 좋지 않다는 위기감에 추경 이후에 재정보강책을 시행하여 경기하락을 막겠다는 것이다. 이러한 정책은 정부의 경제성장률 목표인 2.8%를 달성하겠다는 강한 메시지를 던진 것으로 보인다. 그러나 연초에 경기 하락에 대해 재정보강책이 나오는 것이 일반적인데 비해 이번에는 연말에 나왔다는 점에서 경기 상황이 매우 좋지 않다는 것을 알 수 있다.

정부 발표 주요 내용으로 최근 국내 경제가 소비·설비투자·수출 등 실물경제가 경기회복을 강하게 보이고 있지 않다는 것이고, 향후 전망은 내수회복세가 주춤하지만 경기개선은 진행되고 있으며, 4/4분기 국내 경제에 대내외 불확실성이 높다는 것이다. 이에 따라 3/4분기의 이행실적을 점검하고, 4/4분기에는 경기 하방리스크의 영향을 최소화·보완하기 위하여 소비·투자·수출 등 민간 활력을 제고한다는 것이다.

민간 활력 제고를 위하여 재정보강 6.3조원, 수출금융에 3.3조원, 투자촉진에 0.5조원을 보완하여 기존 추경 등의 재정보강 27.1조원에 추가지원한다. 먼저 재정보강으로 추경 등 재정보강 잔여분 16.6조원을 차질없이 집행하고, 중앙정부, 지자체, 지방교육청 예산집행 목표를 상향 및 추경 목표를 확대하며, 주요 공공기관의 연내 투자 확대한다. 또한, 소비활력 제고를 위하여 소비여력 확대를 위한 신용카드 포인트 활용도 제고방안을 마련하고, 코리아세일페스타, 노후경유차 교체 촉진 등 제품 할인행사를 강화하며, 지역관광 활성화 및 농축수산물·문화소비 확대한다. 투자활성화를 위하여 신산업 투자 등 기계획된 투자 프로젝트 집행을 최대한 독려하고, 배출권 할당 관련 기업의 투자 애로를 완화하며, 투자연계형 R&D방식 등의 지원을 확대한다. 수출 촉진을 위하여 유망 소비재 수출 활성화 전략의 후속조치를 진행하고, 이란·인도네시아 등 신흥국 수출시장 대상 무역금융을 확대한다.

현재의 국내 경제상황은 매우 심각하며, 내년은 올해보다 훨씬 어렵다.

현재의 상황이 소비·설비투자·수출 등 실물경제가 회복세에 있다는 것은 매우 동의하기 어렵다. 소비가 6월 이후 일시적으로 늘어난 이유는 개별소비세 인하에 따른 승용차 판매 증가와 2015년 메르스 사태에 대한 기저효과 때문이었다. 이번에 노후승용차 구매에 대한 개별소비세 인하의 효과는 크지 않을 것으로 보인다. 일시적인 소비 증가를 제외하면 현재의 국내 소비가 살아나지 못하고 있다. 또한, 청탁금지법의 시행으로 소비의 조정은 당분간 지속될 것으로 보이지만 이는 장기적으로 보다 건전한 소비를 유도할 수 있다. 그러나 현재와 같이 국내소비가 살아나지 않는 이유는 부동산 가격 상승에 따른 가계부채 증가와 가처분소득이 늘지 않기 때문이다. 따라서 이에 대한 대책이 아니라 일시적 세금을 감면하는 정책을 통한 소비 증대는 일시적일 수 밖에 없다.

현재의 경제성장률을 이끌고 있는 것은 건설투자이다. 건설투자는 매우 올해 경제성장률을 지키고 있는 버팀목으로 볼 수 있다. 두 자리 이상의 성장을 하는 경우가 많기 때문이다. 8월 기준으로 건축부문 증가폭이 29.6%, 토목부문 증가폭이 11.9%로 매우 높다. 그러나 기계류를 포함하는 설비투자는 매우 좋지 않은 상황을 유지하고 있다. 일시적으로 설비투자가 증가할 수는 있으나 여전히 관련 선행지수는 좋지 않은 편을 유지하고 있다. 보호무역에 따른 수출기업의 업황 부진이나 주요 업종의 경쟁력 악화에 따라 설비투자가 늘어나지 않고 있다. 따라서 현재와 같이 세계 경제가 좋지 않은 상황에서 금리인하 등의 금융정책의 효과는 경기전망에 의한 투자유지나 감소가 더 크게 나타날 뿐이다.

수출입 관련된 무역수지는 올해 내내 흑자를 지속하고 있다. 그러나 그 이면에는 물량감소가 꾸준하게 일어나고 있다. 특히, 미국이나 중국 등의 수출입 감소는 매우 크게 나타나고 있다. 또한, 주력 상품의 개수가 줄어들고 있고, 2개 업종을 제외하면 대부분 중국에게 추월당하고 있는 현실이다. 세계 교역량이 감소되고 잇는 상황에서 무선통신기기, 자동차 등의 감소폭은 매우 크게 확대되고 있다.

이러한 상황에서 4/4분기에 경제성장률이 제한적으로 약간 반등하더라도, 현재의 정부 경제성장률 목표달성은 어려울 것으로 보인다. 또한, 내년의 국내 경제성장률 예측은 올해보다 훨씬 비관적일 것으로 보인다.

국내 경제의 패러다임 변화가 필요하다.

현재의 국내 잠재성장률은 계속하여 하락하고 있다. 해외의 리스크 요인을 제외하고 보더라도, 우리 경제는 아무런 준비를 하지 못하고 있다. 국내의 생산가능인구가 줄고 있으며, 구조조정은 매우 더디게 일어나고 있고, 4차 산업혁명에 대한 준비는 거의 되어 있지 않다. 또한, 각종 부채의 증가도 우리 경제에 심각한 영향을 미치는 요인이다.

생산가능인구의 감소는 소비, 투자, 수출입을 비롯하여 모든 국내 경제에 영향을 미칠 수 있다. 향후 인구감소를 감안하면 매우 심각한 문제를 야기할 수 있다. 구조조정은 진행되고 있으나 매우 더디게 진행되고 있으며, 조선 및 해운 외에도 건설, 석유화학, 자동차 등 줄줄이 뒤에 대기하고 있다. 이러한 구조조정은 타이밍은 많이 흘러 버렸고 아무도 책임지지 않는다. 부동산 가격은 매우 빠른 속도로 상승하여, 부채 증가로 이어지고, 부채 증가는 소비 저하로 이어지고 있다. 이러한 고리를 끊지 못하면 소비가 절대로 다시 살아날 수 없다. 최근에 가상현실 등에 투자하고 있으나, 여전히 우리 경제는 세계 경제의 패러다임 변화에 미숙하게 대응하고 있으며, 일본과 같은 장기침체의 출입구 앞에 놓여 있다. 이러한 상황에서 구조적인 원인을 해결하지 못하고 시행하는 단기 재정정책의 효과는 그다지 크게 나타나지 않을 것으로 보이며, 향후의 추경 등의 효과는 미미할 것으로 보인다.

뉴스토마토, 2015.09.16. 작성

4

2016년 예산안의 문제점과 국가채무의 관리 방향

2016년의 예산안이 9월에 발표되었다. 2016년의 예산안의 기본방향은 중장기 재정건전성 회복을 위한 재정개혁 추진을 통해 청년고용·경제혁신·문화융성·민생안정에 중점을 둔 투자에 중점을 두고, 경제활성화 및 구조개혁을 뒷받침하는 것이다. 총지출은 2015년 예산 375.4조원에서 11.3조원(3.0%) 증가한 386.7조원으로 나타난다. 2015년 본예산 375.4조원에 추경 11.8조원 중, 메르스나 민생지원을 위한 세출확대 6.2조원과 기금 자체변경 부분인 소상공인 보호와 주거안정 지원에 대한 3.1조원을 합하면 9.3조원이 되므로 2015년의 추경안의 총지출은 384.7조원이 된다. 만약, 2016년의 정부예측대로 총수입이 총지출보다 크게 나타나, 세입부족분이 없고 추경이 없다면, 2015년의 예산안과 2016년의 예산은 거의 같아진다. 따라서 총액에서는 커다란 차이가 없는 것으로 보인다. 분야별 재원배분을 통해 보다 자세히 살펴보자.

총 12개 분야별 재원 중에서 예산안 증가율 3.0%를 넘어서는 분야는 보건·복지·노동으로 115.7조원에서 122.9조원으로 6.2% 증가하였다. 문화·체육·관광이 6.1조원에서 6.6조원에서 7.5% 증가하였으며, 국방이 37.5조원에서 39조원으로 4% 증가하였다. 외교통일이 4.5조원에서 4.7조원으로 3.9% 증가하였고, 일반·지방헝정이 58조원에서 60.9조원으로 4.9% 증가하였다. 따라서 평균이상 증가한 분야는 총 5개 분야로 나타난다. 그러나 SOC는 24.8조원에서 23.3조원으로 6% 감소하였으며, 산업·중소기업·에너지 또한 16.4조원에서 16.1조원으로 2% 감소하였다. 즉, 유일하게 두 분야는 감소하였다. 그렇다면 이번 예산안의 기본방향인 경제 활성화를 주도할 수 있을까? 2015년과 비교하면, 총지출을 통한 경제 활성화에 대한 부분은 비슷할 것으로 보인다.

먼저, 정부가 경기활성화를 기본방향으로 한다면 SOC에 대한 새로운 사업 확대가 필요하다. SOC는 경제적 파급효과가 큰 분야이다. SOC 예산에서 늘어난 부분은 해운·항만이 1.6조원에서 1.7조원으로 늘었고, 도로, 철도, 산업단지, 수자원, 물류·지역 및 도시는 모두 줄어들었다. 만약, 새로운 사업이 발굴되지 않는다면 안전에 대한 투자 확대로 고려해 볼 만하다. SOC스톡이 늘면 늘수록 감가상각이 발생하게 되어 노후화된 분야가 존재한다. 예를 들어, 안전사고를 예방할 수 있도록 교량, 터널, 철도 등에 대한 투자가 필요하다. 다른 SOC 사업들도 항만과 연결될 수 있다. 경제 활성화를 위하여 SOC에 대한 새로운 사업 확대가 필요한 시점이다.

또한, R&D 분야가 0.2%만 증가한 것도 이해하기 어렵다. 경제학에서 노동과 자본, 그리고 기술이 생산에 영향을 미친다. 즉, 기술적 성장은 경제성장에 상당한 영향을 미친다. 2016년의 R&D 분야에서 늘어난 부분은 국립대학 인건비등이 4.5조원에서 4.9조원으로 늘어난 것을 제외하면, 기초·나노, 에너지·환경, 우주항공·생명, 기계·제조·공정, 전자·정보 등 모두 줄어들었다. 즉, 국가의 미래 성장 동력이면서 경제성장에 매우 큰 영향을 미치고 있는 분야임을 감안한다면 보다 적극적인 예산이 필요해 보인다.

마지막으로 국가채무의 양과 질의 문제가 존재한다. 정부가 발표한대로, 국가채무는 2016년에 645.2조원으로 2015년 595.1조원에 비해 50.1조원 증가하였다. 이는 국내총생산에 40.1%로 매우 높은 수준이다. 문제는 국가채무의 증가속도가 상당히 빠르다는 점이다. 2012년말 443.1조원(34.3%)에서 매해 8% 이상 늘어나고 있다. 따라서 전체적인 양과 속도에서 관리가능한 수준인 지에 대한 질문이 필요한 시점이다.

또한, 국가채무 중에서 예산의 적자를 메우기 위하여 발행한 국채인데, 차후에 국민세금으로 갚아야 하는 적자성 채무의 규모와 늘어나는 속도가 매우 빠르다는 점이다. 이번 정부에서의 적자성 채무는 현재까지 총 333조원으로 나타난다. 노무현 정부의 적자성 채무의 순증 규모는 84.3조원으로 적자성 채무 총액은 127.4조원으로 나타난다. 이명박 정부의 적자성 채무의 순증은 92.6조원으로 총액은 220조원으로 나타난다. 현 정권의 반환점을 돈 상태에서 이미 적자성 채무는 113조원이 증가하였고 총액은 333조원으로 나타난다. 따라서 세출에 대한 구조조정, 지하경제 양성화, 세수기여도 등을 감안하여 적정 수준 이하로 떨어뜨릴 필요가 있다.

5

디지털타임스, 2016.06.23. 작성

올해의 추경은 목적이 중요하다

올해 6월에 한국은행은 시장의 예상을 넘어 기준금리를 0.25%p 인하한 1.25%로 인하하였다. 경기의 부진과 구조조정에 따른 경기의 하방리스크가 커질 것을 예측하여 선제적으로 대응하였다. 중앙은행인 한국은행이 통화정책을 통하여 장기의 경기에 효과를 주는 것과 마찬가지로 정부도 재정정책을 통하여 단기적인 효과를 주기도 한다. 대표적인 것이 최근에 거론되고 있는 추가경정예산(추경) 편성이다. 올해 추가경정예산(추경) 편성이 기정 사실화되고 있다. 2001년부터 2008년까지 추경의 최대 금액은 2003년 7.5조원이며, 금융위기 시기인 2009년 28.4조원의 대규모 추경이 있었다. 2012년 17.3조원, 2015년 11.6조원의 추경이 있었다. 올해에 규모 등에 대해 이견이 있기는 하지만 추경이 편성되는 분위기라는 것에는 이견이 없다. 그렇다면 올해의 추경의 시기, 목적, 효과, 재원마련은 또 어떻게 진행될까?

추경은 시기가 중요하다. 이번 달 말에 정부는 규모 등에 대해 추경안을 확정하여 국회에 7월초에 제출된다. 국회의 동의를 거쳐, 실제 예산이 집행되는데 1개월 정도가 걸린다. 따라서 8월이 넘어가야 실제로 예산이 풀린다는 의미가 된다. 만약, 9월경에 추경이 국회에서 승인되면 대부분의 예산을 쓸 시간이 없게 되고, 효과는 없어진다.

추경의 목적을 생각해 볼 필요가 있다. 현재 경기가 하강국면에 접어들었다는 점에서 이견이 없다. 대부분의 기관들의 경제성장률 예측은 3%이하이며, 국가미래연구원은 5월초에 2.3%를 예측하기도 했다. 이 중에서 심각한 부분은 소비, 설비투자, 수출과 수입 등이 GDP성장률보다 낮게 나타난다. 이 중에서 소비는 이번의 추경으로 일부분 해결할 수 있는 부분이다. 소비가 증가하려면 소득이 늘어나야 한다. 소득이 늘어나려면, 일자리가 생겨야 한다. 따라서 일자리 창출을 통하여 소비를 늘려야 한다. 최근 정부의 거시경제 정책 기조도 성장률 중심에서 일자리 중심으로 이동을 하기는 하였으나, 이번 추경의 역할이 이를 뒷받침하는 중요한 역할을 할 것으로 보인다. 또한, 산업 구조조정과 기업 구조조정에서 증가하는 실업률을 정부가 추경을 통해 일부분 해결하는 것이 중요해 보인다. 따라서 이번의 추경은 일자리를 창출할 수 있는 사업을 중심으로 편성할 필요가 있다. 올해 예산의 특징은 경제적 파급효과가 큰 SOC 예산이 줄었었다. 특히, 도로, 철도, 산업단지, 수자원, 물류·지역 및 도시는 모두 줄어들었다. 또한, R&D 분야가 0.2%만 증가한 것도 이해하기 어렵다. 경제학에서 노동과 자본, 그리고 기술이 생산에 영향을 미친다. 2016년 예산에서 기초·나노, 에너지·환경, 우주항공·생명, 기계·제조·공정, 전자·정보 등 모두 줄어들었다. 따라서 산업 구조조정에 일어나는 일자리를 이러한 분야에 늘리는 것이 바람직해 보인다.

그렇다면 추경의 효과는 어떨까? 실제로 추경의 규모가 작으면 효과가 없고, 추경의 규모가 크면 국가재정에 부담을 줄 수 있다. 통화정책은 여러 단계를 거쳐 효과를 내기 때문에 내부시차는 짧지만 외부시차는 길다. 반대로 재정정책의 효과는 결정단계까지 오래 걸려 내부시차는 길지만 직접적으로 소비 등에 영향을 주기 때문에 외부시차는 짧다. 2000년대는 정부지출승수는 평균 0.8정도였으나, 2010년대에는 이보다 낮은 0.5 정도로 나타난다. 즉, 정부지출 1원이 늘어날 때 GDP는 약 0.5원 정도 늘어난다. 예를 들어, 이번 추경이 10조원 정도이고, 목적이 일자리 창출 등에 분명히 작용한다면 약 5조원의 효과를 낼 수 있다. 2015년 한국 GDP 규모를 감안하고, 20조원의 대규모 추경이 생긴다면 약 0.34%p 경제성장률을 끌어올리는 효과를 가져올 수 있다.

4월까지의 국세징수 규모는 전년동기 대비 18.1조원이 늘어났고, 세수진도율이 1분기에 45%정도로 나타난다. 그러나 지방교부금을 제외하면 약 5조원 정도가 추경으로 이용가능한 규모가 된다. 따라서 부족분은 법인세율 조정을 통해 확보하는 것보다 공기업의 예산이나 공공투자를 늘리는 것이 효과적으로 보인다. 왜냐하면 현재와 같이 경기가 좋지 않은 상황에서 이번 추경만을 위한 장기적인 법인세율 조정은 투자에 변화를 줄 수 있기 때문이다.

TIP | 추가경정예산(추경예산)

매년 9월말까지 다음 해의 예산안을 마련하고 국회에 제출한다. 그러나 국회에서 예산안이 확정된 후, 갑자기 예상하지 못한 일이 발생하면 이미 계획한 예산이 부족하거나 새로운 항목이 추가되어 자금을 집행할 일이 발생한다. 이때, 추가 또는 새로 더 편성하는 것을 추가경정예산 또는 추경예산이라고 한다.

추가경정예산은 국가재정법 제89조에 기반하고 있다. ❶ 전쟁이나 대규모 재해(「재난 및 안전관리 기본법」 제3조에서 정의한 자연재난과 사회재난의 발생에 따른 피해를 말한다)가 발생한 경우, ❷ 경기침체, 대량실업, 남북관계의 변화, 경제협력과 같은 대내·외 여건에 중대한 변화가 발생하였거나 발생할 우려가 있는 경우, ❸ 법령에 따라 국가가 지급하여야 하는 지출이 발생하거나 증가하는 경우이다. 그러나 제89조에 따라 정부는 국회에서 추가경정예산안이 확정되기 전에 이를 미리 배정하거나 집행할 수 없다.

추가경정예산의 재원은 국채발행, 특별회계 및 기금여유자금, 결산잉여금, 세금인상 등으로 재원을 확보한다.

표 2.3 역대 추경 편성 규모 및 소요기간

연도	규모 (조원)	주요 편성 내역	정부안 제출일	국회 의결일	소요기간 (일)
2004	2.5	세입결손 보전 및 서민생활 안정, 중소기업 지원	7.3	7.15	12
2005	4.9	세입결손 보전 및 의료·생계급여 부족분 보충 주한 미군기지 이전부지 매입비 지원	9.30	11.15	46
2006	2.2	태풍 에위니아 및 집중호우로 인한 재해대책 지원	8.18	8.29	11
2008	4.6	고유가 극복과 민생안정	6.20	9.17	89
2009	28.4	경제위기 극복, 일자리 유지·창출 및 민생안정	3.30	4.29	30
2013	17.3	세입결손 보전 및 민생안정·경기회복	4.18	5.7	22
2015	11.6	메르스 사태·가뭄 극복과 경기부양 및 민생안정	7.6	7.24	19
2016	11.0	브렉시트 및 구조조정에 따른 성장·고용 위기 대응	7.26	9.1	39
2017	11.2	일자리 위기 대응, 공공부문 고용확대 및 민생안정	6.7	7.22	46
2018	3.9	청년일자리 대책 및 구조조정 위기지역 지원	4.6	5.21	46
2019	5.8	국민안전·민생경제 및 일본 수출규제 대응	4.25	8.1	98

자료: 기획재정부

6

장기적 재정건전성과 감내력을 감안한 확장 재정정책을 펼쳐야 한다

최근, 정부는 2019 국가재정전략회의를 주재하였다. 현재 국회에 계류되어 있는 추가경정예산(추경) 안이 원안대로 통과되면, 국가채무비율은 2018년 38.2%에서 2019년 38.5%, 2020년, 40.3%, 2021년 41.1%, 2022년 41.8%로 증가한다. 정부는 국가채무비율 40% 초반 대를 관리하면서 과감한 재정 확장을 주문하였고, 청와대는 국제기구 권고에 따라 국가채무비율 60%가 재정건전성 기준이라고 밝혔다.

중앙재정 채무와 지방정부 채무를 더한 국가채무(D1)는 2017년말 기준으로 660.2조원이며 명목 GDP대비 38.2%를 차지하고 있고, D1에 비영리공공기관 부채를 포함한 일반정부 부채(D2)는 735.2조원으로 GDP대비 42.5%를 차지하고 있다. 일반정부 부채(D2)에 비금융공기업까지 포함한 공공부문 부채(D3)는 1,044.6조원으로 GDP대비 60.4%를 차지하고 있다. 이러한 수치는 적정한 것인가?

OECD 28개 국가의 일반정부 부채(D2) 비율을 보면, GDP대비 10%대부터 200%대까지 다양하다. 에스토니아, 룩셈부르크, 노르웨이는 10~20%대, 멕시코나 스위스(43%) 등은 40%대, 일본, 포르투갈, 이탈리아, 미국, 프랑스, 스페인, 영국은 100%대를 넘기고 있다. 즉, D2 비율이 낮더라도 국가부도가 발생할 수도 있고, D2 비율이 높더라도 국가부도가 발생하지 않을 수도 있다. 문제는 우리나라의 국가채무비율이 매우 빠른 속도로 증가해 왔기 때문에 재정건전성과 더불어 감내력과 연결된다. OECD 국가의 평균 국가부채비율은 금융위기 전의 73%에 비해 54%p 증가하였으나, 한국은 66%p 이상 증가하였다. 또한, 시기적으로 우리나라가 고령사회에 진입한 연도와 국가채무비율은 프랑스나 독일의 경우에 비해 상당히 빠르다.

이러한 빠른 국가채무비율의 증가는 경제위기나 국가부도 사태를 발생시킬 수 있다. 특히, 우리나라에서 국가채무(D1)나 일반정부 부채(D2)로 재정적인 여력이 있기 때문에 재정지출을 확대한다는 논리가 성립할 수 있으나, 공공부문의 확대는 정부대신 공공기관이 채권을 발행하거나 공무원 증가와 같은 고정지출도 국가채무 중의 일부분으로 보아야 하므로 공공부문 부채(D3)로 보아야 하고, 60%대를 국가채무비율로 보아야 한다. 즉, 청와대가 이야기한 60% 재정건전성 기준은 이미 한계 수준에 왔고 오히려 감내력 수준도 한계에 왔다고 보아야 한다. 실제 2017년의 적정 국가채무비율(D1)은 61.2% 정도로 추산된다. 따라서 약 21% 정도 여력이 있다고 생각하고 국가채무비율(D1)을 40%까지 늘리려고 하면 국가부도와 같은 문제를 발생시킬 수 있다. 이러한 수치는 국가채무비율(D1)을 기준으로 한 것이고, 공공부문 부채(D3) 비율을 기준으로 하면 이미 63.1%로 한계수준을 넘어서 있기 때문이다. 즉, 국가채무 감내력을 어느 정도 넘어섰다고 볼 수 있다.

현재 국내 경기 상으로 확장 재정정책을 펼쳐야 하는 시점은 맞다. 그렇다면 경기침체가 단기와 장기로 구분하는 인식 기간의 문제가 생긴다. 산업경쟁력, 수출 등을 감안하면 장기침체가 진행되는 것으로 보인다. 이후 재정투입의 방법과 재원의 문제를 거론해야 한다. 장기적으로 끌고 가야 하는 상황이 발생한다. 이럴 경우 슈퍼예산에 매해 하고 거의 다 쓰지도 못하는 추경까지 할 필요 없이 세수에 따른 예산 증가로 가지고 가야 한다. 1분기 전년동기 대비 세수는 여러 가지 요인으로 오히려 8,000억 원 감소하였고, 재정건전성과 국가채무 감내력과 직결된다. 마지막으로 늘어난 예산을 어디에 쓸 것인 지에 대한 문제가 발생한다. 단기적으로 대통령 공약과 같이 사회안전망 차원의 복지도 필요하지만, 보다 많은 부분이 기존 산업과 신산업의 고부가가치 형성과 기술력을 향상시키는 사람에 대한 투자로 패러다임이 바뀌어야 한다.

7

국가채무비율 속도 조절해야 한다

2018년 우리나라 예산은 428.8조원이었다. 기획재정부가 각 부처에 5월말까지 받은 예산 요구안에 따르면 2019년 예산은 6.8% 증가한 458.1조원이다. 여기에 일부 정치권에서는 고용 및 분배 악화에 따라 올해 추경 3.8조원을 포함하여 10% 이상 증액한 슈퍼팽창예산으로 470조원을 바라보고 있다. 사람을 위한 투자가 아닌데도 불구하고, 매우 큰 정부를 표방하며 한 해에 40조원 이상을 추가로 예산 편성하는 것에 문제가 없을까?

비슷한 맥락에서 6월 20일에 경제협력개발기구(OECD)는 한국경제보고서(OECD Economic Surveys: Korea 2018)를 발표하였다. 내용은 크게 거시경제 정책, 대기업집단 개혁, 중소기업의 역동성 강화에 초점을 두고 있다. 이 중에서도 거시경제 정책의 재정지출에 대해 언급한 부분을 살펴볼 필요가 있다. 경제협력개발기구는 고령화 등 미래 도전요인에 대응하기 위해 재정지출 확대가 요구되며 재정의 지속가능성 담보 노력도 필요하고, 재정지출 증가에 대비해서 부가가치세 등 상대적으로 경제성장에 영향이 적은 조세 활용을 검토하기를 권고하고 있다. 그러나 국가채무비율을 보면 과감히 재정지출을 늘리기는 쉽지 않을 수 있다.

국가부채와 관련된 통계는 크게 3가지로 나누어진다. 가장 좁은 의미의 국가채무(D1)은 중앙재정 채무와 지방정부 채무를 더한다. 일반정부 부채(D2)는 D1에 비영리공공기관 부채를 포함하고, 공공부문 부채(D3)는 일반정부 부채(D2)에 비금융공기업까지 포함한다. 여기서 국제적 비교기준은 D2와 D3로 국제지침을 따르고 있다. 국가채무(D1)은 2016년말 기준으로 626.9조원이며 명목 GDP대비 38.2%를 차지하고 있고, 일반정부 부채(D2)는 717.5조원으로 GDP대비 43.7%를 차지하고 있다. 공공부문 부채(D3)는 1,036.6조원으로 GDP대비 63.1%를 차지하고 있다.

2016년 기준 OECD 28개 국가의 일반정부 부채(D2) 현황은 GDP대비 13%~237%로 나타나며, 이중 5개국은 우리나라보다 낮으며, 나머지 국가는 우리보다 높다. 에스토니아(13%), 룩셈부르크(19%), 노르웨이(41%), 멕시코(41%), 스위스(43%) 등의 국가채무비율은 우리나라보다 낮으나, 일본(237%), 포르투갈(139%), 이탈리아(132%), 미국(127%), 프랑스(109%), 스페인(104%), 영국(94%)은 우리나라보다 2배 이상 높게 나타난다. 그러나 문제는 우리나라의 국가채무비율이 매우 빠른 속도로 증가해 왔다는 점이다. 2015년 OECD 국가의 평균 부채비율은 112%인데 금융위기 전의 73%에 비해 54% 포인트 증가하였으나, 한국은 66% 포인트가 증가하며 OECD국가들 평균보다 매우 빠른 속도로 증가하였다. 이러한 빠른 국가채무비율의 증가는 경제위기나 국가부도 사태를 발생시킬 수 있다. 특히, 우리나라는 D1과 D2로 재정적인 여력이 있기 때문에 재정지출을 확대한다는 논리가 성립하고 있으나, 실제로 공공부문도 정부의 한 종류로 봐야 하기 때문에 거의 한계 상황에 도달해 있다고 볼 수 있다.

2010년 소득세가 37.5조원에서 2017년 75.1조원으로 100% 증가하였다. 주로 늘어난 부분은 근로소득세(118%), 종합소득세(10%), 양도소득세(84%) 등은 2010년에 비해 2배 이상 증가하였다. 같은 기간에 법인세도 58% 증가하였으며, 부가가치세도 37% 정도 증가하였다. 2018년에도 2017년에 비해 세수진도율이 매우 빠른 상황이다. 따라서 2018년의 전체적인 세수는 매우 많이 증가하였다고 할 수 있다. 세수 내에서 정부지출을 하여야 하고, 재정지출을 세수보다 많게 가져가서 국가채무를 증가시킬 시점은 아니다. 오히려 국가채무비율이 감소하고 있어야 하는 부분이 있어야 한다.

2017년의 적정 국가채무비율(D1)은 61.2% 정도로 추산된다. 따라서 약 21% 정도 여력이 있다고 생각하고 국가채무비율(D1)을 40%까지 늘리려고 하면 매우 큰 문제를 발생시킬 수 있다. 이러한 수치는 국가채무비율(D1)을 기준으로 한 것이고, 공공부문 부채(D3) 비율을 기준으로 하면 이미 63.1%로 한계수준을 넘어서 있기 때문이다. 오히려 세수가 좋을 때 국가채무비율을 줄이려는 정책이 필요한 상황이다.

TIP | 국가채무

국가 부채관련 통계는 국가채무(D1), 일반정부 부채(D2), 공공부문 부채(D3) 등 세 가지 유형으로 관리된다. 중앙정부 채무는 현금주의 기준 국가채무(D1) 산출시 활용되고, 재무제표상 부채는 발생주의 기준 부채인 D2, D3 산출시 활용된다.

표 2.4 국가 부채 관련 통계 규모 및 기준

유형	2018년 규모 (GDP대비)	포괄범위	산출기준	활용
국가채무 (D1)	680.5조원 (35.9%)	중앙 및 지방정부의 회계·기금	국가재정법, 현금주의	국가재정 운용계획
일반정부 부채 (D2)[1]	735.2조원 (40.1%)	D1 + 비영리공공기관	국제지침, 발생주의	국제비교 (IMF, OECD)
공공부문 부채 (D3)[1]	1,044.6조원 (56.9%)	D2 + 비금융공기업	국제지침, 발생주의	공공부문 재정 건전성 관리

주: 1) 일반정부 부채(D2) 및 공공부문 부채(D3)는 2017년 결산기준, 2018년도는 결산 후 반영 예정

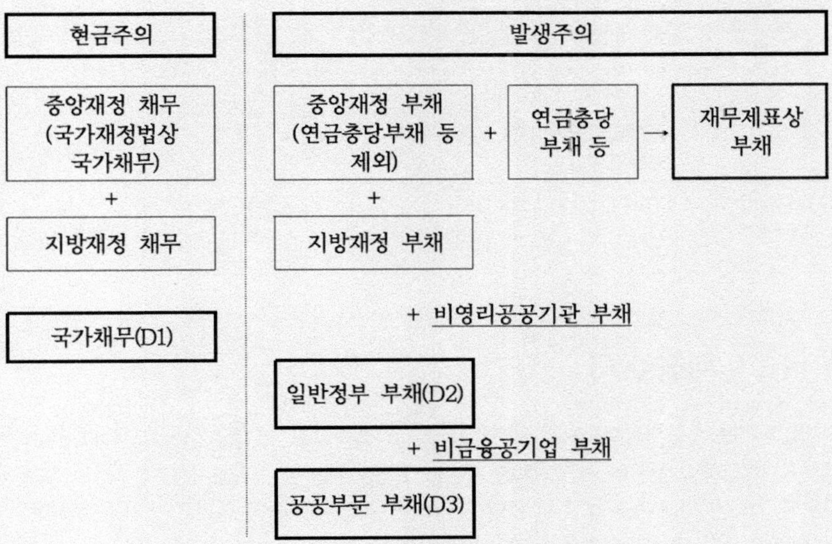

그림 2.1 국가 부채 포괄범위

표 2.5 부채 규모 상세 비교

단위: 조원

<table>
<tr><th colspan="4">분 류</th><th>국가채무
(D1)</th><th>일반정부
부채(D2)[1]</th><th>공공부문
부채(D3)[1]</th></tr>
<tr><td colspan="4">합 계 (A + B − C)</td><td>680.5</td><td>735.2</td><td>1,044.6</td></tr>
<tr><td rowspan="16">공
공
부
문</td><td rowspan="10">일반
정부
(A)</td><td rowspan="3">중앙
정부</td><td>회계·기금</td><td>651.8</td><td>645.4</td><td>645.4</td></tr>
<tr><td>비영리공공기관(217개)</td><td>–</td><td>50.2</td><td>50.2</td></tr>
<tr><td>내부거래</td><td>–</td><td>–12.3</td><td>–12.3</td></tr>
<tr><td colspan="2">중앙정부 부채</td><td>651.8</td><td>683.4</td><td>683.4</td></tr>
<tr><td rowspan="4">지방
정부</td><td>지방자치단체(243개)</td><td>24.5</td><td>45.7</td><td>45.7</td></tr>
<tr><td>지방교육자치단체(17개)</td><td>8.2</td><td>18.3</td><td>18.3</td></tr>
<tr><td>비영리공공기관(97개)</td><td>–</td><td>1.0</td><td>1.0</td></tr>
<tr><td>내부거래</td><td>–</td><td>–1.1</td><td>–1.1</td></tr>
<tr><td colspan="2">지방정부 부채</td><td>32.7</td><td>63.9</td><td>63.9</td></tr>
<tr><td colspan="2">중앙–지방 간 내부거래</td><td>–4.0</td><td>–12.1</td><td>–12.1</td></tr>
<tr><td rowspan="4">비금융
공기업
(B)</td><td colspan="2">중앙(114개)</td><td>–</td><td>–</td><td>345.8</td></tr>
<tr><td colspan="2">지방(54개)</td><td>–</td><td>–</td><td>41.2</td></tr>
<tr><td colspan="2">내부거래</td><td>–</td><td>–</td><td>–8.5</td></tr>
<tr><td colspan="2">비금융공기업 부채</td><td>–</td><td>–</td><td>378.5</td></tr>
<tr><td colspan="3">일반정부·비금융공기업 간
내부거래(C)</td><td>–</td><td>–</td><td>–69.2</td></tr>
</table>

주: 1) 일반정부 부채(D2) 및 공공부문 부채(D3)는 2017년 결산기준, 2018년도는 결산 후 반영 예정
자료: 기획재정부

TIP | 재정수지

관리재정수지는 통합재정수지에서 국민연금기금, 사립학교교직원연금기금, 고용보험기금, 산업재해보상보험및예방기금 등 사회보장성 기금의 수지를 제외한 수지를 말한다. 사회보장성 기금 수입은 장기적인 미래 지출을 위한 것으로 당해 연도의 재정활동 결과로 보기 곤란하며, 기금의 성숙도에 따라 대규모 흑자나 적자가 발생하여 당해 연도의 재정활동을 판단하는데 효과적이지 않을 수 있다. 따라서 우리나라에서는 통합재정수지와 별도로 관리재정수지를 재정운용 목표로 산출하여 사용하고 있다.

통합재정수지는 당해연도의 순수한 수입에서 순수한 지출을 차감한 수치를 통합재정수지라고 하며, 총수입에서 총지출을 뺀 것과 같다. 우리나라는 IMF의 권고에 따라 1979년부터 연도별로 통합재정수지를 작성하고 있다.

2019년 9월 중 통합재정수지는 4.2조원 적자이며, 사회보장성 기금수지(3.3조원 흑자)를 제외한 관리재정수지는 7.5조원 적자를 나타낸다. 2019년 1~9월 누계 통합재정수지는 26.5조원 적자이며, 사회보장성 기금수지(30.5조원 흑자)를 제외한 관리재정수지는 57.0조원 적자를 나타낸다.

표 2.6 부채 규모 상세 비교

단위: 조원, %, %p

	2018년			2019년(잠정)				전년동기 대비	
	추경 (A)	1~9월 (누계, B)	진도율 (C=B/A)	추경 (D)	9월 (당월)	1~9월 (누계, E)	진도율 (F=E/D)	증감 (E-B)	진도율 (F-C)
총수입(A)	447.7	359.2	80.2	476.4	32.9	359.5	75.5	0.3	−4.8
총지출(B)	432.7	345.2	79.8	475.4	37.1	386.0	81.2	40.9	1.4
통합재정수지 (C=A−B)	15.1	14.0	−	1.0	−4.2	−26.5	−	−40.6	−
사회보장성 기금수지(D)	46.5	31.3	−	43.3	3.3	30.5	−	−0.9	−
관리재정수지 (E=C−D)	−31.4	−17.3	−	−42.3	−7.5	−57.0	−	−39.7	−

자료: 기획재정부

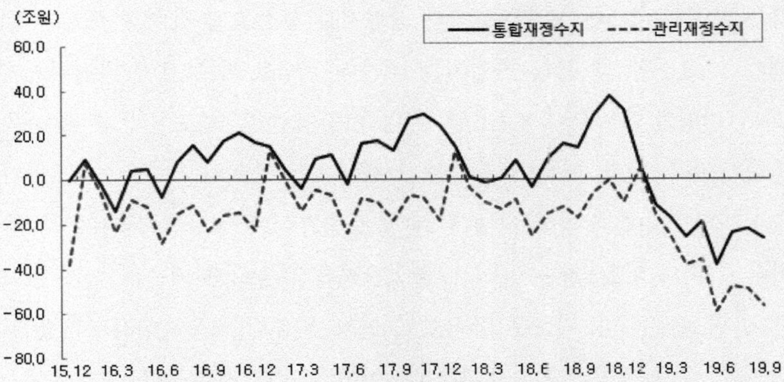

그림 2.2 재정수지 추이(누계 기준)

자료: 기획재정부

8

디지털타임스, 2018.08.17. 작성

정부의 재원마련,
증세가 먼저 아니다

문재인 정부가 출범한 지, 이제 약 100일이 되었다. 문재인 대통령은 출범 100일을 숨가쁘게 달려왔다. 경제와 관련된 면만 살펴보면, 취임 직후인 5월 10일에 일자리위원회 설치를 지시했다. 6월 10일에는 추경예산안 시정연설을 하였다. 6월 15일에 최저임금위원회가 2018년 최저임금을 시간당 7,530원으로 인사하였다. 7월 29일에 100대 국정과제 대국민 보고대회를 수행하였다. 보다 최근에 건강보험의 보장성을 확대하기로 하였다. 문재인 정부는 매우 많은 일들을 단시간에 처리해 왔음을 알 수 있다.

현 단계에서 정부 재정을 살펴볼 필요가 있다. 국정기획 자문위원회는 국정운영 5개년 계획을 밝히면서, 5년 총 178조원의 재정지출이 소요될 것으로 보았다. 더불어 잘사는 경제에 42.3조원, 내 삶을 책임지는 국가에 77.4조원, 고르게 발전하는 지역에 7조원, 평화와 번영의 한반도에 8.4조원, 지방 이전제원 및 제도설계 후 추진을 42.9조원으로 산출하였다. 먼저, 더불어 잘사는 경제에 42.3조원이 투자되는데, 일자리의 숫자와 지출이 맞는 지에 대해 확인해야 한다. 소방관이나 경찰관 등의 수가 부족한 것은 사실이다. 그러나 8.2조원을 들여 17만 4천명을 채용하게 되는데 이는 5년간 1인당 약 4천 7백만원 수준이다. 윈도우 방식으로 연간 20%식 채용하더라도 8.2조원으로는 무리다. 따라서 수치 조정이 필요해 보인다. 이러한 여러 사항들을 고려하여 재정지출을 검토할 필요가 있다.

재정지출에 적용되는 재원문제이다. 재정은 세수확충이 77.6조원이다. 초과세수 증대가 60.5조원, 비과세 정비가 17.1조원이다. 세외수입 확대가 5조원으로 세수확충과 세외수입을 합하면 82.6조원이 된다. 다음으로 세출절감인데, 지출 구조조정으로 60.2조원을 조달하기로 하였다. 물론 최근 정치권의 주장으로 정부는 고소득자와 고소득법인에 대해 증세를 실시하기로 하였다. 세출절감에서는 크지만 효율이 떨어지는 사업을 제로베이스에서 다시 검토해야 한다.

세수 부분을 보면, 소득세가 2009년 34.4조원에서 2016년 68.5조원으로 7년 만에 두 배가 증가하였다. 같은 기간에 법인세는 35.3조원에서 52.1조원으로 16.8조원(12.5%) 증가하였다. 부가가치세가 47조원에서 61.8조원으로 14.8조원 증가하였다. 올해 5월까지 전년의 국세수입 112.7조원에 비해 11.2조원 증가한 123.8조원을 나타내는데, 법인세가 4.3조원, 부가가치세가 2.5조원, 소득세가 1.8조원이 더 걷혀 세수진도율이 매우 빠르다. 이러한 요인으로 법인실적 개선, 세원 확보, 부동산 거래 증가 등이 있다. 이러한 추세라면 연말까지 국세수입만 약 20조원이 증가하게 된다. 이러한 상황에서 정치권에서 주장하고 있는 증세는 세율의 변화를 의미한다. 이미 총액에서 경상성장률보다 높게 소득세가 증가한 증세가 되었는데 세율 변화를 가지고 올 필요가 없다.

세입은 기본적으로 공정과세, 전세, 증세의 순서가 되어야 한다. 만약 경기가 악화된다면 재원확보를 위해 지출 구조조정과 더불어 공정과세인 지를 먼저 확인해야 한다. 현재의 경기 상황은 작년보다 좋은 상황이다. 소득세, 법인세, 부가가치세 등의 세목간의 공정과세와 소득세 내의 근로소득세, 양도소득세, 종합소득세 등의 공정과세를 확인해야 한다. 특히 소득세 부분에서 현재와 같은 고소득자 및 고소득법인에 대해 증세와 더불어 국민 개세주의에 따른 보편적 증세도 고려해야 한다. 즉, 2013년 세제개편에 따라 면세비율이 높아진 부분도 다시 전환할 필요가 있다. 그래도 재원이 충분하지 않다면 전세를 하면서 증세를 시도해야 한다. 마지막으로 경기변동을 감안하여 세수가 잘 걷히지 않는 해에 증세를 진행하면 된다.

TIP | 총수입과 총지출

총수입은 일반회계, 특별회계, 기금 수입을 모두 더한 후에 내부거래와 보전거래를 차감하여 산출한 정부 수입규모이다. 재정의 실제 수입규모를 파악하고자 할 때, 모든 회계와 기금의 수입을 단순합산할 경우에는 회계간 전출입 금액 등을 중복계상하여 실제의 재정수입 전체보다 커지는 문제가 발생하기 때문에 회계·기금간 내부거래 등을 제외하고 산출한다.

국세수입(국세)는 일반회계의 주된 재원으로서 내국세(소득세, 법인세, 상속세 및 증여세, 부가가치세, 개별소비세, 증권거래세, 인지세, 기타 내국세), 관세, 교통·에너지·환경세, 교육세, 종합부동산세, 주세, 농어촌특별세로 이루어져 있는데, 이 중 주세와 농어촌특별세는 특별회계의 세입이며 나머지는 모두 일반회계의 세입이다. 세외수입은 정부의 수입 가운데 조세 이외의 수입을 말한다. 재산수입·경상이전수입·재화 및 용역의 판매수입·수입대체경비 수입·관유물 매각대·융자회수금·국공채 및 차입금·차관수입·전년도 이월금·전입금 등으로 구성된다.

정부의 재정활동은 일반회계와 특별회계로 구성된 예산에 의해 주로 이루어지고 있으나 특정한 목적을 위하여 특정한 자금을 신축적, 탄력적으로 운용할 필요가 있을 때 법률에 근거하여 기금을 설치한다. 기금수입은 사회보장기여금, 재산수입, 경상이전수입, 재화 및 용역 판매수입, 융자 및 전대차관 원금 회수, 기타로 구성된다.

표 2.7 총수입 단위: 조원, %, %p

	2018년					2019년(잠정)				전년동기 대비		
	추경 (A)	결산 (B)	1~9월 (누계, C)	진도율		추경 (F)	9월 (당월)	1~9월 (누계, G)	진도율 (H=G/F)	증감 (G-C)	진도율	
				예산 (D=C/A)	결산 (E=C/B)						예산 (H-D)	결산 (H-E)
총수입	447.7	465.3	359.2	80.2	77.2	476.4	32.9	359.5	75.5	0.3	−4.8	−1.7
국세수입	268.1	293.6	233.7	87.2	79.6	294.8	18.6	228.1	77.4	−5.6	−9.8	−2.2
세외수입	27.2	26.0	19.4	71.1	74.4	26.9	1.9	18.7	69.5	−0.7	−1.7	−4.9
기금수입	152.4	145.1	106.1	69.6	73.1	154.7	12.5	112.7	72.8	6.6	3.3	−0.2
(사회보장성 기금)	89.8	85.1	63.1	70.3	74.1	90.9	7.6	67.5	74.3	4.4	4.0	0.2
세입세출외	−	0.6	0.1	−	−	−	0.00	0.05	−	−0.04	−	−

자료: 기획재정부

총지출은 총수입에 대응되는 개념으로서 일반회계, 특별회계, 기금을 모두 더한 후 내부거래지출과 보전지출을 차감한 것을 말한다. 총지출은 정부부문의 전체적 재정규모의 파악이 가능하고 내부거래와 보전거래를 차감함으로써 순수한 재정활동의 규모파악이 가능하다. 이러한 특징은 IMF에서 제시하는 기준인 통합재정규모에도 적용이 되는데, 다만 통합재정규모는 융자지출에서 융자회수를 차감한 순융자를 지출에 계상하고, 총지출은 융자지출 전체를 지출에 계상하는 등의 차이가 있다.

2019년 9월 중 총수입은 32.9조원(국세 18.6조원, 기금수입 12.5조원 등)으로 나타난다. 2019년 1~9월 누계 총수입은 359.5조원, 전년동기 대비 0.3조원 증가하였다(진도율 1.7%p 하락). 국세수입은 전년동기 대비 5.6조원 감소, 세외수입은 전년동기 대비 0.7조원 감소, 기금수입은 전년동기 대비 6.6조원 증가하였다.

2019년 9월 중 총지출은 37.1조원(예산 23.8조원, 기금 13.4조원)으로 나타난다. 1~9월 누계 총지출은 386.0조원, 전년동기 대비 40.9조원 증가하였다. 예산은 전년동기 대비 29.4조원 증가하였는데, 일반회계가 전년동기 대비 25.4조원 증가하였고, 특별회계가 전년동기 대비 4.0조원 증가하였으며, 기금은 전년동기 대비 7.1조원 증가하였다.

표 2.8 총지출 단위: 조원, %, %p

	2018년			2019년(잠정)				전년동기 대비	
	추경 (A)	1~9월 (누계, B)	진도율 (C=B/A)	추경 (D)	9월 (당월)	1~9월 (누계, E)	진도율 (F=E/D)	증감 (E-B)	진도율 (F-C)
총지출	432.7	345.2	79.8	475.4	37.1	386.0	81.2	40.9	1.4
예산	298.0	239.5	80.4	332.6	23.8	268.9	80.9	29.4	0.5
– 일반회계	250.2	202.6	81.0	280.9	20.1	228.1	81.2	25.4	0.2
– 특별회계	47.8	36.8	77.1	51.7	3.6	40.8	79.0	4.0	2.0
기금	134.7	99.4	73.8	142.8	13.4	106.6	74.6	7.1	0.8
(사회보장성기금)	43.2	31.8	73.4	47.6	4.2	37.0	77.8	5.3	4.3
세입세출외	–	6.3		–	0.0	10.6		4.3	

자료: 기획재정부

총세입에서 총세출을 차감한 것을 결산상 잉여금이라 하고, 결산상 잉여금 중 다음연도로 이월하는 금액을 공제한 금액이 세계잉여금이다. 국가재정법 제90조 제2항에서는 매 회계연도 결산상 잉여금 중 개별 특별회계법과 다음연도 이월액을 공제한 금액인 일반회계 세계잉여금을 '세계잉여금'이라 정의하고 있다. 일반회계 세계잉여금은 국가재정법 제90조 규정에 따라, 교부세 및 교부금 정산, 공적자금상환기금 출연, 국가채무 상환에 순서대로 사용되며, 남은 금액은 추경 재원으로 사용 또는 다음연도 세입에 이입한다.

9

디지털타임스, 2016.08.09. 작성

2016년 세법개정안에 대한 소고

정부는 2016년 세법개정안을 7월 28일에 발표하였다. 신산업투자와 일자리는 늘리고, 서민 및 중산층 부담을 줄이는 것을 목표로 하고 있다. 이에 대한 주요 개정내용은 경제 활력을 제고하기 위하여 미래 성장동력 확충, 고용친화적 세제 구축, 투자·수출·소비 활성화, 기업구조조정을 지원하는 것이다. 민생안정을 위하여 서민·중산층 지원, 중소기업·자영업자 지원, 농어민 등을 지원한다. 공평 과세를 위하여 과세기반 확충, 역외세원 확보, 가계소득 증대세제 개선을 하고 조세제도 합리화를 위하여 납세자 권익보호, 납세편의 제고, 세제 합리화를 주요 내용으로 하고 있다. 이번 세법개정안은 어떠한 문제가 있을까?

2016년 상반기의 세금이 2015년에 비해 19조원 늘어난 125.6조원으로 나타난다. 세목별로 살펴보면 소득세가 4.9조원 늘어난 35.5조원, 부가가치세가 5.8조원 늘어난 30.7조원, 법인세가 5.9조원 늘어난 28.4조원으로 나타난다. 경기가 좋지 않은데도 세금이 늘어난 이유는 소득세에서 양도세 중과세 부활이나 부가가치세나 관세 환급이 줄었고, 유가하락에 따라 기업의 비용이 줄면서 수익이 늘었다.

최근 5년간의 국세통계를 보면, 5년 전인 2011년에 비해 개인의 소득세는 46.3% 증가하였고, 근로소득세는 49.5% 증가하였다. 법인세는 0.3% 증가하여 거의 변화가 없다. 또한 부가가치세는 4.3% 증가하였다. 따라서 소득세와 근로소득세가 계속하여 증가하였다는 뜻이 된다. 물론 명목임금이 증가하여 근로소득세가 증가하기도 하지만, 이는 증세나 다름없다. 따라서 2016년 세법개정안에서 민생안정을 위한다고 하지만 실제로는 개인의 세금이 증가하였기 때문에 민생안정과는 거리가 멀다고 볼 수 있다.

민생안정에서 서민과 중산층을 지원한다고 되어 있는데, 신용카드 소득공제 한도를 총급여에 따라 차등을 두고 있다. 이에 대해 일몰기한을 계속하여 연장하고 있는데, 개정안이 전체적으로 줄이거나 정책 목적이 달성되었다면 기한을 주고 폐지를 할 수도 있다. 대신 부가가치세와 소비가 대폭 감소할 수 있다는 것을 염두에 두어야 한다. 출산과 육아에 대한 세제지원 측면에서도 20만원씩 세액공제를 한다고 해서 출산을 더 하는 것이 아니다. 오히려 장기적인 안목에서 출산율을 높일 수 있는 세제혜택을 고려하여야 한다.

중소기업과 자영업자 지원에서도 신용카드 매출세액공제 우대공제율 적용(1%~2%, 2016년말가지는 우대공제율 1.3~2.6%) 기한을 연장하고 있는데, 중소가맹점의 신용카드 가맹점 수수료가 최근에 1% 이하로 떨어졌다는 것을 감안하면 실제로는 신용카드 단말기 이용으로 부가가치세를 덜 내고 있는 형태가 된다.

2013년 소득공제가 세액공제로 바뀐 항목에서 소득공제가 공평과세에 더 맞을 수도 있다. 소득공제를 세액공제로 바꾸면서 개인의 소득세는 훨씬 많이 늘었다. 따라서 세액공제로 전환한 항목에 대해 다시 한 번 고민해 볼 필요가 있다.

마지막으로 가계소득 증대세제 개선 부분이다. 기업소득 환류세제는 자기자본 500억원을 초과(중소기업 제외)하는 상호출자제한기업집단 소속 기업이 해당 사업연도의 소득 가운데 일정액 이상을 투자·임금·배당으로 사용하지 않으면 기준 미달액의 10%를 추가 과세이다. 기업소득 환류세제를 배당소다 임금증가나 투자로 환류될 수 있도록 현행 투자, 임금증가, 배당이 1:1:1에서 1:1.5:0.8로 바꾸었다. 기업소득 환류세제는 기업들이 사내유보금이 가계소득이나 투자로 이어질 수 있도록 하기 위하여 만든 제도이다. 그러나 대부분의 기업들은 투자나 임금확대보다 배당확대에 주력하고 있다. 따라서 가계소득이 증가하기 위하여 배당에 대한 부분을 더 줄이고, 투자와 임금에 대한 부분을 더 늘릴 필요가 있다. 또한, 10% 과세에 대한 부분도 조정할 필요가 있어 보인다.

매해 세법개정안이 나오고 있으나 개정안의 대부분은 개인의 소득세가 증가하는 방향으로 움직인다. 따라서 공평과세나 민생안정에 보다 주력하여, 보다 나은 세법개정이 되기를 바란다.

10

ifsPOST, 2015.02.16. 작성

효율적인 세출 구조조정과 공정하고 합리적인 과세, 마지막에 증세 합의가 필요하다

2015년 1월부터 연말정산이 국정에 핫이슈가 되어 왔다. 담뱃값 인상 등의 간접세 인상과 더불어 복지와 증세에 대한 논의가 활발하게 이루어지고 있다. 원래 박근혜 정부의 복지공약 이행을 위해 필요한 재원은 5년간 134.8조원으로 증세없는 복지가 가능할 것으로 예측했었다. 즉, 비과세감면 축소로 18조원, 지하경제 양성화로 27.2조원, 세외수입 5.5조원, SOC투자 및 산업관련 예산 절약과 이차보전 사업으로 돌리는 방식으로 84.1조원으로 복지에 대한 재원을 확보한다는 방침이었다. 그러나 비효율적 세출이나 불공정한 세입, 불완전한 거시경제 인식 등으로 인해 세수부족인 발생하고 있는 현실이다.

먼저, 세출에서 가장 중요한 것은 효율성이다. 따라서 효율성 측면에서 보면, 세출에 대한 강력한 구조조정이 필요하다. 투입 대비 산출이 낮거나 국민의 행복과 관련성이 낮은 사업은 줄어야 한다. SOC 예산은 2005년 18.3조원에서 2009년 24.7조원으로 높아졌으며, 이후 일정하게 유지되고 있다. 국가재정운용계획에 따르면 12개의 분야 중에서 SOC 예산은 2014년 23.7조원에서 2018년 19.1조원으로 연평균 –5.2% 증가율을 나타낸다. 이는 당초 예상한 10% 감축보다 낮은 수치인데, 예비타당성 조사 등을 통해 충분히 줄일 수 있는 부분이 될 수 있다. 또한, 산업과 관련된 부분 중에서 이미 성숙된 역량이 나타나는 부분에서도 충분히 줄일 수 있을 것으로 보인다. 집행실적이 부진한 사업에 대해 과감히 정리해야 한다. 집행률이 낮은 사업을 예산에 계속하여 반영하고, 4년간 집행률이 70% 미만인 사업이 143개 사업으로 나타난다. 또한, 유사 및 중복 사업을 정리할 필요가 있다. 2015년 예산안을 살펴보면 총 18건 1,687.9억원으로 나타나고 있어 부처 간 협의를 거쳐 조정할 필요가 있다.

세입에서 가장 중요한 부분은 거시경제 상황 반영과 공정성이다. 정부는 올해 세수 전망치를 221.5조원으로 예상했는데 2014년 예산상 계획 216.5조원보다 2.3%, 실제 징수한 세수 205.5조원보다 7.2% 증가하였다. 그러나 GDP디플레이터 2.1%와 실질 경제성장률(GDP) 4.0%를 더한 6.1%의 경상성장률을 가정하고 있는데, 이는 실현되기 상당히 어려운 부분이다. 대부분의 연구기관들이 올해 실질 경제성장률 전망치를 3.4%~3.5%로 낮추어 잡고 있으며, 소비자 물가상승률이 1%보다 낮은 현실이다. 단순히 205.5조원과 1.7% 차이만 나더라도 약 3.5조원 차이가 난다. 따라서 세수결손이 다시 나타날 가능성이 크다. 따라서 중기적인 거시 자료를 이용하더라도, 매해 현실적으로 재산출할 필요가 있다.

경제주체별 명목 국민총소득(GNI) 비중을 살펴보자. 1975년 가계부문의 비중은 79.2%에서 2013년 61.2%를 나타낸다. 기업부문은 9.3%에서 25.7%로 증가하였다. 정부부문은 11.5%에서 13.1%로 증가하였다. 40년간 가계의 비중은 꾸준히 감소하다가 1998년 외환위기 때 일시적으로 늘었다가 다시 감소하는 형태를 나타낸다. 2009년까지 감소하다가 2010년 60.4%에서 약간 늘었을 뿐이고, 기업부문은 반대로 외환위기 때 13.9%로 줄었다가 2006년에 일시적으로 20.6%로 감소했다가 다시 증가하는 추세를 나타내고 있다. 즉, 경제주체별로 벌어들인 소득 중 가계부문에 돌아가는 비중이 감소한다는 의미를 가진다. 노동생산성지수(산출량지수/노동투입량지수) 측면에서도 2009년보다 2013년에 제조업 14.8%, 서비스업 4.7% 증가한다. 경기변동을 감안하더라도 2014년의 예측치는 2009년보다 높을 것으로 예상된다. 따라서 노동생산성이 증가하고 있음에도 불구하고, 가계부문으로 돌아오는 비중이 감소하고 있어 다른 경제주체인 기업부문으로 흐르고 있다는 의미를 가진다.

세입부분에서 중요한 또 다른 부분은 공정과세(正稅)이다. 세목 간에 공정해야 하며, 세목 내에서도 공정해야 한다. 세목 간을 살펴보면 2014년 결산기준으로 부가가치세(58.5조원, 27.8%), 소득세(53.3조원, 25.9%), 법인세(42.7조원, 20.8%), 기타(37.5조원, 18.2%), 특별회계(6.2조원, 3.0%) 순으로 나타난다. 세목별 비교가 가능한 2004년 이후를 살펴보면, 소득세는 2004년 소득세 23.4조원, 법인세 24.7조원으로 나타나고, 경기저점이었던 2009년에 소득세 34.4조원, 법인세 35.3조원으로 나타난다. 경기고점이었던 2011년에 소득세는 42.3조원, 법인세는 44.9조이며, 경기고점에서 하락한 불황기나 회복기에 속하는 2014년에 소득세 53.3조원, 법인세 42.7조원으로 나타난다. 따라서 경기저점이면서 법인세율 조정이 있었던 2009년에 비해 현재 소득세는 18.9조원으로 54.8%, 법인세는 7.5조원으로 21.1% 증가하였다. 따라서 경기가 1–사이클을 돈 상태에서 법인세의 증가속도보다 소득세의 증가속도가 훨씬 빠르게 나타난다.

국세청의 국세통계연보를 이용한 자료에서도 비슷한 현상을 나타난다. 2008년 기업소득은 204.4조원이고 급여는 352.6조원으로 나타난다. 2013년에는 기업소득은 250.3조원이고, 급여는 498.0조원으로 나타난다. 그러나 2008년 법인세는 37.3조원이고, 2013년 법인세는 36.8조원으로 나타난다. 급여에 대한 근로소득세는 2008년 14.2조원이지만 2013년 22.3조원으로 나타나 근로소득세의 증가율이 훨씬 높다. 그 이유는 바로 법인세 실효세율이 낮아지는 것에 있다. 2008년의 법인세 실효세율은 18.26%였으나 2013년에는 14.68%로 나타난다. 따라서 2008년의 실효세율과 2013년 기업소득에 적용하면, 2013년에 법인세는 8.9조원 늘어난다. 반대로 급여에 대한 실효세율은 2008년 4.02%에서 2013년 4.48%로 꾸준히 증가하였다. 따라서 근로소득세는 2.3조원 줄어들었어야 한다.

세목 내에서 법인세 실효세율에 불공정성이 가장 크다. 소득에서 각종 공제를 뺀 과세표준 5,000억원이상 이익을 낸 대기업들의 실효세율(과세표준 기준)이 신고 기준으로 2009년 20.7%에서 2010년에 16.9% 큰 폭으로 감소한 후, 2013년 16.4%로 나타난다. 중견기업이 몰려 있는 이익 규모 5000억원이상 기업들의 2013년 실효세율은 16.4%이지만, 1000억원~5000억원 18.7%, 500억원~1000억원 18.6%, 200억원~500억원 17.6%, 100억원~200억원 16.4%로 나타난다. 따라서 대기업보다 중견기업의 실효세율이 높게 나타난다. 법인세를 원래대로 정상화하는 것도 방법이며 비과세 항목을 살펴보아야 할 시점이다.

증세(增稅)를 하여야 할 때는 타이밍과 목적이 중요하다. 타이밍 측면에서 경기호황기에 증세가 추진되어야 한다. 경기변동을 고려하면 현재는 호황국면이나 회복국면으로 보는 것이 맞다. 따라서 타이밍은 옳은 것으로 보인다. 그러나 목적이 또한 중요하다. 현재 세수 부족분은 효율적인 세출 구조조정이 선행되고, 제대로 된 거시경제 상황을 반영하며 공정하고 합리적인 과세가 먼저 선행되어야 한다. 사실 이 부분만으로도 연간 모자라는 세수는 어느 정도 확보될 것으로 보인다. 그러나 OECD 국가와 비교해 낮은 복지가 문제라면 증세를 하여도 늦지 않을 것으로 보인다. 세입과 세출에 대해 전 국민이 공정하고 효율적으로 느끼고, 경제주체들이 내는 세금에 대한 불공정성은 줄어들게 될 것이다.

11

에너지경제, 2018.07.05. 작성

금융소득 종합과세 권고안, 수정할 필요가 있다

지난 3일에 재정개혁특별위원회는 상반기 재정개혁 권고안을 확정 및 발표하였다. 상반기 권고안은 권고 배경 및 총론, 상반기 권고안(조세분야 과제 4건, 예산분야 5건), 하반기 논의과제로 구성되어 있다. 이 중에서 조세분야 권고안은 종합부동산세 개편, 금융소득 종합과세 개편, 주택임대소득세 개편,환경 관련 개별소비세 개편 등 크게 4가지로 구성되어 있다. 여기에 금년 말에 정부가 조세개혁과 재정지출 등 과제에 대해 추가 권고한다는 입장이다. 최근 언론에서 집중적으로 다루고 있는 부분은 종합부동산세 개편이다. 물론, 종합부동산세에 대해 미흡한 부분도 있기 때문에 향후에 추가 권고를 하겠지만, 금융소득 종합과세 개편은 약간의 문제가 있다.

금융소득 종합과세는 1996년 시행 후에 2002년 부부합산과세에서 개인별과세로 전환하였고, 2013년 기준금액을 4,000만원에서 2,000만원으로 축소하였다. 이번에는 1,000만원으로 축소하는 것을 권고하였다. 물론 권고내용에 소수의견으로 타 자산소득과세(임대소득 분리과세 등)와의 일관성을 유지하면서 개편을 모색할 필요가 있다는 의견이 제시되었다.

연간 이자 및 배당소득이 1,000만원을 초과하면 현재 대상자는 9만명에서 약 40만명으로 확대된다. 미시적으로 이 대상자의 세금이 모두 증가하여 세수가 확대되느냐 하는 것이다. 실제로는 그렇지 않을 것으로 예상된다. 종합소득세율은 6~42%인데 반해 최저 세율은 분리과세 세율 14%보다 낮기 때문에 실제 늘어나는 3,000억원 정도로 미미할 것으로 예상된다. 오히려 실제 납부세액은 늘어나지 않으면서 종합소득세 신고자로 바뀌어 조세저항이 커질 수 있다. 또한, 대상자의 대부분은 은퇴자가 포함될 가능성이 높다. 연금소득, 임대소득 등으로 생활하는 중산층 은퇴자들이 대거 대상자에 포함되어 은퇴자의 처분가능소득이 줄어들게 된다.

거시적으로는 금융시장의 자금이 부동산시장으로 이동할 수도 있다. 이번의 종합부동산세 개편이 공정시장가액비율과 세율만 일부 변동했기 때문에 실제 납부세액 증가는 많지 않다. 따라서 금융소득 강화가 오히려 부동산으로 자금 이동이 일어나는 경우, 주거 안정에 부정적인 영향을 미치고 자산시장 간의 왜곡을 일으킬 수 있다. 또한, 금융시장 내의 주식시장에 부정적인 영향을 줄 것으로 보이고, 수신을 통해 자금조달을 해야 하는 기관들에도 부정적인 영향을 미칠 수 있다.

따라서 이번의 권고안은 권고안에서 밝히고 있는 금융소득자간, 금융소득자와 비금융소득자 간 조세 형평성 문제를 해소한다는 목적에 부합하지 않기 때문에 하반기 추가 권고안에서 수정할 필요가 있다.

TIP | 재정개혁특별위원회

사회적 이해관계가 첨예한 조세개혁과 재정지출 등 과제에 대한 국민적 합의와 동의를 얻기 위하여 대통령 직속 정책기획위원회 산하 자문기구로 2018년 4월 재정개혁특별위원회가 출범하였다. 개혁과제 논의의 전문성·효율성 제고를 위해 조세 소위원회(15명)와 예산 소위원회(15명)를 설치하였다. 조세재정분야의 다양한 의견 수렴을 위해 민간전문가 중심으로 30명 위원을 위촉·임명하였다. 특위는 과세형평성과 재정의 효율성을 제고할 수 있도록 조세·예산 등 재정 분야 개혁과제를 발굴하고, 국민과 전문가 의견을 반영한 개혁 방안을 마련하여 2018년말까지 정부에 권고하였다.

특위는 2018년 상반기에 조세분야와 예산분야에 총 9건의 권고안을 발표하였다. 특히, 조세분야 중 종합부동산세와 금융소득 종합과세에 대한 내용은 다음과 같다.

❶ 종합부동산세제 개편

종합부동산세는 2008년 제도개편 후, 주택가액별 납부해야 할 납세인원과 종부세액이 급감하는 등 과세 형평성이 약화되었다. 즉, 제도변경 직후 납세인원(47.3%↓)보다 세액(77.0%↓)이 큰 폭으로 하락하였다.

부동산 가격 상승 등 자산가격 확대로 부의 불평등에 대한 관심도가 높아지고 있으나, 부동산 가격 상승 대비 세수증가 및 세부담의 누진성은 미약한 것으로 나타난다. Piketty(2014) 연구를 계기로 전 세계적으로 자산불평등에 대한 관심도가 높아지고, 김낙년(2016) 연구에 따르면 우리나라의 경우 2013년 상위 0.1%가 전체 자산의 8.9%, 상위 1%가 25%, 상위 5%가 50%를 차지한다. 우리나라 GDP 대비 보유세 비중(2015)은 0.8% (OECD 평균은 1.1%)이고, 보유세 실효세율(2015)은 0.16% (OECD 평균은 0.33%)으로 나타나고 있다. 따라서 종합부동산세 부담의 형평성을 제고하고, 자원배분의 왜곡을 최소화하는 방향으로 개정할 필요하다.

권고 내용은 다음과 같다. 부동산가격 상승에 따른 공시가격 현실화를 감안하여 공정시장가액비율을 연 5%p씩 단계적으로 인상하여야 한다. 주택분 세율은 과표 6억원 초과 구간을 0.05%~0.5%p 인상하되, 다주택자의 세부담 강화 방안을 검토해야 한다. 종합합산토지분 세율은 과표구간별로 0.25%~1%p 인상하고, 별도합산 토지분 세율은 전 과표구간 일률적으로 0.2%p 인상하여야 한다. 소수 의견으로 공정시장가액비율은 현행을 유지하되, 주택·종합합산토지만 권고안대로 세율을 인상하고, 별도합산토지는 현행 세율을 유지하자는 의견이 제시되었다.

표 2.9 종합부동산세제 세율 개편 권고안

구 분	과세표준	세 율		
		현 행	권고안	증 감 (%p)
주 택	6억원 이하	0.5%	0.5%	–
	6~12억원	0.75%	0.8%	+0.05
	12~50억원	1%	1.2%	+0.2
	50~94억원	1.5%	1.8%	+0.3
	94억원초과	2%	2.5%	+0.5
종합합산 토지	15억원 이하	0.75%	1%	+0.25
	15~45억원	1.5%	2%	+0.5
	45억원 초과	2%	3%	+1.0
별도합산 토지	200억원 이하	0.5%	0.7%	+0.2
	200~400억원	0.6%	0.8%	+0.2
	400억원 초과	0.7%	0.9%	+0.2

자료: 재정개혁특별위원회

❷ 금융소득 종합과세 개편

금융소득 종합과세는 1996년 최초 시행 후 2002년 부부합산과세에서 개인별과세로 전환하였고, 2013년 기준금액을 4천만원에서 2천만원으로 축소되었다. 현재 개인별 연간 금융소득(이자소득·배당소득)이 2천만원 초과시 다른 소득과 합산하여 종합소득세율(6~42%)로 누진 과세하고 있다.

금융소득의 상위계층 쏠림현상이 심각하다. 소득종류별 소득금액 상위 10% 비중(2012~2016 귀속)은 이자(90.5%), 배당(94.1%)로 나타난다. 그러나 가계저축률은 지속 증가하여 저축 증대라는 정책목표는 이미 달성되었다. 가계저축률은 (2012) 3.9% ➡ (2013) 5.6% ➡ (2014) 7.2% ➡ (2015) 9.3%로 2015년 OECD 26개국 중 6위를 나타낸다.

금융소득자 간, 금융소득자와 비금융소득자 간 조세 형평성 문제를 해소할 필요가 있다. 기준금액 이하 분리과세로 인해 금융소득자 중 한계세율이 높은 고소득자에게 혜택이 집중될 수 있어 수직적 형평성을 저해한다. 금융소득이 분리과세되므로 소득유형 간 수평적 형평성을 저해한다.

권고 내용은 다음과 같다. 금융소득 종합과세 대상을 점진적으로 확대하여 담세력에 따른 세부담을 강화하고 다른 소득과의 형평성을 제고하기 위하여 금융소득 종합과세 기준금액을 현행 2천만원에서 1천만원으로 인하하여야 한다. 소수의견으로 타 자산소득과세(임대소득 분리과세 등)와의 일관성을 유지하면서 개편을 모색할 필요가 있다는 의견이 제시되었다.

12

서울경제, 2019.04.08. 작성

예비타당성 조사, 비수도권 평가기준 완화 반대

최근 예비타당성 조사와 관련된 이슈가 자주 언론에 노출되고 있다. 올해 우리나라 경제성장률이 작년보다 낮을 것이라는 전망들이 나오고 있다. 또한, 국제통화기구(IMF)는 한국의 경제성장률은 예년과 비슷하다고 하는 반면에 추경으로 경제성장률을 끌어올려야 한다는 모순적인 지적을 하고 있다. 이에 따라 정부는 올해 예산이 작년에 비해 약 10% 정도 증가한 슈퍼 예산임에도 불구하고, 천재지변이 아닌 곳에 추경을 하려고 하고 있다. 여기서 대표적인 부분이 바로 정부지출이 되고, 일정 요건에 해당하는 지에 대해 살펴보는 것이 예비타당성 조사이다.

올해 1월 29일, 정부는 총 23개 사업에서 잠정 총사업이 24조 1천억원을 국가균형발전 프로젝트에 투자하기로 하였다. 23개 사업 대부분이 총사업비가 500억원 이상 상업 중 국고지원 300억원 이상 사업이기 때문에 예비타당성 조사 대상 사업에 해당하지만, 예비타당성조사 면제 대상으로 올렸다. 특히 일부 사업들은 예비타당성 조사에서 떨어졌음에도 불구하고 면제 사업으로 올린 것은 매우 이해하기 힘들다. 이러한 점을 기반으로 이번에는 국가균형발전 프로젝트라는 명목 하에 예비타당성 조사 기준 자체를 바꾸려고 하고 있다는 점이다. 여러 문제가 보이지만, 비수도권 평가기준 완화가 전체 제도개편 방안에서 문제가 보이고 있다.

먼저, 재정에 대한 비효율성과 형평성 문제가 발생한다. 이번 내용 중 가장 중요한 점은 수도권과 비수도권 평가항목 비중을 이원화하고 균형발전 평가를 강화한다는 것이다. 현재 건설사업의 평가기준인 경제성(35~50%), 정책성(25~40%), 지역균형(25~35%)을 비수도권의 경우 경제성 30~45%, 정책성 25~40%, 지역균형 30~40%로 적용되는 반면, 수도권은 경제성 60~70%, 정책성 30~40%로 바뀌게 된다. 따라서 비수도권의 경제성은 5%p 축소되고 지역균형 항목은 5%p 증가하게 된다. 이렇게 되면, 수도권에서의 사업들은 지역균형을 적용하지 않기 때문에 예비타당성 조사에서 통과하기 힘들어지고, 비수도권의 사업들이 상대적으로 쉬워진다. 따라서 지역의 사업이 통과되면 예산이 그만큼 지방이나 지방 거점도시로 이전되는 효과를 가지게 된다.

이러한 예비타당성 평가체계 개선은 재정의 비효율성과 부의 불평등을 야기하게 된다. 12대 예산 중 SOC에 투입되는 금액은 최근 감소추세를 보인다고 하더라도 올해 19조 8천억원이다. 또한, 건설사업이 포함되는 중앙정부의 자치단체 경상보조금도 43.4조원이기 때문에 전체 예산 469.6조원 중에 작은 부분이 아니다. 특히 이번에 적용되는 건설사업의 경우 지역 사회에 재원이 투입되더라도, 이전 건설 사업들의 특성을 고려하더라도 부의 불평등 문제를 일으킬 가능성이 높다.

또한, 세입과 세출의 형평성에 문제가 생기게 된다. 총수입에서 많은 부분을 차지하는 소득세, 법인세, 부가가치세가 수도권에서 발생하고, 인구 및 세법 개정을 통해 계속해서 증세를 하고 있다는 점을 감안하면 수도권에 많은 부분들이 쓰일 필요가 있다. 그런데 지방 도시 위주로 정책을 펼치게 되면, 필요한 세원은 수도권에서 발생하고 있는데, 나머지 세출은 비수도권에 쓰이기 때문에 조세저항이 생길 수도 있다.

종합평가 거버넌스 변경도 비수도권 평가기준을 완화하려고 하는 것에 일조하고 있다. 방안으로 경제성은 조사기관이 하고, 종합평가는 전문가위원회에서 한다는 점은 매우 이해하기 힘들다. 위원회를 두어 평가하게 되면 정부 추진의지와 관련된 직간접적으로 연관된 인사가 들어올 가능성이 높다. 오히려 현재에서 외부위원을 더 많이 두고, 보안을 철저히 하며 연구진에 대해 의사를 표시할 수 있는 전문가를 선택하는 절차를 만드는 것이 옳아 보인다.

TIP | 예비타당성조사

재정당국이 대규모 투자사업의 착수여부를 객관적인 타당성에 근거하여 결정하기 위해 1999년에 도입한 제도이다. 현재 총사업비가 500억원 이상이면서 국고지원 규모가 300억원 이상인 사업에 대해 예비타당성조사를 실시하고 있다. R&D를 제외한 모든 분야에 대해서는 한국개발연구원(KDI)과 한국조세재정연구원에서, R&D 분야 사업은 한국과학기술기획평가원(KISTEP)에서 각각 위탁 수행하고 있다.

13

공공기관 경영평가, 이대로 좋은가?

2014년 공공기관 경영평가에 따른 실적 발표가 6월 17일에 실시되었다. 1983년 도입된 경영평가제도는 공공기관의 경영실적을 평가하여 인사 및 성과급에 반영하고 있다. 2014년의 평가는 부채 감축, 방만경영 해소 등의 실적을 분석하고, 안전과 관련된 사안, 핵심사업 위주로 정비한 첫 해로 보여진다. 이에 따라, 2014년 공공기관 경영평가는 공기업 30개, 준정부기관 31개, 강소형 55개 기관에 대해 S, A, B, C, D, E 등급으로 나누어져 발표된다. 이에 따른 후속 조치로는 경영평가 성과급이 차등지급되며, 아주 미흡인 E 등급의 일부 기관장에 대해 해임이 건의된다. 그러나 공공기관 경영평가에는 여전히 여러 가지 문제가 존재하는 것으로 보인다.

첫째, 평가 대상의 범위의 문제가 존재한다.「공공기관은 공공기관 운영에 관한 법률」제5조에 따라 공공기관은 공기업, 준정부기관, 기타공공기관으로 분리된다. 공기업과 준정부기관은 직원 정원 50인 이상인 기관 중에서 시장성이 강한 기관은 공기업으로, 공공성이 강한 기관은 준정부기관으로 분류된다. 그러나 직원 50인 이상 중에서 기관 업무의 중요성과 자산 등에서 기존의 공기업이나 준정부기관과 큰 차이가 없음에도 불구하고 책임운영체제 확립과 자율성 등을 이유로 기타 공공기관으로 지정되어 있어 평가의 타당성과 형평성에 문제가 존재할 수 있다.

둘째, 공공기관 평가유형에 대한 재분류가 필요하다. 공기업은 사회기반시설(SOC)에 대한 계획, 건설, 관리 등을 주요업무로 하는 대규모기간을 공기업Ⅰ, 특정 분야의 산업에 대한 진흥을 주요업무로 하는 기관, 중소형 SOC기관, 자회사 등은 공기업II로 구분된다. 준정부기관은 기금관리형과 위탁집행형, 강소형으로 구분된다. 위탁집행형 준정부기관 중에서 정원이 500인 미만인 기관과 기금관리형 준정부기관으로 지정된 기관 중에서 자산규모가 1조원 미만이고 정원 정원이 500인 미만인 기간이 강소형기관이 된다. 그러나 이러한 유형에서 이질적인 특성이 포함되어 평가의 적정성에 문제가 발생할 수 있다. 예를 들어, 공기업II와 강소형기관에서 기관의 성격, 정원, 자산규모, 매출의 차이가 매우 큼에도 불구하고 같은 평가지표에 의해 평가를 받게 된다. 따라서 평가유형을 전체적으로 재검토할 필요가 있다.

셋째, 평가지표 비율에 대한 문제가 존재한다. 2013년에 공기업과 위탁집행형 기관에 대한 계량지표와 비계량지표의 비율이 55:45, 기금관리형 준정부기관은 52:48, 강소형기관은 45:10이었다. 그러나 2014년과 2015년에는 강소형기관을 제외한 계량지표와 비계량지표의 비율이 65:35, 강소형기관은 45:15또는 45:20으로 변화되었다. 평가지표 비율의 변화는 변별력이 최우선되어야 하고, 매해 적정비율을 산출해야 한다. 따라서 유형에 대한 분류가 명확해 지면, 기관의 특성과 사업을 고려하여 변별력을 높일 수 있는 모형을 개발하고, 적정 비율을 적용해야 한다.

넷째, 지표설정에 대한 문제가 존재한다. 크게 경영관리의 5개 항목(경영전략 및 사회공헌, 업무효율, 조직·인적자원 및 성과관리, 재무예산관리 및 성과, 보수 및 복리후생 관리)와 주요사업에 대한 종합평가로 나누어진다. 2015년에는 경영관리의 경영전략 및 사회공헌 항목에서 정부3.0과 경영정보공시 정보가 새로운 지표로 등장하였다. 2011년 이후에 재무예산관리 지표가 12점에서 17점으로 확대되면서 부채관리가 매우 중요해졌다. 그러나 기관별로 일률적인 산식으로 부채에 대해 평가하는 것은 바람직하지 않다. 왜냐하면 공공기관의 사업실패나 방만 경영의 결과에 의해 부채가 늘어난 것이 아니라 정부정책에 따라 정부사업을 대행하면서 부채규모가 증가하거나 부채비율이 늘어나기 때문에 방만 경영으로 인한 결과라고 보기 어렵다. 또한, 주요사업 항목도 이해하기 어려운 부분들이 존재한다. 즉, 기준치가 매우 높거나 사업을 진행할수록 불리해지는 지표들이 존재한다. 따라서 거시적이면서 미시적인 세부 지표 조정이 필요하다.

마지막으로 제도운영에 대해 변화를 시도할 필요가 있다. 매년 평가를 하다보니, 단기적인 경영실적 평가에 기관 전체가 얽매이게 되고, 평가기관과 평가단도 힘들어지게 된다. 또한, 단기적인 성과와 중장기적인 성과를 나타낼 수 있도록 보완하여야 한다. 이에 따라 적정 평가주기를 산출하고, 앞에서 언급한 비율이나 지표등도 변화하여야 한다. 또한, 경영평가 양식을 매뉴얼화하여 피평가기관의 과중한 부담을 줄여주고, 평가준비 중에 편람의 수정을 최소화하여 일관성을 유지할 필요가 있다.

해마다 반복되는 공공기관 경영평가 결과에 대한 오해의 소지를 줄이기 위하여 평가유형의 재분류, 지표 및 모형의 개선, 제도운영의 묘를 살려, 공정하고 객관적인 경영평가로 국민에 대한 서비스가 개선되는 목적에 부합할 필요가 있다.

TIP | 공공기관 경영실적 평가

1983년 공공기관 경영평가제도가 도입되었다. 각 정부마다 공공기관의 역할 등이 다르기 때문에 지표도 변화한다. 현 정부가 추구하는 국정운영 철학인 사회적 가치, 공공성 중심으로 경영평가제도를 전면개편(2017.12월)한 후 실시한 첫 번째 평가로서, 안전, 윤리경영, 일자리, 상생협력 등 사회적 가치 관련 평가배점을 종전보다 50% 이상 대폭 확대하였고, 경영혁신, 혁신성장 지원 등 혁신성도 비중 있게 평가하고 있다.

공기업 위주로 설계된 평가체계·지표를 유형별로 차별화하고 평가과정에서 기관의 자율성을 확대하였다. 단일 평가단을 공기업 및 준정부기관 평가단으로 분리, 규모를 축소하고 지표구성 및 배점을 차별화하였다. 즉, 경영관리/주요사업 배점은 공기업(55:45), 준정부(45:55)이다.

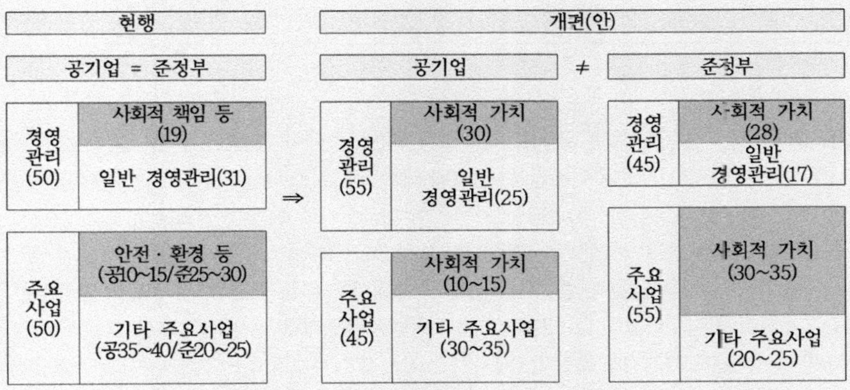

그림 2.3 공공기관 경영실적 평가제도 개편

자료: 기획재정부

2018년 평가대상 128개 공기업·준정부기관의 평가결과, 등급 분포는 전반적으로 예년과 비슷한 수준이나, 2017년과 비교하여 다소 개선된 모습이다.

총 128개 기관 중 종합등급(상대) 우수(A)는 20개(15.6%), 미흡이하(D, E)는 17개(13.3%)이다. 2017년 대비 양호이상(A, B) 등급이 증가(50.4 ➡ 55.4%)하고, 미흡이하(D, E) 등급은 전년과 유사한 수준(13.8 ➡ 13.3%)이다. 유형별로는 공기업 및 강소형(정원 300인 미만) 기관이 준정부기관에 비해 양호이상(A, B) 등급이 높은 분포이며(각각 59.9%, 55.7%), 미흡이하(D, E) 등급은 공기업, 준정부기관, 강소형이 모두 유사한 수준(각각 14.3%, 12.0%, 14.0%)이다.

표 2.10 등급별 평가

단위: 개, %

구분	탁월(S)	우수(A)	양호(B)	보통(C)	미흡(D)	아주미흡(E)	계
17년	–	17(13.8)	45(36.6)	44(35.8)	9(7.3)	8(6.5)	123
18년	–	20(15.6)	51(39.8)	40(31.3)	16(12.5)	1(0.8)	128
15~17년 (3개년 평균)	–	18(14.8)	49(40.8)	37(31.3)	10(8.7)	5(4.5)	119

자료: 기획재정부

표 2.11 유형별 평가

단위: 개, %

유형	구분	탁월(S)	우수(A)	양호(B)	보통(C)	미흡(D)	아주미흡(E)
공기업	35개	–	6(17.1)	15(42.8)	9(25.7)	4(11.4)	1(2.9)
준정부 기관	50개	–	9(18.0)	17(34.0)	18(36.0)	6(12.0)	–
강소형	43개	–	5(11.6)	19(44.1)	13(30.2)	6(14.0)	–
합 계	128개	–	20(15.6)	51(39.8)	40(31.3)	16(12.5)	1(0.8)

자료: 기획재정부

평가결과에 따른 후속조치로는 인사조치, 성과급 지급, 차년도 예산 반영 등을 추진한다. 인사조치로 실적이 미흡한 기관의 기관장 및 감사에 대한 "경고" 조치를 의결하였다. 기관평가 및 감사평가 결과에 따라 경영평가 성과급을 차등하여 지급하기로 하였다. 성과급 지급은 기관의 실적 향상도를 반영하기 위해 범주별(종합, 경영관리, 주요사업)로 상대평가 등급과 절대평가 등급을 50:50으로 반영하여 지급한다. 종합등급(상대) 미흡이하(D, E)를 받은 17개 기관의 경영개선 계획을 제출받아 이행사항을 점검하기로 하였다. 종합등급(상대) 미흡이하(D, E)를 받은 17개 기관에 대해서는 내년도 경상경비 조정 등 공공기관 예산 편성에 반영하는 방안을 마련할 예정이다.

YTN, 2013.03.19. 작성

14 복권에 대한 심리

질문 1) 사실 복권에 대한 인기가 어제 오늘 일은 아닌데, 언제부터 이렇게 인기를 끌어왔고, 예년과 비교해보자면 지금의 인기는 어느 정도 수준일까?

금액적인 측면에서 현재 인기가 많은 로또가 도입된 2002년 12월을 기점으로 복권 판매액을 살펴보면 2002년에 복권의 연간판매액이 185억원 정도였다. 2003년도에 최대판매액인 3조 8천억원이고 2012년에 연간 판매액이 2조 8천 400억원이다.

추세를 살펴보면 2003년 이후 복권판매액은 계속 감소하다가 2008년 이후에 다시 늘고 있다. 해마다 약 1~2% 증가해오던 판매량이 2011년에 대폭 늘어 2008년 이후에 약 20%가 증가하였다. 다시 말하면, 금융위기 이후 꾸준히 복권판매량이 늘고 있고 2011년에 대폭 증가한 것으로 보인다. 작년 2011년 2조 8천 1백억원과 비교하면 약 1% 정도 복권 판매액이 늘었지만 2008년과 비교해보면 약 20%가 증가하였다.

질문 2) 복권에 당첨될 확률은 상당히 희박한데도 여전히 이렇게 인기를 끄는 이유는 무엇일까? 단지 불황 때문이라고 볼 수 있을까? 최근에는 일주일 동안 누릴 수 있는 기대감 때문에 복권을 산다. 따라서 복권을 하나의 오락 수단으로 긍정적으로 보는 사람도 늘고 있다. 이것이 경제학적으로 어떻게 설명이 가능할까?

단지 불황때문이라고 보기는 어렵다. 물론 경기변동과 복권판매량은 분명한 상관관계를 가지고 있는 것으로 보인다. 그러나 불황때문만이라고 보기에 여러 다른 변수가 존재할 수 있다고 볼 수 있다. 예를 들어, 행동경제학에서 전망이론이라는 것이 있다. 사람들이 리스크가 수반되는 행동에서 하는 의사결정이라고 볼 수 있다. 이러한 전망이론에는 3가지 기준이 있다. 기준점은 적응수준이라고도 불리는데, 당첨확률이 워낙 작기 때문에 사람들의 복권당첨에 대한 기준점이 많이 낮아졌다라고 볼 수 있다. 또한, 민감도 체감성은 확실한 손실을 더욱 기피하게 만드는데, 복권은 확실한 손실이라고 느끼지 못하는 것이다. 즉, 아직 복권이 발표되지 않고 손에 들고 있는 한, 손실이라고 느끼지 않는다. 마지막으로 손실회피가 있다. 사람들은 항상 손실이 이득보다 더 커 보이는 것이다. 그러나 개인측면에서 복권은 손실 자체는 매우 적게 보이고 이득이 매우 커 보이는 장점이 있다. 따라서 작은 금액으로 복권을 구입하여 기준점을 낮추게 되면 복권번호를 발표하는 당일까지는 기준점보다 높은 행복감을 줄 수 있다. 또한, 복권번호를 발표하더라도 기준점과 손실회피가 매우 적기 때문에 행복감이 손실회피를 만회할 수 있다.

질문 3) 복권 중에서도 한동안 로또가 열풍이었다면 최근에는 연금복권이 새롭게 이슈가 되고 있다. 왜 그럴까?

한 번에 당첨금을 주는 복권과는 달리 연금복권은 매월 500만원씩 20년에 걸쳐 당첨금을 받을 수 있는 새로운 복권이다. 2011년 7월 1일에 시작하였다. 2011년에 1,740억원을 판매하였고 2012년에는 2,146억원을 판매하였다. 연금복권의 장점은 세율이 낮다는 점이다. 통상 3억원 이상 당첨금의 세율은 33%이지만 연금식 당첨금은 매월 500만원씩 나눠 받기 때문에 상대적으로 낮은 세율 22%가 적용되며 매월 지급 시점에 원천징수 된다. 이러한 연금복권은 매월 지급한다는 장점이 있습니다만 물가상승의 위험도 존재하기 때문에 2011년 상반기보다 2012년 전체적으로 많지 않은 금액을 기록하였다. 예를 들어, 20년 동안 현재와 같이 물가상승률 4%가 지속될 경우, 20년 후의 500만원의 가치는 현재로 따지면 237만원의 가치밖엔 되지 않는다. 여기에 세금 22%를 빼면 20년 후엔 실질적으론 월 185만원 가치의 돈밖엔 얻지 못하는 셈이다. 따라서 물가인상을 고려하여, 연금복권의 1등 당첨액을 현재가치로 계산해 보면, 12억원이 아니라 8억 4804만원에 불과하다. 여기에 22%의 세금을 떼면, 6억 6147만원이 실질적으로 수령하게 되는 1등 당첨금이라 할 수 있다.

질문 4) 사실 불확실성 때문에 생기는 불안감은 우리나라 만의 문제는 아니다. 외국의 경우는 어떤가? 국내와 마찬가지로 복권이 인기인가?

해외 토픽에 천문학적인 금액을 얻은 사람들을 볼 수 있는데, 외국도 국내와 마찬가지로 인기가 높다. 세계 복권 중에서 온라인 복권인 로또만 놓고 보면 2003년 700억 달러에서 2011년 1,040억 달러로 약 49%정도 성장하였다. 2011년말 기준으로 온라인 판매액을 살펴보면 유럽이 480억 달러, 북미가 155억 달러, 아시아와 중동이 290억 달러 정도이다. 미국이 580억달러, 이탈리아 270억달러, 스페인 150억달러, 프랑스 135억달러, 일본 128억달러, 영국과 독일이 약 100억달러 정도이다. 국내의 경우, 2011년의 온라인 복권 판매는 약 26억 달러 정도이다. 따라서 세계적으로 복권의 판매액은 늘고 있고, 복권의 인기는 날로 높아진다고 봐야한다. 그러나 이러한 원인이 불황의 효과도 있기는 하겠지만, 불황과 사행심이라는 측면보다는 행복이나 기대감에 의한 효과가 더 크다고 볼 수 있다.

질문 5) 그러면 국내에서 이렇게 벌어들인 복권에 대한 수익은 어떻게 사용되는가?

2012년 기준으로 로또 2조 8400억원 총 판매액은 3조 2천억원 정도이다. 이 중에서 당첨금 및 판매수수료로 1조 9400억원이 빠진다. 따라서 1조 2천억정도가 남는다. 그리고 복권 및 복권기금법 제23조제1항에 따라 35%인 약 4,200억원 정도가 법정배분사업으로 빠진다. 법정배분사업에는 지방의 출산장려사업, 저소득층 자녀지원, 장애인전문재활병원, 취약계층 생활안전 강화, 과학문화 확산사업, 운동장 생활체육시설 지원사업, 소상공인 등 정책자금 지원사업 등 총 10개 기금으로 나누어진다.

나머지 65%는 공익지원사업으로 지출된다. 서민주거 안정, 취약계층지원, 보훈복지, 문화예술, 재해예방 등에 지원된다. 가정폭력·성폭력 피해회복 및 재발방지사업, 한부모 자녀양육비 지원, 다문화가정 지원 등에 1,000억원, 서민금융활성화에 1,200억원을 지원한 것이 가장 큰 규모이다.

표 2.12 복권 법정배분기관

단위: 백만원

법정배분기관(기금)	사업내용	지원액
지방자치단체	출산장려사업(대구, 인천, 충북), 저소득층 자녀 지원(경기), 장애인전문재활병원 건립(광주), 취약계층생활안정 강화(충남) 등	73,549
제주특별자치도	출산장려보육료 지원, 기초노령연금 지원, 저소득노인생활안정 지원, 노인장기요양보험금 지급 등	73,549
과학기술진흥기금	과학문화 확산사업, 과학영재 교육기관 지원사업	54,930
국민체육진흥기금	운동장 생활체육시설 지원사업	41,252
근로복지진흥기금	근로자 생활안정 융자사업	22,218
중소기업창업및진흥기금	소상공인 등 정책자금 지원사업	29,102
문화재보호기금	출토유물보관센터 건립, 문화재 종합관리체제 구축, 문화재긴급보수사업, 아태무형문화유산전당 건립 등 지원	56,782
한국보훈복지의료공단	보훈대상자 의료서비스 선진화 지원사업	29,599
사회복지공동모금회	저소득층 야간요보호아동 통합지원 사업	17,806
산림환경기능증진자금	소외계층 녹색복지증진사업	27,122
합 계	–	**425,909**

표 2.13 복권 공익지원사업

단위: 백만원

분야	사업내용(세부사업 기준)	사업담당 중앙행정기관 (지원형식)	지원액
서민주거 안정	다가구주택 매입임대, 기존주택 전세임대 사업	국토해양부(국민주택기금 전출)	488,050
취약계층 지원	장애인 보조공학기기 지원	고용노동부(장애인고용촉진기금 전출)	8,000
	아동청소년 치료재활전문센터 건립·운영, 청소년 사회안전망 구축 등	여성가족부(청소년육성기금 전출)	34,417
	가정폭력·성폭력 피해회복 및 재발방지사업, 한부모 자녀양육비 지원, 다문화가정 지원 등	여성가족부(여성발전기금 전출)	105,602
	학대피해노인 전용쉼터 지원	보건복지부(자치단체이전)	1,642
	아동복지시설 아동치료 재활지원 시범사업	보건복지부(민간이전)	611
	소외청소년 자립 지원	법무부(민간이전)	670
	금융소외자 신용회복 법률 지원	법무부(민간이전)	1,888
	교정기관 시설관리인 고용 지원	법무부(인건비)	682

표 2.13 복권 공익지원사업 (계속)

분야	사업내용(세부사업 기준)	사업담당 중앙행정기관 (지원형식)	지원액
취약계층 지원	저소득층 난방연료 긴급지원	지식경제부(민간C|전)	8,105
	취약계층 소비자 교육 및 피해구제사업 지원	공정거래위원회(민간위탁)	435
	서민금융 활성화 지원	중소기업청(출연금)	120,000
	저소득장애인 창업인큐베이터 구축 지원	중소기업청(민간C|전)	3,000
보훈복지	국가유공자 요양시설 건립 지원, 중상이자 편의시설 설치 지원	국가보훈처(보훈기금 전출)	15,545
문화예술	소외지역 문화격차 해소 등 문화나눔사업 지원	문화체육관광부 (문화예술진흥기금 전출)	57,400
재해예방	재해·재난 긴급구호 지원	소방방재청(자치단체이전)	400
합 계	–	–	**846,447**

질문 6) 제3대 미국대통령을 지낸 토머스 제퍼슨은 복권을 고통 없는 세금이자 이상적 재정수단이라고 보았다. 반면에 복권구입자의 대다수가 소득수준이 낮은 사람들이기 때문에 소득의 역진성이 심하다는 비판도 있다. 이런 주장에 대해서는 어떻게 보는가?

재정을 보완하기 위하여 정부가 복권을 이용한다면 고통없는 세금이 될 수 있다. 그러나 재정지출이 저소득층이나 소외계층에 주로 이용된다면 자원의 배분이 제대로 되고 있는 것이다. 즉, 제퍼슨은 재원확보 측면에서 보았다면 재원을 어떻게 사용하는지에 대해 생각하지 못한 측면이 있을 것이다. 이러한 자원의 배분에 의해 고소득층에서 행복이나 기쁨을 주고, 저소득층에게 보완이 되어 공정한 사회에 가까워 진다면 작은 나눔이 될 수 있는 것이다.

최근의 조사에 의하면 복권을 구매한 사람 중 월 평균 200만원 미만을 버는 가구 비중은 2011년 9.5%에서 2012년 7.6%로 급감했다. 200만~300만원을 버는 가구 비중도 19.7%에서 19.3%로 줄어든 것으로 보고 있다. 그러나 300만~400만원을 버는 가구 비중(36.6%에서 37.3%)과 400만원이상을 버는 가구 비중(32.8%에서 35.3%)도 늘어났다. 복권 구매자 중 72.6%가 300만원이상 월소득을 올리는 소득이 많은 측에 속하게 된다. 따라서 소득의 역진성을 설명하기에는 무리가 있어 보인다. 다만, 저소득층이 복권에만 희망을 가진다면 소득의 역진성에 대해 생각해볼 필요가 있을 것 같다. 또한, 사행성 측면에서 경마, 경륜 등 다른 상품에 비해 '도박성'이 덜하다고 느끼는 것으로 나타났다. 사행성이 가장 높다는 응답은 카지노(72.9%), 경마(15.4%), 주식(3.8%), 복권(2.8%) 순이었다. 따라서 옛날의 사행성이라는 용어와 소득의 역진성이라는 의미는 퇴색된 것으로 보인다.

PART

3

서민금융과 가계부채

1

한국금융신문, 2019.04.26. 작성

서민금융 활성화의 방향

“내가 정말 급할 때 돈 빌려 주는 곳이 없었어요. 매우 긴급하게 써야 하는 작은 돈이지만, 빌려 주어 감사합니다”. 이 말은 당사자가 서민금융을 받아서 고맙다는 말이 아니다. 불법 대부업체에 돈을 빌리고 장기간 추심과 고통을 당한 분이 불법 대부업 상담센터에 한 말이다.

현 정부의 대선 공약집의 더불어 성장으로 함께하는 대한민국(민생·복지·교육) 분야의 가계부채 해결을 위한 3대 근본대책 7대 해법에서 가계부채 문제의 일환으로 서민금융을 다루고 있다. 여기서 소액·장기연체 채무에 대한 과감한 정리를 통해 1,000만원 이하 10년 이상 연체 채권 소각으로 사실상 상환이 불가능한 취약계층의 생활권을 확보하고, 소멸시효가 완성되거나 임박한 죽은 채권 관리를 강화한다는 것이다. 2018년 12월, 서민금융 지원 체계 개편 방안을 발표하였다. 10월에 가계부채 종합대책 중의 후속대책의 일환으로 연체채권 정리에 대한 부분으로 발표되었고, 11월에 장기소액연체자 지원 대책에 이어 전체적인 큰 그림 관점에서 서민금융 지원 체계에 대해 발표하였다. 12월의 서민금융 활성화 방향은 크게 서민자금 공급체계, 신용회복 지원제도, 전달체계, 재원에서 4대 부문 및 20개 추진과제를 다루고 있다.

먼저 서민자금 공급체계 개편을 보면, 2018년 6월까지 누적기준 37.5조원 중에 새희망홀씨가 16.5조원(44%), 햇살론 15.5조원(41%)로 많다. 햇살론은 서민금융진흥원 보증으로 상호금융과 저축은행이 금리 10.5% 이내에서 생계자금으로 제공하며, 새희망홀씨는 은행이 생계자금으로 공급된다. 문제는 공급규모를 확대하더라도 공급관점에서 부실관리가 쉬운 우량한 차주에게 지원되는 반면, 저신용자에게 지원효과는 미미한 실정이다. 4대 금융상품 중 제도권 금융시장을 이용해도 되는 6등급 이상의 지원 비중이 61.9%이지만, 제도권 금융 이용이 어려운 8등급 이하 비중은 9.2%에 달한다. 또한, 중간에 정책금융상품 대출을 권하는 브로커나 금융기관이 존재하여 동일 상품을 반복적으로 이용하거나 여러 상품을 중복으로 이용하는 비율도 상당히 높다. 따라서 같은 신용등급에 있더라도 보다 차등화하는 방향과 인센티브 제공 방향을 찾아야 한다. 이를 위하여 저신용자와 금융이력부족자에게 특화된 신용평가 모형과 지표를 새로 만들고, 전통적인 정보와 더불어 비전통적인 정보도 공유하고 빅데이터도 활용할 필요가 있다.

신용회복위원회의 채무조정제도는 법원의 개인회생 및 파산제도와 상호 보완적으로 개인채무자 회생을 지원하고 있다. 금융채무불이행자수가 2017년말 기준 94.3만명 수준이며 카드사와 대부업체에 많은 편이다. 금융채무불이행자의 58.8%는 상환 등으로 정상금융 생활로 진입하고 있고 여전히 41.2%는 채무정리에 실패하여 초장기 연체자로 전락한다. 이러한 점은 정보이력과 제도로 어느 정도 바꿀 수 있다. 장기연체자 정보는 정부가 추진하였던 부실채권에 대한 매각 등에 대한 정보를 다룰 수 있는 채권이력제를 적용하면 된다. 또한, 상시 채무조정지원 제도를 통해 연체발생 전이나 연체 30일 이내에 신속한 채무조정을 위해신복위 내에 신규 워크아웃 제도 마련하여 운영하면 된다. 이러한 정보가 충분히 모아지면 소액채무자 특별감면 프로그램 등은 형평성, 도덕적 해이, 국민감정을 생각하면 굳이 운영하지 않아도 될 것으로 보인다.

서민금융 전달체계와 관련해서 보다 단순화하고, 이해하기 쉬워야 하며, 접근성이 좋아야 한다. 또한, 전문가가 맞춤형 상담 및 최적상품을 추천하고, 상담결과에 따라 기관 연계를 시킬 수 있어야 한다. 이를 위하여 신용상담 인력은 충분히 확보될 필요가 있다. 또한, 이를 위하여 현재 통합·종합·상담지원센터를 1개의 통합지원센터로 인구, 입지, 직원수 등을 감안하여 운영할 필요가 있다. 현재에도 여러 기관이 여러 콜센터로 비대면 채널을 운영하고 있는데, 서민의 접근성 제고를 위하여 인터넷·모바일·이메일 등을 통한 다양한 비대면 상담 및 지원기능 강화하되 하나로 1개로 통합해 줄 필요가 있다. 여기에 홍보가 충분히 되어 있어 여러 곳에 찾아갈 필요가 없이 한 번에 해결할 수 있도록 도와주어야 한다. 따라서 몰라서 이용하지 못하였다는 말은 듣지 않을 수 있도록 할 필요가 있다. 마지막으로 관리가 쉽게 하기 위한 전달체계가 아니라 실제로 서민에게 도움을 줄 수 있도록 전달체계를 만들 필요가 있다.

마지막으로 재원이다. 현재 서민금융 사업별로 재원이 별도 관리되고 있어 통합·활용이 어렵고, 각 재원도 출연이 한시적으로 지속가능성이 낮다. 대부분의 재원들이 만료 시점이 다가오고 있거나 출연금이나 기부금들이 줄어들고 있는 상황이다. 금융기관의 사회적 책임을 바탕으로 상시적 출연 제도를 도입하려고 하고 있으나, 이보다 먼저 정부 재원이 마련될 필요가 있다. 복지 관점에서 본다면 정부 재원 마련을 통하여 보다 안정적으로 운영될 수 있다. 금융 사업에 대한 예산은 국가예산을 보면 거의 없다. 예산을 통하지 않고 무조건 금융기관의 출연금에 기대고 정부가 사업을 시행하는 것은 무리일 것이다. 따라서 예산확보가 우선되어야 한다. 여기에 금융기관 출연금을 취급실적으로 할 것이 아니라, 다른 평가 등을 통해 금융기관의 등급이나 규모 등을 감안하여 출연금을 운영하여야 한다. 또한, 재원의 활용 측면에서 운영비용은 최소한으로 축소하고, 축소한 만큼의 금액이 서민금융으로 쓰일 필요가 있다.

TIP | 서민금융지원체계

서민금융은 일반적으로 저신용·저소득의 금융소비자에게 제공되는 금융을 말하며, 대상은 소득수준과 신용등급을 기준으로 정의된다. 국내 서민금융지원체계는 은행, 상호금융, 여전회사, 저축은행, 대부업체 등의 일반금융, 새희망홀씨대출, 미소금융, 햇살론 등의 정책금융, 신용회복위원회와 신용회복기금에서 제공되는 금융지원프로그램과 신용회복제도가 있다.

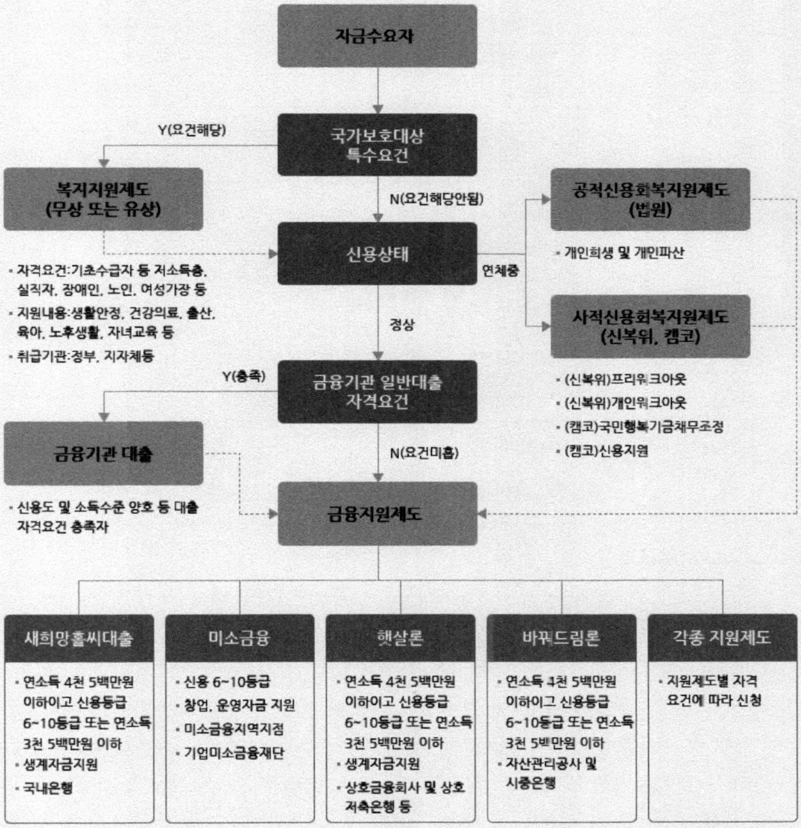

그림 3.1 서민금융 지원체계

자료: 금융감독원, 서민금융지원제도 안내책자

서민금융은 은행, 상호금융, 여신전문금융회사(여전회사), 저축은행, 대부업체 등의 민간금융, 햇살론, 미소금융, 새희망홀씨, 바꿔드림론 등의 정책서민금융으로 크게 나눌 수 있으나 민간금융이 정책금융에 비해 큰 비중을 차지하고 있다. 금융시장은 일반금융과 서민우대 금융으로 구분되며 서민우대 금융은 중·저신용자에게 6.0%~14% 금리의 중금리 대출상품을 정책적으로 제공·지원하고 있다.

구분		지원 창구	지원 방식	주요 지원 대상 (신용대출 기준)	금리 수준
서민금융	일반금융	은행	신용·담보 대출	신용 1~3등급	5~14%
		상호금융	〃	신용 2~6등급	10~25%
		여전회사	〃	신용 4~7등급	20~35%
		저축은행	〃	신용 5~9등급	25~39%
		대부업체	〃	신용 7~10등급	35~39%
	서민우대 금융	은 행	새희망홀씨 (신용대출)	신용 5~10등급 (생계자금)	10~14%
		상호금융, 저축은행 등	햇살론 (신용대출)	신용 6~10등급 (생계·사업자금)	9~12%
		은행, 저축은행 등	사잇돌대출	신용 4~7등급	6~10%
		상호금융	사잇돌대출	신용 4~7등급	6~14%
		미소금융재단, NGO 등	미소금융 (신용대출)	신용 7~10등급 (사업자금)	2~4.5%
		신용회복위원회, 신용회복기금	개인워크아웃 (신용회복지원)	신용 9~10등급 (채무조정)	–
	서민 신용보증	신용회복기금	전환대출 (신용보증)	신용 6~10등급	8~12%
		지역신용보증재단	신용보증	영세자영업자 등	
복지		정 부	기초생활보장	경제활동 능력 없는자	–

그림 3.2 국내 금융지원체계 구조

서민금융은 서민의 금융접근성 제고와 금융부담 완화를 위해 2008년부터 서민금융상품을 정책적으로 도입되었다. 이에 미소금융(2008), 바꿔드림론(2008, 2018년 보완상품으로 안전망대출 출시), 햇살론(2010), 새희망홀씨(2010) 등 4대 상품을 중심으로 대출을 지원하고 있다. 미소금융은 저소득층 자활지원을 위한 소액대출(Micro-credit) 사업이며, 나머지는 가계를 대상으로 한 생계·대환지원 상품이다. 햇살론은 정부·금융기관 출연금을 바탕으로 한 보증부(90%)상품이며, 새희망홀씨는 은행 자체 서민금융상품이다.

개별적 필요성에 따라 순차적으로 출시되었으나, 그 동안 지원요건 통일·완화, 금리인하 등의 과정을 거쳐 현재의 체계가 형성되었다.

표 3.1 정책 서민금융상품 개요

구 분	자금용도	공급채널	금리	지원요건
미소금융 (2008년~)	창업·운영 자금	미소법인, 민간 등	4.5%	차상위계층 또는 6등급 이하
햇살론 (2010년~)	생계자금	상호금융, 저축은행 (진흥원 보증)	10.5% 이내	6등급 이하 (4,500만원 이하) 또는 등급과 무관하게 3,500만원 이하
바꿔드림론 (2008년~)	대환자금 (고 ➡ 저금리)	은행 (행복기금 보증)		
새희망홀씨 (2010년~)	생계자금	은행		

자료: 금융위원회

지원규모는 지속적으로 확대해왔으며, 2017년중 7조원 수준을 공급하고 있다.

표 3.2 정책 서민금융상품 공급규모 추이 단위: 천억원

	2013	2014	2015	2016	2017	누적 (~2018.6월)
미소금융	2.6	3.2	3.8	4.2	4.6	28.2
햇살론	19.7	19.3	22.1	22.1	33.5	155.4
바꿔드림론	6.2	2.1	1.2	1.3	0.7	26.9
새희망홀씨	19.0	19.6	19.6	22.7	30.0	164.8
합 계	47.5	44.2	46.7	50.3	68.8	375.3

자료: 금융위원회

2

디지털타임스, 2013.09.16. 작성

서민금융 지원제도가 나아가야 할 방향

최근, 정부는 서민금융에 대한 총괄기구를 만들겠다고 한다. 즉, 미소금융재단과 신용회복위원회, 국민행복기금 등 서민금융기구를 통합한 서민금융 총괄기관이 설립을 추진하고 있다. 효율성이나 서민금융 수요자의 접근성 측면에서는 환영할만한 사항이지만, 정부가 바뀌면서 다양한 서민금융 지원제도나 기관이 등장하여 변화할 수도 있다. 이에 대해 서민금융 지원제도가 어떠한 형태로 나아가야 할 지에 대해 전체적이고 장기적으로 조망하고 단기적인 전략을 수립할 필요가 있다.

서민금융은 공급자의 입장과 더불어 수요자의 입장도 고려해야 한다. 모든 금융기관이 마찬가지이지만, 사적재화이면서 동시에 공공재의 성격을 가지고 있다. 서민금융은 공공재의 성격이 보다 강화된 성격으로 볼 수 있다. 따라서 자본의 공급자 입장에서만 보게 되면 수요자의 입장을 놓치기 쉽다. 어떤 수요자가 자금이 필요한 지, 수요자가 어떠한 용도로 자금이 절실하게 필요한 지, 자금에 대한 접근성을 어떻게 할 것인 지 등에 대해 미리 파악하고 이에 대한 공급이 필요하다.

수요자들의 입장만을 살펴보면 다른 문제점도 생기기 마련이다. 예를 들어, 서민금융에 지나치게 낮은 금리를 적용하는 시혜적 금융지원은 도덕적해이의 발생을 초래하여 정책의 지속적인 유지가 어렵게 된다. 지나치게 신용등급이 낮은 서민에 대한 금융지원은 재정자금으로 충당하는 것이 바람직하다.

접근성의 문제를 생각해보자. 대부분의 서민금융은 소득과 신용등급을 바탕으로 한도와 금리를 정하게 된다. 이후, 대출승인의 심사가 존재한다. 창업자금, 사업운영자금, 긴급생계자금, 전환대출이 주를 이루는 햇살론의 경우, 대출승인율이 약 48%, 창업자금과 사업운영자금이 주를 이루는 미소금융은 약 38%이다. 이러한 서민금융의 승인율은 상당히 낮은 것으로 나타난다. 특히, 미소금융은 대출요건이 엄격함에도 상당히 낮은 것으로 나타난다.

금리는 경기변동에 따라 변화가 있겠지만 장기적으로 설정해야 할 필요가 있다. 생계자금 및 사업운영자금인 주를 이루는 새희망홀씨는 연 11%~14%, 햇살론의 경우, 금리는 연 8%~11%이다. 이론상으로는 리스크관리 차원에서 신용등급에 따라 부실률이 높을수록 금리는 높아지는 것이 일반적이다. 그러나 은행 자체 자금이 주요 재원인 새희망홀씨는 담보대출 금리이나 신용대출 금리보다 높은 수준이거나 비슷한 수준을 나타낸다. 햇살론의 경우, 서민금융기관 5%, 지역신보 95% 보증으로 정부 재원이 소요되는 만큼 금리가 높을 필요가 없다. 만약 승인율을 현재와 같이 낮게 가져간다면 금리를 낮추어야 하거나 승인율을 높게 가져간다면 금리를 현재의 상태로 유지하는 것이 나아 보인다.

정부재원이 확보된 서민금융에는 단기적인 업적에 치중해서는 안된다. 각 기관평가 시, 일반적인 제도권 금융에서 파악하는 단기적인 수익의 측면에서만 파악하다 보니 부실률이 높아지면서 금리가 높아지게 되고, 금리가 높아지면서 서민의 접근이 용이하지 않게 된다. 따라서 기관평가 시에 단기적인 수익을 평가하기 보다는 국민경제적 기여, 파급효과, 서민생활의 안정성을 파악하고 단기적인 업적과 장기적인 업적을 동시에 파악하는 것이 국민경제에 보다 도움이 된다.

마지막으로 여신시장에서의 금융권별 기능 정립과 중층구조를 형성하고 장기적으로 정부의 부담을 축소할 필요가 있다. 시중은행과 지방은행이 우량 고객에 대한 금융공급 담당하고 인구구성에서 비중이 커지는 서민층에 대해 신용공여를 하고, 여신전문금융회사도 저신용등급(7등급~10등급)에서도 일부 신용공여를 할 필요가 있으며 저축은행은 저신용계층에 대한 신용대출을 본연의 업무로 확대할 필요가 있다. 대부업은 제도권 금융회사 및 서민금융공급 확대로 인해 시장규모를 축소시키고 단속을 강화할 필요가 있다.

또한, 단기적으로는 정부가 나서서 현재와 같이 금융의 사각지대에 있는 저신용계층의 금융지원을 늘리되 장기적으로는 민간금융기관에서 각자 금융형태에 맞는 서민금융 상품을 개발하여 정부의 부담을 축소하는 것이 바람직하다. 따라서 정부의 지원과 함께 현재 서민금융기관들의 기능도 좀 더 서민금융 활성화를 위한 중층구조의 형성과 공급확대를 위해 개편되는 것이 필요하다.

이렇게 서민금융제도에 대해 문제점을 찾고, 해결해 나가면서 서민금융제도의 변화가 국민경제와 국민행복에 보다 많은 기여를 하기 바란다.

대한금융신문, 2017.11.23. 작성

3

가계부채 증가는 저신용자들의 시장 진입을 어렵게 한다

한국은행은 2017년 3분기말 가계신용을 발표하였다. 2017년 3/4분기말 가계신용은 1,419.1조원으로 2분기말(1,387.9조원) 대비 31.2조원(2.2%) 증가하였고, 2016년 3분기 대비 122.7조원(9.5%)이 증가하였다. 2016년말 기준, 실질 국내총생산(GDP)은 1,508조원인데, 국내총생산 대비 94.1%까지 도달하였다. 즉, 매해 소득에 육박하는 돈이 부채인 빚과 비슷하다는 의미가 된다.

가계신용은 주택담보대출 등의 가계대출과 여신전문기관이나 백화점과 자동차회사 등이 포함되는 판매신용으로 구분된다. 전체 가계신용 1,419조원 중에서 가계대출이 1,341조원이고 판매신용이 78조원이다. 가계대출을 다시 나누어 보면, 예금취급기관(954.6조원)과 기타금융기관(386.6조원)으로 나누어져 있다. 예금취급기관에는 예금은행의 주택담보대출(457.4조원)과 신용대출 등의 기타대출(188조원)으로 이루어져 있으며, 비은행예금취급기관(309.1조원)에는 상호저축은행(20.6조원), 신용협동조합(37.9조원), 상호금융(177.7조원), 새마을금고(71.6조원), 신탁·우체국예금(1.2조원) 등의 주택담보대출(112.7조원)과 기타대출(196.5조원)이 포함된다. 기타금융기관에는 보험기관(112조원), 연금기금(13.5조원), 여신전문기관(58.6조원), 한국주책금융공사 등의 공적금융기관(36.1조원), 증권사 등의 기타금융중개기관(153.1조원), 한국장학재단 등의 기타(13.3조원)으로 구성된다. 판매신용(78조원)은 여신전문기관(77.2조원)과 판매회사(0.8조원)으로 구성되어 있다.

대부분 가계대출과 판매회사의 잔액들이 증가한다. 특히, 예금은행의 주택담보대출은 2016년 40.8조원 증가에 비해 3분기까지 14.9조원 밖에 증가하지 않았다. 그러나 신용대출 등의 기타대출은 2016년 12.9조원 증가한데 반해, 올해 3분기까지 13.1조원 증가하였다. 특히, 2분기에 5.7조원, 3분기에 7조원이 증가하였다. 이러한 현상은 정부가 부동산시장 대책으로 제도 등을 비롯하여 신DTI(총부채상환비율) 적용을 예고했기 때문이다. 즉, 대출의 총량이 줄어들 수 있기 때문에 주택담보대출이 아닌 신용대출 등의 잔액이 늘어났다. 4분기까지도 이러한 영향을 클 것으로 예측된다. 또한, 주택도시기금과 한국주택금융공사의 주택담보대출도 증가하고 있는데, 2016년 15.3조원인데 2017년 3분기까지 15.6조원 증가하였다. 따라서 가계대출 1,341조원 중에 생활용도의 자금을 제외하면 대부분은 부동산과 연결되어 있다고 봐야 한다. 이를 지역으로 살펴보면 극명하다. 주택담보대출을 전년동기 대비 증가율로 보면, 서울(7%), 부산(10%), 제주(20%), 세종(14%)로 전국평균 7%보다 높은데, 이들은 모두 부동산 등의 가격이 매우 빠른 속도로 증가하고 있는 곳이다.

판매신용은 2016년 7.6조원 증가한데 반해, 2017년 3분기까지 5.2조원 증가하여 그다지 큰 부담은 없어 보인다. 경제성장률이 높아지면, 소비도 증가하게 되는데, 올해 3% 정도의 경제성장률을 예측한다면 2016년 수준과 비슷해질 전망이다.

정부는 과거에 가계부채 총량을 묶어두는 소극적인 가계부채 총량관리를 하였다면, 현재는 적극적인 가계부채 총량관리를 시도하고 있으나 아직 가계부채가 의도대로 잡히지 않고 있다. 총량을 전체적으로 규제하는 것보다 부동산 등과 관련된 총량과 증가율을 점검하는 것이 옳다. 예를 들어, 화폐공급에서 준칙에 입각한 정책을 펼치더라도 적극적인 정책일 수도 있다. 준칙(rule)에 입각한 정책이면서도 수동적인 정책의 예는 매년 통화량 증가율을 10%로 일정하게 유지하는 것이다. 준칙에 입각한 정책이면서도 적극적인 경우를 보면 매년 통화공급을 10%로 일정하게 유지하되 실업률이 1% 높아질 때마다 통화량 증가율을 2%씩 상향조정하면 된다.

그러나 가계부채를 줄이기 위하여 부동산 등의 제도를 먼저 점검해야 한다. 판매신용 등에 총량을 소극적으로 해석한다든가 기타금융기관의 총량을 소극적으로 해석하게 되면, 가장 먼저 타격을 입는 것은 저신용자들이다. 이들은 대부분 취약계층과 대학교를 막 졸업하고 취업하게 되는 청년층으로 신용정보가 별로 없기 때문에 저신용자들이 가능성이 높다. 선거 기간에 나온 가계부채 7대 대책 중에서 최고금리 인하, 금융소비자 보호 중의 채무자대리인 적용 문제, 채무탕감 등과 감독당국의 도덕적 권유와 같은 비부동산 분야에 총액 제한 등은 좋은 정책이 아니다. 이렇게 되면 저신용자들은 갈 곳이 없게 되고, 정부가 떠안아야 되는 부분들이다. 정부가 금융시장에 이탈되는 저신용자들을 떠안고, 예산을 투입해야 하지만 내년 예산에 금융과 관련된 부분들은 보이지 않는다. 그렇다면 정부는 금융시장에 대한 새루운 구성 방식을 도입해야 하고, 금융시장이 보다 공정하고 효율적으로 움직일 수 있도록 해야 한다.

TIP | 우리나라 금융기관

통화금융기관은 지급수단으로 사용이 가능한 현금통화와 예금등화를 창출하는 기관으로서, 통화당국인 한국은행과 예금은행으로 구성된다. 통화당국이란 통화의 원천적 공급과 조절을 담당하는 기관으로 우리나라에서 한국은행이 여기에 해당된다. 예금은행은 예금 기능이 높은 금융기관으로서 우리나라에서는 은행법에 의해서 설립된 일반은행(시중은행, 지방은행 및 외국은행 국내지점)과 각각의 특별법에 의해서 설립된 특수은행 중 예금업무의 비중이 높은 외환은행, 기업은행, 국민은행, 농협은행, 수협은행이 이 범주에 포함된다.

비은행예금취급기관은 신용창조기능이 없거나 무시할 정도로 약한 금융기관으로서 각 기관의 업무성에 따라 투자기관, 저축기관 및 보험기관 등으로 구분되며 통화금융 기관 이외의 대부분의 금융기관을 포괄하는 개념이다. 이외에 보험 및 연금기관, 증권관련기관, 여신전문회사, 기타 금융보조기관이 있다. 비슷한 관점에서 예금통화창출이라는 거시적인 기능에 의해 제1금융권과 제2금융권으로 나눈다. 1금융권은 통화금융기관 중 시중 은행을 말한다. 또한 슈퍼뱅크 또는 메가뱅크란 자본금이 매우 크며 지점도 많아 덩치가 큰 은행을 말하고 리딩뱅크란 덩치와는 상관없이 상품개발이나 새로운 경영기법에서 다른 은행보다 앞서가는 은행을 말한다. 제2금융권이란 비통화금융기관을 말한다. 보험회사, 신탁회사, 증권회사, 종금사, 여신금융회사(신용카드사, 캐피탈 등), 상호저축은행 등을 지칭한다. 상호저축은행은 과거의 상호신용금고가 2002년부터 명칭이 바뀌었는데 보통 저축은행이라 부른다. 참고로 제3금융권은 비제도권 금융시장이나 사금융권을 말한다. 대출이자율이 1금융권과 2금융권에 비해 상당히 높다.

자금조달과 운용의 특성을 고려하는 금융업종 분류에서는 한국산업은행과 한국수출입은행을 상업은행(commercial bank)과 구분하여 개발기관으로 분류하지만 여기서는 제도적 기준에 맞추어 특수은행에 분류하였다.

표 3.3 우리나라 금융기관 현황(2017년말 기준)

구분			기관 수[1]	비고
은행	일반은행	시중은행	8	인터넷전문은행 2 포함
		지방은행	6	
		외은지점	38	점포 수 45
	특수은행	한국산업은행, 한국수출입은행, 중소기업은행, 농협은행, 수협은행	각 1	
비은행 예금취급 기관	상호저축은행		79	
	신용협동기구	신용협동조합	898	
		새마을금고	1,315	
		농협·수협·산림조합의 상호금융 (신용사업부문)	1,358	
	우체국예금		1	
	종합금융회사		1	우리
금융투자 업자[2]	투자매매중개업자	증권회사	55	외국사 지점 11포함
		선물회사	5	
	집합투자업자		215	
	투자일임자문업자		179	역외사 포함 371
	신탁업자[3]	은행/증권/보험/부동산신탁	56	19/20/6/11
보험회사	생명보험회사		25	외국사 9 포함
	손해보험회사	손해보험회사	19	외국법인(4), 지점(4) 포함
		재보험회사	10	외국사 지점 9 포함
		보증보험회사	3	외국사 지점 1 포함
	우체국보험		1	
	공제기관		3	
기타 금융기관	금융지주회사	은행지주 비은행지수	8 3	지방은행지주 포함
	여신전문금융회사	리스/카드/할부금융/신기술금융	97	26/8/21/42
	벤처캐피탈회사	중소기업창업투자회사	120	
	증권금융회사		1	
	대부업자		8,084	
공적 금융기관	한국무역보험공사, 한국주택금융공사, 한국자산관리공사, 한국투자공사, 서민금융진흥원		각 1	

주: 1) 인가 및 전업 기준

2) 하위 구분은 자본시장법 시행 이전의 규제체계에 따른 기관별 분류

3) 겸업사 포함

자료: 한국은행

TIP | 가계부채 통계

한국은행은 매분기 가계신용 통계를 내놓는다. 2019년 2분기말 가계신용 잔액은 1,556.1조원으로 전분기말 대비 16.2조원 증가하였다. 가계대출은 1,467.1조원으로 전분기말 대비 15.4조원 증가, 판매신용은 89.0조원으로 0.8조원 증가하였다.

표 3.4 가계신용(말잔기준) 단위: 조원, %

	2018p				2019p	
	1/4	2/4	3/4	4/4	1/4	2/4
가계신용 잔액	1,468.2	1,492.4	1,513.9	1,536.7	1,539.9	1,556.1
전분기대비 증감액(증감률)	17.6 (1.2)	24.1 (1.6)	21.5 (1.4)	22.8 (1.5)	3.2 (0.2)	16.2 (1.1)
전년동기 대비 증감액(증감률)	109.3 (8.0)	104.6 (7.5)	94.8 (6.7)	86.1 (5.9)	71.7 (4.9)	63.7 (4.3)
가계대출 잔액	1,387.2	1,409.2	1,427.2	1,446.6	1,451.7	1,467.1
전분기대비 증감액(증감률)	17.4 (1.3)	22.0 (1.6)	18.0 (1.3)	19.4 (1.4)	5.1 (0.4)	15.4 (1.1)
전년동기 대비 증감액(증감률)	101.2 (7.9)	96.4 (7.3)	86.1 (6.4)	76.8 (5.6)	64.5 (4.7)	57.9 (4.1)
판매신용 잔액	81.0	83.1	86.7	90.1	88.2	89.0
전분기대비 증감액(증감률)	0.3 (0.3)	2.1 (2.5)	3.6 (4.3)	3.4 (3.9)	−1.9 (−2.1)	0.8 (0.9)
전년동기 대비 증감액(증감률)	8.0 (11.0)	8.2 (10.9)	8.7 (11.1)	9.3 (11.5)	7.2 (8.8)	5.9 (7.1)

자료: 한국은행

예금은행은 전분기말 대비 13.3조원, 비은행예금취급기관은 0.5조원, 기타금융기관 등은 1.6조원 각각 증가하였다. 예금은행에서 주택담보대출의 증가폭이 확대되고 기타대출이 증가로 전환하면서 전분기대비 증가폭이 확대되었다. 또한, 비은행예금취급기관에서 주택담보대출의 감소폭이 축소되고 기타대출은 증가하면서 증가로 전환되었다. 기타금융기관에서 보험기관 등이 감소하고 기타금융중개회사의 증가폭이 축소하면서 증가폭이 둔화되었다.

표 3.5 기관별 가계대출 증감액

단위 : 조원, %

	2018p					2019p		
	연중	1/4	2/4	3/4	4/4	1/4	2/4	잔액
가계대출	76.8	17.4 (1.3)	22.0 (1.6)	18.0 (1.3)	19.4 (1.4)	5.1 (0.4)	15.4 (1.1)	1,467.1
예금취급기관[1)]	59.2	8.9 (0.9)	15.4 (1.6)	14.2 (1.4)	20.7 (2.0)	2.1 (0.2)	13.8 (1.3)	1,049.8
예금은행[1)]	52.4	8.2	12.8	14.2	17.2	5.7	13.3	732.1
주택담보대출	30.1	4.6	6.0	8.6	10.8	7.0	9.0	510.3
기타대출	22.4	3.6	6.8	5.6	6.4	−1.4	4.3	221.8
비은행예금 취급기관[1)]	6.8	0.7	2.6	0.0	3.5	−3.5	0.5	317.7
주택담보대출	−3.9	−0.5	−0.8	−1.5	−1.1	−3.5	−2.2	104.5
기타대출	10.7	1.3	3.3	1.5	4.6	−0.0	2.7	213.2
상호저축은행	2.5	0.5	0.5	0.6	0.9	0.3	0.8	24.6
신용협동조합	−1.4	−0.6	−0.5	−0.4	0.1	−0.4	0.1	36.1
상호금융	7.5	0.8	2.6	1.2	2.9	−0.1	1.2	188.9
새마을금고	−1.9	0.2	−0.1	−1.4	−0.6	−3.2	−1.6	66.7
신탁·우체국 예금	0.2	−0.1	0.1	0.1	0.2	−0.1	−0.0	1.4
기타금융기관 등	17.5	8.5 (2.1)	6.6 (1.6)	3.7 (0.9)	−1.3 (−0.3)	3.0 (0.7)	1.6 (0.4)	417.4
보험기관[2)]	5.2	0.5	1.2	1.4	2.1	−1.4	−0.2	118.4
연금기금[3)]	1.0	0.3	0.1	0.2	0.4	0.2	−0.0	14.7
여신전문기관[4)]	4.6	2.4	1.7	0.4	0.1	−0.1	0.8	65.1
공적금융기관[5)]	1.0	0.8	0.6	−0.2	−0.2	0.9	1.4	40.4
기타금융 중개회사[6)]	6.1	4.0	3.6	1.7	−3.2	3.1	0.6	166.7
기타[7)]	−0.3	0.4	−0.6	0.4	−0.5	0.3	−0.9	11.9
〈참고〉주택금융공사 및 주택도시기금의 주택담보대출[8)]	10.1	2.3	3.4	2.2	2.2	1.7	2.2	155.4

주: 1) 예금취급기관이 취급한 주택금융공사 모기지론의 주택금융공사 앞 양도분은 포함되어 있지 않음
2) 생명보험, 손해보험, 우체국보험
3) 공무원연금관리공단, 사립학교교직원연금관리공단 등
4) 카드사, 할부사 등

5) 주택도시기금, 한국주택금융공사 등

6) 증권사, 자산유동화회사, 대부사업자 등 7) 한국장학재단 등

8) 금융기관이 취급한 모기지론의 주택금융공사 앞 양도분(유동화분 포함) 및 주택도시기금에서 취급한 주택담보대출로서, 예금취급기관의 가계대출 잔액에는 포함되어 있지 않으며 공적금융기관 및 기타금융중개회사의 가계대출 잔액에 나뉘어 포함

9) ( )내는 전분기말대비 증감률(%)

자료: 한국은행

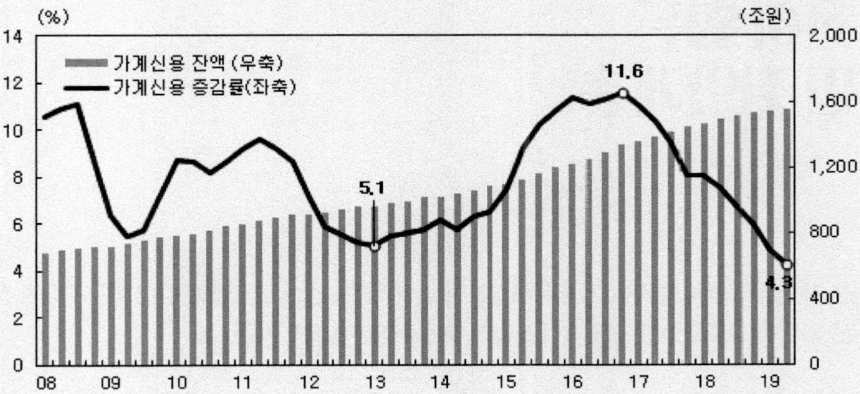

그림 3.3 2008년 이후 가계신용 잔액 및 증감율

자료: 한국은행

4

YTN, 2017.10.27. 작성

금융대책 세워도 여전히 힘든 서민 취약계층

질문 1) 향후 소득이 늘어나기 힘든 60대 이상 취약계층 중에서 빚을 못갚아 채무조정을 신청한 분들 사연이 보도되었다. 평균 1억의 빚이라는데 어떤 상황인가?

통계청·한국은행·금융감독원이 공동으로 매해 조사하는 2016년 가계금융복지조사의 부채 측면을 보면 다음과 같다. 가구주의 연령대별로, 50대 부채가 8,385만원으로 가장 많고, 40대 8,017만원, 30대 5,877만원, 60세 이상 4,926만원, 30세 미만 1,593만원으로 나타난다. 가구주 연령이 높아질수록 금융부채 비중은 낮아진다. 30세 미만인 가구의 금융부채 비중은 94.7%를 차지하는 반면, 60세 이상인 가구의 금융 부채비중이 56.2%로 가장 낮다. 여기서 금융부채는 담보대출, 신용대출, 신용카드관련대출, 기타로 구성되고 나머지는 임대보증금이다. 60세 이상은 세입자에게 내어주어야 할 임대보증금의 비율이 높다고 할 수 있다.

표 3.6 가구주 특성 및 부채 유형별 가구당 보유액, 구성비 단위 : 만원, %

구분		부채	금융부채					임대보증금	
				담보 대출	신용 대출	신용 카드 관련 대출	기타		구성비
전체		6,655	4,686	3,847	692	56	92	1,968	29.6
가구주 연령대별	30세미만	1,593	1,508	1,106	351	12	38	85	5.3
	30~39세	5,877	4,836	3,834	853	42	107	1,042	17.7
	40~49세	8,017	6,014	4,850	951	85	128	2,003	25.0
	50~59세	8,385	5,931	4,897	842	76	116	2,453	29.3
	60세이상	4,926	2,768	2,397	304	25	41	2,158	43.8
가구주 종사상 지위별	상용 근로자	7,508	5,210	4,276	813	43	78	2,297	30.6
	임시·일용 근로자	2,705	2,084	1,566	358	96	63	621	23.0
	자영업자	9,812	7,523	6,206	1,050	76	192	2,289	23.3
	기타 (무직 등)	3,479	1,794	1,523	214	35	22	1,685	48.4

자료: 통계청

소득 측면을 보면 다음과 같다. 가구주 연령대별로, 가구주가 60세 이상인 가구의 전년대비 소득 증가율이 4.9%로 가장 높고, 40대 4.5%, 50대 2.3%, 30대 1.5% 순으로 증가하였으며, 가구주가 30세 미만인 가구의 소득은 3.7% 감소하였다. 실제로 가구 소득도 50대, 40대, 30대, 20대, 60대 순으로 나타난다. 사실, 통계청 고용동향에서도 최근에 50대와 60대이면서 임시 및 일용근로자의 고용률이 높아지고 있다.

표 3.7 가구주 특성별 가구소득 평균 및 증감률 단위 : 만원, %

구분		평균			
		2014년	2015년	증감액	증감률
전체		4,770	4,883	113	2.4
가구주 연령대별	30세미만	3,406	3,282	–124	–3.7
	30~39세	5,075	5,148	73	1.5
	40~49세	5,677	5,933	256	4.5
	50~59세	5,967	6,101	134	2.3
	60세이상	2,891	3,033	142	4.9
가구주 종사상지위별	상용근로자	6,211	6,341	130	2.1
	임시·일용근로자	2,743	2,902	159	5.8
	자영업자	5,544	5,611	67	1.2
	기타(무직 등)	1,933	2,134	201	10.4

자료: 통계청

따라서 2016년 조사 자료에 의하면 60세 이상의 소득대비 부채비율을 보면 전체 140%정도인데 반해, 60세 이상이 170%로 높은 것이 사실이다.

표 3.8 가구주 연령대별 소득대비 부채비율 단위 : 만원, %

구분		부채	소득	비율
전체		6,655	4,770	140%
가구주 연령대별	30세미만	1,593	3,406	47%
	30~39세	5,877	5,075	116%
	40~49세	8,017	5,677	141%
	50~59세	8,385	5,967	141%
	60세이상	4,926	2,891	170%

자료: 통계청

자산 측면을 보면 다음과 같다. 가구주 연령대별 전체자산에서 증감률은 40대에서 8.7%, 30대 4.3%, 50대 3.3% 순으로 증가하고 있는데, 자산보유액 측면에서 50대 다음으로 60대가 많다.

표 3.9 가구주 특성별 가구당 자산 보유액 단위 : 만원, %

구분		평균			
		2015년	2016년	증감액	증감률
전체		34,685	36,187	1,502	4.3
가구주 연령대별	30세미만	8,864	8,750	−114	−1.3
	30~39세	24,669	25,730	1,061	4.3
	40~49세	33,627	36,564	2,937	8.7
	50~59세	42,879	44,302	1,423	3.3
	60세이상	36,188	36,648	460	1.3
가구주 종사상지위별	상용근로자	36,761	38,970	2,209	6.0
	임시·일용근로자	14,049	14,680	631	4.5
	자영업자	48,590	48,936	346	0.7
	기타(무직 등)	26,239	27,946	1,707	6.5

자료: 통계청

질문 2) 언뜻 보아도, 젊은 층은 쉽게 말해 버는 돈의 두 배 정도니까 좀 악착같이 하면 빚을 줄일 수 있는데, 지금 노년 취약차주는 빚 갚는 것이 불가능한가?

최근 설문조사에 따르면, 60대 이상 노령층의 경우 생계비 마련 등을 위해 돈을 빌렸지만 이후 갚지 못한 것으로 나타난다. 60대 이상 567명(중복답변 포함 684명)을 대상으로 부채 원인을 파악한 결과, 생계비 마련이 289명(42.3%)으로 가장 많았고 사업비(176명), 타인채무보증·상속채무(84명), 사기 피해(77명), 병원비·교육비(34명), 주택구입·임대료(16명), 주식·대출상환(8명)을 나타난다.

2002년에 연구에 의하면, 약 52세 정도에 은퇴를 한다. 그런데 상대적으로 젊은 층인 20대부터 50대까지 소득과 자산의 합이 소비보다 많아 저축을 하게 된다. 그런데 60세 이상의 차주는 해외는 소득은 물론이고 자산도 굉장히 빠른 속도로 떨어지게 되는데, 우리나라는 특이하게 그렇게 많이 떨어지지 않는다. 부동산이나 주택같은 실물자산을 자식에게 상속이나 증여를 하기 위한 것이기 때문이다.

다시 말하면, 소득은 떨어지지만 생계비, 병원비 등은 계속해서 늘어나기 때문에 부채는 늘어나게 된다. 현재와 같이 노년층이 소득이 작은 상황에서 자산이 없는 취약 차주는 빚을 갚는 것이 불가능하다고 봐야할 것이다. 이 부분은 탕감을 해도 계속 반복될 수 밖에 없다.

질문 3) 정부가 부채대책도 세우고, 많은 관심을 갖고 있다. 취약 차주를 위한 장기저리상환 등을 이야기 한다. 거기엔 해당 안 되시는 분들인가?

올해 정부가 바뀌고 나서 가계부채와 관련하여 대책이 나왔다. 이번 달 24일에 가계부채 종합대책이 나왔다. 은행에서 주택이나 부동산 등의 담보를 가진 것에 대해 대출을 하거나 향후 소득 등을 감안한 신용을 기반으로 대출을 하게 된다. 그런데 자산이 없거나 소득이 없는 취약계층은 다시 금융시장으로 진입하기 불가능할 것이다. 이미 가지고 있는 담보대출은 장기 저리로 상환할 수 있는 기회를 줄 수 있다. 그런데 자산이 없는 노년층은 해당이 안 된다고 볼 수 있다. 이런 분들은 금융정책이 아닌 복지정책으로 문제를 풀어야 한다. 보통 금융시장에서 부도 또는 연체가능성 등을 토대로 대출을 하게 되는데, 이 분들은 거의 대출이 불가능하다고 봐야 한다. 따라서 이렇게 자산이 없는 노년층에 대해서는 정부나 지방정부에서 생활비나 의료비의 일부 보조와 같은 복지정책으로 풀어야 한다.

질문 4) 소득이 적당히 있는 사람들도 금리인상 등 여러 요소에 의해서 위기가 올 수 있다. 이러한 분들인 자영업자들이나 신용도가 낮은 분들의 상황을 제대로 돌보지 못하면 위기가 더 쉽게 오는 것 아닌가?

최근에 경제성장률이 일부 좋아지는 측면이 있고, 미국의 금리인상과 채권시장 상황 등을 감안하면 올해 우리나라도 금리가 인상될 수 있을 것 같다. 이렇게 금리인상이 가시화되는 상태에서 여러 위기가 발생할 수 있다.

현재의 가계부채 증가는 주로 주택담보대출, 자영업자, 부동산임대업에서 발생하였다. 2017년 6월 기준, 가계대출 중 주택담보대출이 744조원(54%), 기타 신용대출 등이 569조원(41%)를 차지하고 있으며 은행의 대출이 631조원(46%), 비은행이 473조원

(34%), 주택금융공사 등이 210조원(15%)로 구성되어 있다. 자영업자대출은 2012년 355조원에서 2016년 521조원으로 증가하였고, 대출액 중 부동산 임대업이 가장 큰 비중인 27%, 제조업 17%, 도매업 10%, 소매업 10%, 음식업이 8%를 나타내고 있으며 저신용자(7~10등급)은 부동산임대 2%, 제조업 10%, 도매업 9%, 소매업 12%, 음식업 14%로 소매업과 음식업의 비중이 높다.

상환능력이 부족한 그룹과 생계형 자영업자를 눈여겨 볼 필요가 있다. 차주별 특성을 보면, 상환능력이 충분한 A그룹(원리금상환부담비율 40%이하, 자산대비 부채비율 100%이하)는 724조원(54%)을 차지하고 있고 상환능력이 양호한 B그룹(원리금상환부담비율 40%이하, 자산대비 부채비율 100%초과)는 525조원(39%), 상환능력이 부족한 C그룹(원리금상환부담비율 40%초과, 자산대비 부채비율 100%초과)는 94조원(7%), 이미 부실화된 상환불능은 100조원 정도로 추정되고 있다.

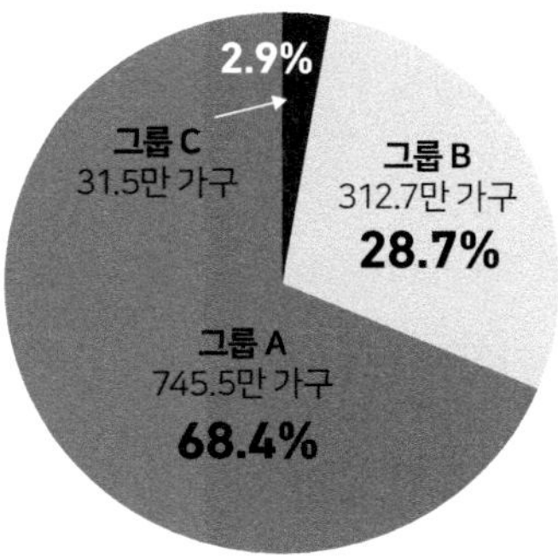

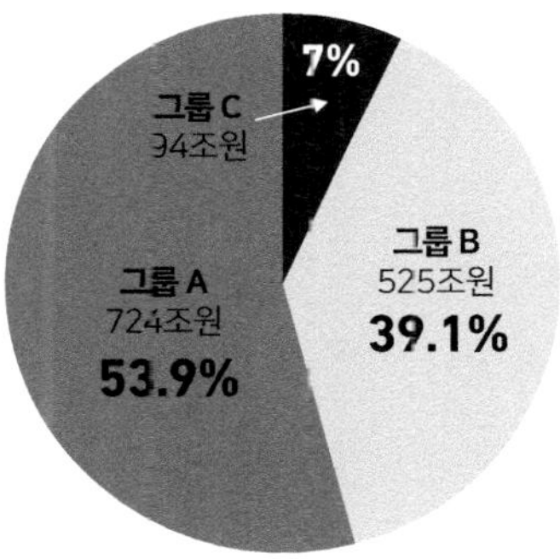

그림 3.4 그룹별 가구수 비중 및 부채 비중

자료: 금융위원회

주: 1) 2016년 가계금융복지조사 기준 전국단위 환산 추정, 2) 금융부채 보유가구(1,089.8만가구)
3) 2016년말 가계신용 총액(1,343조원) 기준 환산 추정

자영업자 대출에서 생계형(대출금액 3억원이하, 연소득 3천만원 이하)은 38.6조원(7.4%), 일반형(대출금액 3억원~10억원 또는 대출금액 3억원 이하이면서 연소득 3천만원 초과)이 178조원(34.2%), 투자형(주 업종이 부동산임대업)은 140.4조원(26.9%), 기업형(대출금액 10억원 초과)는 164.1조원(31.5%)으로 나타난다. 또한, 자영업자는 비자영업자보다 대출규모가

크고 생계형과 일반형이 대부분이고, 가계대출을 동시보유한 자영업자의 상환부담이 높고 건전성이 좋지 않으며, 생계형과 일반형이 투자형과 기업형보다 대출금액과 사업규모가 영세한 것으로 나타난다. 생계형 자영업자 대출규모는 작으나 연체가능성이 높은 것으로 나타난다. 따라서 자영업자나 신용도가 낮은 분에 대한 금리리스크가 먼저 발생할 수 있고, 시스템 리스크도 연결될 수 있다.

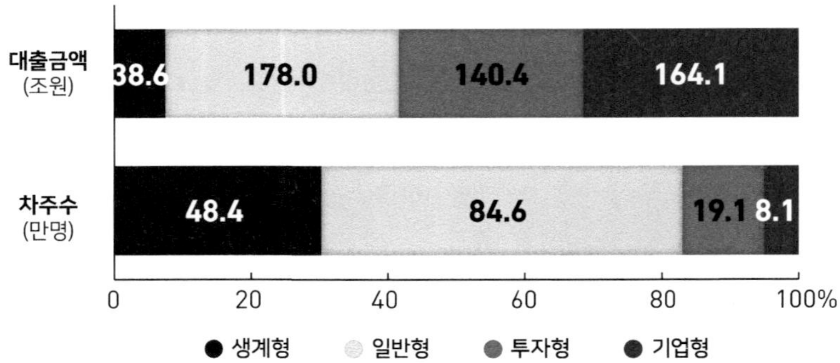

그림 3.5 자영업자 유형별 대출 분포
자료: 금융위원회

해결책을 다음과 같다. 취약계층 중 저신용자의 경우, 최고금리 인하 속도를 늦추어야 한다. 은행이 신용평가를 제대로 한다면 저신용자가 시장으로 들어올 수 있지만, 현재 예정과 같다면 현재 최고금리에서 1%p만 낮추어도 저신용자는 시장에서 최소 24만명, 최대 59만명 배제된다. 또한, 국민행복기금에 있는 약 103만명, 11.6조원이 있는데, 일괄적으로 채무감면보다 전수조사를 통해 감면할 부분은 감면하고, 감면이 적용되지 않는 부분을 찾아야 한다.

자영업자에 대한 대책도 사업단계별 지원을 하게 되는데 카드수수료 등의 비용부담이 그다지 크지 않다. 오히려 적정한 개수의 자영업자를 유지하고 모니터링 할 필요가 있다. 주택담보대출과 관련하여 DTI를 적용하고 내년부터 DSR을 적용하게 된다. 문제는 일괄적으로 정책을 적용하면, 반드시 실수요자 등에게 문제가 발생한다. 소득, 자산 등의 가구의 재무지표와 나이, 지역 등의 비재무지표를 이용하여 개인의 특성에 맞게 대출을 할 수 있도록 해야 한다. 정부는 취약 계층에 대해 예산을 투입하여 가계부채의 연착륙을 시도해야 한다. 제조업 등은 효율성과 공정성 모두 적용될 수 있는 업종이지만, 금융은 세계적으로 효율성이 중시되는 곳이다. 따라서 실물의 가인드로 금융시장을 접근하면 절대로 문제를 풀 수 없다.

5

ifsPOST, 2017.10.23. 작성

최고금리 24%로의 인하 덫

2017년 3월, 7대 가계부채 해법이 나오다.

2017년 3월 16일, 더문캠 비상경제대책단은 제2차 경제현안 점검회의에서 가계부채 3대 근본 대책과 7대 해법을 제시하였다. 가계부채 3대 근본 대책은 소득주도 성장, 취약계층 부담 경감, 금융소비자 보호에 초점을 두고 있다. ▲일자리와 가계소득을 늘려 상환 능력을 높이고, 생계형 대출수요를 줄여 국가경제를 살리고, 소득주도 성장정책으로 전환한다. ▲도덕적 해이를 막으면서 취약계층의 부담을 경감하는 방안을 마련한다. ▲금융기관이 아니라 금융소비자 보호에 중점을 두어 정책을 운영한다는 것이다.

여기에 해법으로 7대 해법으로 다음을 제시하였다. ▲가계부채 총량관리제 도입, ▲이자율 상한 25%, 27.9%(대부업)을 20%로 단일화하여 제1금융권을 이용하지 못한 서민들을 위해 서민금융진흥원이 중심이 되어 10%대의 중금리 서민대출 활성화, ▲국민행복기금의 회수불능채권 103만명, 11.6조원 채무감면, ▲금융기관의 죽은 채권의 시효를 연장하거나 대부업체 등에 매각하는 폐단 방지, ▲금융소비자보호법 제정 및 금융소비자 보호전담기구 설치, ▲주택 안심전환(단기 변동금리 일시상환 ➡ 장기 고정금리 분할 상환) 제2금융권 등으로 확대, ▲비소구대출담보대출 확대 및 DTI 대신 발전된 DSR(총부채원리금상환비율)을 여신관리지표로 활용한다는 것이다.

이에 따라 현 정부는 내년 1월부터 최고금리를 24%로 시행하기 위하여 추진하고 있다. 이러한 최고금리 인하를 통하여 서민들의 이자 부담을 낮추겠다는 것이다. 이것이 과연 이러한 제도로 가능할까? 긍정적인 효과보다 부정적인 효과를 더 크게 하는 것은 아닐까?

해외의 사례를 보면, 최고금리 상한을 20~25% 수준으로 인하하는 근거가 취약하다.

7대 해법의 두 번째는 이자제한법 상의 최고금리 상한인 25%로 낮추고, 대부업의 경우 27.9%를 20%로 단일화하겠다고 하였다. 현재 최고금리는 2002년 이후 지속적으로 감소하고 있다. 2002년 66% ➡ 2007년 10월 49% ➡ 2010년 7월 44% ➡ 2011년 6월 39% ➡ 2014년 4월 34.9% ➡ 2016년 3월 27.9%으로 하락하였다. 2016년 3월 2일 금리상한을 연 34.9%에서 연 27.9%로 낮추는 내용의 대부업법 개정안이 국회 본회의를 통과하여 2016년 3월 3일부터는 연 27.9%의 금리상한이 적용되고 있다. 2017년 1월부터는 24%가 적용될 가능성이 높다.

미국의 14개 주와 워싱턴 D.C는 10~40%대의 금리상한제를 실시하고 있다. 또한, 조지아주는 300~1000%의 실질연이율(APR)에 달하는 고비용 페이데이론을 금지하고 있지만, 다른 주들은 금리상한제를 철폐하거나 페이데이론을 적용하고 있으며, 예외로 두거나 금리상한을 3자리 숫자로 인상하여 페이데이론을 허용하고 있다. 리차드 더빈(Richard Durbin) 상원의원과 캘리포니아주에서 수수료를 포함한 금리를 연 36%로 제한하거나 페이데이론 연이율을 36%로 제한하려고 하였으나 모두 무산되었다. 미국에서 단기대출에 대한 금리 규제가 사문화(死文化)되어 고비용 대출이 가능한 캘리포니아와 뉴욕 주의 명목상 금리상한을 이유로 최고금리를 24%로 인하하는 것은 예시를 잘못 든 것으로 보인다.

영국은 1974년 소비자신용법 제정 이래 소비자신용 거래에서의 금리상한제를 실시하지 않으며 당사자 간 자유로운 약정에 맡기고 있으나 최근실질연이율 288%가 넘는 페이데이론과 같은 경우에 한해 이자 규제가 아닌 비용 규제를 실시하고 있으며 4개월 미만의 대출에 대해서는 연이율이 아닌 월이율을 이용하고 있다. 독일의 경우, 1990년 독일연방대법원은 시장기준금리에 12%를 가산한 연 28.6%보다 많으면 폭리로 보았으나, 동시에 은행이 할부신용 계약을 맺은 소비자의 무경험 등을 이용했다는 요건을 충족해야 한다. 따라서 은행과 소비자의 대출 이자 약정이 28.6%를 초과하여 이루어졌다 해도 반드시 폭리로서 계약 무효가 된다고 볼 수 없다. 이외에도 프랑스는 프랑스 소비자신용의 명목상 최고금리는 8.15% ~21.32%이지만, 한국과 달리 연체비용, 보험, 위약금, 수수료 부대비용은 포함시켜 최고금리를 계산하지 않아 최대 29.3%에 이르고 있다. 싱가포르는 대금업법 개정으로 2015년 10월부터 비은행 대금업자만을 대상으로 연 20%가 아닌 월4%의 법정이자상한제를 실시하고 있는데 이는 연이율로 환산하면 48%에 해당하며, 월 이자 상한 4%에는 대부업자가 받는 것은 모두 이자로 보는 한국과 달리 지연이자율과 법정비용, 대출수수료를 제외한 명목상 이자율이다.

예외적으로 일본은 2006년 대금업법 개정으로 연리 15~20%로 금리상한을 인하한 이후에 2014년 3월말 기준 소비자금융회사의 시장규모가 20조 9,000억 엔에서 6조 2,000억 엔으로 70% 가량 감소했으며, 3만여 개에 달하던 업체 수도 2015년 2천여 개로 줄었다. 이러한 문제로 '소비자금융회사'의 대형화와 시장의 과점화가 진행되었고, 최고 연 2,000%에 달하는 불법 사금융시장이 확대되는 풍선 효과가 발생하였다. 따라서 저금리 상황과 장기 불황기에 제2금융권과 소규모 금융기관이 시장에서 철수하는 요인으로 작용하고 있으며, 그 빈 공간을 폭력단과 연계된 불법 사채업체가 대체하고 있다.

최고금리 인하 속도를 늦추어야 한다.

저신용자를 8~10등급으로 정의하고, 저신용자가 주로 이용하는 비은행을 고려하자. 여기서 비은행은 여신전문금융회사와 저축은행, 합법적인 대부업을 고려하는 경우, 신규대출자를 중심으로 살펴보면 다음과 같다. 2011년 6월에 39%로 인하되었을 경우 저신용자의 신규대출자수가 의미있는 수치로 감소한다. 그 이유는 최고금리가 인하되고 2014년 3월까지 기간이 길었기 때문이고, 시장의 상황을 공급자인 금융기관과 수요자인 대출자가 어느 정도 예측을 하였기 때문이고, 아직 공급자인 금융기관이 손익분기점보다 위의 상황에 있었기 때문이다. 이후 2014년 4월 34.9%, 2016년 27.9% 인하 이후로는 중신용자(신용등급 4~7등급)과 저신용자 신규대출의 차주수가 감소하지만 감소폭이 의미있다고 하기 힘들다. 즉, 중신용자와 저신용자는 신규시장에 진출하기 못한다고 볼 수 있고, 대출거절의 확률이 높아진다는 의미가 된다. 따라서 내년 1월에 최고금리를 인하하더라도 당분간 인하를 하지 않는 것이 중신용자와 저신용자가 이용할 수 있는 여건을 만들어 줄 수 있다. 만약 여기서 시장금리마저 인상되면 중신용자 및 저신용자의 시장 배제속도는 더 빨라지게 된다.

최고금리가 24%로 인하되면, 저신용자는 시장에서 최소 24만명, 최대 59만명 배제된다.

신규대출자를 중심으로 수요측면만을 고려하는 경우, 최고금리 1%p 하락에 따라 고신용자 2.132% 증가, 저신용자 3.398% 감소하는 것으로 나타난다. 만약 최고금리가 27.9%에서 24%로 인하될 경우, 배제자수는 비은행은 24만명으로 추정되고 있으며, 배제금액은 비은행은 2.4조원으로 추정되고 있다. 생각보다 작은 숫자다. 그러나 금리 인하에 따라 대출공급자의 비용이 수익보다 커지는 경우, 신규대출을 중단하거나 줄일 수 있기 때문에 공급측면을 감안하면 배제자수와 배제금액은 현재의 추정규모보다 훨씬 커질 수 있다.

금융권 중에 저신용자 비중이 가장 높은 곳이 대부업이다. 대부업의 신용대출 상위 15개사를 중심으로 24%로 최고금리가 인하되는 경우 신규대출을 축소하거나 대출을 중단하는 경우가 28%에 이른다. 왜냐하면 손익분기를 계산하는 기준이 되는 원가금리가 최고금리보다 높기 때문이며 거의 업체들은 한계수준에 와 있기 때문이다. 원가금리는 자금조달비용, 판매비와관리비, 대손비용, 총대출금을 이용하여 산출하게 된다. 자금조달비용은 금리와 연동되어 있는데, 최근 금리인상 가능성이 높아지고 있는 상황이다. 현재 대부업체는 제1금융권인 시중은행에서 대출을 받을 수 없고, 제2금융권인 저축은행, 캐피털 등을 통해 자금을 조달하고 있다. 또한, 현재 대부업체는 사모사채를 발행할 수는 있으나 공모사채 발행을 통한 자금조달은 할 수 없다. 이러한 규제를 풀어주어야 한다. 판매비와관리비는 매우 낮은 상태이고 대손비용도 금리가 올라가면 상승할 수 밖에 없다.

이러한 상황에서 24%로 최고금리를 인하하게 되면 공급자인 금융기관은 약 34.8만명을 줄일 것이고 신규대출액은 약 2조원 가까이 줄이게 된다. 따라서 금융시장이 정보의 비대칭성인 도덕적해이와 역선택에 따라 초과수요인 시장을 감안하지 않더라도 최고금리가 24%로 인하되면 약 59만명이 시장에서 배제된다고 볼 수 있다. 이는 물론 시장금리가 현재와 같다는 가정 하에서 산출되었기 때문에 시장금리가 상승하면 배제자수와 배제금액은 커지게 된다.

최고금리가 20%로 인하되면,
대출시장은 마비되고 중 · 저신용자 신용대출은 불가능하다.

만약, 대선전 캠프가 내놓은 최고금리 20%를 현실화한다면 저신용자는 최소 48.7만명, 최대 156.3만명이 시장에서 배제되고 일본과 같이 불법 사금융시장으로 몰리게 된다. 배제금액은 최소 4.8조원, 최대 11.9조원으로 추산된다. 따라서 정부는 단기적인 금리상한 인하는 24%에 장기간에 두고 정책을 펼칠 필요가 있다. 또한, 경기활성화와 소득증대, 복지에 대한 정부재원 지원으로 소득격차를 줄여 서민들이 과도한 채무를 부담하지 않도록 하는 정책이 필요하다.

6

가계부채와 금융회사의 부실채권 관리 방향

2015년 8월 6일, 박근혜대통령은 '경제 재도약을 위해 국민 여러분께 드리는 말씀'으로 담화를 발표하였다. 이 중, 공공, 노동, 교육, 금융의 4대 구조개혁에 대해 담화를 발표하였다. 가장 마지막에 위치한 금융개혁은 주로 핀테크와 담보나 보증과 같은 보신주의 관행이나 현실에 안주하는 금융회사의 영업행태를 언급하고 있다. 금융개혁을 통해 크라우드 펀드나 인터넷 전문은행과 같은 핀테크 강국으로 가는 길을 발표하였다. 세계시장에서 한국의 금융경쟁력은 상당히 낮은 편에 속한다. 금융업은 크게 사전적, 은행내부 진행, 사후적인 관리방식으로 나누어진다. 이 중에서 사후적으로 발생하는 후진적인 현재의 부실채권 관리로 인한 채무자의 과도한 부담에 대해 살펴보자.

2015년 1분기말, 가계부채는 1,099조원으로 전년동기 대비 7.3%가 증가하였다. 한국은행에 따르면, 가계부채 중에서 예금취급기관의 주택담보대출은 469.8조원이고, 마이너스통장대출 등은 151.4조원으로 나타난다. 기준금리 인하 등으로 인해 가계부채는 계속하여 증가하는 추세를 나타낸다. 금융감독원에 따르면, 이러한 가계부채 중에서 채권자 중 가장 큰 부분을 차지하는 은행의 건전성을 측정할 수 있는 국내은행의 연체율은 주택담보대출이 0.39%, 가계신용대출이 0.71%를 나타내고 있다. 2015년 1분기말 국내은행의 3개월 이상 연체된 채권이나 채무상환능력이 저하되어 채권회수에 상당한 위험이 있는 고정이하 채권비율인 부실채권비율(고정이하여신비율)은 1.56%이고 부실채권 규모는 24.7조원으로 나타난다. 이 중, 부실채권 정리규모는 4조원인데, 대손상각(1.4조원), 담보처분에 의한 회수(1조원), 매각(0.8조원), 여신정상화(0.5조원), 기타(0.3조원)으로 나타난다. 2014년 기준으로 25조원의 부실채권 중, 대손상각은 연간 약 8조원이며 매각은 5조원으로 높은 비중을 차지하고 있다. 따라서 은행의 연체율은 1%보다 작으며, 부실채권 중에 상각이나 매각이 차지하는 비중은 높은 것으로 해석할 수 있다.

이러한 부실채권은 금융회사의 건전성과 수익성 제고에 매우 큰 영향을 미친다. 즉, 연체율에 잡히지 않으면서, 상각이나 매각을 통하여 금융기관의 연체율을 낮출 수 있는 방법이 존재하고, 은행은 매우 낮은 가격으로 자산관리회사, 저축은행, 대부업에 매각한다. 이러한 부실채권 매각에 대한 내용을 담은 법률은 많지 않다. 민법 제450조에 따라 채권 양도를 승낙하거나 양도에 대한 통지를 받을 수 있으며, 매각에 대해 통지서가 채무자에게 통지되지만, 체류지 등의 문제로 인해 인지하지 못하게 된다. 또한, 「금융회사부실자산 등의 효율적 처리 및 한국자산관리공사의 설립에 관한 법률」 시행령 제4조에 부실자산의 인수 방법·절차가 있으나, 이러한 부분도 협의에 의해 인수계약을 하도록 되어 있다. 금융연구원에 따르면 상환능력이 없는 이러한 부실채권을 가지고 있는 채무자는 114만명으로 추산하였다. 따라서 부실채권에 대해 법률에 따라 매각을 하는 경우에도 재매각 상황에서 원채권자와 채무자 모두 어디에 위치한 지에 모르는 일종의 분리된 섬인 '채권 갈라파고스에'에 갇히게 된다. 즉, 채권이 어떠한 상황인 지에 대해서 현재 채권을 가지고 있는 추심회사만 알고 있으며, 다른 회사로 채권이 매각되면 이전의 채권자들은 상황을 전혀 모르게 되고, 채무자는 당연히 변제하려고 해도 아무런 정보를 가지지 못하게 된다. 따라서 금융회사의 내부규정에만 있는 부실채권의 매각기준과 절차를 보다 명확히 법과 시행령에 반영하여 사후에 금융소비자를 보호할 필요가 있다.

따라서 금융회사의 부실채권 매각기준, 매각절차 등은 내부규정이 아닌, 「은행법」 등 관련 법령에서 이를 규정할 필요가 있다. 현재 개별은행의 제각각인 내부규정에 반영된 부실채권 매각기준, 매각절차 등과 관련한 사항을 법령에서 규정하여 금융소비자를 보호할 필요가 있다. 이를 위해, 파산·면책·사망자 채권, 소멸시효 완성 채권, 개인채무자 회생 및 파산절차가 진행 중이거나 개인신용회복 신청 또는 확정이 결정된 채권 등은 매각할 수 없도록 할 필요가 있다. 또한, 금융회사의 부실채권 매각이나 재매각 과정에서 이력관리 제도를 통해 채권자와 채무자가 섬에 갇혀 정확한 정보 파악이 어려운 문제를 해결할 수 있다. 마지막으로 부실채권을 매입하는 대부업은 지방자치단체에 등록하고 있기 때문에, 부실채권 이동에 파악이 어려운 측면이 있다. 이러한 부분은 「은행법」과 더불어 「대부업 등의 등록 및 금융이용자 보호에 관한 법률」에도 반영하거나 금융당국의 산하로 등록을 이관하여 관리할 필요가 있다.

7

인더뉴스, 2018.05.25. 작성

동산금융이 활성화 되려면

5월 23일 금융위원회는 동산금융 활성화 추진 전략을 발표하였다. 기계설비, 재고자산, 농축수산물, 매출채권, 지식재산권 등의 동산은 신용도가 부족한 창업 및 중소기업에 유용한 자금조달 수단이 될 수 있다는 것이다. 특히, 무체동산(매출채권 및 지재권)을 제외한 동산에 대해 담보안정성을 강화하고, 은행권의 여신 운용 체계를 개선하며, 정책금융을 통해 취급 유인을 제공하고, 무체동산은 활성화 방안을 마련한다는 것이다. 그러나 동산금융이 활성화되려면 여러 가지 요인이 필요해 보인다.

첫째, 동산 가치에 대한 평가가 제대로 될 수 있는 지에 달려 있다. 동산은 부동산과 달리 변동성이 매우 크기 때문에 가치 평가가 매우 어렵다. 미국에서는 동산전문 가치평가 시스템이 발달되어 있고, 현장조사자나 동산가치평가를 담당하는 직원들이 매우 많은 편이다. 그러나 우리나라의 경우, 감정평가법인이나 신용평가기관이 일부 담당하지만 전문성이 매우 부족하고 인력도 매우 부족한 현실이다. 무체동산으로 이동하면 이러한 가치 평가가 훨씬 어려워진다. 현재에도 지식재산권에 담보대출이 주를 이루고 있으며, 투자 형태로 전환하고 있는 실정이다. 따라서 동산에 대한 가치 평가를 하는 인력이나 시스템 활성화가 동산금융이 활성화되는데 중요한 요인이 된다.

둘째, 회수의 문제가 존재한다. 동산담보가 사고가 나면 법원 경매에 의존하는 경우가 많고 동산의 가치가 매우 빠르게 하락하게 된다. 따라서 최종적으로는 경매가보다 회수가가 낮아지는 문제가 발생하게 된다. 이를 위하여 민간매각을 적극 활용한다고 발표하였으나, 이러한 시장이 제대로 작동하기 어려울 것으로 예상된다. 무체동산으로 오면, 이러한 상황은 매우 심각해진다. 기술거래는 정보의 유출 등으로 인해 활성화되지 못했는데, 가치가 떨어진 동산의 경우에는 거래 자체가 어려워질 수 있다고 볼 수 있다.

셋째, 왜 정책자금인가? 일본은 2011년부터 신재생 및 성장기반 산업 등에 동산담보대출에 있어 공적 보증을 제공하고 있다. 우리나라도 향후 3년간 1.5조원의 정책금융을 지원한다. 기계설비와 재고자산 우대 대출과 동산담보대출 연계 특례보증이다. 이를 바탕으로 금리와 한도를 인하하고 추가 대출이 가능하다. 2013년 10월의 담보물 실종사고가 발생하여 급격히 취급액이 줄고 있는 상황에서 법적·제도적 장치가 먼저 보완될 필요가 있다.

넷째, 후생은 누구에게 돌아가는가의 문제가 있다. 물론 기업은 담보가 될 수 있는 부분이 많아지기 때문에 후생은 증가할 수 있다. 은행도 정부자금으로 일부분 처리해 주기 때문에 최소요건만 충족하면 리스크를 작게 하면서 매출을 늘릴 수 있다. 그러나 정책자금은 민간에서 들어가는 자금이기 때문에 민간의 후생은 낮아진다. 따라서 민간과 충분한 협의가 있었는 지에 대해 질문을 던져야 한다.

요즘 기술금융이 정착되어 가고 있고, 기술가치평가가 이슈인 상황이다. 동산담보대출도 기술금융에도 포함될 수 있고, 기술가치에도 포함될 수 있다. 이러한 정책이 성공하기 위해서 자금을 공급하는 분야와 자금을 수요로 하는 분야에 대해 귀를 기울여야 될 것을 보인다.

TIP | 동산금융

기계설비, 재고자산, 농축수산물, 매출채권, 지식재산권 등으로 구성된 동산은 신용도가 부족한 창업·중소기업의 유용한 자금조달 수단이 될 수 있다. 동산은 중소기업 자산의 큰 부분을 차지하여 부동산, 인적담보를 보완할 새로운 신용보강수단으로 잠재력이 높다. 동산은 경영과정에서 필수적으로 발생되어 부동산이 없는 초기 기업도 동산담보대출이 가능하며, 기업성장에 따라 자산규모도 자연스럽게 증가하므로 담보력도 동반 강화되는 장점이 있다.

동산담보대출은 2012년 8월에 출시된 이후, 은행권의 적극적 취급 및 중소기업 대기수요 등을 반영하여 일시적으로 크게 증가하였다. 당시에 법무부는 동산담보법을 제정하여 동산에 대한 법원등기·공시 제도를 마련(2012.6월) 하여 17개 은행은 법률 시행에 맞추어 일제히 상품을 출시하였다. 동산담보법 시행 후 1년간 2,400여개 업체에 6,000억원의 동산담보대출 자금이 공급되었다.

그러나 2013년 10월 담보물 실종사고(은행이 인지하지 못한 상태에서 담보물건(기계)이 제3채권자의 경매집행으로 처분되어 담보권이 있음에도 경매배당금을 수령하지 못했던 사건)가 발생하고 동산담보제도의 취약성(중복담보에 취약하고, 경매 시 담보권자 신청없이 배당을 받지 못하며 불법반출·훼손의 경우 담보권 유지 곤란)이 드러남에 따라 취급액이 지속 감소하는 추세에 있다. 2018년 현재 초기 실적의 1/3 수준(잔액 2,051억원)으로 이용이 저조하며 담보물 유형도 다양화되지 않고 기계설비 등 유형자산에 편중(83.5%)되어 운영되고 있다.

단위: 억원

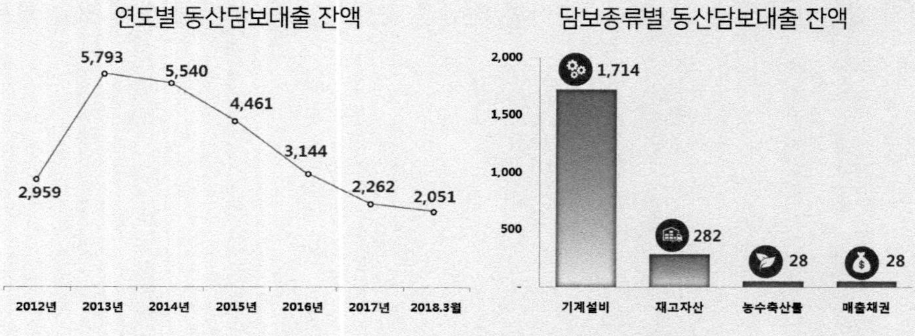

그림 3.6 동산담보대출 취급 현황(2018년 3월 기준)

자료: 금융위원회

뉴스토마토, 2015.05.07. 작성

8

기술금융 시행 1년, 개선과제와 추진방향

2014년 6월말, 금융위원회, 금융감독원, 전국은행연합회, 은행, 정책금융공사 및 기술보증기금이 참여하여 기술신용정보를 활용하기 위하여 협약을 체결하고, 7월부터 기술신용평가(TCB) 업무가 개시되면서 기술금융 공급을 시행하였다. 이후 활성화를 위하여 9월에 기술금융혁신평가(TECH)를 도입하고 평가를 시행하였으며, 2015년 4월에는 기존 TCB 3개사에 신규 TCB기관이 추가로 지정되었다.

기술금융은 물적담보가 취약하고 신용평가시스템에서 나오는 신용도가 좋지 않으나 기술력을 가진 중소기업에 대해 자금을 신규공급하여 새로운 기반의 창조경제에 일부 이바지할 수 있다. 기술금융이 도입된 지 1년이 되어가는 시점에서 초기와 현재까지 이어지고 있는 기술금융에 대한 문제점과 해결방안을 검토해 보자.

먼저, 초기의 기술금융안은 민간영역으로 추진되었다. 현재 공공영역인 기술보증기금과 민간영역인 3개 TCB기관이 기술금융에 참여하고 있으나, 궁극적으로는 민간영역으로 전환될 것으로 보인다. 그러나 시장실패가 존재하는 금융시장과 공공성을 고려하면, 급격한 민간영역으로 전환은 리스크가 존재하게 된다. 즉, 시장실패가 존재하는 여타 금융 사례를 고려하면, 시장이 성숙하고 평가에 대한 신뢰가 확보된 이후에 민간영역으로 전환되어야 한다. 또한, 여타 공공기관의 공공기관의 시장참여는 핵심 고유업무영역과 기술평가 인프라, 효율성 등을 감안하여 검토되어야 한다.

다음으로 TECH평가방식의 문제가 존재한다. 크게 양적 팽창 문제와 인력 문제로 나누어진다. 기술금융 초기에 정부가 지분을 가진 은행들 위주로 기술금융을 공급했다면 TECH평가가 도입된 이후에 민간 금융기관이 기술금융 공급을 확대하고 있다. 문제는 TECH평가의 평가방식과 지표이다. 특히, 민간 금융기관은 평가를 잘 받기 위하여 일반대출을 기술금융으로 갈아타게 하여 실적을 부풀릴 유인이 존재한다. 결과적으로, TCB와 금융기관의 전문인력의 업무적체을 유발하여 평가의 질적수준은 저하되고 처리기간이 길어진다. 기술금융 본연의 취지가 기술력 기반의 신규대출 수요 진작을 통한 기술력 기반 중소기업의 금융접근성 제고에 있는 만큼, 기존대출의 대환이나 전환보다 신규대출 중심으로 평가지표의 개선이 필요하다. 또한, 초기시행에 따라 부족한 인력확보를 위하여 기존의 요건 외에 기술평가사나 기술을 기반으로 하는 새로운 자격제도 등을 통해 전문인력을 확보할 필요가 있다.

마지막으로 인센티브의 문제가 존재한다. 초기에 민간 금융기관이 적극적으로 참여하지 않았던 문제도 금융기관에 대한 인센티브가 부족하였기 때문이었다. 현재와 같은 저금리 상황에서 담보위주의 여신을 통해 수익을 내기 어렵다. 따라서 약간의 리스크가 있더라도 수익이 존재하는 전략으로 방향을 바꾸는 것이 옳아 보인다. 금융기관의 입장에서 기술금융은 안정적인 담보위주의 여신에 비해 리스크가 보다 크게 나타날 수 있다. 따라서 금융기관의 기술금융의 부도율에 따라 무조건적인 인센티브를 주는 것이 아니라 금융기관의 리스크를 완화할만한 한시적인 인센티브 제도의 운영이 필요해 보인다. 예를 들어, 기술력 기반 신용대출 취급과 관련한 금융권의 손실 증가분에 대해서는 본연의 기술금융이 정착 및 확산될 때까지 정부 재정으로 일정부분 보전하는 방안도 생각해 볼 필요가 있다.

기술금융이 시행되면서 여러 가지 문제가 발생하고 있으나, 각 문제에 대한 추진방향은 단기간에 해결될 수 있는 측면도 있고, 장기적인 관점에서 살펴보아야 하는 측면도 존재한다. 이러한 전략을 통해 기술금융은 기술력 기반의 중소기업이 활성화될 수 있으면 창조경제에 이바지하는 중요한 부분이 될 수 있다.

TIP | 기술금융

기술금융(innovation financing)은 아이디어와 기술의 개발·사업화 등 기술혁신 全 과정에 필요한 자금을 지원하는 것이다. 2014년 6월말, 기술신용정보 활용을 위한 금융기관 업무협약식이 개최되었다. 금융위원회, 금융감독원, 전국은행연합회, 18개 은행, 정책금융공사 및 기술보증기금이 참여하여 은행이 기술보증기금의 보증을 받은 기업에 대출을 하거나 정책금융공사의 온렌딩(간접대출)을 이용할 경우 기술신용정보를 활용하기 위하여 협약을 하였다.

금융위원회는 2014년 6월말, 기술신용정보 제공기관(TCB)로 기술보증기금과 한국기업데이터(KED)를 지정하였으며 7월 1일부터 은행이 기술보증기금의 보증부 대출과 정책금융공사의 온렌딩 사용 시에 기술신용정보 활용을 의무화하고 있다. 2015년부터 신용보증기금의 보증부 대출에 활용하고, 시중은행은 경영실태 평가항목에 기술신용정보 활용정도를 반영하고 은행이 자체적으로 기술신용평가모형 개발을 유도하도록 하고 있다. 기술신용정보 제공기관(TCB)로 기술보증기금과 한국기업데이터(KED), 나이스평가정보, 이크레더블 4개사로 시작하였으며, 나이스디앤비, SCI평가정보가 포함되었다.

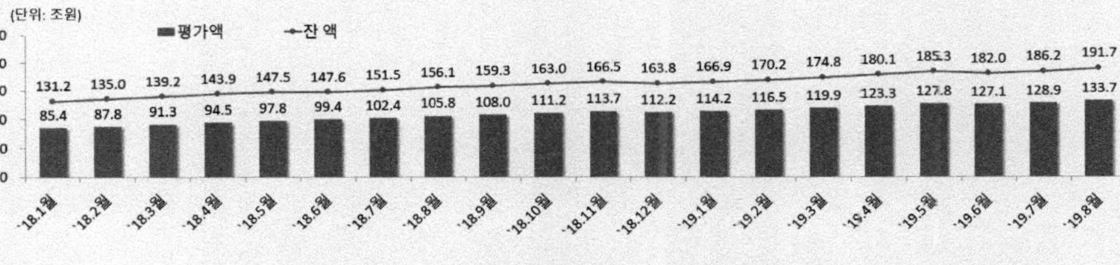

그림 3.7 기술금융 잔액 및 평가액

자료: 전국은행연합회

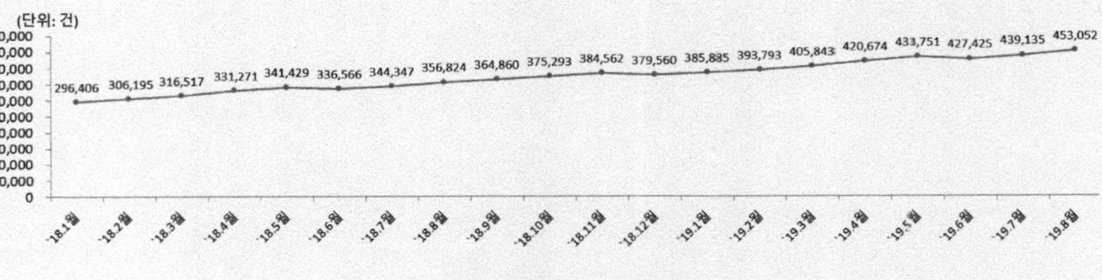

그림 3.8 기술금융 건수

자료: 전국은행연합회

2019년 8월말 현재, 기술금융 건수는 453,052건, 누적잔액은 191.7조원으로 나타나고 있어 매우 빠른 속도로 건수와 잔액이 늘고 있다. 기술신용대출 신규평가액은 기술신용대출 공급액 중 신규 및 증액대출을 통해 실제 기업에 자금공급이 증가한 규모이며 기간연장, 단순대환 등은 제외되었다.

2016년 4월, 금융위원회는 기술금융 활성화를 위한 투자용 기술금융 평가를 개시하였고, 4월 1일부터 4개 기술신용평가기관에서 일제히 투자용 기술금융 평가를 실시하였다. 유망한 투자대상을 찾는 금융기관이나 투자유치를 원하는 우수 기술기업이 4개 기술신용평가기관에 투자용 기술금융 평가를 요청하면 약 15일 이내에 평가가 완료된다.

투자용 기술금융 평가는 기업의 부실위험 예측에 중심을 둔 기존의 은행권 기술신용평가와 차이가 존재한다. 투자용 기술금융 평가는 기업의 성장가능성을 예측하는 데 초점을 둔 평가로서, 기술신용평가는 예상 부도율 평가에 초점을 둔 반면 투자용 기술금융 평가는 성장가능성 평가에 초점을 두고 있다. 투자기관이 실제 투자결정에 이용하는 핵심요소인 기술보호성, 수익성, 기업가정신 등에 대한 투자자 관점의 평가를 강화하였다. 그러나 은행, 벤처캐피탈 등 금융기관이 우수 기술기업을 기술금융 투자 대상으로 발굴하는데 크게 기여할 것으로 기대되었으나, 아직 투자되는 부분은 많지 않다.

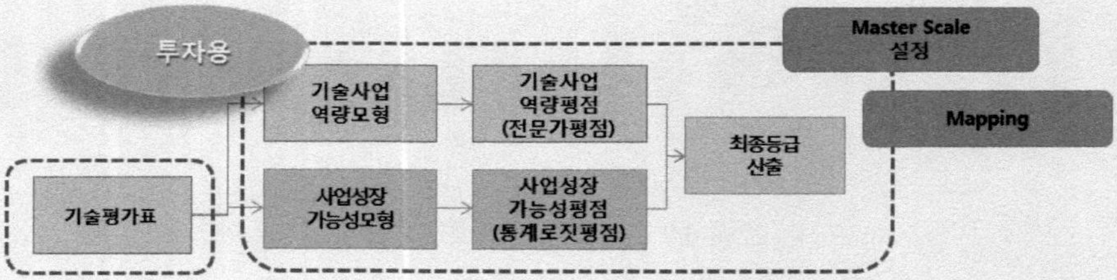

그림 3.9 투자용 기술평가 모형 구조

자료: 금융위원회

KBS, 2014.12.23. 작성

9

중소기업과 기술금융

질문 1) 우리나라에서 중소기업이 중요하다는 얘기를 많이 한다. 구체적으로 왜 중요한가?

중소기업통계에 따르면 중소기업 사업체수 비중은 99.9%를 유지해 오고 있다. 종사자수 측면에서도 80%대 후반을 유지하고 있다. 즉, 근로자 10명 중에 9명은 중소기업에 종사하고 있다. 이는 정부가 강조하는 고용창출능력과 상당히 중요한 요인이 된다. 또한, 국내총생산(GDP)에서 중소기업이 차지하는 비중은 2009년 50.5%에서 감소하고 있어 최근에는 약 47%를 나타낸다. 따라서 대기업보다 일자리 창출에 압도적으로 큰 기여를 하고 있음에도 불구하고, 중소기업의 위상은 낮아지고 있으며, 대기업과 중소기업의 부익부 빈익빈도 그만큼 심화되고 있다. 따라서 중소기업이 강하면, 고용과 부가가치 측면에서 큰 효과가 있다.

시장의 실패가 예상되는 곳에 정부가 개입함으로써 자원배분의 효율성을 제고시키고 사회적 편익을 증가시킬 수 있다. 즉, 중소기업에 대한 지원으로 경제 전체의 고용이 증가하고 경제성장률이 높아지게 된다. 그러나 정책금융은 정부의 예산이 일부 소요된다는 단점이 있으나 경기침체기에 폭을 완화할 수 있는 사회적 편익이 존재한다. 물론, 지원을 받지 못하게 되면 도산할 중소기업들을 지원하게 되어 시장원리를 위배하는 측면이 있으나 기업의 생존, 실업 발생의 방지 또는 고용의 창출, 매출의 증가, 소비 증가 등 선순환적인 측면도 있다.

질문 2) 우리나라 중소기업에 대한 금융 제도의 문제점이라면?

우리나라의 금융의 풍토가 담보를 중시한다. 즉, 담보가 있으면 기업의 투자나 운영을 위하여 차입 등이 유리해지지만, 담보가 없다면 차입 등이 어려워져 기업이 어려워지게 된다. 이는 정보의 비대칭성 때문에 존재한다. 차입을 하는 기업은 자신의 정보를 잘 아는 반면, 대출을 하는 은행은 상대방의 정보를 모르기 때문이다. 즉, 역선택이 발생할 수 있으며, 대출 후에는 도덕적 해이가 존재할 수 있다. 따라서 중소기업 금융은 시장실패의 영역에 존재할 수 있다. 시장실패가 발생하면 정부가 개입할 수 있는 근거가 마련된다. 따라서 정부는 보증 등의 정책금융을 통해 중소기업에 대한 금융을 하게 된다.따라서 정책금융은 공급자 중심의 시장이다. 정보의 비대칭성으로 인해 시장실패가 발생하는 시장이나 영역에서는 정부가 먼저 시장을 조성하는 것이 일반적이다. 정책금융은 저렴한 금융비용은 물론 담보문제를 해결하고 장기가용자금을 증대시키는 등 직접적인 측면에서 긍정적인 기업금융지원 역할을 해 온 것으로 평가되고 있다. 이러한 점에도 불구하고 효율성 측면에서 보면 중복지원의 문제가 발생할 수 있으며 정책금융 체계 변화가 감지되고 있다. 따라서 담보대출의 고집이나 비대칭적 정보의 문제를 완화하는 것이 중요하다.

질문 3) 우리나라와 비교할 때 외국 특히 선진국의 경우는 어떻게 다른가?

선진국의 은행이나 저축은행은 담보를 중시하고 있다. 그러나 독일과 프랑스의 경우, 관계형 대출이 많다. 즉, 지속적인 관계를 이루는 경우가 많다. 서로의 신뢰를 바탕으로 중소기업 대출에 주력할 수 있다.

질문 4) 독일이나 프랑스, 미국 등 선진국들의 경우, 중소기업 활성화를 위해 금융 등을 비롯한 다양한 분야에서 많은 지원을 하고 있다고 한다. 구체적으로 어떤 지원을 하는지 설명해주실 수 있는지? 그리고 이런 지원은 어떤 성과를 내고 있는가?

미국에서 중소기업 정책자금의 지원 목적은 민간에서 자금조달이 용이하지 않은 중소기업에게도 자금을 조달할 수 있도록 해주는 자금의 가용성 확대에 있다. 민간금융기관의 중소기업대출에 보증을 함으로써 자력으로 지원조갈이 불가능한 중소기업이 자금을 조달할 수 있도록 지원한다. 재난대책자금지원 등의 경우에만 직접융자를 시행하고 나머지 경우에는 신용보증지원에 중점을 두고 있다. 또한, 중소기업전문 연방행정기관인 중소기업청이 운영하는 대출보증지원을 특징으로 나타내고 있다.

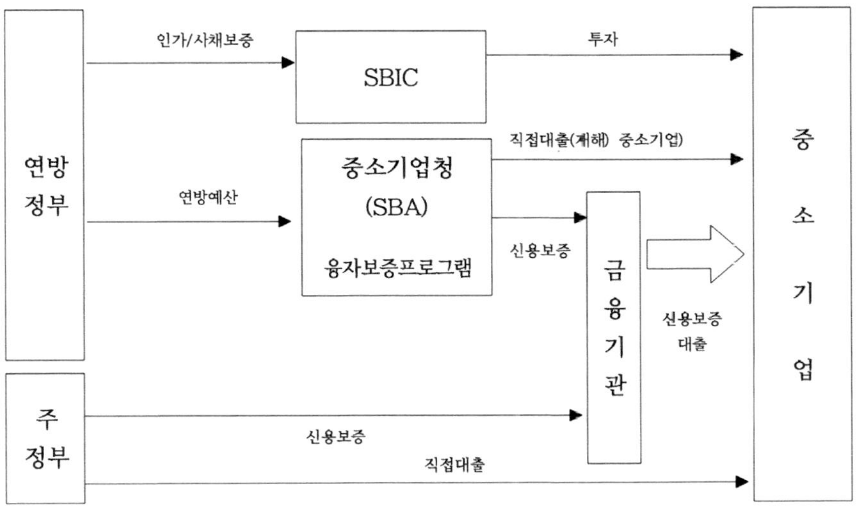

그림 3.10 미국의 중소기업 정책금융 지원체계

독일의 중소기업 정책자금 지원시스템은 Kfw Mittelstandsbank(kreditanstalt fur wiederaufbau 부흥금융공고의 중소기업금융은행)에 의한 간접대출, 연방 및 주정부의 보증은행에 대한 재보증 지원, 주정부의 개별적인 정책자금 지원 등으로 구성된다. 독일의 중소기업 정책자금지원은 KfW의 융자지원(간접대출)과 연방정부와 주정부의 보증은행에 대한 재보증을 통한 신용보증지원이 특징이다. 독일의 중소기업 정책자금 지원 시스템에서는 KfW를 통한 중소기업 정책자금의 간접대출(on-lending)지원이 가장 중심적인 역할을 담당하고 있다. 연방정부 및 주정부가 민간 신용보증회사(동업자연맹 등이 공동 출자하여 설립한 비영리 기관)를 재보증(80% 무상 재보증)하는 방식으로 중소기업에 대한 신용보증지원을 실시하고 있다. 각 주에서는 독자적으로 설립한 투자은행 등을 통하여 직접대출, 간접대출 등 다양한 형태의 지원을 실시하고 있으며, 그 내용은 주별로 큰 차이가 있다.

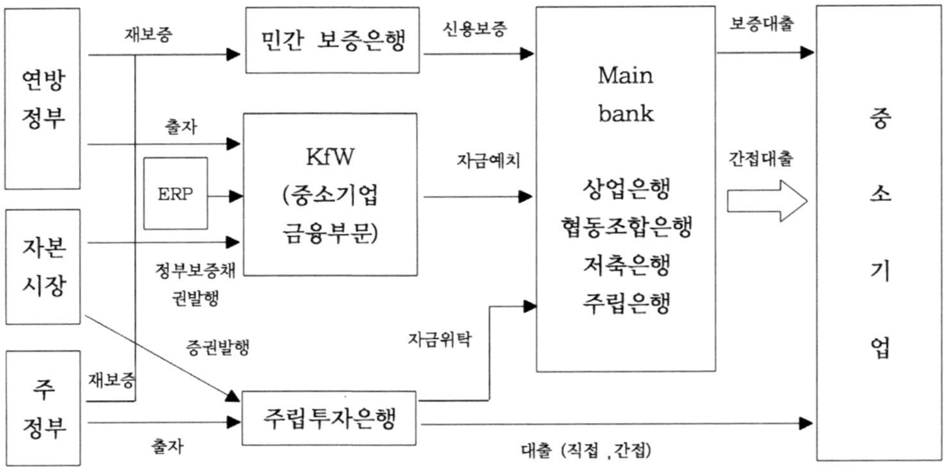

그림 3.11 독일의 정책금융 지원체계

질문 5) 특히 프랑스의 경우, 기업의 각 단계에 따라 각기 다른 지원을 통해 효과적으로 중소기업을 지원한다고 한다. 이런 정책의 장점이라면?

사실, 이 부분은 프랑스뿐만 아니라 독일이나 국내에도 도입되어 있다. 창업기, 성장기, 재도약기 등으로 나누어 질 수 있다. 정부에서도 내년 중소기업의 정책자금이 총 3조원 정도인데, 업력 7년 미만의 창업기에 1조 4000억원, 성장기 기업에 1조 3000억원, 재도약기 기업에 2000억원, 긴급경영지원에 1000억원을 공급할 예정에 있다.

각 단계별로 중소기업에 지원함으로써 기업 순환주기에 맞추어 필요한 곳에 자금을 공급할 수 있다는 장점이 있다. 즉, 초기에는 시설자금이 주로 필요하고, 중기에는 운영자금이 많이 필요할 것이다. 재도약기에 구조조정과 관련된 자금들이 필요한데, 필요한 곳에 자금을 공급하여 기업들이 활성화되게 할 수 있다.

질문 6) 우리나라에서도 최근 기술금융이라는, 기술이 우수한 기업에 금융을 지원하는 제도를 활성화시키려는 움직임이 있다. 이런 제도가 우리나라에 필요하다고 생각하는지? 필요하다면 그 이유는? (혹은 이런 제도가 우리 중소기업을 비롯한 경제 전반에 어떤 도움을 줄 것으로 생각하는지?)

기술신용정보를 이용하여 대출을 유도하는 것은 물적담보가 취약하고 신용평가시스템에서 나오는 신용도가 좋지 않는 중소기업에 대해 적합하다고 할 수 있다. 즉, 이전까지 기업의 과거 자료를 이용하는 신용평가시스템이 중요하였다면, 이제는 지적재산을 포함하는 기업의 미래가치를 반영한 기업가치평가시스템으로 이전하는 것을 의미한다고 할 수 있다. 예를 들어, 중소기업이 좋은 기술을 가지고 있으면서도 담보나 자본의 제약으로 인해 시장성을 잃는 경우가 줄어드는 것을 방지할 수 있다는 의미를 가질 수 있다.

질문 7) 기술금융이 필요하다는 것에 대해서는 많은 전문가들이 동의하시는 것 같다. 그런데 혹시 우려되는 부분은 없을까?

초기인 만큼 시행착오도 있을 것이라고 예상한다. 첫째, 모형을 개발해야 하는 은행의 문제가 존재할 수 있다. 금감원은 은행의 자체 기술신용평가 능력을 제고하기 위해 경영실태평가항목에 기술신용정보 활용정도를 반영하고, 은행 자체 기술신용평가모형을 개발할 경우 내부등급법 승인 등을 통해 외부 기술신용정보 활용을 대체해 나갈 수 있도록 할 예정으로 하고 있다. 그러나 기존의 은행이 가지고 있던 신용평가시스템과 기술신용평가시스템은 완전히 다른 시스템이라는 것을 고려해야 한다. 신용평가시스템은 과거의 재무제표 등을 이용하여 평가하는 시스템이라면 기술신용평가시스템은 현장에서 평가할 수 있는 전문가들이 파견되어 평가되고, 요인별로 점수화되는 평가시스템이다. 즉, 기술이라는 것은 무형이고 재무제표와 같이 과거에 이용하였던 요인이 아니기 때문에 기술을 확인하고 사업성 등의 기업미래를 예측하여야 한다는 문제가 발생한다. 한발 더 나아가면 특허 등을 포함하는 지적재산에 대한 가치를 평가해야 하고, 재무제표에 대한 평가도 따로 해야 하는 문제가 있다.

둘째, 은행 등이 기술정보 활용을 위해 많은 전문가들을 확보하기가 쉽지 않다. 은행의 입장에서 모형을 개발하거나 운영을 하기 위한 전담인력이나 조직이 부족한데, 일정한 자격요건을 갖추면 가능하도록 되어 있다. 그러나 기술평가를 3년 이상을 한 경력자나 전담조직을 은행이 가진다는 것은 비용으로 생각될 수 있을 것이다. 따라서 은행은 기술금융으로 인해 새롭게 시장을 개척한다고 생각하고, 금융당국은 이에 대한 자금공급이나 금리 등의 혜택을 준다면 극복가능할 것으로 보인다.

셋째, 평가 시기의 문제가 있을 수 있다. 시간이 흐르면서 기술금융에 대한 사고율이 증가할 수도 있다. 그러나 기술로 시장을 새로 개척하기 위해서는 사고율이 약간 높아도 이해되는 풍토가 필요하다. 미국의 IT 성장기를 보시면 기술로 제대로 성과를 낸 1개의 회사가 잘 되지 않은 9개의 회사를 먹여 살릴 수 있다. 따라서 너무 단기적인 시각은 지양해야 한다고 본다.

넷째, 정보보안의 문제가 존재한다. 개인의 정보유출과 달리 기술정보의 유출은 상상을 초월한다. 기술로 금융을 하기 때문에 쉽게 정보가 노출될 수 있는 문제를 가질 수 있고, 기술력이 있는 기업들이 기술금융에 소홀해 질 수 있다. 따라서 이에 대한 컨트롤 타워와 정보의 유출입을 모니터링하는 시스템 등이 필요하다.

이외에도 이중 평가에 의한 수수료 인상이나 기술금융 대출금리를 낮추는 문제 등은 정부가 일부분 해결해 줄 수 있다고 생각한다.

질문 8) 많은 전문가들이 기술금융 성공을 위한 선결조건으로 신뢰할만한 기술평가 시스템을 구축하는 것이 중요하다고 꼽는다. 동의하는지? 동의한다면 그 이유는?

가장 중요한 부분은 신뢰할만한 기술평가 시스템 구축이다. 앞에서 언급한 바와 같이 은행이나 기술신용평가기관(TCB)들이 제일 어려워할 수 있는 부분이 기술평가시스템이다. 기술에 대한 형태부터 사업성까지 어떻게 평가하는 지가 상당히 중요할 것으로 보인다. 따라서 이미 존재하는 기술 자료를 활용하는 것도 중요하지만, 이를 어떠한 시스템으로 어떻게 개발하고, 이용하며 사후검증을 하는 것이 중요할 수 있다. 즉, 현재까지의 방법과는 많이 다르게 적용되어야 할 것으로 보인다.

질문 9) 기술평가가 제대로 되기 위해서는 무엇이 가장 중요한가? 외국에서 기술평가 시스템이 특히 잘 운영된다거나 우리가 참고할만한 사례가 있을지?

기술과 평가가 동시에 진행이 되지 않기 때문에 참고할 만한 사항은 없을 것 같다.

질문 10) 우리나라에서 기술보증기금 등을 통해 TCB 라는 기술평가 시스템을 운용하고 있는데, 이에 대해 어떻게 평가하시는지?

현재의 방향은 옳아 보인다. 기존의 신용에 의한 보증방식은 어느 정도 한계에 왔고, 새로운 성장동력이 될 만한 기술이 중요하다. 현재 존재하는 기보, KED, NICE 3개의 TCB는 어느 정도 성숙단계에 이르면 확장될 필요가 있다. 많은 정보가 기보 등에서부터 시작하기 때문에 각 은행들이 개발하는 inhouse 방식보다 정보를 이용한 평가시스템을 운용하는 것이 나을 수 있다. 그러나 시간이 흐르면 민간의 새로운 평가영역이 도입되어야 할 것이다.

질문 11) 우리나라 기술금융의 성공을 위해서는 무엇이 가장 중요할까? 또는 대한민국 기술금융의 성공을 위한 충고나 조언을 한 마디 해주신다면? 혹은 바람을 얘기해주셔도 좋다.

국내의 기술금융의 성공을 위해서 먼저, 조급해 하면 안 될 것 같다. 좋은 기술을 많이 발굴하고, 기술을 기반한 자금을 공급한다는 측면에서 수요자가 이해하는데 오랜 시간이 걸릴 수도 있다. 또한, 사고율에 민감한 것보다 기술금융으로 많이 성장한 기업을 중심으로 봐야 할 것 같다. 따라서 둘 다 시간의 문제이므로 평가기간을 길게 봐야 할 것 같다.

평가모형의 신뢰성도 중요하지만, 인력도 중요하다. 모형도 기술에 대한 이해가 있어야 하고, 경영학적 마인드도 있어야 한다. 따라서 모형을 이해하는 인력을 어떻게 키우는 지가 굉장히 중요한 요소가 될 것이다.

또한, 보안의 문제는 정말 중요하다. 기술이 일부 돈으로 환산되는 것이기 때문에 가격만 알아도 기술이 유출되는 것과 같다. 이는 국부의 유출과 직결될 수 있다.

우리나라 기술금융이 성공하여 기술만 있어도 성공할 수 있는 대한민국이 되었으면 좋겠고, 기술을 평가하는 세계적인 기술평가기관, 기술금융의 성공으로 은행이 새로운 영역을 개척하면 좋겠다.

10

디지털타임스, 2014.07.04. 작성

기술신용정보 제공과 이용이 제대로 되려면

2014년 6월말, 기술신용정보 활용을 위한 금융기관 업무협약식이 개최되었다. 금융위원회, 금융감독원, 전국은행연합회, 18개 은행, 정책금융공사 및 기술보증기금이 참여하여 은행이 기술보증기금의 보증을 받은 기업에 대출을 하거나 정책금융공사의 온렌딩(간접대출)을 이용할 경우 기술신용정보를 활용하기 위하여 협약을 하였다.

금융위원회는 6월말 현재, 기술신용정보 제공기관(TCB)로 기술보증기금과 한국기업데이터(KED)를 지정하였으며 7월 1일부터 은행이 기술보증기금의 보증부 대출과 정책금융공사의 온렌딩 사용 시에 기술신용정보 활용을 의무화하고 있다. 2015년부터는 신용보증기금의 보증부 대출에 활용하고, 시중은행은 경영실태 평가항목에 기술신용정보 활용정도를 반영하고 은행이 자체적으로 기술신용평가모형 개발을 유도하도록 하고 있다. 또한, 향후 일정 인력조건이 충족되는 경우, 민간 신용조회회사(CB)들을 추가적으로 TCB로 지정할 예정이다.

이러한 기술신용정보를 이용하여 대출을 유도하는 것은 물적담보가 취약하고 신용평가시스템에서 나오는 신용도가 좋지 않는 중소기업에 대해 적합하다고 할 수 있다. 즉, 이전까지 기업의 과거 자료를 이용하는 신용평가시스템이 중요하였다면, 이제는 지적재산을 포함하는 기업의 미래가치를 반영한 기업가치평가시스템으로 이전하는 것을 의미한다고 할 수 있다. 예를 들어, 중소기업이 좋은 기술을 가지고 있으면서도 자본의 제약으로 인해 시장성을 잃는 경우가 줄어드는 것을 방지할 수 있다는 의미를 가질 수 있다. 그러나 여전히 해결해야 하는 문제는 존재한다.

먼저, 추가적 TCB 지정의 문제가 존재한다. 현재 계획에 따르면, 기술거래사, 변리사, 기술사, 3년이상 연구소 근무 연구원 또는 3년이상 기술평가업무에 종사한 경력자 등 전문가 10명 이상을 보유한 신용조회회사는 올해 하반기부터 TCB 업무를 개시할 수 있다. 2013년 12월말 현재, 신용조회회사는 한국기업데이터, 코리아크레딧뷰로, 이크레더블, 서울신용평가정보, 나이스평가정보, 나이스디앤비 등의 6개사로 나타난다. 이러한 신용조회회사들 중에서 세계적인 기술신용정보회사가 나오는 것은 상당히 어려워 보인다. 왜냐하면 대부분의 자본금은 100억원 이하가 3개 업체, 100억원 초과가 3개 업체이기 때문이다. 또한, 주요주주 지분율을 살펴보면 나이스디앤비와 나이스평가정보는 나이스홀딩스가 많은 비중을 차지하고, 이크레더블과 코리아크레딧뷰로도 한국기업평가와 주요 은행들이 많은 지분을 차지하고 있다. 한국기업데이터는 신용보증기금, 기술보증기금, 은행들이 주요지분을 가지고 있다. 즉, 실제로 신용조회회사가 많은 것처럼 보이지만 대부분은 은행이 지분을 많이 가지고 있거나 자회사로 모회사가 거의 같은 경우이다. 따라서 실제로 1개의 기업을 제외한 나머지 기업은 은행과 연결되어 있다는 사실을 부정할 수 없다. 따라서 금융당국은 신용평가기관에서의 Moody's, S&P, Fitch와 같이 세계적인 기술신용정보기관을 만들기 위해서는 기술금융에 특화된 새로운 신용조회회사를 기존의 은행을 배제하고 검토해야 한다.

둘째, 수수료의 문제가 존재할 수 있다. 금융당국은 TCB 평가수수료는 은행과 기술신용정보 제공기관(TCB)이 자율적으로 결정할 문제라고 밝히고 있다. 또한, 기술보증기금, 한국기업데이터 등 기술신용정보 제공기관(TCB)과 은행은 TCB 평가수수료에 대해 잠정적으로 합의한 상황으로 밝히고 있다. 사실, 주요주주 현황을 보면 합의하기는 어렵지 않다. 그러나 기술정보가 두 번 이상 평가될 수 있는 현실에서 전체적인 수수료는 올라갈 수 밖에 없다. 즉, 중소기업들이 기술평가를 받고, 은행을 찾을 경우에 이전보다 수수료는 올라갈 수 밖에 없다. 금융당국은 이에 대한 대안으로 온렌딩 한도 및 금리 우대(정금공), 보증용 기술평가료 경감(기보) 등을 내세우고 있으나 은행 입장에서는 비용만 증가할 뿐이다. 중소기업들이 잘 이용하지 않는 총액한도대출 등을 확장해봐야 올라가는 비용을 낮출 수 없다. 따라서 이러한 기술정보에 대한 인센티브를 참여

주체에게 제대로 제공하여 기술정보가 보다 제대로 활용되어야 한다.

셋째, 기술정보에도 정보보안의 문제가 존재한다. 개인정보보다 기술정보의 유출에 대한 파급효과는 상상을 초월한다. 물론, TDB에서 1차 평가가 있고 그 정보가 TCB로 넘어온다고 하더라도 정보보안의 문제는 항상 존재한다. 기술거래소가 활성화되지 못한 가장 큰 이유는 정보보안과 연관된다. 기술에 대한 수요와 공급 원칙에 따라 사고 팔더라도, 그 과정에서 기술정보에 대한 유출확률은 상당히 높아진다. 만일, TCB가 활성화되고 은행에서 기술정보를 취급하게 되면 기술은 일부 가격이 매겨지게 되고, 기술정보가 유출될 확률은 상당히 높아지게 된다. 이러한 부분들은 대부분 국부유출로 바로 이어지게 된다. 이러한 부분에서 기업의 정보보호 시스템을 변화시켜야 한다. 즉, 금융지주사나 TCB관련 기업들이 계열사를 통제하는 컨트롤 타워를 가지고 있어야 한다. 또한, 계열사는 계열사 자체의 컨트롤 타워를 가지고 정보의 조회나 유출입을 모니터링하는 시스템이 필요하다. 그렇다고 해서 인력을 통제하는 것이 아니라 데이터에 대해 실시간 통제를 할 필요가 있다. 여기에 정부도 기술정보에 대한 컨트롤 타워를 따로 가지고 모니터링 하여 사전적으로 예방할 필요가 있다. 따라서 기술정보에 대한 정보보안의 문제를 제도와 컨트롤 타워 측면에서 확실히 보완할 필요가 있다.

넷째, 모형을 개발해야 하는 은행의 문제가 존재할 수 있다. 금감원은 은행의 자체 기술신용평가 능력을 제고하기 위해 경영실태평가항목에 기술신용정보 활용정도를 반영하고, 은행 자체 기술신용평가모형을 개발할 경우 내부등급법 승인 등을 통해 외부 기술신용정보 활용을 대체해 나갈 수 있도록 할 예정으로 하고 있다. 그러나 기존의 은행이 가지고 있던 신용평가시스템과 기술신용평가시스템은 완전히 다른 시스템이라는 것을 염두해 두어야 한다. 신용평가시스템은 과거의 재무제표 등을 이용하여 평가하는 시스템이라면 기술신용평가시스템은 현장에서 평가할 수 있는 전문가들이 파견되어 평가되고, 요인별로 점수화되는 평가시스템이다. 즉, 기술이라는 것은 무형이고 재무제표와 같이 과거에 이용하였던 요인이 아니기 때문에 기술을 확인하고 사업성 등의 기업미래를 예측하여야 한다는 문제가 생긴다. 한발 더 나아가면 특허 등을 포함하는 지적재산에 대한 가치를 평가해야 하고, 재무제표에 대한 평가도 따로 해야 하는 문제가 있다. 은행 등이 기술정보 활용을 위해 많은 전문가들을 확보하기가 쉽지 않다. 따라서 기존의 평가방법을 개선하고 새로운 모형을 개발할 전담 전문가들을 충분히 확보할 필요가 있다.

7월 1일부터 시행되는 이번 기술금융은 창조경제에 매우 중요한 역할을 할 수 있다. 기술이라는 용어와 금융이라는 용어를 한꺼번에 응용하는 것은 쉽지 않다. 그러나 문제점을 하나씩 해결해 나가면 중소기업들에게 도움이 될 뿐만 아니라 국민경제에도 큰 파급효과를 발생시킬 것으로 보인다.

11

디지털타임스, 2013.08.16. 작성

시장참여자 측면에서 본 정책금융 체계 개편방안

정부가 올해 4월말부터 정책금융역할 재정립 TF 1차 회의를 시작으로 8월말까지 최종안을 확정지을 것으로 알려져 있다. 개편안은 정책금융 기관의 중복을 해소하고 효율성을 찾을 것이라는 목적을 가지고 시작되었다. 대내금융에서는 산업은행과 정책금융공사의 재통합을 추진하거나 정책금융공사의 대내업무와 대외업무를 분리해 산업은행과 수출입은행이 나누어 흡수하는 방향이나 총괄 조정기구를 두어 각 기관의 고유 기능을 유지하는 것으로 보인다. 또한, 신용보증기금과 기술보증기금의 통합 문제도 거론되고 있는 것으로 보인다.

먼저, 정책금융은 공급자 중심의 시장이다. 정보의 비대칭성으로 인해 시장실패가 발생하는 시장이나 영역에서는 정부가 먼저 시장을 조성하는 것이 일반적이다. 정책금융은 저렴한 금융비용은 물론 담보문제를 해결하고 장기가용자금을 증대시키는 등 직접적인 측면에서 긍정적인 기업금융지원 역할을 해 온 것으로 평가되고 있다. 이러한 점에도 불구하고 효율성 측면에서 보면 중복지원의 문제가 발생할 수 있으며 정책금융 체계 변화의 시발점이 된 것으로 보인다. 그러나 최근의 안들을 시장참여자 측면에서 바라볼 필요가 있다.

첫째, 시장참여자 중의 정부의 입장을 살펴보자. 시장의 실패가 예상되는 곳에 정부가 개입함으로써 자원배분의 효율성을 제고시키고 사회적 편익을 증가시킬 수 있다. 즉, 중소기업에 대한 지원으로 경제 전체의 고용이 증가하고 경제성장률이 높아지게 된다.

그러나 정책금융은 정부의 예산이 일부 소요된다는 단점이 있으나 경기침체기에 폭을 완화할 수 있는 사회적 편익이 존재한다. 물론, 지원을 받지 못하게 되면 도산할 중소기업들을 지원하게 되어 시장원리를 위배하는 측면이 있으나 기업의 생존, 실업 발생의 방지 또는 고용의 창출, 매출의 증가, 소비 증가 등 선순환적인 측면도 있다.

둘째, 자금공급기관인 정책금융기관에 대해 살펴보자. 체계개편의 시발점은 기업에 대한 중복성과 효율성이다. 효율성은 앞에서 언급한 바와 같이 시장실패 때문에 정부가 참여하여 자원을 재배분하면 된다. 그렇다면 자금공급기관의 중복성 완화를 위하여 일원화시키면 중복성이 사라질까? 중복성은 정보의 비대칭에 의해 발생되고, 오히려 독점의 문제가 발생할 수 있으며 정책금융기관 각각의 순수한 역할이 사라질 수도 있다. 보증, 보험, 융자라는 큰 틀에서 일부 조정대상이 되는 사업은 서로 협약이나 이관을 통하여 해결할 수 있는 문제이다.

가장 큰 문제 중의 하나는 산업은행과 정책금융공사의 통합과 수출입은행과 무역보험공사의 업무 이관이다. 정책금융공사는 독립한 지 4년밖에 되지 않은 신생 정책금융기관이다. 정책금융공사는 분리 이후에 산업은행의 대기업 직접대출 위주의 정책을 조금씩 벗어나고 있다. 4년 동안 중소·중견기업에 대한 여신이 약 50배 가까이 늘었다. 따라서 대기업 직접대출 위주의 정책금융을 담당하는 산은과 통합 시 중소기업 지원역량이 감소하여 순수 정책금융의 의미가 퇴색될 수 있다. 또한, 정책금융공사의 온렌딩은 중진공, 신보, 기보와 중복이 될 수 있으나 기업의 특성이 다른 상황에서 자금조달이 필요한 기업 입장에서는 통합으로 인해 다양한 방법으로 통해 유리한 조건으로 자금을 조달하기 어려워지게 된다. 혹시 발생할 수 있는 일부 중복지원을 방지하기 위해 보증기관, 정책융자기관 등 정책금융지원들 간에 지원기업의 지원여부 등 기본적인 정보들을 공유하는 시스템을 마련하는 것이 중요해 보인다. 따라서 산업은행으로 재흡수되는 것보다 정책금융공사의 일부 남아있는 대기업 업무를 축소하면서 순수 정책금융기관으로 변화하는 것이 옳아 보인다. 이러한 맥락에서 무역보험공사의 업무와 수출입은행의 업무도 비슷한 방법으로 해결될 수 있다.

신보와 기보의 통합도 거론되고 있는 것으로 보인다. 보증은 정책자금대출, 시중은행대출 다음에 이용하는 정책금융 지원으로서 다른 정책금융 지원이나 시장과의 마찰 없이 잘 운용되고 있는 것으로 보인다. 그러나 신용보증기관의 경우 신보와 기보간의 약간의 중복보증의 문제가 있을 수 있으나 양 기관이 차별화 및 특화 등으로 중복보증 감소가 나타나고 있으며 다른 정책금융기관이나 시장과의 마찰은 나타나지 않는다. 정책기능상으로 볼 때도 금융정책적 측면에 중점을 두고 있어 산업 또는 기업 정책적 측면에 중점을 두는 정책융자기관이나 정책보험기관과는 마찰은 없다. 따라서 신보와 기보가 정책 수행이나 목적에 맞게 움직이고 있으므로 통합 이슈는 없어지는 것이 옳아 보인다.

마지막으로 기업은 정책금융의 수요자이다. 기업은 다양한 방식으로 자금을 조달하여 기업은 성장단계별로 운영할 수 있다. 특히, 중소기업이나 중견기업에게 정책금융은 상당히 중요하다. 성장초기에는 기술을 개발하는 등에 대한 자금조달은 필수적인데, 시장의 실패가 존재하는 경우에 기술 등도 사장된다. 그러나 정책금융으로 인해 기술이 살아나고 기업규모가 확대되는 등 역동적인 국가경제의 밑거름이 되는 것이다. 따라서 이러한 수요자 입장에서는 다양한 선택을 통해 기업을 살리는 것이 상당히 중요하며 국가경제도 큰 영향을 미칠 수 있다.

효율성 측면인 중복의 입장에서만 바라보면 하나의 기관이 모든 정책금융을 총괄하는 것이 옳다. 그러나 이러한 독점과 같은 상황에서 지불해야 하는 사회적 비용은 상당히 크다. 따라서 시장측면에서 보면 어느 정도 중복성을 인정하면서 정보 공유 등의 시스템을 통해 중복성을 최소화하는 것이 나을 수도 있다.

아직 최종안이 나오기 전까지 시한은 남아있다. 정부는 당장 통합 등의 가시적 성과를 내려고 하기 보다는 다양한 방식으로 시장을 살펴보고 시장참여자에게 청취하여 정책금융 체계의 발전 안이 나오기를 바란다.

TIP | 우리나라 중소기업 정책금융 지원체계 구조

중소기업 정책금융 지원제도는 중소기업의 가용자금 공급을 확대하기 위한 제도와 중소기업의 담보력 및 신용도를 보완하기 위한 제도, 재정자금에 의한 중소기업 지원제도로 운영되어 오고 있다. 대표적인 중소기업 가용자금 공급 확대 제도로 중소기업대출의무제도와 한국은행의 금융중개지원대출(총액한도대출제도) 등이 있다.

중소기업의 취약한 담보력 및 신용도를 보완하는 제도로서는 신용보증제도가 있다. 그 밖에 중앙정부와 지방정부의 정책자금 및 육성지원자금이 있으며, 재정자금에 의한 중소기업 지원은 중소벤처기업부를 비롯한 중앙부처에 의해 실시되어 오고 있다. 또한, 벤처기업과 같이 위험이 높은 기업의 경우 직접투자에 따른 자금조달이 바람직하나 현실적으로 쉽지않다. 이러한 문제를 해소하기 위해 정부는 모태펀드를 조성하여 기술혁신형 중소기업의 위험분담을 통해 직접투자를 유도하고 있다.

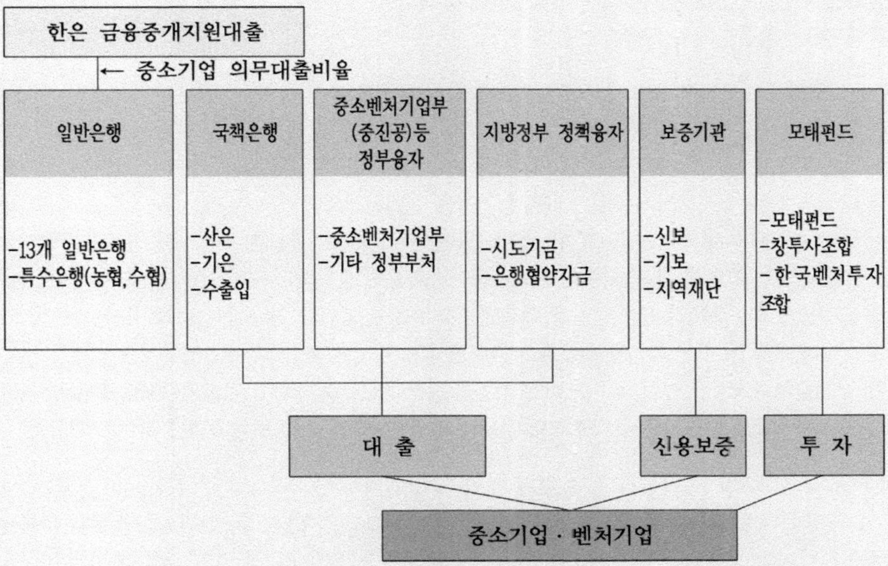

그림 3.12 중소기업 정책금융 지원체계

금융중개지원대출(총액한도대출)제도는 은행이 한국은행으로부터 차입할 수 있는 총한도(총액한도)를 미리 정하는 방식으로 자동 재할인 제도가 아니라는 점에 큰 의의가 있다. 즉, 예전에 한국은행이 수동적 위치에서 자금을 공급하였다면 총액한도대출제도 하에서는 주도적 입장에서 대출규모와 대상을 결정할 수 있게 되었다. 자금조정대출 및 자금조정예금은 한국은행 기준금리 상하 일정폭의 금리 수준에서 한국은행으로부터 부족자금을 차입(자금조정대출)하거나 여유자금을 예치(자금조정예금)할 수 있게 함으로써 단기시장금리의 변동폭을 제한한다.

중소기업 의무대출비율제도는 1965년 4월부터 현재까지 운용해오고 있으며, 각 금융기관이 원화금융자금 대출금 증가액을 기준으로 일정비율을 중소기업에게 대출해 주도록 규정하는 제도이다. 시중은행의 경우 중소기업의무대출비율이 1965년 30%에서 1980년 35%, 1992년 이후 현재까지 45%로 규정해 오고 있다. 지방은행의 경우는 중소기업의무대출비율이 1965년 30%, 1976년 40%, 1980년 55%, 1986년 80%, 1994년 70%, 1997년 이후 현재까지 60%로 규정해 오고 있다. 외국은행 지점의 경우는 중소기업의무대출비율이 1985년 25%, 1986년 이후 현재까지 35%로 규정해 오고 있다. 아울러 한국은행은 이러한 중소기업대출 의무비율제도가 실질적인 효과를 거둘 수 있도록 의무비율 미달은행에 대해서는 미달액의 100% 해당액을 1개월간 한국은행 총액대출한도에서 차감하고 있다.

신용보증제도는 기업의 필요자금 조달의 원활화를 목적으로 신용거래에 따른 위험부담을 경감시켜 주기 위해 물적 담보력이 부족한 기업에 대해 '공적 기관'이 그 채무의 이행을 보증해 주는 제도이다. 동 제도는 1976년 신용보증기금 설립과 함께 본격적으로 시작되었으며, 1989년 신기술에 대한 투자를 활성화하기 위해 기술보증기금을 설립하였으며, 1996년에는 지역중소기업에 대한 보증 지원을 위해 지역신용보증재단을 설립하면서 중소기업에 대한 신용보증 내용이 다양화·전문화되었다. 국내 신용보증기관은 신용보증기금, 기술보증기금, 지역신용보증재단 등 3원 체제로 되어 있으며, 각각 상이한 법령과 목적에 근거하여 운영되고 있다. 신용보증기금은 창업초기기업, 수출기업 등 혁신 기업을 위주로 지원하고 있으며, 신용보험 및 SOC 신용보증 업무도 운영한다. 기술보증기금은 벤처 및 이노비즈 기업을 중점적으로 지원하고 기술평가보증 등을 실시하고 있다. 지역신용보증재단은 지역소재 영세중소기업에 대한 소액 보증지원을 위주로 지원한다.

정책융자 지원제도는 다음과 같다. 정부는 보증지원 외에 중소기업의 경쟁력 강화 등을 위해 1980년대부터 재정자금을 이용하여 중소기업을 직접적으로 지원해 오고 있다. 중소기업 정책자금은 사업성과 기술성이 있는 중소기업 육성을 통해 고용 및 부가가치 창출, 국민경제 성장이라는 정책적 목적을 수행하는 자금이다. 정책자금은 안정적인 자금 공급 및 기술성 사업성 위주의 지원 원칙에 따라 시장실패를 보완하는 역할을 수행함으로써 중소기업 경쟁력 제고에 기여한다. 2007년 이후에도 중소벤처기업부 외에 여러 부처에서 중소기업 지원정책 관련 예산을 편성하고 있으며, 여러 부처에서 예산을 지원하고 있는 것으로 나타나고 있다.

표 3.10 우리나라 신용보증 기관 현황

	신용보증기금	기술보증기금	지역신용보증재단
설립연도	1976년 6월	1989년 4월	경기, 경남, 광주, 대구(1996) 대전, 부산, 인천(1997), 충남(1998), 충북, 강원, 서울, 경북(1999), 울산 (2000), 전남(2001) 전북(2002), 제주(2003) 신용보증재단중앙회(2000)
설립법	– 1974년 12월 '신용보증기금법' 을 제정 – 신용보증기금법에 의한 특수 법인	– 1986년 12월 '신기술사업금융지원에 관한 법률'제정으로 기술보증기금 설치 근거 – 기술신용보증기금법에 의한 특수법인	– 1996년 9월 '지역신용보증재단법'에 의해 설치 – 지역신용재단법에 의한 특수 법인(16개)
설립목적	담보능력이 미약한 기업, 특히 중소기업의 채무를 보증하여 자금융통을 원활히 하고, 신용정보의 효율적인 관리·운용을 통하여 건전한 신용질서를 확립함으로써 중소기업의 성장과 균형있는 국민경제 발전에 기여함	기술보증제도를 정착·발전시켜 신기술사업자에 대한 원활한 자금공급을 도모하고 기술혁신기업의 육성을 통한 차세대 성장동력 창출로 국민경제 발전에 기여함	담보력이 부족한 지역 내 소기업·소상공인등의 채무를 보증하게 함으로써 자금융통을 원활하게 함과 아울러 지역경제 활성화에 기여함을 목적으로 설립됨
주요업무	신용보증, 부실·구상채권 관리업무, SOC 신용보증, 신용조사, 신용보험, 기업경영지원 등	기술보증, 부실·구상채권 관리업무, 기술평가, 기술·경영지도, 신용조사와 정보관리	신용보증, 부실·구상채권 관리 업무, 신용조사와 정보관리
기금조성 (출연금)	정부, 금융기관	정부, 금융기관	정부, 지방자치단체, 금융기관
감독기관	금융위원회	중소벤처기업부	중소벤처기업부
법정운용배수	20배		15배
재보증	없음		재단중앙회 50%

지방자치단체의 중소기업 정책자금을 살펴보면 지자체들은 지방중소기업육성기금 재원을 조성하여 은행을 통한 대출 방식과 협력은행의 자체자금으로 대출하되 이자를 보전하는 방식으로 지원하고 있다.

2015년 1월 1일 한국산업은행으로 흡수된 정책금융공사의 설립을 통해서도 중소기업 금융지원 확대를 추진하였다. 한국은행 총액한도대출, 신용보증기관의 신용보증, 중진공 정책 자금 등과의 시너지 효과를 극대화하기 위해 정책금융공사 설립하였다. 정책금융공사는 전대제도(온랜딩), 신용위험분담, 간접투자제도 등을 통해 중소기업 지원한다. 전대제도는 일정 신용등급에 해당하는 중소기업에 대하여 자금을 지원하는 간접대출(On-Lending)이다. 신용위험분담제도는 신용도가 다소 낮은 중소기업의 자금조달을 지원하기 위해 간접대출금(On-Lending)의 일부분을 중개금융기관(은행 등)과 함께 리스크를 분담하는 방식이다.

정부는 모태펀드를 통해 중소벤처기업을 지원하고 있다. 모태펀드는 개별 기업에 투자하지 않고 중소, 벤처기업에 대한 투자를 목적으로 결성되는 각종 벤처투자조합이나 창업투자조합 등에 투자하는 펀드에 투자하는 펀드(Fund of Fund)를 말한다. 기술혁신과 고용창출의 원천인 중소기업 및 벤처기업에 대한 투자확대를 위해 중소기업투자모태펀드를 조성할 수 있다. 우리나라의 경우 벤처투자를 목적으로 한국모태펀드(Korea Fund of Funds)가 2005년 4월 「벤처기업 육성에 관한 특별법」에 근거해 만들어 졌다.

서울신문, 2018.03.29. 작성

12

금융분야 데이터 활용 정책, 시의 적절하다

최근 정부는 금융분야 데이터 활용에 대한 방안을 내놓았다. 기본 원칙으로 금융분야를 빅데이터 테스트베드로 우선 추진하고, 법·제도·산업·인프라 측면에서 종합적인 대응방안 마련하며, 정보주체의 권리를 내실있게 보호하여 국민신뢰를 제고한다는 것이다. 이에 따른 3대 추진전략 및 10대 추진과제를 내놓았다.

이러한 방안은 금융정보를 기반으로 하는 기업이나 정보를 다루어야 하는 기업에게 매우 반가운 뉴스라고 할 수 있다. 특히, 4차 산업혁명에서 중요한 부분이 인공지능이나 사물인터넷 등인데, 이러한 기술들의 기반이 빅데이터이기 때문이다. 따라서 금융 산업에만 한정하여 보면 데이터에 기반으로 한 대표적인 핀테크 기업이나 송금, 결제, 자산관리, 투자, 보안, 데이터분석 관련업무나 컨설팅 기업들도 이러한 데이터를 활용할 수 있게 된다. 현재 신용카드업이나 보험업 등 일부 업권에서 빅데이터 센터 등을 두고, 마케팅이나 보험사기 적발 등에 빅데이터 분석하거나 이용을 제한적으로 하고 있다. 또한, 데이터를 기반으로 금융시장에 진입하려는 핀테크 업체도 해외에 비해 많지 않은 상황이다.

금융정보를 이용하면 많은 장점이 있다. 경제주체별로 보면, 소비자에 대한 후생은 증가한다. 예를 들어, 금융거래 정보가 적거나 거의 없는 소비자들은 처음 금융시장을 이용하는데 제약이 존재한다. 그런데 금융정보를 이용하면 이들이 금융시장으로 새로 유입되는 효과가 있다. 즉, 금융에 대한 정보가 없는 상황에서 금융에 대한 정보가 생김에 따라 새로운 이용자가 생길 수 있다는 점이다. 여기에 전통적인 금융정보인 부정적 정보뿐만 아니라 비전통적 정보인 전기, 가스, 통신, 사회보험료 등은 금융시장에 더해져 도움을 줄 수도 있다. 금융시장을 테스트 베드로 다른 분야의 자료까지 활용한다면 보다 좋은 시장을 창출할 수 있다. 또한, 이러한 정보를 바탕으로 기업 입장에서는 데이터를 활용하여 새로운 사업을 할 수 있으며, 새로운 상품 개발, 리스크관리, 마케팅 등 다양한 영역에서 활용될 수 있어, 기업의 후생도 증가할 수 있다.

그렇다면 왜 금융분야 데이터가 4차 산업혁명 시대에 이용되지 못했을까? 그 이유는 매해 반복되는 개인정보 유출 때문이다. 개인정보 유출은 금융뿐만 아니라 여러 산업에서 여전히 진행형에 있고, 여전히 개인정보 유출이 발생할 확률이 높다. 특히, 2014년 대규모의 개인정보 유출이 발생하면서 법이나 제도 등이 매우 강하게 바뀌었다. 또한, 현재의 비식별 조치(익명처리나 가명처리) 때문에 CB사나 일부 금융기관만 제한적으로 정보를 이용하고 있었다. 왜냐하면 비식별 조치를 하더라도 몇 기관의 정보를 붙이면 식별이 가능할 수도 있기 때문이다. 법이나 규제가 완화되어 금융 빅데이터를 이용할 수 있더라도 비식별 조치는 계속 진행될 필요가 있다. 사전에 금융권을 이용할 때, 모든 개인정보 이용 및 활용 동의서에 서명을 해야 하고, 서명을 하지 않을 경우에 금융을 이용할 수 없는 부분도 수정될 필요가 있다. 즉, 반드시 필요한 부분에 서명을 하고 나머지는 옵션으로 남겨두면 된다. 즉, 개인의 정보가 어디까지 가 있는 지에 대해 모르는 상황에서 개별 기업을 모두 감독하는 것이 쉽지 않다. 이러한 경우 사전적으로 활용 목적이나 기관별로 나누어 옵션으로 남겨두면 문제를 해결할 수 있다.

개인정보 유출에 대한 사후처리는 여전히 유지될 필요가 있다. 현재와 같이 각종 규제에 대한 정상적인 가이드라인 등을 통해 면죄부를 주는 경우, 기업들은 가이드라인만 지키려고 하고 보안이나 새로운 시스템 개발을 시도하지 않게 된다. 미국의 경우 사전 규제의 수가 많지 않지만, 보안사고 등이 발생하면 매우 강한 책임을 묻고 소송을 통해 개인정보 유출 회사가 도산할 수도 있다.

이러한 정책이 금융에서 시작되었다는 것은 큰 의미가 있다고 볼 수 있다. 여전히 많은 자료들이 정부나 공공기관에 있는 경우가 많다. 민간영역에서도 데이터를 수집하고 활용할 수 있으나, 여전히 많은 정보가 정부나 공공기관이 가지고 있는 경우가 많다. 제공되지 말아야 할 정보를 제외하고 제공하는 정보는 비식별화하여 정부나 공공기관이 민간에 데이터를 제공하는 방안도 필요해 보인다.

TIP | 금융분야 데이터

데이터는 지능정보 사회에서 혁신성장을 견인하는 핵심 자원이 될 것이다. 사람과 사물이 다각적으로 이어지는 초연결 사회가 도래함에 따라 데이터 주도 경제(Data-driven economy)로 전환이 가속화되고 있다. 구글, 아마존, 애플, 페이스북, 마이크로소프트, 텐센트, 알리바바 등 전세계 시가총액 상위 10개 기업 중 7곳이 데이터 플랫폼 관련 기업이 포진해 있다. 특히, 대량의 데이터에서 유의미한 정보를 도출하는 빅데이터는 인공지능·사물인터넷 등과 함께 4차 산업혁명의 핵심기술이다.

한편, 데이터 주도 경제는 누구나 기회를 갖고 자유로이 경쟁할 수 있도록 하여, 보다 공정한 시장경제로 나아갈 수 있는 기반이 된다. 데이터에 대한 공정한 접근과 다양한 활용을 보장함으로써 사회 전 분야에 걸쳐 존재하는 차별적 관행의 완화도 가능하다.

데이터 수집·분석 등에 특화된 데이터 산업이 성장함에 따라, 다양한 정보수요에 대응함과 동시에 양질의 일자리도 창출될 수 있다. 예를 들어, 데이터의 생산·유통 및 수집·분석·이용 서비스를 전문적으로 제공하는 산업으로, 데이터 제공·거래업체, 솔루션 업체, 컨설팅 업체 등이다.

TIP | 데이터 산업 현황

데이터는 4차 산업혁명에서 중심이 되고 있으며, 응용 분야에서 새로운 가치를 창출하고 있어 시장규모는 점차 확대 중에 있다. 2017년 기준 세계 데이터 시장규모(IDC, 2017년 3월 기준 예측)에 따르면, 세계 데이터 시장은 2017년 1,508억 달러(12.4%증가)에서 2020년 2,100억 달러로 연평균 성장률은 11.9%로 예측되고 있다. 2017년에 가장 큰 데이터 산업은 은행, 이산형 제조업, 프로세스 제조업, 연방/지방 정부, 전문서비스업이다. 이러한 2017년 상위 5개 산업의 수익은 724억 달러로 예측되며, 2020년까지 1,015억 달러가 투자될 것으로 예측되고 있다.

데이터 산업에서 은행은 연평균 성장률 13.3%로 가장 빠르게 커지고 있으며 건강, 보험, 주식 및 투자 서비스, 통신 등은 연평균 12.8%의 성장률을 나타낼 것으로 예측되고 있다.

2018년 기준 세계 데이터 시장규모(IDC, 2018년 8월 기준 예측)는 2017년 1,660억 달러(11.7% 증가)에서 2022년 2,600억 달러로 연평균 성장률은 11.9%로 예측되고 있다. 2017년에 가장 큰 데이터 산업은 은행, 이산형 제조업, 프로세스 제조업, 연방/지방 정부, 전문서비스업으로, 2017년 상위 5개 산업의 수익은 810억 달러이며, 2022년까지 1,290억 달러가 투자될 것으로 예측되고 있다. 이 중 소매업(연평균 성장률 13.5%), 은행업(연평균 성장률 13.2%), 전문서비스업(12.9%)의 성장률은 매우 높게 나타난다. 서비스 관련 업종의 수익의 연평균 성장률은 13.2%이고 소프트웨어 투자는 2022년까지 900억 달러 이상이 될 것으로 보인다. 가장 빠른 성장률을 보이는 분야로 인지/AI 소프트웨어 플랫폼은 2022년까지 연평균 36.5%, 비관계형 분석 데이터 스토어는 연평균 30.3%가 될 것으로 보인다.

그러나 해외의 데이터산업 시장은 정의와 범위에 따라 다양하게 규모가 나타난다. IDC&The Lison Council(2018)은 데이터 시장의 범위를 '데이터를 가공하여 제품 및 서비스로 재생산되는 디지털 데이터 시장으로 정의되고 있다.

국가별 데이터 산업의 규모측면에서 미국이 가장 크며, 연평균 성장률도 유럽과 더불어 가장 빠르게 증가하고 있다. 데이터 시장규모는 데이터 관련 기업의 매출을 기반으로 산출되며, 데이터 기업의 매출액은 데이터 관련 제품의 총가치와 같고, 각 국가의 데이터에 대한 총가치는 자국 내 기업이 생산한 서비스의 매출을 기반으로 하고 있다.

미국의 경우, 2014년 1,210억 달러에서 2017년 1,695억 달러로 연평균 성장률 11.9%로 빠르게 성장하고 있다. 특징으로는 대기업 중심의 성장을 보이고 있으며, 다양하지 못한 분야에서 성장을 보이지 못하고 있는 한계점이 존재한다. 2014년 ICT 투자 대비 데이터 기업의 수익률은 10.0% 정도를 나타내고 있다. EU의 경우, 2014년 592억 달러에서 2017년 757억 달러로 연평균 성장률 8.5%로 빠르게 성장하고 있다. 중소기업과 벤처기업이 주도하고 있으며, 공공데이터 개방 정책으로 민간데이터보다 공공데이터가 높은 비중을 차지한다. 2014년 ICT 투자 대비 데이터 기업의 수익률은 8.7%를 나타낸다. 일본의 경우, 2014년 259억 달러에서 2017년 323억 달러로 연평균

성장률 7.6%로 성장하고 있고 2014년 ICT 투자 대비 데이터 기업의 수익률은 24.0%를 나타내고 있다. 브라질의 경우, 2014년 62억 달러에서 2017년 73억 달러로 연평균 성장률 5.6%로 성장하고 있으며 2014년 ICT 투자 대비 데이터 기업의 수익률은 4.0% 정도이며, 브라질 데이터산업은 빠르게 증가하며 프랑스, 이탈리아와 경쟁할 수 있는 수준이다.

표 3.11 2014~2017년 주요국 데이터산업 규모 단위: 억달러, %

	2014	2015	2016	2017	CAGR (2014~2017)
미국	1,210	1,345	1,504	1,695	11.9
EU	592	633	696	757	8.5
일본	259	280	297	323	7.6
브라질	62	61	70	73	5.6

자료: IDC&The Lisbon Council(2018), 재산출

주요국 데이터기업을 보면 미국, EU, 일본, 브라질 순으로 나타나고 있다. 여기서 데이터기업의 정의는 데이터 공급, 데이터 생산·유통·활용하는 기업을 말한다. 미국의 데이터기업은 2014년 277,821개에서 2017년 302,810개로 증가하였으며 EU는 2014년 243,600개에서 276,450개로 증가하였고, 일본은 2014년 95,919개에서 2017년 104,664개, 브라질은 2014년 34,840개에서 36,387개로 증가하였다. 또한, 이러한 데이터 기업 수의 증가는 고용 등 직·간접적으로 경제에 영향을 미치고 있다.

표 3.12 2014~2017년 주요국 데이터산업 기업수 단위: 억달러, %

	2014	2015	2016	2017	CAGR (2014~2017)
미국	277,821	283,340	289,556	302,810	2.9
EU	243,600	249,100	261,450	276,450	4.3
일본	95,919	99,001	101,612	104,664	3.0
브라질	34,840	35,456	35,979	36,387	1.5

자료: IDC&The Lisbon Council(2018)

이러한 데이터산업의 경제적 효과는 직접 효과와 간접 효과로 구분할 수 있다. 여기서 데이터산업의 직접 효과는 데이터 생산과 관련된 모든 비즈니스 활동에 의해 형성된 효과로, 판매된 데이터 제품 및 서비스의 수익을 기준으로 계산된다. 미국의 직접 효과는 2014년 1,157억 달러에서 2017년 1,324억 달러, EU의 직접 효과는 2014년 569억 달러에서 2017년 757억 달러, 일본

의 직접 효과는 2014년 249억 달러에서 2017년 349억 달러, 브라질의 직접 효과는 2014년 62억 달러에서 2017년 74억 달러로 집계되고 있다.

표 3.13 2014~2017년 경제적 효과: 직접 효과 단위: 억달러, %

	2014	2015	2016	2017	CAGR (2014~2017)
미국	1,157	1,272	1,264	1,324	4.6
EU	569	606	623	757	10.0
일본	249	267	319	349	11.9
브라질	62	64	72	74	6.1

자료: IDC&The Lisbon Council(2018), 재산출

국내 데이터산업 시장규모는 14조 3,047억 원으로 2016년 대비 4.0% 성장하였으며 2010년부터 2017년까지 연간성장률 7.5%를 나타내고 있다. 2010년~2017년 중, 데이터 솔루션은 연간 13.7% 성장하였으며 데이터 서비스 7.0%, 데이터 구축·컨설팅은 6.6% 성장하였다. 비중 측면에서 데이터 서비스, 데이터 구축·컨설팅, 데이터 솔루션 순으로 나타나고 있다.

표 3.14 국내 데이터산업 시장규모 단위: 억원, %

	2010	2011	2012	2013	2014	2015	2016	2017(E)	CAGR (2010~2017)
데이터 솔루션	6,725	8,717	10,497	10,769	13,619	14,124	15,720	16,536	13.7
비중	7.8	9.2	9.9	9.6	10.9	10.6	11.4	11.6	
데이터 구축·컨설팅	37,407	43,180	47,715	49,985	53,730	55,280	55,850	58,565	6.6
비중	43.3	45.4	45.2	44.2	43.1	41.4	40.6	40.9	
데이터 서비스	42,242	43,218	47,317	52,258	57,329	64,151	65,977	67,946	7.0
비중	48.9	45.4	44.9	46.2	46.0	48.0	48.0	47.5	
전체	86,374	95,115	105,519	113,032	124,678	133,555	137,547	143,047	7.5
비중	100.0	100.0	100.0	100.0	100.0	100.0	100.0	100.0	

자료: 과학기술정보통신부, 2017년 데이터산업 현황조사

디지털타임스, 2015.09.04. 작성

13

종합신용정보 집중기관 출범 방향

최근, 종합신용정보 집중기관 설립과 관련하여 반대 결의대회가 금융위원회 앞에서 열렸다. 2016년 3월에 금융당국이 설립하려고 하는 종합신용정보 집중기관의 문제는 올해 6월부터 시작되었다. 6월에 금융당국은 '금융권 빅데이터 활성화 방안'을 발표하였다. 주요 내용으로, 현재 식별정보와 결합되지 않는 거래내용, 신용도, 신용능력과 같은 비식별 신용정보도 개인신용정보로 규정되어 있기 때문에, 빅데이터 활성화를 위하여 비식별화된 개인정보에 대해 개인의 동의없이 유통될 수 있도록 하는 신용정보법 시행령을 개정하려고 하고 있다. 또한, 현재 신용정보법 상 5개의 금융협회(은행, 카드, 생명보험, 손해보험, 금융투자)가 신용정보 집중 및 관리를 하던 것을 1개의 종합신용정보 집중기관으로 설립한다는 것이다. 7월에는 종합신용정보 집중기관을 은행연합회 산하기관(민법상 사단법인)으로 별도 설립하기로 하였고, 내년 1월에 종합신용정보 집중기관이 출범한다. 다만, 공공성과 중립성을 명확히 강구할 수 있는 방안에 대해서 계속 논의하기로 하였다. 그러나 여러 가지 문제가 발생하고 있는 것으로 보인다.

먼저, 신용정보를 이용하는 시장의 파이는 분명히 커질 것으로 보인다. 예를 들어, 정부가 금융개혁에서 강조하고 있는 핀테크는 송금, 결제, 자산관리, 투자, 정보보안, 데이터분석 등으로 나누어진다. 그러나 국내에서 핀테크 기업은 결제시스템과 해외송금 등의 분야에서 우선적으로 변화를 나타내고 있다. 현재의 치우쳐진 핀테크는 시장의 파이를 그다지 크지 않게 만들고 있는 것으로 보인다. 즉, 기존의 금융회사가 하고 있던 일들의 일부를 다른 방식으로 전환하는 측면이 크다. 그러나 빅데이터 분석과 같은 것은 새로운 마케팅 등으로 비롯해 새로운 소비를 통하여 새로운 부가가치를 창출할 수 있어 전체 시장의 파이는 분명히 커질 것으로 보인다.

새로운 부가가치를 만들어 내기 위하여 법령 등을 일원화시키고 완화하는 것은 매우 중요하다. 그러나 여기에 금융소비자의 희생이 존재하여서는 안 된다. 즉, 시행령 개정으로 금융소비자들은 어떤 개인정보가 분석에 이용되는 지, 비식별화된 자신의 개인정보를 어떤 기업이 가지고 있는 지, 누구에게 판매했는 지, 가이드라인에 따르는 비식별화 방식이 어느 정도까지 정확히 되고 있는 지 등에 대해 모르기 때문에 새로운 마케팅의 표적이 되고, 금융소비자들은 개인정보유출 등에 대해 불안해 할 수 밖에 없다. 현재의 법령과 가이드라인으로 비식별화된 정보는 반복되는 패턴을 분석하거나 다른 정보와 연결되면 매우 높은 확률로 재식별되거나 새로운 정보가 생성될 수 있다는 문제에 있다. 따라서 보다 근본적으로 정보 이동에 대한 이력 등을 개인이 알고 있어야 한다.

또한, 최근의 연구에 따르면 2014년의 금융권의 개인정보유출의 직접 및 간접적인 사회적 비용은 9조원을 넘어간다. 물론, 2000년대 이전에도 이후에도 정보 유출은 끊임없이 있어왔다. 2010년 이전이 주로 해킹에 의한 정보 유출이 발생하였다면, 2010년 이후에는 내부 직원이나 협력업체에 의한 정보 유출 발생이 늘어가고 있다. 2010년 이후로 300만건 정도의 유출 사례가 있었으나 대부분 내부 직원이나 해킹에 의한 사건이었다. 이러한 정보를 하나의 기관에 묶어 놓는 것은 상당히 위험할 수 있다. 또한, 이러한 해결책으로 과징금 상향 조정 등에 의하여 해결될 것으로 보이지 않는다. 만약, 핀테크의 활성화를 위하여 개인신용정보를 집중하려고 한다면, 현재와 같이 철저한 보안 정책과 개인정보유출이나 악용에 대한 처벌 강화가 선행되어야 한다.

현재와 같이 집중기관(PCR)과 민간 신용정보업자(CB)가 공존하여 정보를 집중, 분석, 가공하고 있는 상황에서, 빅테이터로 높은 부가가치를 만들고, 많은 핀테크 기업이 개인정보처리업, 정보 가공, 판매업 등이 산업연관효과를 일으키는 것도 중요하지만 개인정보유출에 대한 피해도 충분히 고려되어야 한다. 따라서 개인정보유출을 방지하거나 사후적인 정책을 펼칠 수 있는 확실한 컨트롤 타워가 필요한 시점으로 보인다.

그러나 올 초에 금융보안원이 설립될 때에도 비슷한 문제가 발생했던 적이 있었다.

올 초에 조직이나 연봉이 다른 세 개의 기구인 금융보안연구원, 금융결제원, 코스콤 등에서 인력이 금융보안원으로 이동하면서 금융당국은 조직을 출범시키려고 하였다. 당시, 매우 큰 내홍이 발생하여 실제로 1년 2개월이 지나서야 설립되었다. 이는 설립 과정에서 문제가 발생한 것으로 볼 수 있다. 따라서 금융당국은 충분한 사회적인 합의를 거쳐 기관을 설립했어야만 했고, 금융 등 매우 큰 파급효과가 존재하는 이번의 종합신용정보 집중기관 출범에도 당연히 과정을 거쳤어야 했다. 따라서 사회적 합의를 제대로 이룬 상태에서 신용정보에 대한 공공성과 중립성, 그리고 독립성을 보우하고 있는 종합신용정보 집중기관이 탄생할 수 있어야 한다.

TIP | 신용정보집중기관

우리나라 개인 신용정보 공유시스템은 기초정보의 집중을 제도적으로 의무화하고 있는 집중부문 신용정보집중기관(Public Credit Register, PCR)과 계약에 기초한 정보의 수집부문(Credit Bureau, CB)이 공존하고 있는 형태이다.

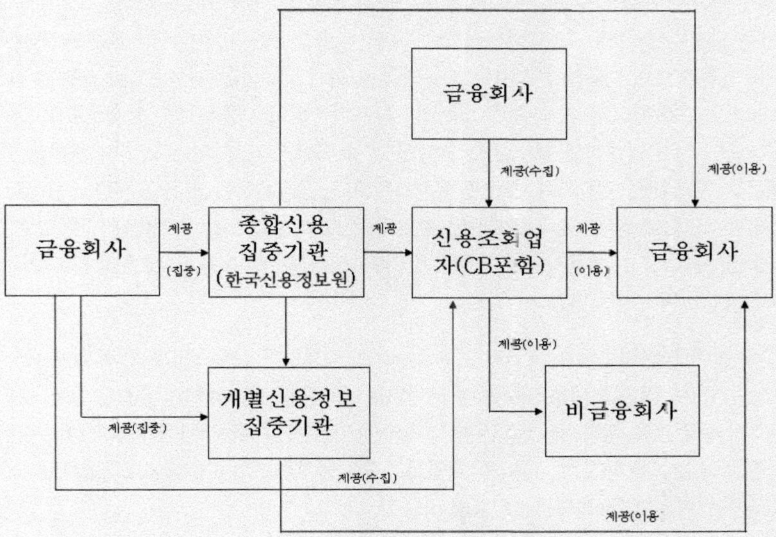

그림 3.13 우리나라 신용정보 공유제도

정보의 집중부문을 통한 신용정보의 관리와 공유는 종합신용정보집중기관인 한국신용정보원과 4개의 업종별 개별 신용정보집중기관들이 담당하고 있다. 제1금융권과 제2금융권과 보험권의 대출정보 및 연체정보 등 개인신용정보가 종합집중기관인 한국신용정보원으로 집중되어 금융권의 공유정보로 활용되고 있다. 계약에 기초한 개인 신용정보의 수집과 신용정보의 가공, 평가 및 조회서비스 제공은 신용조회업을 허가받은 민간 신용정보업자(CB)가 담당하고 있다. 한편, 신용정보집중기관들은 비영리 사단법인으로서 개인신용정보를 집중 제공할 수는 있으나 개인 신용정보의 가공 및 평가는 제도적으로 금지되어 있다.

우리나라의 종합집중기관은 한국신용정보원인데, 「신용정보의 이용 및 보호에 관한 법률」 제25조 제2항 제1호 '종합신용정보 집중기관 지정'에 의거한 것이다. 종합집중기관은 은행을 비롯한 각 금융기관에서 금융거래 시 발생하는 신용정보 및 공공기관에서 보유하고 있는 공공기록정보를 수집하여 정보제공기관은 물론 기획재정부, 한국은행, 금융감독원 등의 공공기관 및 신용정보업자 등에게 제공함으로써 정책당국의 정책수립 자료로 활용하는 한편 금융기관의 여신심사 및 사후관리의 효율성을 제고시켜 합리적인 자금운용과 신용거래질서의 확립을 도모한다. 원래 우리나라의 신용정보집중업무는 금융기관 불량거래처에 대한 정보에 국한되어 은행감독원에서 담당하였으나 1982년 4월 전국은행협회로 업무가 이관되었다. 이후 신용정보의 이용이 많아짐에 따라 신용정보의 집중 및 이용과 관련하여 각종 규칙 및 지침이 만들어졌는데 1995년 「신용정보의 이용 및 보호에 관한 법률」이 제정되어 관련 제도의 일대 정비가 이루어지게 되었다 신용정보를 집중하여야 하는 신용정보 제공기관의 지정도 이 법령에 따른 것이다.

한편, 1997년에는 「신용정보의 이용 및 보호에 관한 법률」을 개정하여 신용정보협의회를 신설하였다. 이 신용정보협의회는 각 금융업권의 대표 등 신용정보의 이용자들이 주축이 되어 구성되어 있으며 집중정보의 범위를 결정하는 기구이다. 따라서 우리나라의 신용정보 집중은 법적으로 의무화되어 있는 한편으로 그 범위에 대해서는 금융기관들이 자율적으로 결정하도록 되어 있으나 감독당국도 이에 영향력을 행사할 수 있는 구조로 되어 있다. 현재, 우리나라 종합집중기관에서 집중하고 있는 개인신용정보는 개인신용거래정보, 금융질서문란정보, 공공정보 등이다. 2016년 1월에 은행연합회 등 5개 금융협회 및 보험개발원에서 분산하여 관리하던 신용정보를 보다 안전하게 집중관리하고, 효율적으로 활용하기 위해 「신용정보의 이용 및 보호에 관한 법률」에 의해 한국신용정보원이 설립되었다.

종합집중기관이 신용정보등록 의무자 모두로부터 신용정보를 집중·관리 활용하는 반면 개별신용정보집중기관은 동종의 금융기관 또는 금융기관외의 동종의 사업자가 설립한 협회 등의 협약에 의하여 신용정보를 집중관리 활용한다. 개별집중기관은 동종업체간의 협약으로 집중관리 활용대상 정보의 범위를 정하여 금융감독위원회의 승인을 얻어야 한다. 생명보험협회, 손해보험협회, 여신금융협회 및 한국정보통신진흥협회 등이 있다.

SBS, 2015.03.16. 작성

14 대포통장의 거래

질문 1) 명의를 사고파는 행위가 어떤 양상으로 변화하고 진화했는가?

금융실명거래 및 비밀보장에 관한 법률(금융실명제법 또는 차명거래금지법)이 2013년 6월에 발의되어, 2014년 11월 29일에 시행되었다.

대포통장 또는 차명계좌란 제3자의 명의를 도용하여 통장의 실제 사용자와 명의자가 다른 통장을 말한다. 명의를 사고파는 행위는 예전부터 이어져 내려오고 있다. 1993년에 최초 시행된 이후로 여전히 명의를 사고파는 행위가 존재해오고 있었다. 법에 일부 문제가 있었고, 제도에도 일부 문제가 있었기 때문이다. 1990년대에 도입될 때만 해도 금융기관을 대상으로 처벌하고, 허명이나 가명이 아닌 실명인 지만 파악하면 되고, 개인은 규율대상에서 제외되어 있었다. 즉, 개인 간의 합의에 의한 차명은 규율하지 않았다. 그러나 2000년대에 인터넷이 발달하면서 명의를 사고파는 행위도 점차 증가하였고, 개인정보의 유출 등과 같은 정보와 연결된 사고가 발생하면 반드시 대포통장과 연결된다. 따라서 점차 개인 간의 거래를 넘어서 조직적으로 명의를 거래하는 시장으로 발전하고 있다.

2012년 33,000건 정도인 대포통장이 2014년에 44,705건으로 계속하여 증가하고 있다. 또한, 대출사기와 관련된 건까지 포함하면 84,000건으르 늘어났다. 관련된 보이스피싱도 최근 1000억원에 가까워지고 있으며 건당 피해비용도 2,300만원으로 늘어나고 있다. 특히, 2014년과 같이 대량 개인정보 유출이 발생하는 경우 바로 피해비용을 추정하기 어렵지만, 유통시장과 대포통장 시장의 현황을 파악하면 보다 빨리 파악할 수 있다. 또한, 대포통장 등은 만들고 난 후 바로 1주일 이내에 범죄에 이용된다. 장기간 가지고 있으면 피해가 커지겠지만, 범죄에 이용되지 않으려면 바로 수사의뢰를 하는 것이 낫다.

질문 2) 대포 통장, 바지사장 등을 막기 위해 현재 당국이 내놓은 대책들은 무엇인가?

2014년 11월에 현실적으로 효율적인 대책이 되었다. 예를 들어, 예전에는 금융기관에게만 부과되었던 금융실명거래가 개인에게도 부과된다. 또한, 실권리자가 차명인에게 차명거래를 할 경우에 차명인의 것으로 간주된다. 이는 합의에 의한 차명을 막을 수 있게 된다. 또한, 이후에 실권리자가 차명인에게 반환청구를 할 수 없게 된다. 따라서 예전에는 소유권을 실소유주로 인정했다면 이제는 차명인의 소유로 추정된다.

마지막으로 이전의 금융실명제는 금융기관만을 대상으로 하는데, 법을 어기는 경우 500만원의 과태료만 부과 되었다. 그런데 바뀐 법은 금융회사는 과태료가 3,000만원으로 높아진다. 또한, 개인의 처벌수위도 세금만 추징하고 별도 처벌이 없었는데, 5년 이하 징역 또는 5,000만원 이하의 벌금으로 처벌 수위가 높아진다.

질문 3) 그 대책들이 실효성을 거두지 못하는 이유는 무엇인가?

이러한 법이나 제도가 보완되더라도 허점들은 존재한다. 먼저, 개인의 경우에 벌금이 5,000만원의 형사 처벌을 받기 때문에 수억원 대의 차명거래를 하더라도 벌금형 수준에서 처벌을 받으면 된다. 사실 현실적으로도 대규모 차명거래가 아니라면 벌금은 이보다 훨씬 낮은 수준으로 되기 때문에 증여세 수억원을 내는 것보다 벌금 1,000만원 정도를 내는 것이 더 나을 수도 있다. 따라서 금액에 정액을 부과하기 보다는 정률을 부과하는 것이 효율적일 수 있다.

또한, 대포통장의 경우에도 명의를 빌려주면 받는 금액인 약 10만원 정도를 위해 명의를 빌려주고 나면 본인에게 보다 큰 금액의 손해가 돌아오게 된다. 그런데 아직 제대로 홍보가 되지 않거나 피해가 발생하더라도 본인의 문제를 알기 때문에 정보공유가 사실 힘들어지게 된다. 그렇더라도 수사의뢰 등이 필요하다.

질문 4) 통장과 카드를 손쉽게 발급하는 금융기관시스템에도 문제가 있다고 보는가?

금융기관시스템에는 당연히 문제가 존재한다. 최근에는 보다 까다로워 졌지만, 본인이 아닌 경우에도 위임장등을 소유하면 통장을 쉽게 만들 수 있었다. 또한, 카드도 쉽게 발급되는 문제도 있었다. 이러한 문제들은 금융당국 뿐만 아니라 각 금융기관들이 처음부터 보다 철저하게 관리할 필요가 있다.

예를 들어, A은행은 2014년 개인정보 유출 후에 대포통장 발급에 대해 관리를 강화해서 실제로 2014년말에 A은행을 제외하고 대부분의 금융권의 대포통장은 늘었다. 이는 일부 금융기관에 대해 규제를 하면 다른 금융업권이나 나머지 은행권에서 대포통장이 늘어나는 풍선효과가 있기 때문이다. 따라서 감독당국과 금융권은 주기적으로 모니터링하고 관리할 필요가 있다.

질문 5) 외국에서는 명의를 사고팔았을 경우, 어떤 처벌이 가해지는가?

해외에는 우리나라와 같이 금융실명제법처럼 단독 법으로 되어 있지는 않다. 법보다는 관행으로 정착되어 있는 경우가 많다. 미국은 모든 은행이 실명거래를 원칙으로 하고 있다. 개설계좌의 납세번호 및 사회보장번호가 예금주와 일치하지 않으면 과태료가 부과된다. 차명거래와 관련되는 경우 2억 8,000만원 정도에 5년 이하의 징역형도 나오고 있다. 독일은 조세징수법으로 가명계좌와 제3자 명의의 차명계좌 개설을 금지하고 있고, 금융기관이 계좌를 개설해주면서 신원확인의무를 위반했을 경우 세금포탈 방조행위로 간주돼 제재를 받게 된다. 프랑스는 계좌를 개설할 때 운전면허증, 여권, 국민증 등으로 실명여부를 확인하고 있다. 이들 나라들은 차명거래 적발 시 강력하게 대응하고 있다. 캐나다의 경우 거래금액을 기준으로 하여 1,000배에서 10만배의 과태료를 부과하고 있다.

질문 6) 명의를 사고파는 행위를 막기 위해 어떤 규제 장치가 필요하다고 생각하는가?

사전적인 부분과 사후적인 부분으로 이루어질 수 있다고 본다. 사전적인 부분으로 먼저 교육과 홍보가 필요하다. 차명거래나 대포통장은 먼저 권리인이 주지 않으면 해결되는 부분이다. 약간의 이익이 필요하다고 실소유주에게 넘기는 순간에 타인에게는 큰 비용을 초래하고 차후에는 본인에게도 피해가 발생한다. 이러한 부분은 교육이나 홍보를 통해 이루어질 수 있다. 또한, 금융당국과 금융기관들도 효율성보다는 공정성에 초점을 두어 대포통장의 양산을 막을 필요가 있다. 즉, 조금 시간이 더 걸리고 고객이 좋아하지 않는다고 하여 쉽게 계좌나 카드를 개설해 주는 것보다 보다 확실한 방법으로 개설하는 것이 낫다. 또한, 최근에 발전하고 있는 본인인증 등을 활용할 수 있다.

사후적인 부분으로 처벌수위에 대한 조절이 있다. 개인의 경우에 처벌수위가 본인이 취하는 이익보다 크다면 당연히 차명거래나 대포통장을 이용하지 않는다. 그러나 반대의 경우에는 차명거래를 이용하는 경우가 유리하게 된다. 이 경우에는 세금과 관련된 부분은 일부 정률제를 적용하고, 불법적인 대포통장의 경우에는 강력한 처벌이 필요하다.

TIP | 신종 전자금융사기 수법 피해

피싱(Phishing)은 개인정보(Private data)와 낚시(Fishing)의 합성어로 다음과 같은 단계를 거친다. 금융기관을 가장한 이메일 발송 ➡ 이메일에서 안내하는 인터넷주소 클릭 ➡ 가짜 은행사이트로 접속 유도 ➡ 보안카드 번호 전부 입력 요구 ➡ 금융정보 탈취 ➡ 범행계좌로 이체한다.

표 3.15 최근 5년간 전기통신금융사기(보이스피싱) 현황

구분	발생 건수	피해액(억원)	검거 건수	검거 인원
2015년	18,549	2,040	15,887	22,644
2016년	17,040	1,468	11,386	15,566
2017년	24,259	2,470	19,618	25,473
2018년	34,132	4,040	29,952	37,624
2019년 1~10월	31,001	5,044	32,396	40,524

자료: 경찰청

보이스피싱의 유형으로 기관사칭형은 검찰 사칭이 절대 다수를 차지한다. 20~30 여성에게 피해가 집중되는 경향이 뚜렷하며, 60대 이상 고령층이 차지하는 비율은 비교적 높지 않다. 온라인 계좌이체가 주된 편취수법이었으나, 대면편취, 절취 등 오프라인에서 피해금을 편취하는 수법이 증가하는 추세이다. 대출사기형 보이스피싱은 캐피탈, 시중은행, 저축은행, 특수은행을 많이 사칭한다. 40~50대 피해가 많고, 남성 피해가 다소 많다. 대환대출을 빙자한 기존 대출금 상환 또는 추가대출 요구 형태가 다수로, 피해규모 증가요인으로 작용한다.

메모리 해킹은 피해자 PC 메모리에 상주한 악성코드로 인하여 정상 은행사이트에서 보안카드번호 앞·뒤 2자리만 입력해도 부당 인출하는 수법이다.

스미싱(Smishing)은 문자메시지(SMS)와 피싱(Phishing)의 합성어로, 다음과 같은 경우가 많다. '무료쿠폰 제공', '돌잔치 초대장', '모바일 청첩장' 등을 내용으로 하는 문자메시지내 인터넷주소 클릭 ➡ 악성코드가 스마트폰에 설치 ➡ 피해자가 모르는 사이에 소액결제 피해 발생 또는 개인·금융정보를 탈취한다.

파밍(Pharming)은 악성코드에 감염된 사용자PC를 조작하여 금융정보를 빼낸다. 다음과 같은 경로가 많다. 사용자PC가 악성코드에 감염 ➡ 정상 홈페이지에 접속하여도 피싱(가짜)사이트로 유도 ➡ 금융정보 탈취 ➡ 범행계좌로 이체한다. http://*AA*bank.com 등 정상 홈페이지로 가장하여 금융정보(보안카드번호 전부) 입력을 요구, 신종금융사기의 주요 범행 수단이 다.

15

디지털타임스, 2014.04.30. 작성

개인정보 및 기술금융 정보보호에 대한 제도 개선 방향

2014년 1월, 한국 사회는 정보보호라는 단어에 관심을 가지기 시작하였다. 신용카드 3사에서 약 1억건의 개인정보가 유출되었기 때문이다. 이러한 개인정보의 유출 규모는 세계 3위에 해당하며, 여전히 금융기관 및 기업들에 있는 개인정보는 유출되고 있다. 개인정보 유출도 매우 큰 문제이지만 기업의 기술과 관련된 정보 유출은 사회적 파급효과는 훨씬 크게 나타난다. 특히, 금융은 신뢰를 바탕으로 하는 산업이다. 올해, 기술금융과 관련된 부분이 도입될 예정에 있으므로 개인정보와 더불어 기술금융 정보 보호에 대한 문제점과 제도 개선 방향을 살펴볼 필요가 있다.

개인정보 및 기술금융 정보보호와 관련된 제도 개선 방안은 크게 사전적인 방향과 사후적인 방향으로 구분된다. 먼저 사전적인 방향을 살펴보자. 첫째, 개인정보 및 기술금융 정보보호를 위해 기업의 정보보호 시스템을 변화시켜야 한다. 2000년대 이전에도 이후에도 정보 유출은 끊임없이 있어왔다. 2010년 이전이 주로 해킹에 의한 정보 유출이 발생하였다면, 2010년 이후에는 내부 직원이나 협력업체에 의한 정보 유출 발생이 늘어가고 있다. 2010년 이후로 300만건 정도의 유출 사례가 있었으나 대부분 내부 직원이나 해킹에 의한 사건이었다. 그러나 최근 사건은 협력 회사 직원이 고의로 정보를 유출하려고 했다는 특징을 가지고 있다. 지주사가 계열사를 통제하는 컨트롤 타워가 있어야 한다. 또한, 계열사는 계열사 자체의 컨트롤 타워를 가지고 정보의 조회나 유출입을 모니터링하는 시스템이 필요하다. 그렇다고 해서 인력을 통제하는 것이 아니라 데이터에 대해 실시간 통제를 할 필요가 있다. 이번 사태만 하더라도 USB에 대량의 정보를 옮김으로써 유출이 되었는데, 대량의 정보를 복사하거나 조회하는 것을 미리 알았더라면 발생하지 않았을 사고라고 볼 수 있다. USB에 정보를 원천적으로 막는 것도 중요하지만, 정보의 형태가 데이터베이스의 형태로 저장되어 있기 때문에 데이터베이스에 대한 보안을 신경써야 한다. 또한, 금융기관 중에 영세한 업종이 존재한다. 영세한 업종의 경우, 보안컨트롤 타워를 만드는 것이 어렵다면 거래기관의 보안규정에 대해 따르거나 협회나 협의체에 컨트롤 타워를 만드는 것이 바람직하다.

둘째, IT보안에 대한 인식전환이 필요하다. 현장에서 현업 밑에 IT, IT밑에 보안업무가 있다는 표현을 쓴다. 금융시장에서 정보기술(IT)이 차지하는 비중은 매우 높다. 그러나 IT인력이 전체에서 차지하는 비중이 매우 적은 것으로 나타난다. 소수의 IT보안업무자가 모든 보안위험을 해결할 수 있다고 보는 것은 상당히 위험한 생각이다. 또한, IT 특성상 일반 업무에 배정되는 경우도 많이 존재한다. 대형가맹점들이 보안 업그레이드를 위한 교육을 받고 연속하여 학업을 지속하는 것과 같은 적극적으로 움직이는 점과 대비된다 금융당국의 금융사 IT부문 보호업두 모범규준에 따르면 '정보기술부문 인력의 100분의 5 이상을 정보보호인력으로, 정보기술부문 예산의 100분의 7 이상을 정보보호예산으로 확보하도록 노력해야 한다'고 권장하고 있다. 그러나 이번 개인정보 유출사고 3사 중 KB카드와 롯데카드의 예산비율은 8.12%, 8.50%로 국내 주요카드사 평균비율인 10.12%보다 낮게 나타난다. 이밖에 비씨카드도 7.30%로 평균보다 낮다. 다만, 현대카드의 경우 7.89%로 낮게 나타나지만 정보보호예산을 매해 늘리고 있고 차세대시스템을 도입하면서 분모인 정보기술 부문 예산이 늘어나면서 낮게 보이는 착시현상이다.

셋째, 운영리스크(operation risk)는 직원, 전산시스템, 업무처리과정 및 외부영향 등에서 부적절한 처리 등으로 인한 재무적 손실 가능성을 의미한다. 대부분의 금융기관은 운영리스크를 관리하고 있으나 내부직원에 의한 사고들에 의한 손실이나 이번의 유출사고와 같은 경우에는 비용으로 처리되지만 대부분의 사고들은 비용으로 계산되지 않는다. 이전에는 정보유출로 인한 손실이 가시적인 리스크가 아니기 때문이며 정보보호는 매출이 일어나지 않는 매몰비용으로 처리되기 때문이다. 이는 사후의 과징금 체계와도 연결된다.

넷째, 정보보호 때문에 소비자의 권리가 축소되는 부분을 최소화하여야 한다. 규제의 측면에서 소비자들의 견해도 중요하다. 그러나 상대편에 있는 부가서비스와 같은 소비자의 다른 권리도 중요하다. 정부가 금융기관의 정보보유 현황을 전면 점검하고 보유정보의 적정성을 평가해 최소한의 필요 정보만 보유하게 되면 금융기관이 수집한 개인정보의 양이 줄어들면서 금융상품의 차별성이 없어지고, 결국 소비자의 혜택이 축소될 수 밖에 없다. 금융기관은 고객정보 데이터를 토대로 제휴사와 손잡고 부가서비스를 제공하고 있는데, 고객정보 항목이 줄어들면 금융혜택도 줄어들 수 밖에 없게 된다. 보통 부가서비스나 할인서비스의 경우, 제휴사에서 제공하는데 제휴카드 업체에서는 고객데이터를 가지고 공동마케팅을 시행하게 된다. 그런데 만약 고객정보 동의에 제한이 있으면 제휴사와의 공동서비스 제공이 어려워지게 된다. 이에 따라 필요 이상의 정보는 차단해야 하지만 무조건적으로 줄이기보다는 금융회사를 비롯해 제휴사, 가맹점에 대한 관리 감독에 초점을 맞춰야 한다. 따라서 수용정보 자체를 줄이도록 제한하는 것은 문제가 있다. 그렇다면 금융기관들은 영세한 업체들의 정보관리 능력을 평가하고 관리해야 한다. 한 예로 업체 대표들을 주기적으로 만나서 정보보안이 제대로 이루어지고 있는 지에 대한 확인이 필요하다. 또한, 정보보관 기간이 짧아지면, 기업에서 승인이나 리스크관리가 부족하므로 소비자의 이용이 어려울 질 수 있는 측면도 있다. 예를 들어, 부도율은 7년을 기준으로 계산되는데, 정보보관 기간이 5년이면 BIS 기준을 만족시키지 못해 신용리스크를 계산하기 어려워진다.

사후적인 방향은 다음과 같다. 첫째, 정보보호에 의한 기업들의 비용 인식전환이 필요하다. 성장과 수익을 위주로 추구하면 정보보호는 비용으로 인식되기 때문에 투자로 인식하지 못한다. 또한, 정보유출이 발생하면 대부분 법원에서 큰 과징금을 피해왔다. 이번에 금융위원회에서 내세운 정책은 징벌적 과징금 제도인데, 미국의 징벌적 손해배상 제도와 독일의 정부 과징금 제도를 혼합한 것으로 보인다. 징벌적 과징금 제도는 불법정보 활용 시에 관련 매출액의 일정비율(예 : 3%)을 부과한다고 말하며 금액은 사실상 무제한이라고 밝히고 있는데 여기서 문제가 되는 것은 관련 매출액의 산정 방법일 수 있으며 이익 중의 일부를 과징으로 내는 경우가 대부분이다. 따라서 관련매출을 정확히 산정하고 정보유출이 생길 경우, 기업에 보다 강한 책임을 물어야 한다.

둘째, 2차 피해를 최소화하여야 한다. 소비자가 2차 피해를 증명하는 것은 쉽지 않다. 왜냐하면 사고가 발생하는 순간, 해당 금융기관과의 거래를 없애게 되고 금융기관에 대한 정보는 없어졌다고 생각할 수 있기 때문이다. 만약, 소비자가 증명을 하기 위해 정보를 내버려 둔다면 소비자 자신이 피해를 입기 때문에 가장 먼저 거래를 끊고 정보를 삭제하게 된다. 따라서 소비자가 피해를 입었다는 증명을 하기는 매우 어려워진다. 제일 먼저 사고가 난 경우, 정부는 2차 피해를 의심해야 한다. 대부분의 개인정보를 취득하는 목적은 금전이 대부분이다. 따라서 유통시장의 경로를 파악하고 경로를 차단해야 한다. 개인정보 유출 시간이 많이 흘렀지만 다른 정보와 합해져 시너지 효과가 나지 않도록 막아야 하는 것이다. 금전이 대부분의 목적인 경우, 개별 협상을 통해서 자료 유출 경로를 막을 수 있으며 거래의 상대방을 파악해야 한다. 만일, 이러한 것이 불가능하다면 대포통장과 대포폰을 막는 방법이 가장 효율적이다. 금융기관의 개인정보가 유출되었다고 금융기관에만 한정하여 검사를 해서는 안 된다. 왜냐하면 주민등록번호를 통해 공공기관 정보, 사기업 거래 정보, 병원 정보 등이 모두 결합될 수 있기 때문이다. 따라서 정부와 유관기관은 이러한 2차 피해를 최소화하는 제도가 필요하다.

셋째, 관련 법과 제도를 전체적으로 정비해야 한다. 예를 들어, 개인정보보호법 21조는 "개인정보처리자는 보유기간의 경과, 개인정보의 처리 목적 달성 등 그 개인정보가 불필요하게 되었을 때에는 지체 없이 그 개인정보를 파기해야 한다"고 규정하고 있다. 여기에는 보유기간에 따른 명확한 정의가 나타나 있지 않기 때문에 얼마나 보유해야 하는가에 대한 문제는 약관에 따르게 되어 있다. 만약, 여기서'탈회 후 5년간을 보유기간으로 정한다'라는 문구를 약관에 넣을 수도 있다. 신용정보보호법 20조는 신용정보회사 등은 의뢰자의 성명, 의뢰받은 업무 처리 내용, 제공한 신용정보의 내용 등을 3년간 보존하도록 한다. 상법 33조는 10년간 상업장부와 영업에 관한 중요서류를 보존하고 전표 또는 이와 유사한 서류는 5년간 이를 보존하도록 하고 있다. 이처럼 혼재한 법령들 사이에서 카드업계는 통상적으로 계약이 종료된 후에도 5년간 개인정보를 보유하고 있다. 카드사용이 범죄사실과 연동됐을 경우 등을 대비해 계약 종료 이후에 바로 개인정보를 파기하지 않을 수도 있다.

이러한 법과 제도가 정비되어 소비자에게 보다 공정한 정보를 요구하고 기업은 보다 효율적이고 공정한 정보이용이 필요한 시점이다. 또한, 개인정보 및 기술금융 정보보호와 제도개선을 통해 금융기관의 신뢰가 확보되어 신뢰승수를 크게 하는 날들이 오기를 소망해 본다.

TIP | 개인정보

개인정보는 개인의 성명, 주민등록번호 등 인적사항에서부터 사회·경제적 지위와 상태, 교육, 건강·의료, 재산, 문화 활동 및 정치적 성향과 같은 내면의 비밀에 이르기까지 종류가 매우 다양하게 나타난다. 또한, 사업자의 서비스에 이용자가 직접 회원으로 가입하거나 등록할 때 사업자에게 제공하는 정보뿐만 아니라, 이용자가 서비스를 이용하는 과정에서 생성되는 통화내역, 로그기록, 구매 내역 등도 개인정보가 될 수 있다. 인터넷, GPS 등 정보통신기술의 발달에 따라 개인정보의 범위는 점차 확대되고 있다. 또한, 위치정보, 바이오 정보(지문·홍채 등) 등과 같은 기술발전의 결과로 등장하는 개인정보가 있으며, 그 유형은 날로 다양해지고 범위 또한 빠르게 확대되고 있다. 개인정보의 유형은 분류하는 방법이나 관점에 따라 다양한 형태로 기술할 수 있으며 정형화된 법적 개념은 아니다.

표 3.16 개인정보보호 연차보고서의 개인정보 분류

유 형	종 류
일반정보	이름, 주민등록번호, 운전면허번호, 주소, 전화번호, 생년월일, 출생지, 본적지, 성별
가족정보	가족구성원의 이름, 출생지, 생년월일, 주민등록번호, 직업, 전화번호
교육 및 훈련정보	학교출석사항, 최종학력, 학교성적, 기술 자격증 및 전문 면허증, 이수한 훈련 프로그램, 동아리활동, 상벌사항
병역정보	군번 및 계급, 제대유형, 주특기, 근무부대
부동산정보	소유주택, 토지, 자동차, 기타소유차량, 상점 및 건물
소득정보	현재 봉급액, 봉급경력, 보너스 및 수수료, 기타소득의 원천, 이자소득, 사업소득, 기타 수익 보험(건강, 생명 등) 가입현황, 회사의 판공비, 투자프로그램, 퇴직프로그램, 휴가, 병가
신용정보	대부잔액 및 지불상황, 저당, 신용카드, 지불연기 및 미납 횟수, 임금압류 통보에 대한 기록
고용정보	현재의 고용주, 회사주소, 상급자의 이름, 직무수행평가기록, 훈련기록, 출석기록, 상벌기록, 직무태도, 성격 테스트 결과
법적정보	전과기록, 자동차 교통 위반기록, 파산 및 담보기록, 구속기록, 이혼기록, 납세기록

표 3.16 개인정보보호 연차보고서의 개인정보 분류(계속)

유 형	종 류
의료정보	가족병력기록, 과거의 의료기록, 정신질환기록, 신체장애, 혈액형, IQ, 약물테스트 등 각종 신체정보
조직정보	노조가입, 종교단체가입, 정당가입, 클럽회원
통신정보	전자우편(E-mail), 전화통화 내용, 로그파일(Log file), 쿠키(Cookies)
위치정보	GPS나 휴대폰에 의한 개인의 위치정보
신체정보	지문, 홍채, DNA, 신장, 가슴둘레
습관 및 취미정보	흡연, 음주량, 선호하는 스포츠 및 오락, 여가활동, 비디오 대여기록, 도박성향

자료: 개인정보보호위원회

또한, 정보통신망법 해설서에서 대분류, 중분류, 소분류로 나누고 있다. 인적 사항, 신체적 정보, 정신적 정보, 재산적 정보, 사회적 정보, 기타의 유형에 각 세부 개인정보의 예를 나타낸다.

표 3.17 정보통신망법 해설서의 개인정보 분류

유형		개인정보의 예
인적 사항		성명, 주민등록번호, 주소, 본적지, 전화번호 등 연락처, 생년월일, 출생지, 이메일 주소, 가족관계 및 가족구성원 정보 등
신체적 정보	신체정보	얼굴, 지문, 홍채, 음성, 유전자정보, 키, 몸무게 등
	의료·건강정보	건강상태, 진료기록, 신체장애, 장애등급, 병력(病歷) 등
정신적 정보	기호·성향정보	도서·비디오 등 대여기록, 잡지구독정보, 물품구매내역, 웹사이트 검색내역 등
	내면의 비밀 등	사상, 신조, 종교, 가치관, 정당·노조 가입여부 및 활동내역 등
재산적 정보	개인금융정보	소득, 신용카드번호, 통장계좌번호, 동산·부동산 보유내역, 저축내역 등
	신용정보	신용평가정보, 대출 또는 담보설정 내역, 신용카드 사용내역 등
사회적 정보	교육정보	학력, 성적, 출석상황, 자격증 보유내역, 상벌기록, 생활기록부 등
	법적정보	전과·범죄기록, 재판기록, 과태료 납부내역 등
	근로정보	직장, 고용주, 근무처, 근로경력, 상벌기록, 직무평가기록 등
	병역정보	병역여부, 군번, 계급, 근무부대 등
기타	전화통화내역, 웹사이트 접속내역, 이메일 또는 전화메시지, 기타 GPS 등에 의한 위치정보 등	

자료: 방송통신위원회

개인정보의 유형은 분류하는 방법이나 관점에 따라 다양한 형태로 기술할 수 있으며 정형화된 법적 개념도 아니다. 정보통신망법 해설서 등 기존 발간된 다양한 자료를 참고하여 개인정보보호협회는 개인정보 유형을 분류하였다.

표 3.18 개인정보보협회의 개인정보 유형

유형	구체적인 예
기본인적 정보	성명, 주소, 아이디 및 패스워드, 가족관계 등. 기본인적정보는 온·오프라인 회원 가입 및 서비스 이용, 물품 수령 등에 주로 이용
고유정보	주민등록번호, 여권번호, 운전면허 등록번호 등. 고유정보는 상거래·금융거래 등에서 본인 식별을 위한 확인 수단으로 사용
의료건강정보	병력, 병원 진료기록, 신체장애 정도, 건강상태 등. 의료건강정보는 병원 진료 및 치료, 보험 가입 및 계약유지, 유전자 분석 등에 이용
경제정보	소득, 신용카드 및 통장계좌번호, 물품 구매내역, 대출 또는 담보설정 등. 경제정보는 상거래 및 금융거래 등 경제활동 전반에서 이용
사회관계정보	학력 및 학업성적, 친우관계, 동호회 활동 등 사회 활동 관련 정보. 사회관계정보는 취업 시 활용 및 사회 전반적으로 이용
통신위치정보	휴대폰 번호, 이메일주소, GPS 위치정보 등. 통신위치정보는 신용카드 이용정보 등과 결합하여 기업의 마케팅, 기업 홍보 등에 사용
법적정보	전과 범죄기록, 납세기록, 과태료 부과내역 등. 법적 정보는 정부 행정 전반에 걸쳐 이용

자료: 개인정보보호협회

PART

4

민간 금융시장 및 정책

1

ifsPOST, 2016.11.07. 작성

은행업 경쟁력 제고 방안

2015년 국내은행 17개, 외국은행 지점 31개가 국내에서 은행업을 영위하고 있다. 2015년 기준으로 금융권역별 총자산은 4,608조원이며, 이 중에서 은행업은 52.6%의 자산을 가지고 있다. 그러나 자국 기업인 대상의 설문조사인 WEF(World Economic Forum)의 2015년 세계 경쟁력 보고서에서 한국의 금융시장 성숙도는 2009년 58위 이후로 하락 추세에 있으며, 2014년 80위에서 2015년 87위로 하락하고 있다. 2015년 기본자본(Tier1) 기준으로, 글로벌 주요 은행 숫자에서도 100대 은행에 속한 은행은 6개이며, 50대 은행에 속해있는 은행은 없다. 또한, 총자산순이익률(ROA) 0.16%, 자기자본이익률 2.14%로 낮은 수준이다. 따라서 국내은행의 경쟁력은 세계적으로 볼 때 높지 않으며, 국내에서도 수익률은 높지 않은 현실이다. 이에 대한 은행업의 현황을 살펴보고, 향후 경쟁력을 갖추기 위한 방안을 살펴본다.

국내은행은 이자이익에 대한 의존도가 너무 높고, 대손비용이 너무 많다.

2015년 기준으로 국내은행의 이자이익은 33.5조원, 비이자이익은 6조원을 나타내고 있다. 금융위기 이전인 2007년 자료를 보면, 대부분의 국가들의 은행들의 비이자이익 비중은 매우 높다. 한국의 21.8%보다 낮은 주요국은 일본(19.4%) 정도이며, 대부분의 국가는 30%를 훌쩍 넘기고 있다. 2015년에도 캐나다 42%, 일본 28%, 미국 37%

에 비해 한국은 약 15%로 매우 낮다. 또한, 국내은행의 대손비용은 11.9조원을 나타낸다. 경기불황으로 기업의 재무상태가 악화됨에 따라 은행들의 대손비용이 증가한 탓이다. 오히려 2007년 기준으로 판매관리비 비중은 비용의 28.7%로 미국(49.8%)이나 일본(50.3%), 캐나다(41%)에 비해 높지 않은 편이다.

은행은 수익성을 제고해야 한다.

금리가 하락함에 따라 순이자마진(NIM) 하락은 불가피하다. 그러나 각종 수수료인하와 카드수수료 인하 등으로 비이자부분의 이익이 감소하거나 정체할 것으로 보인다. 이자부문에서는 저신용자 및 무등급 신용등급을 정확히 평가해 경기불황에 따른 금융소외자의 금융수요 만족, 사금융의 폐해 완화, 대출 자원의 효율적 배분 등에 기여할 수 있다. 비이자수익부문에서는 국민정서를 감안한 현실적인 수수료 변화가 필요하다. 2015년 수수료 관련 이익 구성을 살펴보면, 미국 상업은행의 경우 은행 고유업무 관련 수수료 비중이 높고 국내은행은 방카슈랑스, 수익증권 판매 등 업무대행 수수료 비중이 높게 나타난다. 미국 상업은행의 경우 은행 고유업무(예금계좌 수수료 포함) 관련 수수료 비중이 86.8%로 높으나 국내은행은 경기상황에 민감한 수익증권판매, 방카슈랑스 등 업무대행수수료 비중이 33.4%로 상대적으로 높게 나타난다. 따라서 업무대행 수수료 확대를 위해 다양한 교차판매에 집중할 필요가 있다.

수익성 제고를 위해 새로운 형태의 수익원을 찾아야 한다.

금융위원회는 2015년 6월, ICT·금융 부문간 융합을 통한 금융서비스 혁신과 은행산업의 경쟁력 제고를 위해 금융개혁의 일환으로 「인터넷전문은행 도입방안」을 발표하였다. 1단계로 현행 은행법 체계 下에서 시범적으로 1~2개 인가하고 2단계로 인터넷전문은행 제도 도입 관련 은행법 개정 이후 본격적 인가를 한다는 방침이다. 인터넷전문은행들의 진입으로 국내 일반은행들의 수수료 수익이 감소할 것으로 예상하는데 이는 큰 영향을 주지 않을 것으로 예상된다. 인터넷전문은행들이 대부분 송금/이체/지급결제 관련 수수료 시장을 거론하고 있으나 국내에서는 대부분 주거래 은행은 자체 송금이나 이체거래에서는 대부분 수수료를 받지 않으며 타행 송금이나 이체 수수료도 낮은 수준이며 해외 송금시장은 있겠지만 해외네트워크 등이 없는 가운데 이 시장을 공략하기는 쉽지 않아 보이기 때문이다.

오히려 빅데이터 활용이나 핀테크에 관심을 가질 필요가 있다. 국내 은행도 최근에 많이 진행하고 있으나 활용사례는 아직 미미한 편이다. 해외 은행들은 은행 내 거래데이터, 상담이력, 소셜미디어 데이터 등을 종합적으로 활용하여 대출자의 신용도를 평가하는 모델을 도입하고 있는 추세를 나타내고 있다. 호주의 Westpac 은행은 고객의 파산으로 인한 대출 부실 리스크를 줄이기 위해 고객의 행동변화와 관련된 질적·양적 데이터를 수집하여 예측 분석을 실시하였으며, 독일의 Deutsche Bank는 SNS 기반의 빅데이터 분석기법을 도입해 기존 신용평가 방법과 병행하여 대출업무에 활용하고 있다. 씨티은행은 슈퍼컴퓨터로 고객의 금융거래 내역, SNS 데이터 등을 분석해 신용도 하락의 가능성이 있는 고객들을 선별한 후 대출 또는 신용카드 발급 여부를 결정하고 있다.

장기적으로 은행의 대형화보다 경쟁력 확보와 리스크관리가 중요하다.

우리금융 민영화나 하나은행과 외환은행의 합병을 계기로 M&A에 의한 대형 은행의 탄생은 리스크를 확대시킬 수 있다. 1997년 금융위기 이후 총자산 기준 은행규모가 크게 증가하는 등 대형화의 추진이 꾸준히 진행되고 있다. 그러나 일부 금융회사는 인수합병을 통해 높은 총자산 증가율을 보이고 있어 대형화가 지나치게 단기적으로 이루어진 측면이 존재한다. 이러한 대형화는 경영관리 능력이나 리스크관리능력, 지배구조의 개선이 이루어지지 않는다면 300조 규모 자산의 금융회사를 효율적으로 운영하는 것이 어려울 수 있다. 은행의 자산 규모는 금융역사, GDP, M&A, 금융 의존 심화 등에 의해 결정될 수 있으나 국내은행과 지주사의 규모는 경제규모(GDP)에 비해서는 작지는 않으며, 짧은 금융역사를 감안할 때 결코 규모가 작지 않은 수준이다. 이제 대형화보다는 내실있는 경쟁력 확보가 중요한 시점이다.

국내경제에서 가장 리스크가 큰 부분은 기업부채와 가계부채이지만, 그 중에서 가계부채를 염두에 두어야 한다. 기업부채는 2014년 8.4% 증가, 2015년 7.7% 증가하였다.

기업부채 10% 증가 시, 국내 경제성장률은 0.3%p 감소한다. 가계부채는 2014년 6.7% 증가, 2015년 9.3% 증가하였으며 가계부채 10% 증가 시, 국내 경제성장률은 0.363%p 감소한다. 또한, 최근의 가계부채는 매우 빠른 속도로 증가하고 있어 리스크관리가 매우 중요한 시점이다. 향후 이러한 불확실성은 채권관리와 연결된다. 현재 2015년의 부실채권 정리규모는 22.3조원을 나타내고 있고, 대손상각 7.5조원, 다음으로 매각 5.3조원 순으로 많다. 향후, 가계부채의 증가로 대손상각이나 매각이 증가할 수 있다. 최근 채무자대리인제도 적용 확대 등 여러 법안이 제출되고 있는 상황은 도덕적 해이에 따른 금융시스템의 효율성을 발생시키게 된다, 또한, 빚을 갚은 사람과 갚지 못하는 사람 사이의 공정성 문제를 야기시 빚을 잘 갚은 사람에게 불리하게 작용할 가능성이 높다. 이러한 상황은 가계부채의 증가는 은행의 경쟁력을 낮출 뿐만 아니라 리스크관리 능력을 낮출 요인으로 작용할 수 있다.

은행의 지배구조 개선이 필요하다.

국내 금융회사는 외환위기 이후에 사외이사제도 등을 도입하였는데, 효과적으로 작동하지 못하고 있다. 사외이사 선임과정에서의 영향력으로 인해 독립성과 투명성이 확보되지 못하고, 일부 사외이사는 전문성이 부족하여 대주주 및 경영진에 대한 견제 역할을 충실히 수행하고 있지 못하고 있기 때문이다. 최근 일부 금융지주회사나 은행에서 최고경영자(CEO) 리스크가 나타나 국내 금융회사에 대한 대외신인도가 하락하고 있는 점도 주지의 사실이다. 이러한 CEO리스크의 발생은 외부의 공정한 감시가 작동하지 않는 취약한 지배구조와 내부감시장치의 작동이 되지 않기 때문이다. 경영진 감시 장치의 하나인 사외이사 제도를 두고 있지만, 경영진이나 대주주 영향력 아래 있는 인사 등을 사외이사로 앉혀 적절한 견제와 균형을 이루지 못하고 있기 때문으로 보여 진다. 또한, 일부 금융회사는 대주주 없이 정치적 영향력에 의해 선임하여, 금융회사 최고경영자 선임 과정에서 외부 영향력을 차단하지 못하는 한계를 지니고 있다.

한편 자격요건이 최근에 강화되었다고 하지만, 여전히 포괄적이고 추상적이어서 전문성 저하에도 일조하고 있다. 금융위원회는 2014년 11월 20일, 금융회사 지배구조 선진화 방안(2013년 6월) 등을 기초로 하여 금융회사 지배구조 모범규준을 마련하였으나 여전히 이전과 같은 선임이 발생하고 있다. 은행지주회사 및 은행의 사외이사는 그 재임 기간 동안 다른 회사 또는 금융회사의 사외이사로 선임될 수 없어 각 분야의 전문가들이 은행지주회사나 은행의 사외이사 지원을 꺼려하고 있기 때문이다. 또한, 리스크관리 능력 중심으로 자격요건을 개선할 필요가 있다. 학력, 재산 등의 내용을 제외한 리스크 관리 능력 중심의 경영진 선임절차 및 선임결과를 공시하고, CEO 공모제와 함께 사외이사 공모제를 고려해 경영진과 이사회가 상호 견제할 수 있는 구조를 구축하고 그 선임과정도 투명하고 공정하도록 공시할 필요가 있다.

TIP | 은행업의 수익과 비용

국내은행업의 수익구조는 크게 이자이익과 비이자이익으로 구분된다. 2019년 상반기 중 국내은행의 이자이익은 20.6조원으로, 전년동기(19.7조원) 대비 0.9조원 증가(+4.8%)하였다. 대출·예금에 수반되는 기금출연료·예금보험료의 비용을 차감한 이자이익은 18.3조원으로 전년동기(17.5조원) 대비 0.8조원 증가하였다. 이자이익이 증가한 이유로 예금과 대출의 금리차이에서 발생하는 수익과 채권 등 유가증권에서 발생한 이자인 순이자마진(Net Interest Margin, NIM) 악화(−0.06%p)에도 불구하고 대출채권 등 운용자산이 증가(+6.8%)했기 때문이다. 국내은행의 순이자마진은 예대금리차가 축소(−0.05%p)되면서 전년동기 1.67%에서 1.61%로 하락하였다.

표 4.1 국내은행의 이자이익 현황

단위: 조원, %, %p

구 분	2017년	2018년	18.상 (A)			18.하	19.상^{P} (B)			증 감 (B-A)
				1Q	2Q			1Q	2Q^{P}	
이 자 이 익	37.3	40.5	19.7	9.7	10.0	20.8	20.6	10.1	10.5	0.9
순이자마진(NIM)	1.63	1.67	1.67	1.65	1.68	1.67	1.61	1.62	1.60	−0.06
예대금리 차이	2.03	2.06	2.07	2.06	2.09	2.06	2.02	2.02	2.01	−0.05
이자수익률 (대출 평균금리)	3.23	3.43	3.38	3.34	3.42	3.47	3.50	3.51	3.49	0.12
이자비용률 (예수 평균금리)	1.20	1.36	1.31	1.29	1.34	1.41	1.49	1.49	1.48	0.18

주: 대출금리는 원화대출채권 기준, 예수금리는 원화예수금 기준
자료: 금융감독원

2019년 상반기중 국내은행의 비이자이익은 3.6조원으로 전년동기(3.1조원) 대비 0.5조원 증가하였다. 이는 금리 하락에 따른 채권매매·평가이익으로 유가증권관련이익이 증가한데 기인한다.

표 4.2 국내은행의 비이자이익 현황 단위: 조원, %, %p

구 분	2017년	2018년	18.상 (A)	1Q	2Q	18.하	19.상p (B)	1Q	2Qp	증 감 (B-A)
비이자이익	7.3	5.6	3.1	1.8	1.3	2.5	3.6	1.8	1.9	0.5
수수료이익	4.9	4.8	2.5	1.2	1.2	2.3	2.6	1.2	1.4	0.1
신탁관련이익	1.2	1.3	0.7	0.4	0.4	0.6	0.7	0.3	0.4	0.0
유가증권관련이익	2.5	1.5	0.8	0.4	0.3	0.7	1.8	0.9	0.8	1.0
(유가증권매매손익)	2.3	0.5	0.1	0.0	0.1	0.4	0.7	0.3	0.4	0.7
(유가증권평가손익)	−0.7	0.3	0.3	0.1	0.2	0.1	0.4	0.2	0.1	0.1
외환·파생관련이익	2.8	2.2	1.0	0.5	0.4	1.2	0.9	0.4	0.5	−0.1
기 타	−4.0	−4.2	−1.9	−0.8	−1.0	−2.4	−2.3	−1.1	−1.2	−0.5

주: 기타 비이자이익(비용)에는 신용보증기금출연료와 예금보험료 등이 포함 자료: 금융감독원

비용부문은 다음과 같다. 2019년 상반기중 국내은행의 판매비와 관리비는 11.3조원으로 전년동기(10.4조원) 대비 0.9조원 증가하였다. 급여 증가 및 명예퇴직급여 집행 등으로 인건비가 증가하였으며, 금융리스와 마찬가지로 운용리스에 대해서도 사용권자산(리스자산)과 상각비를 인식하는 신리스기준(IRFS16) 적용에 따른 감가상각비 증가 등으로 물건비도 증가하였다.

표 4.3 국내은행의 판매비와관리비 현황

구 분	2017년	2018년	18.상 (A)	1Q	2Q	18.하	19.상p (B)	1Q	2Qp	증 감 (B-A)
판매비와 관리비	22.4	22.8	10.4	5.1	5.3	12.4	11.3	5.7	5.7	0.9
인 건 비	14.6	14.6	6.6	3.3	3.3	8.0	7.1	3.6	3.5	0.6
(급 여)	11.3	11.6	5.4	2.7	2.7	6.3	5.9	2.9	3.0	0.5
(명예퇴직급여)	1.0	0.9	0.0	0.0	0.0	0.9	0.2	0.2	0.0	0.2
물 건 비	7.8	8.3	3.8	1.8	2.0	4.4	4.2	2.0	2.2	0.3

주: 인건비 = 급여 + 퇴직급여 + 명예퇴직급여 + 복리후생비이고, 물건비 = 임차료 + 접대비 + 감가상각비 + 세금과공과 + 광고선전비 + 연구비 등

자료: 금융감독원

2019년 상반기중 국내은행의 대손비용은 1.3조원으로 전년동기(1.0조원) 대비 0.2조원 증가하였다. 전년동기중 거액 충당금 환입(2018.2분기 중 금호타이어 등 일부 여신에 대한 건전성 분류를 상향조정)으로 금반기중 대손비용이 상대적으로 증가한 효과이다.

표 4.4 국내은행의 대손비용 현황 단위: 조원

구분	2017년	2018년	18.상 (A)			18.하	19.상p (B)			증감 (B-A)
				1Q	2Q			1Q	2Qp	
대손비용	7.2	4.4	1.0	0.8	0.2	3.3	1.3	0.7	0.6	0.2

자료: 금융감독원

TIP | 은행의 리스크관리

2019년 6월말 국내은행의 원화대출 연체율(1개월이상 원리금 연체기준)은 0.41%로 전월말(0.51%) 대비 0.09%p 하락하였다. 2016년 6월 0.03%p 하락, 2017년 6월중 0.14%p 하락, 2018년 6월중 0.11%p 하락, 2019년 6월중0.09%p 하락하였다. 차주별로 보면, 2019년 6월말 현재 기업대출 연체율은 0.53%로 전월말(0.66%) 대비 0.13%p 하락하였다. 대기업대출 연체율(0.66%)은 전월말(0.67%) 대비 0.01%p 하락, 중소기업대출 연체율(0.49%)은 전월말(0.65%) 대비 0.16%p 하락, 개인사업자대출 연체율(0.31%)은 전월말(0.40%) 대비 0.08%p 하락하였다. 가계대출 연체율(0.27%)은 전월말(0.32%) 대비 0.05%p 하락하였다. 주택담보대출 연체율(0.20%)은 전월말(0.22%)대비 0.02%p 하락하였고, 주택담보대출을 제외한 가계대출(신용대출 등)의 연체율(0.44%)은 전월말(0.55%) 대비 0.11%p 하락하였다.

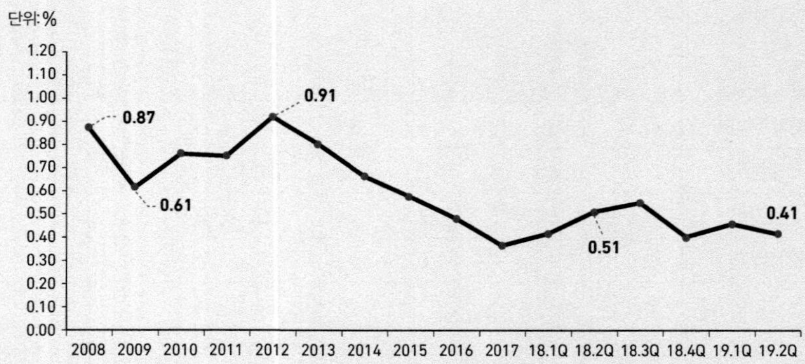

그림 4.1 2008년 이후 분기별 국내은행 연체율 추이

표 4.5 국내은행 원화대출 부문별 연체율 추이 단위: %, %p

구 분		연체율 시계열 (2016.1월~2019.6월)	2016. 6말	2017. 6말	18.6말 (A)	2019년 5말 (B)	2019년 6말 (C)	증감 전년동월 (C-A)	증감 전월 (C-B)
기업대출			1.04	0.59	0.73	0.66	0.53	−0.21	−0.13
	대기업		2.17	0.57	1.78	0.67	0.66	−1.11	−0.01
	중소기업		0.71	0.60	0.48	0.65	0.49	0.01	−0.16
	개인사업자		0.38	0.32	0.29	0.40	0.31	0.03	−0.08
가계대출			0.31	0.25	0.25	0.32	0.27	0.02	−0.05
	주택담보대출		0.24	0.18	0.19	0.22	0.20	0.01	−0.02
	가계신용대출 등	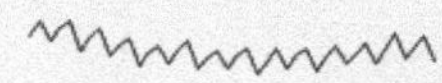	0.48	0.41	0.40	0.55	0.44	0.04	−0.11
원화대출 계			0.71	0.43	0.51	0.51	0.41	−0.10	−0.09

주: 은행계정 원화대출금 및 신탁대출금 기준
자료: 금융감독원

BIS기준 총자본비율, 기본자본비율, 보통주자본비율 및 단순기본자본비율 등이 있다. 정부는 총자본비율(10.5%), 보통주자본비율(7.0%), 기본자본비율(8.5%), 단순기본자본비율(3.0%)로 규제하고 있다.

총자본비율은 [총자본/위험가중자산] × 100으로 산출된다. 보통주자본비율은 [보통주자본(은행의 손실을 가장먼저 보전할 수 있으며 은행 청산시 최후순위이며 청산시를 제외하고는 상환되지 않는 자본)/위험가중자산] × 100으로 산출된다. 기본자본비율은 기본자본(Tier 1)은 [{보통주자본 + 기타기본자본(영구적 성격의 자본증권의 발행과 관련한 자본금, 자본잉여금 등)}/위험가중자산]으로 산출된다. 단순기본자본비율(Leverage ratio)은 리스크에 기반하지 않은 자본비율로서 리스크기반 자본비율(총자본·기본자본·보통주자본비율)에 대한 보완수단이다.

2019년 6월말 국내은행의 BIS기준 총자본비율, 기본자본비율, 보통주자본비율 및 단순기본자본비율은 각각 15.34%, 13.28%, 12.71% 및 6.51%으로 나타난다.

전분기말 대비 소폭 하락(−0.04%p~-0.07%p)하였으나 규제비율 대비 안정적인 수준을 유지하고 있다.

표 4.6 국내은행의 자본비율 추이

단위: %, %p

항 목	2015년말	2016년말	2017년말	2018년말	2019년		증감 (b-a)
					3월말(a)	6월말(b)	
총자본비율	13.91	14.81	15.24	15.41	15.42	15.34	−0.07
기본자본비율	11.36	12.51	13.12	13.25	13.35	13.28	−0.06
보통주자본비율	10.83	12.01	12.56	12.66	12.75	12.71	−0.04
단순기본자본비율	6.15	6.63	6.76	6.59	6.53	6.51	−0.02

2

위기의 보험업, 발등의 불을 꺼라!

2015년말에 생명보험회사 25개, 손해보험회사 31개가 국내에서 은행업을 영위하고 있다. 생명보험사는 2006년 22개에서 3개가 증가하였고, 손해보험사는 29개에서 2개가 증가하였다. 2015년말 기준으로 금융권역별 총자산은 4,608조원이며, 이 중에서 생명보험업은 724.9조원, 손해보험은 226.1조원으로 총자산의 15.7%와 4.9%를 차지하고 있어, 은행업 다음으로 많은 자산을 보유하고 있다. 그러나 재무건전성 강화, 수익률 제고, 판매채널 선진화, 상품자율화, 보험사기 방지 등 여러 이슈들이 산재해 있다. 특히, 재무건전성과 관련된 부분은 보험업 전체에 영향을 줄 수 있는 브분이기도 하다. 여기서 보험업의 현황을 살펴보고, 향후 경쟁력을 갖추기 위한 방안을 살펴본다.

국내 보험회사의 수입수수료는 증가하였으며, 대형 보험사 3~4개개의 시장점유율이 높다.

2015년 기준으로 보험회사의 수입보험료는 189.5조원으로 2014년 179.3조원 대비 10.2조원(5.7%) 증가하였다. 이 중에서 생명보험회사의 수입보험료는 117.1조원으로 2014년 110.4조원 대비 6.7조원(6%) 증가하였다. 저금리로 인해 보장성보험이 2014년 대비 8.4% 증가하였고, 개인형 퇴직연금 가입증가 등에 따라 퇴직연금 등도 5.7% 증가하였기 때문이다. 또한, 손해보험회사의 수입보험료는 72.4조원으로 2014년 68.9조원 대비 3.5조원(5.1%) 증가하였다. 보험료인상 등의 영향으로 자동차보험이 전년 대비

11.3% 증가하였으나, 저금리 기조로 인해 저축성 장기손해보험의 성장률은 4.1%를 나타내고 있다.

2015년 생명보험 시장에서 삼성, 교보, 대한생명 등 대형 3사의 시장점유율이 46.8%를 차지하고 있고, 외국회사의 비중은 15.9%로 증가하고 있으며, 국내중소형 생명보험사의 입지가 좁아지고 있다. IFRS4 2단계 도입과 지급여력비율 강화가 예정되면서 자본 충당이 어려운 동양생명과 알리안츠생명 등 생보사의 중국의 안방보험으로 매각되었으며, 일부 중소형사가 추가로 매각될 것을 예상되고 있다. 손해보험 시장에서는 삼성, 현대, 동부, KB손보 등 상위 빅4의 시장점유율이 68.9%에 이르고 있으며, 생명보험과는 달리 외국사의 비중이 2.1%에 불과하다. 외국회사는 국내회사의 주력상품인 장기손해보험에 익숙하지 않으며, 기업보험의 직급영업이나 자동차보험의 보상 기반 등 진입장벽을 넘기가 쉽지 않기 때문이다.

보험회사의 당기순이익은 늘었으나, ROA나 ROE는 큰 변화가 없다.

2015년 보험회사의 당기순이익은 6.3조원으로 2014년 5.5조원 대비 0.8조원(13.3%) 증가하였다. 생명보험회사의 당기순이익은 3.6조원으로 2014년 3.2조원 대비 0.4조원(12.0%) 증가하였다. 보장성보험 중심으로 수입보험료 증가 등으로 보험손실이 축소되고, 변액보험 등 특별계정수입수수료 증가 등으로 영업외손익이 증가하였기 때문이다. 손해보험회사의 당기순이익은 2.7조원으로 2014년 2.3조원 대비 0.4조원(15.1%) 증가하였다. 유가증권처분이익, 배당이익 등의 증가로 인한 투자이익개선(0.6조원)과 일회성이익(영업외손익) 등에 기인하고 있다.

전반적으로 보험업은 보험영업에서 적자를 시현하고, 이를 투자수익으로 만회하는 수익구조를 보이고 있다. 생명보험은 저금리에 따른 역마진으로, 손해보험은 지급보험금 급증으로 인한 부담이 각각 큰 것으로 나타나나다. 따라서 생명보험회사는 보험영업에서 과거 고금리 상품으로부터 발생하는 역마진으로 인해 적자를 보고 있으며, 투자수익율도 저금리 탓으로 크게 감소함에 따라 전반적으로 수익성이 저하되고 있는 것으로 풀이된다. 손해보험회사는 자동차보험의 만성적자를 일반보험과 장기손해보험에서의 수익으로 보완하는 구조를 나타낸다. 생명보험과 손해보험은 공동으로 영위하고 있는 제3보험(질병상해)에서 실손의료보험의 지급보험금 급증으로 수익성이 악화되고 있다. 2015년 보험회사의 총자산순이익률(ROA)은 0.69%, 자기자본순이익률(ROE)은 6.99%를 나타내고 있다.

대형 보험회사의 재무건전성은 양호하나 중소형보험사의 재무건전성은 취약하다.

재무건전성 측면에서 RBC(Risk Based Capital) 지급여력비율은 보험회사 재무건전성을 측정하는 지표이며, 보험업감독규정에서 100%이상을 유지토록 요구하고 있다. RBC는 요구자본 대비 가용자본의 비율로서 가용자본은 보험회사의 각종 리스크로 인한 손실금액을 보전할 수 있는 자본량을, 요구자본은 보험회사에 내재된 각종 리스크가 현실화될 경우의 손실금액을 의미한다. 규정은 100% 이상을 요구하나, 금융당국은 글로벌 금융위기 이후에 1.5배에 해당하는 150%를 유지하도록 보험회사에 권유하고 있는데, 2016년 6월말 보험회사의 RBC 지급여력비율은 생보사 평균 297.1%, 손보사 평균 269.1%로 나타난다. 그러나 생명보험회사와 손해보험외사 모두 삼성생명과 삼성화재 등 선도기업의 재무건전성이 가장 양호한 반면, 적지 않은 중소형사들은 200% 미만으로 상대적으로 취약한 것으로 나타나고 있다. 생명보험회사의 경우, 삼성생명이 373.5%로 가장 우수한 반면, 흥국생명, DGB생명, KDB생명, 현대라이프 등 4개 중소형사는 200%미만으로 나타나고 있다. 손해보험회사의 경우, 삼성화재가 373.6%으로 가장 우수한 반면, 한화손보, KB손보 등이 200% 미만인 것으로 나타나고 있다.

IFRS4 2단계 도입에 따라 생명보험회사의 발등에 불이 떨어졌다.

IFRS(International Financial Reporting Standards)4 1단계에서 부채적정성평가는 전체 보험 상품별로 발생하는 결손금과 잉여금을 상계토록 하고 있으며, 상계해 발생한 결손금은 책임준비금계정에 추가적으로 적립해야 한다. 그러나 2단계는 국내 보험회사에 적용하는 새로운 회계기준으로 부채시가평가를 기반으로 하고 있어, 제도 도입시 부채가치 시가평가, 재무변동성 확대 등으로 보험회사의 자본 확충 부담을 줄 것으로 예상된다. IFRS4 2단계는 보험회사의 이행가치와 장래이익으로 구분하여 평가할 것을 요구한다. 이행가치는 보험회사가 기대손실 뿐만 아니라 기대하지 못한 손실까지 보함한 보험금 지급 가능성까지 고려하여 보유해야 할 준비금이다. 또한 보험회사의 부채 시가 평가 시 장래 이익이 예상되는 상품과 장래 손실이 예상되는 상품을 분리하여 장래 손실을 우선적으로 인식할 것을 요구하고 있다. 이러한 IFRS4 2단계로 인한 회계정보를 RBC 지급여력 평가에 그대로 반영할 경우, 생명보험의 경우 평균 RBC 비율이 286%에서 115%로 급락할 것으로 예상된다. 2018년 생명보험회사의 재무상태가 2013년과 동일하다는 가정 하에서, 23개 생보사 가운데 8개사가 IFRS4 2단계 도입만으로 RBC 비율이 100% 미만으로 하락할 것으로 예상되고 있으며 생명보험회사들은 2단계 전환으로 인식되어야 할 장래손실을 고려하면 2018년 RBC 권고비율 150%를 달성하기 위해서는 가용자본 58조원 이외에 14조원의 추가 자본 확충이 필요하다. 따라서 생명보험회사를 중심으로 보험업은 금융당국에 IFRS4 2단계 연기를 강하게 건의해왔으며, 금융당국도 국제적 동향을 주시하며 보험업의 충격을 최소화하는 방안을 모색 중에 있다. 2016년 10월 한국회계기준원(KAI)은 국제회계기준위원회(ISAB)에 IFRS4 2단계 도입 시기를 최종 기준서 확정 후 5년으로 할 것을 공식 요청하기로 하였는데, 최종 기준서가 2017년에 확정될 것으로 예상되고, 국제회계기준위원회는 도입 시기를 그 이후 3년(2021년)으로 할 것으로 제시하고 있어, 이번 한국회계기준원의 요청이 수용된다면 IFRS4 2단계 도입시기는 2023년이 될 것으로 예상되고 있다.

보험사의 재무건전성은 보험계약자 보호를 위해서 적절하게 유지되어야 하는데, 이를 위해서 보험사의 위험을 전사적이고 체계적으로 반영하는 방향으로 지급여력기준의 강화 및 개선이 이루어져야 할 것이다. 한편, IFRS4 2단계는 재무건전성 강화가 아닌 보험계약자와 주주 등 이해관계자에게 보험회사의 정보를 보다 정확하게 알리려는 회계적 목적에 있다. 따라서 IFRS4 2단계 도입으로 인한 보험회사 재무건전성 강화 효과는 부수적인 것이므로, 보험회사의 어려움을 이유로 제도 도입을 장기간 지연시키는 것은 바람직하지 않다. 다만, 지급여력비율 강화와 IFRS4 2단계로 인해 보험회사의 자본 확충 부담이 이중으로 발생하는 것을 방지하기 위해 단계적인 기준강화와 제도 도입이 필요해 보인다. 또한, 보유계약의 장래손실에 대응하는 장래이익을 가용자본으로 부분적이나마 인정하여 RBC 비율 급락을 막을 필요가 있다. 여기에 보험사의 자본 확충이 용이하도록 보험회사의 후순위채권발행이 용이하도록 제도적 정비가 필요하다. 왜냐하면 보험사의 경우 법령에 의해 재무건전성이 미흡하거나 유동성 확보를 위한 경우에만 후순위채권 발행이 허용되고 있어 자본 조달의 유연성이 떨어지기 때문이다.

보험업의 수익 구조 개선이 필요하다.

2015년 국내 보험회사의 ROA는 2012년 미국과 일본의 생보사 ROA는 각각 1.0%와 0.3%인 것에 비추어 보면, 글로벌 보험회사 ROA 대비 결코 낮은 수준은 아니다. 그러나 생보사의 경우, 이익의 대부분을 사업비차익에서 시현하고 있고, 이 과정에서 불가피하게 신계약 위주의 영업 드라이브로 인한 해지환급금이 발생하여 소비자의 불만을 사고 있다. 2011년 생명보험사의 이익 구성을 살펴보면, 보험영업과 투자영업에서의 이익 비중이 대략 8:2에 이르고 있는데, 이 가운데 보험영업이익에 속한 위험률차익의 비중이 25.6%인 반면 사업비차익는 53.5%로서 생보사 이익의 절반 이상을 사업비에서 실현하고 있다. 이는 2000년대 초까지 판매한 고이율 상품에서 비롯된 이차역마진을 사업비차익로 해결하고 있으며, 이차역마진이 심한 생보사일수록 신규 계약자가 상대적으로 비싼 보험료를 내고 있음을 의미한다. 일본 등 선진국에서는 생보사의 이익은 주로 위험률차익에서 실현되고 있는데, 이는 사업비를 투명하고 합리적으로 집행하되, 보험고유의 기술인 사망률에서 충분한 마진을 확보하기 때문이다. 그러나 위험률차익을 충분히 시현하기 위해서는 보험료 자율화와 가격경쟁이 보정되어야 한다. 또한, 저금리 대응 방안으로서 제시되고 있는 해외투자의 경우, 2016년 들어와 급증하고 있다. 2016년 3월 현재 보험회사의 외화증권 비중이 각각 9.0%와 10.7%로서 주요 기관투자자 중 가장 적극적으로 외환투자의 비중을 높이고 있는 것으로 나타난다. 이처럼 유가증권을 중심으로 해외투자가 급증한 것은 국내 저금리 대응뿐만 아니라 부채시가평가 등에 대비하기 위한 리스크관리 차원으로 보인다.

TIP | 보험회사 경영실적

보험회사는 크게 생명보험회사와 손해보험회사로 구분된다. 생명보험회사는 인체와 관련된 사고에 대하여 보험금을 지급하기로 약속한 보험증서를 발행하여 보험계약자로부터 보험료를 징수하고, 이 자금을 각종투자에 운용하는 금융기관이다. 생명보험회사는 보험사고가 발생할 경우 보험계약자에게 보험금을 지급하고, 보험료에 의해 조달된 자금을 예금·유가 증권·부동산·신탁 등에 운용한다. 손해보험회사는 화재, 도난, 사고나 부주의로 인하여 발생하는 재산상의 손실에 대하여 보험금을 지급하기로 약속한 보험증서를 판매하고, 이로부터 조달된 자금을 각종 투자에 운용하는 금융기관이다.

2019년 상반기 생보사 당기순이익은 2조 1,283억원으로 전년동기(3조 1,487억원)보다 1조 204억원 감소하였다. 보험영업손실은 11조 8,260억원으로 전년동기보다 4,540억원으로 손실이 확대되었는데, 저축성보험 만기도래 등에 따라 지급보험금이 증가(2.5조원)하고 책임준비금전입액이 감소(2.0조원) 하였기 때문이다. 투자영업이익은 12조 3,248억원으로 전년동기보다 6,673억원 감소하였는데, 2018년 상반기 삼성생명의 삼성전자 주식 매각이익(1조 897억원)에 따른 기저효과에 주로 기인하였고, 동 효과 제외시 투자영업이익은 4,224억원 증가하였다. 영업외이익은 2조 2,564억원으로 전년동기(2조5,766억원)보다 3,202억원 감소하였는데, 변액보험 수입수수료 감소(3,400억원)에 주로 기인한다.

표 4.7 생명보험회사 손익 현황 단위: 억원, %

구 분	2017년 상반기	2018년 상반기(A)	2019년 상반기(B)	증감 (B-A)	증감률
당기순이익	29,500	31,487	21,283	−10,204	−32.4
보험영업이익	−100,462	−113,720	−118,260	−4,540	−4.0
보험손익	73,788	1,922	−22,393	−24,315	적자전환
(책임준비금전입액)	(174,250)	(115,642)	(95,867)	−19,775	−17.1
투자영업이익	116,337	129,921	123,248	−6,673	−5.1
영업외이익	22,309	25,766	22,564	−3,202	−12.4
법인세비용	8,684	10,480	6,269	−4,211	−40.2

자료: 금융감독원

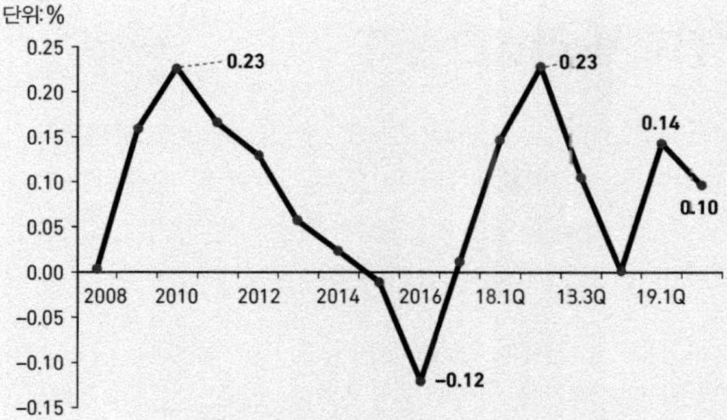

그림 4.2 생명보험회사 ROA 추이

손해보험사의 2019년 상반기 당기순이익은 1조 4,850억원으로, 장기·자동차보험의 영업손실 확대 등으로 전년 동기 대비 29.5%(-6,219억원) 감소하였다. 보험영업손실은 2조 2,585억원으로, 장기보험의 판매사업비 지출 증가와 보험사고로 인한 손해액 증가 등으로 전년 동기 대비 손실규모가 1조 1,453억원으로 확대되었다. 투자영업이익은 4조 2,927억원으로, 채권 이자수익 및 배당수익 등 금융자산 운용수익 증가로 이익규모가 6.4%(2,572억원) 증가하였다.

표 4.8 손해보험회사 당기순이익 현황 단위: 억원, %

구 분	2018년 상반기(a)	2019년 상반기(b)	증감 (b-a)	증감률
당기순이익	21,069	14,850	−6,219	−29.5
보험영업손익	−11,132	−22,585	−11,453	손실확대
투자영업손익	40,355	42,927	2,572	6.4
영업외손익	−581	−373	208	손실축소
법인세비용	7,573	5,119	−2,454	−32.4

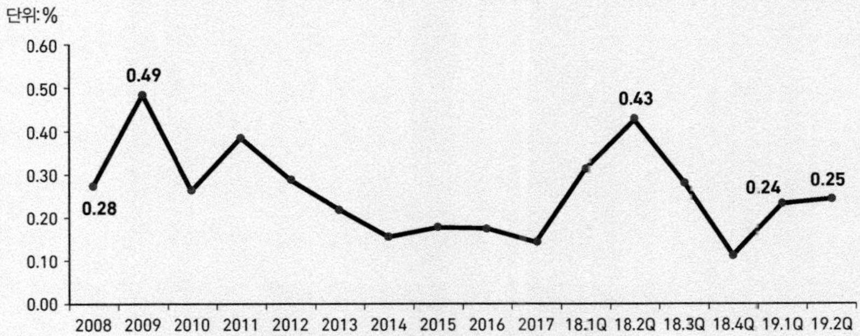

그림 4.3 손해보험회사 ROA 추이

TIP | 보험회사 리스크관리

보험회사는 지급여력비율(Risk Based Capital, RBC)은 가용자본/요구자본로, 보험회사 재무건전성을 측정하는 지표이며, 보험업법에서 100%이상을 유지토록 규정하고 있다. 가용자본은 보험회사의 각종 리스크로 인한 손실금액을 보전할 수 있는 자본량이고, 요구자본은 보험회사에 내재된 각종 리스크가 현실화될 경우의 손실금액이다.

가용자본은 시장금리 하락 등에 따른 기타포괄손익 증가(7.7조원) 및 2019.2분기 당기순이익 시현(1.6조원) 등으로 9.7조원 증가하였다. 요구자본은 직연금계정의 신용·시장위험액 추가 반영 및 운용자산 증가 등에 따른 신용·시장위험액 증가(1.5조원) 등으로 1.9조원 증가하였다.

표 4.9 보험회사 RBC비율 변동내역 단위: 조원, %, %p

구 분	2019.3월말(A)			2019.6월말(B)			변동폭(=B−A)		
	가용 자본	요구 자본	RBC 비율	가용 자본	요구 자본	RBC 비율	가용 자본	요구 자본	RBC 비율
생보사	97.2	34.0	285.4	104.0	35.1	296.1	6.9	1.1	10.7
손보사	45.5	18.0	252.1	48.3	18.8	256.9	2.9	0.8	4.8
합계	142.7	52.1	273.9	152.4	53.9	282.4	9.7	1.9	8.6

서울경제, 2017.12.22. 작성

3

국민연금 스튜어드십 코드, 전면 도입에 대해 신중해야

스튜어드십 코드(Swewardship Code)는 주주권 행사 모범구준으로, 국내의 연기금과 자산운용사 등의 기관투자자들이 기업의 의사결정에 적극적으로 참여하도록 할 수 있도록 하는 자율 지침이다. 2017년 5월 대선 당시에 더불어민주당은 경제민주화 내에 국민연금을 정치, 경제 권력으로부터 안전하게 지키고 주주권행사강화로 건전한 시장질서를 확립하겠다고 하였다. 그 방법으로 정부, 가입자대표, 공익대표 등의 국민연금 거버넌스를 확립하고 사회책임 투자 원칙에 입각한 국민연금의 주주권 행사를 강화한다는 것이다. 여기에 국민연금 등 기관투자자의 스튜어드십 코드의 실효성을 높이기 위한 제도를 개선하고, 총수일가에 의한 기업 불법·편법 지배 및 상속 방지, 소액 주주들의 이해관계 침해 방지, 사외이사 임면 등의 사안에 대해 주주권을 적극 행사(기업의 통상적 경영권은 주주권 행사 대상에서 제외)한다는 공약을 내걸었다.

2008년 세계 금융위기 당시에 주주로서 기관투자자의 역할이 미흡했다는 반성이후에 주주로서 기관투자자의 경영 감시 기능이 강조되었다. 2017년말 기준으로 20개 국가에서 스튜어드십 코드를 도입하여 시행하고 있다. 국내도 2016년에 공표되어 시행되고 있다. 일반 연기금이나 자산운용사들이 참여하는 것과 거대 연기금인 국민연금이 스튜어드십 코드를 전면적으로 내년 하반기에 도입하는 것에 대해 신중해야 할 필요가 있다.

국민연금이 기업과 시장에 미치는 힘은 막강하다. 2017년 3분기 기준, 국민연금이

5% 이상의 지분을 가지고 있는 기업이 275개, 10% 이상 지분을 가진 기업이 84개이고, 5% 이상의 지분을 가지고 있는 기업의 지분가치의 합이 117조원에 이른다. 이는 연기금이 개별종목에 투자하는 비중이 10% 이상을 금지한 자본시장과 금융투자업에 관한 법률이 2013년에 개정되면서 2013년 기업수 기준으로 2배, 지분가치 기준으로 4배가 증가했다. 이는 국민연금이 10년 내에 1,000조까지 늘어난다면 비중은 훨씬 커진다. 즉, 삼성전자부터 많은 대기업과 금융회사의 지분 뿐만 아니라 보다 수익을 보장하는 보다 다양한 기업에 대해 지분을 가질 수 있게 된다.

그렇다면 이러한 국민연금의 재원은 어디서 오는가? 바로 국민에게서 나온다. 물론, 국민연금에도 의결권 전문기구가 존재한다. 그렇다고 이들이 모든 국민을 대변할 수 있느냐는 것인데, 답은 그렇지 않으며 정권에 따라 바뀔 가능성이 높다. 즉, 지배구조 문제, 불투명한 경영, 투자자와의 소통문제를 해결한다는 원래의 취지와 다르게, 정부가 국민연금을 이용하여 민간 기업에 대한 인사와 투자 등에 간섭할 수 있게 된다. 따라서 다시 민간 기업도 관치의 영역으로 들어서게 되는 것이다. 따라서 전체적으로 도입하는 것보다 지분율이나 공시 등의 일정 기준을 두고 도입하는 것이 보다 바람직해 보인다.

두 번째로 이러한 관치의 영역을 피하려면, 현재의 국민연금의 지배구조부터 바꾸어야 한다. 보건복지부는 기금운용에 대해 감독권한만을 가지고, 연금제도나 연금기금의 관리 및 운영을 할 필요가 없다. 만약 연금기금에 대해 관리 및 운영을 정부가 하게 되고, 스튜어드십 코드를 전면적으로 도입하면, 바로 기업의 경영에 관치가 들어갈 수 있기 때문이다. 따라서 보건복지부 장관과 실무자에게 기금운용에 대한 최종 책임을 지우는 현재의 법은 개정될 필요가 있다.

마지막으로 세계적으로 시행되고 있기 때문에 국내에 국민연금 스튜어드십 코드가 전면 도입되어야 한다는 것은 문제가 있다. 세계적으로 법은 개정 및 재개정이 이루어지고 있다. 즉, 아직 기업에 수익성을 높게 한다는 증거가 제시되지 못했다. 물론, 스튜어드십 코드가 바로 전면 도입되는 경우, 해외 투자가 증가하고 국민연금의 단기 수익에도 영향을 미칠 수 있다고 해도 이는 국민연금이 추구해야 할 방향은 아니다. 그러나 국민연금은 세계 금융위기에도 안정적이고 국내 및 해외의 튼튼한 기업에 투자를 통해 장기적으로 좋은 수익률을 내고 있다. 다른 방향에서 보면, 해외 투자자의 지분율을 고려하여 국내 좋은 기업들이 해외로 팔려 나갈 수 있는 기회를 제공할 단서도 된다는 뜻이다.

전체적으로 스튜어드십 코드를 도입하여 기업의 경영을 투명하게 하고, 성과를 좋게 한다는 것에 대해 긍정적으로 평가한다. 그러나 전면적으로 국민연금 스튜어드십 코드가 도입되는 경우 관치, 국민연금의 구조적 문제, 아직 찾기 어려운 기업 경쟁력 향상 등과 같은 여러 가지 문제를 일으킬 수 있다. 따라서 국민연금의 스튜어드십 코드 전면 도입에는 신중할 필요가 있다.

TIP | 스튜어드십 코드

스튜어드십 코드(Stewardship Code)란 기관투자가의 주주권 행사를 적극적으로 유도하기 위한 자율 지침이다. 주식을 보유하는 데 그치지 않고 기관투자가가 기업의 의사결정에 참여해 기업의 이익 추구와 성장 등을 이끌어내겠다는 취지이다.

국내 도입배경으로 국내 기관투자자는 일반적으로 기업경영 감시나 의결권 행사에 소극적으로 기업의 전략 투자 내부거래(대주주 이익추구, 계열사 간 불공정거래) 등에 적절한 견제역할 부족하였다. 기관투자자의 주총 안건 반대율이 2017년 기준으로 2.8%에 불과하고, 주주제안 등도 취약한 상황이었다. 따라서 기업지배구조 개선을 위해 기관투자자의 적극적 주주활동을 견인하는 스튜어드십 코드 제정을 추진하였다. 이에 대한 기대효과는 기업지배구조, 소수주주 권익 제고, 자본시장 신뢰도 및 경쟁력 향상 등에 기여하는 것이다.

세계 각 국은 기업지배구조의 취약점 보완 및 투자자 보호, 자본시장 활성화 및 경제활력 제고 등을 위해 기관투자자의 책임성 강화를 내용으로 하는 스튜어드십 코드를 도입하였다. 2010년 영국이 첫 도입한 후 캐나다, 남아공, 네덜란드, EU, 스위스, 이태리, 일본, 말레이시아, 홍콩, 대만, 싱가폴, 덴마크, 브라질, 한국, 태국 등이 도입하였다. 같다. 영국은 2008년 금융위기의 발생원인 중 하나가 기관투자자 주주의 무관심이었다는 반성에서 2010년 7월에 스튜어드십 코드를 도입하였다. 일본은 경제 부흥을 위한 아베노믹스의 "3개의 화살 정책 중 성장전략의 하나로 2014년 2월에 스튜어드십 코드 제정하였다. 즉, 주주활동 확대 ➡ 주가상승 배당증가 ➡ 국민자산 증가 ➡ 민간소비 증가 ➡ 수요 증가 ➡ 경제성장의 파급경로를 예상하였다. 기관투자자 주주가 회사측에 자사주 매입, 배당 등을 통한 자기자본이익률(ROE) 및 주주 이익 극대화를 요구하도록 독려하고, 기업지배구조 모범규준과 함께 패키지로 활용되어 일본 기업의 지배구조 개선과 경영투명성 제고에도 기여할 것으로 보았다. 싱가폴은 기관투자자 주주의 책임성 강화와 기업 지배구조 개선을 위해 2016년 11월에 스튜어드십 코드를 제정하였다. 현행 법 체계상 이사회는 모든 경영상 책임과 신인의무를 지는 반면, 주주는 의무 책임 없이 권리만 보유하고 있는 점을 보완하였다.

4

뉴스토마토, 2015.11.05. 작성

국민연금공단, 변화가 필요한 시점이다

최근까지 국민연금공단의 이사장과 기금운용본부장 사이의 갈등이 존재하는 것으로 언론에 비추어졌다. 10월 27일에 이사장이 사의를 표명하였고, 보건복지부가 제대로 중재하지 못한 상태에서 기금운용본부장은 자리를 유지하고 있다. 이상하지 않은가? 공단을 대표하는 이사장은 그만 두게 되고, 이사장보다 하위 직급은 여전히 근무 중에 있다. 그러나 여기에는 여러 가지 문제가 존재하고 있는 것으로 보인다.

국민연금공단은 크게 두 부분으로 나눌 수 있다. 제도 등을 운영하는 부분과 500조원을 넘어서는 운용에 관한 부분이다. 이러한 기관을 운용하는 법도 나누어져 있고, 법적으로 충돌하는 부분도 있다. 먼저 공공기관 운영에 관한 법률(공운법)에 따라 공단과 기금본부는 수직적 관계에 있다. 즉, 기금운용본부의 인사권은 보건복지부 장관에게 있으나, 관리감독 및 연임에 관한 건은 국민연금공단 이사장에게 권한이 있다. 그러나 국민연금법은 공단과 기금본부의 관계가 수평적 관계로 보고 있다. 즉, 기금운용본부장의 인사권이 보건복지부 장관에게 있다는 점에서는 공공기관 운영에 관한 법률과 같으나, 관리감독은 보건복지부 장관에게 있고, 연임에 관한 사항은 아예 없다. 따라서 두 법이 충돌하는 부분도 있고, 연임에 관한 부분은 당연히 이사장의 고유 권한으로 볼 수 있다. 두 개의 법이 충돌하지 않게 개정을 검토해야 한다.

국민연금에 대해 국민들은 준조세로 간주한다. 그러나 출생률이 줄면서 차후에는 용돈정도의 수준으로 바뀔 것이라고 보는 사람도 많다. 즉, 소득이 있을 때에는 미래를 위해 힘들게 납부하지만 소득이 없는 나중에는 용돈 정도로 전락한다는 것이다. 그런데 이상하게도 이렇게 납부해서 돌려주어야 할 돈을 정부의 돈으로 착각하는 것 같다. 실제로 국가 정책의 자금줄로 많이 이용되었다. 이번에 있었던 의결권 행사도 이와 맥락을 같이 한다. 기금운용본부 내의 투자위원회가 삼성물산 합병 건과 같이 중요한 사안을 전문위원회에 안건을 회부하지 않고, 자체 의사결정만으로 의결권을 행사한 것은 현재의 지침을 자의적으로 해석한 것이다. 예전의 다른 기업에 대한 의결권을 행사하는 절차와 완전히 다른 절차를 밟은 것으로 해석된다. 이는 국민이 낸 연금으로 의결권을 자의적으로 해석하여 행사하였으며, 국민의 낸 연금에 대해 책임을 져야 한다.

법적인 문제와 의결권은 기금운용본부의 독립 공사화와 연결된다. 기금의 규모가 늘어나면서 기금운용본부의 인원은 많아 졌다. 또한, 국민연금을 자금으로 따 내기 위해 여의도의 금융사들은 줄을 서고 있는 실정이다. 이러한 거대 기금에 따라 기금운용본부를 공사화하는 법안이 국회에 5건이나 제출되어 있다. 그러나 인원이 많아지고, 투자의 독립성을 확보하기 위하여 당장 공사화하는 것은 논리에 맞지 않다. 안정적인 채권의 비중이 2010년 66.7%에서 약 50%로 줄어들었고, 주식투자 비중이 32.3%로, 해외와 대체투자가 26.7%로 늘어나 리스크가 커지고 있으며, 현재의 장기 수익률이 해외에 비해 낮은 편이 아니다. 그러나 현재 500조원에서 10년 내에 1,000조원까지 늘어나는 국민연금을 정부의 입김에서 벗어나 제대로 운용해 본 적이 없기 때문에, 리스크관리 측면에서도 당장 공사화하는 것은 상당히 위험하다. 따라서 초기에 국민연금공단의 자회사로 운영하는 것이 옳은 것으로 보인다.

국민연금공단과 보건복지부, 기금운용본부장 사이의 갈등도 자주 일어나고 있다. 법의 문제도 있기는 하지만 지배구조의 문제로 보여 진다. 공단 초기에는 이사장의 무게감이 컸다면, 기금 총액이 커지면서 현재에는 기금운용본부장의 무게감이 더 커 보이는 것이 사실이다. 연봉의 문제도 문제지만, 500조원을 운용하기 때문에 해외 금융사들도 기금운용본부장과 기금운용본부를 항상 예의 주시하고 있다. 따라서 다른 공공기관과 같이 향후의 기금운용본부장의 위치를 이사장이 완전한 권한을 가지는 위치로 이동시키고, 보건복지부가 이사장에 대한 권한을 가지면 된다. 이러한 방식으로 지배구조를 일원화할 필요가 있으며, 자회사로 전환하는 것에 대한 문제는 줄어들게 된다.

마지막으로, 국민연금은 너무 단기 수익률에 연연하지 말아야 한다. 즉, 장기적으로 안정적인 수익을 확보하여, 연금의 지속가능성을 유지하는 것이 중요하다. 이는 향후 노년에 지급하여야 하는 가입자를 보호하여야 하기 때문이다. 언론에서 일정 기간 동안에만 수익률을 비교하곤 한다. 그러나 채권수익률의 비교는 별다른 의미가 없으며, 전체의 수익률은 장기적으로 살펴보고, 해외의 수익률과 비교하여 국민연금이 어느 정도 안정적과 지속가능성을 확보하였는 지를 비교하여야 한다. 이러한 비교를 통해서 국민연금의 제도의 우수성과 국민의 미래의 삶을 밝게 비추어 줄 수 있어야 한다.

TIP | 국민연금

국민연금은 보험원리에 따라 운영되는 대표적인 사회보험제도이다. 사회보험제도에 공적연금, 건강보험, 산재보험, 고용(실업) 보험, 노인장기요양보험이 있다. 가입대상은 공무원·군인·사립학교 교직원을 제외한 18세~60세 미만의 국내 거주국민이다. 연금보험료는 가입자의 기준소득월액×연금보험료율이다. 기준소득월액이란 국민연금의 보험료 및 급여 산정을 위하여 가입자가 신고한 소득월액에서 천원미만을 절사한 금액을 말하며, 최저 31만원에서 최고 486만원까지의 범위로 결정하게 된다. 따라서, 신고한 소득월액이 31만원보다 적으면 31만원을 기준소득월액으로 하고, 486만원보다 많으면 486만원을 기준소득월액으로 한다. 기준소득월액 상한액과 하한액은 국민연금 사업장가입자와 지역가입자 전원(납부예외자 제외)의 평균소득월액의 3년간 평균액이 변동하는 비율을 반영하여 매년 3월말까지 보건복지부 장관이 고시하며 해당연도 7월부터 1년간 적용한다. 2019.7.1.부터 2020.6.30.까지 적용할 최저·최고 기준소득월액은 각각 31만원과 486만원이다. 연금보험료율은 9%인데, 직장가입자의 경우 사업자가 절반을 부담하기 때문에 본인부담의 국민연금보험료율은 4.5%이고, 지역가입자는 9%가 된다.

이러한 국민연금은 10년 이상 납부한다. 출생연도에 따른 국민연금 수령나이는 1953~1956년생이라면 만 61세이고 1957~1960년생이라면 만 62세 그리고 1961~1964년생이라면 만63세, 1965~1968년생이라면 만 64세, 1969년생 이후 출생자라면 만65세이다. 연금액=기본연금액×지급률+부양가족연금액로 산출된다.

국민연금 가입자는 2019년 7월말, 2,217만명이 가입하고 있다. 사업장가입자(1,406만명)는 고용된 근로자 및 사용자로서 국민연금에 가입된 자, 지역가입자(729만명)는 사업장가입자가 아닌 자로서 국민연금에 가입된 자, 임의가입자(33만명)는 사업장 및 지역가입자 외의 자로서 국민연금에 가입된 자, 임의계속가입자(49만명)는 국민연금 가입자 또는 가입자였던 자가 65세까지 가입을 신청한 자이다. 2019년 7월말, 연금수급자는 489만명이다.

5

개악보다는 차선을 택해야 하는 공무원연금 개혁

최근, 공무원연금 개혁에 대한 논란이 뜨겁게 달아오르고 있다. 여당과 한국연금학회는 재직 공무원연금 부담금을 43% 늘리고, 수령액은 34% 인하한다는 내용을 내 놓으려고 하였다. 그러나 여당의 공무원연금 개혁의 추진 과정에서 심각한 문제들이 존재하고 있다.

첫째, 현재와 같은 공무원연금 개혁은 필요한 시점으로 보인다. 우리나라의 노후 소득보장제도는 국민연금, 65세 이상 기초연금, 공무원연금·사학연금·군인연금을 포함하는 특수직역연금으로 구성되어 있다. 그러나 이러한 연금은 모두 노후 소득보장제도로 보기 어렵다. 왜냐하면 1998년 국민연금이 도입되었고, 2007년에 국민연금이 전면 개편되면서 기초노령연금이 도입되었기 때문이다. 또한, 2014년에 기초노령연금을 축소한 기초연금으로 노후 대책이 아닌 용돈 수준으로 변화되었기 때문이다. 2007년에 국민연금은 연금액이 연금 가입기간 평균 소득인 소득대체율로 다지면 70%에서 40% 수준으로 변경되었고, 기초노령연금이 도입되었다. 그러나 공무원들은 비슷한 수준의 민간기업에 비해 낮은 임금과 퇴직금이 없다는 것을 감안하면 소득대체율이 국민연금의 수준으로 낮아진다면, 장기적금 수준의 개악으로 볼 수밖에 없는 현실이다. 또한, 공무원연금법이 도입되는 1960년대에 평균수명은 60세 정도였으나 현재의 평균수명은 80세를 넘고 있다. 따라서 공무원의 급여수준이나 퇴직금을 고려하면서 소득대치율과 정년연장을 감안해야 할 것으로 보인다.

둘째, 공무원연금의 개혁은 필요한 시점이지만, 개악보다는 차선을 택해야 한다. 현재의 국민연금과 기초연금을 더한 보편적 소득보장 제도를 현재보다 향상시킬 필요가 있다. 일반적으로 OECD국가들은 전체 GDP의 8~9% 정도를 노인 소득보장에 이용하고 있다. 그러나 우리나라는 2013년 현재 2.3%에 불과합니다. 정부의 논리는 노인인구가 20% 이상이 되는 상황에서도 GDP의 4~5% 이상을 지출하려고 하지 않는다면 공무원연금을 비롯한 공적연금들이 개악이 될 수 밖에 없다. 여기에 대해 재정부담이 생길 수는 있다. 그러나 증세에 앞서 새어나가는 세금을 잡아내고 공정하게 걷는 정세(正稅)와 낭비성 재정지출을 줄여 복지지출 등 친생활 부분으로 전환하는 전세(轉稅)만 제대로 해도 국가 재정을 확대할 수 있다. 따라서 현재의 여당과 한국연금학회의 안대로 조세를 제대로 감안하지 않으면 차선책이 아니라 개악이 된다.

셋째, 공무원연금 개혁의 주체가 당사자인 공무원만 될 수 없다. 이러한 점은 셀프개혁을 하겠다고 하는 것과 마찬가지가 된다. 처음에는 여당이 공무원개혁을 주도하다가, 연금의 정확한 서정을 관리하는 주체인 안전행정부로 넘기려고 하고 있다. 그러나 공무원이 공무원 스스로 과감한 개혁을 하지 못한다. 또한, 공무원연금은 공무원연금만의 문제가 아니다. 예를 들어, 지금까지의 연금 개혁에는 신규공무원과 하위직공무원의 혜택을 줄여 왔다. 현재의 여당과 한국연금학회의 안도 기존의 공무원에 대한 내용보다는 신규공무원 진입부터 조정을 가하고 있다. 이는 세대 간의 갈등과 조직 내 갈등으로 연결된다. 또한, 현재는 재정투입이 없는 사학연금도 공무원연금에 준하여 변동되기 때문에 개혁 주체 당사자의 변화가 필요하다. 따라서 현재와 같은 공무원만 참여하는 연금 개혁은 관피아 문제나 부정부패 등과 같은 파급효과를 유발할 수도 있다.

마지막으로, 공무원연금 개혁에 있어 민주적인 절차와 국민의 동의가 필요하다. 공무원연금과 국민연금을 단순 비교하는 것은 옳지 못하다. 상대적으로 수가 많은 국민연금 가입자와 공평하지 못한 비교는 공무원연금을 단순한 장기적금의 수준으로 개악될 수 있다. 그러나 국민이 동의하는 수준으로 공무원연금이 개혁되고, 국민연금도 개선된다면 현재보다 나은 결과를 만들어 낼 수 있다. 이를 위하여 절차 상의 문제점 등을 전면 재검토하고, 공청회 등을 통한 결과물을 재산출하여야 한다. 모든 경제주체들이 공정하고 효율적이라고 공무원연금 개혁을 평가한다면 개악보다는, 현재보다 공정하여 개악이 아닌 차선책의 공무원연금 개혁이 될 것이다.

6

카드산업 건전화 및 경쟁력 제고 TF, 그 이후

지난 4월 9일, 카드산업 건전화 및 경쟁력 제고 TF 결과가 발표되었다. 매우 여러 가지 주제가 있었고, 여러 가지 주제 내에서도 여러 가지 주제가 있었다. 주로 논의된 부분은 카드 가맹점 수수료의 계속된 인하에 따라 카드사들의 경쟁력을 어떻게 확보할 것인가에 대한 부분이었다. 크게 5개 대주제에서 20개의 세부사항이 논의되었으며, 마지막 부분에서 2~3개의 소주제가 더 첨가되었다. 결과적으로는 5개 대주제로 정리되었다. 향후 추진일정을 보면, 카드사 수익원 다변화는 법안이 국회에 계류 중이므로 법이 통과 되는대로 관련 법을 개정한다. 영업행위 규제 완화는 2019년 내 또는 6월 중, 고객 등 안내·동의 절차 개선은 2019년 중이나 6월까지 마무리한다. 자기자본 대비 총자산 한도(레버리지) 규제 개선은 2019년 중에 진행한다. 카드사 마케팅비용 지출 건전화 중 법인회원이나 대형가맹점과 관련된 부분은 2019년 중에 진행하고, 수익성 분석체계 합리화 및 내부통제 강화는 6월까지, 부가서비스 관련 약관변경 심사는 2019년 4월 이후에 진행된다.

이후 금융노동자 공통투쟁본부(이하 금융공투본)와 카드사노동조합 협의회(이하 카노협)는 지난 4월 8일 13시에 금융위원회 앞에서 6개 카드사 500여명의 대의원이 참석한 '카드 노동자 생존권 사수 합동 대의원대회'를 개최하였다.

금융공투본과 카노협은 세 가지의 추가 보완대책을 촉구하였다. 먼저, 500억 초과 가맹점에 대한 수수료 하한선을 마련하라는 것이다. 여전히 500억 초과 대형가맹점과 어렵게 협상하고 있고, 가맹점 수수료 역진성 해소라는 점에서 충분한 논리적 배경을 가지고 있다. 즉, 신용카드 기준으로 매출액 5~10억원 가맹점은 2.05%에서 1.4%로 0.65%p 인하되었고, 10~30억원 가맹점은 2.21%에서 1.6%로 0.61%p 인하되었으며, 30~100억원은 2.20%에서 1.90%로 0.3%p 인하되었다. 100~500억원은 2.17%에서 1.95%로 0.22%p 인하됨에 따라 500~1,000억원 2.12%, 1,000억 이상 1.93%로 역진성을 나타내고 있다. 따라서 500억원 이상 대형 가맹점에 낮은 가맹점 수수료를 적용시키고 있는 셈이다. 대형가맹점과의 협상에서 카드사는 을에 가깝다. 이러한 부분이 마케팅비용 지출 건전화와 직접 연결되는 부분이다. 따라서 논리적으로 500억 초과 대형 가맹점에 대해 하한선을 두는 것은 현재 가맹점 수수료 체계 상에서 필요한 부분이다.

두 번째는 레버리지 배율 차별을 철폐하라는 것이다. 카드산업은 하나의 국가기관망 산업이고 금융산업에 비해 상대적으로 많은 규제를 받고 있으며, 그 중 하나가 레버리지 비율이다. 기본적으로 경제가 성장함에 따라 소비가 늘어나고, 소비가 늘어나면 카드 이용액은 자연스럽게 늘게 되므로 레버리지 배율은 증가할 수 밖에 없다. 레버리지 배율 규제는 여전사의 과도한 외형확대 경쟁 제한 및 시장위험 차단을 위해 도입되었다. 현재 유사한 항목으로 구성된 조정자기자본비율(자본적정성 평가항목)의 카드사 지도비율은 8%로 레버리지배율로 환산 시 12.5배까지 가능하지만 현재 6배는 과도하다. 2012년에 도입된 레버리지 배율은 신용카드업 6배, 신용카드 제외 여전사는 10배 수준으로 되어 있다. 또한, 수신기능이 있는 고객 자금으로 업을 영위하는 은행업·저축은행의 경우 무분별한 외형확대에 대해 카드업보다 더욱 감독을 강화해야 함에도 레버리지 규제는 없다. 여기에 카드사는 가계대출총량규제 도입이후 금융당국 가이드라인을 철저히 준수 중에 있으며 금융당국의 가이드라인을 벗어난 대출자산의 증가는 불가능하다. 따라서 레버리지 배율은 신용카드 제외 여전사 수준인 8~10배 정도로 상향될 필요가 있다.

마지막으로 부가서비스 축소를 시행하라는 것이다. 물론, 소비자의 권익을 침해하면서까지 부가서비스 축소를 주장하는 것이 아니다. 가맹점 수수료 인하와 물가 상승에 따라 상품 서비스 구성이 악화되거나, 연간 몇 십억에서 몇 백억의 적자 상품에 한해서 여전법에 따라 실질적인 부가서비스 조정을 승인해 줄 것을 요구하고 있다. 향후 출시

상품에 대해 설명의무와 수익성 분석체계를 합리화하고 관련 내부통제를 강화함으로써 과도한 부가서비스 탑재 자제를 유도하고 있다.

기존 상품의 경우, 초기에 여신전문금융업법과 감독규정에 따라 대규모 손실이 발생하여 카드사 경영에 영향을 미치면 원칙에 따라 부가서비스 조정을 위한 약관변경 승인 심사·처리를 하겠다고 하였다. 부가서비스 조정을 위한 약관변경 심사는 4월에 추가적인 실무논의를 거쳐 세부원칙을 마련할 방침을 세웠다. 2014년 6월 핵심설명서가 도입된 이후 해당상품에 대한 설명의무가 이행된 것으로 볼 여지가 있기 때문에 2014년 6월 이후에 나온 일부 수익성 악화가 발생하고 있는 상품에 대해 부가서비스 축소를 할 수 있도록 해 주어야 한다. 그러나 최근 경제적인 논리와 상관없이 설명의무 이행 여부가 쟁점이 된 1건의 카드사의 소송에 대한 대법원 판결 확정을 이유로 실질적으로 금융감독당국은 부가서비스 축소를 허가하지 않고 있다. 금융감독당국은 2014년 6월 출시된 카드에 한해 부가서비스 축소를 원하는 상품에 대해서 신청을 받고, 부가서비스 축소가 된 다음, 소송이 발생하는 경우 개별 카드사의 소송으로 진행되면 된다. 왜 개별 카드사의 소송을 금융감독당국이 조기 차단하는 지에 대해 매우 이해하기 어렵다.

특히, 카드사에서 보기엔 손실이 작아 보이는 카드도 제휴카드를 단든 협력업체의 손실이 카드사의 전체 이익이나 손실에 몇 배에 달할 수도 있다. 과도한 부가서비스로 인해 협력업체의 연간 손실이 400억 원에 달하는 경우도 있다. 양사가 합의하고 과도한 부가서비스에 대해 가맹점 우대수수료율 선에서 합리적인 수준으로 축소하겠다는 것이다. 시간은 흘러가고 있고, 1개월에 수십 억 원에 달하는 손실을 양 측 모두 지불하고 있다. 따라서 금융감독당국은 약관 변경이 가능한 기간에 도래하고, 제휴업체와 카드사의 협의에 따라 합리적인 수준 하에서 축소를 요구한다면 약관 변경을 할 수 있도록 허락해야 한다.

TIP | 신용카드 현황

2019년 6월말 기준 신용카드 발급매수(누적)는 1억 870만매로 전년 동월말(1억 226만매) 대비 6.3% 증가하였다. 휴면카드 매수(998만매)는 휴면카드 자동해지 기준 변경 등의 영향으로 전년 동월말(822만매) 대비 21.4% 증가하였다. 체크카드 발급매수는 1억 1,178만매로 전년 동월말(1억 1,148만매) 대비 0.3% 증가하였다.

표 4.10 카드 (누적)발급매수 추이

단위: 만매, %, %p

구 분	2017년말	2018년		2019년	증감(률)(b-a)	
		6월말(a)	12월말	6월말(b)		
신용카드(a)	9,946	10,226	10,506	10,870	644	(6.3)
휴면카드*(b)	800	822	871	998	176	(21.4)
비중(b/a)	8.0	8.0	8.3	9.2	1.2	–
체크카드	11,035	11,148	11,158	11,178	30	(0.3)

주: 휴면카드는 1년 이상 사용실적이 없는 신용카드
자료: 금융감독원

2019년 상반기중 신용·체크카드 이용액은 426.1조원으로 전년 동기(405.6조원) 대비 20.5조원 증가하였다. 기업구매전용카드(16.7조원), 국세카드납부(2.8조원) 제외시 신용·체크카드 이용액은 406.6조원으로 전년 동기(379.0조원) 대비 27.6조원 증가하였다. 신용카드 이용액은 341.4조원으로 전년 동기(323.3조원) 대비 18.1조원 증가하였고, 체크카드 이용액은 84.7조원으로 전년 동기(82.3조원) 대비 2.4조원 증가하였다.

표 4.11 카드구매 이용액 추이

단위: 조원, %

구 분	2017년		2018년		2019년	증감(률)(b-a)	
	상반기	하반기	상반기(a)	하반기	상반기(b)		
총 계	389.9	398.2	405.6	427.0	426.1	20.5	(5.1)
신용카드	311.3	316.0	323.3	340.7	341.4	18.1	(5.6)
체크카드	78.6	82.2	82.3	86.3	84.7	2.4	(2.9)

자료: 금융감독원

2019년 상반기중 카드대출(현금서비스·카드론) 이용액은 52.3조원으로 전년 동기(52.9조원) 대비 0.6조원 감소하였다. 카드론 이용액(23.0조원)은 0.3조원 증가한 반면, 현금서비스 이용액(29.3조원)은 0.9조원 감소하였다.

표 4.12 카드대출 이용액 추이

단위: 조원, %

구 분	2017년		2018년		2019년	증감(률) (b-a)
	상반기	하반기	상반기(a)	하반기	상반기(b)	
카드대출 이용액	48.7	49.7	52.9	50.9	52.3	−0.6 (−1.1)
현금서비스	29.2	30.1	30.2	30.5	29.3	−0.9 (−3.0)
카 드 론	19.5	19.6	22.7	20.4	23.0	0.3 (1.3)

자료: 금융감독원

8개 전업계 카드사의 영업실적은 다음과 같다. 자산건전성을 보면, 2019년 6월말 카드사 연체율(총채권 기준)은 1.61%로 전년동월말(1.47%) 대비 0.14%p 상승하였다. 이는 카드대출 부문의 연체율(2.56%)이 전년 동월말(2.33%) 대비 0.23%p 상승한데 주로 기인한다.

표 4.13 카드사의 연체율 추이

단위: %, %p

구 분	2017년말	2018년		2019년	증감(률) (b-a)
		6월말(a)	12월말	6월말(b)	
총 채 권	1.37	1.47	1.48	1.61	0.14
카드채권	1.23	1.30	1.32	1.44	0.14
신용판매	0.65	0.72	0.72	0.82	0.10
카드대출	2.27	2.33	2.44	2.56	0.23

주: 카드채권은 1개월 이상 연체채권 기준(대환대출 제외)

자료: 금융감독원

자본적정성을 보면, 2019년 6월말 기준 조정자기자본비율은 23.1%(경영지도비율 : 8% 이상)로 전년 동월말(23.2%) 대비 0.1%p 하락하였다. 레버리지비율(자기자본 대비 총자산 한도)은 4.7배(감독규정상 지도기준 : 6배 이내)로 전년 동월말(4.8배) 대비 0.1배 하락하였다.

표 4.14 카드사의 자본적정성 추이

단위: %, %p, 배

구 분	2017년말	2018년		2019년	증감(률) (b-a)
		6월말(a)	12월말	6월말(b)	
조정자기자본비율	24.1	23.2	22.9	23.1	−0.1
레버리지비율	4.5	4.8	4.8	4.7	−0.1

자료: 금융감독원

2019년 상반기 중 8개 전업카드사의 순이익(IFRS 기준)은 9,405억원으로 전년 동기(9,668억원) 대비 2.7%(-263억원) 감소하였다. 가맹점 수수료수익은 134억원 감소하였고, 할부수수료수익 1,789억원, 카드론수익 686억원 등의 증가로 총수익이 3,198억원 증가하였으나, 대손비용 1,036억원, 자금조달비용 842억원), 마케팅비용 1,725억원 등 총비용이 3,461억원 증가한데 기인한다.

2019년 상반기 중 대손준비금 적립후 당기순이익(감독규정 기준)은 7,705억원(IFRS 기준 순이익 9,405억원-대손준비금 전입액 1,700억원)으로 전년동기(8,101억원) 대비 396억원 감소하였다.

표 4.15 카드사의 손익 현황

단위: 억원, %

구 분	2017 상반기	2018 상반기(a)	2019 상반기(b)	증감(률)(b-a)	
1. 총수익	118,101	120,951	124,149	3,198	(2.6)
2. 총비용	103,910	111,283	114,744	3,461	(3.1)
3. 당기순이익 (IFRS기준)(1–2)	14,191	9,668	9,405	–263	(–2.7)
4. 대손준비금 전입액	8,821*	1,567	1,700	133	(8.4)
5. 대손준비금 적립후 당기순이익 (감독규정기준)(3–4)	5,370	8,101	7,705	–396	(–4.9)

주: 2017년 3월 일부 카드사의 신용리스크 내부등급법 도입 및 '17.6월 「여신전문금융업감독규정」 개정으로 복수 카드론 이용 차주의 카드론 채권에 대한 대손충당금 적립기준 강화 등에 따라 대손준비금 전입액이 일시적으로 크게 증가

자료: 금융감독원

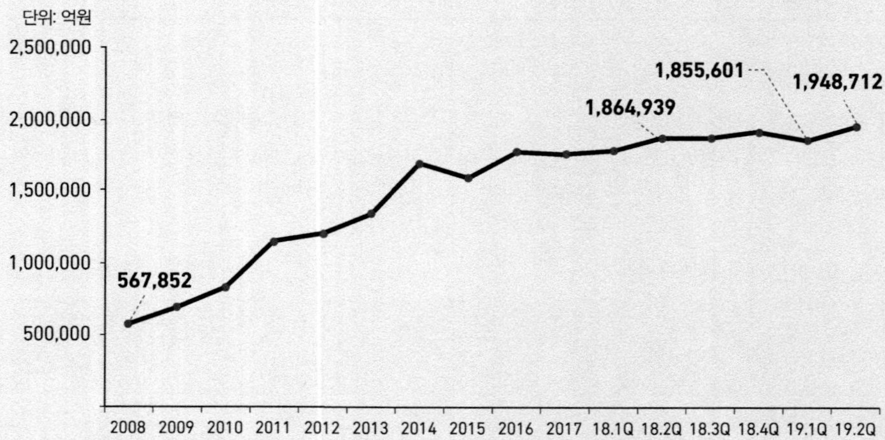

그림 4.4 신용카드 이용실적 추이

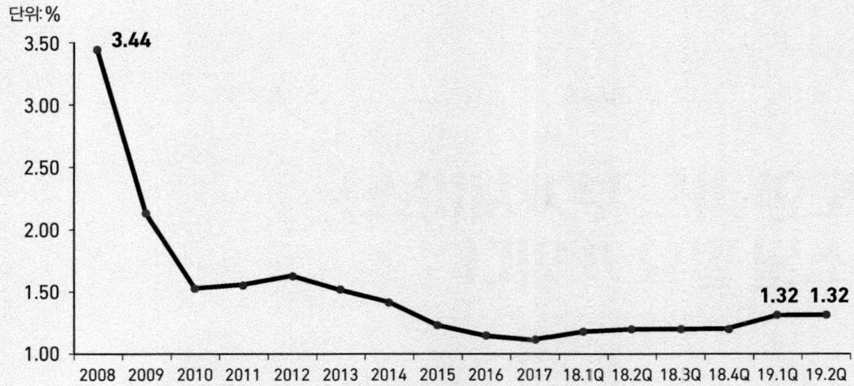

그림 4.5 신용카드사 연체율 추이

7

머니투데이, 2019.04.19. 작성

과도한 카드 부가서비스는 축소될 필요가 있다

요즘 연이은 카드 가맹점 수수료율 인하로 인해 카드사가 무이자 할부를 없앤다든가 포인트 혜택을 없앤다는 뉴스가 심심치 않게 보인다. 금융위원회가 4월 9일 카드산업 경쟁력 제고 및 고비용 마케팅 개선 방안 논의가 그 원인으로 보인다. 카드 가맹점 수수료의 연이은 인하에 따라 카드사들의 경쟁력을 어떻게 올릴 것인 지에 대한 논의가 있었던 자리이다. 크게 카드사 수익원 다변화, 영업행위 규제 합리와, 고객 등 안내·동의 절차 개선, 자기자본 대비 총자산 한도(레버리지) 규제 개선, 고비용 마케팅 관행 개선 등 5개 대주제에서 20개의 세부사항이 논의되었다.

카드사 입장에서 가장 큰 이슈는 영업행위 규제 합리화, 일부 사업영역 확장, 대형가맹점 갑질 해결 방안, 레버리지 규제 개선, 과도한 부가서비스 축소였다. 반면 소비자 입장에서 부가서비스 축소가 주된 이슈라고 볼 수 있다. 그렇다면 양쪽에 모두 해당되는 것은 영업규제도 일부 있지만, 부가서비스가 가장 큰 이슈라고 볼 수 있다.

현재 과도한 부가서비스가 비용으로 잡히고 있는 것이 맞다. 물론 경제규모가 커지고, 시장점유율을 위한 카드사의 경쟁도 있기도 하지만 큰 기업의 입장에서 각종 비용을 부가서비스로 넣기도 한다. 이러한 부가서비스 비용으로 카드상품에 탑재된 부가서비스(포인트, 마일리지, 할인 등) 비용은 2015년 3.5조원에서 2018년 5.0조원으로 1.5조원 이상 증가하였다. 또한, 판촉행사, 경품, 프로모션 등 카드매출 증진을 위한 판촉비용(기타 마케팅활동비용 등)도 2017년 이후 1조원 이상 지출하고 있다. 가맹점 수수료가 계속해서 낮아지는 상황에서 법인회원이나 대형가맹점에 대한 과도한 경제적 이익을 제한하는 것은 옳다. 또한, 신규상품에 대해 수익성 심사를 강화하여 카드 출시 전에 기준이 마련될 필요도 있다.

기존 상품의 경우, 여신전문금융업법과 감독규정에 따라 대규모 손실이 발생하여 카드사 경영에 영향을 미치면 원칙에 따라 부가서비스 조정을 위한 약관변경 승인 심사·처리를 하겠다고 하였다. 부가서비스 조정을 위한 약관변경 심사는 4월에 추가적인 실무논의를 거쳐 세부원칙을 마련하여 처리할 예정이다. 다음 5월에 실무논의에서 나온 과도한 부가서비스는 축소 가능할 것으로 보인다. 물론, 설명의무와 여전업감독규정 25조 2항에 3가지 원칙을 기반으로 약관 변경 신청을 받을 것으로 보인다. 이미 2016년 1월에 관련 감독규정이 개정되어 2019년 1월 25일 이후에는 약관변경 신청을 받아야 되는 상황이며, 이는 이미 기간이 많이 넘어가 있는 상태이다.

실제로 카드사들도 수익성이 너무 낮아져서 신규 발급을 중단 경우나 연회비를 인상한 경우도 많이 있다. 신규 발급을 중단하는 이유로 보면, 가맹점 수수료 인하와 우대수수료율 적용 가맹점 확대에 따른 수익 악화에도 불구하고 가입자 유지를 위한 카드사의 과도한 경쟁 전략이 있을 수도 있다. 카드사의 실적 조건에 편법 실적 채우기로 혜택을 누리는 체리피커식의 일부 블랙컨슈머도 있을 수 있다. 이러한 이유로 2013~2015년 매년 적자규모 10위 내의 카드 22종 중 10개(45%)가 발급 중단 상태에 있다.

또한, 카드사에서 보기엔 손실이 작아 보이는 카드도 제휴카드를 같이 만든 협력업체의 손실이 카드사의 전체 당기순이익에 몇 배에 달할 수도 있다. 예를 들어, 2016년에 출시한 A카드의 카드사의 손실은 2019년부터 30억 원 내외이지만, 협력업체의 연간 손실이 400억 원에 달하는 경우도 있다. 양사가 합의하고 과도한 부가서비스에 대해 가맹점 우대수수료율 선에서 합리적인 수준으로 축소하겠다는 것이다. 따라서 약관 변경이 가능한 기간에 도래하고, 제휴업체와 카드사의 협의에 따라 합리적인 수준 하에서의 축소를 요구한다면 약관 변경을 할 수 있도록 허락할 필요가 있다. 시간은 흘러가고 있고, 월 수십 억 원에 달하는 손실을 양 측 모두 지불하고 있는 상황이다. 따라서 이러한 상황에 있는 과도한 부가서비스가 축소될 필요가 있다.

TIP | 카드사 마케팅비용

2018년중 카드사의 마케팅비용은 6.7조원으로 2015년 이후 매년 10% 이상 증가하고 있으며, 가맹점 수수료 수익의 절반 이상을 마케팅비용으로 지출되고 있다.

표 4.16 카드사 마케팅비용 지출 현황 단위: 천억원

구 분	2015년	2016년	2017년	2018년
부가서비스비용	35.3	39.4	44.8	50.4
포인트적립비용	15.7	16.8	17.1	18.3
제3자 포인트비용	3.7	4.1	4.5	4.9
할인서비스 비용	11.7	13.4	16.9	20.3
기타 부가서비스 비용	4.2	5.1	6.3	6.9
광고선전비	2.1	2.2	2.1	2.0
무이자할부비용	3.4	3.0	3.2	3.9
기타마케팅활동비용	7.5	8.8	10.6	10.7
합 계	48.2	53.4	60.7	66.9

자료: 금융위원회

마케팅비용의 대부분은 고객에게 돌아가는 부가서비스비용으로 지출되고 있으며, 과도한 부가서비스가 카드수수료 인상 요인으로 작용하고 있다. 카드상품에 탑재된 부가서비스(포인트, 마일리지, 할인 등) 비용은 2015년 3.5조원에서 2018년 5.0조원으로 1.5조원 이상 증가하였다. 판촉행사, 경품, 프로모션 등 카드매출 증진을 위한 판촉비용(기타 마케팅활동비용 등)도 2017년 이후 1조원 이상 지출하고 있다.

대형가맹점과 법인회원에 마케팅비용이 집중되고 있다. 카드사는 시장지배력이 큰 대형가맹점(자동차, 통신사, 대형마트 등)에 판촉비용을 과다 지출하고 있다. 예를 들어, 대형 가맹점이 부담해야 할 포인트 비용을 대신 부담하거나 카드로 자동차를 구매한 카드회원에게 상당 규모의 캐시백을 지급한다. 특히, 통신사, 대형마트 등 대형가맹점의 경우 수수료 수익 대비 마케팅비용 지출 비중이 60~140%를 초과하는 수준이며, 일반음식점, 슈퍼마켓 등의 경우 약 30% 수준으로 추정된다. 반면, 대형가맹점에 적용하는 카드수수료율은 일반가맹점 평균에 비해 낮은 수준이다. 2018년 기준 대형마트 약 1.94%, 통신사 약 1.80%, 자동차 약 1.84%의 평균 가맹점 수수료율이 적용되고 있다.

카드사는 전속계약 체결이나 경쟁입찰 과정에서 대형 법인회원에게 다양한 방식으로 경제적 이익을 제공하고 있다. 대기업 등 법인회원 유치를 위해 별도(이면)계약을 체결하고 카드 매출액의 1% 내외를 캐시백으로 지급하는 사례 다수 존재한다. 예를 들어, 복지기금 출연, 무기명 선불카드 추가 지급, 홍보대행, 인력지원, 전담콜센터 운영, 전산시스템 구축, 해외연수 지원 등 다양한 방식으로 제공되고 있다. 또한, 법인회원은 카드 이용에 따른 많은 부가서비스 혜택을 누리는 반면 상당수가 연회비를 면제 받고 있다.

8

디지털타임스, 2018.07.11. 작성

카드사의 마케팅비용은 불필요한가?

최근 카드 수수료율이 인하되고 있다. 2017년의 연매출 1,000억원이상 대형가맹점(약 400개)의 평균수수료율은 1.91% 수준이며, 2016년에 발표된 자료를 보아도 대형마트 등의 수수료율 수준은 1.96%~2.04%로 알려져 있다. 즉, 일부에서 알려진 대형가맹점 수수료율 1.38%는 대기업계열사 중 적격비용 차감 대상인 특수가맹점에 대한 평균수수료율로서 전체 평균이 아니다. 또한, 대형가맹점과 일반가맹점과의 수수료율 차이는 이번 최고수수료 상한 인하로 인해 2.3% 대 1.9%~2% 수준이 되었다. 이러한 차이는 VAN수수료와 같은 프로세싱 비용 차이(약 30~40bp)에 기인하고 있다.

일부 언론이나 정치권에서 카드 수수료 인하와 관련된 적격비용 항목 중에서 가장 많이 지적받는 항목은 마케팅 비용이다. 일부 언론이나 정치권에서 카드시장의 구조를 이해하지 못한 채, 카드 수수료와 마케팅비용을 직접 연계해서 대형가맹점이 더 낮은 카드수수료를 부담한다고 주장하고 있으나 이는 카드 가맹점 수수료 체계 전체에 대한 오해를 발생시킬 수 있다.

마케팅비용은 소비자에게 혜택을 제공하는 비용으로써, 마케팅비용을 차감한 수수료율 산정방식은 국내에 없다. 이러한 산정방식은 통신사도 유사하게 적용하고 있다. 즉, 마케팅비용은 소비자에게 혜택을 제공하기 위한 비용으로 마케팅비용을 수수료율과 묶어서 계산하는 것은 타당하지 않으며, 제휴마케팅은 하나의 마케팅 기법으로 통신사 등 타 업권에서도 시행되는 부분이다.

특히 카드사 마케팅비용의 절반 이상은 카드에 탑재된 서비스인 무이자 할부 등에 대해 고객이 자율적으로 어디서 쓸 것을 결정하는 방식이다. 특히, 여신전문금융업법상 대형마트와 공동으로 추진 중인 제휴마케팅 비용도 여신전문금융업법의 리베이트 금지에 따라 특정 가맹점에 수수료를 부당하게 보전할 경우 법률 위반사항이 되며, 대형마트에 대한 수수료 보전이 아니다. 따라서 이는 카드사의 방만한 마케팅 비용이라고 잘못된 인식에서 발생된 주장이고, 가맹점 수수료 체계 전체에 대한 오해를 발생시킬 수 있다. 이로 인한 정책방향의 혼선을 초래할 수 있다.

마케팅비용은 기업 영업활동에 필수적인 요소이다. 대부분의 기업들은 판매증진을 위해서 광고, 할인, 1+1과 같은 다양한 방법을 통해서 마케팅 비용을 지출한다. 만약 마케팅 비용을 상품가격으로 간주한다면, 상품가격을 낮추기 위해 기업들로부터 마케팅 비용을 없애라는 것과 동일한 의미를 가지게 된다. 이는 비용을 근거로 상품판매를 하라는 것으로 규모의 경제가 존재하는 업종에서 신규 사업자의 진입을 막고 상품의 다양성도 해치는 결과를 낳을 수 있다.

마케팅비용은 카드 탑재 부가서비스 비용과 자사 매출증대를 위한 판촉활동 비용으로 나눌 수 있는데, 이들 모두 소비자의 혜택의 보호와 만족도 향상에 중요한 역할을 한다. 카드 탑재 부가서비스로는 무이자할부, 청구할인이나 현장할인, 포인트/마일리지/캐시백 적립 등은 의무유지기간 3년이 존재하고 소비자의 편익을 유지하는 측면에서 줄이기 어려운 항목이고 이를 줄일 경우 카드고객의 피해가 발생할 수 있다. 가맹점 수수료 인하를 위해 마케팅 비용을 줄일 경우 소비자의 피해발생이 필연적이며, 부가서비스 의무유지기간의 단축도 필요할 수 있다.

한편, 카드사 매출증대를 위한 판촉활동 비용은 판매촉진비 및 유통비 등이 있을 수 있는데, 이는 고객의 만족을 이끌어내는 기업 활동의 일부이다. 해외의 경우, 아메리칸 익스프레스 카드는 고객의 행동을 적극적으로 모니터링 해서 변화가 있을 때마다 다른 서비스 혜택을 제공하면서 고객의 요구에 대처하고 있으며, 소비자의 정보를 기반을 알고리즘 분석을 통해 해당 고객이 요구하는 상품 및 부가서비스를 제공하고 있다.

TIP | 가맹점 수수료율

가맹점 수수료(merchant service charge, merchant discount fee)는 가맹점(merchant)이 지급카드(payment card)를 취급함으로써 상품대금을 신속하고 안전하게 수취한다. 이렇게 지급카드 취급으로 발생하는 편익에 대한 대가로 지불하는 수수료 총체를 말한다. 이는 가맹점거래은행(매입회사, acquirer)이 차지하는 서비스 수수료와 카드발행은행에 차지하는 정산수수료(발급회사 보전수수료, interchange fee)로 구성된다. 정산수수료는 카드관련 서비스를 제공받는 최종 소비자가 직접 지급하지 않고 서비스제공 회사 간에 이전되는 특징이 있다. 카드발행회사는 정산수수료가 카드보유자에게 서비스를 제공하는 대가로 인식하며, 반면 매입회사는 가맹점에 서비스를 제공하는 데 소요되는 비용으로 인식하여 정산수수료가 인상되면 가맹점 수수료를 인상으로 대응하게 된다. 역대 가맹점 수수료 변화는 다음과 같다.

표 4.17 역대 가맹점 수수료 변화

구 분	주요 내용 및 효과	시행 일정
가맹점 수수료	▶ **7차례 수수료 인하 및 7차례 우대 한도 조정**	2007 ~ 2017
	▶ **영세·중소 수수료 우대기준 상향** – 영세: 2억 ➡ 3억(수수료 1,254억 감소) – 중소: 3억 ➡ 5억(수수료 2,389억 감소)	2017. 8
	▶ **영세·중소 가맹점 수수료 추가 인하(PG사 포함)** – 영세: 0.8% ➡ 0.5%(수수료 529억 감소 예상) – 중소: 1.3% ➡ 1.0%(수수료 758억 감소 예상) ※ 체크카드 수수료: 영세 0.5%, 중소 1.0% ※ 수수료 수입 감소 예상은 PG사 제외	2019. 1
벤 수수료	▶ **VAN사 수수료 정액 ➡ 정률 변경** – 벤사 수수료 매출 건당 80원 ➡ 0.2%(정률)	2018. 7
포인트	▶ **신용카드 포인트 강제 환수 법안 통과** – 신용카드 사회공헌재단 설립(매년 200억 출연)	2017. 4
부가세	▶ **세금 체납 많은 유흥업소 대상 카드사가 부가세 대리납부 추진** – '17년 세법 개정안 추진	2019. 1
신규가맹점	▶ **신규 가맹점 우대 수수료 기준 개선** 최초 영업시 일반가맹점 수수료율 적용 ➡ 6개월 후 우대수수료율 적용 대상 가맹점 수수료 환급	2019. 1

연매출에 따른 가맹점 수수료율은 다음과 같다. 2016년 2월 수수료율 전반적으로 인하되었다. 2억 이하 가맹점 신용·체크카드 수수료율, 3억 이하 가맹점 신용·체크카드 수수료율, 5억 이하 가맹점 신용카드 수수료율 모두 인하되었다. 또한, 상한 수수료율 2.7% ➡ 2.5%로 인하, 국세납부대행 수수료율 1.0% ➡ 0.8%로 인하되었다. 2017년 6월, 우대 가맹점 확대 조치 및 가맹점 수수료율 상한선 인하되었는데, 여신전문금융업법 시행령에 따라 영세가맹점 매출액 기준으로 2억

➡ 3억원, 중소가맹점 매출액 기준으로 2~3억 ➡ 3~5억원으로 확대되었다. 2018년 8월, VAN 수수료 산정방식 개편(정액제 ➡ 정률제) 및 상한 수수료율(2.5% ➡ 2.3%) 인하되었다. 정액제는 카드 1건당 수수료 동일, 정률제는 결제금액에 비례해 수수료가 지불된다.

표 4.18 가맹점 수수료율 변화

연매출		~2015년	2016년 2월	2017년 8월	2018년 8월
신용카드	2억 이하	1.5%	0.8%	–	–
	3억 이하	2.0%	1.3%	0.8%	–
	5억 이하	약 2.15%	약 1.85%	1.3%	–
	상한수수료율	2.7%	2.5%	–	2.3%
	국세납부대행	1.0%	0.8%	–	–
비용합계	2억 이하	1.0%	0.5%	–	–
	3억 이하	1.5%	1.0%	–	–

2018년 11월 26일, 가맹점 수수료 개편이 발표되었다. 우대가맹점(30억원 이하)이 전체 가맹점(269만개)의 93%로 확대되었다. 또한, 적격비용 산정결과, 확인된 카드수수료 인하여력 총 1.4조원 중 2017년 이후 발표·시행한 정책효과를 제외한 0.8조원 이내에서 카드수수료율 인하되었으며, 고비용 마케팅 관행 개선이 발표되었다.

표 4.19 가맹점 수수료율 개정(2018.11.26.)

가맹점 구분(연 매출액 기준)			현행	개선안	인하폭
신용	우대 가맹점(우대수수료율)	~3억원	0.8%	0.8%	–
		3~5억원	1.3%	1.3%	–
		5~10억원	약 2.05%	1.4%	약 0.65%p
		10~30억원	약 2.21%	1.6%	약 0.61%p
	일반 가맹점(평균수수료율)	30~100억원	약 2.20%	평균 1.90%	평균 0.3%p
		100~500억원	약 2.17%	평균 1.95%	평균 0.22%p
체크	우대 가맹점(우대수수료율)	~3억원	0.5%	0.5%	–
		3~5억원	1.0%	1.0%	–
		5~10억원	약 1.56%	1.1%	약 0.46%p
		10~30억원	약 1.58%	1.3%	약 0.28%p
	일반 가맹점(평균수수료율)	30억원 초과	약 1.60%	평균 1.45%	평균 0.15%p

9 서울신문, 2019.03.18. 작성

카드 가맹점 수수료와 제로 페이

최근 신용카드나 지자체 페이와 관련된 이슈들이 많이 등장하고 있다. 신용카드와 관련해서는 가맹점 수수료 체계에 있어 대형가맹점 수수료의 역진성 문제이다. 가맹점 수수료와 관련해서 가맹점별로 바뀐 초기의 구간 설정으로 돌아갈 필요가 있다. 초기에 매출액 기준으로 매우 단순화되어 대형가맹점 기준 금액이 높았지만, 이후 개정에서 매출액 기준이 세부화되어 사실 칸막이 같은 역할을 하고 있다. 또한, 계속되는 우대수수료율 적용 확대나 우대수수료율 인하로 인해 오히려 역진성 문제가 발생하고 있다. 협상 시에는 대형가맹점은 거래상의 우월적 지위를 이용하여 카드사에게 가맹 해지 등을 주장하고 있다. 물론 카드사들도 시장점유율 확대를 위해 먼저 협상에 뛰어든 것을 비판받는 것에서 자유롭지 못하다. 그러나 초기의 매출액이나 당기순이익의 구간 설정이라면 해결이 가능하다. 여기서 적격비용 항목에 대한 재설정도 필요하다. 또한, 이미 대안적인 페이(pay) 등이 나오고 있다. 효과가 있을까?

서울페이는 '소상공인 결제 수수료 0원'의 타이틀을 내걸고 서울특별시가 도입한 스마트폰 QR코드를 이용한 새로운 결제시스템이다. 카드 수수료율을 자영업자의 수익 악화 원인 중 하나로 보고 서울 페이를 통해 영세 자영업자의 수수료 부담을 완화하고자 한다. 중계업체 개입 최소화로 수수료 발생요인을 제거해 소비자에게 판매자로 바로 전달하며, 소득공제율을 현행 신용카드 15%, 체크카드 30%보다 높은 40%를 적용한다.

그러나 지자체가 내놓은 페이는 다방면으로 문제가 존재한다. 먼저, 카드시장은 시장실패가 발생하지 않았기 때문에 지자체가 개입하는 것은 부당하다. 이미 지급결제 시장은 효율적으로 작동하고 있기 때문이다. 따라서 정부가 시장실패가 아닌 시장에 개입하는 것은 오히려 정책실패와 비효율성을 야기할 수 있다. 지자체가 직접 페이 운영을 할 경우 운영에 따른 세금은 국민이 부담하게 된다. 페이를 사용하지 않는 소비자의 경우도 세금을 통한 비용부담을 피해갈 수 없게 된다. 반대로 페이 운영이 비효율적으로 이루어질 경우 국민의 부담은 더욱 커져 비용부담 문제는 더욱 심각해진다.

시장 측면에서도 문제점이 존재한다. 페이는 계좌이체의 직불 방식이므로 신용카드가 아닌 체크카드 일부 시장만을 대체한다. 현재, 체크카드 시장의 규모는 약 800조로 카드 시장의 20%에 불과하다. 따라서 페이가 신용카드 시장을 대체하는 것에는 한계가 있다. 페이 사용이 활성화되더라도 이용 증가에 따른 국민의 세금 부담이 더욱 커지게 된다. 뿐만 아니라 금융시장에 과도한 정부 개입은 효율성을 떨어드려, 기업경쟁력을 약화시킨다는 문제점이 있다. 해외 사례를 보면, 우리나라 정부 및 지자체를 제외하고 금융시장에 지자체가 개입하는 경우는 거의 없다. 소상공인의 측면에서는 현재 카드 가맹점주의 경우 카드 수수료율을 부담해도 매출 세액 공제 감안하면 영세·중소가맹점은 이득을 취하고 있으므로 페이 도입의 인센티브가 없는 상황이다.

소비자의 경우 페이는 직불 기능만 가능하고 신용공여 기능이 없어서 신용카드 이용자의 경우 인센티브가 적다. 결제 전 매번 앱(App)을 띄워야 하는 번거로움이 있으며, 카드사에서 제공하던 부가서비스가 없으며, 스마트폰 미 이용자 혹은 스마트폰이 꺼진 경우에 사용할 수 없는 제약이 있다. 또한, 지자체가 운영하고 있는 많은 앱이 안정성 및 업데이트 주기가 길어 소비자에게 여러 불편을 가져다 줄 수 있다. 이용 불편에 따른 대응 속도도 느린 편이므로 페이 운영의 효율성, 안정성을 기대하기 힘들다. 서울 페이의 경우 40% 소득공제를 홍보하고 있지만 소득공제율이 높다하더라도 기존 카드와 다르게 이용할 유인이 크지 않다. 오히려 세금 낭비 문제가 발생할 수 있다. 카드에 대한 소득공제를 현재 줄이고 있는 상황이므로 40%의 소득공제율이 얼마만큼 지속될지도 명확하지 않다.

따라서 소비자나 소상공인에게 전혀 도움이 되지 않기 때문에 이용실적이 제로에 가깝다. 비효율성 및 정부실패를 방지하기 위해서 민간에게 페이 사업을 이전하고 지방자치단체나 공공기관은 사업에서 손을 떼야 한다.

10

아시아타임즈, 2018.06.26. 작성

신용카드시장에서 구축효과가 발생하고 있다

구축효과(crowding-out effect) 또는 밀어내기 효과란 정부가 경기를 부양하기 위하여 정부지출을 늘려 투자를 확대하는 경우에 이자율 상승으로 인해 민간의 투자가 위축되고, 소득 및 고용 증가 효과가 줄어드는 현상을 말한다. 정부지출이 증가하는 경우에 한정된 자원에서 정부 부문이 차지하는 비중이 커짐에 따라 민간투자가 줄어들게 되는 현상이다. 지금의 금융시장이 그렇다. 정부가 금융이나 금융시장도 잘 이해하지 못하는 상황에서 금융시장에서 정부의 역할을 크게 가지고 가려고 하면, 민간투자가 줄어들게 되고 소득과 고용이 줄어들 수 밖에 없다. 이러한 부분은 다시 낼 세금이 줄어들 수 있기 때문에 정부의 역할을 줄이든지 국가채무가 확대되는 수 밖에 없다.

현재의 금융시장 중 신용카드시장이 그렇다. 소상공인을 위하여 가맹점 수수료를 내려 주는 정책은 좋다고 할 수 있다. 그러나 일정 수준 이하로 계속 내리게 하면 오히려 소상공인에게 독이 될 수 있다. 왜냐하면 이미 연매출 10억 이하 자영업자는 부가가치세 납부시 카드매출의 1.3%, 4800만원 미만 간이과세자중 음식업·숙박업은 2.6% 내에서 500만원까지 카드수수료 세액공제를 해주고 있기 때문이다. 또한, 연매출 3억이하 영세가맹점, 5억 이하 중소가맹점은 전액 세액공제를 해주고 있으며 연매출 1억 이하 자영업자의 연간 카드수수료는 52만원이지만, 세액공제는 92만원까지 받고 있는 상황이다. 즉, 카드 단말기를 놓고 수익을 얻고 있는 셈이 된다. 이미 이러한 정책에 따른 부정적인 효과는 고용에서도 나타나고 있다. 금융회사가 비용을 줄이기 위해 계속해서

명예퇴직 등을 비롯하여 감원을 하고 있기 때문이다.

또한, 각종 지방정부가 내놓은 각종 페이에도 문제가 있다. 서비스를 제공하는 것에 대한 비용을 누가 부담할 것인가의 문제이다. 이미 신용카드에 익숙해진 상황에서 페이가 활성화되더라도 소액일 경우에 민간이 이용할 가능성이 높다. 따라서 소액다건인 경우에 계좌를 열어보는 비용 등 각종 비용이 발생한다. 이러한 서비스 제공에 대한 비용은 다시 세금으로 돌아오게 되고 이러한 세금은 소상공인을 위하여 민간 경제주체가 부담하는 형태가 된다. 따라서 지장정부가 내놓는 각종 페이에도 비용 등에 대한 제대로 된 검증이 필요하다.

TIP | 신용카드 세액공제

부가가치세법 제4절 세액공제 제46조 1항에 따라 세액공제가 적용된다. 대상자는 개인사업자로서 부가가치세가 과세되는 재화 또는 용역을 공급하고 세금계산서의 발급 시기에 여신전문금융법에 의한 신용카드매출전표 등을 발급하는 경우 및 대통령령이 정하는 전자적 결제수단에 의하여 대금을 결제받는 경우 및 현금영수증을 발급하는 경우이다. 공제대상 사업자는 소매업, 음식점업, 숙박업, 미용 등의 사업을 영위하는 일반과세자이다.

부가가치세법 제4절 세액공제 제46조(신용카드 등의 사용에 따른 세액공제 등)

❶ 일반과세자 중 주로 사업자가 아닌 자에게 재화 또는 용역을 공급하는 사업으로서 대통령령으로 정하는 사업을 하는 사업자(법인사업자와 직전 연도의 재화 또는 용역의 공급가액의 합계액이 대통령령으로 정하는 금액을 초과하는 개인사업자는 제외한다)와 간이과세자가 부가가치세가 과세되는 재화 또는 용역을 공급하고 제34조제1항에 따른 세금계산서의 발급시기에 「여신전문금융업법」에 따른 신용카드매출전표, 「조세특례제한법」 제126조의3에 따른 현금영수증 또는 그 밖에 이와 유사한 것으로서 대통령령으로 정하는 것(이하 이 조에서 "신용카드매출전표등"이라 한다)을 발급하거나 대통령령으로 정하는 전자적 결제 수단에 의하여 대금을 결제받는 경우에는 다음 각 호의 구분에 따른 금액(연간 500만원을 한도로 한다)을 납부세액에서 공제한다.

1. 음식점업 또는 숙박업을 하는 간이과세자의 경우: 발급금액 또는 결제금액에 2퍼센트(2018년 12월 31일까지는 2.6퍼센트로 한다)를 곱한 금액
2. 제1호 외의 경우: 발급금액 또는 결제금액에 1퍼센트(2018년 12월 31일까지는 1.3퍼센트로 한다)를 곱한 금액

표 4.20 가맹점 수수료율 대비 세액공제율

구분	비중	가맹점 수수료율		세액공제율	신용카드 수수료 실제부담율
		신용카드	체크카드		
영세가맹점	76.5%	0.80%	0.50%	1.3%~2.6%	–0.5%p~
중소가맹점	7.7%	1.30%	1.00%		–1.8%p

11

카드 가맹점 수수료 구조에 대한 진지한 고민이 필요하다

지난 4월 말에 카드사노동조합협의회는 의견을 작성하여 금융위원회에 전달하였다. 전달 내용에 카드산업 정상화를 위한 건의 및 요구사항이 눈에 띈다. 소상공인 지원 대책과 카드산업 정상화를 위한 지원 대책으로 크게 두 가지로 나누어진다. 소상공인 지원대책으로 서울시와 같은 신용카드 매출세액 공제를 직접 지원 및 확대 건의가 있었다. 또한, 실질적인 소상공인 지원을 위한 공익재단 재설립과 세제혜택이 있었으며, 대형 가맹점을 일반 가맹점과 대형 가맹점으로 세분화하여 일반가맹점에 대한 추가 수수료 인하 및 대형 가맹점 수수료에 대한 차등 수수료 적용으로 실질적 지원책 마련해달라고 하는 것이다.

카드산업 정상화를 위한 지원대책으로 재벌 소유 대형 가맹점에 대한 우월적 지위 남용에 대한 강력한 규제로 재벌 가맹점의 갑질 방지와 사회적 참여 유도를 하는 정책이 필요하고, 가계대출 총량 규제에 따른 금융업종 자산 규모에 따른 차등 적용, 가맹점 수수료 적격비용 재산 기간 연장 및 적격 비용 산출 현실화, 설계사 모집 시 회원에게 제공하는 경제적 이익 제공 범위의 확대, 금융지주 계열사 간 고객정보 교환 시에 영업 목적으로 정보 이용, 유흥업소 대상 부가세 대리납부 추진 중단 요구 등으로 구성되어 있다.

카드시장이 정상화되지 못하면서 오죽했으면 카드사노동조합협의회가 나섰을까?

지금의 카드시장은 제대로 작동하고 있는 것처럼 보여도, 수익성 악화에 따른 감원 등의 비용감소 조치가 취해지고 있다. 즉, 수입이 줄고 있는 상태에서 비용을 감소시키는 수 밖에 없다. 어제까지 같이 일하던 수 백 명의 동료들이 매해 명예퇴직하고 회사에서 나가고 있는 상황이 된 것이다. 따라서 카드사노동조합협의회가 나섰을 수 밖에 없었던 것으로 보인다. 이 모든 일의 배경은 바로 카드 가맹점 수수료 구조가 이상하게 변화되었기 때문이다.

작년 대선 당시에 금융정책은 거의 없었다. 7대 가계부채 문제, 선박금융, 금융감독체계 개편, 가맹점 수수료 변경이 금융정책 정도로 파악된다. 또한, 모든 후보가 카드 가맹점 수수료 정책을 내놓았다. 카드 수수료 인하, 자영업자 카드수수료 인하, 카드 우대수수료 적용을 받는 영세가맹점 및 중소가맹점 매출액 기준을 상향, 소상공인 카드수수료 1% 상한제 등 거의 비슷한 형태였고, 이미 일부 공약들은 시행된 것도 많다. 그런데도 카드 가맹점 수수료가 계속 문제가 되고 있다. 실제로 가맹점들은 카드 가맹점 수수료 때문에 장사가 잘 안되고, 비용 지출이 많은 것일까?, 카드 가맹점 수수료가 0%가 되면, 자영업자 폐업 비율은 낮아질까? 그렇지 않다. 오히려 임대료, 프랜차이즈 가맹점 수수료, 경기 변동 등의 원인이 훨씬 크다. 또한, 카드사 마케팅비의 많은 부분들이 가맹점과 함께 하는 공동 마케팅 비용이다. 즉, 다시 가맹점들에게 비용의 일부분을 감소시켜 주고 있기 때문에, 카드 가맹점 수수료가 0%가 되어도 가맹점들은 단말기 설치로 매출에 대한 이익을 얻을 수 있고, 비용에 대한 이익을 동시에 얻고 있게 된다. 물론, 현실적으로 카드 가맹점 수수료가 0%가 될 수는 없다. 카드사들의 원가를 작년 상반기 기준으로 역산하면 1.2% 수준이다. 이러한 요율 이하에서는 카드사도 역마진이 나는 구간이다. 따라서 영세 및 중소 가맹점에 대한 수수료율은 이미 역마진을 넘어섰다.

또한, 카드를 설치함으로 인해서 오히려 수익이 발생하는 가맹점들도 많다. 부가가치세법에 의해 간이과세자나 일반과세자에게는 신용카드 매출전표 등 발행세액 공제 항목이 존재한다. 공제율은 2018년까지 결제금액의 1.3%~2.6%가 적용된다. 따라서 중소가맹점들은 가맹점 수수료로 나가는 금액보다 카드를 이용하여 얻는 세제 혜택이 크다고 할 수 있다.

따라서 카드사노동조합협의회가 제시한 의견들을 귀담아 들을 필요가 있다. 특히, 실질적인 소상공인고의 상생을 위한 공익재단 재설립, 대형 가맹점을 일반 가맹점과 대형 가맹점으로 세분화하여 대형가맹점 가맹점 수수료율에 하한선을 두고, 일반 가맹점의 수수료를 내려주는 차등 수수료 적용하는 것들은 고민해야 할 부분이다. 또한, 정부는 가맹점 수수료 적격비용 산출에 대한 항목이나 기간도 고민해야 한다.

12

서울경제, 2017.05.08. 작성

카드 가맹점 수수료 개편의 방향

5월 9일에 19대 대통령의 임기가 시작된다. 아직 선거결과가 나오지 않은 시점에서, 총선과 대선이 되면 항상 나오는 금융과 관련된 공약이 하나 있다. 바로 카드 가맹점 수수료와 관련된 부분이다. 후보별로 여러 가지 공약이 있다. 특히, 문재인후보는 중소가맹점 수수료율을 인하한다고 밝히고 있다.

이렇게 가맹점 수수료율을 정치권 등에서 강제로 인하하는 것이 옳을까? 1990년대 중반 이후에 정부가 각종 제도 도입을 통해 카드 사용을 급격하게 늘려 소비를 촉진시켰고, 이에 따라 투명한 세원이 확대 되었다. 그러나 의무수납제도와 카드와 차별금지법으로 인해, 가맹점의 협상력은 떨어질 수 밖에 없다. 따라서 정부가 세원확보에 불확실성과 소비 진작에 대한 불확실성을 감안하더라도 여신전문금융업법을 개정하여 카드의무수납제도와 차별금지법을 없애면, 가맹점들의 협상력은 올라가게 된다. 다만, 이 경우의 전체 사회적 후생이 개선된다는 보장은 없다. 정부의 입장에서 세원이 불투명해져 후생은 악화된다. 소비자는 거의 변화가 없고, 카드사는 매출의 감소로 후생은 악화된다. 가맹점 입장에서 가맹점 수수료에 대한 협상력이 생기는 점에서 후생은 개선되지만, 카드 이용 감소로 인한 매출 감소로 인해 후생은 악화된다. 또한, 부가가치세법에 의해 간이과세자나 일반과세자에게는 신용카드 매출전표 등 발행세액 공제 항목이 존재한다. 공제율은 2018년까지 결제금액의 1.3%~2.6%가 적용된다. 따라서 중소가맹점들은 가맹점 수수료로 나가는 금액보다 카드를 이용하여 얻는 세제 혜택이 크다고 할 수 있다.

만약 법을 개정하지 못한다면, 현재의 카드 가맹점 수수료율 체계를 완전히 바꿀 필요가 있다. 정부는 평균 가맹점 수수료율, 대형가맹점 기준과 수수료율, 영세가맹점에 대한 기준과 수수료율만 정하고, 나머지는 시장 논리로 남겨놓으면 될 것으로 보인다. 또한, 가맹점 수수료율을 산출할 때의 일정 비율인 정률과 일정액인 정액을 섞어 놓은 식과 세부 항목에 대한 수정도 필요하다. 세부 항목에서도 새로운 추가나 변경 등도 필요해 보인다.

13

서울신문, 2017.04.18. 작성

카드 가맹점 수수료 개편, 어떻게 해야 하나?

바야흐로 대선 시즌이다. 총선과 대선이 다가오면, 여러 분야의 공약이 나오게 된다. 특히, 대선이 다가오면, 유권자들은 공약 중에서 경제분야에 관심을 많이 가지고 있다. 그리고 총선과 대선이 되면 항상 나오는 금융공약이 하나 있다. 바로 카드 가맹점 수수료 인하다. 특히 순이익이 작은 영세자영업자는 카드 가맹점 수수료에 많은 관심을 가지게 된다. 이번 대선에 문재인후보는 카드수수료 인하를 내세우고 있으며, 홍준표 후보는 자영업자 카드수수료 인하를 내세우고 있고, 안철수 후보는 신용카드 수수료 인하, 유승민 후보는 카드 우대수수료 적용을 받는 영세가맹점 및 중소가맹점 매출액 기준을 상향, 심상정 후보는 소상공인 카드수수료 1% 상한제를 내세우고 있다. 주요 대선 후보들이 모두 가맹점 수수료 인하에 대한 정책을 발표하고 있다. 선거 때마다 나오는 가맹점 수수료 인하에 대한 해결 방안에 대해 살펴보자.

한국은 1990년대 중반 이후에 카드사용이 급격하게 늘어 소비가 촉진되었고, 정부 입장에서는 세원이 확대 되었다. 여기에서 가장 중요한 부문은 가맹점이 신용카드 결제를 거부할 수 없는 카드의무수납제도와 카드와 현금 결제 간 금액을 차별하지 못하는 차별금지법, 신용카드소득공제가 카드사용 비중을 급격하게 늘린 원인이 되고 있다. 이렇게 법으로 정해놓았기 때문에 외국에 비해 압도적으로 카드사용 비중이 높을 수 밖에 없다. 또한, 이러한 법 때문에 법에 숫자로 가맹점 수수료율을 표시하는 나라는 한국이 유일하다.

따라서 가맹점 수수료 해법에는 두 가지가 있다. 첫 번째 방식은 정부가 세원확보에 불확실성과 소비 진작에 대한 불확실성을 감안하더라도 여신전문금융업법을 개정하여 카드의무수납제도와 차별금지법을 없애면 된다. 즉, 가맹점 수수료에 따라 가맹점이 카드사를 선택할 수 있도록 만들어주면 가맹점 수수료에 대한 논란은 사라진다. 따라서 시장에서 가맹점 수수료가 결정되도록 해 놓으면, 낮은 가맹점 수수료를 제시하는 쪽에 가맹점이 가입하기 때문에 가맹점 수수료율에 대한 문제는 사라진다. 다만, 정부 입장에서는 세원확보와 소비감소가 발생할 수 있다는 점을 염두에 두어야 한다. 또한, 가맹점과 카드사 입장에서는 매출이 일부 하락하여 순이익에 영향을 미칠 수도 있다는 점을 고려해야 한다.

두 번째로 법을 개정하지 못하는 상황이라면, 현재의 카드 가맹점 수수료율을 바꿀 필요가 있다. 이미 몇 년 전에 업종별로 단순화되어 있던 카드 가맹점 수수료를 가맹점별로 바꾼 것은 매우 큰 의미가 있다. 업종 내에서도 매출액이나 당기순이익이 다르기 때문이다. 매출액은 카드 이용금액으로 알 수 있으나 300만이 넘는 가대점수를 감안하면 당기순이익을 알기는 어렵다. 따라서 매출액을 기준으로 가맹점 수수료를 산정하였다고 생각된다. 초기 카드 가맹점 수수료는 매출액 기준으로 매우 단순화되어 대형가맹점 기준 금액이 매우 높았지만, 최근에 보다 매출액 기준이 세부화되어 사실 칸막이 같은 역할을 하고 있다. 따라서 매출액 기준을 변경할 수 있는 유인이 발생한다. 이에 대한 수정이 예전과 같이 단순화시키는 것이 훨씬 나아 보인다.

또한, 가맹점 수수료율을 산출할 때의 일정 비율인 정률과 일정액인 정액을 섞어 놓은 식과 세부 내역에 대한 수정도 필요하다. 세부 내역에서 조달금리는 경제상황에 따라 올라갈 수도 있고 내려갈 수도 있는데, 현재와 같이 금리상승기에는 조달금리가 높아질 수 밖에 없다. 다른 마케팅 비용, 카드 프로세싱에 발생하는 비용이나 여러 항목에 대해 검토하고 보다 합리적으로 검토할 필요가 있다. 즉, 가맹점 수수료에 대한 법을 바꾸거나 전체 체계에 대한 전체적인 변경이 필요한 시점으로 보여 지며, 크게 두 가지 방식 중 하나를 선택해야 하는 시점으로 보인다.

14

이데일리, 2018.04.10. 작성

신용카드 수익 및 방향

질문 1) 신용카드사 지난해 수익이 악화되었다. 단기적으로 수익 개선 위한 사업 구조 개편 어떤 방향 나올지?

단기적으로 신용카드사의 수익은 계속하여 악화될 것으로 보인다. 작년에 났던 수익 중 일부는 비자카드나 자회사의 지분 매각이 포함되어 있다. 올해는 가맹점 수수료가 7월경에 한 번, 연말에 가맹점 수수료율 재산정을 앞두고 있으므로 작년보다 수익이 매우 안 좋아 질 것으로 보인다. 거의 규제가 시장을 장악하고 있다고 보면 될 것 같다. 사업 구조는 현재 가맹점 수수료가 수익에서 차지하는 비중을 낮추고 새로운 부가가치 창출을 찾아야 한다. 또한, 동남아 해외진출과 같은 새로운 사업을 찾을 필요가 있다.

질문 2) 단기적 처방으로 해결할 사안인 지와 신용카드 시장 장기적 전망은 어떤지?

단기적인 처방으로 해결될 사안이 아니다. 가맹점 수수료를 여기에서 더 낮추더라도 소상공인은 체감하기 힘들다. 실제로 세금 등을 정산할 때 카드이용에 대한 공제부분이 가맹점 수수료보다 큽니다. 따라서 소상공인 입장에서는 카드를 받으면서 이익이 나는 부분도 있다. 이제 가맹점 수수료에 대한 것은 선거 때마다 표를 위해 나오게 되므로 논쟁을 끝내야 한다. 장기적 전망은 비관적입니다. 실제로 카드사들의 명퇴가 매우 많다. 수익이 적게 나기 때문에 쉬운 방법은 비용을 줄이면 되기 대문이다. 전체적으로 비용을 계속해서 줄여 나가는 방식으로 택할 것으로 보이고, 부가서비스에 대한 부분도 계속해서 줄일 것으로 보인다.

질문 3) 신용 거래 시장에 자체에 대한 전망은 어떤지?

신용 거래 시장 확대도 제한적이다. 최고이자율이 계속해서 축소되면 저신용자나 신용정보가 없는 사람들이 신용거래에 참여하기 힘들다. 다시 말하면, 신용거래가 늘 수 있는 곳은 고신용자나 일부 중신용자 밖에 없는데 한도를 확장하는 것 외에는 방법이 없다. 따라서 담보가 아닌 신용거래시장 확대는 제한적으로 보인다.

질문 4) 신용거래 시장 변화 대비해 신용카드사 역할 재정립 필요하다고 보는지?

현재의 역할을 확대할 필요가 있다. 현재와 같은 역할로는 수익을 내기 힘든 구조이므로 부가서비스 등에 대한 공급에 대해 신중하게 고민할 필요가 있다.

질문 5) 전자페이 시장 성장 등 지급결제 수단 다양화… 신용카드 없는 시대 오는 게 가능할 것으로 보는지?

신용카드 없는 시대는 불가능해 보인다. 카드 자체가 없어지더라도 전자페이나 응용 어플 등에 실물이 없는 카드가 백업되고 있다. IT회사들이 각종 페이를 만들어 내더라도 금융을 대신한다고 보기 힘들다. IT가 지급결제를 비롯한 시장을 점령한다고 하더라도 지급결제 등의 금융 전체를 대신한다고 보기 힘들다.

질문 6) 신용카드 시장, 나아가 신용거래 시장의 미래는 어떻게 짜일지?

현재의 금융시장과 실물시장이 섞여서 돌아갈 것 같지만, 엄연히 실물이 오고 난 후에 금융이 반대로 오게 된다. 따라서 실물만 보인다고 하더라도 금융은 그 속에 있는 것이다. 화폐라는 것 자체가 없어지면 모를까, 그럴 일은 없을 것 같다. 신용거래시장도 마찬가지입니다. 담보대출 외의 신용거래는 꾸준히 늘고 있다. 신용카드시장도 소비증가율만큼 느는 것이 일반적이다. 다만, 우리나라의 금융은 규제가 너무 많아 축소되는 것처럼 보일 뿐인 것 같다. 특히 가맹점 수수료에 대한 논의는 현재와 같은 접근법으로 인하 추세만 보일 것이 아니라, 매출 구간 설정부터 다양한 논의가 있어야 될 것으로 보인다.

디지털타임스, 2016.02.11. 작성

15

신용카드사, 위기를 기회로 삼아야 한다

2015년 한 해에도 신용카드사에 여러 가지 일이 발생하였다. 3년 전에 신용카드 가맹점수수료 체계 개편에서 낮아졌던 가맹점수수료율이 또 한 번 인하되었다. 신용카드사의 수익구조에서 가맹점수수료의 수익은 낮아지고 있으나 전체적으로는 여전히 가장 높은 주 수익원이다. 아직 발표되지 않았지만, 2015년의 상반기 경영실적으로 봤을 때, 신용카드사의 당기순이익은 2014년의 당기순이익을 상회할 전망이다. 그러나 새로운 가맹점수수료율이 적용되고 자산매각 등을 제외한 2016년의 당기순이익은 매우 크게 감소할 수 있다. 2012년에 가맹점수수료 개편 당시에도 2013년의 당기순이익이 매우 감소할 것으로 예상하였으나, 신용카드사의 자구노력 등으로 당기순이익은 그다지 크게 감소하지 않았다. 그러나 현재와 같은 영업활동으로는 당기순이익은 감소할 수 밖에 없는 구조이다. 따라서 신용카드사들은 현재의 위기를 새로운 기회로 삼아, 보다 나은 기업구조로 가져가야 한다.

신용카드사는 수익에서 가맹점수수료가 차지하는 비중을 줄여야 한다. 이전의 가맹점수수료율 개편 당시에도 언급되었듯이 현재의 가맹점과 카드사의 시장구조는 정상이 아니다. 즉, 카드사와 소비자 시장은 시장원리로 정상적으로 작동하고 있지만, 법적으로 가맹점은 카드사에 대한 선택권이 없기 때문에 시장원리가 적용되지 않는다. 따라서 정부의 개입이 있었던 부분을 최소화하거나 시장원리가 작동한다는 가정 하에 영업을 진행하여야 한다. 그렇다면 이전 가맹점수수료 개편 당시에서부터 가맹점수수료가 수익에서 차지하는 부분을 큰 폭으로 줄이고 다른 수익원을 찾거나 대응되는 부가서비스를 줄어야 한다. 그러나 현재의 시장 구조에서 부가서비스 축소는 한계가 있으며, 대규모 시스템 구축으로만 수익에 의존하는 구조는 시간의 흐름에 따라 반드시 한계가 나타나게 된다. 따라서 신용카드사는 언제든 개편될 수 있는 가맹점수수료 체계를 감안하여 영업을 전개할 필요가 있다. 정부도 다양해지는 결제방법 등을 고려할 때, 일정금액 이하에 대한 부분 의무수납제도 등 시장의 흐름을 방해하지 않고 전체의 후생을 높일 수 있는 범위 내에서 법적인 문제들을 고려해야 한다.

또한, 해외진출을 적극 고려해야 한다. 한국의 신용카드 기술이나 운영 능력은 이미 최고 수준에 이르러 있다. 최근에 일부 신용카드사들이 해외진출을 하고 있으나, 일부 동남아 국가에 국한되어 있다. 사실, 이러한 신용카드사의 해외진출은 몇 년 전부터 나오던 이야기이다. 새로운 부가가치를 창출하기 위해서는 국내의 영업에만 안주하기 보다는 해외로 진출하여 한국 금융의 기술적 우위와 안정적 운영을 알릴 필요가 있다. 이와 더불어 새로운 수익원으로서 활용할 필요가 있다. 해외 브랜드에 의존하여 비용만 지불하는 것보다 새로운 브랜드로 해외 시장에 진출하여 새로운 부가가치를 창출할 필요가 있다. 또한, 신용카드 뿐만 아니라 비슷한 업권에서 해외에 진출하여 실패한 사례를 정확하게 분석하고 있어야 한다. 다양한 문화적 차이에서 오는 카드에 대한 인식, 소비 습관, 부의 편중 등을 고려하지 않고, 해외진출을 하면 대부분 실패를 하게 된다. 따라서 문화적 차이에 대한 연구 등을 통해 해외로 진출하여 새로운 부가가치를 창출해야 한다. 또한, 가맹점수수료와 같이 정치권의 인위적인 개입이 있었던 부분을 만회하기 위하여, 정부도 해외진출에 대해 최대한 지원해야 한다.

기술의 흐름을 파악해야 한다. 2014년의 기술금융이나, 2015년의 핀테크는 각 년도의 화두이다. 세계적으로 불고 있는 바람이기도 하며, 모든 금융권들이 촉각을 세우고 있는 부분이다. 신용카드업은 특히 다른 금융권에 비해 기술과 매우 밀접하게 연결되어 있다. 국내의 핀테크가 지급결제에 치우쳐져 있는 이유가 바로 국내의 카드 기술이 매우 발전되어 있기 때문이다. 신용카드도 금융의 일종이기 때문에 신용카드사의 안정성을 확보하면서 기술과 연결할 필요가 있다. 따라서 금융의 안정성을 바탕으로, 모바일이나 빅데이터를 핀테크와 적절하게 접목하여 차세대 기술을 키우고, 이에 대한 부가가치를 높여야 한다. 또한, 기술금융을 신용카드에 접목할 수 있는 방안도 고려할 필요가 있다.

마지막으로 신용카드시장의 경제주체인 정부의 역할이 상당히 중요하다. 현재의 시장실패가 일어나고 있는 부분을 최대한 지원하여 신용카드사의 활로를 뚫어주어야 한다. 법적인 부분이나 규제 등으로 인해 발생하는 부분들을 보완하고, 타업권에 영향을 주지 않는 범위 내에서 최대한 영업의 자유를 보장해 줄 필요가 있다. 이러한 다양한 방법을 통해 신용카드사들은 위기를 새로운 기회로 삼아 재도약할 수 있어야 하고, 한국과 해외에서 금융시장의 부가가치를 높일 수 있어야 한다.

16

뉴스토마토, 2015.12.14. 작성

규제개혁과 멀어진 카드 가맹점수수료율 인하

선거철이 되면, 언론에 많은 관심을 받는 것 중의 하나가 가맹점 수수료율이다. 몇 개월 전부터 정치권의 각 당은 현수막을 보기 좋은 곳에 내 걸었다. '가맹점수수료 반값으로 인하', '중소가맹점의 연간 가맹점수수료가 000만원 줄어듭니다' 등 여러 가지 구호로 현수막이 걸려 있는 것을 보곤 한다. 정부는 11월 2일, 신용카드 가맹점 수수료 인하 방안을 발표하였다. 주요 내용으로 연매출 2억원 이하의 영세가맹점의 신용카드 수수료율을 현재 1.5%에서 0.8%로 인하한다는 것이다. 또한, 연매출 2억원~3억원 이하의 중소가맹점은 2.0%에서 1.3%로 인하한다는 것이다. 일반가맹점의 경우에도 3~5억원은 약 1.85%, 5~10억원은 약 1.92%, 10억원 초과는 1.96%로 인하하는 것이다. 또한, 체크카드의 수수료율은 연매출 2억원 이하는 1.0%에서 0.5%로, 연매출 2억원~3억원은 1.5%에서 1.0%로 인하된다. 3년 전에 신용카드 수수료율은 업종에서 개별 가맹점으로 바뀌었으며, 3년에 한 번씩 수수료율을 재산정하기로 되어 있다. 올해 11월에 재산정된 것으로 보이며, 카드사는 수수료율을 가맹점에 12월말에 통보한다. 가맹점 수수료율은 2016년 1월에 적용된다. 이러한 발표는 여러 가지 문제점을 내포하고 있다.

첫째, 이번의 신용카드 수수료율 결정은 정치 및 관치금융의 성격이 매우 높다. 내년의 총선과 2년 후의 대선을 예상하면, 표와 직결될 수 있다. 따라서 시장의 성격을 고려하지 않은 채, 결정된 사항일 수 있다. 3년 전에도 가맹점 수수료율을 인하할 때, 시장 컨센서스보다 0.1%p 더 낮아 졌으며, 이번에는 시장 컨센서스는 0.5% 정도였으나 하락 폭은 상당히 크다. 이러한 문제는 다음의 선거에도 적용된다. 최근에 규제개혁과 관련하여 은행의 수수료율과 같은 가격은 자율로 맡기면서도 신용카드사의 가격은 제도적으로 규제한다는 것은 규제를 더할 뿐이다. 이러한 정치적인 성격은 매 선거 때마다 반복될 확률이 높다.

둘째, 정부와 정치권은 가맹점 수수료율 시장의 시장실패를 먼저 해결해야 한다. 카드 시장은 소비자와 가맹점을 동시에 보아야 하는 양면시장이다. 카드사와 소비자의 시장은 연회비나 수수료율에 의해 어느 정도 시장에 맡겨져 있으나, 가맹점이 속해 있는 시장은 시장실패로 굳어져 있다. 즉, 카드사도 가격을 정할 수 없고, 가맹점은 카드사를 선택할 수 있는 권리가 없으며 수수료율이 높아서 효용은 떨어진다. 이러한 문제는 의무수납제도와 차별금지법에 그 원인이 있다. 신용카드가 도입되면서 지하경제는 줄어들었다. 따라서 정부는 부가가치세 등의 세금을 산출에 대해 보다 용이해 졌고, 보다 많은 세금을 확충할 수 있었다. 따라서 경제주체 중의 하나인 정부의 효용은 늘었다. 그러나 현재의 시장은 소액결제 증가 등으로 인해 카드사는 비용이 높아져 일부 역마진이 날 것으로 예상된다. 또한, 가맹점은 선택권이 없기 때문에 수수료를 부당하다고 생각한다. 따라서 카드 시장이 어느 정도 커진 상황에서 이를 해결할 수 있는 방안 중의 하나가 가맹점에서 카드를 선택해서 받을 수 있도록 하면 된다. 또한, 소액결제에 대한 부분은 현금영수증으로 대체할 수 있는 법안이 필요해 보인다.

셋째, 구간의 문제에 대한 부담이다. 일반 가맹점의 구간이 이번에 나누어지고 있는데, 3년 후에 수수료율을 하락하거나 상승시킬 때 문제가 발생할 가능성이 높다. 예전에는 매출액 1,000억원 기준으로 대형 가맹점을 결정하였는데, 이번에는 10억으로 바뀌면서 대형 가맹점의 경우 구간의 문제 때문에 하락이나 상승시킬 방법이 없다. 따라서 일반가맹점의 구간을 없애는 것이 맞다. 또한, 금번 수수료율 인하로 인해 신용카드 매출세액공제를 고려하면 가맹점의 이익은 오히려 늘어날 수도 있다. 이러한 부분은 국회 정무위와 협의하여 변경시킬 필요가 있다.

넷째, 적격비용 항목과 수수료율 인상의 경우의 문제가 존재한다. 현재의 적격비용 항목이 대부분 하락하고 있기 때문에 수수료율을 인하할 근거가 있으나, 자금조달에 필요한 금리가 상승할 경우 오히려 수수료율이 높아질 수 있다. 이 경우에는 정치적인 방법으로도 해결할 수 없다. 따라서 적격비용 항목이 상승할 경우에 상향시킬 근거를 마련할 필요가 있다. 또한, 적격비용 항목 중에 VAN의 리베이트는 대부분 없어졌기 때문에 수수료율 하향에 대한 재원이 될 수 있어야 한다.

이 외에도 여러 가지 문제가 신용카드 시장에 존재할 수 있다. 이러한 규제나 문제들을 시장논리로 해결하지 못하고, 정치적인 문제로 해결된다면 가맹점수수료율과 같은 문제는 계속해서 반복될 수 밖에 없다. 지금부터라도 이 시장에 대한 법과 제도, 시장에 대해 연구하고, 점검할 필요가 있다.

17

카드사 부가가치세 대리징수제도 도입을 신중히 검토해야!

지난 5월 대선이 끝나고, 새로운 정권이 출범한 지도 두 달이 되었다. 현 정부는 인수위원회가 없는 가운데, 최근 인선을 마무리 짓고 있는 듯하다. 정치적인 문제와 하반기 리스크를 감안하더라도, 경제 전체적으로 상황은 좋아지고 있는 것으로 보인다. 그러나 현 정부는 7대 가계부채 대책의 최고금리, 가맹점수수료, 금융감독 체계개편 등의 일부 정책을 제외하면 금융정책은 거의 없었다. 따라서 국내외 금융정책과 국내 각종 금융시장에 대한 이해도는 낮은 편에 속해 보인다. 이러한 정책에 의해 금융시장에는 문제가 발생하고 있다.

정부의 세입부분을 살펴보자. 소득세가 2012년 45.8조원에서 2016년 68.5조원으로 22.7조원(49.6%) 증가하였다. 동 기간에 법인세가 45.9조원에서 52.1조원으로 6.2조원(12.5%) 증가하였다. 부가가치세가 55.7조원에서 61.8조원으로 6.1조원(11%) 증가하였다. 올해 5월까지 전년의 국세수입 112.7조원에 비해 11.2조원 증가한 123.8조원을 나타내는데, 법인세가 4.3조원, 부가가치세가 2.5조원, 소득세가 1.8조원이 더 걷혀 세수 진도율이 매우 빠르다. 이러한 요인으로 법인실적 개선, 세원 확브, 부동산 거래 증가 등이 있다.

이러한 가운데 최근에 정부는 카드사를 통한 부가가치세 대리징수제도 도입을 통해 부가가치세를 더욱 늘릴 것으로 기대하고 있다. 2014년에 세법상 걷어야 하는 세금과 실제 걷힌 세금의 격차인 택스갭 중 부가가치세에서 발생하는 것이 11조원 정도로 추산된다. 2016년까지의 부가가치세 증가분을 감안하면 부가가치세 대리징수로 약 2조원~4조원을 더 걷을 수 있을 것으로 보인다. 실제로 경제규모, 지하경제, 부가가치세율, 영세율 및 면세율을 감안해도 비슷한 규모로 추정된다. 정부의 입장에서는 기존 금융기관의 인프라를 이용해서 추가비용은 들이지 않으면서 부가가치세의 징수를 증대할 수 있기 때문에 비용 대비 편익이 클 것으로 보인다.

하지만 경제주체별로 살펴보면, 부가가치세 대리징수제도 도입이 의도와는 달리 큰 피해를 발생시킬 위험이 있다. 우선, 영세·중소가맹점의 피해가 클 것으로 예상된다. 카드거래는 B2B 거래보다 영세·중소가맹점이 많은 B2C 거래에서 주로 발생하기 때문에 제도 도입 시 부가가치세 금액에 대한 기간이익의 상실이 발생하게 된다. 즉, 카드가맹점은 상품 구입에 있어서 부가가치세를 지불하지만, 물건을 판매할 때에는 부가가치세를 징수하지 못해 일정기간 자금유동성 저하가 불가피할 수 있다. 이는 영업환경이 가뜩이나 어려운 상황에서 영세·중소가맹점의 자금유동성을 더욱 악화시켜 폐업 가능성을 높일 수 있다.

소비자 입장에서는 거래의 편의성 저하와 비의도적 조세회피가 발생할 가능성이 높다. 현재도 가맹점의 카드결제에 대한 거부감이 존재하는 상황에서 부가가치세 대리징수제도가 도입되면 가맹점은 카드결제 보다 현금결제를 더 선호하게 된다. 즉, 현금결제를 유도해 소비자의 결제편의성을 낮추고 가맹점의 불법적 현금할인 등으로 소비자가 의도치 않게 부가가치세를 납부하지 않을 가능성도 있다. 이는 궁극적으로 거래의 투명성을 낮춰 세수확보를 더 어렵게 할 수 있는 요인이다.

마지막으로 카드사는 부가가치세 대리징수에 참여할 유인이 없어 보인다. 카드사는 부가가치세 대리징수를 위해서 관련 시스템 구축과 추가 인력이 투입되어야 하고 가맹점, 정보보안 강화와 같은 비용도 발생할 것으로 보인다. 특히, 카드사는 가맹점의 관련 민원을 처리해야 하는 부담이 상당히 클 것으로 보인다. 자금유동성이 떨어지는 가맹점들은 카드결제대금을 하루라도 빨리 받기 위해 카드사에게 계속 요구하고 있는 상황에서, 판매대금의 약 10%를 차지하는 부가가치세를 받지 못한다고 할 때, 이에 대한 모든 불만은 카드사에 돌아갈 가능성이 매우 크다. 또한, 부가가치세 대리징수 과정에서 문제가 발생하면 카드사가 모든 사회적 비난을 받을 수 있다.

따라서 정부가 부가가치세 대리납부제도의 시행에 있어 정확한 비용·편익분석과 사회후생에 미치는 영향 등을 심도 있게 연구하고 논의하는 것이 선행되어야 한다. 또한, 제도 도입이 원활히 되기 위해서는 다양한 이해당사자의 입장에서 나타날 수 있는 문제점과 이들이 부가가치세 대리징수제도에 참여할 수 있는 인센티브 제공도 생각해야 한다.

18

한국경제, 2015.08.13. 작성

신용카드 소멸포인트를 기부하는 것은 바람직한가?

2015년 7월 17일, 여신전문금융업법 일부개정법률안이 국회에 발의되었다. 주요내용은 회원의 기부 요청 또는 소멸포인트의 경우, 신용카드 포인트 관리재단(여신금융협회 설립)에 기부가능토록 하고 이를 통해 협회에서는 사회공헌사업 수행한다는 것이다. 제안취지는 소멸 포인트의 공익적 활용으로 사회 전체적인 효용 증대를 내세우고 있다. 그러나 여러 가지 문제가 발생할 수 있다.

첫째, 신용카드사의 소멸포인트는 점점 줄어들고 있다. 2003년도 이후, 신용카드사의 포인트 사용경험률을 보면 2013년말 22.3%에서 계속 상승하여 2015년 2분기에 88.3%에 이르고 있다. 카드업계는 신용카드 포인트 사용 활성화를 위한 제도개선을 지속 추진하고 있어 이용률이 지속적으로 증가 추세에 있다. 이를 위하여 카드사는 소멸포인트 최소화를 위해 포인트 사용처 확대(기부처 포함), 잔여포인트 SMS 고지 강화, 고객 탈회 이후 포인트 환급 등의 다양한 정책을 운영하고 있다. 만약 추세로 분석한다면 향후 4년 내에 거의 100% 가까이 도달하게 된다. 즉, 대부분의 신용카드 이용자들은 본인의 포인트를 인식하고 있고, 이를 활용하고 있다는 것을 의미한다. 따라서 신용카드 소멸포인트를 이용하여 관리재단을 설립하는 것은 초기에는 자본이 충분하겠으나, 시간의 경과에 따라 매우 빠른 속도로 자본은 줄어들게 된다는 문제점을 가지고 있다.

둘째, 포인트는 현금과 달리 회원과 카드사 간의 사적 계약에 따라 카드 사용에 대한 대가로 카드사가 고객 로열티 확보를 위해 제공하는 리워드의 성격을 가진다. 즉, 포인트 유효기한 및 카드사의 소멸포인트 처리방법도 계약의 범위에 포함되는 것이므로 이를 법으로 명시하여 기부가 준(準) 강제성을 갖게 되는 것은 과도한 규제로 볼 수 있다. 또한, 포인트는 '채권'이나 '청구권'의 성격이 아닌, '부가서비스' 이용에 대한 권리이지 양도 가능한 재산권이 아니므로 소멸포인트의 재산상 이익에 상당하는 금액을 기부화하는 것은 타당하지 않다. 물론, 포인트는 사전에 정해진 계약 조건하에서 쌍방간 의사의 합치(카드이용계약)가 이루어진다는 점에서 조건부 채권의 성격으로 볼 수도 있으나 회원의 기여가 전혀 없기 때문에 회원이 사용조건까지 설정할 수 있다고 보기 어렵고, 카드사가 회원에 대해 금전적 환급 의무까지 진다고 보기 어렵다. 또한, 카드사는 사전 이용계약 조건에 포인트에 대한 제반권리(소멸시효 등)를 설정하는 것이 가능하고, 회원의 경우 계약 조건이 마음에 들지 않는다면 탈퇴 또는 계약 불체결의 권리가 있다.

셋째, 포인트 제도를 이용한 마케팅은 항공사 마일리지, 백화점·이동통신사 멤버십 포인트, 정유사 포인트, 외식업체 포인트 등 신용카드사 외에도 다양한 업체들이 운영하고 있음에도 신용카드사 소멸 포인트만 기부대상으로 법제화하는 것은 업종간 형평성에 어긋날 수 있다.

넷째, 카드사별, 포인트별 사용 가치 및 사용처가 상이하여 동일한 환산 가치 적용은 불가하며, 포인트 현금화시 원가 왜곡으로 인한 분쟁과 혼란이 야기될 소지가 존재한다. 예를 들어, A카드사의 포인트 1점과 B카드사의 도트리 1개의 가치가 다를 수 있다. 이를 시장가격화하는 것은 매우 어렵다. 또한, C카드사의 포인트는 유통업에서만 쓸 수 있는 반면, D카드사의 포인트는 금융업에서만 이용할 수 있다면 동일한 재화로 보기 어렵고, 화폐 단위로 환산하기 어렵다.

마지막으로 카드업계는 자체적인 사회공헌 기금 조성·운영을 통해 소멸포인트 사회환원 노력을 이미 지속 중에 있다. 카드업계 및 협회는 소멸포인트 일부를 재원으로 하여 200억원의 사회공헌기금을 조성하였으며, 2014년 영세가맹점 IC단말기 교체를 위해 1,000억원의 사회공헌기금 조성키로 하는 등 업계 스스로 사회적 약자에 대한 다각적인 사회 환원 노력을 지속하고 있다.

19

한국경제, 2014.05.07. 작성

신용카드산업 규제의 효율성과 공정성

최근 창조경제 실현을 목표로 정부의 규제개혁 또는 규제완화가 대대적으로 추진 중에 있다. 대부분 산업에서 규제가 꼭 필요한 것도 있으나 필요하지 않은 것들도 있다. 금번 규제개혁의 요지는 필요하지 않은 규제를 과감히 폐지 또는 완화하여 투자 및 경제의 효율성을 극대화한다는 정부의 의도가 내재되어 있다. 그러나 규제개혁 또는 규제완화에서 간과 되어서는 안되는 것이 공정성이라고 할 수 있다. 특히, 신용카드산업에 대한 규제의 공정성이 적정한 지에 대해 살펴 볼 필요가 있다.

신용카드산업에 대한 규제는 2003년 신용카드사태 이후부터 강도 높게 추진되어 왔다. 2013년말 기준, 경제활동인구 1인당 신용카드 3.9매를 소지하고 있고 민간소비지출의 3분의 2를 차지하는 산업인 만큼 소비자보호를 위한 어느 정도의 규제는 불가피해 보인다. 그러나 최근 몇 년 사이 신용카드산업을 규율하고 있는 여신전문금융업법(이하 여전법)상에 정부가 직접 수수료율을 명시하는 등 세계적으로도 흔치 않은 규제가 시행 중에 있거나 시행될 예정이다. 예컨대 2012년 12월에 신용카드 가맹점수수료율체계가 35년만에 개편되면서 정부는 연매출 2억원 이하의 영세가맹점에 대한 가맹점수수료율을 전체 평균 가맹점수수률의 80% 또는 1.5% 중 낮을 요율을 적용하고 협상력이 큰 대형가맹점의 가맹점수수료율을 인상하는 여전법 개정안을 통과시킨 바 있다. 게다가 지난 4월 30일, 국회 정무위원회의 법안심사소위원회는 연매출 2억원초과 3억원이하의 중소가맹점의 가맹점수수료율에 대해 평균 가맹점수수료율의 100% 또는

2%의 가맹점수수료율 중에 낮은 요율을 적용할 수 있도록 하는 여전법 시행령을 개정키로 합의하였다.

대부분의 산업이 규제를 완화하는 방향으로 나가고 있는데, 신용카드산업에서만 오히려 규제가 강화되는 방향으로 움직이고 있다. 또한, 공정성에서도 문제는 존재한다. 가맹점수수료율 책정에 있어서의 공정성은 협상력이 높은 대형가멍점의 수수료율을 높이고 협상력이 낮은 영세가맹점의 수수료율을 낮추는 것이다. 또한, 공공성을 가지고 있는 특수가맹점에 대한 수수료율을 낮추는 것이 공정성이다. 그러나 금번 연매출 2억원 초과, 3억원 이하에 대한 가맹점수수료율 적용기준은 이미 평균 가맹점수수료율과 비슷한 수준으로 실효성이 없는 부분이며 효율성 및 공정성을 확보하지 못한 결과를 만들어 낸 것이다.

신용카드산업에서 경제주체는 크게 소비자, 가맹점, 신용카드사, 부가통신사업자(VAN), 정부로 나누어진다. 이 중에서도 가장 중요한 것은 소비자이다. 소비자가 네트워크 효과를 일으켜야 가맹점, 신용카드사, VAN사가 활성화되며 정부의 세수도 확장된다. 이번의 가맹점수수료율 변경은 대부분의 경제주체에게 실익이 없어 보인다. 결국 규제를 강화했다는 측면만 부각될 뿐이다.

이러한 규제와 더불어 신용카드 회원정보 유출사태이후 개인정보보호 대책이 강도 높게 추진되고 있다. 특히, 신용카드 가맹점의 정보유출을 방지하기 위해 MS 카드용 단말기를 IC 카드용 단말기로 교체하는 작업이 2015년까지 추진될 예정이다. 이러한 정책은 공정성 측면에서 필요한 것이다. 소비자의 개인정보 유출은 기업의 입장에서 보면, 비용에 불과할지 모르지만 개인정보 유출 후에 나타나는 보이지 않는 신뢰추락의 비용은 굉장히 크다. 기본적으로 금융업은 신뢰를 바탕으로 하지 않으면 수익 등을 창출할 수 없다. 따라서 신용카드사들이 카드포인트로 사회공헌기금을 조성하여 단말기를 교체하는 것은 당연하다. 그러나 신용카드산업의 경제주체인 VAN사나 정부도 신용카드사에만 희생을 강요하기 보다는 수익자부담원칙에 따라 일정 비용을 분담 등의 역할을 하여야 한다. 이것이 공정성이 확보되어야 하는 이유다. 아울러 신용카드사들은 사회적인 인식이나 이미지 개선을 위해 소비자들이 이미 가지고 있는 포인트를 다양하게 사용할 수 있도록 노력하여야 한다.

마지막으로, 신용카드산업 규제 중 시급한 과제는 업무영역 확대이다. 2009년에 시행된 자본시장과 금융투자업에 관한 법률(자본시장통합법)에 의해 은행업과 증권업의 업무영역은 이미 네거티브방식으로 전환되었으나 유독 신용카드업의 경우에만 포지티브방식으로 운영되고 있다. 네거티브방식으로 전환이 사회적인 문제를 일으킬 것이라는 일부 비관론도 존재하지만, 새로운 금융의 영역을 개척해야 하는 입장에서는 낙관론도 존재할 수 있다. 물론, 신용카드사들이 경쟁적이고 수익성 위주의 기업으로만 남는 경우에는 비관론이 낙관론보다 우세할 수 밖에 없다. 그러나 신용카드사들이 공정한 경쟁, 사회적 기여, 공정한 규제를 통해 사회적인 인식이 바뀌게 되면, 보다 나은 산업으로 발전해 나갈 것으로 기대된다.

아시아경제, 2013.07.22. 작성

20

신용카드 VAN업계를 어떻게 볼 것인가?

신용카드 가맹점 수수료 체계가 2012년 12월에 도입되었다. 최근 발표된 1분기 영업실적을 보면 신용카드산업은 가맹점 수수료 체계 개편으로 인해 약900억의 이익감소가 있었으나 모집 및 마케팅 비용이 1,200억이 줄어들면서 주식매각 이익을 제외하면 작년과 비슷한 순이익을 나타낸다. 따라서 체계 개편에 따른 당초 예상했던 이익감소폭에 비해 상당히 선전한 것으로 보인다. 이러한 체계 개편에 따라 신용카드사들도 비용을 줄이기 위해 노력할 것으로 예상되며 그 중의 하나가 VAN수수료라고 할 수 있다.

신용카드시장의 경제주체인 정부, 소비자, 가맹점, 신용카드사로 나누어진다는 것은 주지의 사실이다. 그러나 여기에 또 다른 경제주체로 신용카드VAN(Value Added Network)과 VAN대리점도 포함되어야 한다. 일반적으로 VAN사는 소비자가 가맹점에서 카드를 제시하면 단말기를 통해 승인을 처리한다. 또한, 매입을 위한 자료를 생성하고 전표를 수거하는 매입 프로세스를 하게 된다. 마지막으로 가맹점에 단말기를 설치하는 등의 서비스를 제공하는 가맹점관리 업무를 하게 된다. VAN업계는 2012년 기준으로 약 1.1조원 정도의 시장으로 추산되며 리베이트와 대리점수수료를 고려하면 VAN업계에는 1,000억원의 순이익이 발생하는 것으로 추산된다. VAN사가 부가통신업자이므로 연간 비용이 줄어드는 추세를 나타낸다.

가맹점수수료 인하에 따라 신용카드사가 가맹점 수수료 부담 폭을 줄이기 위해 약 15%이상의 평균 단가를 낮추게 되면 향후 1~2년 내에 VAN시장 전체의 재편이 불가피하다. 또한, 가맹점수수료율 조정에 따라 신용카드사와 대형가맹점은 직라인 설치를 고려하고 있는 것으로 보인다. 직라인의 장점은 VAN사가 중간에 없으므로 보다 낮은 수수료율을 책정할 수 있다는 점이다. 이는 시장의 효율성으로 연결되지만 한편으로 리스크도 커지게 된다. 일시적으로 승인이 일어나지 않는 경우, 자료를 가지고 있던 VAN사가 대행승인을 하지 못하면 사회적으로 큰 혼란이 발생할 수 있다. 매입직영화의 경우에도 신용카드사가 신중히 대처할 필요가 있다. VAN업계가 구축한 인프라를 사용하면서 카드사가 할 수 있는 부분만 가져오겠다는 것인데, 초기 구축비용 등을 감안했을 때 갑자기 시행하는 건 무리가 있어 보인다. 따라서 점차적인 비용축소를 행하는 것이 옳은 방식으로 보인다.

사실, VAN산업이 아니라 VAN업계라고 제목을 붙인 이유는 다음과 같다. VAN사는 부가통신사업자로서 방송통신위원회에 등록을 하게 된다. 그러나 법적으로 금융감독위원회나 금융감독원의 관리체계에 들어와 있지 않으나 협약서에 의해 카드사가 VAN사의 보안을 점검할 뿐이며 필요시 VAN사에게 재무건전성을 요구할 뿐이다. 따라서 실제로 관리가 제대로 되지 않는다고도 할 수 있다. 사실 이러한 위치는 VAN업계에 상당히 중요하다. 금융시장은 효율적이기도 하지만 정치적인 이슈가 발생하면 효율성과 더불어 공정성이 함께 움직이기 때문이다. 따라서 산업의 위치가 확정되지 않으면 상당히 큰 리스크에 노출될 수 있다.

이러한 점에서 정부도 VAN업계에 대한 관리감독에서 자유로울 수 없다. 결제채널이 다양화되면서 VAN사도 변화의 방향과 물결을 인식하고 있어야 했고 정부도 VAN업계의 위치를 확인해 줄 필요가 있었다. 예를 들어, 마그네틱카드가 IC단말기로 시장이 전환되면서 단말기를 누가 설치할 것인가에 대한 문제가 생겼을 때 수익자부담원칙에 따른 가격결정이 이루어져야 했으나 힘없는 VAN업계가 부담한 것이 사실이다. 따라서 지급거래의 공정성의 성격이나 사회공익적인 성격에서 보면 오히려 VAN업계를 비롯한 다른 경제주체들이 가격을 부담했어야 하는 것이 옳다.

그러나 VAN업계도 사회적인 질타를 피하는 것은 힘들어 보인다. 먼저, 경쟁시장에서 적정 이윤화를 시도하지 못했다는 문제가 있다. 지급결제시장에서 중요한 역할을 수행함에도 불구하고 시장이 작았을 때 책정된 높은 수수료로 인해 시장은 성장하였다. 그러나 IT의 발전에 따라 수수료가 내려감에 따라 기술개발에 따른 독립된 산업화를 이루지 못했다는 점이다. 즉, 단말기나 POS에 대한 기술개발과 정보유출 보안에 집중을 했어야 하는데 리베이트나 마케팅에 비용이 집중되면서 카드사의 프로세스 기업(process company)로 안주했을 뿐이다. 따라서 내부적 요인이나 외부적 요인에 의하여 발생하지 않는 이상 적정이윤화에 대한 노력이 없었다고 볼 수 있다.

TIP | 부가가치통신망(VAN)

부가가치통신망(Value Added Network, VAN)은 공중 전기통신사업자로부터 통신회선을 차용하여 독자적인 네트워크로 각종 정보를 부호·화상·음성 등으로 교환하고 정보를 축적하거나 여러 단위에 정보를 전송하는 등, 단순한 통신이 아니라 부가가치가 높은 서비스를 하는 것이다. 이 네트워크는 컴퓨터에 연결되어 있어 거래 기업 상호 간 데이터 통신 서비스를 하게 된다. VAN사업자란 카드사 및 가맹점과의 계약에 따라 단말기 설치, 신용카드 등의 조회, 승인 및 매출전표 매입, 자금정산 등 신용카드 등의 대금결제를 승인·중계하기 위한 전기통신서비스 제공을 업(신용카드등부가통신업)으로 하여 금융위원회에 등록한 자를 말한다.

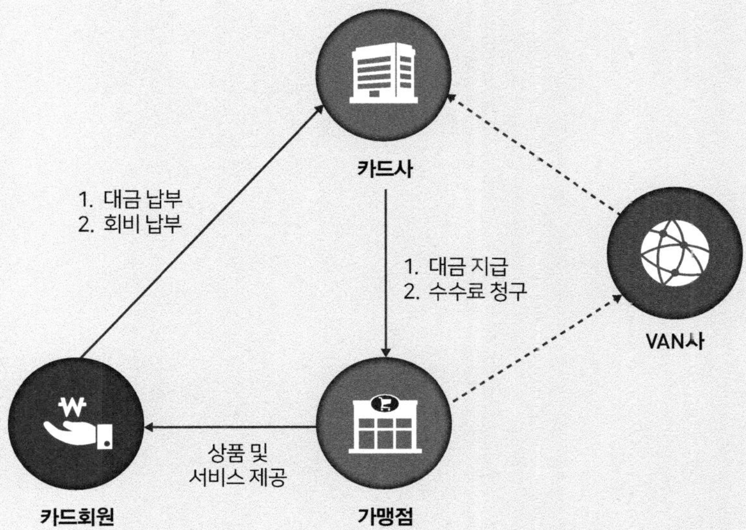

그림 4.6 VAN사의 역할

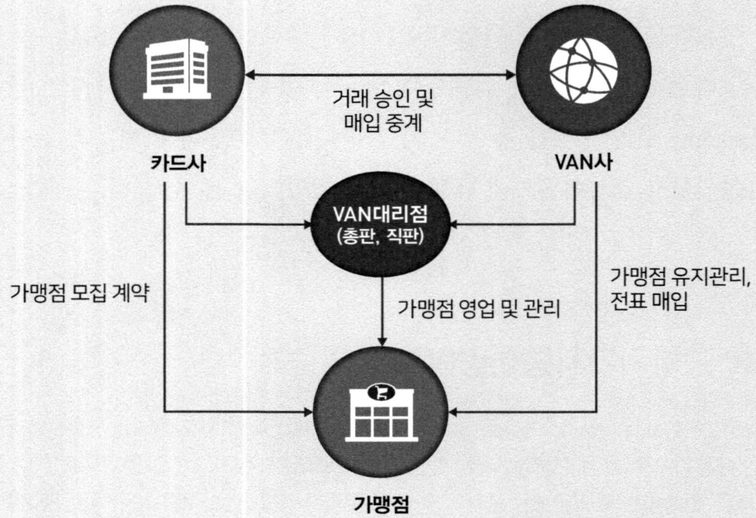

그림 4.7 카드사와 VAN사 업무 관계

21

대부업의 체감금리를 낮추려면 자금조달 규제를 바꾸어야 한다

현재의 정부가 출범하고, 금융업에는 여러 가지 변화가 있었다. 정부는 금융혁신 방안으로 금융 쇄신, 생산적 금융, 포용적 금융, 경쟁 촉진 등 4대 전략에 11개 분야와 31개 핵심과제로 지정하였다. 이러한 기조로 정책서민금융 등을 지원하고 있고, 금융소비자의 이자부담을 줄이기 위해 최고금리 인하 등 다양한 정책을 취하고 있다. 그러나 금리 인상 시기가 맞물리면서 금융공급자와 금융소비자 모두 체감하는 금리에 와 있지 못한 듯하다. 또한, 경쟁 촉진이라는 단어가 무색할 만큼 업권이 분리되어 있다.

제도권 금융기관의 대출시장 구조를 살펴보면 은행은 고용신자, 여신전문금융회사와 인터넷은행이 중신용자, 저축은행이 중저신용자, 대부업이 저신용자에 대출을 주로 하고 있다. 금리 측면에서도 은행, 인터넷은행, 여신전문금융회사, 저축은행, 대부업의 순서로 나타난다. 즉, 이들의 시장이 규제에 의해 확실하게 나누어져 있다는 의미가 된다. 이러한 상황에서 경쟁이 가능하고 금융소비자가 체감하는 체감금리가 낮아질 수 있을까? 당연히 그렇지 않다. 특히 저신용자에게 자금을 공급하는 대부업을 보면 체감금리가 높을 수 밖에 없는 구조를 만들어 놓았다.

금융에서 어떠한 업종이 위기에 부딪히면, 대형 업체로 재편되는 것이 일반적이다. 예를 들어, 1997년 아시아 외환위기, 2008년 글로벌 금융위기 당시에 매출이나 시장점유율 하위업체 등은 인수·합병을 통해 사라지고, 상위 업체의 전체 비중이 점점 증가하였다. 최근의 대부업도 비슷한 현상이 나타나고 있다. 최근 몇 년간 최고금리 인하에 따라 자산 100억원 이상 법인들이 시장에서 점유하는 비중이 점점 증가하고 있다. 이러한 대부업에서의 체감금리를 낮추고, 경쟁을 할 수 있도록 유도하는 방법으로 자금조달 방법을 다른 업권 수준으로 맞추면 된다.

2016년 기준, 대부업의 원가금리를 살펴보면 대손비용이 15.6%, 이자비용이 4.7%, 관리비용이 4.5%, 모집비용이 3.7%로 원가비용은 28.4%에 이른다. 즉, 관리비용을 빼더라도 최고금리 수준을 넘어서 경쟁이 불가능하다는 의미가 되고, 체감금리를 더 이상 낮출 수 없다. 여기서 대부업체가 바꿀 수 있는 부분이 이자비용, 관리비용, 모집비용이다. 관리비용과 모집비용은 계속하여 감소하고 있으며, 이자비용도 금리인하 시기이므로 낮아지고 있다. 그러나 문제는 금리 인상 시기에 이자비용은 높아질 수 밖에 없다. 이러한 경우 대부업체가 도산에 빠질 수 있고, 이는 중저신용자들에게 공급은 줄어들 수 밖에 없고, 체감이자는 높아질 수 밖에 없다.

이러한 금리를 낮추는 방법은 일정규모 이상의 대부업체에 대한 자금조달 규제를 완화시키는 것이다. 이미 일본에서는 모두 가능한 방법인데, 우리나라에서 불가능한 부분들이 많다. 현재 대부업체는 은행을 통해 자금조달이 불가능하고 회사채 발행 등 자금공모가 거의 불가능하다. 금융감독원은 행정 지도 등을 통해 대부업자에 대한 은행의 대출 금지 및 저축은행의 대출 규모를 제한하고 있다. 따라서 대부업체는 은행에서의 자금 조달이 불가능하며, 저축은행에서도 자기자본의 5% 이내에서만 가능하다. 또한, 대부업체는 저축은행으로부터 자금 차입 시 차입금액의 130%에 달하는 금전채권을 담보로 제공하고 있다. 이에 대한 개선방안으로 행정지도 폐지를 통해 자금조달 활성화가 되도록 해야 한다.

자금조달 방법을 명문화할 필요가 있다. 수신업무가 허용되어 있는 저축은행은 물론 여신전문금융회사도 역시 회사채 발행, 은행 일반차입 등으로 자금을 조달하고 있는데 이는 다양한 방식으로 자금조달과 규모를 정하는 여신전문금융업법 제47조에 기반하고 있다. 또한, 상법 제469조에서 주식회사는 사채발행이 가능하고, 주식회사 형태의 대부업자 역시 사채발행이 가능하다고 해석하지만, 대부업법에 자금조달 방법에 관한 명시 규정이 없다는 이유로 대부업자의 자금조달에 관한 법령 해석상 이견이 있어, 회사채 공모 등 자금조달 방법에 제약이 있어 왔다.

또한, 대부업법은 은행법의 적용을 배제하는 명시적인 조항이 없기 때문에 대부업자의 유가증권 공모행위(회사채 공모, 기업공개 등)의 은행법 저촉 여부에 대한 논란이 있어 왔다. 저축은행, 여신전문금융회사의 경우에는 은행법 적용 배제 조항을 통해 위와 같은 규제를 피하고 있는데 대부업도 배제 조항에 포함할 필요가 있다.

자산유동화와 관련하여 저축은행(제2조 제2호)과 여신전문금융기관(제2조 제2호)은 자산보유자로 규정되어 있어 자산유동화가 가능하지만 대부업자는 유동화자산의 자산보유자로 열거되어 있지 않기 때문에 유동화 허용 여부에 논란이 있어 자산유동화를 하지 못하고 있다. 따라서 등록 대부업자를 자산유동화법 상 자산보유자로 규정할 필요가 있다.

이러한 방법으로 당장 자금이 급한 서민에게 필요한 자금을 공급하기 위하여 대부업자의 자금조달 방법을 다양화하고, 다양한 대출상품 개발을 가능하게 함으로써 체감금리 인하를 유도하여야 한다.

TIP | 대부업

금리상한 인하 과정에서 대부업체 수는 지속적으로 감소하며 자산 100억원 이상 대형업체 위주로 재편되고 있다. 대부업 실태조사에 따르면,금리상한이 66%였던 2007년 9월말 18,197개사에 이르던 대부업체 수는 44%로 인하된 후인 2010년 12월에는 14,014개사, 24%로 인하된 후인 2018년 12월말 8,310개사로 지속적인 감소하였다. 특히, 금리상한 인하 압박으로 인해 상대적으로 규모가 작은 개인 업체 수의 감소가 크다.

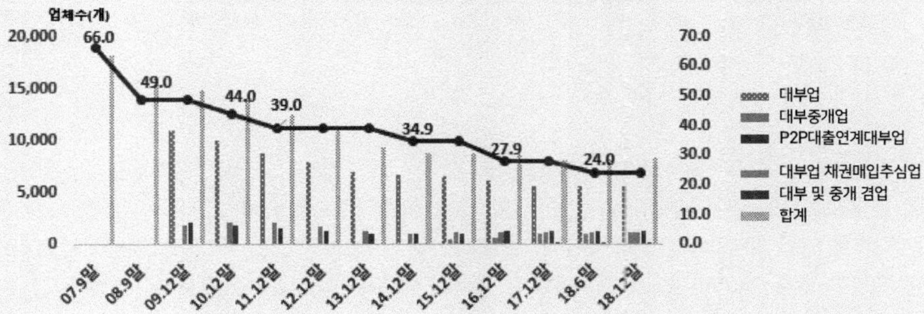

그림 4.8 최고금리 및 업체 수 추이

표 4.21 대부업체 수 추이

단위: 개, %

	07.9 말	08.9 말	09.12 말	10.12 말	11.12 말	12.12 말	13.12 말	14.12 말	15.12 말	16.12 말	17.12 말	18.6 말	18.12 말	증감률
대부업			10,904	9,985	8,762	7,872	7,002	6,676	6,575	6,107	5,548	5,539	5,597	−48.7
•채권매입추심업									494	608	994	1,070	1,101	
대부중개업			1,804	2,196	2,175	1,765	1,328	1,051	1,130	1,211	1,157	1,144	1,171	−35.1
대부 및 중개 겸업			2,075	1,833	1,549	1,258	996	967	1,047	1,336	1,344	1,304	1,331	−35.9
P2P대출연계 대부업											35	181	211	
합 계	18,197	16,120	14,783	14,014	12,486	10,895	9,326	8,694	8,752	8,654	8,084	8,168	8,310	−43.8
대부업 최고금리	**49**	**49**	**49**	**44**	**39**	**39**	**39**	**34.9**	**34.9**	**27.9**	**27.9**	**24**	**24**	

주: 증감률은 2009년을 기준으로 함

자료: 금융위원회, 대부업 실태조사 결과, 각 연도

이러한 대부업체 수의 감소는 주로 개인 대부업체 감소 때문이다. 개인 대부업체 수는 2009년말 13,432개사에서 2018년 12월말 5,525개사로 감소하였고, 법인 대부업체 수는 2009년말 1,351개사에서 2018년 12월말 2,721개사로 증가하였다. 법인 대부업체 중, 자산이 100억원 이상인 대형 대부업체의 수는 2009년말 83개사에서 2018년 12월말 247개사로 증가하였다.

표 4.22 형태별 대부업 등록 현황 추이

단위: 개

	07.9 말	08.9 말	09.12 말	10.12 말	11.12 말	12.12 말	13.12 말	14.12 말	15.12 말	16.12 말	17.12 말	18.6 말	18.12 말	증감률
법인			1,351	1,531	1,625	1,707	1,706	1,678	1,822	2,156	2,593	2,721	2,721	101.4
•자산100억원 이상			83	100	122	129	144	165	169	187	218	235	247	197.6
•자산100억원 미만			1,268	1,431	1,503	1,578	1,562	1,513	1,653	1,969	2,375	2,486	2,538	100.2
개인			13,432	12,483	10,861	9,188	7,620	7,016	6,930	6,498	5,491	5,447	5,525	−58.9
합 계	18,197	16,120	14,783	14,014	12,486	10,895	9,326	8,694	8,752	8,654	8,084	8,168	8,310	−43.8
대부업 최고금리	**49**	**49**	**49**	**44**	**39**	**39**	**39**	**34.9**	**34.9**	**27.9**	**27.9**	**24**	**24**	

주: 증감률은 2009년을 기준으로 함

자료: 금융위원회, 대부업 실태조사 결과, 각 연도

법정 최고금리 인하의 흐름에 따라 대부업 거래자수는 최근 감소하고 있다. 총대부잔액은 2010년 12월말 7조 5,655억원에서 2018년 12월말 17조 3,487억원으로 증가하였다. 대부잔액의 증가는 대부분 대형 대부업체 잔액의 증가에 기인하였는데, 2010년 12월말 6조 5,562억원에서 2018년 12월말 14조 6,404억원으로 증가하였다. 개인 대부업체의 대부잔액은 2010년 12월말 4,363억원에서 2018년 12월말 7,752억원으로 증가하였다.

대부업 거래자수는 2010년말 약 220.7만명에서 2018년 12월말 약 221.3만명으로 변화하였으나, 2015년 267.9만명 이후 급격하게 감소하였다. 예년의 거래자 수 증가 역시 대형 대부업체의 거래자 수 증가에 기인한다. 대형 대부업체 거래자 수는 2010년말 197만명에서 2015년말 244만명으로 증가하였으나 최근 2018년 12월말 202만명으로 감소하였다. 자산이 100억원 미만인 중소형 법인 대부업체의 거래자 수는 7만명대에서 유지되어 오다 2015년말 9만명으로 증가하였으나, 이후 감소하여 2018년 12월말 6.3만명으로 나타난다.

개인 대부업체의 거래자수는 2010년 12월말 16.3만명에서 2018년 12월말 12.7만명으로 감소하였다. 2018년 12월말 대형 대부업체의 대부잔액은 14조 6,404억원으로 전체 대부잔액의 84.4%를 차지하게 되었으며, 전체 거래자의 91.4%가 대형 대부업체를 이용하고 있다.

표 4.23 대부업체 대부잔액 및 거래자 수 추이

단위: 억명, 만명, %

	10.12말	11.12말	12.12말	13.12말	14.12말	15.12말	16.12말	17.12말	18.6말	18.12말	증감률
법 인	71,292	82,276	81,954	95,050	105,733	125,995	139,503	158,065	167,292	165,735	132.5
	(204.4)	(236.6)	(235.6)	(233.9)	(234.7)	(253.2)	(236.8)	(234.5)	(224.1)	(208.6)	2.1
•자산100억원 이상	65,562	76,528	75,845	88,604	99,254	117,820	128,319	142,135	149,857	146,404	123.3
	(196.8)	(230.1)	(228.0)	(226.4)	(227.3)	(244.1)	(230.5)	(227.8)	(217.4)	(202.3)	2.8
•자산 100억원 미만	5,730	5,748	6,109	6,446	6,479	8,175	11,184	15,930	17,435	19,331	237.4
	(7.6)	(6.5)	(7.6)	(7.5)	(7.4)	(9.2)	(6.3)	(6.7)	(6.7)	(6.3)	−17.1
개 인	4,363	4,899	4,949	5,110	5,859	6,457	6,977	6,949	7,178	7,752	77.7
	(16.3)	(15.6)	(15.0)	(14.7)	(14.6)	(14.7)	(13.2)	(12.8)	(12.6)	(12.7)	−22.1
합 계	75,655	87,175	86,904	100,160	111,592	132,452	146,480	165,014	174,470	173,487	129.3
	(220.7)	(252.2)	(250.6)	(248.6)	(249.3)	(267.9)	(250.0)	(247.3)	(236.7)	(221.3)	0.3
대부업 최고금리	**44**	**39**	**39**	**39**	**34.9**	**34.9**	**27.9**	**27.9**	**24**	**24**	

주: ( )은 거래자 수이며 증감률은 2010년을 기준으로 함
자료: 금융위원회, 대부업 실태조사 결과, 각 연도

최근 법정 최고금리 인하로 인해 신용대출 잔액과 평균 대출금리는 하락하였다. 2018년 12월말의 대출잔액(17조 3,487억원) 중 신용대출은 11조 7,691억원(67.8%), 담보대출은 5조 5,796억원(32.2%)으로 나타난다. 신용대출은 최고금리 인하에 따른 대부업자의 대출심사 강화 등으로 2018년 6월말 대비 9,643억원 감소하였다. 담보대출은 2018년 6월말에 비해 8,660억원 증가하였다. 2018년 12월말 평균 대출금리는 19.6%로 법정 최고금리 인하 등의 영향으로 2010년 12월말(37.7%) 대비 18.1%p 하락하였다. 신용대출 금리는 하락한 반면, 담보대출 금리는 소폭 상승하였다.

표 4.24 유형별 대출잔액 및 금리 현황 단위: 억원, %, %p

구 분		10.12말	11.12말	12.12	13.12말	14.12말	15.12말	16.12말	17.12말	18.6말	18.12말	증감률
법 인	신용	61,477	71,412	71,733	83,277	92,174	110,609	120,733	124,755	126,069	116,253	89.1
	담보	9,815	10,864	10,221	11,773	13,559	15,386	18,770	33,310	41,223	49,482	404.1
자산 100억원 이상	신용	58,432	68,377	68,220	79,495	89,009	106,918	117,133	121,045	122,217	112,641	92.8
	금리	42.3	38.1	36.1	35.2	32.6	30.4	25.3	24.3	22.8	22.0	−20.3
	담보	7,130	8,151	7,625	9,109	10,245	10,902	11,186	21,090	27,640	33,763	373.5%
	금리	12.9	12.1	12.7	13.0	13.6	13.6	13.8	12.7	14.0	14.5	1.6
자산 100억원 미만	신용	3,045	3,035	3,513	3,782	3,165	3,691	3,600	3,710	3,852	3,612	18.6%
	금리	31.2	26.5	26.4	24.8	25.0	21.2	18.2	17.4	16.6	14.9	−16.3
	담보	2,685	2,713	2,596	2,664	3,314	4,484	7,584	12,220	13,583	15,719	485.4%
	금리	23.6	23.8	21.1	21.5	21.1	20.3	17.6	17.2	15.7	15.5	−8.1
개 인	신용	1,673	1,791	1,419	1,015	1,642	1,703	1,642	1,271	1,265	1,438	−14.0%
	금리	31.6	24.5	25.8	26.4	18.3	17.4	16.5	19.2	16.4	15.7	−15.9
	담보	2,690	3,107	3,530	4,095	4,217	4,754	5,335	5,678	5,913	6,314	134.7%
	금리	28.6	27.5	26.4	24.0	23.5	22.3	18.2	19.9	18.6	18.1	−10.5
합 계	신용	63,150	73,203	73,152	84,292	93,816	112,312	122,375	126,026	127,334	117,691	86.4%
	금리	41.5	37.3	35.4	34.6	32.1	29.9	25.0	24.0	22.6	21.7	−19.8
	담보	12,505	13,971	13,752	15,868	17,776	20,140	24,105	38,988	47,136	55,796	346.2%
	금리	18.6	17.8	17.8	17.2	17.3	17.1	16.0	15.1	15.1	15.2	−3.4
	총대출	75,655	87,175	86,904	100,160	111,592	132,452	146,480	165,014	174,470	173,487	129.3%
	금리	37.7	34.2	32.7	31.9	29.8	28.0	23.5	21.9	20.6	19.6	−18.1
대부업 최고금리		**44**	**39**	**39**	**39**	**34.9**	**34.9**	**27.9**	**27.9**	**24**	**24**	

주: ( )은 거래자 수이며 증감률은 2010년을 기준으로 함
자료: 금융위원회, 대부업 실태조사 결과, 각 연도

자금조달 측면에서 차입금 잔액은 최근 감소로 전환하였으며 평균 차입금리는 하락 추세에 있다. 2018년 12월말 차입금 잔액은 11조 7,859억원으로 2018년 6월말(11조 8,349억원) 대비 490억원 감소하였다. 금융회사 차입 5조 7,568억원(48.8%), 일반차입 4조 97억원(34.0%), 사모사채 발행 2조 194억원(17.2%)의 순으로 나타난다. 사모사채 발행(+4,529억원), 일반차입(+3,001억원)은 증가한 반면 금융회사 차입(−8,020억원)은 감소하였는데 이는 대형 대부업체가 조달비용 절감을 위해 상대적으로 금리가 낮은 단기 사모사채 발행을 늘린 것에 기인한다. 평균 차입금리는 연 5.7%

로 2018년 6월말과 동일하다. 대형 대부업자의 평균 차입금리는 연 5.5%이며, 중소형 법인 및 개인은 각각 연 7.3% 및 연 6.4% 수준으로 나타나고 있다.

표 4.25 차입금 및 차입금리 현황

단위: 억원, %, %p

구 분		11.12말	12.12말	13.12말	14.12말	15.12말	16.12말	17.12말	18.6말	18.12말	증감률
차입금	자산 100억원 이상 법인	47,023	45,136	52,996	63,227	78,282	86,299	98,343	104,478	102,334	117.6
	자산 100억원 미만 법인	8,535	8,419	10,683	9,975	11,184	9,895	10,431	11,137	12,571	47.3
	개 인	1,897	1,965	2,280	2,317	2,441	2,248	2,423	2,734	2,954	55.7
합 계		57,455	55,520	65,959	75,519	91,907	98,443	111,197	118,349	117,859	105.1
차입처	금융회사	28,046	26,963	33,211	35,570	42,057	45,051	58,897	65,588	57,568	105.3
	• 국 내	26,211	26,249	32,584	35,254	42,057	45,051	58,897	65,588	57,568	119.6
	• 해 외	1,835	714	627	316	–	–	–	–	–	
	일반차입 (개인 등)	22,214	21,660	24,449	31,343	37,600	40,735	37,696	37,096	40,097	80.5
	• 국 내	11,505	11,462	16,769	24,943	30,225	32,408	33,490	34,011	35,520	208.7
	• 해 외	10,708	10,197	7,680	6,400	7,375	8,327	4,206	3,085	4,577	–57.3
	사모사채 발행	7,196	6,897	8,299	8,606	12,250	12,657	14,604	15,665	20,194	180.6
합 계		57,456	55,520	65,959	75,519	91,907	98,443	111,197	118,349	117,859	105.1
차입 금리	자산 100억원 이상 법인	9.5	9.0	8.5	7.7	7.1	5.9	5.5	5.4	5.5	–4.0
	자산 100억원 미만 법인	10.7	9.3	9.2	8.0	8.1	7.8	7.9	8.0	7.3	–3.4
	개 인	10.7	10.0	8.3	7.7	7.0	6.4	6.4	6.6	6.4	–4.3
전 체		–	–	–	–	–	6.1	5.8	5.7	5.7	
대부업 최고금리		**39**	**39**	**39**	**34.9**	**34.9**	**27.9**	**27.9**	**24**	**24**	

주: 1) ( )은 거래자 수이며 증감률은 2011년을 기준으로 함
2) 차입금리 전체의 2016년 12월말 이전 자료 부재로 공란
자료: 금융위원회, 대부업 실태조사 결과, 각 연도

2018년 12월말 대형 대부업자 연체율(원리금 연체 30일 이상)은 7.3%로 2018년 6월말 대비 0.3%p 상승하였다. 신용대출의 연체율은 상승(+0.4%p)한 반면 담보대출의 연체율은 하락(−1.8%p) 하였다.

표 4.26 대형 대부업자 연체율 현황

단위: %, %p

구 분	10.12말	11.12말	12.12말	13.12말	14.12말	15.12말	16.12말	17.12말	18.6말	18.12말	증감
신용대출	5.8	7.3	8.0	6.5	4.4	4.0	4.5	5.0	5.7	6.1	0.3
담보대출	18.6	14.2	13.3	16.7	9.5	11.5	9.3	10.4	12.9	11.1	−7.5
합 계	7.2	8.0	8.6	7.6	4.9	4.7	4.9	5.8	7.0	7.3	0.1
대부업 최고금리	**44**	**39**	**39**	**39**	**34.9**	**34.9**	**27.9**	**27.9**	**24**	**24**	

주: 증감은 2011년을 기준으로 함

자료: 금융위원회, 대부업 실태조사 결과, 각 연도

거래자 신용등급을 보면 7~10등급의 저신용차주가 대부업체의 주 이용 층으로 나타나고 있다.

표 4.27 거래자 신용등급

단위: 천명, 억원, %

신용등급	11.12말		12.12말		12.12말		13.12말		14.12말		15.12말		
	금액	비중	금액	비중	금액	비중	금액	비중	금액	비중	인원	비중	대출액
1~3	102	0.1	51	0.1	0	0	0	0	2	0.0	6	0.0	0
4~6	10,483	12.9	12,618	14.9	12,669	15.0	18,729	21.5	22,348	22.9	344	22.1	28,308
7~10	70,631	87.0	71,797	85.0	71,797	85.0	68,367	78.5	75,269	77.1	1,213	77.9	89,935
계	81,216	100	84,467	100	84,466	100	87,096	100	97,619	100	1,557	100	118,243

신용등급	16.12말			17.12말			18.6말			18.12말		
	인원	비중	대출액	인원	비중	대출액	인원	비중	대출액	인원	비중	대출액
1~3	0.02	0.0	1	0.02	0.0	6	0.01	0.0	9	0.01	0	1
4~6	363	23.3	32,884	401	25.1	38,955	405	25.7	39,926	403	27.6	38,566
7~10	1,193	76.7	95,255	1,197	74.9	103,784	1,169	74.3	103,691	1,055	72.4	89,223
계	1,556	100	128,141	1,598	100	142,745	1,574	100	143,626	1,458	100	127,790

자료: 금융위원회, 대부업 실태조사 결과, 각 연도

MBC, 2017.11.02. 작성

22

대부업 금리 24%로 내리면, 저신용자 대출 절벽 우려도

질문 1) 대부업의 최고 금리를 예전부터 조금씩 내리고 있는데, 금리 상한을 낮추자고 할 때마다 대부업체들이 반대를 하는 이유는 무엇인가? 최고 금리를 내리면 대부업체에게는 무조건 손해가 나는 것인가?

주요 등록 대부업체의 원가는 이자비용, 대손비용, 모집비용, 관리비용으로 구성된다. 이중에서 대손비용이 가장 큰 부분인데, 쉽게 말해 빌려주었을 때 떼이는 돈의 비율이라고 생각하시면 쉬울 것 같다. 이러한 비율이 2012년 18.2%에서 저금리시기에 접어들면서 14%~16% 사이가 된다. 또한, 대부업체가 현재의 자금조달방식으로 드는 비용의 비율이 2012년 이후 5~7% 사이이다. 마지막으로 관리비용이 5% 내외, 모집비용이 5% 내외이다. 이를 다 더하면 28%~37%정도 된다. 즉, 모집비용이나 관리비용을 감안하지 않더라도 20%~26% 정도 되고, 국내 경기상황을 봐서는 금리가 올라가게 되면 이러한 비용은 더 올라갈 것으로 본다.

표 4.28 주요 대부회사의 원가금리 변동 추이

구 분	2012년	2013년	2014년	2015년	2016년
이자비용	7.4%	6.2%	5.6%	5.2%	4.7%
대손비용	18.2%	14.0%	15.7%	16.2%	15.6%
모집비용	5.6%	5.4%	4.2%	4.1%	3.7%
관리비용	5.8%	6.0%	5.3%	5.0%	4.5%
원가비용	37.0%	31.5%	30.9%	30.4%	28.4%
이자+대손	25.60%	20.20%	21.30%	21.40%	20.30%

주: 신용대출 상위 30개사의 DART 전자공시 재무제표 참조(단, 이자비용은 자기자본과 타인자본을 합산하여 산출한 비용으로 개별 차입금리와는 다름)
자료: 한국대부금융협회

질문 2) 대부업체의 최고 금리를 내리면 저신용자 고객들은 감소하는 대신 중신용자 고객들(종전에 저축은행이나 캐피탈에 가서 28% 정도 금리를 물던 소비자들)은 대부업체로 이동을 하게 되진 않을까? 그러면 대부업체 입장에서도 크게 손해가 날 거 같지는 않을 것 같다.

보통 중신용자 정의는 다르지만, 신용등급 4~7등급이고 7~15% 금리가 적용되는 사람들을 말한다. 2017년 1분기 기준으로 추정해보니 중금리 대출시장은 66조원에서 최대 91조원 정도 되는 것 같다. 그런데 이분들 중 많은 분들은 이미 서민금융정책인 햇살론(10.8조), 새희망홀씨(11.7조), 미소금융(2.1조), 바꿔드림론(2.6조) 등 4개 부문 대출잔액이 27.2조원이 포함이 되어 있다. 그리고 이분들 중 많은 분들은 제2금융권과 등록된 합법적인 대부업체는 고객층이 많이 겹쳐 있는 상태이다. 즉, 대부업체에서 신규 대출자로 이용하지 못할 것이다.

질문 3) 문제는 신용이 낮은 분들 아니겠는가? 내년 2월부터 24%로 이자가 내려가면 실제로 대부업체에서 돈을 빌리기 힘든 사람들은 얼마나 될까? 혹시 그런 통계도 있는가?

이러한 통계가 집계되는 것은 아니고, 추산할 수 밖에 없다. 저신용자는 신용등급 8등급에서 10등급 사이에 포함되는 분들을 이야기 한다. 경제가 커가는 부분과 이자율이 낮은 점을 감안하고 저희가 추산을 했는데. 최고금리 인하로 인해 새로운 대출자가 대부업에 들어가지 못하는 분들이 저신용자만 최소 25만 8천명 정도 될 것으로 보인

다. 그런데 앞에서 나온대로 대부업체가 운영도 못할 정도라고 했을 때, 공급측에서도 문제가 생긴다. 그 부분이 최고금리가 24%가 되면 4개 중에 1개 업체 대출을 중단하겠다는 것이다. 그러면 여기서 35만명 정도가 된다. 물론, 겹치는 부분이 있겠지만 최대 60만명 정도와 6조 6000억원 정도는 신규로 대출을 못할 것이다.

표 4.29 금리인하에 따른 공급측 변화

구분	경영계획			축소규모 (가중평균)
	신규대출 유지	신규대출 축소	신규대출 중단	
24.0% 인하 시	1개사	12개사	2개사	27.9%
20.0% 인하 시	1개사	3개사	11개사	86.6%

자료: 한국대부금융협회

질문 4) 그분들은 정말 대부업체들이 돈을 안 빌려주는가? 그분들한테도 24% 이자만 받으면 안 되나?

신규대출은 어렵다고 봐야 할 것이다. 24%로는 올해 금리인상을 감안하지 않더라도 4개 중의 1개 대부업체는 대출을 중단하거나 대부분은 보다 높은 고신용등급에 대출할 것이다.

질문 5) 그럼 어떻게 하는가? 대부업체의 높은 이자를 그대로 두면 대부업체를 이용하는 분들은 계속 해서 높은 이자를 내야 되고, 그렇다고 이걸 내리면 상대적으로 더 어려운 분들은 대부업체에서 돈을 안 빌려주게 된다. 그럼 이걸 어떻게 풀어야 하는가? 뭔가 양쪽 수요를 다 만족시킬만한 대안은 없는가?

정책은 경제주체별도 좀 나누어 볼 수 있겠다. 최고금리를 내리는 것이 대부업체뿐 아니라 대출에 대한 이자경감이라는 긍정적인 측면이 있지만 항상 반대의 효과도 고려를 하는 것이 맞을 것 같다. 먼저 최고금리의 인하효과의 편익을 누리기 위하여 최고금리 24%로 인하한 부분은 장기간 지속할 필요가 있다. 이럴 때 효과가 일부분 있다. 서민금융시스템에 전체적인 변화를 줄 필요가 있다. 이는 정부의 서민금융을 복지로 전환하면서 저신용자의 금융 일부 해결해야 하는데 예산이 필요하다. 은행부터 등록 대부업까지 금융기관은 전 신용등급에 대해 선별능력을 향상시켜 모든 신용등급에 대해 금융시스템으로 유입할 필요가 있다. 감독당국은 계층화되어 있는 금융권역에 대해 선별능력을 중심으로 전 신용등급으로 전환할 수 있도록 규제를 바꿀 필요가 있다. 비은행들의 영업범위에 대한 규제를 완화하고, 비은행들은 리스크관리 강화할 필요가 있다.

질문 6) 대부업체들은 회사채 발행도 못하고 은행에서 대출도 안 되고 그래서 조달금리가 높다고 하는데 이걸 좀 풀어주면 금리가 더 낮아질 수 있지 않을까?

등록대부업체에 대해 자금조달을 보다 원활하게 해줄 필요가 있다. 그 측면에서 차입이나 회사채 발행등에 대한 규제를 바꿀 필요가 있다. 이러한 규제는 은행을 제외한 비은행 모두에 해당될 수 있다.

질문 7) 대부업체들 같은 경우엔 대부분 일괄적으로 최고 금리를 적용하는데 신용등급에 따라서 차등적으로 금리를 적용하면 안 될까? 그걸 강제하기 어렵거나 그렇게 했을 때 나타날 수 있는 부작용이나 단점 같은 게 있을까?

이 부분에서는 등급별로 차등을 줄 수도 있다. 예를 들어, 개별적으로 대손율이 낮은 사람에게는 최고금리보다 낮은 금리를 적용시킬 수 있다. 여기에는 대부업체나 저축은행들의 신용평가시스템이 보다 고도화되어야 한다는 전제가 있어야 한다.

질문 8) 다른 나라들에도 대부업이라는 게 있을텐데, 다른 나라들은 대부업체의 최고 금리를 어떤 식으로 정하고 있는가?

미국은 연방 차원의 최고금리 규제 없으며 32개주가 연이율 300~1,000%에 이르는 '페이데이론 산업'이 있다. 현재 최고금리 규제를 두고 있는 주들의 평균 최고금리는 36% 정도 된다. 그러나, 주별 최고금리상한 주간 금리수출과 국법은행 면허임대, 다수의 적용 예외 규정으로 사실상 사문화(死文化)되어 있다.

영국은 우리나라에서 불법인 일수대출의 형태인 3개월 미만의 초단기 초고금리 대출규제를 한다. 그런데 1일 0.8%(월 24%, 연 288%)로 제한, 총비용의 원금 초과를 제한하고 있다.

이외에도 독일, 프랑스, 중국, 싱가폴 등 많은 국가들은 최고금리가 없거나 수수료를 포함하는 실질최고금리는 30%~48%로 우리보다 많이 높다.

예외적으로 일본은 2006년 대금업법 개정으로 연리 15~20%로 금리상한을 인하한 이후에 2014년 3월말 기준 소비자금융회사의 시장규모가 20조 9,000억 엔에서 6조 2,000억 엔으로 70% 가량 감소했으며, 3만여 개에 달하던 업체 수도 2015년 2천여 개로 줄었다. 이러한 문제로 큰 대부업체 위주로 재편되었고, 최고 연 2,000%에 달하는 불법 사금융 시장이 확대되는 풍선 효과가 발생하였다. 우리도 비슷해질 수 있는 상황이다.

표 4.30 해외 주요국가의 금리상한 규제

국가	최고금리	처벌	비고
미국	×	–	• 연방 차원의 최고금리 규제 없으며 32개주가 연이율 300~1,000%에 이르는 '페이데이론 산업' 성장세 • 현재 최고금리 규제를 두고 있는 주들의 평균 최고금리는 36%APR • 그러나, 주별 최고금리상한 주간 금리수출과 국법은행 면허임대, 다수의 적용 예외 규정으로 사실상 사문화(死文化) • 전당업자의 경우 버몬트 주를 제외한 모든 주에서 최고금리 규제 없음
영국	연이율 288%	–	• 3개월 미만의 초단기 초고금리 대출규제 ➡ 우리나라에서 불법인 일수대출의 형태 • 1일 0.8%(월 24%, 연 288%)로 제한, 총비용의 원금 초과 제한
독일	×	×	• 1967년 '이자 및 할부금융여신과 소액대출에 관한 규정' 폐지되면서 금리자유화 • 민법상 대출자의 무경험 등을 이용한 폭리 대출에 한하여 계약 무효 규정에 근거한 은행의 고금리 통제
프랑스	실질최고금리 (연 29.3%) 명목최고금리 8.15%~21.32%	3년 이하의 징역 또는 45,000 €의 벌금형 (병과 가능)	• 은행, 여신전문 금융기관의 소비자 신용대출과 할부금융, 당좌대월 등에 한해 중앙은행 고시 평균이자율 기준에 따른 변동성 제한 • 연체비용, 보험, 위약금, 수수료는 별도 • 2010년 10월 1일 기준 최고금리 1,524유로 이하 소비자 신용대출 21.32% 1,524유로 초과 할부, 당좌대월 19.32% 1,524유로 초과 소비자 대출 8.15%

(계속)

표 4.30 해외 주요국가의 금리상한 규제(계속)

국가	최고금리	처벌	비고
일본	15~20% (전당업 제외) 개인 연 109.5%	5년 이하 징역 또는 천만엔 이하 벌금	• 대부금액에 따라 차등 제한 • 이식제한법과 출자법으로 제한 • 이식제한법은 처벌규정 없으며 최고금리위반은 출자법으로 형사 처벌 • 형사처벌의 기준: 개인 연 109.5% 단, 금전대부를 업으로 하는 경우 연 20%
중국	×	×	• 금리자유화 정책에 따라 소액대출회사의 금리 상한은 원칙적으로 개방 • 단, 인민은행과 은행감독위원회의 지도의견으로 소액대출회사의 대출이자율 상한을 상업은행 대출이자율의 4배를 넘지 않고 하한도 잠정(暫定) 설정하고 있음 • 상업은행에 대한 중국의 금리정책을 볼 때, 인민은행과 은감위가 소액대출회사의 이자 상한과 하한을 동시에 설정하는 것은 소액대출회사에게 일정한 대출 이윤 폭을 보장하려 것임.
싱가포르	월 4% (연 48%)	6개월 이하의 징역 또는 2만 달러 이하의 벌금형 (병과가능)	• 지연이자율, 법정 비용, 대출수수료는 별도

TIP | 최고금리 24% 인하 후 대부업 신규대출 효과

69개 대부업체의 신규대출금액 및 대출승인건수, 승인율, 신규대출차주 수는 2015년 대비 4년 연속 감소하며 2018년과 2019년에 특히 더 크게 감소하는데 이는 2018년 2월 법정 최고금리 인하의 여파로 분석된다. 특히, 전체 신규대출금액의 경우 2015년 7조 1,096억원에서 2017년 7조 326억원으로 완만하게 감소하다 2018년 5조 6,378억원, 2019년 4조 1,817억원으로 2년 연속 크게 감소하였다.

신용대출의 경우 2015년 6조 1,127억원에서 2017년 6조 5,596억원까지 증가하다 2018년 전년대비 24.1% 감소한 4조 9,791억원, 2019년 전년대비 31.0% 감소한 3조 4,340억원으로 크게 감소하였다. 대출승인건수는 2015년 165만 3천건에서 매년 큰 폭으로 하락하여 2019년 전년대비 33.4% 감소한 62만 9천건이다. 신용대출의 경우도 전체 대출승인건수와 비슷하게 매년 감소하며 2015년 143만 8천건에서 2018년 90만 1천건, 2019년 59만건(전년대비 -34.5%)으로 감소하였다. 대출 승인율은 2015년 21.2%에서 2019년 12.1%로 크게 감소하였다.

신규대출 차주수(전년대비 증감)는 2015년 115만명 ➡ 2016년 106만 4천명(-8만 6천명) ➡ 2017년 104만 5천명(-1만 9천명) ➡ 2018년 81만 4천명(-23만 1천명) ➡ 2019년 55만 5천명(-25만 9천명)으로 매년 감소하며 최근 2년간 감소폭이 커졌다. 신용대출의 경우 전체 신규대출 차주수와 비슷하게 매년 감소하며 2015년 109만 4천명에서 2019년에는 전년대비 26만 5천명 감소한 52만명으로 나타난다.

인별 신규대출 이용금액은 신규대출금액보다 신규차주 수 감소폭이 더 커서 매년 증가하고, 대출이용자 평균등급은 법정최고금리 인하로 인한 원가비용 부담 증가로 매년 상승하였다. 인별 신규대출 이용금액은 2015년 618만원에서 매년 증가하여 2019년 717만원이다. 신용대출의 경우도 같은 2018년 일시적 감소를 제외하고 증가하며 인별 신규대출 이용금액은 2015년 558만원에서 2019년 661만원으로 증가하였다.

대출 실행자 평균등급은 2015년 6.97 ➡ 2016년 6.92 ➡ 2017년 6.86 ➡ 2018년 6.82 ➡ 2019년 6.82로 2015년 대비 소폭 상승하였다. 신용대출 실행자의 평균등급은 2015년 6.94 ➡ 2016년 6.91 ➡ 2017년 6.86 ➡ 2018년 6.83 ➡ 2019년 6.83으로 상승하였다.

법정 최고금리 인하에 따라 신규대출금액의 급격한 감소 추세에서 추가적인 법정 최고금리 인하가 시행된다면 현행 24.0%에서 1% 인하될 때마다 7,310억원이 감소하게 되어 20.0%로 인하 시 약 3조원의 신규대출액이 감소하게 되어 대부업계 존속이 불가능한 수준이 된다. 신규대출차주수의 경우에도 추가적인 금리 인하가 시행된다면 1% 인하될 때마다 12만 6천명이 감소하게 되어 20.0%로 인하 시 약 50만 3천명이 감소하게 되며, 이는 2019년도 신규대출차주수 55만 5천명과 유사한 심각한 수준이다.

표 4.31 5개년 연간 대부업 전체 및 신용 신규대출

항목	2015년	2016년			2017년			2018년			2019년p)		
			전년대비			전년대비			전년대비			전년대비	
			증감율	증감		증감율	증감		증감율	증감		증감율	증감
신규대출 금액(억원)	71,096	70,434	−0.9%	−662	70,326	−0.2%	−108	56,378	−19.8%	−13,948	41,817	−25.8%	−14,561
신용대출	61,127	64,801	6.0%	3,674	65,596	1.2%	795	49,791	−24.1%	−15,805	34,340	−31.0%	−15,451
대출승인 건수(천건)	1,653	1,416	−14.3%	−237	1,275	−10.0%	−141	944	−26.0%	−331	629	−33.4%	−315
신용대출	1,438	1,306	−9.2%	−132	1,213	−7.1%	−93	901	−25.7%	−312	590	−34.5%	0
승인율	21.2%	16.8%	−4.4%p		13.3%	−3.5%p		12.6%	−0.7%p		12.1%	−0.5%p	
신규대출 차주수 (천명)	1,150	1,064	−7.5%	−86	1,045	−1.8%	−19	814	−22.1%	−231	555	−31.8%	−259
신용대출	1,094	1,027	−6.1%	−67	1,016	−1.1%	−11	785	−22.7%	−231	520	−33.8%	−265
인별신규 대출 이용 금액(만원)	618	662	7.1%	44	672	1.5%	10	691	2.8%	19	717	3.8%	26
신용대출	558	631	13.1%	73	645	2.2%	−14	629	−2.5%	−16	661	5.1%	32
평균등급 (대출 실행자)	6.97	6.92	−0.05		6.84	−0.08		6.82	−0.02		6.82	0.00	
신용대출	6.94	6.91	−0.03		6.86	−0.05		6.83	−0.03		6.83	0.00	

주: 1) 대부업계 NPL 제외 69개 기업을 대상으로 조사

2) 2019년p)은 경우 추정치이며, 2019년 상반기 자료에 2배를 하여 연간 자료로 추정

자료: NICE

23

대부업 인터뷰

질문 1) 문재인 대통령의 대선 공약 중 하나인 대부업체의 최고금리 인하 방침에 대해선 어떻게 보는가?

더불어민주당 대선 공약 중, 빈곤탈출 및 의료비 경감 대책에 가계부채 해결을 위한 3대 근본대책 7대 해법이 있다. 7대 해법 중에, 고금리 이자부담 완화인데, 내용으로 대부업 등 최고이자율을 이자제한법에 따른 이자율로 일원화, 원금을 초과하는 이자부과 금지가 있다. 그러나 선관위 홈페이지에 있는 10대 공약에는 가계부채 문제가 빠져 있다.

다만, 3월 16일 보도자료에서 이자제한법 상의 최고금리 상한인 25%, 대부업 27.9%를 20%로 단일화하겠다고 밝혔다. 여기서 제1금융권을 이용하지 못한 서민들은 10%대의 중금리 대출을 이용할 수 있도록 서민대출을 활성화하겠다는 내용이 있다. 먼저, 27.9%인 대부업의 최고금리를 이자제한법상의 최고금리인 25%와 맞추는 작업이 필요할 것 같다. 또한, 25%가 되더라도 20%까지 단계적으로 낮출 것으로 예상이 된다. 이러한 최고금리 인하방침은 현재와 같이 가계부채가 많은 상황에서 서민금융에 이자부담을 줄여줄 수 있다는 장점이 있다. 따라서 미시적으로 서민들의 민생에 큰 영향을 줄 것 같다.

그러나 다른 부정적인 효과도 존재한다. 20%로 최고금리가 인하되면, 20% 이상을 적용받던 사람들이 대부업이 아닌, 다른 비제도권 금융기관으로 흡수될 수 있다. 즉, 최고금리가 내려가면 금융기관 입장에서 리스크를 줄이기 위해서 대출문턱을 높일 수 밖에 없고, 신용등급이 낮은 사람은 불법 사채나 불법 대부업체인 불법 사금융으로 이동할 수 밖에 없는 소위 풍선효과가 나타날 수 있다. 대부업체를 이용하는 사람들의 평균 신용등급은 10등급 중에서 7.5등급 정도 된다. 은행 대출가능 등급인 6등급 이하인 분들은 대출을 받을 수 있는 곳이 줄어들게 된다.

질문 2) 대부업법상 최고 금리를 현행 27.9%에서 20%까지 단계적으로 인하하겠다는 것인데, 가능할까?

어떠한 과정으로 단계적 인하를 하겠다는 세부적인 사항은 알려지지 않았다. 다만, 임기 내에 실현될 가능성은 높다고 본다. 20%라는 숫자가 어떻게 도출되었는 지는 알 수 없지만, 상징적인 의미를 가지고 있다고 본다. 대부업법상 법정 최고금리는 법이 도입된 2002년 연 66%에서 시작해서 2007년 49%, 2010년 44%, 2011년 39%, 2014년 34.9%, 2016년 27.9%로 계속 낮아졌다. 따라서 법이나 제도 개선을 통하여 얼마든지 최고금리를 바꿀 수 있다. 그러나 제도의 변화에 따른 파급효과를 생각해 보아야 한다.

질문 3) 대부업체들은 금리를 내릴만큼 내렸다,, 최고금리가 더 내려가면 도산할 위기에 처한다. 대부업체 역시 대출심사를 깐깐하게 할 수밖에 없다는 주장인데, 대부업체들의 현재 금리 수준에 대해선 어떻게 보는가?

대부업과 이자제한법 상의 최고금리가 다른 이유는 불법 사채시장의 양성화라는 목표 때문이다. 이자제한법의 적용을 받는 사채업자의 경우에 대부업으로 등록하면 합법적으로 더 높은 이자를 받을 수 있기 때문에 음지의 사채업자를 양성화하는데 법정 최고금리가 역할을 하고 있었다. 2016년 6월 기준으로 대부업체의 평균금리가 신용의 경우 26.7%, 담보의 경우 16.7%로 평균 25.2%이다. 또한, 조달금리 6% 내외 연체율이 2015년말 기준 5% 내외이다. 판관비를 감안하면, 20%로 최고금리가 인하되면 중소형 대부업체는 도산할 가능성이 있다.

질문 3-1) 최고금리 인하와 무관하게 대부업체들의 총대출잔액 규모는 꾸준히 커지고 있는데?

대부잔액은 2012년 8.7조원, 2013년 10조원, 2014년 11.2조원, 2015년 13.2조원, 2016년6월 14.4조원입니다. 2011년 39%, 2014년 34.9%, 2016년 27.9%로 계속 낮아졌음에도 불구하고 대출잔액은 꾸준히 증가하고 있다.

질문 3-2) 법정 최고금리 연 27.9%를 초과해 이자를 갚고 있는 대출자도 상당하다는데 규제가 제대로 안된다고 봐야하는 것인가?

전체적으로 법정 최고금리를 초과해 이자를 갚고 있는 사람들의 숫자는 알 수 없으나, 설문조사에 따르면 불법 사금융의 경우 이자율이 110%에 이른다는 조사 결과가 있다. 현재 대부업법에 따라 이원화된 감독구조를 가지고 있다. 2016년 6월 현재 금융위원회에 등록되어 있는 대부업체는 8,980개이다. 등록기준은 여러 가지가 있지만, 일정 자기자본(3억원), 자산(120억원) 등이 있다. 그러나 지방자치단체가 대부업체를 감독할 수도 있다. 워낙에 넓은 범위를 금융당국이 다 커버하지 못하기 때문이다. 또한, 지방자치단체가 감독하지 못하는 불법 대부업체도 존재할 수 있어서, 규제가 힘든 상황이다.

질문 4) 어쨌든 대부업체들은 최고금리가 인하되면 대출 심사를 깐깐하게 할 거라는 입장이고, 대부금융협회 자료에서도 2015년 9월보다 최고금리가 인하(34.9%➡27.9%)된 지난해 대부업 이용자수가 5% 가량 준 것으로 나타났다. 결국 사금융으로 돌리는 또 다른 풍선효과도 우려되는데 어떻게 보는가?

2015년에 최고금리가 인하되었음에도 불구하고 총대출잔액은 늘었다고 되어 있다. 그러나 금융위원회 자료에 따르면 2016년 6월 거래자수 기준으로 1.8% 줄어든 것으로 나타나고 있다. 대형 대부업체들이 법정최고금리 인하에 따른 마진 감소에 대응하여 기존 고객 위주로 대출규모를 확대한 것으로 추정할 수 있다. 즉, 신규 진입이 그만큼 어려워졌으니, 기존 거래 패턴을 파악할 수 있는 고객이 더 나을 수 있다. 따라서 신규 고객에 대해 대출 심사를 깐깐하게 하면 결국 불법 사금융으로 몰릴 수 밖에 없을 것 같다.

질문 4-1) 최고이자율만 낮추면 7등급 이하 저신용자는 제도권 대출이 사실상 불가능해진다?

제도권 대출은 어려워진다고 볼 수 있다. 제도권 대출은 대부분 6등급 내외로 이루어진다. 신용대출 기준으로 보았을 때, 은행은 신용 1~3등급, 상호금융은 2~6등급, 여신전문금융회사는 4~7등급, 저축은행 5~9등급이 주요 대상이다. 마지막으로 대부업체는 5~10등급이다. 따라서 법정 최고금리가 낮아지면 제도권에서 점점 멀어지게 되고, 리스크를 줄여야 되는 금융권 입장에서는 대출이 깐깐해 질 수 밖에 없다.

질문 5) 다른 나라들은 상한금리제도를 어떤 방식으로 운영하고 있나?

일본의 경우, 2010년에 법정 최고금리를 29.2%에서 이자제한법상 최고금리인 20%로 낮춰 일원화하였다. 그러나 최고금리를 낮추고 나서 오히려 불법 사금융 피해가 오히려 늘었다. 일본의 2015년 한 보고서에 따르면 2006년 3월 20조9000억엔(약 208조원)에 달했던 일본의 대부업체 규모는 2014년 3월 6조2000억엔(약 62조원)으로 대폭 줄었든 것으로 나타나고 있다. 반면 불법 사금융 피해자 수는 2008년 46만명, 2009년 42만명에서 법이 시행된 후 2010년 56만명, 2011년 58만명으로 증가했다. 또한, 불법 사금융 피해자 중 영세 자영업자가 차지하는 비중이 2008년 14%에서 2010년 22%로 증가한 것도 눈에 띈다.

질문 5-1) 저축은행의 경우 보통 조달금리를 5%, 대부업체는 9%로 제한하고 있는데, 조달비용을 낮춰줘야 한다는 주장도 있는데?

저축은행의 조달금리는 5%, 대부업체는 9%인데, 조달비용을 낮출 수 있는 방안이 필요하다. 최고금리가 낮추어지면 그만큼 비용부분인 자금조달 측면을 봐야 한다. 또한, 올해 금리가 올라간다면 조달금리는 올라갈 것으로 보인다. 따라서 수신을 이용하는 자금조달 외에 다른 방법을 고려할 수 있다. 예를 들어, 일본은 대부업체가 은행에서 자금을 조달할 수 있지만 국내의 경우 은행에서 자금을 조달할 수 없다. 또한, 국내 대부업체는 일본 대부업체가 가능한 회사채 발행도 할 수 없다. 이러한 부분들을 일정부분 완화할 필요가 있다.

질문 6) 최고금리 인하를 시행한다면 어떤 정책들이 좀 더 보완돼야 할까?

단계적으로 최고금리를 인하한다면 이자제한법의 최고금리와 대부업의 최고금리를 비교할 필요가 있다. 만약 두 부분이 같게 가져간다면 제도권에 있었던 대부업체가 현재의 제도권에서 이탈할 수 있다. 또한, 풍선효과를 최소화할 필요가 있다. 제도권 금융을 이용할 수 없는 사람들이라면 서민금융으로 전환할 필요가 있다. 즉, 금융시스템으로 고객들을 무리하게 가지고 올 것이 아니라, 금융복지로 해결할 필요가 있다. 새희망홀씨, 햇살론, 미소금융은 10등급까지도 지원이 가능하다. 이러한 곳을 대상별로 차별화하여 정책을 펼쳐야 한다. 또한, 보다 정교한 정책들이 필요하다. 자금용도별, 차주나이대별, 신용등급별, 신용평가시스템별, 금리별 다양한 시뮬레이션과 정보로 세부적인 정책을 마련해야 할 것으로 보인다.

질문 6-1) 현재 불법 사금융 업체는 금융당국으로부터 관리감독을 받지 않고 있다고 하는데, 사금융에 대한 규제도 함께 고려돼야 하지 않을까?

불법 사금융 업체가 매우 많은 것이 사실이다. 금융당국과 지방자치단체로 이원화되어 있는 부분을 일원화할 필요가 있다. 또한, 관리감독을 철저히 하여 불법 사금융으로 피해를 입지 않도록 여러 가지 규제를 범정부 차원에서 마련할 필요가 있을 것 같다. 예를 들어, 경찰, 검찰, 지차제, 금융당국 등 유관기관과 공조해 단속을 한다든가 시민감시단 운영 활성화를 통해 피해를 최소화할 필요가 있다.

TIP | 불법 사금융

불법 사금융이란 정식으로 정부나 지방자치단체에 등록된 금융 기관이 아닌 곳에서 고금리 대출, 불법 채권 추심, 대출 사기 따위를 하는 것이다. 불법 사금융의 범위를 어디까지 한정하느냐에 따라 불법 사금융의 크기는 매우 다를 수 있다.

2018년 금융감독원에 따르면, 불법 사금융 시장의 대출잔액은 2017년말 기준으로 6.8조원이며, 약 52만명(전국민의 1.3%)이 불법 사금융을 이용하는 것으로 추정하고 있다. 불법 사금융과 등록대부를 동시 이용 중인 차주는 4.9만명(전체의 0.2%)으로 두 시장은 서로 분리된 것으로 보고 있다. 당시 등록대부 시장의 대출잔액은 16.7조원, 78만명이 이용하고 있었다.

표 4.32 불법 사금융 및 대부업 규모

이용처	불법 사금융(A)	등록대부(B)	동시 이용(C)	합계(A+B-C)
대출 잔액(조원)	6.8	16.7	0.6	23.5
이용자 수(만명)	51.9	77.9	4.9	124.9
응답비중(%)	1.3%	1.9%	0.2%	–

자료: 금융감독원

불법 사금융 금리는 10.0%~120.0% 수준이며, 66% 초과 초고금리 이용자 비중은 전체 이용자의 2.0%를 차지(전국민 환산시 1.0만명)하고 있었다. 지인 등 지역 내 제한된 고객을 대상으로 지속거래하는 영업 행태, 담보대출 취급 등의 영향으로 20%이하 대출도 존재(26.8%)하였다.

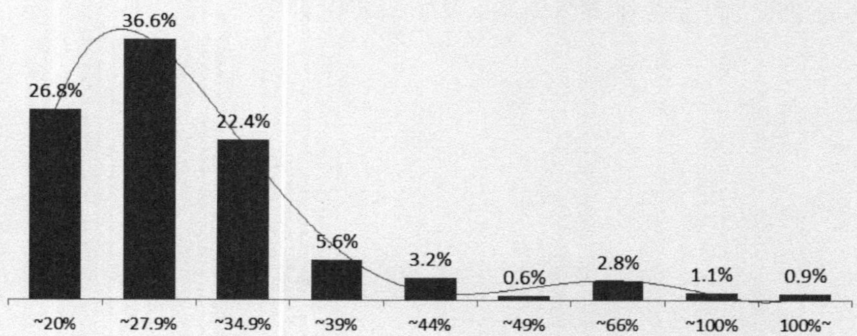

그림 4.9 불법 사금융 금리 분포

자료: 금융감독원

불법 사금융 이용자는 주로 경제활동 중 생활·사업자금이 필요한 月소득 200~300만원대(20.9%), 40~60대(80.5%), 남성이었다. 자금용도는 사업자금(39.5%), 생활자금(34.4%), 他대출금 상환(14.2%) 순이었다. 주로 경제활동 연령대인 40~50대(53.7%)가 이용중이며, 상환 능력이 부족한 60대 이상 노령층(26.8%)의 비중도 상당이 높았다.

연령 분포

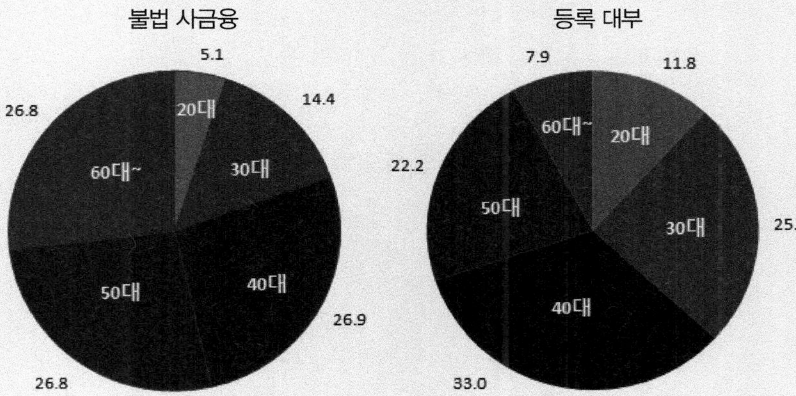

성별 분포

구 분(%)	성 별	
	남성	여성
불법 사금융	62.5	37.5
등록대부	57.4	42.6

그림 4.10 불법 사금융 성별 분포와 연령 분포
자료: 금융감독원

불법 사금융은 주로 저소득층이 이용하나 월소득 600만원 이상의 고소득자도 17.8%로 비교적 높은 비중을 차지하였다.

2016년 한국대부금융협회에 따르면, 우리나라 성인 가운데 약 43만명이 총 24조 1천억원의 불법 사금융 이용 경험이 있는 것으로 추정하였다. 전국 17개 시도에 거주하는 성인 5,023명을 대상으로 불법 사금융 이용에 관한 전화 설문조사를 실시한 결과, 전체 응답자(5,023명) 중 1.07%(54명)가 〈불법 사금융을 이용 후 완제했거나 이용하고 있다〉고 응답하였고, 1인당 평균 이용금액은 5,608만원, 평균 이자는 연 110.9%로 확인되었다.

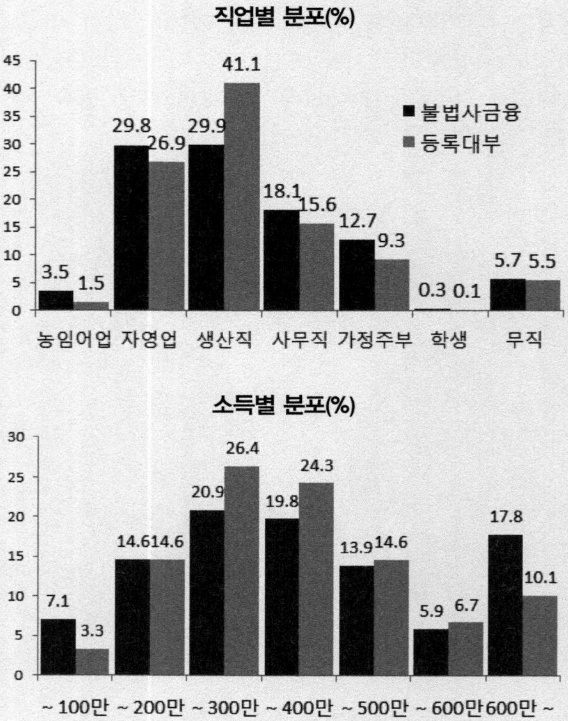

그림 4.11 불법 사금융 직업 분포와 소득별 분포

자료: 금융감독원

불법 사금융 이용목적(복수응답)은, 사업자금(48.8%)이 가장 많았고, 가계생활자금(36.1%), 대출금 상환(10.2%) 순으로 나타났다. 주된 이용자는 수도권(40.7%)의 40대(31.5%) 남성(83.3%)으로 월소득이 3~5백만원 미만(33.3%)인 자영업(33.3%) 종사자로 조사되었다.

서울경제, 2016.11.28. 작성

24

P2P 대출, 합리적인 규제가 필요하다

개인간(Peer to Peer, P2P) 대출은 중개업체가 불특정 다수의 투자자와 대출이 필요한 차입자를 연결하는 핀테크 중의 하나이다. 금융위원회에 따르면 한국P2P금융협회에 가입된 29개의 P2P 대출의 규모가 2016년 9월말 기준 누적 대출액 2,940억원, 대출잔액 2,087억원을 돌파했고, 현재에도 매우 빠른 속도로 증가하고 있다. 대출잔액 중에서 개인(개인신용대출과 개인담보대출)이 874억원, 법인 및 사업자 대출이 1,213억으로 나타난다. 또한, 개인신용대출의 비율은 2015년 48.8%에서 2016년 9월에 17.9%로 감소하고 있으며 법인담보대출이 2015년 10.4%에서 2016년 9월에 45.1%로 증가하였다. 2016년 9월말 기준으로, 투자자수는 2015년 약 8천명에서 2016년 9월말에 14만명에 육박하고 있다. 또한, 차입자수는 2015년말 약 1천건에서 2016년 9월말 약 5천건에 이르고 있다. 연체율은 2015년 0.1%에서 2016년 9월말에 1.3%로 증가하였다. 그러나 시장의 확장과 더불어 투자자, 차입자, 금융당국의 이견이 존재하는 것으로 보인다. 이에 대해 필요한 규제를 살펴보자.

먼저 시장에서 P2P 대출을 규제할 법은 따로 없다. P2P 대출에 적용되고 있는 현행 법률은 가이드라인에 별도로 규정하지 않았으나 준수하며 영업해야 한다. 대부업법, 개인정보보호법, 전자상거래법, 신용정보법이 대표적이다. 최근에 국회차원에서 P2P 대출 법제화와 관련하여 움직이고 있다.

투자자측면에서 이슈가 되고 있는 것은 투자한도가 개인은 500만원, 중개업체당

1,000만원인 가이드라인이다. 2016년 9월말 기준으로 건당 투자금액이 150만원 정도로 나타나고 있다. 그러나 한국P2P금융협회의 설문조사에 따르면 투자자입장에서는 개인당 5,000만원 정도로 상향시켜 주기를 바라고 있다. 그러나 불특정 다수의 투자자와 대출자를 연결한다는 의미에서 P2P 대출과 비슷한 자본시장법 규제를 받는 크라우드펀딩의 한도인 500만원과 비슷하다. 5,000만원으로 상향시켜야 한다는 입장에서는 고액 투자자들이 시장을 견인해 주어야 한다는 입장이다. 그러나 은행의 예금자 보호가 5,000만원이며, 부분지급준비제도에 따라 은행은 예금의 일부를 지급준비금으로 예치를 하기 때문이다. 이러한 부분지급준비제도는 사고 등에 의한 뱅크런이 발생하였을 때, 일부 예금을 지급하여야 하기 때문이다. 따라서 현재와 같은 금액에서 차후에 금융당국이 시장의 파급력, 리스크, 투자자나 차입자의 자격요건 등을 감안하여 변화시킬 수 있는 부분이다. 이러한 투자자보호가 없고, 업체에 문제가 발생한다면 당연히 금융당국에 호소할 수 밖에 없다. 따라서 현재와 같은 규제는 합당하다고 보여 진다.

금융권은 기본적으로 신용대출, 리스크 관리, 부실대출 회수 등을 위해 여러 가지 규제를 받고 있다. P2P 대출의 경우, 원리금수취권매입형은 P2P업체가 100% 지분을 가지고 있는 대부업체를 통해 대출실행이 되며 현금담보제공형은 저축은행을 통해서 대출이 실행된다. 저축은행은 어느 정도 신용을 평가하고 있으나, 대부업은 신용을 거의 평가하지 못한다. 따라서 연체율은 당연히 빠르게 상승할 수 밖에 없다. 선대출도 적용이 되면 현재의 대부업과는 크게 다르지 않은 상황이 된다. 따라서 투자자보호와 갑작스런 파산에 따른 리스크 관리 방법인 최소자본규정은 필요할 수 밖에 없다. 부실대출 회수와 관련해서도 저축은행과 대부업이 회수하는 방식은 다르다. 이러한 P2P대출 증가와 가계부채의 증가로 대손상각이나 매각이 증가할 수 있다. 최근 채무자대리인제도 적용 확대 등 여러 법안이 제출되고 있는 상황은 도덕적 해이에 따른 금융시스템의 효율성을 발생시키게 된다,

현재와 같이 연계 금융회사가 저축은행인 경우에는 문제가 없으나, 소규모 대부업체가 연계되어 있는 경우에는 금융당국의 검사나 감독 권한이 없다. 즉, 지자체 등록이 대상인 경우에도 금융당국에 감독대상이 되어야 하고, 금융당국은 유연한 제도를 유지하고 등록시킬 필요가 있다. 또한, 협회에 등록되지 않은 50개 이상의 P2P업체는 통계

나 시장을 파악하지 못하고 있다. 현재와 같이, 폭증하는 P2P 업체 중에서 불법 유사수신업체가 급증할 수 있고 정보공시가 되지 않은 불완전 판매가 증가할 수 있어 투자자나 차입자의 피해가 속출할 수 있다. 따라서 사전적으로 금융당국에 등록을 해야 한다면, 사후적으로는 공시의무를 강화하고 손해배상책임 등에 대한 규정이 새로 만들어지는 법이나 가이드라인 등에 적시될 필요가 있다.

TIP | P2P 대출

개인간(Peer to Peer, P2P) 대출은 중개업체가 불특정 다수의 투자자와 대출이 필요한 차입자를 연결한다. P2P 대출시장이 급속한 성장추세를 보임에 따라, 투자자 보호 등을 위한 P2P 대출의 규율 체계 필요성이 제기되었다. 누적대출액은 2016년말 0.6조원에서 2018년말 4.8조원으로, 2019년 6월 6.2조원으로 증가하였다. 해외 P2P 대출시장의 경우, 급속한 성장 과정에서 부정대출 및 업체의 횡령 등 금융사고가 발생하였다. 미국의 Lending Club은 2016년 5월 2,200만 달러 규모의 부정대출을 중개하였고, 중국의 e쭈바오는 2015년 12월 허위정보로 500억 위안의 자금을 모집하여 유용하였다.

정부는 핀테크 성장과 투자자 보호라는 정책목표 조화를 위해 유연한 규율체계인 가이드라인을 제정하여 공시 강화, 상환금 분리 보관, 자금돌려 막기 등 투자자 보호 장치를 지속 강화로 대응하고 있다. 그러나 법·규제 공백에 따른 업계 신인도 저하 문제와 함께, 허위 공시, 투자자금 유용·횡령 등 투자자보호 문제가 발생하였다. 국회 정무위는 「온라인투자연계금융업 및 이용자 보호에 관한 법률」 제정안을 의결하였다.

주요 내용은 다음과 같다. 진입제도와 관련하여 P2P업을 하려는 자는 금융위에 등록을 의무적으로 하여야 한다. 무등록 영업 시 형사처벌(3년 이하 징역 또는 1억원 이하 벌금)이 된다. 최소 자기자본(5억원 이상), 인적·물적 설비, 사업계획 타당성, 임원·대주주, 사회적 신용 등의 등록 요건을 규정하였다. 등록요건(일부요건 완화) 유지 의무를 다하지 않으면 등록취소 사유가 된다.

영업행위와 관련하여 P2P업의 거래구조, P2P업체의 재무·경영현황, 대출규모 및 연체율 등에 관한 사항을 공시하여야 한다. 대부업법 상 최고금리 범위 내에서 이자(차입자로부터 수취하는 수수료 포함)를 수취하여 한다. P2P업체 및 대주주 등에 대한 연계대출, 투자자 모집 전 대출실행, 투자와 대출의 만기 불일치 등을 금지한다. P2P업체의 자기자금 투자는 모집금액 80%이하(대통령령으로 정하는 비율 이상), 모집시 '자기자본 내'에서 허용한다.

P2P금융업은 투자자 보호와 투자·재출한도, 원리금수취권 양도·양수, 금융회사 등 투자참여에 관한 사항을 주수하여야 한다.

25

디지털타임스, 2016.12.14. 작성

체납 세금과 국가채권, 효율성과 공정성을 높이려면

국세청은 2016년 고액·상습체납자 16,555명의 인적사항 등을 발표하였다. 총 체납액은 13조 3,018억원이며, 1인당 평균 8억원에 달한다. 또한, 개인최고액은 1,223억원, 법인 최고액은 872억으로 나타나고 있다. 국세기본법 개정으로 공개 기준이 체납 국세 5억원 이상에서 3억원 이상으로 확대되었는데, 2015년 2,226명에서 2016년 16,555명으로 증가한 것이다. 또한, 연간 체납액 추이를 보면 2012년 11조 777억원, 2013년 4조 7,913억원, 2014년 4조 1,854억원, 2015년 3조 7,832억원, 2016년 13조 3,018억원으로 나타난다.

이렇게 체납된 세금을 징수하지 못하여 매년 국세 약 7~8조원, 지방세 약 1조원을 정리보류(결손처분)하고 있으며 그 밖에 조세채권과 벌금을 제외한 국가채권의 연체 규모도 수 조원에 이르고 있는 실정이다. 국가채권 연체금액은 2007년 5조 3,600억원, 2008년 6조 400억원, 2009년 4조 4,800억원으로 감소하였으나, 이후 꾸준히 증가하여 2011년 5조 2,700억원, 2012년 5조 7,590억원, 2013년 6조 7,930억원으로 꾸준히 증가하고 있다.

현재 국가채권에 대하여 관리기관, 관리절차 등을 정하고 있는 「국가채권 관리법」에서는 체납된 국가채권의 회수업무를 한국자산관리공사(캠코) 또는 신용정보회사에 위탁할 수 있도록 규정하고 있다. 그러나 시행령에서 우선 캠코에 위탁하고 그 결과를 검토하여 신용정보회사에 위탁하도록 제한하여 실질적으로 신용정보회사에 대한 위탁이 허용되어 있지 않은 상황이다. 따라서 국세의 경우, 「국세징수법」에서 체납액 징수업무를 위탁받을 수 있는 기관으로 캠코만 규정하고 있어 법률의 개정이 없이는 신용정보회사에 위탁하는 것이 불가능하다. 인원 등이 한정적인 캠코에만 독점적으로 위탁하는 것보다는 신용정보회사에 위탁을 한다면 체납징수의 효율성을 높일 수 있다. 자유로운 선의의 경쟁을 통하여 효율성을 높일 필요가 있으며, 캠코 역시 일반 금융채권의 경우에 채권추심회사에 위탁하여 추심하고 있기 때문이다. 또한, 세금체납이 없는 국민들이 볼 때에 세금을 체납하는 국민들에 대해 손실감을 가지지 않기 위하여 높은 징수율로 공정성을 마련해야 한다.

캠코는 정부가 출자한 공기업으로 부실채권의 매입·매각을 통한 금융회사의 구조조정과 국유재산의 관리 등 다양한 업무를 수행한다. 그러나 신용정보회사는 채권추심을 전문으로 하면서, 매년 10조원 이상의 부실채권을 회수하고 있다. 신용정보회사가 체납된 세금이나 국가채권을 위탁받아 회수한다고 해도 직접 압류, 공매 등을 집행하는 것이 아니며, 금융위원회의 허가를 받아 설립되는 신용정보회사는 감독당국의 엄격한 관리·감독과 철저한 내부통제시스템이 갖추어져 있어 체납자의 권익침해는 발생할 가능성이 희박하다.

이미 민간 채권추심회사를 활용하여 체납세금, 국가채권 등을 회수하고 있는 외국의 사례도 참고해 볼 만 하다. 국세의 경우, 미국에서는 2006년부터 2009년까지 체납징수 업무를 민간에 위탁하여 성과를 올렸으나 정치적인 이유로 중단되었다가 2015년 12월 연방회의를 통하여 2017년부터 재시행 하기로 하였다. 지방세의 경우에는 미국에서 1979년 이후 주정부 및 수백 개 지방자치단체에서 체납징수 업무를 민간에 위탁하고 있으며, 일본은 2005년 3월 내각회의에서 「규제개혁 민간개방 3개년 계획」을 의결한 이후 지자체(도도부현) 별로 다양한 방법으로 체납징수 업무를 민간에 위탁하고 있다. 미국의 국가채권을 통합하여 관리하는 재무관리국(FMS, Financial Management Service)에서는 우선 자체적인 추심활동을 한 후에 회수되지 않는 연체채권에 대하여 민간채권추심회사에 위탁하고 있다.

법규 위반 여부, 재무구조, 실적 등을 종합적으로 평가하여 우수한 신용정보회사를 선정하여 체납된 세금과 국가채권의 회수업무를 위탁한다면 공공부문과 민간부문이 모두 윈윈할 수 있을 것으로 기대한다.

26

아시아투데이, 2016.12.03. 작성

채무자대리인제도의 적용 확대가 경제에 미치는 영향

최근 국회에서 「채권의 공정한 추심에 관한 법률」(이하 채권추심법)의 일부개정안이 발의되었다. 채권추심법 개정안은 여러 내용을 담고 있으나, 그 중에서 가장 주의 깊게 살펴볼 부분은 채무자대리인제도의 확대에 관한 내용일 것이다. 채무자대리인제도란 채무자가 대리인을 선임하고 채권추심자에게 서면으로 통지한 경우, 채권추심자는 대리인에게만 연락할 수 있으며 채무자에게는 접촉(방문, 전화, 우편)을 금지하는 제도이다.

현행 법률에 따른 채무자대리인제도는 채권추심자가 대부업자인 경우에 한하여 적용되고 있다. 그러나 개정안은 모든 금융기관과 신용정보회사에까지 적용대상을 확대하고, 대리인의 자격을 완화하여 변호사나 법무법인 뿐만 아니라 비영리 민간단체와 사회적기업도 채무자대리인이 될 수 있도록 한다는 내용이다.

최근의 가계부채와 연결되어 가계의 파탄을 막고, 소비여력을 회복시키는 관점과 과중한 채무를 신속히 줄이는 정책이 필요하겠지만, 이러한 채무자대리인제도의 확대는 가계부채를 연착륙 시키지도 못할 뿐만 아니라 과중한 채무를 줄이지도 못할 것으로 보인다. 오히려 금융시장의 효율성을 떨어뜨리고, 공정성마저 훼손할 가능성이 높다. 즉, 과도한 채무자 보호에 따른 도덕적 해이 확산과 금융시스템 효율성 저하가 발생할 수 있으며, 오히려 가계부채발 금융위기를 불러올 수 있고, 신용사회 기반 약화를 가져올 수 있다.

여러 문헌에서 채무자대리인제도 확대는 파산비용 감소, 법적비용 감소, 심리적 비용 감소와 연결되어 도덕적 해이를 증가시킨다고 보고하고 있다. 예를 들어, 변호사 선임비용과 같이 파산과 관련된 비용이 감소한 것이 한국의 파산율을 5배 수준까지 상승시킨 전례가 존재한다. 이러한 도덕적 해이는 연체율을 증가시키고 금융시스템의 효율성을 저하시킨다. 채무자들은 실제로 갚을 능력이 있음에도 불구하고 이러한 제도가 존재함으로 인해 차입을 늘리고, 제도를 전략적으로 이용하여 자신의 편익을 늘릴 수 있기 때문이다.

가계신용은 최근에 매우 빠른 속도로 증가하여 2016년 3분기에 1,300조원에 달하고 있다. 또한, 연체율도 2016년 1분기 이후로 증가하고 있는 상황이다. 현재 시점에서 채무자대리인제도를 확대하는 것은 리스크를 관리해야 하는 금융권의 측면에서 매우 어려운 문제라고 할 수 있다. 즉, 부실채권 등을 관리하는 것이 금융권의 가장 중요한 문제 중의 하나인데, 이러한 미회수 부실채권의 증가는 금융권의 리스크로 오게 되며, 최종적으로 금융권의 부실을 가져오게 된다. 금융권의 부실은 금융위기로 바로 연결된다.

또한, 금융기관 및 신용정보회사에까지 채무자대리인제도가 적용되는 경우에 은행 등 금융기관은 직접 부실채권을 추심하거나 신용정보회사에 위탁하는 것보다 매각을 선호하게 될 것이므로 제도권 채권추심 시장은 축소되고 부실채권이 비제도권으로 유입되어 이로 인한 소비자 피해가 오히려 증가될 우려가 있다.

제도권추심의 경우, 감독당국의 관리와 감독을 받고 있고, 채권추심업무 가이드라인을 준수하고 있다. 그러나 비제도권의 경우, 이러한 감독으로부터 사각지대에 있다. 현행 법률에서 채무자대리인제도를 대부업자에 한하여 적용하고 있는 것은 이러한 이유에서 시작된 것이다. 따라서 채무자대리인의 자격을 완화하는 내용에 대해서도 신중한 검토가 필요하다. 법률적 전문성이 부족한 비영리민간단체와 사회적기업도 채무자를 대리할 수 있도록 하는 것은 적절한 채무자보호가 미흡해질 우려가 있고 변호사법과 충돌할 여지도 있어 바람직하지 않다.

채무자대리인제도는 금융의 효율성과 더불어 공정성을 훼손한다. 행동경제학에서 공정성은 효율성과 더불어 매우 중요한 항목이다. 특히, 전망이론을 응용하면 이는 극명해진다. 전망이론에 따르면, 사람들이 이익보다 손실에 더욱 민감해지게 된다. 대출을 잘 갚은 사람들은 양(+)의 효용을 나타내지만, 대출을 잘 갚지 못한 사람들은 음(−)

의 효용을 나타내게 된다. 그런데 과도한 채무자보호로 대출을 잘 갚지 않는 사람들이 증가하게 되면 대출을 잘 갚는 사람들의 효용은 보다 빠른 속도로 떨어지게 된다. 따라서 이는 공정하지 못하다고 생각할 수 있다.

따라서 채권의 공정한 추심에 관한 법률의 개정안이나 이와 관련된 채무자대리인제도의 확대 등을 검토할 경우에 금융시스템 효율성 약화 및 공정성 훼손, 제도권 추심기능 약화, 신용기반 사회 약화, 경제적 파급효과 등 여러 가지 요소들을 고려하여 법의 개정을 고려할 필요가 있다.

27

채무탕감과 신용소비자대리인적용 확대가 적절한 정책인가?

2017년 11월 29일, 금융위원회를 비롯한 관계기관은 장기소액연체차 지원대책을 발표하였다. 10월 24일 발표된 가계부채 종합대책 중의 후속대책의 일환으로 연체채권 정리에 대한 부분으로 발표되었다.

주요 내용으로 원금 1천만원 이하 생계형 소액채무를 10년 이상 상환을 하지 못한 연체자는 약 159만명, 6.2조원으로 파악하고 있다. 여기서 국민행복기금에 약정자는 42.7만명(1.7조원), 미약정자 40.3만명(1.9조원)으로 83만명(3.6조원)이 된다. 이회에 공공기관, 금융회사, 대부업체가 76.2만명(2.6조원)으로 보고 있다. 국민행복기금 채무자 현황을 보면 장기소액연체자는 450만원을 14.7년간 연체중이며, 일반채무자는 1,066만원을 11년간 연체중이다. 따라서 장기라는 의미는 10년이 기준이 되고, 소액채무는 1천만원을 기준으로 구분하였다고 볼 수 있다. 미약정 장기소액연체자(40.3만명) 중 기초생활수급자(3.2만명), 고령자(8.8만명)을 사회취약계층으로 보고 있다. 또한, 행복기금 채무자의 약 46%는 중위소득의 40%이하이며, 대부분 신용등급 8~10등급의 저신용자로 보고 있다. 이에 대한 대책으로 정부는 장기소액연체채권을 정리 및 소각하고 부실채권관리 및 매각에 대한 제도 개선, 국민행복기금 운영방식 개선을 들고 있다.

그러나 이러한 조치는 형평성 및 여러 가지 문제를 남길 수 있다. 먼저 일반연체자와의 형평성이다. 제대로 부채를 잘 갚고 있는 일반연체자에게 주어지는 혜택이 없다. 즉,

채무자 입장에서 갚지 않고 그대로 두는 것이 훨씬 낫다. 현재 국민행복기금 내의 미약정(40.3만명)은 일괄 재산·소득조회를 통해 최대 3년 내 채권을 소각한다. 약정(42.7만명)은 본인 신청을 통해 심사후에 상환능력을 보고 채무를 면제한다. 또한, 국민행복기금외(76.2만명)은 본인 신청시 심사 후에 채권소각을 한다.

그러나 장기소액연체와 일반연체자의 연체기간 차이는 3.7년에 불과하다. 이러한 문제는 전수조사를 통해서 해결할 수 있다. 예를 들어, 국민행복기금 내이든 국민행복기금 외의 민간영역을 제외한 대상이 되는 96만명에 대해 1인당 5만원 정도의 비용만 들이면 약 480억원으로 전수조사가 가능하다. 전수조사를 통해서 정말 힘든 취약계층에 대해 부채를 탕감해 줄 수도 있다. 이 비용이 크다고 생각하겠지만, 전체 금액에 비해서 생각하면 그다지 큰 금액도 아니다. 그렇다면 국민행복기금내의 약정과 미약정을 구분할 필요도 없다. 즉, 형평성의 문제는 크게 완화될 수 있다. 또한, 국민행복기금 외의 공공기관까지 전수조사도 할 필요가 있다. 왜냐하면 정부의 의지가 있다면 해결할 수 있는 부분이기 때문이다. 마지막으로 금융회사등과 대부업체(63.5만명)은 민간의 영역에 정부가 부채를 탕감해 주는 것도 이해하기 어렵다.

장기연체자 발생 방지를 위한 제도 개선이 현실화되지 못한 부분도 들어 있다. 부실채권에 대해 법률에 따라 매각을 하는 경우에도 재매각 상황에서 원채권자와 채무자 모두 어디에 위치한 지에 모르는 일종의 분리된 섬인 채권 갈라파고스에 갇히게 된다. 이를 해결하려고 한 부분이 한국신용정보원의 설립을 통해 채권이력제를 도입한 것이다. 그러나 현실에서는 고지가 잘 안되고, 홍보가 부족하여 채무자는 여전히 금융회사의 부실채권 매각이나 재매각 과정에서 여전히 정보파악이 어렵다. 또한, 개인회생이나 파산지원은 2020년까지 법원행정처와 유관기관 정보 연계시스템 구축하게 되는데, 이러한 정보가 여전히 공유되지 않는 것은 이해하기 어렵다.

마지막으로 채무자대리인제도(신용소비자대리인제도)와도 연결된다. 2016년말에 발의된 소비자신용보호법의 일부 내용에 해당하는 부분과 연결된다. 채무자대리인제도는 적용되는 범위를 모든 채권추심자로 확대하는 것이다. 즉, 채무자대리인의 자격에 일정 요건을 갖춘 비영리민간단체 및 사회적기업이 추가되는 것이다. 채무자(신용소비자)가 대리인을 선임하여 채권자가 채무자에게 직접 접촉하는 것이 금지되는 경우 채무자로서는 채무회피의 유혹을 받게 된다. 특히 채무자(신용소비자)대리인 제도가 확대되는 경우 변호사 등 채무자대리인 업무를 영위할 수 있는 특정 집단은 채무자대리인으로 선임되고자 하는 경쟁이 치열해지게 될 것이다. 결과적으로 채무자대리인 제도에도 시장논리가 적용되어 채무회피 수단으로 전락 하게 되고 채무면탈을 합법적으로 조장하는 결과가 될 것이 뻔하다. 그런데 이번 장기소액연체자 지원대책에서 국민행복기금 내·외부의 장기소액 연체자 중에 회수가능한 재산이 없고, 중위소득의 60% 이하면 상환능력이 없으면 된다. 그렇다면 중위소득 60% 이상은 채무자대리인제도를 적극 활용하면 도덕적해이 문제가 보다 크게 증가하게 된다.

결과적으로 장기소액연체자 지원을 하는 것이 대선공약에 있었다. 이러한 정책은 경제적인 측면에서 효율성이 감소하기 때문에 시행하여서는 안되는 정책이다. 그러나 공정성측면에서 정말 힘든 금융약자 계층이 있다면 돕는 것이 정책이라면 형평성과 도덕적해이 등의 파급효과를 생각해 보아야 한다. 따라서 접수를 통해 채무탕감을 할 것이 아니라, 전수조사 반드시 시행해야 하고, 금융권에서 개인적으로 추적가능한 이력시스템도 갖추어야 한다. 또한, 채무자대리인 적용은 현재와 같이 유지하는 제도로 유지해야 한다.

PART

5

일자리 및 정책

1

서울경제, 2019.09.21. 작성

정년연장이 지금 당장 필요한 시점인가?

정부는 이번 달에 제24차 경제활력대책회의를 진행하였다. 주요 내용은 인구구조 변화의 영향과 대응방향으로 범정부차원의 인구정책 TF를 구성하고, 4대 핵심전략 및 20개 정책과제를 제시하고 있다. 우리나라는 다른 국가들보다 저출산이 심화되고 급속한 고령화가 진행되고 있다. 생산연령인구가 감소함에 따라 노동공급이 감소하고, 경제성장률도 하락할 것으로 보고 있다. 절대인구 감소에 따라 학령인구 및 병역자원이 감소하고, 지역공동화 현상이 발생할 것으로 보고 있다. 고령인구 증가에 따라 노후소득이 부족하고 고령층 수요확대가 발생할 것으로 보고 있으며 복지지출 증가에 따라 재정압박과 재정수지 악화를 예상하고 있다. 여기에 따른 4개의 전략은 생산연령인구 확충, 절대인구 감소 충격 완화, 고령인구 증가 대응, 복지지출 증가 관리를 내세우고 있다. 이 중에서 눈에 띄는 것은 생산연령인구 확충에서 고령자 계속고용 및 재취업 활성화이며 고령화는 어쩔 수 없더라도 저출산에 대해서 고민할 필요가 있다.

먼저 정부는 현재의 출산율 제고 정책을 출산율제고 및 적응력 강화로 보고 있다. 여기에 정책은 출산·양육비 부담 최소화, 아이와 함께하는 시간 최대화, 보육·돌봄 서비스 질적 제고 등으로 보고 있으며 현재 저출산·고령사회위원회는 여전히 출산율 제고정책을 맡고 범부처 인구정책 TF가 적응력 강화를 하겠다는 것이다. 왜 저출산인 지에 대해 심각한 고민부터 시작되어야 한다. 결혼하기 바로 전단계부터 살펴보자. 출산 후가 아닌, 입시부터 보자. 입시로 대학에 들어가서 졸업을 해야 하는데, 취업이 안 된다. 이러한 첫 세대가 1997년 아시아 외환위기 후의 졸업생들이고, 현재 70년대 태어난 학부모들이다. 이미 이러한 상황을 겪어 왔기 때문에 70년대 이후 태생은 당연히 출산을 적게 하게 된다. 취업을 간신히 했다고 하더라도 본인이 힘들게 한 것도 알고, 결혼을 생각할 나이가 되어도 결혼을 하지 않는다. 결혼을 하더라도 아이를 가지지 않는다. 결혼을 해서 아이를 낳게 되면 주택의 문제가 생긴다. 일반적인 소득으로, 세금과 준조세를 내고 나면 얼마 남지 않는다. 그런데 집값은 1년에 50%~100% 가까이 뛰고, 조물주 위에 건물주가 있다. 당연히 내 아이들에게 이러한 고생을 물려주고 싶어 하지 않는다. 주택의 문제가 50대 은퇴 시기에 집이 어느 정도 해결되면, 노후를 대비해야 하는데 지금까지 육아 때문에 남은 돈이 없다. 남은 것은 퇴직금 밖에 없는데, 무엇이라도 해야 하기 때문에 포화된 서비스업으로 들어가서 버틴다. 그리고 아이들이 어느 정도 크면 완전히 노동시장에서 은퇴한다. 이러한 것이 한국의 현실이다. 대부분의 가정은 대학을 들어가면서부터 빚을 지기 시작하고 결혼하면서 빚을 지고, 전세로 가면서 빚을 지고, 집을 사면서 빚을 진다. 죽을 때까지 계속 빚을 지고 있는 셈이다. 이러한 상황에서 아이를 낳으라고 한다면 낳을 수 있겠는가?

그런데 정부는 고령자 고용연장을 위해 60세 이상 고령자고용지원금을 3만원 올려 30만원으로 하고 계속고용제도를 하겠다고 한다. 이미 민간의 평균 은퇴 연령이 52세 전후인 점을 감안하면 소수의 은퇴하지 않은 사람들만 받을 수 있는 부분이다. 지금 나이 드신 분들이 받고 있는 직접사업인 일자리안정자금이나 직접일자리사업예산과 어떠한 차이도 없다. 중기적으로 국민연금 수급연령을 확장할 것이라는 것이다. 그렇다면 52세 전후에 은퇴한 사람 중에 다른 일을 하지 않는 사람은 무엇으로 살라는 것인가? 민간에서는 50대 초에 은퇴하는데, 정년 연장하면 어떠한 사람들이 혜택을 보는가? 또한, 청년체감실업률이 역대 최고를 경신하고 있는 상황에서 이 사람들은 어디로 가야 하는가? 물론, 중기적으로 정년 연장을 논의할 수는 있다. 그러나 지금 정년 연장을 하게 되면 득보다 실이 훨씬 많은 상황이다.

2

ifsPOST, 2019.08.18. 작성

취업 취약계층의 고용의 질은 나빠지고 있다

요즘 길에서 쓰레기를 줍는 나이 지긋하신 분들이나 길에서 안전사고를 예방하는 분들이 많이 보이고, 조그마한 건물을 짓는 곳에 수신호 하시는 나이 드신 분들이 많이 보인다. 이분들은 고용상태이신 것일까? 누가 일당이나 월급을 주는 것일까? 또한, 20대의 고용률은 나쁘지 않은데, 왜 주위에서 취업하는 것은 매우 힘든 것일까?

2018년의 고용의 양은 상당히 좋지 않았다. 2018년 2월부터 전년도에 비해 증가폭이 상당히 많이 감소하기 시작했으며, 경기 하강의 시작으로 볼 수 있는 7월경부터 고용시장에서 1만명을 못 넘은 대참사가 일어나고 있었다. 2019년의 고용을 취업자 수 증감으로 살펴보면, 2월 이후 대폭 증가하고 있다. 이는 2018는 2월 이후의 고용시장의 위축과 그에 따른 기저효과와 정부가 재정지원 사업에 대해 조기에 집행하면서 효과가 크게 나타난 것으로 예상할 수 있다. 따라서 2019년의 고용은 2월~7월은 20만 명 내외, 8월 이후에 대폭 증가할 수 있다고 쉽게 예상할 수 있다. 그렇다면 이러한 취업자 수 증가는 어느 연령대에 집중되어 있을까?

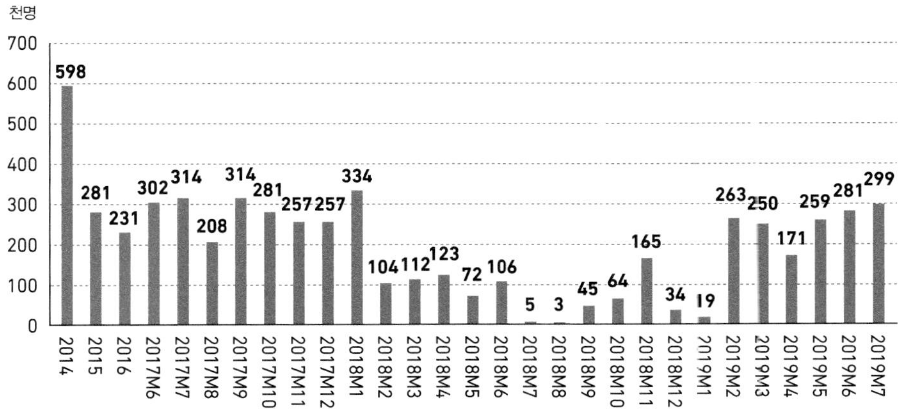

그림 5.1 월별 취업자 수 증감

자료: 고용노동부

최근의 고용시장 동향을 보아도, 20대와 50대 이상의 고용은 상승하는 반면, 경제의 주축인 30대, 40대에서 뚜렷하게 하락하는 추세를 보이고 있다.

표 5.1 연령계층별 취업자 수 증감

단위: 천명

	전체 취업자	15~29세 (청년)	15~19	20~29	30~39	40~49	50~59	60세 이상	60~64	65세 이상
2014	598	73	21	53	−36	125	244	192	89	103
2015	281	63	0	63	−76	−5	121	178	146	32
2016	231	43	−1	44	−57	−59	82	223	140	82
2017M6	302	−15	20	−35	−27	−34	132	245	164	81
2017M7	314	2	−2	4	−20	−43	163	213	112	100
2017M8	208	−8	−22	15	−38	−63	126	191	119	72
2017M9	314	−16	9	−25	4	−60	128	258	139	119
2017M10	281	−43	−14	−29	−2	−37	125	236	119	117
2017M11	257	−30	−21	−9	−22	−67	131	244	122	122
2017M12	257	−52	−30	−22	−26	−60	146	250	104	146
2018M1	334	31	−35	66	−14	−52	147	223	113	110
2018M2	104	44	−42	86	−34	−107	35	165	76	89
2018M3	112	4	−26	30	−38	−97	21	221	76	145
2018M4	123	−68	−76	7	−17	−88	69	227	69	157
2018M5	72	−95	−70	−26	−31	−88	46	240	89	152

(계속)

표 5.1 연령계층별 취업자 수 증감(계속)

단위: 천명

	전체 취업자	15~29세 (청년)			30~39	40~49	50~59	60세 이상		
			15~19	20~29					60~64	65세 이상
2018M6	106	−42	−48	6	−50	−128	71	255	86	169
2018M7	5	−48	−57	9	−91	−147	40	251	98	153
2018M8	3	−40	−44	4	−78	−158	5	274	111	163
2018M9	45	6	−39	45	−104	−123	33	233	83	150
2018M10	64	41	−20	61	−74	−152	6	243	88	155
2018M11	165	96	−16	111	−98	−129	27	270	76	194
2018M12	34	38	−33	71	−103	−135	31	203	96	107
2019M1	19	4	−31	34	−126	−166	44	264	120	144
2019M2	263	21	−13	34	−115	−128	88	397	134	262
2019M3	250	43	−9	52	−82	−168	111	346	126	220
2019M4	171	48	27	21	−90	−187	65	335	138	197
2019M5	259	46	12	34	−73	−177	109	354	154	200
2019M6	281	−4	−18	14	−32	−182	127	372	160	213
2019M7	299	13	−15	28	−23	−179	112	377	166	211

자료: 통계청

이 중 정부의 재정지원일자리사업은 2017년 기준으로 매우 빠른 속도로 증가하고 있으며, 직접일자리 예산도 증가하고 있으나 1인당 금액은 높지 않은 상황이다. 재정지원일자리사업은 정부(자치단체 포함)가 재정지출을 통해 취업 취약계층 등의 고용안정을 직·간접적으로 지원하기 위하여 추진하는 사업이다. 2017년 예산은 17.1조원으로 전년대비 17.1%, 2018년 19.2조원으로 12.4%, 2019년 22.9조원으로 매우 빠르게 증가하고 있다. 1인당 지원 금액도 월 328,834원 수준으로 매우 낮은 금액을 나타내고 있으나 참여인원은 96.3만 명에 이르고 있다. 따라서 재정에 의해서 고용의 질이 낮은 일자리를 만들어 내고 있다는 의미가 된다. 아마도 1인당 금액은 연금 등에 영향이 가지 않도록 설계했을 가능성이 높다. 즉, 일정 금액 이상의 소득이 발생하면 각종 연금 수급 등에서 빠질 수 있는 금액이 된다.

연간 96만 3천명이 이러한 예산으로 일자리가 만들어 지고 있다. 월평균 8만 명에 가까운 사람들이 고용시장에 들어오고 있는 것처럼 보이지만, 실제로 고용의 질은 그다지 높지 않다는 의미가 된다.

표 5.2 정부 재정지원일자리사업 예산 및 연도별 참여인원 단위: 조원, %, 원

	예산액	예산 증감률	직접일자리 예산	직접일자리 예산 참여인원	1인당 금액(원)	월 1인당 금액(원)
2014	13.1	0.0	2.9	66.5	4,360,902	363,409
2015	13.9	5.5	2.4	65.6	3,658,537	304,878
2016	15.8	14.1	2.6	73.2	3,551,913	295,993
2017	17.1	8.0	2.7	76.4	3,534,031	294,503
2018	19.2	12.4	3.5	83.5	4,197,617	349,301
2019	22.9	16.1	3.8	96.3	3,946,002	328,834

자료: 고용노동부 e-현장행정실

그렇다고 청년들의 고용의 질이 나아진 것도 아니다. 활동상태별 비경제활동인구에서 취업준비는 2018년 9월에 70만 명을 넘어선 후, 70만 명 이하로 떨어진 적이 없다.

표 5.3 활동상태별 비경제활동인구 단위: 천명

시점	계	육아	가사	통학	연로	심신장애	기타	취업준비
2014	15,959	1,439	5,861	4,222	1,903	424	2,110	556
2015	16,086	1,442	5,815	4,082	2,013	437	2,297	603
2016	16,187	1,363	5,866	4,032	2,122	447	2,359	624
2017	16,183	1,266	5,873	3,941	2,203	431	2,469	669
2018M1	16,840	1,237	6,203	3,908	2,294	422	2,776	651
2018M2	16,744	1,256	6,157	3,780	2,249	432	2,870	672
2018M3	16,289	1,216	6,015	3,806	2,188	422	2,641	696
2018M4	16,093	1,178	5,905	3,852	2,200	416	2,542	691
2018M5	15,956	1,168	5,852	3,823	2,171	424	2,519	680
2018M6	16,000	1,171	5,843	3,839	2,167	415	2,565	722
2018M7	16,064	1,162	5,886	3,762	2,178	410	2,666	678
2018M8	16,172	1,170	5,890	3,802	2,222	441	2,648	670
2018M9	16,158	1,166	5,846	3,845	2,222	443	2,636	732
2018M10	16,199	1,168	5,876	3,864	2,206	440	2,647	724
2018M11	16,192	1,196	5,838	3,872	2,212	432	2,641	701
2018M12	16,733	1,199	6,081	3,863	2,308	433	2,849	702
2019M1	16,864	1,196	6,138	3,751	2,316	433	3,030	751
2019M2	16,734	1,245	6,014	3,645	2,273	428	3,129	792
2019M3	16,408	1,190	5,960	3,675	2,226	424	2,933	796
2019M4	16,160	1,168	5,816	3,702	2,191	433	2,850	740
2019M5	15,992	1,166	5,699	3,677	2,174	427	2,850	764
2019M6	15,951	1,151	5,657	3,699	2,161	429	2,854	744
2019M7	16,050	1,161	5,702	3,639	2,183	426	2,939	741

자료: 통계청

또한, 청년층의 고용의 양도 나쁘게 나타나는 지료가 기타 내의 '쉬었음'이다. 연령대로 보면 20대와 40대에서 꾸준히 증가하고 있다.

표 5.4 연령계층별 '쉬었음' 인구 단위: 천명

시점	쉬었음									
	계	15~29세	15~19세	20~29세	30~39세	40~49세	50~59세	60세 이상	15~64세	15~24세
2014	1,455	275	33	242	174	185	343	478	1,229	169
2015	1,594	307	34	273	171	198	355	564	1,307	188
2016	1,628	269	24	245	176	200	364	620	1,309	160
2017	1,736	299	29	270	182	188	372	696	1,358	184
2018M1	2,008	327	18	310	180	202	413	886	1,505	184
2018M2	2,028	351	52	299	184	207	428	858	1,555	220
2018M3	1,817	290	40	250	175	193	379	780	1,380	177
2018M4	1,749	301	34	268	173	184	350	741	1,353	181
2018M5	1,760	296	30	267	180	197	335	752	1,348	188
2018M6	1,760	302	29	274	178	200	326	754	1,358	190
2018M7	1,886	339	38	301	203	204	353	787	1,469	206
2018M8	1,824	315	28	287	191	203	362	754	1,426	182
2018M9	1,786	307	24	283	172	195	370	741	1,396	178
2018M10	1,789	299	26	273	182	187	369	752	1,388	169
2018M11	1,820	304	23	281	181	186	376	774	1,405	182
2018M12	2,029	329	27	302	201	196	419	884	1,535	196
2019M1	2,141	364	30	334	211	204	434	929	1,626	212
2019M2	2,166	386	45	341	204	200	440	936	1,648	244
2019M3	2,000	341	38	303	203	208	406	843	1,552	202
2019M4	1,971	344	27	316	196	210	398	824	1,535	195
2019M5	1,963	349	29	319	185	216	407	807	1,526	207
2019M6	2,007	359	36	324	190	222	409	827	1,564	218
2019M7	2,094	372	33	339	217	233	424	849	1,632	205

자료: 통계청

구직단념자는 2014년 1월 이후 증가 추세에 있는 것으로 나타나고 있다.

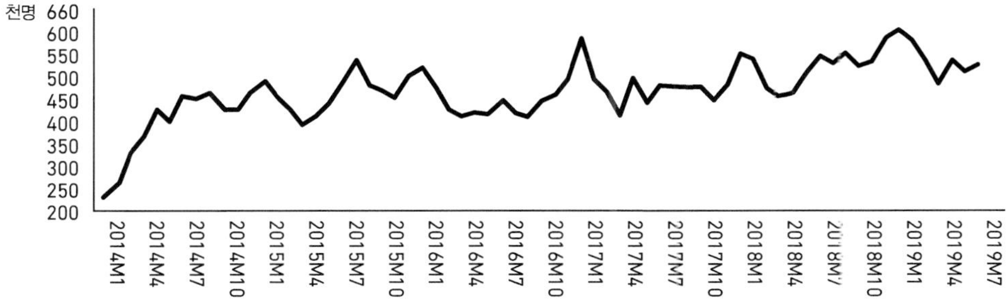

그림 5.2 구직단념자 추이

자료: 통계청

보다 현실적으로는 고용보조지표를 많이 이용한다. 특히, 청년층의 고용보조지표는 상당히 심각하다. 고용보조지표3(%)은 확장실업률로도 불리며, (시간관련추가취업가능자 + 실업자 + 잠재경제활동인구) ÷ 확장경제활동인구 × 100으로 산출된다.* 청년 확장실업률은 전체 확장실업률의 2배 이상 높은 것으로 나타난다.

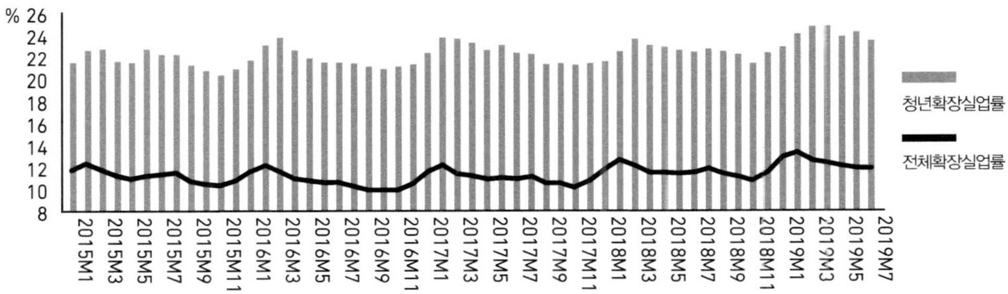

그림 5.3 확장실업률

자료: 통계청

취업시간대별로 보면 고용의 질도 떨어지고 있다. 전체 평균취업시간이 짧아지고 있기 때문에 최저임금이 인상되더라도 노동시간이 짧아져서 보수총액은 이전에 비해 거의 변화하지 않거나 낮아질 수 있다. 오히려 아르바이트와 같은 경우에는 주휴수당

---

* 여기서 시간관련 추가취업가능자는 실제 취업시간이 36시간미만이면서, 추가취업을 희망하고, 추가취업이 가능한 자를 말한다. 잠재경제활동인구 = 잠재취업가능자(비경제활동인구 중에서 지난 4주간 구직활동을 하였으나, 조사대상주간에 취업이 가능하지 않은 자) + 잠재구직자(비경제활동인구 중에서 지난 4주간 구직활동을 하지 않았지만, 조사대상주간에 취업을 희망하고 취업이 가능한 자)이며, 확장경제활동인구는 경제활동인구 + 잠재경제활동인구

등으로 인해 쪼개기를 해야 하는 경우가 빈번하게 나타나고 있다. 따라서 청년의 경우에는 고용의 양과 질에서 모두 문제가 있다.

표 5.5 취업시간대별 취업자 단위: 천 명, 시간

	1~14시간	15~35시간	36~52시간	53시간이상	일시휴직자	주당평균 취업시간
2014	861	3,123	15,418	6,084	413	44
2015	866	3,140	15,834	5,932	406	44
2016	904	3,584	15,984	5,525	413	43
2017M1	949	3,003	15,912	5,392	623	42.7
2017M2	899	3,144	16,098	5,300	539	42.8
2017M3	948	3,123	16,584	5,449	339	43.2
2017M4	940	3,121	16,876	5,519	288	43.3
2017M5	925	2,996	17,105	5,671	296	43.5
2017M6	902	3,033	17,034	5,738	312	43.6
2017M7	904	3,247	17,047	5,526	355	43.2
2017M8	1,073	7,334	13,405	4,474	619	39.7
2017M9	960	3,115	17,451	5,178	306	42.9
2017M10	927	2,919	17,535	5,343	303	43.3
2017M11	998	3,165	17,385	5,184	286	42.9
2017M12	1,093	3,243	16,905	5,045	319	42.5
2018M1	993	3,143	16,590	4,850	638	42.0
2018M2	970	3,053	16,655	4,883	521	42.4
2018M3	1,152	3,134	17,001	4,882	386	42.3
2018M4	1,039	3,063	17,501	4,904	361	42.5
2018M5	1,052	3,209	17,490	4,953	360	42.5
2018M6	1,150	7,876	13,474	4,297	330	39.8
2018M7	1,158	3,503	17,702	4,320	400	41.5
2018M8	1,217	8,558	12,768	3,746	619	38.4
2018M9	1,106	3,409	17,930	4,302	309	41.7
2018M10	1,101	3,312	17,946	4,431	300	42.0
2018M11	1,101	3,511	17,942	4,329	301	41.7
2018M12	1,095	3,613	17,453	4,162	315	41.5
2019M1	1,047	3,508	16,989	4,112	575	41.1
2019M2	1,177	3,598	17,023	4,072	476	40.9
2019M3	1,303	3,610	17,420	4,125	347	41.1
2019M4	1,282	3,621	17,622	4,159	355	41.2
2019M5	1,344	3,582	17,763	4,298	336	41.3
2019M6	1,332	3,596	17,853	4,260	369	41.2
2019M7	1,321	3,843	17,658	4,114	446	40.8

자료: 통계청

ifsPOST, 2019.07.18. 작성

3

2019년 고용전망

2019년 하반기 취업자수는 월평균 27만 4천명, 연간 월평균 취업자수는 24만 1천명으로 추정된다. 이는 정부의 2019년 하반기 월평균 취업자수 목표치보다 8만 1천명 높은 전망치이며, 연간으로는 4만 1천명 높은 전망결과이다.

2019년 상반기 월평균 취업자수가 전년동기 대비 20만 7천명 증가한 현재, 기획재정부는 정부의 2019년 월평균 취업자수 목표치를 15만명에서 20만명으로 상향 조정되었다. 2019년 하반기 취업자수 전망은 추세의 변화 뿐만 아니라 구조적 전환을 감안하여 추정하였다. 추세에 따른 모형을 이용하는 경우, 추세의 변화만을 가지고 고용 상황을 예측하기 때문에 과대 또는 과소 추정할 수 있다. 순수한 GDP부문과 공급부문인 노동시장을 가지고 분석한 결과이다.

2019년 하반기 고용전망 결과를 부문별로 살펴본 결과, 현재 고용시장은 정부의 재정투입을 통해 만들어낸 인위적인 양적 개선만 이룬 상태이며, 진정한 일자리 창출을 위해선 양질의 일자리를 늘리기 위한 개선이 필요하다.

연령별 취업자를 살펴본 결과, 50대와 60세 이상의 고령층 취업자는 정부의 노인일자리 확대 사업 등의 재정 투입으로 높은 증가세가 지속 될 것으로 보이며, 최근에는 60세 이상의 취업자수가 역대 최고치를 기록하였다. 반면, 핵심 노동 연령대인 30~40대의 취업자는 최저임금과 소비회복 부진, 일본 수출규제 등 대외 불확실성에 따른 수출 및 투자의 감소, 서비스업과 설비투자의 부진 등의 영향으로 고용둔화가 장기화될 것으로 전망되어 노동시장의 양극화가 심화되고 있다.

종사상 지위별로 고용상황을 살펴본 결과, 고용원이 있는 자영업자에서 유입된 고용원이 없는 자영업자의 취업자수가 증가하고, 정부의 공공·임시 일자리 사업의 영향으로 임시 근로자의 고용둔화만 소폭 개선될 전망이다.

또한, 정부가 고용의 질이 개선되었다고 주장하는 상용직 취업자수의 꾸준한 증가는 일시적인 경기 요인과는 무관한 큰 흐름으로 판단되며, 최근 노동법 관련 규정이 엄격해지면서 고용기간을 정하지 않은 업종의 종사자들이 상용직으로 응답하는 경우가 늘어난 결과도 영향을 미친 것으로 판단된다.

취업시간별 취업자를 살펴본 결과, 올해 상반기에 주당 1~17시간 일하는 '초단기 근로자' 수가 월평균 20만 7천명 증가하여 역대 최고치를 기록하였다. 올해 상반기의 전체 취업자수(전년동기 대비)가 월평균 20만 7천명 증가(월평균 0.8% 증가)하는 동안 주당 1~17시간 일하는 근로자는 월평균 22만 9천명이 전년동기 대비 증가(월평균 18.5%) 하였다. 이는 대부분이 단시간 일자리인 정부의 일자리 사업과, 근로시간 단축, 주휴수당을 지급하지 않으려는 민간의 일자리 쪼개기 등에서 기인한다.

또한, 이러한 단시간 일자리의 증가는 노동자 입장에서 불안정한 고용 상태를 나타내며, 경제 활력을 높이고, 양질의 일자리를 창출하는 고용시장의 개선과 정책적 노력이 필요하다. 산업별 취업자는 수출 및 설비투자의 부진, 소비의 미비한 회복세 등의 영향으로 제조업, 도·소매업, 사업지원·임대 서비스업 등의 감소세가 지속될 것으로 전망되며, 보건업·사회복지 서비스업, 농·임·어업, 정보통신업 등은 정부예산의 투입, 베이비 붐 세대의 은퇴, 15세이상 인구의 증가 등의 영향으로 증가세가 지속될 것으로 전망된다.

TIP | 고용시장의 구성과 통계

고용통계는 한 나라의 노동력 규모와 취업자 및 실업자 실태를 파악하기 위해 이용된다. 한 나라의 고용상황을 파악하고자 할 경우 경제적으로 생산활동이 가능한 인구를 측정하는 것이 전체 인구를 측정하는 것보다 더욱 중요한 의미를 갖는다. 따라서 고용통계는 노동력을 제공할 수 있는 일정 연령 이상의 인구를 대상으로 하고 있으며 이는 다시 노동력 제공 등을 통해 경제활동에 참가할 의사가 있는 경제활동인구와 경제활동에 참가할 의사가 없는 비경제활동인구로 나뉜다. 경제활동인구는 취업자와 실업자로 구분되는데, 실업자가 경제활동인구에 포함되는 이유는 비록 조사시점 당시에는 일시적인 이유로 직장이 없어 실업상태에 있으나 일자리가 주어지면 경제활동을 할 수 있는 인구로 분류되기 때문이다. 이러한 경제활동인구 조사를 통해 노동가능인구, 경제활동인구, 취업자 및 실업자 등과 같이 노동력과 유휴노동력의 규모가 파악되면 경제활동참가율, 고용률, 실업률 등의 지표를 산출하여 노동시장 변화를 판단하게 된다.

경제활동인구의 조사방법은 크게 노동력조사방식(labor force sample survey)과 직업안정기관 통계방식(employment office statistics)의 2가지로 구분된다. 노동력조사방식은 국제노동기구(International Labor Organization, ILO) 권고방식으로서 가계조사를 통하여 일정 연령 이상의 인구를 취업자, 실업자, 비경제활동인구로 구분하여 조사하며 우리나라, 미국, 일본, 캐나다, 프랑스 등에서 채택하고 있다. 이에 비하여 직업안정기관 통계방식은 직업안정기관에서 실업자로 등록된 자료에 의하여 실업자를 파악하는 방법으로서 독일, 스위스, 스웨덴, 오스트리아 등 사회보장제도나 직업안정기관이 발달된 국가에서 채택하고 있다.

우리나라의 대표적 고용통계로 경제활동인구조사가 있다. 경제활동인구조사는 국민의 취업 및 실업 등과 같은 경제적 특성을 조사하여 거시경제 분석과 정부의 고용정책 입안 및 평가에 필요한 노동공급, 고용구조, 가용노동시간 및 인력자원 활용 정도에 대한 기초자료를 제공하기 위해 통계청에 의해 매월 작성 발표되고 있다. 경제활동인구조사는 1957년부터 구 내무부 통계국의 노동력조사라는 명칭으로 시작된 이후, 1962년부터 구 경제기획원 조사통계국(현 통계청)에 의해 경제활동인구조사라는 현재의 명칭으로 변경되었다. 그리고 동 조사는 1963년부터 분기별로 실시되다가 1982년 7월부터 고용구조의 변화 추이를 신속히 파악하기 위해 매월 이루어지고 있다.

경제활동인구조사의 범위는 매월 15일 현재 대한민국에 상주하는 만 15세 이상 인구(현역군인, 공익근무요원, 상근예비역, 전투 또는 의무경찰, 형이 확정된 교도소 수감자, 소년원 및 치료감호소 수감자, 경비교도대 등은 제외)이다. 조사표본은 인구주택총조사 결과를 기초로 추출된 35,000가구(2019년 기준)이며 조사대상 기간은 매월 15일이 포함된 일요일부터 토요일까지의 일주일이고, 실제 조사는 그 다음 주간에 실시된다.

경제활동인구조사에서 경제적으로 노동이 가능한 인구를 만15세 이상으로 보고 이 중에서 수입이 있는 일에 종사하고 있거나 취업을 하기 위하여 구직활동 중에 있는 사람은 경제활동인구로 분류된다. 또한, 집안에서 가사 또는 육아를 전담하는 주부, 학교에 다니는 학생, 일을 할 수 없는 연로자 및 심신장애자, 자발적으로 자선사업이나 종교 단체에 관여하는 사람, 그리고 구직단념자 등은 비경제활동인구로 분류된다.

구직단념자는 비경제활동인구 중 취업의사와 일할 능력은 있으나 ① 적당한 일거리가 없을 것 같아서(전공, 경력, 임금수준, 근로조건, 주변), ② 지난 4주간 이전에 구직하여 보았지만 일거리를 찾을 수 없어서, ③ 자격이 부족하여(교육, 기술 경험 부족, 나이가 너무 어리거나 많다고 고용주가 생각할 것 같아서) 등의 노동시장 사유로 인해 지난 4주간에 구직활동을 하지 않은 자 중에서 지난 1년 내 구직경험이 있었던 인구인데, 향후 노동시장에 유입될 가능성이 있는 잠재인력이라는 점에서 중요한 의미를 가진다.

경제활동인구는 현재 취업하고 있는가를 기준으로 다시 취업자와 실업자로 구분된다. 취업자는 조사대상주간에 수입을 목적으로 1시간 이상 일한 사람이 포함되는데, 여기에는 동일가구 내 가구원이 운영하는 농장이나 사업체의 수입을 위하여 주당 18시간 이상 일한 무급가족종사자 그리고 직업 또는 사업체를 가지고 있으나 일시적인 병 또는 사고, 연가, 교육, 노사분규 등의 사유로 일하지 못한 일시 휴직한 사람도 해당된다. 취업자는 종사상 지위에 따라 자영업자 및 무급가족종사자와 임금근로자로 구분된다. 그리고 실업자에는 조사대상주간을 포함한 지난 4주간 수입이 있는 일을 하지 않았고 적극적으로 구직활동을 하였으며 일이 주어지면 즉시 일할 수 있었던 사람이 포함된다.

여기서 주의할 사항은 실업자란 15세 이상의 남녀로서 일할 의사를 갖고 있으면서도 직장을 찾지 못한 사람이라는 점이다. 실업률을 측정하기 위한 표본조사에서는 다음과 같은 전형적인 두 가지의 질문을 한다. "당신은 조사대상 기간 동안 1주일에 1시간 넘게 수입을 얻기 위해 일한 적이 있습니까?" 만약, 이 질문에 대해 "있었다."라고 대답하면 그 사람은 취업자로 분류된다. 그리고 "없었다."라고 대답한 사람에게는 "지난 1주일 동안 직장을 구해 본 적이 있습니까?"라는 질문을 다시 던진다. 이에 대해 "구해 보았다."라고 답한 사람은 실업자로 분류되는 반면에, "구해보지 않았다."라고 답한 이는 비경제활동인구로 분류된다. 즉, 1주일 동안 1시간조차 일하지 않은 사람이라도 일할 의도가 없어서 그런 경우에는 실업자로 분류되지 않는 것이다. 실질적으로는 실업자나 다름없지만 단지 구직활동을 포기했다는 이유만으로 통계상 비경제활동인구로 분류되는 사람들은 구직단념자가 된다.

경제활동인구조사의 주요 용어와 통계 지표의 내용은 다음과 같다. 임금근로자는 자신의 근로에 대해 임금 봉급 일당 등 어떠한 형태로든 일한 대가를 지급받는 근로자로 상용, 임시 및 일용으로 구분된다. 상용근로자에는 고용계약기간이 1년 이상인 경우, 임시근로자에는 고용계약기간이 1개월 이상 1년 미만인 경우, 그리고 일용근로자에는 고용계약기간이 1개월 미만 또는 매일매일 고용되어 일당제 급여를 받는 사람이 각각 포함된다. 가구는 거주와 생계를 같이 하는 사람의 모임이며 한 사람이라도 별도로 거주하고 독립적인 가계를 이루는 경우에는 하나의 가구

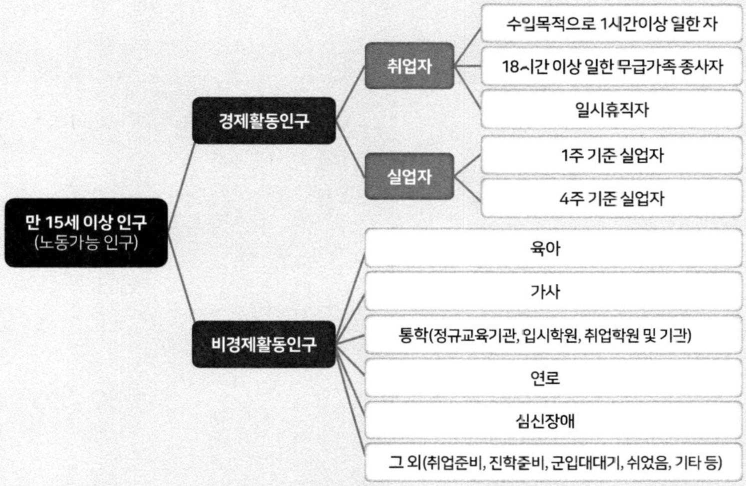

그림 5.4 고용관련 인구구성

로 간주한다. 경제활동참가율은 15세 이상 인구 중에서 경제활동인구가 차지하는 비율을 나타낸다. 그리고 실업률은 경제활동인구 중에서 실업자가 차지하는 비율을 나타내는 것인데 경제활동인구조사 결과 중에 가장 관심이 높은 지표이다. 고용률은 만 15세 이상 인구 중에서 취업자가 차지하는 비율을 나타낸다.

취업준비자 및 구직단념자의 경우 실질적인 의미의 실업자이나 조사대상 기간 동안 구직활동을 하지 않았으므로 실업자가 아닌 비경제활동인구로 분류되고 있다. 따라서 취업준비자 및 구직단념자의 증가는 실업률에 영향을 미치지 않거나 오히려 실업률을 낮아지게 한다. 즉 구직활동을 열심히 하던 자가 구직이 잘 되지 않아 구직활동을 포기하거나 또는 취업학원을 통해 취업준비를 하게 되는 경우 실업자에서 비경제활동인구로 이동하게 되므로 실업자수가 감소하게 되어 실업률이 낮아지게 된다는 것이다. 따라서 국민이 실제 피부로 느끼는 체감실업률과 정부가 발표하는 실업률 간에는 괴리가 발생할 수 있다.

고용률은 실업률과 달리 실업자와 비경제활동인구간의 잦은 이동 등으로 인한 경제활동인구수 변동의 영향을 받지 않는다. 즉, 적극적인 구직활동을 하던 실업자가 조사대상 기간 중 구직활동을 하지 않고 구직단념자가 되는 경우 실업자에서 비경제활동인구로 이동함에 따라 실업률은 떨어지나 취업자수와 15세 이상 인구수는 변하지 않으므로 고용률은 영향을 받지 않게 된다. 다만, 주당 근로시간이 18시간 미만인 단시간근로자 및 일시휴직자 등 불완전취업자가 증가하는 경우에는 국민이 느끼는 체감상황은 크게 개선되지 않았음에도 고용률은 높게 나타나므로 고용률 통계도 노동시장 상황을 나타내는 데는 한계가 있다.

표 5.6 주요 고용관련 통계

통계명	작성기관	작성주기	조사대상	조사내용
경제활동인구조사	통계청	월간	2010년 인구총조사를 모집단으로 한 35,000개 표본가구	15세이상인구, 경제활동인구, 취업자, 실업자
전국사업체조사	통계청	연간	1인이상 모든 사업체(농어가 및 국방, 가사서비스, 국제기구 등 제외)	소재지별, 조직형태별, 업종별 종사자수 등
사업체노동력조사	고용노동부	월간	종사자 1인이상 사업체 25,000개	산업별 종사자수, 빈일자리수, 입·이직자수, 임금 및 근로시간에 관한 사항 등
고용형태별 근로실태조사	고용노동부	연간	임금근로자 1인이상 사업체 약 32,000개	산업별 고용형태별 근로일수, 근로시간 및 임금 등
직종별사업체 노동력조사	고용노동부	반기	상용근로자 5인이상 32,000개 사업체(농림어업, 공공행정, 국방, 국제 및 외국기관 제외)	산업별 상용·임시/일용 및 외국인 근로자의 현재 인원과 부족인원, 채용계획인원 등
사업체기간제 근로자현황조사	고용노동부	월간	상시근로자(상용+임시일용) 5인 이상 10,000개 사업체	근로자 및 기간제근로자수, 계약기간 만료자 조치 사항 등
고용보험통계	한국고용정보원	월간	고용보험가입 182만 5천개 사업장 피보험자 11,641천명(2014.3월 기준)	산업별, 규모별, 지역별 피보험자 현황 및 실업급여 신청자수, 고용안정사업, 직업능력개발사업
워크넷 구인·구직 및 취업동향	한국고용정보원	월간	고용안정정보망(Work-Net)에 등록된 구인 및 구직자	구인배수, 취업률 등

매월 발표되는 통계청 경제활동인구조사(고용동향)은 15세이상 인구 및 경제활동인구, 경제활동참가율을 보여준다. 취업자 동향은 연령계층별, 산업별, 직업별, 종사상 지위별, 취업시간대별로 보여준다. 실업자 동향은 연령계층별, 교육정도별, 취업경험 유무별로 보여준다. 비경제활동인구는 성별, 활동상태별, '쉬었음' 인구, 구직단념자 등으로 나타난다.

4

인구구조가 고용률을 떨어뜨린다?

여전히 정부의 발표나 언론에서 고용률 하락의 원인 중 가장 중요한 것으로 인구구조로 설명하는 경우가 많다. 예를 들어, 연령계층별 취업자 및 고용률에서 저연령대에서 고용률이 줄고, 60세 이상 인구의 고용률이 상승하는 경우에 인구구조의 변화로 인한 것으로 보는 경우가 많다. 저연령대의 경우, 인구가 줄어들면서 취업자도 자연스럽게 줄기 때문에 고용률은 소폭 감소한다는 것이다. 또한 60세 이상은 인구가 증가하면서 취업자가 증가한다는 논리이다. 맞는 논리일까? 인구의 구조와 고용률의 정의에 대해 다시 생각해 볼 필요가 있다. 여기에 보다 세부적으로 연령계층별, 산업별, 직업별, 종사상지위별, 취업시간대별로 분석해 볼 필요가 있다.

통계청 자료를 보면, 2010년대부터 국내 인구구조의 변화가 급격하게 일어나고 있다. 총인구는 2015년 5,101만명에서 증가하여 2031년을 정점으로 감소할 것으로 전망되며, 인구성장률도 2015년 0.53%에서 증가하여 2031년을 정점으로 감소하여 2065년에 −1.03%로 감소할 전망된다. 여기서 총인구는 2015년 5,101만명에서 증가하여 2031년 5,296만명을 정점으로 감소, 2065년 4,302만명(1990년 수준)으로 전망되고 있으며 인구성장률은 2015년 0.53%에서 2031년 0.03%, 2065년 –1.03%로 감소할 것으로 전망된다.

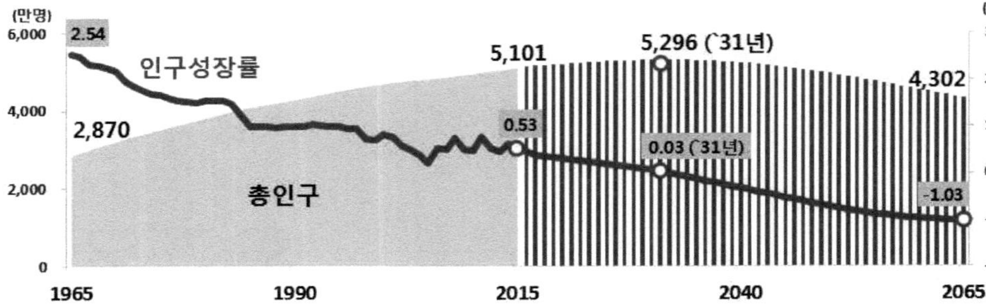

그림 5.5 한국의 총인구와 인구구조의 변화

자료: 통계청

연령별 인구구성비 측면에서, 2015년과 2065년을 비교하면 생산가능인구 감소, 65세 이상 고령인구 비중 증가, 0~14세 유소년 인구 비중은 감소할 전망이다. 2015년과 2065년을 비교하면 15~64세 생산가능인구 비중은 감소(73.4% ➡ 47.9%), 65세 이상 고령인구 비중은 증가(12.8% ➡ 42.5%), 0~14세 유소년 인구 비중은 감소(13.8% ➡ 9.6%)할 전망이다. 생산가능인구는 2016년 3,763만명을 정점으로 감소, 2065년 2,062만명 수준으로 전망되며, 베이비붐세대가 고령인구로 빠져나가는 2020년대에는 연평균 −34만명, 2030년대는 연평균 −44만명씩 감소할 것으로 전망되고 있다.

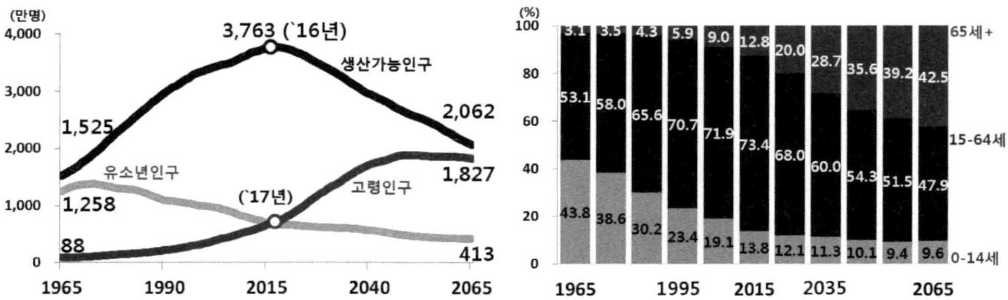

그림 5.6 연령별 인구구성비 전망

자료: 통계청

2015년 현재 인구피라미드는 30~50대가 두터운 항아리형이나, 점차 60세 이상이 두터워지는 역삼각형 구조로 변화될 전망이다.

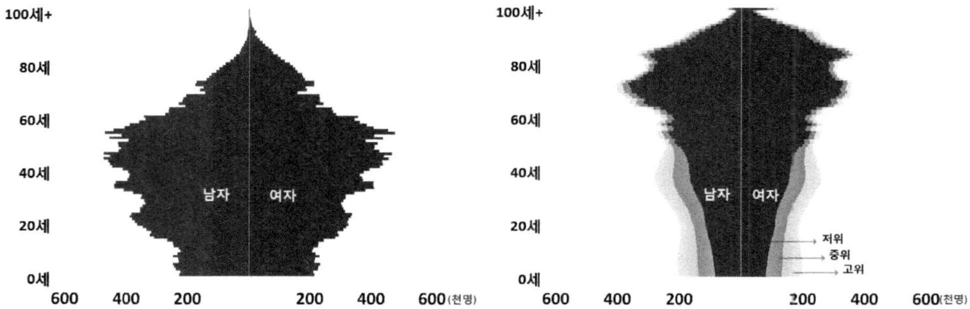

그림 5.7 2015년과 2065년 인구피라미드
자료: 통계청

생산가능인구 100명당 부양할 인구는 2015년 36.2명(노인 17.5명)에서 계속 높아져 2065년 108.7명(노인 88.6명)까지 증가할 전망이며, 노령화지수(유소년인구 100명당 고령인구)는 2017년부터 100명을 넘고, 2065년 442.3명으로 4.4배가 될 전망이다.

고용률의 정의는 취업자를 분자로 하고, 15세이상인구 또는 생산가능인구(15세~64세)를 분모로 한다. 여기서 취업자는 조사대상 주간에 수입을 목적으로 1시간 이상 일한 사람이 포함된다. 또한, 동일가구 내 가구원이 운영하는 농장이나 사업체의 수입을 위해서 주당 18시간 이상 일한 무급가족종사자, 직업 또는 사업체를 가지고 있으나 일시적인 병 또는 사고, 연가, 교육, 노사분규 등의 사유로 일하지 못한 일시 휴직한 사람도 해당된다. 따라서 우리나라 통계에서 발표되고 있는 고용률은 2가지로 분모를 15세이상 인구를 기준으로 하는 경우와 생산가능인구를 기준으로 한 기준으로 볼 수 있다. 국내 통계가 인용되는 고용률은 대부분 분모를 생산가능인구로 한다.

앞의 인구구조에서 본 고용률의 정의에서 고용률이 떨어지려면 이론적으로 분모의 15세이상 인구나 생산가능인구가 증가하든지, 아니면 분자의 취업자가 감소하여야 한다. 현실적으로 최근에 고용률이 감소하는 추세에 있고 인구구조의 변화가 이유라면 분자의 취업자수가 감소해야 한다. 오히려 인구가 줄어드는 저연령대에서 일자리가 일정하다면 고용률은 현재와 같이 감소하는 것이 아니라 증가하고 있어야 한다. 반대로 고연령대에서 일자리가 일정하다면 고용률은 감소하고 있어야 한다. 그러나 현재는 반대의 현상이 나타나고 있기 때문에 다른 방식으로 설명될 수 밖에 없다. 저연령대에서 고용률이 줄어드는 것은 노동 공급측면의 일을 적게 하거나, 노동 수요 측면에서 정부 정책이나 기술발전으로 저숙련·저임금 노동자가 시장에서 외면되고 있다는 뜻이 된다. 따라서 저연령대에서 고용률 하락은 인구구조로 설명하기 굉장히 힘들다.

최근 고용률이 감소하고 있는 30대~50대는 아직 인구구조의 변화가 심각하게 오지 않았기 때문에 인구구조가 아닌 다른 이유로 설명되어야 한다. 이 연령대에서는 미스매칭으로 설명하기 어렵다. 즉, 고용률의 정의식으로 설명할 문제가 아니다. 고용률의 정의식에 포함되지 않는 산업별로 설명되어야 한다. 제조업 등에서 산업이나 기업 구조조정으로 인해 현장에서 밀려나고 있기 때문에 역시 인구구조가 원인이라고 보기 힘들다.

마지막으로 고연령대에서 인구가 늘어난다면 고용률은 감소해야 한다. 그런데 현실에서 고용률은 계속해서 늘고 있다. 이 또한 산업별 취업자로 설명될 필요가 있다. 최근 계속하여 월 10만대로 늘어나고 있는 산업은 농림어업이다. 그 이전에는 건설업에서 60대 여성 일용직 여성이 증가하고 있었다. 이러한 부분은 취로 사업 등 정부 재정이 들어간 부분일 확률이 높다.

따라서 저연령대, 30대~50대, 고연령대 모두 인구구조로 고용률을 설명하기에 매우 어렵기 때문에 정부나 언론은 인구구조를 최대한 배제하고 고용률을 살펴볼 필요가 있다.

ifsPOST, 2019.03.16 작성

5

2월 고용동향, 고용의 질 악화 심화되고 있다

2019년 2월 고용동향이 발표되었다. 전체적으로 경제활동인구는 전년동월 대비 30만명 증가하였고, 비경제활동인구는 1.1만명 감소하였다. 경제활동인구 중에서 취업자는 26.3만명 증가하였고, 실업자는 3.8만명 증가하여 고용률은 59.4%, 실업률은 4.7%를 나타내고 있다. 그러나 2월 고용률은 외환위기 직후인 2000년 연간 고용률 58.5%보다 높으나 금융위기 당시인 2007년 연간 고용률 60.1%, 2008년 59.8%보다 낮게 나타나고 있어 고용의 양에도 문제가 있다. 또한, 2월에 예상보다 높은 취업자수는 기저효과일 가능성이 있다. 2018년 1월은 33.4만명, 2월은 10.4만명 증가했기 때문이다. 더욱 심각한 것은 고용의 질이 나빠지고 있다는 점이다.

연령별 취업자 증감을 보면 60세이상, 20대, 50대에서 전년동월 대비 증가하였으나, 30대, 40대에서 하락하였다. 생산성이 가장 높은 연령대인 30대~40대의 고용이 구조조정 등으로 취업자가 감소하고 있다.

산업별 취업자 증감을 보면, 정부 지원이 많은 보건업 및 사회복지서비스업이나 공공행정·국방 및 사회보장 행정 등이 증가하고 있고, 특이하게도 농림어업이 최근 2개월 동안 10만명 넘게 증가하고 있다는 점이다. 농림어업에서 취업이 증가하는 이유는 정부가 지원하는 공공사업이나 취로사업인 경우가 많으며, 고용조사 당시의 질문에 매우 단순하기 때문이다. 반면에 경기의 영향인 제조업(−15.1만명, −3.3%), 경제정책의 영향인 도매 및 소매업(−6만명, −1.6%), 금융및보험업(−3.8만명, −4.5%) 등에서 감소하고 있다. 따라서 실제 고용의 양도 농림어업을 빼면 약 16만 정도로 볼 수 있고, 고용의 질적인 측면에서도 좋지 않다고 볼 수 있다.

직업별로 보아도 농림어업 부분인 농림어업숙련종사자(11.7만명, 12.5%)와 관리자가 33.3만명에서 41.6만명으로 25.1% 증가하였다. 반면 장치·기계조작 및 조립종사자(−17.6만명, −5.6%), 판매종사자(−2.9만명, −0.9%) 등은 감소하였다.

종사장 지위별로 보면 임금근로자 중 경제정책으로 인해 일용근로자가 감소하고 있다. 사용근로자 증가율도 낮아지고 있는 상황이다. 비임금근로자 중에서 고용원이 없는 자영업자의 감소는 멈추고 고용원이 있는 자영업자의 수가 감소하고 있다. 최저임금 증가나 일자리안정자금이 고용원이 없는 자영업자를 먼저 줄였다면, 이제는 고용원이 있는 자영업자가 줄어들고 있는 상황이다.

취업시간대별 취업자의 전년동월 대비 증감을 살펴보면 36시간이상 취업자는 2,109만 5천명으로 44만 3천명(−2.1%) 감소하였으나, 36시간미만 취업자는 477만 5천명으로 75만 1천명(18.7%) 증가하였다. 즉, 쪼개기 취업이 점점 증가하고 있는 상황이다. 주당 평균 취업시간은 40.9시간으로 전년동월 대비 1.5시간 감소하였기 때문에 최저임금이 오르더라도 전체적 급여 수준은 감소한 업종이 많을 것으로 예상된다. 또한 소득분위별로 보면, 저소득분위가 고용인 아닌 상황일 확률이 매우 높을 것으로 예상된다.

체감실업률인 고용보조지표3(확장실업률)은 13.4%로 전년동월 대비 0.7%p 상승하였고, 청년층 고용보조지표3(확장실업률)은 24.4%로 1.6%p 상승하여 체감실업률도 매우 빠른 속도로 증가하고 있다.

6

정부는 경제 정의(justice)를 실현하지 못하고 있다

이번 정부는 소득주도성장, 혁신성장, 공정경제의 3대 축 중 가장 중요한 부분이 소득주도성장으로 보고 있다. 거시경제학에서 성장이론과 실제에 대해 여러 연구가 이루어져 왔으나, 소득주도성장에 대한 이론과 방법론은 정립되지 않은 상태이다. 이러한 상황에서 공정경제는 어느 정도로 로드맵대로 진행되고 있는 것처럼 보이지만, 소득주도성장과 혁신성장은 그렇지 못한 것으로 보인다.

기본적으로 소득주도성장에서 소득의 정의는 처분가능소득이다. 즉, 세전소득에서 세금, 4대 보험 등을 포함하는 비소비지출을 제한 것이 처분가능소득이다. 현재 최저임금 인상이나 자영업자와 소상공인 보호 등을 통해 세전소득을 늘려주려고 하지만, 처분가능소득은 늘지 않는 것이 현실이다. 오히려 급격한 최저임금의 인상, 주 52시간 근무나 주휴수당으로 인해 상용근로자, 임시근로자, 일용근로자들의 임금은 줄어들고 있다. 또한, 자영업자 비율은 OECD에서 가장 높은 비율을 나타나고 있다. 연간 수 조원에 이르는 자금을 지원한다고 해서 이들의 세전소득은 늘어나지 않는다. 따라서 직장인이나 자영업자나 모두 힘들기는 마찬가지다. 또한, 소비는 일시에 늘지 않는다는 점을 간과하고 있다. 여기에 국내총생산에서 소비가 차지하는 비중은 50~60% 정도임을 생각하면 큰 숫자이지만, 소비는 일시에 증가하거나 감소하지 않는다. 이를 소비평활화(consumption smoothing)이라고 하는데, 소득이 일시에 늘더라도 소비가 일시에 같이 늘지 않는다.

오히려 사회양극화가 가중되고 있다. 2000년 이후, 경제성장에 비해 평균 가계소득이 낮아지는 이유는 가계소득 분배비율이 낮은데, 1인 가구 증가, 평균 가구원수 감소와 저출산·고령화 영향 등에 기인한다. 또한, 소득분위별 가계소득 증감률을 보면, 근로자가구만을 대상으로 하고 있으며, 구조조정으로 인한 실직이나 구직단념자와 같은 비경제활동인구는 발표 자료에서 모두 빠져 있어 해석에 유의해야 한다. 여기에 소득분위별 가계소득 증감률은 명목임금에 대한 증감률이고, 1분기 물가상승률이 1.3%였던 점을 감안하면, 근로자가구는 2분위(하위 40%)까지 실질소득이 감소하였으며, 근로자외가구는 4분위(하위 80%), 두 가구를 다 감안하면 3분위(하위 60%)까지 모두 실질소득은 감소하였다. 즉, 최저임금의 급격한 상승이 고용을 감소시키고 있고, 고용을 유지하는 가구는 근로시간 감소 등으로 인해 임금은 줄고 있다.

연령계층별로 고용을 보면, 최근에 가장 심각한 취업자수 감소를 겪는 층이 30대와 40대인데, 2015년 이후로 취업자수는 감소하기 시작하여 월평균 10만대 감소가 이어지고 있다. 특히 이들의 임금총액은 근무시간 감소로 낮아졌을 가능성이 높다. 반대로 60대 이상은 꾸준히 증가하고 있다. 이와 같이 연령대별로 보게 되면, 인구구조로만 설명하기 힘들다. 고용보조지표의 확장실업률도 계속하여 증가하고 있는 추세이다. 고용보조지표3인 확장실업률은 경제활동인구의 실업자는 당연히 포함되고, 취업자 중에서 시간관련 추가취업가능자, 비경제활동인구 중의 잠재취업가능자와 잠재구직자가 포함되어 체감실업률로 해석될 수도 있다. 2018년 9월의 확장실업률은 11.4%로 일반적인 실업률보다 3배 가까이 높고, 청년층 확장실업률은 22.7%로 매우 높은 상황이다. 산업별 취업자수는 4월 이후 광공업 중 제조업 감소가 눈에 띄는데, 일부 업종의 구조조정의 영향, 경기침체 국면으로의 진입, 임금정책과 관련된 부분 등의 영향을 볼 수 있다. 또한, 서비스업 중의 도소매 및 음식숙박업도 취업자수가 급격하게 감소하고 있는 이유는 주 52시간 근무, 급격한 최저임금 인상, 주휴수당 등으로 설명될 수 있고, 교육서비스의 감소는 저출산·고령화에 의한 인구구조로 설명될 수 있다. 그나마 취업자수가 증가하고 있는 부분은 정부와 관련된 공공행정·국방·사회보장 분야나 보건업 및 사회복지서비스업 등이다.

종사상 지위별과 취업시간대별 고용을 보면 고용의 질을 알 수 있다. 임금근로자 중 상용근로자는 2017년 상반기 월평균 33만명, 하반기 40만명이 늘다가 2월부터 취업자 수는 감소하기 시작하여 2018년 하반기에 30만명에 못 미치고 있어 증가폭이 둔화되고 있다. 반면 임시 및 일용근로자는 2018년 5월부터 감소폭이 커지고 있다. 다시 말하면 상용근로자 비중의 증가폭은 제한되고 있고, 임시 및 일용근로자가 상용근로자로 이동하는 것이 아니라, 노동시장에서 이탈하거나 비임금근로자로 전환되고 있을 수 있다. 비임금근로자 중에 고용원이 있는 자영업자는 2017년 9월부터 조금씩 증가하다가 2018년 1월부터 대폭 증가하였는데, 이는 일자리 안정자금 지원 등으로 인해 4대 보험에 가입되어 있지 않다가 보험가입자로 전환한 것으로 보인다. 취업시간대별로 보면 1~17시간 취업자가 2018년 3월 이후로 꾸준하게 매우 빠른 속도로 늘고 있는데, 이들은 쪼개기 근무를 할 가능성이 높다.

2018년의 고용은 매우 좋지 않은 상황이며 우리나라 경제가 일자리를 창출하지 못하고 있다. 2018년 고용전망에서 하반기 취업자수는 최대 월평균 4.8단명, 연간 월평균 취업자 수는 최대 9.5만명으로 추정된다. 그렇다면 우리 경제는 정의(justice) 실현을 위해 어떻게 대처해야 하는가? 바로 산업경쟁력부터 키워야 한다. 고용이 되지 않는 상태에서 여러 정책이 나와도 산업경쟁력과 관련 없으면 힘들다. 현재의 우리의 주력 업종은 1~2개 밖에 보이지 않는다. 16대 주력 업종 중에 경쟁력 있는 부분을 중소 및 중견기업 위주로 키우고, 빅데이터·블록체인·IoT·AI 등의 신산업에서는 새로운 경쟁력 있는 기업들을 키워 내야 한다.

7

디지털타임스, 2018.10.15. 작성

고용의 양과 질, 나빠지고 있다

지난 금요일에 정부는 9월 고용동향을 발표하였다. 9월 취업자수 증가가 마이너스 수준으로 상당히 우려하였으나, 다행히 4.5만명이 증가하며 최악의 상황을 모면하였다. 2017년의 취업자수는 상반기에 평균 36만명이 증가하였고, 하반기에 27.2만명 증가하였다. 2018년 1월 33.4만명을 제외하면 2017년 10월부터 취업자수는 계속해서 하락하였다. 2018년 상반기 14.2만명, 특히 7월에는 0.5만명, 8월 0.3만명, 9월 4.5만명 증가하는데 그치고 있다.

연령계층별로 보면, 최근에 가장 심각한 취업자수 감소를 겪는 층이 30대와 40대인데, 2015년 이후로 취업자수는 감소하기 시작하여 월평균 10만대 감소가 이어지고 있다. 특히 이들의 임금총액은 근무시간 감소로 낮아졌을 가능성이 높다. 반대로 60대 이상은 꾸준히 증가하고 있다. 이와 같이 연령대별로 보게 되면, 인구구조로만 설명하기 힘들다. 고용보조지표의 확장실업률도 계속하여 증가하고 있는 추세이다. 고용보조지표 3인 확장실업률은 경제활동인구의 실업자는 당연히 포함되고, 취업자 중에서 시간관련 추가취업가능자, 비경제활동인구 중의 잠재취업가능자와 잠재구직자가 포함되어 체감실업률로 해석될 수도 있다. 2018년 9월의 확장실업률은 11.4%로 일반적인 실업률보다 3배 가까이 높고, 청년층 확장실업률은 22.7%로 매우 높은 상황이다.

산업별 취업자수는 4월 이후 광공업 중 제조업 감소가 눈에 띄는데, 일부 업종의 구조조정의 영향, 경기침체 국면으로의 진입, 임금정책과 관련된 부분 등의 영향을 볼 수 있다. 또한, 서비스업 중의 도소매 및 음식숙박업도 취업자수가 급격하게 감소하고 있는 이유는 주 52시간 근무, 급격한 최저임금 인상, 주휴수당 등으로 설명될 수 있고, 교육서비스의 감소는 저출산·고령화에 의한 인구구조로 설명될 수 있다. 그나마 취업자수가 증가하고 있는 부분은 정부와 관련된 공공행정·국방·사회보장 분야나 보건업 및 사회복지서비스업 등에서 늘었다고 볼 수 있다.

종사상 지위별과 취업시간대별 고용을 보면 고용의 질을 알 수 있다. 임금근로자 중 상용근로자는 2017년 상반기 월평균 33만명, 하반기 40만명이 늘다가 2월부터 취업자수는 감소하기 시작하여 2018년 하반기에 30만명에 못 미치고 있어 증가폭이 둔화되고 있다. 반면 임시 및 일용근로자는 2018년 5월부터 감소폭이 커지고 있다. 다시 말하면 상용근로자 비중의 증가폭은 제한되고 있고, 임시 및 일용근로자가 상용근로자로 이동하는 것이 아니라, 노동시장에서 이탈하거나 비임금근로자로 전환되고 있을 수 있다. 비임금근로자 중에 고용원이 있는 자영업자는 2017년 9월부터 조금씩 증가하다가 2018년 1월부터 대폭 증가하였는데, 이는 일자리 안정자금 지원 등으로 인해 4대보험에 가입되어 있지 않다가 보험가입자로 전환한 것으로 보인다. 따라서 원래 있던 일자리에서 하는 일이 같기 때문에 고용의 질은 변화한 것이 없다. 또한, 고용원이 없는 자영업자는 고용원이 있는 자영업자보다 더 큰 감소폭을 보이고 있는데, 이는 고용원이 있는 자영업자로 전환된 일부가 존재하고 나머지는 노동시장에서 빠져 나간 것으로 보인다.

취업시간대별로 보면 1~17시간 취업자가 2018년 3월 이후로 꾸준하게 매우 빠른 속도로 늘고 있는데, 이들은 쪼개기 근무를 할 가능성이 높다. 15시간 이상 근무하는 경우에 주휴수당이 존재하기 때문에 이 보다 작은 시간을 여러 일터에서 일하고 있을 가능성이 높다. 18~35시간이 대폭 느는 것을 알 수 있는데, 이는 52시간 근무의 영향이고 이들의 근무시간은 예전보다 짧아졌기 때문에 시간당 최저임금이 오르더라도 임금총액은 낮아졌을 가능성이 높다.

2018년의 고용은 매우 좋지 않은 상황이다. 2018년 고용전망에서 하반기 취업자수는 최대 월평균 4.8만명, 연간 월평균 취업자 수는 최대 9.5만명으로 추정된다. 여기서 추정은 최저임금의 급격한 인상, 주 52시간 근로, 미중 무역분쟁, 미국의 금리인상 등은 통계적으로 반영하기 어려운 시점이지만 고용의 실제 상황에 악영향을 미칠 것으로 예상된다. 여기에 고용의 질도 그다지 개선되고 있지 않는 것으로 보일 것으로 예상되고 있어, 고용시장의 현상을 제대로 이해하고 뒷받침할 정책들을 찾을 필요가 있다.

8

정부는 밑바닥 경제 현실을 모르고 있다

얼마 전 여름이라 이발을 위해 동네의 작은 이발소를 찾았다. 머리를 자르고 감으려는 순간, 벽에 “최저임금 인상과 물가 인상으로 인해 부득이 이발 요금을 인상합니다”라는 문구가 있었다. 바야흐로 선거철이다. 선거를 앞두고 있으면, 각종 이수들이 터져 나오기 마련이다. 그 중에서도 꼭 빠지지 않는 것이 경제문제이다. 사실 매우 중요한 문제이며, 먹고 사는 문제와 연결되기 때문에 매우 중요하다. 그런데 최근에서야 정부는 경제문제에 대한 인식들이 조금씩 가지기 시작한 것 같다. 물론 북한과의 관계도 중요하고, 그 관계가 경제흐름에도 영향을 미칠 수 있다. 그러나 현실적인 경제문제도 매우 크다.

요즘 시중에 나가서 소비를 하려고 하다보면, 둘 중 하나를 인식하게 된다. 공급자의 수가 줄어있거나, 공급자의 수가 같다면 가격이 올라있다. 공급자 수가 줄었다는 이야기는 밑바닥 경제의 자영업자가 줄거나 고용원이 없는 자영업자가 증가한다는 이야기이다. 공급자 수가 같다면 대부분 가격이 올랐다. 따라서 올해 하반기 정도 되면 일자리 문제가 매우 심각해거나 물가 문제가 매우 심각해진다는 결론에 도달하게 된다. 이미 1분기 통계에서도 일자리 문제는 발생하고 있고, 소득분배 문제도 이례적인 수준까지 와 있고, 생활물가는 매우 심각한 상태이다. 그런데도 정부는 아직 밑바닥 경제 상황을 인식하지 못하는 듯 하다.

얼마 전, 정부는 일자리 창출 부진이 인구구조 문제 때문이라고 진단한 적이 있다. 물론 일자리가 매우 제한적으로 인구구조 때문에 그럴 수도 있다. 인구구조 상으로 청년실업 문제는 2022년~2025년 사이에 일본과 비슷한 고용률(약 98%) 형태로 갈 것이라고 본다. 왜냐하면 출생이 많이 줄어 있고, 대학 입학생들도 예전에 비해 절반 정도 줄어 있기 때문에 노동공급이 줄 것이라고 예상되고 있다. 그러나 문제는 인구구조만으로 인해 일어나지 않는다. 그 예가 최근까지 고용률이 계속해서 좋았던 부분을 보면, 50대~60대 여성이다. 문제는 50대 이상의 여성들은 대부분 종사상 지위별로 보면 일용직이며, 건설업에 종사하고 있다. 또한, 20대의 청년실업률도 인구구조만으로 설명되지 않는다. 이미 20대 인구가 줄고 있는 상황에서 대학을 졸업한 사람들의 실제 취업률은 약 50% 정도 밖에 되지 않는다. 따라서 인구구조만으로 일자리 창출이 인구구조라고 보는 것은 매우 문제가 있다. 오히려 3개월 연속 10만대의 일자리 증가, 상용근로자의 증가율 감소, 고용원이 없는 자영업자 증가 등과 같은 문제를 살피고, 경기변동이나 다른 경제 정책에 문제가 없는 지에 대해 살폈어야 했다.

또한, 최근에 소득분배의 문제가 이슈가 되었다. 정부는 최저임금 인상의 긍정효과가 90%라고 발표한 바 있는데, 최저임금 인상으로 인해 하위 10% 외의 소득이 늘었다는 주장이다. 그러나 여러 가지 문제가 존재한다. 첫째, 표본추출의 문제이다. 가계동향조사는 2016년까지 8,000가구를 대상으로 하고 있었으나, 2017년부터 12,000 가구를 대상으로 하고 있다. 표본추출 시에 200만원 이하와 1,000만원 이상을 증가시켰다. 따라서 소득분배가 시간이 흐를수록 나빠질 수 밖에 없고, 전 가구의 1%도 되지 않는 대상으로 전체를 설명하는 것은 옳지 못하다. 둘째, 표본추출이 맞다고 가정하고 소득분위별 가계소득 증감률을 보면, 근로자가구만을 대상으로 하고 있다는 점이다. 즉, 구조조정으로 인한 실직이나 구직단념자와 같은 비경제활동인구는 발표 자료에서 모두 빠져 있다. 셋째, 소득분위별 가계소득 증감률은 명목임금에 대한 증감률이다. 1분기 물가상승률이 1.3%였던 점을 감안하면, 근로자가구는 2분위(하위 40%)까지 실질소득이 감소하였다. 근로자외 가구는 4분위(하위 80%), 두 가구를 다 감안하면 3분위(하위 60%)까지 모두 실질소득은 감소하였다. 즉, 최저임금의 급격한 상승이 고용을 감소시키고 있고, 고용을 유지하는 가구는 근로시간 감소 등으로 인해 임금은 줄었다는 의미가 된다. 넷째, 소득뿐만 아니라 소비 부분을 간과하고 있다. 소득이 늘더라도 세금이나 건강보험료, 대출이자 등이 포함되는 비소비지출이 늘면 처분가능소득은 감소할 수 밖에 없다. 실제로 1분기에 비소비지출 비율은 21%로 역사상 처음으로 20%를 돌파하였다.

정부는 고용, 소득분배, 물가 등 현재의 경제 상황이 얼마나 심각한 지에 대해 인식할 필요가 있다. 실업이 늘고, 고용은 공무원 외에 양질의 일자리는 없고, 실질 처분가능한 소득은 감소하는 현실이다. 이에 따른 정부의 정책도 변화가 있어야 한다. 사회안전망 차원에서 일부분 재정으로 해결할 수 있으나, 모든 것을 재정으로 해결할 수는 없다. 따라서 경제 상황을 정확히 인식하고, 정책에 대한 고민도 있어야 한다.

9

매경이코노미, 2018.05.08. 작성

현 정부 1년, 제대로 된 경제정책이 거의 안 보인다

2017년 5월 9일, 1년 전에 문재인 정부가 출범하였다. 이후 공약에 따라 여러 가지 경제와 관련된 지시가 있었다. 대통령은 취임 직후인 5월 10일에 일자리위원회 설치를 지시했고, 6월 10일에 추경예산안 시정연설을 하였다. 5일 후에 2018년 최저임금을 시간당 7,530원으로 인상하는 안을 발표하였다. 7월 29일에 100대 국정과제 대국민 보고대회를 수행하였다. 보다 최근에 건강보험의 보장성을 확대하기로 하였다. 문재인 정부는 초기에 매우 많은 경제 관련 현안들을 발표하였으나, 아직 성과는 나타나지 않고 있다. 더군다나 이제는 거의 경제정책이 보이지 않은 상황이다.

정부 출범 1년 동안 있었던 경제정책을 묶어 보면 몇 가지 특징이 있다. 먼저, 소득주도 성장에 많은 초점을 두고 있다. 소득주도 성장에 뒷받침되는 세부 정책이 노동시장의 가격과 노동공급량과 연결된다. 대표적인 것이 노동공급을 늘리는 방식인 추경 등을 통한 청년일자리 정책과 공무원 증원이다. 또한, 일자리의 질을 변화시키는 비정규직의 정규직화이다. 노동시장의 가격인 임금, 그 중에서도 최저임금을 인상하는 것도 존재한다. 소득주도 성장과 더불어 진행되었던 부분이 복지정책의 확대이다. 아동수당 지급 강화, 기초연금 확대, 건강보험 보장성 확대 등이 여기에 포함된다. 재원 마련을 위한 소득세와 법인세율 인상 등이 있었고, 부동산시장 안정을 위한 규제 강화가 있었다. 기업과 관련하여 프랜차이즈 갑질 근절 등의 공정거래 강화 등이 있었으며, 대외 부분과 관련해서는 한미 FTA재협상이나 철강관세 면제 등의 통상 정책이 있었다. 이 중에서 정부가 가장 중요하게 생각했던 두 부분은 성장과 일자리이다.

현 정부의 가장 중요한 소득주도 성장은 아직 가시적인 성과가 나오고 있지 않다. 기본적으로 선거 전의 J노믹스는 사람 중심의 성장이었다. 즉, 사람에 대해 투자하여 인적자본의 향상을 통해 경제를 성장시키고 실질소득의 증가를 가져온다는 것이다. 또한, 소득의 재분배를 통해 저소득층의 소비를 증가시켜 경제를 성장시킨다는 것이다. 이러한 사람에 대한 투자는 노동이나 자본의 생산성 향상을 일으켜 소비가 증가되는 새로운 패러다임을 만들 수 있어야 한다. 그러나 지금 상황은 그렇지 않은 것으로 보인다. 2017년은 2분기에 높은 성장률을 나타내며 전체적으로 3.1%의 경제성장을 할 수 있었다. 이러한 결과는 운이 좋았다고 볼 수 밖에 없다. 왜냐하면 전세계의 성장률은 매우 높은 상태이고, 선진국의 성장률도 나쁘지 않았기 때문이다. 또한, 올해는 2%대의 성장률에 그칠 것이라고 예상하는 사람들이 많다. 그렇다면 어디서부터 문제가 있는 것일까? 먼저, 사람 중심의 성장을 지키지 않은 것이다. 사람 중심의 성장이라는 것은 생산성을 증가시킬 수 있는 유인을 찾아서 각 분야별로 투자가 이루어져야 한다. 그런데 지금의 소득주도 성장은 안전과 관련없는 공무원 증가, 노동시장의 유연성을 확보하지 못하는 비정규직의 정규직화 등이 있을 뿐이다. 또한, 소득주도 성장과 연결된 복지정책인 소득재분배 정책으로 주위에 경제가 나아졌다고 생각하는 사람은 별로 없다. 사회안전망은 물론 중요하다. 그러나 소득재분배 정책은 소득 수준이 일정 수준이 넘어가면 비용을 부담하는 계층과 소득을 받아들이는 계층들이 모두 노동공급량을 줄이고, 생산성 향상을 포기하게 된다. 따라서 현재와 같은 소득주도 성장은 효과가 없을 것으로 보인다. 마지막으로 공약에 얽매인 최저임금의 대폭인상도 산업별이나 지역별로 성장률에 큰 타격을 주었을 것으로 보인다.

일자리 정책은 장기적으로도 효과가 거의 없을 것으로 보인다. 이러한 부분은 사람들의 생애주기를 역으로 산출해보면 된다. 은퇴 후에 사람들은 은퇴 전까지 저축 등의 방법 등을 통하여 삶을 영위하게 된다. 그렇다면 은퇴하기 전에는 일자리를 얻어야 한다. 정의하기 어렵지만 양질의 일자리를 우리나라에서 얻기 위하여 기업의 노동수요를 보면 된다. 기업은 법인세 등의 급격한 인상과 대외정책이 좋지 않은 상황에서 노동수요를 늘이기는 힘들다. 그렇다면 기업들은 작아지는 노동수요를 위하여 좋은 학교들의 학생들을 뽑아야 하고, 학생들은 좋은 학교를 가기 위하여 사교육이 좋은 곳에 살아야 한다. 그렇다면 부동산 문제가 생길 수 밖에 없다. 또한, 사교육이 좋은 곳에 살기 위해서 부모들은 소비를 줄일 수 밖에 없다. 어디서부터 해결해야 하는 것일까? 당연히 노동시장의 혁신과 교육의 혁신을 해결하지 않고 불가능하다. 노동시장 혁신을 위하여 현재와 같이 비정규직을 정규직화하고 안전과 관련없는 공무원을 많이 뽑는 것이 답이 아니라는 의미가 되며, 초기의 철학인 동일노동과 동일임금을 시도해야 한다. 따라서 노동시장의 이중구조를 해결하여 노동시장의 유연성을 보장하면서 정규직화를 시도하여야 한다. 또한, 노사의 역할을 강조할 필요가 있다. 또한, 노동시간이 매우 길 경우에 정부는 노동시장에 개입해야 한다. 그러나 1인당 GDP가 2만달러를 넘어가게 되면 삶의 질을 중요하게 생각하게 되는 상황에서 정부의 개입보다 노사합의를 보다 중요시 할 필요가 있다. 노동시장과 연결되어 잇는 교육은 현재와 같이 진행되면 이러한 경제정책이 통할 수 없다. 정부가 모든 유아교육부터 대학교육까지 모든 교육정책에 관여하는 상황에서 일자리는 답이 없다. 따라서 교육개혁도 당연히 필요한 부분이다.

문제는 이러한 초기의 정책들이 존재하지만, 최근에는 경제정책 자체가 보이지 않는다. 원래부터 없었던 경제정책 중에 금융정책은 차치하더라도 초기의 경제정책을 다시 살펴보고, 어떠한 효과를 낼 지에 대해 고민해야 할 시점이다. 여기서 1년 후의 현 정부의 경제정책이 현재와 같은 상황이라면, 운이 좋았던 2017년과 다르게 하반기부터 전개될 수 있다. 이제는 정부가 경제에 초점을 둘 필요가 있다.

ifsPOST, 2018.04.10. 작성

10

일자리 정책, 다시 짜라

3월 고용동향이 발표되었다. 3월 고용률은 60.2%로 50% 후반에서 60% 초반으로 고착화되고 있는 것으로 보인다. 오히려 실업자는 125만 7천명이 증가하면서 실업률은 4.5%로 0.4%포인트 증가하였다. 연령대별로 보면 15세~29세 청년층의 고용률이 42%, 30대 75.5%, 40대 78.6%, 50대 74.5%, 60대 이상 39.2%로 나타나고 있다. 취업자 추이는 쇼크 상황에 가깝다. 1월까지 33만명 증가를 나타내다가 2월에 10만 4천명, 3월에 11만 2천명 증가하여 최악에 가깝다. 청년층만 놓고 보면, 15세~19세의 고용률은 8%, 20세~24세는 44.5%, 25세~29세는 68.4%로 나타나며 실업률은 계속 증가하여 11.6%로 나타난다. 다른 연령대보다 현저히 낮은 고용률을 나타내고 있으며, 비경제활동인구 중에서 구직단념자가 47만 5천명이다. 시간관련추가취업가능자, 실업자, 잠재경제활동인구를 경제활동인구, 잠재취업가능자, 잠재경제활동인구로 나눈 청년들의 보조지표인 확장실업률은 24%에 이른다. 즉, 청년 4명 중의 1명은 보수적으로 봐도 실업상태에 있다는 의미가 된다.

산업별 취업률을 보면 보건업 및 사회복지서비스업, 공공행정 국방 및 사회보장행정, 건설업이 증가한 반면, 도매 및 소매업, 교육서비스, 부동산업이 감소하고 있다. 종사상 지위별로 취업자는 상용근로자가 증가하면 반면 임시 및 일용근로자는 감소하고 있고, 자영업자와 무급가족종사자도 감소하고 있다. 정부재정이 투입되는 곳에 취업이 증가하고 있으며, 최저임금이 급하게 증가한 산업에서 고용이 감소하고 있는 것으로 보인다. 또한, 시도별로 보면 전국보다 고용률이 낮은 지역은 부산, 대구, 광주, 대전, 강원, 전북으로 나타나고 있다. 그렇다면 청년층의 고용문제와 산업별 고용문제를 어떻게 해결해야 할까? 정부도 이러한 고용에 대한 대책을 방대하게 내놓고 있지만, 여전히 효과가 없다. 이에 대한 많은 고민이 필요한 상황인데, 정책이 효과적으로 성공하고 있지 못하다는 말이 된다.

청년층의 고용문제가 가장 심각하다. 청년층이 일자리를 찾다가 포기하는 경우인 구직단념자가 매우 많다. 양질의 일자리가 늘어나고 있지 않다는 의미가 된다. 양질의 일자리를 정의하기 어렵지만 분야로 보면 공기업, 공공기관, 대기업, 중견기업 정도가 된다. 왜 중소기업은 여기에서 빠지게 되는 것일까? 청년들이 중소기업에 가지 않는 이유는 여러 가지가 있다. 정부도 이러한 점에 대해 파악하고 있는 것으로 보이지만, 추경을 편성하더라도 고용률을 올리기 어려울 것으로 보인다.

이러한 정책의 일환으로 정부는 이러한 청년 일자리 문제와 관련하여 4대 중점 추진과제를 발표하였다. 첫째, 취업 청년 소득, 주거, 자산형성 및 고용증대기업에 대한 지원을 강화한다는 것이다. 이를 위하여 중소·중견기업이 신규 고용할 경우 연봉의 1/3 수준을 지원하고, 34세 이하 청년이 중소기업에 취업하면 5년 동안 연간 150만원 한도내에서 소득세를 면제한다. 또한, 주거비와 교통비 경감을 위하여 50인 미만 중소기업에 취업한 34세 이하, 연소득 3,500만원 이하, 보증금 5,000만원 이하 주택에 대해 3,500만원까지 4년간 1.2%의 대출 이자율을 적용한다. 산업단지의 중소기업에 취업하는 청년에게 매월 교통비 10만원을 청년 동행카드로 발급한다. 중소·중견기업에 취업한 청년에 대해 청년내일채움공제를 통해 3년을 재직하면 3천만원의 목돈을 마련하게 해준다. 둘째, 창업 활성화과 관련하여 창업자금, 사업서비스를 지원하고, 연매출 4,800만원 이하 창업기업에 대해 5년간 법인세와 소득세를 감면하며, 지방창업을 지원한다는 것이다. 셋째, 새로운 창출하기 위해 지역 및 사회적 경제 일자리를 창출하고, 해외 취업을 돕고, 유망 서비스 분야에 청년이 선호하는 취업과 창업기회를 제공한다는 것이다. 넷째, 군 장병 취업을 위해 군 부대와 지역 중소기업간 취업연계형 훈련 프로그램을 마련하고, 선취업-후학습 및 민간기업 주도형 일학습병행제를 지원하고, 미래 핵심인재를 육성한다.

첫 직장이 중소기업이기 때문에 발생하는 문제가 매우 심각하다. 사람들이 왜 중소기업에 가지 않느냐고 물어보는 경우가 있는데, 모르고 하는 말이다. 중소기업에서 중소기업을 키워서 본인도 잘 되면 좋지 않으냐는 생각도 있는데, 실제로 그렇지 않다. 중소기업에 있으면서 생활 자체도 힘들지만, 장기적으로 결혼, 아이를 양육하는 것은 매우 힘들다고 생각하는 청년들도 많다. 이러한 청년들은 처음부터 취업재수를 결정하든가 중소기업에 취업하더라도 다시 양질의 일자리를 위하여 취업 준비를 하게 된다. 이렇게 첫 직장을 중소기업으로 하게 되면, 단기적으로 생활이 힘들고, 장기적으로 혼인율과 저출산 문제와 연결되게 된다.

양질의 일자리는 연봉이 높아서도 아니고, 삶의 질이 보장되는 일자리라고 보아야 한다. 대부분의 국가에서 1인당 GDP가 2만달러를 넘어서면 삶의 질을 먼저 생각하게 된다고 보고 된다. 즉, 연봉이나 급여가 조금 낮더라도 근무 후에 본인의 생활을 즐길 수 있고, 야근 걱정이나 주말에 근무하는 형태가 없어야 하다. 그러나 이러한 자리는 한정되어 있기 때문에 필요한 것이 창업이다. 따라서 창업으로 실패를 하더라도 지원할 수 있는 정책이 지원되어야 한다. 또한, 정부가 제시한 바와 같이 국내에 충분한 양질의 일자리가 없다면 해외에 지원하도록 도와야 한다.

마지막으로 금전적 문제인 급여문제이다. 직장인들은 '한 달에 월급 받는 날 하루만 기쁘고, 나머지는 괴로운 나날이다'라는 말이 있다. 이번에 나온 정책은 대부분 이전에 나온 대책을 업데이트 한 것에 불과하다. 즉, 핵심은 대기업과 중소기업의 연봉문제를 해결하는 청년내일채움공제나 세제문제에 초점이 맞추어져 있다. 청년내일채움공제를 통해 일정 기간 이상 근무하면 본인·기업·정부의 납입금을 받을 수 있고, 가입후 3개월 이내 퇴사하면 1회 재가입이 허용되지만, 재가입하더라도 다시 퇴사하면 본인의 납입금만 받을 수 있으며, 본인의 납입금은 이전의 두 배로 설계되어 있으며 나중에 받을 수 있는 구조로 되어 있다. 따라서 이러한 정책으로 장기재직효과를 바라지만, 실제로 2년 이상 근무하기 힘들기도 하고 당장의 처분가능소득은 낮아지게 된다. 따라서 정책적으로 관리가 어렵더라도 지원의 일부분은 기업을 통하지 말고, 직접 현금을 지급 방식으로 일부를 중소기업 재직기간 동안 청년들에게 지급할 필요가 있다. 왜냐하면 이미 회사가 지급하는 것을 알게 되면 중소기업에서는 급여 자체가 낮아져 전체 금액은 같아질 수도 있고, 기존의 직장인들과 급여테이블이 달라지기 때문이다. 나머지는 연금이나 공제의 형태로 적립하면 된다. 우리나라 대부분의 정책들은 직접 주는 방식이 아니라 관리가 편한 공공기관이나 기업을 통해 일정 기간 후에 지급하게 되면 효율성은 떨어진다. 즉, 100명 중의 10명이 이러한 제도의 허점을 이용한다면 일부 제도를 수정하면 된다.

따라서 양질의 일자리를 늘리는 공급 정책도 필요하고, 청년 취업을 돕기 위해서 정부는 연봉 외에 삶의 질의 문제, 사회적 인식의 문제 해결, 중소기업에 취업하는 청년들에 대한 직접적인 지원정책 등을 이용할 필요가 있다.

11

일자리 창출을 어떻게 할 것인가?

작년 2월 24일 제8차 국민경제자문회의가 열렸다. 현 정부에서 거시경제 운용방향을 성장률 중심에서 고용률 중심으로 바꾸는 것이 핵심이었다. 그 이후에도 여러 가지 제안이 있었음에도 불구하고, 고용률은 그다지 나아지지 않고 있다. 올해와 같이, 경제성장률이 2% 정도 예상되는 상황에서 그다지 높지 않은 고용률을 나타낼 수 있다.

고용률 통계를 보면, 20대 전체와 30대 여성의 고용률을 높이는 것이 매우 중요하다. 20대 고용률 50%대로 평균 고용률보다 매우 낮다. 청년실업률로 대표되는 나이대에서의 체감실업률은 통계 수치로 잡히는 것보다 훨씬 높다. 왜냐하면 일정 기간 이상 구직활동을 하지 않으면 비경제활동인구로 잡히기 때문이다. 이러한 20대 전체의 고용률을 높이기 위한 정책이 요구되는 상황이다. 최근의 대선주자들은 이를 해결하기 위하여 다양한 정책을 내놓고 있지만, 실효성 면에서 매우 의문이 많다. 공공부문 일자리를 과도하게 늘리는 것은 정부 부문의 크기가 커지고, 연금 등 다른 부분 등을 고려하면 실효성이 없다. 오히려 청년이 중소기업을 택하고, 중소기업이 보다 크게 나아갈 수 있도록 제도를 개선해야 한다. 예를 들어, 대기업과 중소기업의 연봉격차가 1,500만원 정도라면, 연봉격차만큼 정부가 기업에게 지원할 것이 아니라, 개인에게 직접 지원해야 한다. 즉, 1,500만원의 연봉을 임금을 지불하고, 일부분은 연금의 형태로 남겨 주면 된다. 연간 10만명의 중소기업 취업자가 있다면 1,2조원이면 해결된다. 2년 차에는 2.4조원이 되지만 실제로 연금으로 반을 남긴다고 하면 1.2조원으로도 동일해 진다. 그렇다고 무한히 반복할 필요는 없다. 2022년~2026년에는 우리 경제도 일본경제와 비슷하게 청년들의 고용률이 매우 높아질 것으로 예상되기 때문이다. 따라서 5년~7년 정도 지원하고, 이후에는 연금으로 보조할 부분만 남게 된다. 이를 위한 대상을 찾는 방법도 주의해야 한다. 기업에 지원정보가 들어가게 되면 기본 연봉을 낮게 책정하기 때문에, 기업을 통한 지원보다는 개인에게 직접 지원이 되어야 할 필요가 있다.

여성 30대의 경우, 육아와 자녀교육 등으로 인해 노동시장으로 다시 돌아오지 못하는 부분들이 존재한다. 최근 저출산의 문제도 이와 관련이 높다. 저출산 예산을 10년 동안 100조원으로 아무리 쏟아 부어보아야 이러한 부분이 개선되지 않는다면 소용이 없다. 출산으로 인해 노동시장으로 다시 돌아오지 못하는 이유는 기업에서 평가 등을 통해 승진에 대한 평등을 보장하지 않는 경우가 많으며 가정양육으로 인한 심리적인 고통을 포함하는 현실적인 비용이 노동시장에 진입하여 얻는 승진 등을 포함하는 현실적인 소득보다 작기 때문이다. 따라서 이들이 노동시장에 재진입시키기 위하여 양육 및 보육 정책이 보다 강도 높게 연계되어야 한다. 이러한 정책 중에서 육아휴직을 하는 경우, 인사고과에서 평균을 반영하면 된다. 또한, 간접적으로 양육기관에 지원할 것이 아니라, 직접적으로 가구에 지원하는 형태로 바뀌어야 한다. 실제로 저출산과 관련된 예산 항목을 살펴보면, 실제로 저출산과 관련 있는 예산의 비중은 매우 낮다. 따라서 직접적 형태의 보조로 바꾸고, 노동시장에 재진입할 수 있도록 재정비하여야 한다.

마지막으로 비정규직에 대한 정규직 전환에 대한 정책이 필요하다. 고용의 질도 고용률과 더불어 상당히 중요하다. 고용의 질은 임금근로자 중에서 상용근로자가 차지하는 비중으로 주로 계산된다. 상용근로자에 1일 단위로 고용되는 일용근로자는 제외된다. 임금근로자 중에서 상용근로자가 차지하는 비중은 여전히 60%대에 머물러 있다. 동일노동과 동일임금이라는 원칙을 지킬 필요가 있다. 현재의 정책에서는 정규직과 비정규직이 엄연히 분리되어 있고, 비정규직에서 정규직으로의 이동이 불가능하다. 따라서 한시적 근로자와 비전형 근로자의 일부를 정규직 형태로 유도해야 하고, 시간제 근로자의 비중을 줄이는 정책으로 가야 고용의 질과 고용률에 미치는 영향이 클 것으로 보인다.

한성대신문, 2019.08.20 작성

12

청년 취업, 현실과 준비

요즘 개인적인 최대 고민은 학생들의 취업이다. 학사, 석사, 박사 과정이 모두 있는 학과나 트랙에서 학생들이 질 좋은 취업을 하게 하는 것이 계속되는 고민일 수 밖에 없다. 언론 발표마다 다르지만 대졸 취업률은 60% 초반까지 하락해 있고, 정규직 등의 취업률은 훨씬 낮은 것으로 기억된다. 인구구조의 변화가 현실화되는 상황에서 양질의 일자리보다 현재에 닥친 상황을 재정을 통해서 대응하고 있다는 점이다. 2018년에 워낙 취업이 어려웠기 때문에 기저효과를 감안하면 2019년 상대적으로 높지만 이러한 취업자수 증가의 30%가 재정을 통해 이루어지는데, 문제는 양질의 일자리가 아닌 임시적이고 보수가 상당히 작을 수 밖에 없다. 비경제활동인구에서 취업준비는 2018년 9월 이후 70만명 이상을 유지하고 있고, 20대의 '쉬었음'의 인구도 계속 증가하는 상황이며, 청년 확장실업률은 계속 역대 최고치를 기록하고 있다.

인구구조의 변화가 청년 취업에 미치는 영향은 2025년 경부터 본격화 될 것으로 보인다. 이 시기가 되면 노동공급이 작기 때문에 일본과 비슷한 97%~98% 고용률에 이를 수 있다. 그러나 지금은 양질의 일자리를 얻기 위하여 노동수요 측면에서 고민할 수 밖에 없다. 먼저, 인더스트리 4.0과 관련된 일자리가 계속해서 제공되고 있지만, 아직 준비가 되지 않은 경우가 많다. 빅데이터, 인공지능, 가상현실, 사물인터넷 등 모두 데이터와 프로그래밍을 기반으로 하지만 현장에서 인력이 부족하다고 난리다. 이유는 간단하다. 1997년 아시아 외환위기를 겪으면서 데이터나 인공지능을 연구하던 사람들은 해외로 빠졌거나 기업에서 현업부서로 발령을 냈기 때문에 현재 인력이 부족한 상황이다. 그렇다면 신입사원으로 해결해야 하는데, 어느 정도의 단계에 와 있지 못하기 때문에 사람을 구하기가 어렵다. 또한 기존 산업에서도 빠르게 빅데이터 기반 위에서 변화하고 있으나 기존 산업에서 숙련된 사람들을 구하기 어렵다. 석사나 박사는 이론을 바탕으로 실제 데이터와 모형을 접목해서 현실에 적용하거나 새로운 방법론을 찾아야 하기 때문에 훨씬 노동공급이 부족할 수 밖에 없다. 물론 빠르다거나 IT를 기반으로 한다거나 플랫폼이라고 해서 모두 혁신이 될 수 없다. 안정성을 기반으로 새로운 체계를 만드는 것도 하나의 혁신으로 볼 수 있다. 이러한 체계 내에서 새로운 아이디어로 창업하는 것도 하나의 혁신이 될 수 있고, 기존 산업의 고용과도 연결될 수 있다.

디지털타임스, 2018.03.21. 작성

13

청년 일자리 정책, 무엇이 최우선인가?

2018년 3월 15일, 범부처 차원에서 청년 일자리 정책이 발표되었다. 이러한 청년 일자리 정책이 나온 배경으로 청년의 고용 부진은 구조적인 문제이고, 인구구조적 요인 변화에 대응할 필요가 있으며, 한시적인 대책으로 구조적 과제에 대응해야 한다고 보았다.

정부는 이러한 청년 일자리 문제와 관련하여 4대 중점 추진과제를 발표하였다. 첫째, 취업 청년 소득, 주거, 자산형성 및 고용증대기업에 대한 지원을 강화한다는 것이다. 이를 위하여 중소·중견기업이 신규 고용할 경우 연봉의 1/3 수준을 지원하고, 34세 이하 청년이 중소기업에 취업하면 5년 동안 연간 150만원 한도 내에서 소득세를 면제한다. 또한, 주거비와 교통비 경감을 위하여 50인 미만 중소기업에 취업한 34세 이하, 연소득 3,500만원 이하, 보증금 5,000만원 이하 주택에 대해 3,500만원까지 4년간 1.2%의 대출 이자율을 적용한다. 산업단지의 중소기업에 취업하는 청년에게 매월 교통비 10만원을 청년 동행카드로 발급한다. 중소·중견기업에 취업한 청년에 대해 청년내일채움공제를 통해 3년을 재직하면 3천만원의 목돈을 마련하게 해준다. 둘째, 창업 활성화과 관련하여 창업자금, 사업서비스를 지원하고, 연매출 4,800만원 이하 창업기업에 대해 5년간 법인세와 소득세를 감면하며, 지방창업을 지원한다는 것이다. 셋째, 새로운 창출하기 위해 지역 및 사회적 경제 일자리를 창출하고, 해외 취업을 돕고, 유망 서비스 분야에 청년이 선호하는 취업과 창업기회를 제공한다는 것이다. 넷째, 군 장병 취업을 위해 군 부대와 지역 중소기업간 취업연계형 훈련 프로그램을 마련하고, 선취업-후학습 및 민간기업 주도형 일학습병행제를 지원하고, 미래 핵심인재를 육성한다. 이러한 정책의 효과로 2018년~2021년 동안 18만명~22만명을 추가 고용하고, 재원으로 정부의 여유자금 2.6조원과 기금여유자금 1조원 정도로 해서 추경을 4조원을 편성한다는 것이다.

청년 실업을 낮추기 위해 재정을 투입해서 취업한 청년에게 당장 현실에 적용되지 않는 재정이나 조세 지원한다고 해결될 문제가 아니다. 청년이 취업을 미루는 이유는 삶의 질을 방해하는 중소기업 근무여건, 첫 직장이 중소기업이어서 발생하는 문제, 절대적인 금전적 문제인 연봉문제 때문에 청년들은 일자리가 있어도 중소기업에 가지 않는 것이다.

청년이 취업을 하게 하기 위해서는 무엇보다도 양질의 일자리가 많아야 한다. 양질의 일자리라는 것은 연봉이 높아서도 아니고, 삶의 질이 보장되는 일자리라고 보아야 한다. 행동경제학에서도 1인당 GDP가 2만달러를 넘어서면 삶의 질을 먼저 생각하게 된다고 보고되고 있다. 즉, 연봉이 조금 낮더라도 근무 후에 본인의 생활을 즐길 수 있고, 야근 걱정이나 주말에 근무하는 형태가 없어야 하다. 그런데 현재의 양질의 일자리는 전부 정부, 공공기관, 대기업에 치우쳐져 있다. 이러한 자리는 한정되어 있기 때문에 필요한 것이 창업인데, 창업으로 실패를 하더라도 지원할 수 있는 정책이 지원되어야 한다. 또한, 정부가 제시한 바와 같이 국내에 충분한 양질의 일자리가 없다면 해외에 지원하도록 도와야 한다.

첫 직장이 중소기업이기 때문에 발생하는 문제도 매우 크다. 중소기업에서 중소기업을 키워서 본인도 잘 되면 좋지 않으냐는 생각도 있는데, 실제로 그렇지 않다. 중소기업에 있으면서 생활 자체도 힘들지만, 장기적으로 결혼하고 아이를 양육하는 것은 매우 힘들다고 생각하는 청년들도 많다. 이러한 청년들은 처음부터 취업재수를 결정하든가 중소기업에 취업하더라도 다시 양질의 일자리를 위하여 취업 준비를 하게 된다. 이렇게 첫 직장을 중소기업으로 하게 되면, 단기적으로 생활이 힘들고, 장기적으로 혼인율과 저출산 문제와 연결되게 된다. 따라서 이러한 중소기업에 대한 사회적 인식의 전환을 어떻게 해 줄 것인지에 대한 고민도 필요하다.

마지막으로 금전적 문제인 연봉문제이다. 이번에 나온 정책은 대부분 이전 정책에 대기업과 중소기업의 연봉문제를 해결하는 청년내일채움공제나 조세문제에 초점이 맞추어져 있다. 청년내일채움공제를 통해 일정 기간 이상 근무하면 본인·기업·정부의 납입금을 받을 수 있고, 가입후 3개월 이내 퇴사하면 1회 재가입이 허용되지만, 재가입하더라도 다시 퇴사하면 본인의 납입금만 받을 수 있으며, 본인의 납입금은 이전의 두 배로 설계되어 있다. 따라서 이러한 정책으로 장기재직효과를 바라지만 실제로 2년 이상 근무하기 힘들기도 하지만, 당장의 처분가능소득은 낮아지게 된다. 따라서 정책적으로 일부분은 기업을 통하지 말고, 직접 현금 지급 방식으로 일부를 중소기업 재직기간 동안 청년들에게 지급할 필요가 있다. 나머지는 연금이나 공제의 형태로 적립하면 된다. 우리나라 대부분의 정책들이 직접 주는 방식이 아니라 관리가 편한 공공기관이나 기업을 통해 일정 기간 후에 지급하게 되면 효율성은 떨어진다.

따라서 청년 취업을 돕기 위해서 정부는 연봉과 다른 삶의 질과 양질의 일자리 제공의 문제, 사회적 인식의 문제, 중소기업에 취업하는 청년들에 대한 직접적인 지원정책 등에 대해 고민할 필요가 있다.

14

ifsPOST, 2017.03.20. 작성

글로벌 금융위기 이후, 최초로 실업률이 5%에 도달하였다

2017년 2월 실업률, 2001년 3월 이후 최대치를 나타내다.

2017년 2월, 실업률이 5.0%를 나타내었다. 이는 글로벌 금융위기 직후인 2010년 5.0%와 같으며, 그 이전으로 거슬러 올라가면 IMF 외환위기가 끝나가던 시점인 2001년 3월의 5.1% 이후 최대치를 나타낸다. 통계청의 고용동향에서 2월의 경제활동인구는 2,713만 8,000명으로 전년동월 대비 40만 4천명이 증가하였다. 이 중에서 취업자수는 2,578만 8,000명으로 전년동월에 비해 37만 1,000명이 증가하였다. 반면에 실업자수는 135만명으로 전년동월 대비 3만 3,000명이 증가하였다. 2017년 2월의 경제활동참가율은 62.2%이며, 고용률은 59.1%로 60%에 미치지 못하고 있다.

현 정부에서 실업률은 매우 높다.

과거 정부의 실업률과 고용률은 다음과 같다. 15대 대통령인 김대중 정부의 임기 마지막 월인 2003년 2월의 실업률은 3.8%이고, 고용률은 57.8%였다. 16대 대통령인 노무현 정부의 임기 마지막 월인 2008년 2월의 실업률은 3.5%였고, 고용률은 58.0%였다. 17대 대통령인 이명박 정부의 마지막 월인 2013년 2월의 실업률은 4.0%, 고용률은 57.2%였다. 현 정부의 가장 최근 통계치의 2017년 2월의 실업률은 5.0%, 고용률은

59.1%이다. 정부가 지날수록 임기 마지막 월에 실업률은 점점 증가하고 있다.

매년 2월마다 찾아오는 청년 실업의 문제가 가중되고 있다.

현재 정부 출범 시점인 2013년 2월 실업률은 4.0%, 2014년 2월 실업률은 4.5%, 2015년 2월 실업률은 4.6%, 2016년 2월 실업률은 4.9%를 나타내고 있다. 즉, 2월의 실업률은 점점 증가하고 있다. 이를 연령별 경제활동참가율을 살펴보면, 20세~29세의 경제활동참가율만 감소하였다. 즉, 2월에 20세~29세 연령대의 사람들이 대학을 졸업하기 때문에 경제활동참가율은 감소하는 것으로 보인다. 이 연령대에서 여자보다 남자의 감소폭이 2배 정도 더 큰 것으로 나타나고 있다. 전체 실업률을 성별로 보면, 남자의 실업률은 전년동월 대비 동일하지만, 여자의 실업률은 상승하였다. 실업률은 60세 이상에서 가장 많이 감소하였으며, 20세~24세, 30대 순으로 증가하였다. 즉, 고령층에서 실업률이 늘어나고 있으며, 대학을 졸업하는 일부 젊은 세대와 노동시장 진입 후에 구조조정을 통한 실업률이 증가한다고 볼 수 있다. 연령별 고용률을 살펴보면, 역시 20대를 제외한 모든 연령대에서 상승하였다. 20대에서 남자의 고용률은 54.4%, 여자의 고용률은 58.7%로 나타나고 있어, 전체 59.1%보다 낮게 나타나고 있다. 15세~29세의 청년실업은 54.8만명, 청년실업률은 2.3%로 전월 8.6%보다 4.7%p 증가하였으며 전년동월 대비 0.2% 감소하였다. 따라서 전체적으로 20대의 경제활동참가율은 감소하였는데, 이 중 일부는 실업률을 끌어올렸고, 고용률은 감소시키며 실업률 5%를 만들어내는 것에 큰 역할을 하고 있다.

산업 구조조정의 여파도 실업률을 높이고 있다.

산업별 취업자를 살펴보면, 건설업(14.5만명), 보건업 및 사회복지서비스업(7.5만명), 도매 및 소매업(6.8만명), 교육서비스업(6.6만명)은 증가하고 있다. 그러나 제조업(−9.2만명), 운수업(−3.4만명), 농림어업(−1만명), 금융및보험업(−0.6만명), 사업시설관리 및 사업지원서비스업(−0.6만명), 협회 및 단체·수리 및 기타개인서비스업(−4만명)은 감소하고 있다. 이 중에서도 제조업 취업자가 대폭 감소하였으며, 2016년 7월부터 지속적으로 감소하고 있다. 이는 조선·해운 구조조정이 지속되고 있는 것으로 보인다. 따라서 정부는 이에 대한 일자리 브리지 등을 마련해야 제대로 된 일자리를 찾을 수 있도록 도와야 한다.

비경제활동인구의 감소는 실업률에는 영향을 주지 못하지만, 고용률 증가를 이끌게 된다.

비경제활동인구는 1,649만 5천명으로 전년동월 대비 4만 5천명 감소하였다. 비경제활동인구에서 연로, 쉬었음, 가사 등에서 증가하였으나, 육아에 의한 감소가 9만명으로 연로, 쉬었음, 가사에 의한 비경제활동인구 증가의 합보다 많다. 즉, 육아에서 다시 노동시장 안으로 들어오는 유입이 늘어났다는 의미가 된다. 비경제활동인구 중 취업을 희망하고 취업이 가능하였으나, 노동시장의 사유로 일자리를 구하지 않은 자 중 지난 1년 내 구직경험이 있었던 구직단념자는 49만 8천명으로 전년동월 대비 2만 4천명 증가하였다.

30대 여성의 경제활동참가율을 높일 필요가 있다.

20대의 경제활동참가율은 남성이나 여성이나 별로 차이가 없다. 그러나 30대로 들어서면 남성 93.4%, 여성 59.5%로 확연히 차이가 난다. 실업률만 놓고 보면 남성 3.7%, 여성 3.0%로 별로 차이가 나지 않는 것으로 보인다. 즉, 30대 여성들이 육아 등을 전념하기 위하여 비경제활동인구로 빠지게 되므로 실업률은 거의 비슷하게 보이게 된다. 이들을 노동시장으로 다시 돌아오게 하는 것은 매우 중요하다. 40대와 50대도 여전히 남성의 경제활동참가율이 높으나 남성과 여성의 경제활동참가율의 차이는 30대보다 적게 나타난다. 따라서 30대 여성에 대한 노동 정책이 보다 다양화되고 구체화될 필요가 있다.

일자리 정책에 집중이 필요하다.

실업이 줄어들거나 고용이 늘어나기 위해서 가장 중요한 것은 경제성장이다. 경제가 저성장의 상황에서 실업률이 낮아지기는 어렵다. 현재의 경제성장률 1%~2%에서 실업률이 증가하는 것은 당연하다. 이러한 상태에서 공공부문의 고용을 늘리는 것으로 실업률을 낮추거나 고용률을 끌어올리는 것은 한계가 있다. 청년실업을 줄이기 위해서는 청년이 중소기업을 택하고, 중소기업이 보다 크게 나아갈 수 있도록 제도를 개선해야 한다. 이는 재정으로 일부 충당할 수도 있다. 예를 들어, 대기업과 중소기업의 연봉격차가 1,500만원 정도라면, 연봉격차만큼 정부가 기업에게 지원할 것이 아니라, 개인에게 직접 지원해야 한다. 여성 30대의 경우에는 출산으로 인해 노동시장으로 다시 돌아오지 못하는 이유는 기업에서 평가 등을 통해 승진에 대한 평등을 보장하지 않는 경우가 많으며 가정양육으로 인한 심리적인 고통을 포함하는 현실적인 비용이 노동시장에 진입하여 얻는 승진 등을 포함하는 현실적인 소득보다 작기 때문이다. 따라서 이들이 노동시장에 재진입시키기 위하여 양육 및 보육 정책이 보다 강도 높게 연계되어야 한다. 경제성장과 일자리에 대한 성별과 연령에 대한 집중적인 정책과 제도, 사회적인 분위기를 바꿀 수 있어야 한다.

15

뉴스토마토, 2016.02.26. 작성

현재의 거시경제 운용 방향, 기조를 완전히 바꾸어야 한다

2월 24일에 제8차 국민경제자문회의가 열렸다. 박근혜 대통령 주제로 이번 회의에서는 일자리 중심의 국정운영 방안을 제시하고, 노동개혁의 효과와 추진전략, 청년과 여성 일자리 증대방안에 대해 논의하였다. 여기서 거시경제 운용방향을 성장률 중심에서 고용률 위주로 바꾸어야 한다는 의견이 제시되었으며 노사정 합의 중심의 노동개혁에서 탈피하여 전문가 중심의 공익 안을 마련하기로 하였다. 또한, 교육개혁을 보다 강도 높게 추진하여 노동개혁과 연계한다는 방향을 제시하였다. 그러나 현재의 거시경제 운용방향은 올바른 것으로 보이지만 강도나 실행방법도 보다 구체적으로 제시되어야 한다.

먼저, 거시경제학적으로 성장률과 고용률은 따로 움직이는 것이 아니다. 일반적으로 거시경제 상황이 좋아지면 실업이 감소하는 것으로 알려져 있다. 그러나 현대 사회에서 고용없는 성장이 이루어지고 있는 상황이다. 그러나 고용률 자체를 올리는 고용구조도 중요하지만 고용의 질도 매우 중요하다.

고용률을 올리기 위해서는 20대 전체와 30대 여성의 고용률을 높이는 것이 핵심이다. 고용률은 2013년 2분기 60.2%였으나 58.8%~60.9% 사이를 나타내다가 2015년 3분기 60.9%로 2014년 3분기와 같은 값을 나타내고 있다. 따라서 고용구조는 그다지 나아지지 않았다고 볼 수 있다. 고용률에 가장 큰 영향을 미치는 변수는 세계 경제성장률과 이에 영향을 받는 국내 경제성장률이라고 볼 수 있다. 중국을 비롯한 세계 경제성장률은 낮아질 것으로 보이며, 국내의 경제성장률도 2.5%~2.7%로 작년보다 많이 낮아질 것으로 보인다. 특수한 상황이 발생하는 경우에 1%대의 성장률도 가능하다. 따라서 현재의 경제 사정으로는 고용률을 현재보다 높게 하기는 어려워 보인다.

2015년 3분기의 연령대별 고용률을 살펴보면, 20세~29세 사이가 58.4%(실업률 7.9%), 60세 이상이 40.9%(실업률 1.8%)로 다른 연령 70% 이상에 비해 상당히 낮게 나타난다. 특히, 남자 20대도 56.4%로 나타나고 있어 30세~59세의 87%~92.4%에 비해 현저히 낮다. 여자의 고용률은 훨씬 심각하다. 전 연령대에 70%를 넘지 못하고 있으며, 20대가 60.3%, 30대가 57.2%로 다른 연령대에 비해 낮게 나타난다. 다라서 정부는 20대의 취업과 창업에 초점을 둘 필요가 있으며 이를 위한 정책을 펼칠 필요가 있다. 20대의 취업도 중소기업과 대기업의 임금 격차나 복지 때문이다. 이를 위하여 정부가 대기업의 임금을 낮추는 것보다 정부의 평가를 통해 임금격차의 일부를 중소기업의 임금을 보조하거나 연금의 형태로 바꾸어 주는 편이 훨씬 빠르다. 이를 통한 소득 하위 계층이 보다 적게 만들어, 부채를 증가시키는 것보다 소득 위주의 정책을 만들고, 소비로 바로 이어주는 패턴이 필요하다.

여성 30대의 경우, 육아와 자녀교육 등으로 인해 노동시장으로 다시 돌아오지 못하는 부분들이 존재한다. 출산으로 인해 노동시장으로 다시 돌아오지 못하는 이유는 기업에서 평가 등을 통해 승진에 대한 평등을 보장하지 않거나, 가정양육으로 인한 심리적인 고통을 포함하는 현실적인 비용이 노동시장에 진입하여 얻는 승진 등을 포함하는 현실적인 소득보다 작기 때문이다. 따라서 이들이 노동시장에 재진입시키기 위하여 양육 및 보육 정책이 보다 강도 높게 연계되어야 한다.

비정규직에 대한 정규직 전환에 대한 정책이 필요하다. 고용률이 높다고 하여 무조건 좋은 것은 아니다. 고용의 질도 상당히 중요하다. 고용의 질은 임금근로자 중에서 상용근로자가 차지하는 비중으로 주로 계산된다. 상용근로자에 1일 단위로 고용되는 일용근로자는 제외된다. 임금근로자 중에서 상용근로자가 차지하는 비중은 2013년 3분기 63.8%에서 2015년 3분기 65.4%로 1.6% 증가하였다. 또한 2015년 8월 기준으로, 비정규직 근로자 중에서 한시적 근로자(근로계약기간을 정한 자 또는 정하지 않았으나 계약의 반복갱신으로 계속 일할 수 있는 근로자와 비자발적 사유르 계속 근무를 기대할 수 없는 자)가

18.8%, 시간제 근로자(파트타임 근로자)가 11.6%, 비전형 근로자(파견, 용역, 특수, 재택, 일일근로자)가 11.4%를 나타낸다. 현재의 정책에서는 정규직과 비정규직이 엄연히 분리되어 있고, 비정규직에서 정규직으로의 이동이 불가능하다. 따라서 한시적 근로자와 비전형 근로자의 일부를 정규직 형태로 유도해야 한다. 또한, 시간제 근로자의 비중을 줄이는 정책이 필요하다. 이는 최저임금제나 4대 보험 적용 등과 같은 여러 가지 방법을 통해 소득과 연계해 주는 것이 보다 바람직하다.

16

내년 최저임금 동결 가능할까? No

2019년에 근로자측의 최초 제시안은 10,790원이었고 사용자측은 7,530원을 제시하였으나 결국 공익측이 제시한 8,350원으로 결정되었다. 최저임금은 2018년 16.4%, 2019년 10.9%로 2년 동안 29.1% 증가하였다. 그러나 2020년 최저임금은 구간설정위원회에서 최저임금 인상 구간을 정하고, 결정위원회가 구간 내에서 결정한다. 결정기준은 근로자 생활보장 측면에서 생계비, 소득분배율, 임금수준, 사회보장급여 현황 등이 포함되고, 고용 및 경제상황으로 노동생산성, 고용에 미치는 영향, 경제성장률 등이 포함된다. 여기서 기업지불능력은 빠져 있다. 각각의 근로자 측면과 경제 변수를 보면 생계비는 물가상승률만큼 증가, 소득분배율과 사회보장급여드 증가시킬 필요가 있다. 그러나 일부 업종의 노동생산성 악화, 일부 제조업과 서비스업의 고용 악화도 존재한다. 따라서 근로자 측에서는 증가요인이 있고, 경제 변수 측면에서 동결이나 감소요인이 있다. 그러나 공공부문의 임금 인상체계를 감안하면, 최소한 물가상승률과 경제성장률을 더한 경상성장률 정도 최저임금은 증가할 수 있다.

대통령의 원래 공약에서 2020년까지 최저임금 목표는 10,000원이었고, 속도조절을 하더라도 2022년 임기 내에 10,000원이 목표라면 8,350원을 기준으로 19.8%를 증가시켜야 한다. 따라서 3개년 남은 상황에서 한 번에 19.8%를 올리기는 어렵다. 오히려 19.8%를 나누어서 연간 550원 내외를 증가시키면 2022년에 10,000원에 도달하게 된다. 만약, 1번을 동결한다면 약 10% 가까이 인상해야 하는 부담이 생기고 고용 등에 미치는 영향은 커질 수 있으므로, 내년 최저임금은 소폭 인상 정도로 예상된다.

TIP | 최저임금제도

최저임금제도는 헌법과 법률에 따라 정해진다. 최저임금제도는 국가가 노·사간의 임금결정 과정에 개입하여 임금의 최저수준을 정하고, 사용자에게 임금을 지급하도록 강제하여 저임금 근로자를 보호하는 제도로, 헌법 제32조제1항에 국가는 법률이 정하는 바에 의하여 최저임금제를 시행해야 한다고 규정하고 있다. 고용노동부 장관이 매년 3월 31일에 최저임금 심의를 요청하면, 최저임금위원회는 전원회를 상정하여 심의 기초자료를 산출하고 분석하며 의견을 청취한다. 이 과저에서 임금실태, 생계비, 최저임금적용 효과, 주요노동경제지표를 분석하고 해외의 사례를 조사한다. 이후 생계비 전문위원회와 임금수준전문위원회에서 논의하며, 전원회의에서 심의 및 의결을 하여 최저임금(안)을 고용노동부 장관에게 6월 29일까지 제출한다. 이후 최저임금(안)이 고시되며, 재심의가 있을 수 있으나 일반적으로 8월 5일 이내에 최저임금을 고시한다.

2018년 최저임금은 16.4% 인상되었으며, 역대 세 번째로 높은 수치였으며, 2019년에 10.9% 인상되었다. 2019년 최저임금은 2018년 7,350원에서 8,350원으로 820원(10.9%)이 올랐다. 8시간 기준의 일급으로 하면 66,800원이고, 209시간 기준의 월급하면 1,745,150원이 된다. 역사적으로 1988년에 그룹에 따라 462.5원 및 487.5원이었던 최저임금은 1989년 600원이었다. 1989년~1992년까지 매해 12.8% 이상 증가하며 1993년 1,005원, 2001년 2,100원이 되었다. 이후 2009년에 4,000원, 2014년 5,210원, 2016년 6,030원, 2018년 7,530원, 2019년 8,350이 되었다. 이 기간 중 가장 높은 인상률은 1991년 18.8%, 2000년 16.6%, 2018년 16.4%, 1990년 15.0%, 2004년 13.1% 등 1990년 이후 총 10번이 10% 이상 최저임금이 상승하였다.

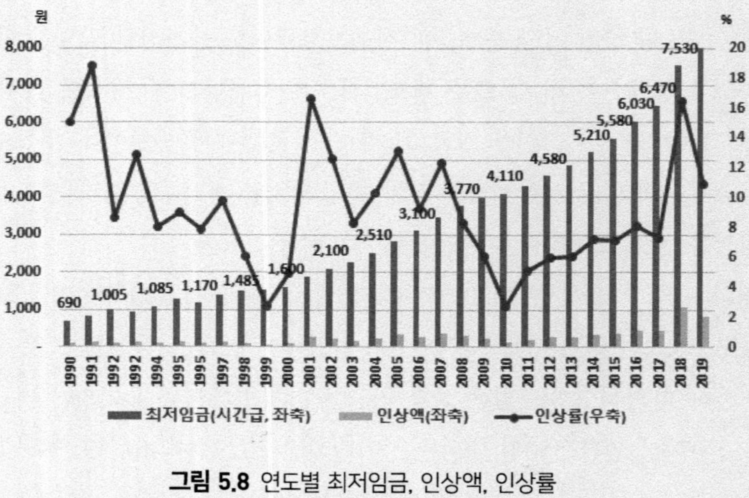

그림 5.8 연도별 최저임금, 인상액, 인상률

자료: 최저임금위원회, 재구성

최저임금 제시안의 인상률 차이는 2015년 이후에 대폭 증가하였다. 근로자측과 사용자측의 최초 제시안은 1990년대 평균 12.5%, 2000년대 36.0%, 2010년대 40.9%로 점점 증가하였다. 최종 제시안 인상률의 차이도 증가하는데, 1990년대 3.1%, 2000년대 5.3%, 2010년대 18.6%로 증가하였다. 2015년 이전까지 최초 제시안의 차이는 2001년 63.8%를 제외하고 50%를 넘은 적이 없으나, 2016년 79.2%, 2017년 65.8%, 2018년 52.2%, 2019년 43.3%로 매우 높았으며 최종 제시안은 1991년과 2014년의 18.1%이고, 2016년 42.8%, 2017년 58.5%로 높았다. 2018년에 근로자측의 최종 제시안을 받아들여 7,530원이 되었다. 특이할만한 점은 2015년 근로자측 최초 제시안은 6,700원이었는데, 2016년 이후로 계속 최초 제시안은 10,000원이었다. 즉, 최저임금 10,000원을 계속하여 제시하고 있으며, 최종 제시안에서 그 간격을 줄이고 있다. 2019년에는 근로자측의 최초 제시안은 10,790원을 제시하였고, 사용자측은 7,530원을 제시하였으나, 최종적으로 표결에 의거하여 공익측이 제시한 8,350원이 되었다.

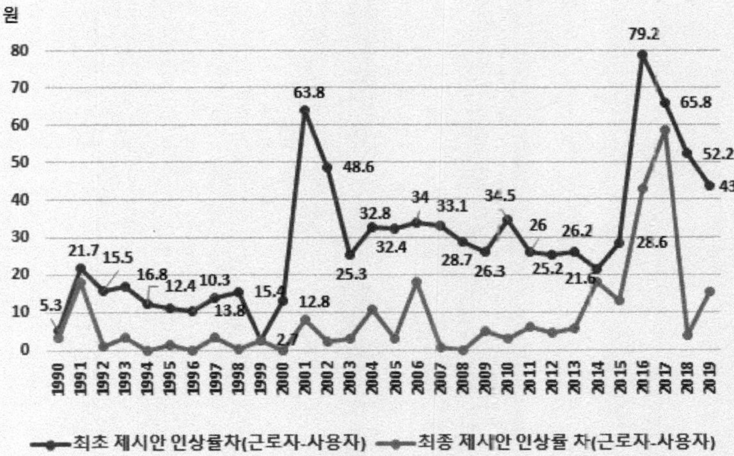

그림 5.9 최저임금 최초 및 최종 제시안 인상률 차이

자료: 최저임금위원회, 재구성

대선 당시, 정부의 최저임금 공약은 2020년까지 시간당 10,000원이었다. 더불어민주당 대선 공약집에서 비정규직 감축 및 처우개선 부분에서 4. "최저임금(시급) 1만원"과 "생활임금제 확산"으로 국민소득을 증가시킨다고 되어 있다. 대선 당시의 최저임금(시급)을 2020년까지 10,000원으로 인상한다는 것이다. 최저임금 결정기준에 가구생계비 등을 포함시키고, 최저임금 전담 근로감독관 신설 및 상습·악의적 최저임금 위반 사업주를 제재한다고 되어 있다. 또한, 범정부 차원에서 자영업자 등 소상공인들의 보호·지원방안을 함께 마련하여 제시하는데, 고용인이 있는 자영업자

등 소상공인에 대한 세금감면 및 지원제도를 확대하고, 프렌차이즈 가맹계약 또는 하도급계약에 있어 최저임금 보장제도를 도입한다고 밝히고 있다.

현 정부의 최초 공약대로 2018년 최저임금 7,530원에서 2020년까지 현재와 같은 인상률에서 최저임금 10,000원이 되려면 2개년 평균 1,235원(16.4%)씩 증가하면 된다. 즉, 2019년 8,765원, 2020년 10,000원이 된다. 그러나 이렇게 16.4%씩 선형으로 증가하는 것은 힘든 과정이라고 볼 수 있다. 이러한 상승속도를 약간 느슨하게 해석하면, 현 정부의 임기 내에 최저임금 10,000원이 되려면 4년간 총 2,470원이 증가하면 되고, 연간 617원이 증가하면 된다. 즉, 연간 8.2%씩 최저임금이 증가하면 공약인 10,000원이 된다. 이러한 과정에서 정부도 최저임금의 인상속도를 조절하기로 하였다.

17

일정 수준 이상에서의 최저임금 인상은 고용을 감소시킨다

최저임금에 대한 연구가 다양하게 많이 연구된 국가는 미국이다. 미국의 최저임금 변화에 대한 목적변수는 대부분 고용이다. 즉, 최저임금이 변화함에 따라 고용이 어떻게 변화하는 지에 대해 연구하였다. 이러한 최저임금이 고용에 미치는 영향은 연구자별로 상이하며 주(state)와 시점(time)마다 최저임금 변화의 효과는 차이가 존재한다. 결과만 놓고 보면, 2000년대 초반까지 미국의 최저임금 연구의 80% 이상이 고용에 부정적인 영향이 있다고 보고 되고 있다.

미국의 최저임금 1세대 연구는 시간의 흐름에 따른 자료와 거시경제 전체 자료 변화를 중심으로 살펴보았다. 1982년 브라운 등은 최저임금이 10% 증가하면, 10대의 실업이 1~3% 증가한다고 보았으며, 20~24세의 고용도 감소하지만 10대의 고용감소보다 적은 것으로 보고하였다. 반면 최저임금 인상이 고용에 영향이 없었다는 보고도 있다. 1991년 레이놀드 등은 10대를 제외하면 최저임금의 인상에 따른 고용감소가 없었다고 보고하고 있다. 문제는 이러한 초기 연구들은 고용의 변화가 최저임금의 변화때문이었는 지, 아니면 경기와 같은 다른 변동때문이었는 지에 대해 원인을 밝히지 못하였다. 또한, 최저임금의 변화 때문에 고용이 바뀌었는 지, 고용의 변화 때문에 최저임금이 바뀌었는 지와 같은 인과관계를 규명하지 못하였다.

1세대의 연구를 이어서 1990년대 초에 2세대 연구가 진행되었는데, 2세대 연구라고 부르는 이유는 연방정부 최저임금 수준 이상으로 최저임금을 인상하는 주들이 나타남에 따라 주별로 최저임금의 차이가 나타나기 시작하였기 때문이다. 이에 따라 최저임금 및 경제상황의 주별로 다양성을 이용한 최저임금의 효과를 측정하고자 하는 연구가 진행되었다. 100편이 넘는 2세대 최저임금 전체 중에서 약 2/3 정도가 최저임금의 인상으로 인해 고용이 감소하였다고 보고 있다. 특히, 2008년 뉴막과 와셔는 2세대 연구의 주요 논문 중 80% 이상이 최저임금 인상으로 인해 고용이 감소하였다고 보고 있다. 물론, 1992년 최저임금을 인상한 뉴저지주와 바로 옆에 최저임금을 인상하지 않는 펜실베니아주의 고용변화를 비교한 연구는 최저임금의 증가는 10대 저소득층의 소득을 증가시켰고 고용에는 영향이 없었다고 보고하고 있으나, 고용에 영향이 없다는 보고는 집단과의 통제 등으로 인해 결과가 달라질 수 있다고 보고 있다. 이러한 2세대의 미국의 최저임금에 대한 문헌을 종합하면, 개별 산업보다 전체 산업을 분석하면 최저임금이 고용을 증가시킨다는 연구는 거의 없다. 따라서 1990년대 초중반 이후로 일어나기 시작인 최저임금의 고용효과에 관한 논란은 여전히 존재하고 있으며, 다양한 연구들이 존재하지만 연구자들 간에 의견 일치가 이루어져 있지 않다.

그렇다면 최근의 상황은 어떨까? 미국의 최근 지역별·산업별 연구에서 최저임금의 인상은 고용을 감소시킨다고 보고하고 있다. 2018년 미국의 36개 시와 18주가 최저임금을 인상하였다. 13개 시의 최저임금은 이미 13달러 이상이고, 10개 대도시는 15달러에 이르고 있다. 알레그레토 등은 2016년말에 최저임금이 10달러 이상인 시카고, 오클랜드, 샌프란시스코, 산호세, 시애틀, 워싱턴DC 등을 연구하였다. 결과적으로 최저임금이 인상되더라도 중임금 근로자가 저임금 근로자의 일자리의 일부 대체하는 현상은 발생하지 않는다고 보고하고 있다. 따라서 최저임금이 일정 수준이상이 되면, 저임금 노동자의 일자리는 사라질 수 있다는 것을 의미한다.

주별로 가장 연구가 많이 된 도시는 시애틀이다. 시애틀은 2015년 4월에 9.47달러에서 11달러로 16.2%포인트, 2016년 1월에 13달러로 18.2%포인트, 2017년 1월에 15달러로 5.4%포인트 인상하였다. 시애틀최저임금연구팀에 따르면 2015년에 최저임금이 9.47달러에서 11달러로 인상되면서 인상 전과 후에 고용에 대한 유의미한 변화는 없었으나, 근로시간과 일자리는 줄었고, 소득은 증가하는 것으로 분석하였다. 그러나 자딤교

수팀은 2016년에 최저임금이 13달러로 증가하면서, 저임금 근로자의 근로시간은 9.4% 감소, 저임금 일자리 6.8% 감소, 시간당 임금은 약 3.1% 증가하였다고 추정하였다. 따라서 근로시간과 시간당 임금을 감안한 2016년 저임금 근로자의 월 평균 임금은 오히려 125달러 감소한 것으로 추정하였다. 따라서 최저임금이 일정 수준에 도달한 상태에서 최저임금을 인상하면 고용을 감소시킨다는 것이 일반적인 연구결과로 볼 수 있다.

해외와 우리나라의 경우에 얼마가 적정 최저임금이라는 연구는 존재하지 않는다. 그러나 미국의 연구에서는 10달러~15달러를 넘어가면 최저임금의 급격한 인상이 고용을 감소시키는 것으로 나타나는 것이 일반적이다. 해외와 우리나라의 경제규모 등을 감안하면, 우리나라에서 고용을 감소시키지 않는 최저임금은 해외보다 낮을 것으로 보인다.

18

매경이코노미, 2018.03.14. 작성

최저임금 인상률 속도 조절해야 한다

아직도 최저임금 인상률과 산입범위에 대한 논의가 뜨겁다. 최근에는 최저임금의 산입범위를 놓고 최저임금위원에서 합의를 도출하려고 하고 있으나, 최저임금 범위를 정하지 못하고 있다. 이보다 이전인 2017년에는 최저임금 인상률과 관련하여 논란이 많았다. 여기서 최저임금제도의 의미와 결정과정, 최저임금 인상률에 대해 생각해 보자. 최저임금제도는 국가가 노·사간의 임금결정 과정에 개입하여 임금의 최저수준을 정하고, 사용자에게 임금을 지급하도록 강제하여 저임금 근로자를 보호하는 제도이다. 최저임금제도는 헌법 제32조제1항에 국가는 법률이 정하는 바에 의하여 최저임금제를 시행해야 한다고 규정하고 있다. 최저임금제도를 통해 근로자의 생활 안정과 노동력의 질적향상을 꾀하며, 국민경제에 건전한 발전에 기여한다고 최저임금법 제1조에 명시되어 있다.

최저임금이 결정되는 과정을 살펴보면, 고용노동부 장관이 매년 3월 31일에 최저임금 심의를 요청하고 최저임금위원회는 심의 기초자료를 산출하고 분석하며 의견을 청취한다. 이 과정에서 임금실태, 생계비, 최저임금적용 효과, 주요노동경제지표를 분석하고 해외의 사례를 조사한다. 이후 생계비 및 임금수준 전문위원회에서 논의되고 전원회의에서 심의 및 의결을 하여 최저임금(안)을 고용노동부 장관에게 6월 29일까지 제출한다. 이후 최저임금(안)이 고시되며, 재심의가 있을 수 있으나 일반적으로 8월 5일 이내에 최저임금을 고시한다.

2018년 최저임금은 16.4%p 인상되었으며, 역대 세 번째로 높은 수치이다. 2018년 최저임금은 2017년 6,470원에서 7,530원으로 1,060원(16.4%p)이 올랐다. 8시간 기준의 일급으로 하면 60,240원이고, 209시간 기준의 월급하면 1,573.770원이 된다. 역사적으로 1988년에 그룹에 따라 462.5원 및 487.5원이었던 최저임금은 1989년 600원이었다. 1989년~1992년까지 매해 12.8%p 이상 증가하며 1993년 1,005원, 2001년 2,100원이 되었다. 이후 2009년에 4,000원, 2014년 5,210원, 2016년 6,030원, 2018년 7,530원이 되었다. 이 기간 중 가장 높은 인상률은 1991년 18.8%, 2000년 16.6%p, 2018년 16.4%,p 1990년 15.0%p, 2004년 13.1%p 등 1990년 이후 총 9번이 10%p 이상으로 최저임금이 상승하였다.

최저임금 제시안의 인상률 차이는 2015년 이후에 대폭 증가하였다. 근로자측과 사용자측의 최초 제시안은 1990년대 평균 12.5%p, 2000년대 33.9%p, 2010년대 37.7%p로 점점 증가하였다. 최종 제시안은 점점 줄어서 1990년대 3.1%p, 2000년대 4.8%p, 2010년대 14.5%p로 증가하였다. 2015년 이전까지 최초 제시안의 차이는 2001년 63.8%p를 제외하고 50%p를 넘은 적이 없으나, 2016년 79.2%p, 2017년 65.8%p, 2018년 52.2%p로 매우 높았으며 최종 제시안은 1991년과 2014년의 18.1%p이고, 2016년 42.8%p, 2017년 58.5%p로 높았다. 2018년은 근로자측의 최종 제시안을 받아들여 7,530원이 되었다. 특이할만한 점은 2015년 근로자측 최초 제시안은 6,700원이었는데, 2016년 이후로 계속 최초 제시안은 10,000원이었다. 즉, 최저임금 10,000원을 계속하여 제시하고 있으며, 최종 제시안에서 그 간격을 줄이고 있다.

현 정부의 최저임금 공약은 시간당 10,000원이었다. 더불어민주당 대선 공약집에서 비정규직 감축 및 처우개선 부분에서 최저임금(시급) 1만원으로 국민소득을 증가시킨다고 되어 있다. 여기서 최저임금(시급)을 2020년까지 10,000원으로 인상하고, 최저임금 결정기준에 가구생계비 등을 포함시키며 최저임금 전담 근로감독관 신설 및 상습·악의적 최저임금 위반 사업주를 제재한다고 되어 있다.

그러나 2020년까지 최저임금 10,000원은 현 정부 내에서 가능하지만 속도를 늦출 필요가 있으며 대안들도 고민을 해야 한다. 공약대로 2018년 최저임금 7530원에서 2020년까지 현재와 같은 인상률에서 최저임금 10,000원이 되려면 2개년 평균 1,235원(16.4%)씩 증가하면 된다. 즉, 2019년 8,765원, 2020년 10,000원이 된다. 그러나 이렇게 매해 최저임금이 16.4%씩 선형으로 증가하는 것은 사회적으로 도출과정이 힘들다고 볼 수 있다. 이러한 상승속도를 약간 느슨하게 해석하여 현 정부의 임기 내에 최저임금 10,000원이 되려면 4년간 총 2,470원이 증가하면 되고, 연간 617원이 증가하면 된다. 즉, 연간 8.2%씩 최저임금이 증가하면 현 정부의 임기 내에 10,000원이 된다. 그러나 2018년과 같이 갑자기 높은 인상률이 적용되면 고용, 소비, 물가 등의 경제적인 문제가 발생하는 것에 이전연구가 충분히 되어야 한다. 또한, 왜 10,000원이 최저임금의 목표이며 10,000원이 달성된 후에 얼마를 목표로 할 것인가도 살펴보아야 하며, 모든 산업, 모든 지역, 종사상 지위에 상관없이 일괄적으로 최저임금이 적용되고 있는 지에 대해 검증해 볼 필요도 있다.

황당하고 시대에 뒤떨어진 은행권 채용절차 모범규준

은행취업을 준비하던 학생들에게 소위 맨붕이 왔다. 최근에 나온 은행권 채용절차 모범규준 때문이다. 학생들은 은행을 취업하기 위하여 실무와 연결될 수 있는 훈련을 해 왔는데, 요즘에는 필기시험을 치르고 있던 은행의 기출문제 얻기에 바쁘다.

먼저, 은행은 법제상 분류와 기능별로 분류된다. 법제상으로 일반은행, 시중은행, 비은행금융기관으로 나누어진다. 일반은행에는 시중은행, 지방은행, 외국은행지점이 있다. 특수은행에는 산업은행, 중소기업은행, 수출입은행 등이 있다. 기능별로 분류하면 은행, 비은행예금취급기관, 보험회사, 금융투자업자, 기타 금융기관, 금융보조기관으로 나눌 수 있다. 은행에는 시중은행, 지방은행, 외국은행지점과 같은 일반은행과 산업은행 등의 특수은행으로 나누어진다. 이러한 모범규준에 적용되는 회원사는 19개 은행으로 파악되고 있다. 즉, 외국은행지점을 제외한 특수은행과 일반은행이 대부분 포함된다고 보면 된다.

모범규준 내용을 보면 1장에 총칙, 2장에 채용의 관리, 3장의 모집, 4장의 선발, 5장의 부정한 채용청탁의 방지로 되어 있다. 2장의 채용의 관리에서 기본원칙으로 지원자의 성별, 연령, 출신학교, 출신지, 신체조건(장애여부 포함) 등 지원자의 역량과 무관한 요소를 이유로 한 차별은 금지하고, 공정한 채용이 될 수 있도록 하게 하였다. 공정한 취업 기회가 보장되어야 하고, 블라인드 채용, 공정성, 외부 전문가 참여 등이 포함되어 있다. 4장의 선발은 총칙, 서류전형, 필기전형, 면접전형, 합격자 결정으로 구성되어 있다.

5장의 부정청탁 관련 불이익으로 합격한 직원에 대해 은행은 해당 합격자의 채용 취소 또는 면직할 수 있다고 규정됐다. 이들은 이후로도 일정 기간 응시 자격이 제한된다. 채용담당자, 출제위원, 면접위원 등이 부당한 채용에 관여한 경우 즉시 배제되고, 은행은 해당 인사를 징계할 수 있도록 했다.

모범규준의 대부분이 자율규제 형태로 되어 있다. 그러나 사후에 다른 문제도 발생할 수 있다. 먼저, 정부가 지분을 소유한 특수은행들 대부분은 이미 필기시험을 치르고 있다. 그렇다면 남은 것은 일반 시중은행이다. 정부가 지분을 소유하지 않았는데, 왜 필기시험을 치루어야 하는가? 필기시험을 치른다고 해도 여러 문제는 남는다. 첫째, 이미 금융에서 혁신이 일어나고 있어, 실무에서 통계나 외국어 등이 필요한 여러 업무에서 필기시험으로 해결되지 않는 부분이 많이 있다. 예를 들어, 인공지능, 빅데이터, 리스크관리, 프로그램 작성 등을 필기시험으로 본다는 것이 역량을 평가하기도 어렵고 실무에 인력을 배치하는 것도 어렵다. 즉, 시험만 잘보면 취업이 되는 옛날 상황으로 만들어 놓은 것이다. 둘째, 나중에 보면 알겠지만, 특정 대학과 특정 지역으로 몰릴 가능성이 매우 높다. 요즘처럼 취업하기 어려운 시기에 문제가 특정 몇 개의 대학으로 은행취업자가 많아진다면 나중에 정부는 어떻게 대변할 것인가? 셋째, 은행의 특성은 전혀 고려하지 않았다. 은행의 기본은 영업과 리스크관리이다. 영업은 개인이나 기업과 관련이 있고, 지역마다 다른 특색과 영업전략을 가지고 있다. 이러한 은행 내부 분위기나 영업전략을 전혀 고려하지 못하게 된다. 마지막으로 우리나라의 인구구조 형태를 보면, 빠르면 2022년~2025년에 완전고용이 현실화 될 수 있다. 저출산고령화 문제 때문에 그렇다. 그렇다면 은행에 대한 인력 공급이 줄어드는 상황에서 초과수요가 발생할 수 밖에 없다. 그 때에도 필기시험을 고집할 것인가? 이러한 모범규준을 오래 갈 수 없다고 본다.

사실 채용비리와 관련하여 가장 중요한 부분은 부정청탁으로 순위를 조정하는 것을 방지해야 한다. 부정한 채용청탁이 있는 경우에 한하여 모범규준을 만들면 되는 것이다. 물론 임직원 추천제 등은 폐지되어야 한다. 그러나 모르는 상태에서 실력으로 들어와야 하는데, 정당한 실력으로 입사하지 못하면 역차별이 된다.

이러한 모범규준은 조만간 여러 가지 문제가 발생시킬 수 있다. 이러한 황당한 모범규준을 다른 금융업권으로 확산해야 한다는 정부도 기가 막히다.

PART

6

대외경제 및 정책

1

파이낸셜뉴스, 2019.09.19. 작성

기술보호무역주의, 대한민국이 가야할 길은?

미중 무역분쟁이나 일본 수출규제 등 최근에 대외경제를 불확실하게 하는 이슈가 많다. 미중 무역분쟁의 핵심은 패권주의에 대한 것으로 볼 수도 있고, 정치적인 문제로도 볼 수 있으나 가장 중요한 점은 경제적인 부분이다. 보호무역주의는 이전에 없던 것도 아니다. 전통적인 보호무역주의는 후진국이 자국 시장을 보호하기 위하여 규제 조치를 취했고, 1988년 신보호무역주의는 미국이 국제수지 적자 등의 요인으로 인해 무역과 외화에 대해 규제조치를 취하였다. 그러나 최근의 미중 무역분쟁은 위안화에 대한 조치 등도 있으나 사실상 기술에 대한 보호무역주의라고 볼 수 있다. 미국은 성장기의 중국에 투자하며 값싼 노동력으로 낮은 가격의 상품을 만들어 내고 기술이전 등을 해 주었고, 이후 전통적인 제조업 중심에서 지식서비스 중심의 산업으로 전환하였다. 그러나 중국의 산업도 3차 산업 중심으로 급격하게 재편되고 있는 상황에서 미국은 중국을 기술에 대해 견제를 할 수 밖에 없는 상황이 되었다.

일본의 수출규제도 정치와 외교적인 부분을 배제하면 비슷한 상황으로 이해될 수 있다. 일본은 장기불황을 겪으면서 확장적 재정정책과 통화정책을 선택한 반면 산업의 구조조정을 상대적으로 약하게 진행하였다. 그러나 과학기술을 기반으로 시장규모가 작고, 기술난이도가 높으며, 핵심품목으로 이동한 현상이 발견되고 있는데, 한국과 일본의 양국 공동 생산품목 931개 중 세계시장 점유율 50% 이상인 일본제품이 309개 정도 된다. 반면 우리나라는 시장규모가 크고, 기술난이도가 낮으며, 범용 제품에 치중되어 있다. 물론, 우리 제조업이 시장규모가 작은 일본의 제조업을 따라 갈 필요도 없고, 일부 일본에 따라가지 못하는 기술도 있으며 일본이 따라오지 못하는 경우도 있다. 따라서 시장에서 업종과 기술, 사람을 기반으로 우리 산업과 기슬의 좌표를 찾는 것이 매우 중요한 시점이라고 할 수 있다.

일본의 수출규제에 대해 민간을 중심으로 불매운동을 하는 것에 대해 뭐라고 할 수 없다. 그러나 우리 경쟁력이 낮거나 기술이 낮은 산업에서 일어나는 글로벌 가치사슬(GVC)까지 해칠 필요는 없다. 이러한 부분은 통계에서 쉽게 이해된다. 외국인 투자 중 일본의 외국인직접투자(FDI)는 신고기준으로 금융위기 직후인 2009년 전체 370건과 19.3억 달러에서 2012년 564건 45.5억 달러까지 증가하다가 감소하는 흐름으로 가고 있고, 2019년 상반기에는 134건 5.4억 달러까지 줄어 있는 상황이다. 2018년과 비교하면 제조업의 감소폭이 서비스의 감소폭보다 매우 크게 나타난다. 제조업 중에서 전기·전자, 비금속 광물제품, 금속·금속가공제품, 화공 순서로 감소폭이 크며, 서비스업 중에서 정보통신, 금융·보험, 연구개발·전문·과학기술의 투자 감소폭이 크게 나타나고 있다. 글로벌 가치사슬에 참여도 높은 국가나 신흥국으로 자본재를 수출하는 국가 등에서의 투자나 분업은 매우 중요하다고 할 수 있으며, 우리 기업의 이익과 경제에 부정적 영향으로 나타날 수 있다. 이미 글로벌에서 무한 경쟁시대에 국가 간 명분도 매우 중요하다. 그러나 국가 경제와 우리 기업에 대한 실익도 따지는 전략적 접근도 무엇보다 필요한 시점이라고 할 수 있다.

2

ifsPOST, 2019.07.11. 작성

일본의 수출규제로 2019년 경제성장률은 1.7%로 하락 가능하다

최근 일본의 반도체 관련 부품 수출규제에 따라 국내 경기에 대한 변화가 감지되고 있다. 모건스탠리는 올해 한국의 경제성장률을 2.2%에서 1.8%로 하향 전망하였다. 6월말에 시티은행과 골드만삭스는 2.1%, JP모건은 2.2%, 노무라 1.8%, ING그룹 1.5%로 하향 조정하였다. 9개 해외투자은행(IB)의 6월말 기준, 한국의 경제성장률 전망 평균은 2.2%로 나타나고 있다. 여기에 최근 신용평가회사인 S&P는 2.4%에서 2.0%로 하향 조정하여 기존의 무디스 2.1%, 피치 2.0%와 비슷한 경제성장률을 예측하고 있다.

정부는 하반기 경제정책 방향에서 기존의 2.6~2.7%에서 2.4~2.5%로 0.2%p 낮추었고, 다른 주요 연구기관도 한국은행이 4월 2.5%, 한국개발연구원(KDI)이 5월 2.4%, LG경제연구원이 4월 2.3%, 현대경제연구원이 6월 2.5%, 국가미래연구원이 5월 2.2%로 전망하였다. 2020년의 경우, 한국은행 2.6%, 한국개발연구원 2.5%, 국가미래연구원이 1.9%로 전망하였다.

최근까지 미중 무역분쟁이 국내에도 영향을 미치고 있었다. 국가미래연구원은 미중 무역분쟁의 시나리오로 직접적인 효과와 간접적인 효과에 의해 잠재성장률 수준의 한국 경제성장률을 가정하면, 미중 무역분쟁으로 2019년 국내 경제성장률은 약 0.2%p~0.8%p 정도 추가 감소할 것으로 전망하였다. 중국의 경제성장률이 0.56%p 하락하고, 한국의 경제성장률에 0.3%p 영향을 준다면 0.17%p 하락한다. 만약 중국의 경제성장률이 1.65%p 하락하고, 한국의 경제성장률에 0.5%p 영향을 준다면 0.83%p 하락하게 된다. 2020년의 경우 한국의 경제성장률은 0.14%p~0.70%p 하락할 것이라고 전망하였다.

그러나 최근 일본의 수출규제가 발생하면서, 해외나 국내에서도 경제성장률에 미치는 영향이 클 것으로 보고 있다. 2018년 총수출액은 5,925억 달러, 2019년 1분기 1,327억 달러를 나타내고 있다. 對일본 총수출액은 2018년 301억 달러, 2019년 1분기 72억 달러를 나타내고 있다. 반면 對일본 총수입액은 2018년 546억 달러, 2019년 1분기 122억 달러로 나타난다.

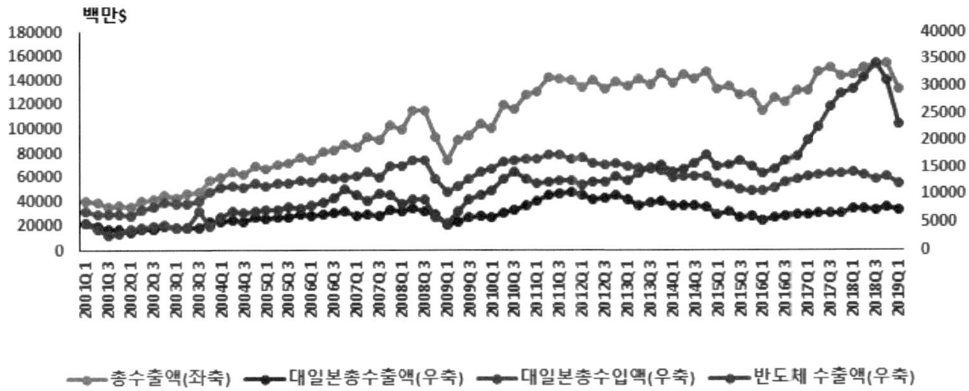

그림 6.1 총수출액, 대일본 총수출액, 대일본 총수입액, 반도체 수출액

주: FOB

자료: 산업통상자원부

최근 분기 경제성장률이 전년동기 대비 1%대로 낮아지고 있다. 총수출액증감률은 2017년 3분기, 반도체 수출액 증감률은 2017년 4분기를 기준으로 하락하고 있다. 경제성장률에서 수출이 감소함에 따라 경제성장률이 하락하는 추세는 비슷하게 나타나고 있다.

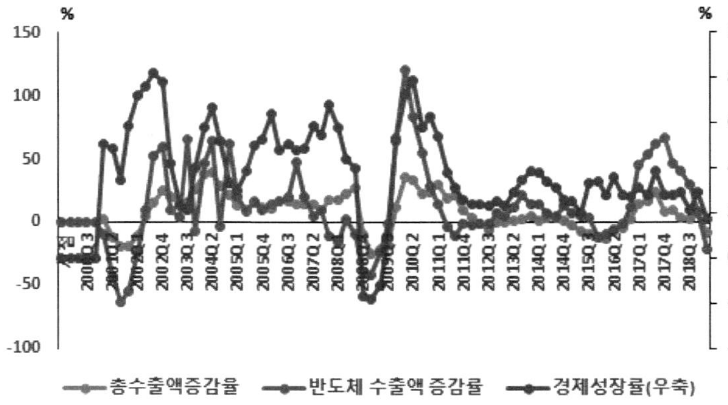

그림 6.2 경제성장률, 총수출액 증감률, 반도체 수출액 증감률(전년동기 대비)
자료: 산업통상자원부

2018년 반도체 수출액은 1,204억 달러로 수출의 20.3%, 2019년 1분기 232억 달러로 수출의 17.5%를 차지하고 있다. 따라서 최근 일본의 수출규제는 반도체 생산에 영향을 줄 것이고, 반도체 생산은 수출에 영향을 줄 수 있다.

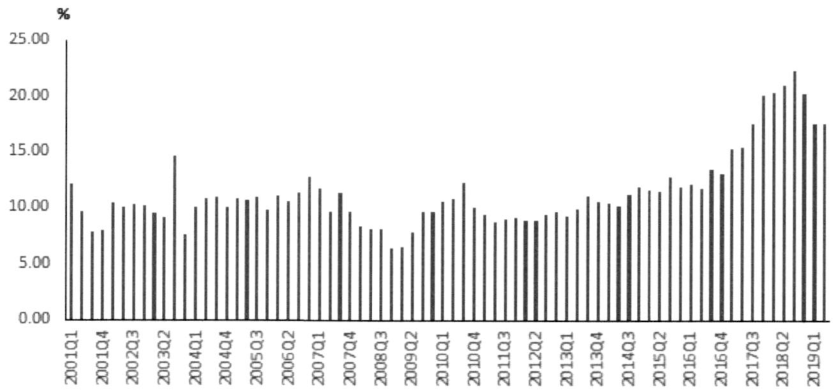

그림 6.3 반도체 수출 비중
자료: 산업통상자원부

최근의 일본의 수출규제와 관련된 부분은 반도체와 디스플레이 핵심소재 3개 품목으로 볼 수 있다. 반도체 기판 제작에 쓰이는 포토레지스트(감광액), 반도체 세정에 쓰이는 에칭가스(고순도 불화수소), 스마트폰 디스플레이에 쓰이는 플루오린 폴리이미드이다.

표 6.1 일본의 반도체 핵심소재 수출규제 품목과 사용분야

<table>
<tr><th colspan="2">품목</th><th>사용분야</th><th>비고</th></tr>
<tr><td rowspan="3">포토레지스트
(감광제)</td><td>극자외선(EUV)
레지스트</td><td>차세대 반도체 및 7나노 이하
첨단 파운드리(위탁생산) 공정</td><td></td></tr>
<tr><td>불화아르곤
(ArF) 레지스트</td><td>D램 공정</td><td>규제대상 불포함</td></tr>
<tr><td>불화크립톤
(KrF) 레지스트</td><td>낸드플래시 공정</td><td></td></tr>
<tr><td colspan="2">에칭가스(고순도 불화수소)</td><td>D램, 낸드플래시, 파운드리,
디스플레이 공정</td><td></td></tr>
<tr><td colspan="2">플루오린 폴리이미드</td><td>휘어지는 OLED 제조공정</td><td>갤럭시폴드용 폴리이미드는
규제대상 불포함</td></tr>
</table>

국내 반도체 기업들이 타격을 입을 밖에 없는 이유는 일본이 포토레지스트의 약 90%, 에칭가스 약 70%, 플루오린 폴리이미드 약 90%의 세계시장 점유율을 차지하고 있기 때문이다. 또한, 한국의 3대 품목 구가별 수입 현황도 포토레지스트 91.9%, 에칭가스 43.9%, 플루오린 폴리이미드 93.7%로, 포토레지스트와 플루오린 폴리이미드는 절대적으로 높은 비율을 차지하며, 다른 시장으로 다변화하기도 힘든 상황이다. 반면 일본의 입장에서 에칭가스는 85.9%로 높지만 포토레지스트 16.7%, 플루오린 폴리이드 22.5%로 상대적으로 낮기 때문에 수출규제로 인해 일본 경제에 미치는 영향은 그렇게 크지 않게 나타나고 있다.

표 6.2 한국의 3개 품목 국가별 수입 현황(2019년 1월~5월) 단위: 천달러, %

포토레지스트			에칭가스			플루오린 폴리이미드		
국가	수입액	비중	국가	수입액	비중	국가	수입액	비중
일본	103,516	91.9	중국	30,025	46.3	일본	12,142	93.7
미국	8,325	7.4	일본	28,436	43.9	대만	508	3.9
벨기에	486	0.4	대만	6,276	9.7	중국	180	1.4
계	112,663	100.0	계	64,786	100.0	계	12,964	100.0

자료: 한국무역협회

표 6.3 일본의 3개 품목 국가별 수출 현황(2019년 1월~4월) 단위: 백만엔, %

포토레지스트			에칭가스			플루오린 폴리이미드		
국가	수입액	비중	국가	수입액	비중	국가	수입액	비중
미국	22,640	21.8	한국	2,714	85.9	중국	24,570	36.3
대만	18,586	17.9	대만	246	7.8	한국	15,192	22.5
중국	17,333	16.7	미국	105	3.3	대만	13,175	19.5
한국	12,037	11.6	중국	81	2.6	홍콩	5,044	7.5
계	103,953	100.0	계	3,161	100.0	계	67,639	100.0

자료: 한국무역협회

국내 반도체 산업은 삼성전자와 SK하이닉스 등 세계 최고 수준의 미세화 기술을 보유한 메모리 반도체 기업을 제외하면, 타 분야 산업은 답보 상태에 있다. 2017년 메모리 반도체 시장에서 삼성전자 점유율은 40.7%, SK하이닉스 점유율은 20%로, 전체 60.7%를 차지하고 있다. 반면, 시스템 반도체는 3.0%로 나타나고 있다. 최근 정부나 삼성전자의 시스템 반도체 투자는 시스템 반도체를 겨냥했다고 볼 수 있다. 2019년 이후 반도체 시장의 성장추세를 연평균성장률(CAGR) 4.9% 기준으로, 2029년까지 반도체 시장규모는 7,260억 달러로 정도로 추산되고 있다. 이 중 메모리는 약 25~30%, 로직, 디스크리트 소자 등 시스템 반도체 및 지능형 반도체 시장이 70~75%가 될 것으로 예상되고 있다.

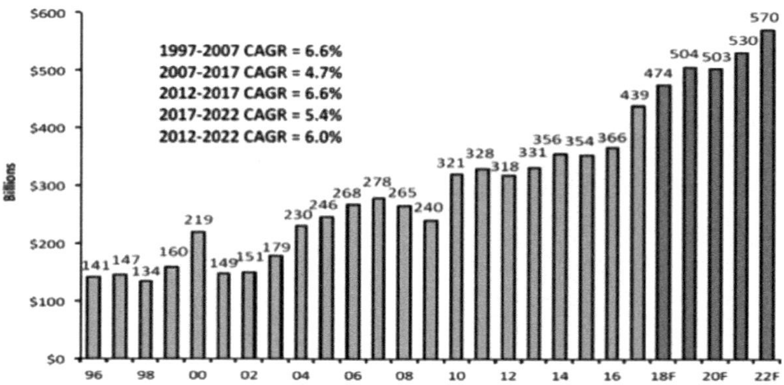

그림 6.4 시스템 반도체 시장

자료: IC Insights(2018)

對일본수입의 변화를 감안하지 않은 상태에서 다음과 같이 시뮬레이션 할 수 있다. 2018년 총수출에서 평균 반도체 수출 비율은 21%를 적용하고, 2018년말 기준 환율 1,118.1원을 적용하며, 반도체 부가가치율 43%를 적용한다. 또한, 2018년 메모리 반도체 시장 점유율 60.7%를 적용하면 다음과 같다. 그러나 현재 반도체 재고 수준이 1~3개월 정도라고 가정하면, 3분기보다 4분기에 영향을 미칠 수 있다. 따라서 2019년 4분기에 0.05%~0.51% 정도로 경제성장률을 낮출 수 있다. 그러나 향후 시스템 반도체까지 영향을 미친다면 이보다 커질 수 있다.

표 6.4 일본의 3대 품목 수출규제에 따른 연간 경제성장률 하방 압력

반도체 소재 부족률	연간 경제성장률 하방 압력	분기 하방 압력
10%	0.21%	0.05%
20%	0.41%	0.10%
30%	0.62%	0.15%
40%	0.82%	0.21%
50%	1.03%	0.26%
60%	1.23%	0.31%
70%	1.44%	0.36%
80%	1.64%	0.41%
90%	1.85%	0.46%
100%	2.05%	0.51%

국가미래연구원은 5월에 1분기 속보치 1.8%를 바탕으로 연간 경제성장률을 산출하였다. 6월에 발표된 잠정치 1.7%를 반영하면 연간 2.05%로 산출된다. 또한, 현재 2018년 기저효과로만 경제성장률을 계산한다면 1분기 1.7%, 2분기 1.7%, 3분기 2.5%, 4분기 1.7% 정도로 계산된다. 2000년대 이후의 정부지출 승수는 0.6~1.2 또는 평균 0.9 정도로 알려져 있다. 올해 추경이 6.7조원에서 일본 수출규제 대응 0.3조원을 증액하면 7조원이 되며, 2018년 실질 GDP 1,807조원 대비 0.39%에 해당되고, 평균승수 0.9를 곱하면 0.35%가 된다. 4분기에 집행이 가능하다면 4분기의 성장률이 조정되며, 성장률

0.1%를 끌어올리는 효과가 있다. 그러나 일본의 반도체 소재 부족률의 범위로 가정하면 3분기에 현실화되거나 4분기에 현실화될 수 있다. 따라서 3분기부터 현실화된다면 2019년 경제성장률은 1.73%~1.96%로 하강할 수 있다.

표 6.5 2018년(전년동기 대비) 및 2019년 경제성장률 예측 단위: %

	2018					2019				
	1분기	2분기	3분기	4분기	연간	1분기	2분기	3분기	4분기	연간
국가미래연구원 예측 (속보치)	2.79	2.88	2.10	2.89	2.67	1.8	2.3	2.7	1.8	2.2
국가미래연구원 예측 (잠정치)	2.79	2.88	2.10	2.89	2.67	1.7	2.2	2.6	1.7	2.05
기저효과	2.79	2.88	2.10	2.89	2.67	1.67	1.7	2.5	1.7	1.89
기저효과 + 추경 4분기 집행	2.79	2.88	2.10	2.89	2.67	1.67	1.7	2.5	2.05	1.98
기저효과 + 추경 + 일본 수출규제 반영 (3분기)	2.79	2.88	2.10	2.89	2.67	1.67	1.7	2.5	1.54 ~2.0	1.85~ 1.97
기저효과 + 추경 + 일본 수출규제 반영 (4분기)	2.79	2.88	2.10	2.89	2.67	1.67	1.7	1.99~ 2.45	1.54 ~2.0	1.73~ 1.96

서울경제, 2019.06.07. 작성

3

경상수지 적자가 말하는 것

최근, 2019년 4월 잠정 국제수지가 발표되었다. 국제수지는 경상수지, 금융계정 및 자본수지로 구성되며, 경상수지는 상품수지, 서비스수지, 본원소득수지, 이전소득소지로 구성된다. 자본수지는 자본이전과 비생산·비금융자산으로 구분되며, 금융계정은 직접투자, 증권투자, 파생금융상품, 기타투자, 통화당국의 준비자산으로 구분된다.

이번 4월의 경상수지는 유럽 재정위기가 한창이던 2012년 4월 이후 84개월 만에 처음으로 6.6억 달러 적자를 기록하였다. 상품수지 흑자 규모는 2018년 4월 96.2억 달러에서 56.7억 달러로, 서비스수지는 −19.8억 달러에서 –14.3억 달러로, 본원소득수지는 –56.2억 달러에서 –43.3억 달러로, 이전소득수지는 −6.6억 달러에서 −5.7억 달러로 축소되었다.

이번 경상수지 적자는 수출 부진 때문이다. 시점 비교를 위해 2018년 4월의 경상수지 13.6억 달러 흑자와 비교하면, 두 가지 정도에서 차이가 나타난다. 먼저, 상품수지에서 수출에서 감소폭 커졌다. 2018년 4월의 수출은 515.1억 달러(7.0%) 증가하였으나, 2019년 4월에는 483억 달러로 32.1억 달러(6.2%) 감소하였다. 따라서 2018년 4월 경상수지 13.6억 달러 흑자에서 이번 4월 6.6억 달러 적자로 20.2억 달러 감소한 부분의 대부분은 수출 부진에서 왔다고 볼 수 있다.

또한, 배당지급 감소에 따라 투자소득이 축소되었다는 설명은 경상수지 적자 설명으로 적절하지 못하다. 2018년 4월 배당소득은 63.6억 달러 적자였으나 이번 4월의 배당소득 적자는 49.9억 달러로 13.7억 달러 감소하였다. 즉, 기업실적이 좋지 않아서 전월에 비해 배당이 적었다는 의미가 된다. 2018년 4월 배당소득이 매우 높아도 경상수지 흑자가 났었던 것은 상품수지가 매워주고 있었던 셈이다.

문제는 올해 누적으로 보면 훨씬 심각하다는 점이다. 2018년 1월부터 4월까지 경상수지 흑자는 130.1억 달러였으나, 2019년 1월부터 4월까지 경상수지 흑자는 105.8억 달러로 24.3억 달러(18.7%) 감소하였다. 이러한 근본적인 원인인 수출의 감소이며, 수출의 감소가 상품수지 흑자규모를 이끌고 있다는 점이다. 2018년 10월 이후 수출은 구정 연휴가 있었던 2월을 제외하면 계속해서 감소하고 있다. 보다 최근 자료인 관세청 통관 자료에서 5월의 수출증가율은 보다 심각하다. 구정 연휴의 –11.4%를 제외하면 2016년 1분기 –13.7% 이후 가장 낮게 나타나고 있다. 여기에 서비스수지에서는 여행과 지식재산권사용료가 감소하였다. 따라서 5월 경상수지는 배당을 감안하여 흑자를 나타내더라도 예전과 같이 큰 규모가 아닐 것으로 예상된다. 아직 금융계정 및 자본수지로 이전되는 현상은 보이지 않고 있다. 아직 직접투자는 감소하고 있지 않고, 증권투자나 파생상품투자에서도 큰 변화를 나타내고 있지 않다.

이번 4월의 경상수지 적자는 일시적일 가능성이 크다. 그러나 올해 경상수지 흑자 규모는 전망 기관들의 예상과 달리 600억 달러 달성이 어려울 지도 모른다. 여전히 진행되고 있는 미중 무역분쟁의 효과가 통계상으로 미국, 중국, 우리나라에 가시화되지 않았기 때문이다. 그러나 향후 무역분쟁의 효과가 크게 나타날 경우, 국내의 경제성장률과 수출은 훨씬 많이 영향을 미칠 수 있다. 이러한 상황에서 무엇보다 장기적인 전략으로 생산성을 향상시키고, 기술력을 키워야 한다. 특히, 기술력을 키우기 위해 정부가 수출 상황을 반영하여 기존 수출 산업 중 경쟁력이 있는 산업을 비롯해 신산업의 로드맵을 짜고, 이 로드맵 내에 필요 요소 중 가장 중요한 기술 인력에 대한 장기적인 로드맵이 있어야 한다. 또한, 청년층에 대한 인적자본 투자도 해당되지만, 업종을 옮기려고 하는 경험 많은 중년층의 기술력이 향상되도록 지원할 필요가 있다.

매경이코노미, 2018.11.14. 작성

4

미중 무역분쟁, 한국 경제에 발등의 불

미국과 중국의 무역전쟁의 결과들이 서서히 나타나고 있다. 그 동안 미중 무역분쟁에도 불구하고 9월 중순까지 중국의 공업생산이나 수출과 관련된 지표들이 크게 악화되지 않았다. 그러나 9월 24일 2,000억 달러의 미국의 대중 추가 보복관세 부과 조치가 시행되면서 중국 제조업구매관리자지수(Purchasing Managers' Index, PMI)가 크게 악화되어 미중 무역분쟁의 부정적인 영향이 중국에서 나타나기 시작했다. 중국 국가통계국의 10월 31일 제조업 PMI는 27개월 만에 가장 낮은 수준인 50.2까지 하락하여 민간기업 뿐만 아니라 국영기업들까지 영향을 받고 있다. 이 중에서 신규주문지수와 신규수출지수의 하락폭이 다른 지수보다 크기 때문에 중국 기업의 체감경기가 빠르게 악화되고 있다.

이러한 상황에서 중국에 진출한 우리 기업들도 시황 전망과 매출액 전망도 큰 폭으로 하락하고 있다. 중국진출 한국기업의 기업경기실사지수(BSI)의 시황은 3분기 115에서 4분기 103, 매출액은 3분기 125에서 117로 하락하였으며 제3국 판매전망은 3분기 113에서 4분기 99로 기준점인 100을 하회하며 대폭 하락하였다. 기업규모별로는 중소기업보다 대기업의 하락폭이 2배 이상 크게 나타나고 있다. 산업별로는 전기전자, 섬유·의료, 기타제조업이 대중국 제재로 인한 대미 수출 감소가 상대적으로 크다고 보고 있다.

지난 10월 국제통화기금(IMF)은 미중 무역분쟁이 경제성장에 미치는 영향을 발표하였다. 10월 전망에서 세계 경제성장률을 계속해서 낮추고 있으며, 2019년의 전망도 시간이 지날수록 낮아지고 있다. 한국의 경제성장률에 대해 가장 최근인 10월에 2018년 3.0%에서 2.8%로, 2019년 경제성장률을 2.9%에서 2.6%로 낮아질 것으로 예상하였다. 미국의 경제성장률은 2018년 2.9%로 유지하고 있으나 2019년은 2.7%에서 2.5%로 하향 조정하였다. 중국의 경제성장률은 2018년 6.6%로 일정하지만 2019년 전망은 6.4%에서 6.2%로 낮추었다. 세계의 경제성장률은 2018년 3.9%에서 3.7%로 하향 조정하였고, 2019년의 경제성장률은 3.9%에서 3.7%로 하향 조정하였다. 또한, IMF는 미중 무역분쟁에 따라 2018년 미국의 경제성장률은 최소 0.11%p에서 최대 0.23%p 낮아질 것으로 예상하였고, 중국의 경제성장률은 0.16%p~0.43%p로 예측하고 있으며, 2018년 세계 경제성장률은 0.06%p~0.29%p 하락할 것으로 예상하고 있다. 2019년은 2018년보다 확대되어 미국 0.15%p~0.91%p, 중국 0.56%p~1.63%p, 세계 0.11%p~0.78%p 하락할 것으로 보고 있다.

미국과 중국의 무역전쟁은 여러 파급효과 경로를 통해 우리나라에 영향을 줄 수 있다. 국내 경제성장에 대한 평가는 크게 직접적인 효과와 간접적인 효과가 존재할 수 있다. 직접적인 효과는 최근까지 우리나라 수출을 주도하고 있는 반도체와 자동차 수출 등에 바로 영향을 줄 수 있다. 미국이 중국을 통해 우리나라의 수출을 위축시킬 수 있다. 2018년 상반기 국내총생산(GDP) 중 중국의 수출비중은 43.2%이고, 2018년 상반기 경제성장률 2.8% 중에서 수출의 성장기여도는 1.68%p이다. 2018년 1월~8월 우리나라 수출 중 중국비중은 26.8%이며 대중국수출의 국내총생산 비중은 11.6%이고 미국에 대한 수출은 약 12%로 우리나라 전체 수출의 39%에 해당된다. 조금 더 길게 보면, 2015년~2017년 우리나라 평균 경상수지 흑자 중에서 중국비중은 47%로 거의 반을 차지하고 있다. 또한, 간접 파급효과는 다음과 같다. 미국과 중국의 무역전쟁으로 인해, 중국의 내수가 위축되는 경우 중국 수입수요 감소로 연결되며 한국의 수출이 위축될 수 있다. 이러한 중국의 수입수요 감소로 인해 세계경제가 위축되어 한국 수출을 위축시킬 수 있다. IMF에 따르면 이러한 미중 무역분쟁을 감안하면 2019년 경제성장률은 0.56%p~1.65%p 추가 하락할 것으로 보고 있다. 또한, 중국 경제성장률이 1%p 하락하면 한국의 경제성장률은 0.3%p~0.5%p 감소할 수 있다. 직접적인 효과와 간접적인 효과에 의해 잠재성장률 수준의 한국의 경제성장률을 가정하면, 미중 무역분쟁으로 약 0.2%p~0.8%p 정도 감소할 수 있다. 즉, 중국의 경제성장률이 0.56%p 하락하고, 한국의 경제성장률에 0.3%p 영향을 준다면 0.17%p 하락한다. 또한 중국의 경제성장률이 1.65%p 하락하고, 한국의 경제성장률에 0.5%p 영향을 준다면 0.83%p 하락이 된다.

현재 한국경제를 이끌고 있는 것은 수출이다. 미중 무역분쟁으로 인해 우리나라 수출은 미국과 중국 양측에서 위협받는 상황으로 변화하고 있다. 미국에 대한 자동차 관세, 중국에 대한 반도체 수출이 단적인 예이다. 이러한 상황에서 기존 주력 산업인 제조업 성장엔진 위기나 정책실패로 인한 서비스업 악순환이 성장의 엔진을 식게 하고 있고 4차 산업혁명에 따른 신산업에 대한 투자도 제대로 이루어지지 못하고 있다. 산업별 로드맵을 지금이라도 제시하고, 어떻게 경쟁력을 높일 것인 지에 대해 고민해야 한다.

5

무역보험공사 사보, 2018.02.23. 작성

2018년 한국경제 전망과 환율 및 국제유가가 수출에 미치는 영향

2017년 5월에 현재의 정부가 출범하고 9개월이 지났다. 현재의 정부가 들어섬에 따라 경제적으로 여러 새롭고 다양한 정책이 발표되고 있다. 2016년 2.8%의 경제성장률, 2017년 1분기 2.9%와 2분기 2.7%의 경제성장률만 나타낼 때, 많은 경제학자들과 연구원들은 2017년 연간 경제성장률이 3% 이상으로 나타날 것이라고 생각하지 못하였다. 2017년 3분기의 경제성장률은 시장의 예측보다 훨씬 높은 3.8%를 나타내었고, 4분기에 3.0%를 나타내며 2017년 연간 3.1%의 경제성장률을 나타내었다.

경제성장률 산출은 삼면등가에 의해 생산, 분배, 지출로 나누어진다. 그러나 많은 경우에 지출을 중심으로 경제성장률을 살펴보게 된다. 지출은 소비, 투자(건설투자와 설비투자), 순수출(수출과 수입) 등으로 이루어진다. 2016년 이후 민간소비 증가율이 경제성장률보다 높은 적이 거의 없다. 2017년에 특히 이러한 현상이 극심했으나 2018년에 일부 완화될 것으로 보인다. 2018년 소비는 2016년 2.5%, 2017년 2.6%보다 높은 2.8% 정도로 예상되고 있으며 상고하저 형태로 상반기가 하반기가 높을 것으로 예상된다. 민간소비가 부진한 이유는 여러 가지가 있다. 가장 큰 부분은 가계부채 문제이다. 최근의 가계부채는 연간 약 120조원씩 늘어나고 있는데, 2년 전에 비해 2배의 속도로 늘어나고 있으며 이미 국내총생산(GDP)의 95% 이상에 와 있다. 즉, 세금 등을 빼고 난 처분가능소득 중에 원금과 이자를 내고 나면 소비할 여력이 없다는 뜻이 된다. 또한, 최저임금 변화의 영향도 고려해야 한다. 자영업 비중이 높은 업종에서 최저임금의 상승은 고용을 줄일 수 있으며, 고용이 불안해지면 소비도 줄어들 수 밖에 없다.

2017년의 투자는 매우 좋았다. 설비투자의 경우, 금리가 충분히 낮은 상황에서 반도체와 관련 투자가 증가하였다. 2016년 설비투자가 –2.3%였음을 감안하면 2017년의 7.5%는 매우 높은 수준이다. 그러나 2018년에는 2017년의 기저효과와 구조조정 여파로 조선 산업에서 대규모 투자를 진행하기 어려운 상황이며, 철강 산업은 국제가격 상승 가능성과 미국의 무역보호 주의에 의해 투자가 줄어들 수 있다. 따라서 2018년에 설비투자는 반도체 중심으로 증가를 보일 수 있나 산업에 대한 구조조정이 없이 그대로 진행되면 조선이나 철강 등에 대한 투자가 어렵다. 대부분의 일반인들은 산업 구조조정이 실업을 양산하는 것이라고 생각하지만, 실제로 제대로 된 산업 구조조정은 오히려 더 나은 성과를 낼 수도 있는데, 펀드와 전문경영인 중심으로 새로운 부가가치를 만들어 낼 수도 있다. 경기변동 상으로 2019년이 노후 선박 등으로 인해 조선이 경기 상승기로 접어들게 되는데, 아무런 준비가 되어 있지 않다면 2019년에 설비투자는 매우 저조할 수 있다. 건설투자도 2017년에 주거용, 비주거용, 토목이 동시에 좋은 상황이었다. 2018년에 2016년(10.7%)과 2017년(약 7.5%)에 경제성장을 주도했던 건설투자는 증가율이 축소될 전망이다. 실제로 건설투자의 성장률은 매우 높았었지만, 기저효과를 감안하면 예전보다 낮아질 전망이다. 즉, 거의 50만호씩 지었던 주거용 건물과 대규모 토목 사업이 마무리 단계에 있기 때문에 안전과 관련된 시설 외에는 더 이상 투자할 곳이 많지 않다.

2018년의 수출은 하반기에 둔화될 전망이다. 2017년에 반도체 메모리 위주로 수출의 증가폭이 높았으나, 하반기에 엔화 강세와 공급증가로 인해 2016년과 2017년에 비해 수출금액 증가율이 줄어들 수 있다. 2017년 하반기에 사드문제로 인해 중국과의 교역량이 줄고 있으며, 미국의 보호무역 정책 확대로 인해 수출은 2017년부터 줄고 있다. 국내 금융부문은 매우 어려울 전망이다. 국내 금융은 규제산업이라고 해도 과언이 아니다. 미국은 내년의 금리인상을 3~4회 정도 예고하고 있다. 자본유출 등을 고려하면 국내도 미국과의 금리역전 현상이 일어나지 않게 하기 위하여 여러 차례 인상이 예고되고 있다고 볼 수 있다. 이러한 경우, 가계부채와 기업부채의 문제는 커질 수 밖에 없고, 경제성장률에 큰 영향을 미칠 수 있다.

표 6.6 2018년 한국 경제전망(전년동기 대비, %)

	2016	2017							2018		
	연간	1Q	2Q	3Q	4Q	상반	하반	연간	상반	하반	연간
GDP	2.8	2.9	2.7	3.6	3.0	2.8	3.4	3.1	3.1	2.8	2.9
민간소비	2.5	2.0	2.3	2.4	3.4	2.2	3.0	2.6	2.8	2.5	2.7
건설투자	10.7	11.3	8.0	7.5	4.4	9.7	6.0	7.8	1.6	0.6	1.1
설비투자	−2.3	14.4	17.3	16.8	10.0	15.9	13.5	14.7	3.7	2.6	3.2
수출(상품+서비스)	2.2	6.6	2.0	6.8	0.2	4.3	3.5	3.9	3.4	1.5	2.5
수입(상품+서비스)	3.6	10.9	7.8	8.8	1.7	9.4	5.3	7.3	3.1	2.8	2.9
소비자물가	1.0	2.1	1.9	2.3	1.5	2.0	1.9	2.0	1.6	1.8	1.7
경상수지(억$)	987	194	168	255	357	428	785	349	364	713	875
상품수지(억$)	1,204	280	304	350	568	631	1,199	565	579	1,145	1,226
수출(억$, BOP)	5,118	1,389	1,430	1,501	2,824	2,950	5,774	2,944	3,034	5,978	5,320
증가율(%)	−5.7	17.4	11.5	17.7	14.7	11.3	13.0	4.2	2.9	3.5	−6.0
수입(억$, BOP)	3,913	1,110	1,126	1,151	2,256	2,319	4,575	2,378	2,455	4,833	4,094
증가율(%)	−7.0	24.2	18.9	15.9	23.3	10.6	16.9	5.4	5.9	5.6	−7.0
원/달러(평균)	1,161	1,154	1,129	1,132	1141.5	1119.0	1130.3	1,092	1,080	1,086	1,137
회사채수익률	1.9	2.2	2.2	2.3	2.2	2.5	2.3	2.7	2.9	2.8	2.5
실업률(%)	3.7	4.3	3.9	3.5	4.1	3.3	3.7	3.9	3.8	3.8	3.4

외환시장의 현황은 다음과 같다. 2018년 달러는 약세를 나타낼 것으로 보이나, 제한적인 반등이 예상되고 있다. 달러의 종합가치를 나타내는 달러인덱스는 2017년 3월 102.2에서 2017년말 92.8이 됨에 따라 2017년 3월 대비 약 10% 달러 약세를 나타내었다. 또한, 2018년 2월 22일 현재 89.65로 추가 달러약세를 나타내고 있으며 달러의 약세가 지속되고 있다. 이와 같은 달러의 약세원인은 트럼프노믹스에 대한 실망감에 대한 영향이 크다. 그러나 최근 미국 경제성장률 증가나 금리인상 등과 같은 통화정책 정상화를 감안하면, 10% 달러 약세인 부분이 정상적으로 회복될 수 있다.

그림 6.5 달러인덱스

자료: NAVER 금융

지역적으로 살펴보면 다음과 같다. 엔/달러 환율은 2017년 1월 115.07엔에서 2017년 9월 9일 107.84엔으로 하락하였으며, 이후 상승하였다가 2월초 이후 급락하며 2018년 2월 16일 현재 연간 최저치인 106.26엔을 나타내고 있다. 따라서 107엔에서 115엔 사이에서 상승과 하락을 반복하고 있으나 전체적으로 하락하고 있는 추세를 나타내고 있어 엔화 강세로 전환되었다고 볼 수 있다. 이러한 현상은 2월초 일본에서 비둘기파 성향의 일본은행(BOJ)의 총재가 재지명되면서 통화정책 완화를 지속하려고 하고 있으며, 글로벌 리스크회피 성향을 강화로 시작된 엔화의 강세 추세가 보다 강화되었다고 볼 수 있다. 달러/유로 환율은 지속적으로 유로화가 강세를 나타내고 있다. 2017년 3월초 1유로는 1.05달러였으나 2017년 12월말 1.22달러로 이후 1.22달러~12.25달러 선으로 유지되고 있다. 따라서 전체적으로 달러가 약세를 보이고 있다.

원/달러 환율은 2017년 3월 9일 1달러당 1,160원에서 등락을 반복하다가 12월초부터 하락하여 2018년 1월 25일에 1,062원으로 약 8.5% 하락하였다. 이후 약간 상승하여 약 1,080원 수준을 나타내고 있다. 따라서 최근 1년 동안, 원화는 달러에 대해 강세를 나타내고 있었다. 이러한 원화 강세 환경 속에서 대미 수출액은 감소할 수 있고, 대미 수입액은 증가할 수 있다. 또한, 미국의 보호무역 정책 등은 환율효과 뿐만 아니라, 수출총액까지 감소시킬 수 있는 요인으로 작용할 수 있다. 반면, 원/엔 환율은 2017년 1분기까지 상승하다가 4월 14일에 100엔당 1,051.23원까지 상승하였다. 그러나 이후원/엔 환율은 하락추세를 나타내며 2018년 1월 5일에 940.12원로 약 10.6% 하락하였다. 그러나 이후 상승하여 2월 22일 현재 약 1,010원을 나타내고 있다. 따라서 원화는 엔화에 대해 약세를 지속하고 있는 상황이다. 대일본무역은 수출이 증가하고 수입이 감소할 수 있는 상황이다. 그러나 2017년의 일본 정부의 엔화약세 노력으로 엔화가 약세로 전환되면, 국내 수출에 심각한 타격을 입힐 수 있다. 왜냐하면 우리나라와 일본은 주요 수출 품목이 비슷하고, 대일본무역뿐만 아니라 일본과 전세계에 동시에 수출을 하고 있어, 우리나라 수출품의 가격경쟁력이 떨어질 수 있기 때문이다. 이러한 현상은 우리나라의 주력 상품인 반도체에서 일어날 수 있는데, 환율효과에 의한 가격경쟁력은 통상적으로 환율역전과 더불어 6분기 지속하게 되므로 2018년 하반기 정도에 환율효과는 제거될 것으로 예상되고 있다.

국제유가는 2017년 12월초에 배럴당 60달러에서 6주만에 70달러를 기록하였다. 이후 하락하였으나 2월 중순 이후 다시 상승하는 현상이 나타나고 있다.

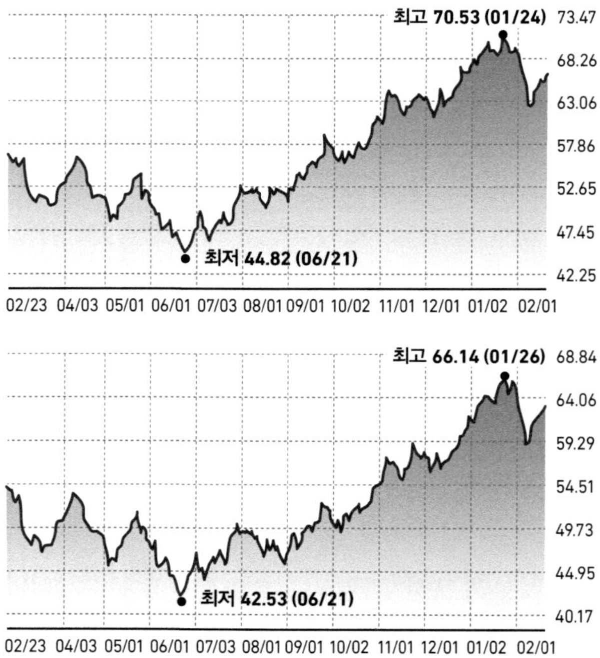

그림 6.6 국제유가(브렌트유 및 서부텍사스유)

자료: NAVER 금융

이러한 배경에는 석유수출국기구(OPEC)와 러시아가 감산기간을 2018년 12월까지 연장하였고, 북해 송유관 누유나 리비아 송유관 폭발 등과 같은 일시적인 공급부족, 이란의 지정학적 리스크 증가, 세계 경기회복에 따른 수요 증가 등이 유가를 상승시키고 있다.

이러한 국제유가의 상승은 국내 경제에 2가지 경로인 경상수지와 통화정책 경로로 나타날 수 있다. 먼저 경상수지 측면을 보면 다음과 같다. 우리나라는 원유 및 석유제품 순수입 규모가 국내총생산(GDP)의 2.2% 규모로 주요국 중 6위를 나타내고 있으나, 석유화학 및 석유제품 수출 부문은 유가상승 시에 수출액이 증가하게 되므로 현재의 60달러 정도의 유가 변동의 영향은 제한적으로 보인다. 그러나 2가지 요인으로 경상수지에 영향을 미칠 수 있다. 먼저, 국제유가 자체의 수준이다. 매우 높은 수준의 유가가 아닌 이상 경상수지에 미치는 영향은 제한적으로 볼 수 있다. 그러나 현재의 수준에서도 국제유가의 변동성이 확대되면 수출과 수입에 동시에 리스크가 커지므로 경상수지를 낮출 수 있는 요인이 될 수 있다.

6

월간재정, 2018.07.23. 작성

대북관련 정부사업 예산 및 정책방향

2018년 4월 27일 남북정상회담과 6월 12일 북미정상회담 이후, 북한의 정치적 상황과 더불어 경제적인 상황들이 많이 부각되고 있다. 남북정상회담에서도 남북간 철도와 도로 연결, 상호협력과 교류, 왕래와 접촉 활성화 등이 먼저 거론되었다. 아직 경제제재라는 부분이 있기 때문에 당장 실현하기 어려운 부분이 있으나 문제들이 풀리고 난 후에 남한이 할 수 있는 투자 등은 선제적으로 시행할 필요가 있다. 또한, 대부분의 투자 등은 정부를 위주로 먼저 진행이 될 것이라고 예상할 수 있으며, 그렇다면 정부사업의 예산과 정책방향을 살펴볼 필요가 있다.

최근의 여러 회담을 통하여 점진적인 남북관계 개선이 이루어질 것으로 보인다. 국내외 통일 및 경제와 관련된 대부분 연구들은 통일편익과 통일비용에 초점을 두고 있다. 이러한 편익과 비용을 나누는 기준도 크게 급진적 통일과 점진적 통일로 나누고 있으며, 북한의 체제붕괴에 따른 급진적인 부분으로 초점을 두고 있다. 특히, 비용 측면만 보아도 급진적 통일의 비용이 대부분 점진적 통일보다 큰 것으로 나타나며, 비용에 대한 연구들도 대부분 급진적 통일에 초점을 두고 있다. 이전 연구들의 통일비용은 편차가 매우 크게 나타난다. 1990년대 연구에서 점진적 통일 시에 최대 2,102억 달러, 통일 후 10년간 남한 GNP의 7.5% 정도로 나타난다. 2000년대 연구에서는 연간 8,700억원, 남한의 최저생계비와 북한의 산업화 지원으로 11년간 546조원, 목표소득을 설정하면 8,201억 달러 정도이며 해외연구에서는 5년간 60~795조원 정도로 추산하고 있다. 2010년대에는 북한소득이 남한의 80% 수준으로 오게 하는데 2,374조원~5,935조원으로 추산하는 경우도 있고, 북한의 소득을 남한 수준으로 올릴 경우에 2,018조원 정도로 추산하기도 한다. 그러나 이러한 부분들은 편익을 감안한 투자의 개념으로 볼 필요가 있다.

북한과 관련된 투자 비용은 위기관리비용, 제도통합비용, 경제적 투자비용으로 구분된다. 그러나 현재와 같이 점진적인 남북관계에서는 북한에 보조금을 지급하는 형태인 위기관리비용은 빠져야 한다. 따라서 크게 제도통합비용과 경제투자비용 정도가 남는다. 이미 북한 경제는 안정적인 성장을 하고 있는 상황에서 400~500개의 시장 등이 형성되어 있고, 돈주와 같은 신흥 자본가들이 존재하므로, 경제와 관련된 제도통합비용은 크지 않을 것으로 보인다. 또한, 점진적으로 베트남과 같은 경제개방이 된다면 제도통합비용은 크지 않을 것이다. 따라서 마지막 남은 경제적 투자가 매우 클 것으로 보인다. 점진적인 통일의 형태를 가정하면 정부서비스, 인프라 투자(SOC)가 대표적이다. 따라서 북한의 인프라와 관련된 투자와 행정비용이 대규모로 일어날 수 있다. 행정비용은 초기에 대규모 투자가 이루어져야 하고, 인프라 투자와 관련해서는 철도/도로, 항만/공항, 금융시스템, 에너지, 통신, 환경 등에 대한 구축비용을 남한이 담당할 필요가 있다. 대부분의 정상회담에서 인프라 투자를 언급하고 있으나, 실물투자와 같이 중요한 부분이 금융시스템이며, 아직 경제체제가 다른 북한에서 금융시스템에 대한 투자는 매우 중요하지만 대부분 누락되어 있다. 또한, 북한이 베트남처럼 개방된다면, 중국, 러시아, 일본 등이 인접하고 있고 미국도 투자를 할 수 있다. 여기서 우리의 역량을 감안하여 선점할 부분들을 찾아 정부투자와 민간투자를 동시에 진행할 필요가 있다.

이제 이러한 사업을 추진할 예산이나 재원에 대한 정책이 필요하다. SOC투자 등은 매우 큰 재원을 필요로 한다. 현재까지 재원마련은 5가지 정도로 요약된다. 남북교류협력기금, 공적개발원조(ODA), 자유무역지구 내 기업부담금, 채권발행, 통일세 등이다. 2017년말 현재 남북교류협력기금은 정부출연금 1,830억원, 공공자금기금예수금 7,650억 원을 포함하여 총 9,576억 원이 조정되어 있다. 공적개발원조는 2017년 1,466억 달러이며 한국의 규모는 22억 달러이고, 전체 자금 중에서 아시아에 지원되는 비율 50% 이상으로 높다.

모든 재원들은 장단점을 가지고 있다. 남북교류협력기금은 장기적으로 활용가능하나 정부출연 비율이 2013년 이후 점점 높아지고 있으며 국민 부담으로 연결될 수 있다. 공적개발원조는 저리 융자가 가능하지만, 한시적이라는 불안정성을 가지고 있다. 자유무역지구 내 기업부담금은 대출의 형태이므로 큰 부담이 없으나, 재원이 한정되고 투자반발이 있을 수 있다. 채권발행은 민간부문 재원활용이 가능하지만 재정압박이 있고 거시경제에 영향을 미칠 수 있다. 통일세는 재원의 안정성이 보장되지만 조세저항이 생길 수 있으며 단기적이다. 따라서 정부가 필요한 곳에 재정을 지출하면서도 민간투자가 같이 동행될 필요가 있다.

7

남북정상회담의 경제적 효과: 빛과 그림자

2018년 4월 27일, 역사적인 남북정상회담이 이루어졌다. 이번 남북정상회담을 통한 판문점선언을 보면, 경제적인 부분은 여러 부분에서 발견된다. 10.4선언에서 합의된 사업들을 적극 추진해 나가며 1차적으로 동해선 및 경의선 철도와 도로들을 연결하고, 남과 북은 상호협력과 교류, 왕래와 접촉이 활성화 부분 등이 대표적이다. 그렇다면 남한과 북한의 경제 현황을 살펴보고, 남북정상회담에 따른 경제적인 부분을 살펴볼 필요가 있다.

한국의 최근 경제성장률은 금융위기 이후, 매해 2.3% 이상으로 나타나고 있다. 북한의 경제성장률은 금융위기 이후, 0.8%~1.3%로 나타나고 있다가 2015년 –1.1%로 낮아졌으며, 2016년 3.9%를 나타나고 있다. 비교가 가능한 한국의 2016년 명목GDP는 원화기준 1,642조원, 달러기준으로 1조 4,147억달러이다. 북한의 2016년 명목GDP는 원화기준 36조원, 달러기준으로 311억달러로 나타나고 있다. 전체 경제규모로만 놓고 보면, 한국의 경제규모가 약 46배 정도를 나타내고 있다. 2016년 한국의 1인당 GDP는 27,606달러이고 북한은 1,250달러로 22배에 달한다. 즉, 경제적인 규모의 차이는 매우 크게 나타나고 있다. 북한의 경제도 핵실험에 따른 대북제재가 있기 전까지 경제성장률은 안정적으로 유지되고 있었다.

이번의 남북정상회담을 통한 경제적 효과는 여러 분야에서 일어날 것으로 보이며, 점진적인 남북관계가 이루어질 것으로 보인다. 국내외 통일 및 경제와 관련된 대부분 연구들은 통일편익과 통일비용에 초점을 두고 있다. 이러한 편익과 비용을 나누는 기준도 크게 급진적 통일과 점진적 통일로 나누고 있으며, 북한의 체제붕괴에 따른 급진적인 부분으로 초점을 두고 있다. 특히 비용 측면만 보아도 급진적 통일의 비용이 대부분 점진적 통일보다 큰 것으로 나타나며, 비용에 대한 연구들도 대부분 급진적 통일에 초점을 두고 있다. 그러나 이번의 남북정상회담은 점진적으로 보여 지고, 이에 따른 경제적 편익과 비용을 따져볼 필요가 있다. 단순히 이번의 남북정상회담만으로 경제적 편익과 비용을 따지는 것은 한계가 있으므로, 향후 남북관계가 점진적으로 개선된다는 것에 초점을 둘 필요가 있다.

경제적 편익으로는 새로운 이익이 되는 부분과 기회비용적인 측면으로 나눌 수 있다. 먼저 새로운 이익이 되는 측면은 생산요소공급과 관련된 부분이다. 생산요소공급은 노동, 자본, 토지로 구분된다. 노동분야에서 병력감소에 따른 생산가능인구 증가, 장기적인 인적교류에 따른 북한노동력의 생산성 향상, 남북한 노동력 이동 등이 있다. 자본에서는 대북리스크 감소에 따른 해외 채무 이자비용 감소가 있으며, 토지에서는 북한의 천연자원 이용할 수 있는 부분, 개간을 통한 토지에 대한 생산성 증대 등이 존재한다. 다음으로 규모의 경제영토의 확대가 있으며 시장측면에서 FTA 등을 통한 북한시장의 확대가 있을 수 있다. 마지막으로 북한리스크에 대한 불확실성 해소에 따른 대외신인도 증가와 우리 경제성장률이 증가할 수 있는 유인이 있다. 지정학적 리스크가 소멸되면서 우리 경제에 매우 큰 효과가 있을 것으로 보인다. 특히, 경제성장률보다 항상 낮은 소비에 활력을 불어넣을 수 있으며, 최근 낮아진 건설투자나 설비투자에 영향을 줄 수 있다. 또한 보다 저비용으로 순수출을 증가시킬 수 있는 측면도 있기 때문에 전체적으로 우리 경제에 미치는 긍정적 영향이 훨씬 크다고 볼 수 있다.

기회비용 측면에서는 국방인력 축소에 따른 국방비 지출 감소, 국방인력의 축소로 인한 노동인력 활용, 국경관리비용 감소 등이 될 수 있다. 또한, 외교비 측면에서 공관의 중복유지비용 축소, 외교적 경쟁비용 소멸이 있으며 이념 및 체제 유지비에서 이념교육, 홍보비용의 소멸, 남한의 대북 관련기관, 북한의 대남 관련기관 유지비용의 소멸, 치안유지비용 절감이 될 수 있다.

그러나 이러한 편익에 따른 비용도 존재한다. 이전연구들은 대부분 비용을 위기관리비용, 제도통합비용, 경제적 투자비용으로 구분한다. 그러나 이번과 같은 남북정상회담으로 인해 북한에 보조금을 지급하는 형태인 위기관리비용은 빠져야 한다. 따라서 크게 제도통합비용과 경제투자비용 정도로 볼 수 있다. 이미 북한 경제는 안정적인 성장을 하고 있는 상황에서 400~500개의 시장 등이 형성되어 있고 돈주와 같은 신흥 자본가들이 존재하므로, 경제와 관련된 제도통합비용은 크지 않을 것으로 보인다. 또한, 점진적으로 중국과 같은 경제개방이 된다면 제도통합비용은 크지 않을 것이다. 따라서 마지막 남은 경제적 투자가 매우 클 것으로 보인다. 투자는 민간투자, 정부투자, 정부의 민간부문에 대한 소득이전지출과 기타정부지출인 비투자지출로 나눌 수 있다. 먼저 점진적인 통일의 형태를 가정하면 정부서비스, 인프라 투자(SOC)가 대표적이다. 기초생계비 지원, 의료비 등은 현재와 같은 점진적인 형태에서 빠져야 한다. 따라서 북한의 인프라와 관련된 투자와 행정비용이 대규모로 일어날 것인데, 여기서 행정비용은 일반공공행정, 공공질서, 교육, 지방행정을 포함한다. 행정비용은 초기에 대규모 투자가 이루어져야 할 필요가 있다. 또한 인프라 투자와 관련해서는 철도/도로, 항만/공항, 금융시스템, 에너지, 통신, 환경 등에 대한 구축비용을 남한이 담당할 필요가 있다. 대부분의 남북정상회담에서 인프라 투자를 언급하지만 사실 실물투자와 같이 중요한 부분이 금융시스템이며, 아직 경제체제가 다른 북한에서 금융시스템에 대한 투자는 매우 중요하지만 대부분 누락되어 있다.

마지막으로 재원이다. SOC투자 등은 매우 큰 재원을 필요로 한다. 현재까지 재원마련은 5가지 정도로 요약된다. 남북교류협력기금, 공적개발원조, 자유무역지구 내 기업부담금, 채권발행, 통일세 등이다. 모든 재원들은 장단점을 가지고 있다. 예를 들어 남북교류협력기금은 장기적으로 활용가능하지만 정부출연 비율이 높아 국민 부담으로 연결될 수 있다. 공적개발원조는 저리 융자가 가능하지만, 한시적으로 불안정성을 가지고 있다. 자유무역지구 내 기업부담금은 대출의 형태이므로 큰 부담이 없으나 재원이 한정되고 투자반발이 있을 수 있다. 채권발행은 민간부문 재원활용이 가능하지만 재정압박이 있고 거시경제 전체에 영향을 미칠 수 있다. 통일세는 재원의 안정성이 보장되지만 조세저항이 생길 수 있고 단기적일 수 있다.

이러한 연구에 따른 통일 비용은 매우 다양하게 추정되고 있는데, 남한의 경제적 편익과 기회비용 감소 부분을 따지면 해결 못할 수준은 아니며, 이에 대한 준비들을 남한이 먼저 시작할 필요가 있다.

8

디지털타임스, 2018.11.14. 작성

성장엔진이 식어가고 있다

9월 산업생산을 보면, 전산업은 전년동기 대비 4.8% 감소, 광공업은 8.4% 감소하였다. 제조업 생산도 8.9% 감소하였고, 재고는 4.9% 증가하였으며 제조업 평균가동률도 73.9%를 나타내고 있다. 9월의 제조업 중의 반도체 생산은 15.4% 증가하였으나 자동차의 생산은 15.1% 감소하였다. 그나마 반도체와 석유제품 등의 수출이 견조한 상태이다.

경기확산지수를 보면 6월부터 침체로 전환되어 심화되고 있다. 경기확산 지수는 광공업과 서비스업의 소분류를 대상으로 대해 전월비 기준으로 증가업종, 보합업종, 감소업종으로 나누게 된다. 9월 기준으로 광공업 생산확산지수는 37.3으로 6월 64.0에서 급격하게 하락하고 있다. 이 기간 동안 생산증가업종은 47개에서 27개로 50% 이상 줄었고, 보험업종은 2개 유지, 감소업종은 26개에서 46개로 증가하였다. 서비스업 생산확산지수는 올해 1월 60.8에서 감소하기 시작하여 6월 39.8로 올해 저점을 나타내었다가 9월에 47을 나타내고 있다. 증가업종은 1월 49개에서 39개로 감소하였으며, 감소업종은 31개에서 44개로 늘었다. 광공업과 서비스업을 합하면 5월 54.1에서 감소하기 시작하여 9월 42.4를 나타내고 있다.

문제는 이러한 성장의 엔진들 중 중요한 부분인 제조업의 경기가 식어가면서, 고용으로도 연결되고 있다는 사실이다. 즉, 설비투자 부진→제조업 생산능력 감소→제조업 평균가동률 감소→일자리 재난으로 이어진다는 의미가 된다.

보다 자세히 살펴보면 설비투자가 2분기부터 급감하고 있는데, 그 이유는 국내 투자에서 해외시장 진출로 이어지고 일시적인 반도체 투자가 늘었기 때문이다. 예를 들어, 자동차 등의 제조업 해외생산 의존도는 계속해서 증가하고 있다. 따라서 수출이 증가해도 국내의 설비투자가 증가하지 않게 된다. 또한, 일부 대기업의 반도체 설비 등의 대규모 투자가 국내에서 이루어지면, 일정 기간 동안 설비투자는 증가하지만 설비가 완성되면 설비투자는 바로 감소하게 된다. 이러한 해외생산 의존도의 증가와 일시적인 국내 설비투자는 수출이 견조한 흐름을 나타내더라도 제조업 생산능력 지수로 이어진다. 제조업 생산능력지수는 전년동월비로 7개월째 감소하는 흐름을 나타내고 있다.

제조업 생산능력 감소에 따라 제조업 평균가동률은 2011년 이후 계속하여 하락하고 있다. 제조업 가동률은 생산능력 대비 생산량 수준을 보여 주는 지표다. 따라서 분모인 생산능력이 작아지거나 분자인 생산량이 커지면 제조업 평균 가동률은 증가한다. 연간으로 제조업 평균가동률은 감소하고 있으며 1월~9월 제조업 평균가동률은 72.8%로 1998년 외환위기 당시 이후 가장 낮다. 그러나 최근 월별 평균가동률이 일시적으로 증가하는 현상은 순전히 생산능력이 감소했기 때문이다. 즉, 조선업이 포함된 기타 운송장비 제조업과 최근에 구조조정 중인 자동차·트레일러 제조업의 생산능력이 감소하면서 좋아 보이는 일시적인 현상이라고 할 수 있다.

이러한 제조업 감소는 어떤 결과를 나타낼까? 바로 고용과 연결된다. 제조업과 서비스업 중에서 제조업의 고용은 지속가능성이 있고, 기술잠재력이 높으며, 상대적으로 높은 지식수준의 인력 투입이 요구되기 때문에 고용의 양과 질에서 모두 중요하다고 할 수 있다. 반면 서비스업의 일자리는 최근 약화되고 있는 도소매이나 음식숙박업과 같은 전통적 생계형 일자리가 많으며 자영업자가 중심이 되고 있다. 최근 정부가 주도하고 있는 정부주도형 공공일자리는 일시적이기 때문에 지속가능성이 낮고, 기술잠재력이 높은 것도 아니다.

따라서 기존 주력 산업 중, 우리가 경쟁력이 있는 산업에서는 경쟁력을 높여야 한다. 중견기업이나 중소기업들에 대한 정부의 투자를 통해서 현재 기존산업의 경쟁력을 끌어올리고, 신산업에 대한 투자를 가속하는 것이 일자리에도 도움이 될 것으로 보인다.

9

ifsPOST, 2018.05.01. 작성

3월 산업활동 동향 변화는 일시적 현상인가? 아니면 추세적 변화인가?

3월 산업활동 동향이 발표되었다. 전산업생산지수는 전월대비 1.2%포인트 감소하였고, 전년동월 대비 1.0%포인트 감소하였다. 전산업생산에서 광공업과 건설업의 생산은 전년동월 대비로 2개월 연속 감소하였고, 공공행정도 감소로 전환되었으며, 서비스업은 증가하였다. 특히, 광공업 중 제조업의 반도체 등은 증가하고 있으나, 자동차와 기계장비 등은 감소하고 있다. 서비스업에서는 금융·보험업 등은 감소하고 있으나 도소매입과 음식·숙박업은 증가하고 있다. 소비 중, 소매판매는 승용차 및 의복 등의 판매 호조에 힘입어 3개월 연속 증가하고 있다. 투자의 설비투자는 기계류 투자가 줄어 5개월 만에 감소로 전환되었으며, 건설기성은 건축공사 실적이 줄어 2개월 연속 감소하고 있다.

그러나 문제는 제조업 생산능력과 가동률이 떨어지고 있다는 점이다. 제조업 생산능력지수는 3월에 102.4로 전월대비 0.9%포인트, 전년동월 대비 1.1%포인트 감소하였다. 또한, 제조업 평균가동률은 70.3%로 전월대비 1.8%포인트 하락하였다. 제조업 평균가동률은 글로벌금융위기 당시인 2009년 3월의 69.9% 이후 최저치를 나타내고 있다. 한국GM과 조선업 구조조정 등의 영향이 있기는 하지만, 제조업 경기가 빠르게 위축되고 있는 현상이다. 또한, 제조업 출하 대비 재고비율도 외환위기 직전의 122.9 이후 최고치를 나타내고 있어 생산 후에 재고로 분류되는 제품 비율이 증가하고 있다. 일반적으로 반도체는 예상 수요에 공급을 맞추기 때문에 재고를 유지하고 있으나, 1차금속과 화학제품의 재고가 늘고 있다. 따라서 생산에서 반도체를 제외하고 자동차, 조선 등에서 산업 부진이 심화되고 있는 것으로 보인다. 여기에 현재 환율효과가 없어진 반도체 생산이나 투자가 부진해진다면 올해 3% 성장은 어렵다고 봐야 한다.

투자 측면에서 설비투자가 급감하고 있는 것도 성장을 어렵게 할 수 있다. 3월 설비투자는 7.8%을 나타내며 6개월 만에 감소로 전환했다. 이러한 설비투자 감소율도 지난 2016년 7월(−8.3%) 이후 20개월 만에 가장 큰 것으로 나타난다. 설비투자가 감소하는 이유는 반도체 투자가 감소하고 있기 때문이다.

소비는 회복하고 있으나, 현재의 생산과 투자 감소는 일시적으로 보기 어렵고, 추세가 전환되고 있는 과정을 보아야 한다. 세계 경기는 좋은 상황에서 국내 산업의 경쟁력을 확보하지 못하는 경우, 추세의 전환으로 볼 수도 있다. 따라서 주력 산업의 범위를 넓히지 못하거나 경쟁력을 확보하지 못하면 3%의 성장은 어려울 것으로 보인다.

10

에너지경제, 2019.11.09. 작성

부동산 광풍, 어떻게 할 것인가?

1년 전에도 비슷한 주제로 글을 쓴 적이 있는 것 같은데, 상황은 여전히 비슷하다. 2018년 1월부터 서울을 비롯한 투기지역의 집값은 천장을 모르고 올라가고 있다. 대학교 저학년 강의에서도 "서울 집값은 어떻게 될 것 같은가?"라는 질문을 하면 거의 대부분의 학생들이 오를 것 같다고 한다. 정부는 많은 부동산 정책들을 쏟아 내고 있지만, 투기지역의 주택가격은 여전히 급상승하고 있다.

디플레이션 우려까지 있는 상황에서 정책금리는 내려가고 있다. 여기에 미국이나 중국의 경제둔화, 국내 소비나 투자 감소로 인해 정책금리가 더 내려갈 것이라고 보는 견해도 많다. 중앙은행의 통화정책의 주요 파급경로(금리경로, 자산가격경로, 환율경로, 기대경로, 신용경로, 위험선호경로)를 보아도, 자산가격경로 중 부동산가격에 대한 파급경로를 걱정하지 않을 수 있다. 명목국내총생산(GDP)을 통화량으로 나눈 화폐의 유통속도도 0.69 정도로 역대 최저수준이다. 여기에 본원통화의 통화창출능력을 나타내는 통화승수도 15.6으로 역대 최저수준이다. 즉, 소비나 투자를 위해 돈이 돌고 있지 않고, 고여 있다는 의미가 된다. 이렇게 많은 유동성이 풀린 상황에서 각 자산시장에서 돈이 갈 곳이라고는 부동산 밖에 없게 된다. 따라서 부동산 광풍이 2년째 계속되고 있다. 이러한 상황에서 정책은 규제나 세제 일변도의 정책을 취하고 있을 뿐이다.

먼저, 투기지역에 공급을 확대할 필요가 있다. 서울의 주택보급률은 96.3%로 전국 103.3%에 비해 낮은 편이고, 자가보유율은 42.9%로 전국 61.1%보다 낮은 점에서 1가구 다주택자가 많은 것으로 나타난다. 이미 그린벨트 등으로 묶여 있기 때문에 주택공급이 제한적일 수 밖에 없다. 그렇다면 남은 하나의 방법은 재건축이나 재개발 조건을 대폭 완화하는 것이다. 안전이 확보되는 선에서 재건축 연한이 바뀐다면, 20년 이상 노후화되어 삶의 질이 낮아진 사람들에게 보다 나은 주거환경을 제공할 수 있다. 여기에 20년 이라는 기준도 없애고, 거주자가 원하는 대로 재건축을 할 수 있도록 하자. 다만, 주택에 투기세력을 방지하는 정책들이 나와야 한다. 여기서 1가구 2주택 이상에 대해 정부의 직접개입이 이루어지면 된다. 재건축초과이익환수제, 주택거래신고제도 도입, 투기지역 및 투기과열지구 지정, 분양가상한제 등이 직접개입의 사례이다. 분양가상한제가 도입된 현재, 재건축에 대한 규제를 푼다면 초과이익환수제를 강하게 할 필요가 있다. 부담금 산정방식에서 종합부동산세처럼 공시지가를 현실화하여 시가에 가까운 수준까지 올릴 필요가 있다.

또한, 1가구 2주택자 이상에 대해 보유세를 대폭 인상하고, 거래세를 낮추어 주택공급을 유도해야 한다. 민간보유 부동산 총액 대비 보유세 금액비율인 국내 보유세 실효세율도 약 0.15% 내외로 영국, 일본, 프랑스 등 주요국에 비해 20%~30% 정도 수준이며, OECD 국가들 평균의 50% 수준 밖에 되지 않는다. 그러나 우리나라의 총세수 대비 거래세 비중은 약 3%내외 이지만, OECD 국가들 평균 0.4%보다 약 7배 높다. 우리나라의 민간보유 부동산 총액 대비 거래세인 실효세율은 0.21%로 OECD 국가들 평균 0.11%에 비해 두 배 가까이 높다. 또한, 부동산 거래에 대한 부동산중개수수료도 퍼센트(율) 단위가 아닌 금액 단위로 전환하여 호가나 주택거래가격을 올리는 상황을 제거할 필요가 있다.

다만, 투기지역이 아닌 지방은 주택가격이 하락하고 있는 현상이 나타나고 있고, 역전세마저 나타나고 있다. 따라서 투기지역이 아닌 곳에 보유세를 강화할 필요는 없고, 정책도 투트랙으로 진행될 필요가 있다.

11

매경이코노미, 2018.09.03. 작성

부동산 시장에
모든 정책을 투입하라

서울에서 주택매입을 포기하면 마음은 편하다. 2년에 한 번씩 이사하거나, 집과 회사가 멀어지거나, 집주인과의 갈등 같은 부분들이 없으면 말이다. 또한, 사람들이 모여 있는 곳에 가면 계속 이상한 단어들이 들린다. 반주(반포 주공), 지정타(과천지식정보타운) 등과 같은 생소한 단어들이 나오게 된다. 이미 서울 투기지역은 올해 1월 대비 50% 이상 급등하였고, 아직도 오르고 있는 상태다. 여기에 각종 투기지역 추가 선정, 세제 변경 등 여러 가지 안이 나오고 있기는 하지만, 시장은 정부 정책을 비웃기라도 하듯 계속해서 오르고 있다.

이러한 상황은 이미 예측이 되고 있었다. 금리가 계속하여 동결되면서 이미 많이 풀린 유동성이 갈 수 있는 시장은 부동산시장외에 거의 없다. 종합부동산세 개편으로 공정시장가액비율 변경, 집 값 상승분에 대한 공시가격 변경, 매우 작은 보유세 인상 등을 해봐야 실제 납부세액 증가는 크지 않다. 오히려 금리동결, 금융소득 강화가 부동산으로 자금 이동이 일어나, 주거 안정에 부정적인 영향을 미치고 자산시장 간의 왜곡을 일으키고 있다. 이러한 부동산 시장에서 해결방안이 있기는 한 것일까? 우리나라에서 거시적으로 부동산 가격을 결정하는 요소는 크게 6가지 정도로 볼 수 있다.

첫째, 정부의 직접개입이나 규제이다. 재건축초과이익환수제, 주택거래신고제도 도입, 투기지역 및 투기과열지구 지정, 분양가상한제 등이 여기에 해당한다. 둘째, 공급정책으로 공적임대주택 공급, 공공분양주택 용지 전환 등으로 인한 아파트나 주택의 공급확대나 감소, 재건축 연한 변경 등이 있다. 셋째, 조세정책으로, 다주택자 양도세 강화, 취·등록세율 변화, 보유세율 변화 등이다. 넷째, 금융정책으로, 전서자금 지원, 주택담보대출비율(LTV), 총부채상환비율(DTI), 총부채원리금상환비율(DSR), 청약통장 등이다. 다섯째, 거시경제 변수들로, 기준금리, 국내총생산(GDP), GDP내의 건설업이나 부동산 및 임대업, 물가상승률, 주가지수, 유동성 등이 될 수 있다. 마지막으로 앞에서 포함되지 않는 변수인 교육이나 보육여건, 1인 가구 비중, 출퇴근 시간 등이 될 수 있다. 여기에서는 서울 등의 부동산 시장에서 이상과열을 막기 위한 기초적인 정부의 조세정책과 공급정책을 살펴보자.

지금 가장 먼저 바뀌어야 할 부분은 조세정책과 관련된 부분이다. 보유세를 대폭 인상하고, 거래세를 낮추어 주택 공급을 유도해야 한다. 우리나라 자산시장을 감안한 보유세는 매우 낮다. 우리나라에서 민간은 자산 중에서 부동산을 보유하는 비중이 매우 크기 때문에 보유세 총액일 클 수 밖에 없다. 민간보유 부동산 총액 대비 보유세 금액비율인 보유세 실효세율도 약 0.15% 내외로 영국, 일본, 프랑스 등 주요국에 비해 20%~30% 정도 수준이고, OECD 국가들 평균의 50% 수준 밖에 되지 않는다. 반면, 우리나라의 총세수 대비 거래세 비중은 약 3%이지만, OECD 국가들 평균 0.4%보다 약 7배 높다. 우리나라의 민간보유 부동산 총액 대비 거래세인 실효세율은 0.21%로 OECD 국가들 평균 0.11%에 비해 2배 가까이 높다. 따라서 보유세는 대폭 인상해야 하고, 거래세는 반 이하로 낮추어야 한다. 보유세를 소폭 올리면 세입자에게 오르는 세만큼 전가되고 오히려 주택가격은 오르게 되지만, 보유세를 대폭 올리게 되면 다른 곳으로 이주하기 때문에 가격을 전가하기 힘들어진다.

서울의 주택보급률은 100%에 근접했으나, 자가보유율은 50%도 되지 않는다. 즉, 다주택자가 많다는 말이다. 이전의 정책으로 인해 몰리고 있는 똘똘한 1주택 중에서도 고가 주택에도 적용하고, 2주택 이상에도 강화할 필요가 있다. 또한, 전국적으로 공통으로 적용할 것이 아니라 지역별, 가구별, 소득별 등 세분화하여 정책을 펼칠 필요가 있다.

서울에 공급확대를 위하여 재건축 연한을 일시에 풀 필요가 있다. 현재 서울에 아파트 공급이 거의 제한적으로 이루어지고 있다. 그린벨트를 풀어서 주택을 공급하는 것은 한계가 있기 때문이다. 따라서 현재 계속하여 재건축 연한이 상승하고 있는 상황에서는 공급이 늘 수도 없고, 입주자들의 삶이 나아질 수도 없다. 오히려 서울에서 국지적으로 재건축 연한을 늘리지 말고, 재건축 연한을 20년 정도로 낮추게 되면 일시적으로 공급이 증가할 수 있으며, 시차가 적용되기 때문에 장기적인 공급이 늘어날 수 있다. 물론, 주택에 투기세력을 방지하는 정책들이 같이 나와야 할 것이다.

디지털타임스, 2018.01.30. 작성

12

부동산 정책, 범부처 차원에서 중장기적으로 접근해야

삶의 질을 결정하는 요인은 무엇일까? 당연히 가장 기본적인 소득과 소득을 가지고 소비할 수 있는 의식주에서 시작한다. 최근에 의식주에서 의와 식은 어느 정도 해결되고 있는 것처럼 보인다. 즉, 입고 먹는 것은 1인당 GDP가 2만달러를 넘어가면 어느 정도 해결되었다고 보는 것이 일반적이다. 이러한 현상을 현 정부도 잘 이해하고 있는 듯 하며, 우리 국민들의 삶의 질을 높이는 것에 초점을 두고 있다. 그러나 아직도 해결하지 못하고 있는 것이 의식주 중에서 주이다. 여전히 높은 부동산 가격과 주택 가격 때문에 삶의 질이 높아지지 않고, 평생소득으로는 살 수도 없는 너무 높은 가격에 우리 국민들은 아예 주택구입을 포기하는 경우도 많다. 이렇게 의식주 중에 남아 있는 부동산과 주택에 사람들은 관심을 많이 가지게 될 수 밖에 없다.

투자 측면에서도 확률 0.5를 넘기는 시장은 거의 없다. 즉, 주식시장과 외환시장 등은 오르고 내리는 확률은 이론상 0.5로 같다. 채권시장이나 금융시장에서의 예금 등은 확률 0.5보다 높지만, 수익률이 낮다. 그렇다면 이제 수익률이 높으면서도 리스크는 작은 상품은 얼마 남지 않는다. 이 중에서 하나가 바로 부동산과 주택이다. 그렇다면 어떻게 현 정부는 부동산과 주택 정책을 펼쳐야 하는가? 일괄적인 세금을 통한 가격 통제가 가격이 더 이상 오르지 않게 하는 방법인가?

주택에 대한 2017년 통계는 다음과 같다. 2017년 전국적인 주택(아파트 및 단독·연립 포함) 매매가격 변동률은 0.1%, 수도권은 0.21%, 서울은 0.45%, 5개 광역시는 0.04%

증가하였고, 기타지방은 오히려 0.11% 감소하였다. 즉, 전국적인 분포와 서울, 수도권, 5개 광역시의 분포는 분명히 차이가 있다. 아파트만 놓고 보면, 전국, 서울, 강남, 6개 광역시의 매매가격지수는 이미 2017년 이전인 2013년을 변곡점으로 상승하고 있으며 강남, 서울, 6개 광역시, 전국 순으로 상승폭이 크다.

일반적인 주택가격이나 부동산 가격을 결정짓는 요소는 크게 6개 정도의 대항목으로 나눌 수 있다. 첫째, 정부의 직접개입이나 규제가 있다. 최근에 이슈가 되는 재건축초과이익환수제, 주택거래신고제도 도입, 투기지역 및 투기과열지구 지정, 분양가상한제 등 여러 규제나 직접개입이 있을 수 있다. 둘째, 공급정책이 있다. 공적임대주택 공급, 공공분양주택 용지 전환 등으로 인한 아파트나 주택의 공급확대나 감소 등에 따른 미분양주택수이다. 셋째, 조세정책이다. 다주택자 양도세 강화, 취·등록세율 변화, 보유세율 변화 등 세제와 관련된 부분이다. 넷째, 금융정책이다. 전세자금 지원, 주택담보대출비율(LTV), 총부채상환비율(DTI), 총부채원리금상환비율(DSR), 청약통장 등 부동산이나 주택과 연결된 변수들이다. 다섯째, 거시경제 변수들이다. 국내총생산(GDP), GDP내의 건설업이나 부동산 및 임대업, 물가상승률, 주가지수, 유동성 등이 될 수 있다. 마지막으로 여기에 포함되지 않는 변수인 교육이나 보육여건, 1인 가구 비중, 출퇴근 시간 등이 될 수 있다.

이러한 대책으로 정부대책이 연이어 발표되었다. 6·19 대책, 8·2 대책, 11·3 대책 등 여러 대책을 내놓았지만, 이미 호가는 8·2 대책을 기준으로 20% 이상 오른 곳이 서울 등을 비롯하여 여러 곳에 많이 존재하고 있다. 호가는 시세를 결정하는 요인 중에 하나인데, 이미 가격이 요동치고 있다는 뜻이 된다. 그렇다면 왜 정부의 대책은 부동산 가격안정에 효과가 없었을까?

단기적으로 부동산을 투기로 보는 갭투자 등은 분명히 막아야 한다. 현재와 같이 여러 대책 들은 금융정책과 연결되어 있고, 조세정책들도 여러 대책 중에 포함되어 있다. 또한, 중장기적으로 공급 정책도 포함시키고 있다. 그러나 일부 지역의 호가는 계속하여 상승하는 현상이 발표되고 있다. 여기서 정부는 정책의 효과를 기다려야 한다. 8·2 대책이 효과가 나기 위해서는 2월말까지 충분히 기다려야 할 필요가 있다. 즉, 정책 발표 후 6개월이 되는 시점인데, 대책 후 관련 법 등이 바뀌거나 취·등록을 하는 데 충분한 시간이 바로 6개월이다. 따라서 2월말의 정보는 3월말이나 4월 정도에나 볼 수 있다.

중장기적으로 주택 공급정책은 분명히 필요한 정책이다. 그러나 40만호가 전국적으로 지어진다면 전국의 매매가격은 떨어지게 되고, 일부 지역만 오르게 된다. 또한, 보유세도 조세정책으로 고려해 볼 수 있다. 그러나 일괄적인 보유세 적용은 전국의 부동산 가격을 떨어뜨리고, 정작 다른 목표는 잡지 못할 수도 있다. 따라서 금융, 공급정책과 더불어 보다 세밀하게 지역별, 차주특성별, 가구별로 빅데이터에 가까운 정보를 바탕으로 정책을 펼쳐야 한다. 마지막으로 교육 등도 부동산 가격을 결정하는데 중요한 요소이다. 교육이 한 곳으로 집중되면, 계속해서 가격은 올라가게 된다. 조세정책을 펼치더라도 조세는 가격에 이전시키면 그만이다. 따라서 가격은 더 올라가게 된다. 원천적으로 일부 지역에 왜 수요가 몰리고, 투기가 늘어나는 지에 대해 보육이나 교육여건이 바뀔 필요가 있다. 즉, 가격이 오르고 있는 지역뿐만 아니라 비슷한 다른 지역에도 보육이나 교육여건을 개선시킬 필요가 있다. 따라서 부동산 정책을 시행할 경우, 범부처 차원에서 대응해야 하며 하나의 정책만 들고 나와서는 시장의 광풍을 잡기는 어려울 것이다. 아니면 대다수의 국민들은 1주택을 보유하는 것은 포기해야 될 것으로 보인다.

13

디지털타임스, 2016.05.11. 작성

기업 구조조정의 방향, 골든 타임이 흐르고 있다

울산이나 거제에 최근에 가보신 분들은 도시의 분위기를 아실 것이다. 현재, 조선사나 해운사가 있는 도시의 생동감은 상당히 떨어진다. 몇 천 명의 인원감축이 있었고, 향후에도 매우 많은 인원감축이 있을 것이라고 뉴스에 계속하여 나온다. 또한, 식당을 비롯한 상가들에는 고요함이 감돈다. 최근의 정부도 이러한 분위기를 감지한 듯, 여러 정책을 쏟아내고 있다. 앞으로 기업 구조조정의 방향은 어디로 흘러가야 국내 경제에 타격을 덜 입힐 수 있을까? 국가미래연구원은 최근 2016년 경제성장률 전망을 기존의 2.6%에서 0.3% 하향한 2.3%로 예측하였다. 경기에 영향을 미치는 대내외 변수를 예측하면서 기업의 구조조정이 적시에 되지 않거나 제대로 되지 못할 경우, 경제성장률은 보다 악화될 수 있을 것으로 보았다. 이렇게 기업 구조조정은 국가경제에 중요한 역할을 할 수 있으며, 타이밍, 주체, 재원, 방식은 상당히 중요할 수 있다.

먼저, 일부 산업의 기업 구조조정의 골든 타임은 이미 많이 흘렀다. 예를 들어, 2013년도에 조선업이 호황일 때 조선업은 해양플랜트의 시공 능력에만 의지하였다. 설계나 관리 등에는 소홀하였다. 이 당시에 조선사들은 몸집을 불릴 것이 아니라 내실을 다지고 새로운 먹거리를 만들어 냈어야 했다. 그러나 능력보다 많이 수주하고, 가격경쟁력은 떨어지고 있다는 사실을 간과하였다. 이 시기에 경영진들은 성과를 자축하고, 기업의 비정규직은 늘어나고 있을 때였다. 일부 산업별 경기변동 연구를 살펴보면, 1997년 외환위기 이후에 경기변동은 상당히 빠르게 일어나고, 경기확장기보다 경기수축기가 긴 것이 일반적이다. 또한, 조선사들이 속한 선박건조 등의 경기변동은 산업 평균보다 훨씬 짧은 경기변동 주기를 가지며 확장기보다 수축기가 길다. 반면에 경기변동의 진폭은 제조업과 서비스업 중에서 다섯 손가락 안에 들 정도로 크게 나타난다. 정부 정책에 따라, 조선업은 외환위기 이전에는 선행하는 성격을 나타내었으나, 외환위기 이후에는 경기와 동행하는 성격을 나타내며 유가와 환율에 보다 민감해 진다. 따라서 2013년의 경기변동 당시에 경영성과에 대한 자축보다는 경기변동 상의 위치에서 다음의 경기수축기를 대비하고, 새로운 기술로 무장하여 먹거리를 찾아야 했다. 따라서 지금이라도 기업의 구조조정을 다운사이징이나 자구노력을 해야 한다.

기업 구조조정에서 주체도 상당히 중요하다. 현재의 기업 구조조정의 주체는 각 기업이기도 하지만, 정부가 주도하고 있다. 정부가 주도적으로 기업의 구조조정의 방향을 이끌어 가는 것은 시장의 왜곡을 불러올 가능성이 높다. 즉, 민간이 스스로 구조조정하도록 방향을 이끌어 가도록 두되, 정부는 내부적 도덕적 해이나 불법적인 문제들이나 타 업종이나 민간에 부담을 주는 부분들은 발생할 때마다 과감히 정리해 주어야 한다. 거제나 울산 등의 지역에서 실업은 비정규직이나 하도급업체에서 먼저 일어나고 정규직의 순서로 일어날 수 있으며, 대규모 실업은 지역에 큰 영향을 미칠 수 있다. 따라서 정부는 실업급여의 방식이나 보다 많은 실업이 발생하는 경우에 고용 특별재난지역 선포와 같은 방법을 선택하는 것이 옳아 보인다.

기업 구조조정의 재원은 요즈음에 많이 회자되고 있다. 이미 여러 뉴스에서 나왔던 바와 같이, 정부는 재정정책과 통화정책을 같이 펼치는 조합을 선호하고 있으나, 구체적인 방식들은 일치화되어 있는 것이 없다. 한국은행의 경우에 발권력을 동원하거나 채권을 사들이는 방식들은 국민에게 인플레이션 조세를 발생시키거나 미래 세대에 세금을 물리는 것과 같은 방식이다. 따라서 모두 국민의 세금 부담으로 귀결된다. 따라서 단기적인 효과가 있는 재정정책을 시도하되, 직접적인 자금 투입보다는 간접적인 자금 투입이 우선시 되어야 한다. 또한, 통화정책은 재정정책을 시도한 후에 자금 투입이 더 필요한 경우에 국민적 합의를 거쳐서 시도할 수 있는 부분이다.

마지막으로 기업 구조조정의 방식 문제이다. 현재 대형 조선사들은 자산매각, 인력감축, 경영효율화 등의 자구노력을 하고 있으며 중소조선사들은 통폐합이나 매각 등을 통해 정리한다는 것이 구조조정의 기본 방식이다. 각 중소조선사들도 강점이 있고, 약점이 있을 것이다. 무리한 통폐합보다는 특징을 살리는 통폐합이 우선시 되어야 한다. 외환위기 당시에 무리한 통폐합을 통해 성공한 기업은 거의 없다. 따라서 이러한 경험을 살려, 이번에는 강점을 살피는 통폐합이나 매각을 통하여 보다 건전한 기업들이 다시 태어나 국민경제에 이바지 할 수 있어야 한다.

뉴스토마토, 2015.06.16. 작성

14

핀테크 산업 활성화 방안

핀테크(fintech)란 넓은 의미에서 금융을 의미하는 파이낸셜(financial)과 기술을 뜻하는 테크닉(technique)의 합성어로 새로운 IT기술을 접목한 기존 금융서비스의 혁신을 의미한다. 좁은 의미로 전통적 금융시스템을 위협하는 목적으로 설립되는 신생기업(start-up)들을 의미한다. 이러한 핀테크 기업들은 송금(전자화폐, 모바일/이메일 송금), 결제(전자화폐, 간편결제), 자산관리(온라인 펀드, 온라인 전문은행, 인터넷 보험, 오라인 증권사), 투자(소셜트레이딩, 크라우드 펀드), 보안(정보보안, 결제보안), 데이터분석(금융 빅데이터 분석) 등으로 진화하고 있다. 이러한 핀테크는 금융소비자 관점에서 편의성, 비용효율성, 보안성 향상 등을 통한 효용을 증가시킬 수 있다.

Accenture에 따르면 2013년 전세계 핀테크 기업에 대한 투자는 약 30억달러로 2008년 이후 3배 이상 증가하였으며, 현재와 같은 추세라면 2018년까지 60억달러에서 80억달러로 추정하고 있다. 따라서 핀테크 산업의 매출은 투자규모보다 훨씬 늘어날 수 있다. 미국은 인큐베이터 등의 프로그램을 통해 세계 최대의 핀테크 시장을 형성하고 있는데 단순한 IT업체와의 제휴를 넘어 금융시스템과 화학적 결합으로 새로운 가치를 창출하고 있다. 송금(Paypal), 결제(Square, Paypal), 자산관리(etrade), 투자(렌딩클럽), 정보보안(사이버소스), 데이터분석(Affirm) 등이 대표적이다. 영국은 전세계 금융허브 중의 하나로 핀테크 투자규모가 가장 빠르게 높아지고 있다. 영국의 테크시티의 경우, 세금감면, 금융거래세 철폐, 기술개발 비용 지원 등을 통해 많은 신생기업들이 나타나고 있다. 중국은 모바일을 기반으로 핀테크 기업이 급성장하고 있다. 이렇게 금융인프라 구축 수준, 상거래 여건, 정부의 정책방향에 따라 발달 양상이 다르게 나타난다.

국내의 경우, 해외에 비해 상대적으로 결제시스템과 해외송금 등의 분야에서 우선적으로 변화가 나타나고 있다. 또한, 금융당국도 핀테크 지원센터 설립, 자금조달 지원, 전자금융업 진입장벽 완화, 전자지급수단 이용활성화, 전자금융업종 규율 재편 등을 통해 핀테크 활성화를 시도하고 있으나, 여전히 문제들이 남아 있다.

사전 규제 환경 변화가 필요하다. 현재의 규제 변화는 선제적이지 못하고, 규제의 일관성도 없다. 즉, 현재에는 새로운 기술이 개발되어 어떤 기업이 문제를 제기하면 규제가 변화한다. 현재의 경우에도 많은 핀테크 분야가 있으나 대부분 결제시스템에 대한 규제가 변화하고 있다. 즉, 송금, 결제, 자산관리, 투자, 정보보안, 데이터분석 등 여러 분야에 대해 규제가 완화되고 일관될 필요가 있다. 예를 들어, 전자금융거래법, 은행법, 자본시장법, 보험업법, 금융실명제법 등의 관련 분야의 규제들을 일관성 있게 완화하여 핀테크 기업들이 보다 활성화될 수 있도록 할 필요가 있다.

사전 규제가 완화되면 사후 규제가 강화되어야 한다. 통계학에서 귀무가설이 옳은데도 불구하고 가설을 기각하는 제1종 오류(Type I error)와 귀무가설이 틀린데도 불구하고 옳은 것으로 받아들이는 제2종 오류(Type II error)가 있다. 금융당국은 제2종 오류를 줄이려고 하여야 한다. 즉, 현재와 같이 각종 규제에 대한 정상적인 가이드라인 등을 통해 면죄부를 주는 경우에 기업들은 가이드라인만 지키려고 하고 자주적인 개발을 시도하지 않게 된다. 미국의 경우 사전 규제가 거의 없지만, 보안사고 등이 발생하면 매우 강한 책임을 묻는다. 보안사고 뿐만 아니라 인터넷 전문은행 설립에 관한 부분들도 사전 규제들을 과감하게 없애고 사후 규제를 강력하게 하면, 새로운 핀테크 기업들이 자생할 수 있을 것으로 보인다.

국내 금융시장의 크기는 정해져 있다. 현재와 같이 세계적인 핀테크 열풍이 일고 있는 가운데 국내에서만 사업을 하게 할 필요는 없다. 국내 금융시장에서 핀테크 기업이 오프라인의 수익을 빼앗아 온다면 소비자 입장에서는 편해질 수 있으나, 공급자 입장에서는 더욱 치열해질 뿐이다. 따라서 해외의 핀테크 기업과 같이 국내의 핀테크 기업도 해외로 진출할 수 있도록 도와야 한다. 초기에 핀테크 기업이 스스로 해외진출을 하기 힘들다면 정부가 최대한 도와야 할 것으로 보인다.

PART

7

민생 및 정책

1

동아일보, 2019.11.05. 작성

497세대의 경제관

요즘 사람들은 586세대들에 대해 많이 언급한다. 바로 그 다음 10년 후 현재 497세대(40대, 90년대 학번, 70년대 생)가 나타난다. 이들은 흔히 X세대라고 불렸다. 다른 세대들은 497세대에게 왜 그렇게 조용히 살고 있느냐고 질문도 받고, 정당에서 정치적인 결정을 할 때에도 잘 보이지 않기 때문에 무색무취하다는 평을 듣는다. 그러나 단기 경제, 중기 고용, 장기 교육에서 뚜렷한 생각을 가지고 있는 세대이다. 물론, 497세대를 모두 다 대변한다고 할 수 없다.

1970년 대 중반 이후 한국에서 태어난 사람들은 여러 가지 공통점을 가지고 있다. 교육적으로 497세대는 고등학교 때에 학력고사를 본 사람도 있고, 수학능력시험을 두 번 본 사람도 있고, 본고사까지 치룬 사람들도 부지기수다. 즉, 급변하는 교육 한 가운데 서 있었던 셈이다. 대학에 진학했을 때, 민주화 운동이 거의 끝나가고 있었기 때문에 공부만 몰두했던 사람들의 비율은 증가했을 것이다. 장기적인 교육에 대해 관심이 높을 수 밖에 없다. 497세대들은 교육에서 효율성보다 공정성을 매우 주장한다. 정책적으로 공정성이 떨어지고, 배경이 작용하는 수행평가, 학생부종합전형보다 정시 전형을 획기적으로 늘리는 것을 선호한다.

이제, 대학졸업 시기이다. 바로 위 세대들은 대학을 졸업하면서 동시에 취업이 되었다. 일자리가 많아진 상황에서 지금과 반대로, 청탁이 거꾸로 오던 시절이었다. 그런데 1997년에 아시아 외환위기가 발생하면서 모든 상황은 바뀌었다. 취업률은 곤두박질 쳤고, 취업광고가 게시판에서 아예 사라지던 시절이다. 또한, 취업이 안 되어 대학원에 진학하거나 졸업을 미루고 난 후에는 금융불안정이 발생하면서 취업이 어려웠고, 지금 20대까지 이어오고 있다. 다시 말하면, 현재 대학생의 체감실업률과 1990년대 후반~2000년대 초반 체감실업률이 그다지 차이가 없다. 따라서 497세대들은 고용과 실업에 민감해질 수 밖에 없다. 이제 복지는 어느 정도 되었다고 생각하고, 사각지대에 있는 사람들을 위주로 정책을 펼쳐야 한다. 오히려 공무원 증원으로 미래 세대에게 조세를 전가하고 국가채무 부담을 늘리는 것도 세입에 맞게 세출을 조정할 필요가 있다.

20대 후반이나 30대 초에 취업하면, 대학 때 빚을 지고 시작하기 때문에 대학 졸업과 동시에 빚을 갚기 시작한다. 직장 생활 중, 여러 선택 기로에 서게 된다. 결혼을 하는 경우, 월세나 전세를 얻어야 하는데 대출을 받게 된다. 출산을 하게 되면 약간 더 넓은 집으로 옮겨야 하는데, 역시 빚을 지게 된다. 투기지역의 집값이 부부 소득 합산보다 몇 배는 빠르게 빛의 속도로 뛰기 때문에 대출로도 못 사는 집을 포기하기 하는 경우도 많다. 여기서 노동소득은 부동산 소득의 수익을 못 따라 간다는 것을 느끼게 된다. 아이들이 있으면 양육해야 하는데, 역시 빚을 지게 된다. 이제, 빚은 생애에 걸쳐서 죽을 때까지 빚의 고리는 반복된다. 따라서 497세대는 금융과 부동산에 관심을 가지게 된다. 금리를 인위적으로 낮추는 정책을 취하면, 신용등급이 높은 사람간 금융권 거래가 가능하다. 따라서 최고금리를 현재보다 낮추는 정책은 매우 위험한 생각이다. 또한, 단기에 급격한 부동산 가격 상승을 막기 위하여 투기지역 내에 1가구 2주택 이상부터 초과이익이 거의 없도록 강력한 환수제를 적용하고, 재건축 연한을 폐지하거나 대폭 줄여 주택공급을 증가시킬 필요가 있다.

여전히 몸도 건강하고 정신도 건강해서 열심히 일하고 있는데, 위의 세대들이 40대나 50대에 은퇴하고 있다. 은퇴 평균연령은 조사나 연구마다 다르지만, 49세~52세 사이 정도로 알려져 있다. 정부는 사람에 투자로 기술을 가질 수 있도록 교육 등을 통하여 같은 업종이나 자영업이 아닌 업종으로 유도하는 것이 급선무다. 이 때 쯤 되면, 우리 경제에 무슨 문제가 있고, 다니던 회사에 어떠한 문제가 있고, 인맥도 있지만, 혼자 일하기에 위험이 따르기 때문에 창업을 하면 젊은 사람들에 대한 고용도 가능하다. 그런데 무서운 것은 극한직업의 영화에서와 같이, 창업했다가 망하면 퇴직금까지 날릴 판이다. 정상적인 영업을 하다가 망하더라도, 지금 20대처럼 정부가 지원되는 것도 아니다. 따라서 새로운 사업이나 직장은 꿈도 못 꾼다. 여기서 다른 산업에 대한 관심이 생기고, 고용에 대한 관심이 생긴다. 많은 497세대들은 정치적으로 무당층의 비율이 상당히 높다. 오히려 몸으로 금융을 배우고, 먹고 살기 위해 열심히 일할 수 있는 경제에 상당히 관심이 많을 수 밖에 없다.

2

어긋난 경제정책, 민생고로 소비심리가 얼고 있다

한국은행이 2018년 8월 소비자심리지수를 발표했다. 소비자심리지수는 6개월 전과 비교하는 현재생활형편, 현재경기판단과 현재와 비교한 6개월 후를 전망하는 생활형편전망, 가계수입전망, 소비지출전망, 향후경기판단 6개 주요지수를 구성된 심리지표이다. 장기평균치를 기준으로 100보다 크면 장기평균보다 낙관적임을, 100보다 작으면 비관적임을 의미한다. 2017년말 110.6을 시작으로 계속 하락하였으나 8월에 99.2로 100이하를 나타낸 것은 2017년 3월에 100보다 낮은 수준을 나타내다가 이후에 상승하여 100이하로 처음 떨어졌다.

현재생활형편도 2018년 2월 이후 계속해서 하락하고 있고, 생활형편 전망도 2018년 5월 이후 계속 하락하고 있다. 가계수입도 2018년 1월 이후 계속 하락하고 있으며, 소비지출전망도 2017년 1월 이후 계속 하락하고 있다. 내구재, 의류비, 여행비 등 모든 품목이 감소하고 있다. 여기에 현재경기판단과 향후 경기전망, 취업기회전망 등도 대폭 하락하였다.

먼저, 경기가 하락 국면에 접어들었다는 것을 민간이 보여주고 있다. 경기판단이 8개월만에 95에서 70으로 대폭 하락하였다는 것이 이에 대한 반증이다. 향후 경기전망도 2017년말 105에서 82로 대폭 하락하고 있다. 따라서 각종 거시경제 지표 뿐만 아니라 실제로 민간이 느끼는 것은 더 심하다는 의미를 가진다.

최근에 고용과 관련된 부분도 보여준다. 소비를 늘리려면 소득이 있어야 하는데, 최저임금의 과도한 인상과 주 52시간 근무로 인해 취업의 기회가 줄어들고 있다. 실제 최저임금 인상으로 임시 및 일용근로자들의 고용이 줄고 있고, 정부가 지원하는 고용원이 있는 자영업자가 늘고 있다. 그런데 정부 지원으로 인해, 원래 고용되어 있다가 4대 보험에 가입되면서 늘어난 수치라고 볼 수 있다. 조사에서 임금수준도 떨어질 것이라고 전망하고 있다. 즉, 시간당 임금이 늘더라도 일하는 시간이 줄기 때문에 총액은 줄어들 수 밖에 없다.

부동산과 물가도 문제다. 소비자심리지수에서 물가수준 전망과 주택가격 전망도 오를 것이라고 전망하고 있다. 실제로 하반기 물가는 매우 빠른 속도로 뛰고 있다. 날씨 등의 영향도 있기는 하지만, 경제정책으로 인해 고용 아니면 물가로 이전되기 때문이다.

여기에 부동산도 매우 빠른 속도로 뛰고 있다. 정부가 금리를 인상해야 하는 시기를 놓친 부분도 있다. 유동성이 풍부한 상황에서 모든 시장이 왜곡되어 있기 때문에 부동산으로 자금이 몰릴 수 밖에 없다. 따라서 서울 지역에 대해 주택공급을 할 수 있도록 보유세를 늘리고, 양도소득세를 낮추고 일시에 재건축연한을 낮출 필요가 있다.

요즘 민생이 정말 좋지 않다는 것으로 이번 소비자심리지수가 보여 주었다고 할 수 있다. 17개월 동안 계속 하락하였으나 지금과 같은 경제 정책으로 소비를 더 이상 좋게 하기는 어렵다고 볼 수 있다.

디지털타임스, 2018.06.18. 작성

3

정부, 경제와 민생을 제대로 인식하고 있는가?

현 정부가 출범한 지 1년이 지났고, 지방선거에서 여당이 압승을 했다. 이제 정부는 정책을 추진하는데 힘을 받을 수 있는 시기이다. 현재까지 대북정책, 복지정책, 부동산정책과 같은 사회적인 이슈들을 해결하였다는 것에 큰 의의를 가졌다고 볼 수 있다. 이에 따른 결과도 선거에서 나타났다고 볼 수 있다. 그러나 여전히 경제지표와 민생지표는 좋지 않은 상황이다.

기본적으로 성장하는 경제에서 일자리가 늘어난다. 물론 고용없는 성장도 존재하지만, 아직은 제조업 중심인 우리 경제는 성장에 따라 일자리가 늘어나는 상황이다. 인구구조도 중요한 요인 중에 하나이지만, 가장 중요한 요인이라고 보기는 어렵다. 최근의 일자리 증가가 둔화된 이유는 경기와 관련된 부분, 그리고 정책의 실패라고 볼 수 있다. 경기와 관련해서는 각종 지표상으로 경기변동 상 침체 국면에 있는 것은 명확하다. 또한, 일자리는 노동공급과 노동수요 측면을 고려했어야 하는데, 노동공급 측면의 일부만 파악한 부분이 있다. 일을 할 수 있도록 도와주는 것은 좋은데, 일을 할 의욕을 없게 만드는 것이 문제인 것이다. 또한, 관리 차원에서 기관에 지원하는 것보다는 개인에게 직접 지원하는 것이 효과적임에도 불구하고 여전히 개인에게 주고 있다는 점이다. 각종 정책에 따른 부정수급자들이 많이 생기는 이유도 여기에 있다. 기관이 부정수급을 유도하게 되고, 결과적으로 부정수급에 따른 책임은 개인이 지게 된다. 오히려 개인이 기관 모르게 수급하는 정책이 부정수급이 훨씬 적을 수 있다. 또한, 일하고 있는 사람들과 일하지 않고 있는 사람들에 대한 차별을 두게 되었다는 측면이 있다. 고용수준을 끌어올리기 위하여 일하지 않는 사람에게만 지원하게 되면, 당연히 일하고 있는 사람은 일하지 않을 유인이 더 많아진다. 따라서 현재의 경제와 관련된 고용정책은 실패라고 볼 수 있다.

경제가 이런 상황인데도 현재 경제주체들 중에서 가장 부자는 누구일까? 정부, 대기업, 자본이득을 얻고 있는 사람들이다. 정부는 2013년 세법개정을 통해 매우 많은 세금을 걷어 들였다. 2010년에 비해 소득세는 2배, 법인세도 가파르게 늘고 있다. 따라서 세수진도율은 매우 빠른 편이다. 또한, 대기업은 유보금이 빠르게 늘어나는 것으로 볼 수 있고, 대기업 직원들에 충분히 나누어 주지 않았다는 의미가 된다. 마지막으로 건물 임대 등으로 소득을 올리는 자본이득자이다. 요즘 초등학생도 꿈이 생산적인 직업이 아니라 건물주라고 할 정도이다.

정부는 세금을 거두어서 사회안전망 차원에서 쓰는 것은 바람직하다. 그러나 기본적인 경제원리를 모르고 복지에 쓰게 되면 생산성이 떨어지는 문제가 발생한다. J노믹스의 기본은 사람에 대한 투자이다. 즉, 사람들의 생산성을 끌어올리는 투자를 한다는 것인데, 지금은 정책을 제대로 실행하고 있지 못한 것 같다. 또한, 실제소득이 떨어지는 이유는 명목소득이 오르더라도 세금, 연금 등과 같은 비소비지출이 늘어나면 당연히 소비지출은 떨어질 수 밖에 없다. 따라서 소득 상위 10% 내에 들더라도 소비지출을 할 여력이 없어지게 되고, 중산층이 사라질 수 밖에 없는 이유이다. 저소득층은 복지로 지원을 받더라고 장기적으로 모두 소비로 이어질 수는 없다. 따라서 모두 소비를 줄일 수 밖에 없는 이유이다. 단지 정부의 소비지출만 늘기 때문에 소비가 늘어나는 것처럼 보일 뿐이다. 따라서 정부를 제외하면 민생이 좋아질 수 없는 상황이 되는 것이다. 여기에 최근 분석에 따르면 하반기 물가상승도 심상치 않다. 명목소득이 늘더라도 생활물가 수준이 빠르게 증가하면 실제로 쓸 수 있는 처분가능소득도 줄게 된다.

경제학에서 나오는 문제 중의 하나가 시차(lag) 문제이다. 내부시차 중 인식시차는 경제를 인식하는데까지 걸리는 시간이다. 그런데 정부가 제대로 인식하지 못하고, 나중에 정책을 시행하게 되면 경기변동의 폭은 커질 수 밖에 없고, 상승기에는 좋지만 하락기에는 더 많이 하락하게 되며 실직이나 물가상승의 효과는 더 커질 수 밖에 없다. 이에 따른 효과는 고스란히 국민들이 떠안게 되고, 민생은 안 좋아질 수 밖에 없다. 따라서 현재의 경제 상황을 정확하게 인식하고 정책을 시행할 필요가 있다.

농민신문, 2017.03.07. 작성

4

국민 행복을 어떻게 측정할까?

어떤 국가가 잘 산다거나 가난하다고 하는 근거는 무엇일까? 일반적으로 쓰이는 자료가 국내총생산(GDP)으로, 국가 간 비교가 편리하다. 그러나 GDP는 건강, 일과 여가, 사회연결망, 지하경제, 환경문제 등을 반영하지 못하며 경제성장이 반드시 국민행복을 초래하는 것은 아니다. 또한, 일반적으로 행동경제학에서 1인당 GDP가 2만달러를 넘어가면 국민들은 행복한 삶에 대한 관심을 가지게 되기 때문에, 국민들은 GDP와 다른 지표로 행복한 정도를 평가하기 원한다. 2008년 이후, 세계적으로 행복이나 삶의 질을 평가할 수 있는 지표를 개발해 오고 있는데 UN, OECD, 선진국들도 이러한 행복지수들을 측정해 오고 있다. 국내에서도 통계청이나 각 지방자치단체들은 설문조사나 지표들을 산출하고 있으나, 추적이 가능한 지수를 개발하고 있지 않다. 국가미래연구원은 2011년부터 경제행복지수를 산출하였고, 2013년부터 4월초, 7월초, 9월말, 12월말에 국민행복지수를 산출해 오고 있다.

국민행복지수는 총 3개의 대항목, 20개의 중항목, 34개의 소항목으로 구성되어 있다. 대항목에는 경제성과 및 지속가능성, 삶의 질, 경제/사회 안정 및 안전이 들어 있다. 성제성과 및 지속가능성에는 소비, 투자, 정부와 관련된 변수들이 들어 있다. 삶의 질에는 고용, 건강, 교육비, 환경, 주거, 문화와 관련된 변수들이 들어 있다. 경제/사회 안정 및 안전에는 중산층, 물가, 소득분배, 사회안전, 부패, 재난/재해, 식품, 노후 등과 관련된 변수가 들어 있다.

이러한 변수들은 차지하는 비중이 다르다. 따라서 전문가 등의 설문조사를 통해 가중치를 결정하게 된다. 대항목에서 경제성과 및 지속가능성의 중요도는 삶의 질, 경제/사회 안정 및 안전과 거의 비슷하게 나타나는 것이 특징이다. 즉, 경제적인 상황도 중요하지만, 삶의 질이나 사회 안정, 안전들도 비슷하게 나타난다. 상위 10대 중항목을 보면, 고용, 건강, 인적자본형성 및 노동생산성, 사회안전, 민간교육비 지출, 1인당 자본스톡, 1인당 소비지출, 부패와 신뢰수준, 노후안정, 1인당 가계부채의 순서로 나타난다.

국민행복지수의 산출결과에 의하면, 2003년 1분기 100으로 시작하였다. 카드사태인 2005년 1분기에 52.28로 매우 나빠졌고, 서브프라임 금융위기 당시인 2009년 3분기에 89.28로 낮아졌었다. 또한, 2016년 3분기에 120.98로 2분기 135.26보다 대폭 하락하였다. 대항목을 살펴보면, 경제성과 및 지속가능성은 대부분 100보다 크게 나타나지만, 삶의 질은 여전히 100보자 작게 나타나고 있다. 경제/사회 안정 및 안전은 2014년 이후 100보다 커지고 있으나, 최근에 감소하고 있다.

과거 최저수준인 2005년 1분기와 가장 최근 시점인 2016년 3분기와 비교하면, 3개의 대항목은 상승하고 있는 것으로 나타난다. 그러나 교육과 관련된 분야들이 나빠졌으며, 비정규직 비율과 주거와 관련된 부분들이 나빠졌고, 이혼율이나 재난과 관련된 분야들이 나빠졌다. 따라서 과거 최저수준인 분야에서 교육과 관련된 가계교육비지출 등을 개선해야 한다. 또한, 비정규직 비율과 같은 항목들은 고용의 총량보다는 질을 나타내는 변수이므로, 이미 많이 개선되었어야 하는 부분이다. 주거는 가계소득증가율이 주택매매 가격을 따라가지 못하기 때문에 발생되는 현상이며 이는 가계부채와도 연결된다. 따라서 주거에 대한 행복도를 높이는 정책이 필요하다. 현재 분석의 전분기인 2016년 2분기와 비교하면, 경제성과 및 지속가능성은 크게 나빠졌고, 삶의 질도 2분기에 비해 많이 낮아졌다. 반면 경제/사회 안정 및 안전 지수는 2분기에 비해 약간 상승한 것으로 나타나고 있다.

이렇게 국민행복지수는 장기적이면서 종합적으로 국민행복의 정도에 대한 추세를 나타내며, 정책적으로 어떠한 부분이 뒷받침되어야 국민이 보다 나은 삶이나 행복을 유지할 수 있는 지에 나타낸다.

ifsPOST, 2017.01.05. 작성

5

민생이 갈수록 고달파지고 있다

'민생'의 사전적인 의미는 "일반 국민의 생활이나 생계 상태"를 말한다. 즉, 좁게는 국민의 생계를 말하고, 넓게는 국민의 생활을 의미한다고 볼 수 있다. 따라서 민생의 구성하는 요소는 여러 가지가 있을 수 있으며, 구성요소는 다양하게 해석될 수 있다. 이렇게 다양한 구성요소를 하나로 지표로 나타내는 것을 지수라고 한다.

지수를 작성하는 것은 수많은 국민생활의 요소들을 종합해서 국민생활의 질이나 어려움 정도 등을 가늠해 보기 위한 것이다.

국가미래연구원은 지난 2013년 박근혜 대통령 취임을 계기로 민생지수와 국민행복지수, 국민안전지수를 작성, 매분기별로 발표하기 시작허 지금에 이르렀다. 정권별로 보면 2013년 2월 25일 제18대 대통령으로 박근혜 대통령이 취임하였다. 그에 앞서 제16대 노무현 대통령은 2003년 2분기부터 시작되었으며, 제17대 이명박 대통령의 임기는 2008년 2분기부터 시작되었다. 따라서 민생지수는 노구현정부의 시작인 2003년 1분기를 100으로 시작해 수치상으로는 13년의 지수가 작성된 셈이다. 그러나 실질적인 분석은 만 4년이 지났다.

과연 그간의 민생지수는 무엇 때문에, 어떤 모습으로 변해왔나? 한번쯤 점검해 볼 필요가 있다.

민생과 관련된 지수는 물가지수 등 다양하게 존재할 수 있으나, 하나의 민생지수로 발표하기는 쉽지 않다. 그래도 국민생활의 실상을 반영할 수 있는 가장 근접한 지수를 만들기 위해서는 고려해야 할 요소들이 많다. 우선 지수산출에서 가장 중요한 것은 기준연도, 구성요소, 산출방식 등이 된다. 민생지수는 2003년 1분기를 100으로 하고 있다.

그 구성 내용부터 따져보고 어떤 변화가 있었는지를 함께 짚어보고자 한다. 민생지수는 총 11개의 구성요소로 돼있다. 그 중에는 통계치가 커질수록 지수에 긍정적인 영향을 미치는 긍정요소로 고용구조, 고용의 질, 실질소득, 실질주택가격, 주가 등 5가지로 구성되어 있다. 반면 통계치가 커질수록 지수에 부정적인 영향을 미치는 부정적 요소로 실질식료품비, 실질주거광열비, 실질기타소비지출, 실질교육비, 실질비소비지출, 실질전세가격 등 6가지로 구성되어 있다. 이들 11개지수를 산출식에 따라 계산한 것이 민생지수다.

2016년 3분기까지 박근혜 정부의 민생은 지수 산출이래로 가장 낮게 나타난다.

우선 정권별 지수를 살펴보면 국가미래연구원이 산출한 노무현 정부의 민생지수 평균은 101.30을 나타내고 있다. 최저점은 지수산출이 시작되는 2003년 2분기가 100.01이며, 최고점은 2007년 4분기에 103.50으로 지수 산출 이래 최고점을 형성하였다. 이명박 정부의 평균은 100.34로 나타난다. 이명박 정부의 시작은 2008년 2분기 102.56으로 나타난다. 아시아 금융위기 당시에 최저점인 99.66을 나타냈고, 등락을 거듭하다가 2013년 1분기에 99.69로 끝을 맺었다. 박근혜 정부는 2013년 2분기에 98.95로 상승하는 것처럼 보였으나, 이후 7분기 연속 하락하여 2014년 4분기에 97.78로 역대 최저점을 나타내었다. 이후 등락을 반복하며 2016년 3분기에 98.19를 나타내었다. 박근혜 정부의 민생지수 평균은 98.25로 가장 낮았다.

최근의 고용률은 60%에 고착화되고 있다.

산출요인별 변동추이를 살펴보자. 지수 산출 이후의 긍정적인 요소의 변화추이를 보면 다음과 같다.

고용구조는 고용률로 측정된다. 노무현 정부의 평균 고용률은 59.7%이며 표준편차는 0.7%를 나타낸다. 2003년 2분기 59.8%에서 2007년 2분기에 최대인 60.6%를 나타내었고, 2008년 1분기에는 58.5%를 나타내었다. 이명박 정부의 평균 고용률은 59.0%이며 표준편차는 1.0%를 나타내고 있다. 2008년 2분기에 60.4%로 시작하여 2012년 2분기에 60.2%로 최고점을 나타내었고, 2013년 1분기에 57.7%를 나타내었다. 박근혜 정부의 평균 고용률은 2016년 3분기까지 60.3%이며 표준편차는 0.7%를 나타낸다. 2013년 2분기에 60.2%로 시작하였고, 2016년 3분기에 61.1%로 고점으로 나타나고 있다. 박근혜 정부의 고용률은 2013년 60.2%, 2014년 60.2%, 2015년 60.3%, 2016년 60.3%를 나타내며 60% 초반 수준에서 고정되고 있다.

고용의 질도 정체상태를 보여준다.

고용구조와 더불어 고용의 질도 상당히 중요하다. 고용의 질은 임금근로자 중에서 상용근로자가 차지하는 비중을 나타낸다. 상용근로자는 3개월 중에서 45일 이상 고용된 사람까지 포함된다. 즉, 1일 단위로 고용되는 일용근로자는 제외된다. 노무현 정부의 평균 상용근로자 비중은 52.3%이며 표준편차는 1.4%를 나타낸다. 2003년 2분기 49.9%에서 2008년 1분기에 최대인 55.4%를 나타내었다. 이명박 정부의 평균 상용근로자 비중은 59.7%이며 표준편차는 2.7%를 나타내고 있다. 2008년 2분기에 54.9%로 시작하여 2013년 1분기 64.6%로 최고점을 나타내었다. 박근혜 정부의 평균 상용근로자 비중은 2016년 3분기까지 65.2%이며 표준편차는 0.8%를 나타낸다. 2013년 2분기에 63.8%로 시작하여 2016년 1분기에 66.95%로 최고점을 나타내고 있다. 박근혜 정부의 평균 상용근로자 비중은 2013년 64.3%, 2014년 64.9%, 2015년 65.5%, 2016년 66.3%로 연간 1%보다 작은 범위 내로 증가하고 있다.

월평균 실질 가계소득 증가율은 계속하여 낮아지고…

가구당 월평균 실질 가계소득을 살펴보면 다음과 같다. 소득통계는 2분기부터 감소하다가 매년 1분기에 증가하는 특성을 가지고 있다. 여기에는 일부 기업에서 연봉에 인센티브를 포함하거나 상여금 등이 존재할 수 있기 때문이다. 노무현 정부의 월평균 실질 가계소득은 372만 6천원이며 표준편차는 15만 4천원을 나타내며 13.6% 증가하였다. 2003년 2분기 350만 1천원에서 2008년 1분기에 최대인 397만 5천원을 나타내었다. 이명박 정부의 평균 실질 가계소득은 400만 2천원이며 표준편차는 8만 8천원을 나타내며 5.7% 증가하였다. 2008년 2분기에 396만 5천원으로 시작하여 2012년 4분기에 419만 8천원으로 최고점을 나타내었다. 박근혜 정부의 평균 실질 가계소득은 2016년 3분기까지 432만 8천원이며 표준편차는 5만 1천원을 나타낸다. 2013년 2분기에 423만 2천원으로 시작하여 2016년 3분기에 439만 6천원으로 최고점을 나타내고 있다. 박근혜 정부의 평균 실질 가계소득은 2013년 425만 3천원, 2014년 430만 9천원, 2015년 436만 1천원, 2016년 438만 6천원으로 3년간 3.9%의 낮은 증가율을 보이고 있다.

실질 주택가격지수는 높아져

실질 주택가격은 아파트의 매매가격지수에 물가를 감안하고 있다. 아파트 매매지수는 2013년 2분기에 92.30이었으나 2016년 3분기에 100.8을 나타내고 있다. 즉, 물가를 감안하더라도 매매가격이 점점 증가하고 있다는 의미를 가진다. 노무현 정부의 평균 실질 주택가격지수는 81.41, 표준편차는 4.23으로 나타났다. 2003년 2분기 74.85로 시작하여 2007년 1분기에 88.53으로 최고점이 나타났으며, 2008년 1분기에 86.80으로 끝을 맺었다. 이명박 정부의 평균 실질 주택가격지수는 85.59, 표준편차는 1.75를 나타내고 있다. 2008년 2분기에 86.83으로 시작하여 2011년 4분기에 88.47로 최고점을 나타냈으며, 2013년 1분기에 85.91로 나타났다. 박근혜 정부의 평균 실질 주택가격지수는 2016년 3분기까지 88.08이며 표준편차는 2.07로 나타났다. 2013년 2분기에 85.93으로 시작하여 2015년 4분기에 90.86으로 최고점을 나타내고 있다. 박근혜 정부의 연간 평균 실질 주택가격지수은 2013년 85.88, 2014년 86.44, 2015년 89.36, 2016년 90.76으로 3년간 5.6% 증가율을 보이고 있다.

실질 주식가격도 낮아지고 있다.

마지막 긍정적 요소는 실질주식가격이다. 노무현 정부의 평균 실질 주식가격은

1,356원, 표준편차는 392원으로 나타난다. 2003년 2분기 736원을 시작으로 2007년 4분기에 2,128원으로 최고점이 나타났으며, 2008년 1분기에 1,827원으로 끝을 맺었다. 이명박 정부의 평균 실질 주식가격은 1,716원이며 표준편차는 225원으로 나타났다. 2008년 2분기에 1,899원을 시작으로 2011년 2분기에 2,043원으로 최고점이 나타났으며, 2013년 1분기에 1,846원으로 나타났다. 박근혜 정부의 평균 실질 주식가격은 2016년 3분기까지 1,813원이며 표준편차는 41원으로 나타났다. 2013년 2분기에 1,799원으로 시작하여 2015년 2분기에 1,909원으로 최고점이 나타났다. 박근혜 정부의 연간 평균 실질 주식가격은 2013년 1,813원, 2014년 1,818원, 2015년 1,831원으로 나타나 거의 변화가 없다. 2016년 평균 실질 주식가격은 박근혜 정부 시작연도인 2013년보다 27원 낮은 1,785원을 보이고 있다.

박근혜 정부, 부정적 요소 많아 민생을 더욱 힘들게 하고 있다.

긍정요소에 이어 부정적 요소도 하나씩 살펴보자.

실질 식료품비는 식료품비와 물가로 작성된다. 노무현 정부의 평균 실질 식료품비는 31만 1천원이며 표준편차는 4천6백 원을 나타내며 1.4% 증가하였다. 2003년 2분기 30만1천원을 시작으로 2004년 4분기에 최대인 31만7천원을 나타내었고, 2008년 1분기에 30만5천원으로 끝을 맺었다. 이명박 정부의 평균 실질 식료품비는 31만 6천원이며 표준편차는 8천6백원을 나타내며, 7.4% 증가하였다. 2008년 2분기에 30만 6천원으로 시작하여 2012년 4분기에 33만2천원으로 최고점을 나타내었고, 2013년 1분기에 32만8천원으로 끝을 맺었다. 박근혜 정부의 평균 실질 식료품비는 2016년 3분기까지 32만8천원이며 표준편차는 3천원을 나타낸다. 2013년 2분기에 33만 1천원으로 시작하여 2015년 3분기에 33만2천원으로 최고점을 나타내고, 2016는 3분기 32만원을 나타내고 있다. 박근혜 정부의 연간 평균 실질 식료품비는 2013년 32만 9천원, 2014년 32만 9천원, 2015년 33만 1천원, 2016년 32만 4천원으로 3년간 –3%의 증감률을 보이고 있다. 그러나 같은 기간 물가지수 증가율은 3.3%로 거의 변화가 없어 식료품은 물가상승률과 거의 비슷하다고 할 수 있다.

주거광열비 증가도 민생악화 요인중 하나

실질 주거광열비는 주거광열비와 물가로 구성된다. 노무현 정부의 실질 주거광열비는 평균 21만 3천원이며 표준편차는 6천 1백원을 나타내며 7.7% 증가하였다. 2003년 2분기 20만 1천원에서 2006년 4분기에 최대인 22만 4천원을 나타내었고, 2008년 1분기 21만 6천원으로 끝을 맺었다. 이명박 정부의 평균 실질 주거광열비는 22만 8천원이며 표준편차는 9천 1백원을 나타내며 13% 증가하였다. 2008년 2분기에 21만 6천원으로 시작하여 2013년 1분기에 24만 4천원으로 최고점을 나타내었다. 박근혜 정부의 평균 실질 주거광열비는 2016년 3분기까지 25만원이며 표준편차는 2천 7백원을 나타낸다. 2013년 2분기에 24만 7천원으로 시작하여 2015년 4분기에 25만 6천원으로 최고점을 나타내고 있다. 박근혜 정부의 연간 평균 실질 주거광열비는 2013년 25만원, 2014년 24만 8천원, 2015년 25만 3천원, 2016년 25만 1천원으로 3년간 1.1%의 증가율을 보이고 있다. 물가상승률을 감안하면 박근혜 정부에서 주거광열비는 증가하였다.

실질 교육비는 교육비와 물가로 구성된다. 교육비는 학원 및 보습교육이나 고등교육지출을 나타낸다. 노무현 정부의 실질 교육비는 평균 25만 6천원이며 표준편차는 1만 7천원을 나타내며 28.6% 증가하였다. 2003년 2분기 22만 7천원에서 2008년 1분기에 최대인 29만 3천원을 나타내었다. 이명박 정부의 실질 교육비는 평균 31만 1천원이며 표준편차는 1만 1천원을 나타내며 –3.5% 감소하였다. 2008년 2분기에 29만 8천원으로 시작하여 2009년 1분기에 32만 5천원으로 최고점을 나타내고, 2013년 1분기 28만 8천원으로 끝을 맺었다. 박근혜 정부의 평균 실질교육비는 2016년 3분기까지 28만 6천원이며 표준편차는 2천원을 나타낸다. 2013년 2분기에 최고점 29만원으로 시작하여 2016년 3분기에 28만 8천원으로 나타나고 있다. 박근혜 정부의 연간 평균 실질교육비는 2013년 28만 9천원, 2014년 28만 5천원, 2015년 28만 4천원, 2016년 28만 6천원으로 3년간 –0.8%의 증감률을 보이고 있다. 물가상승률을 감안하면 박근혜 정부에서 교육비 부담은 늘었다.

실질 기타소비지출은 기타소비지출과 물가로 구성된다. 기타소비지출은 소비지출에서 식료품비, 주거광열비, 교육비를 제외한 지출을 나타낸다. 노무현 정부의 실질 기타소비지출은 145만 8천원이며 표준편차는 5만 1천원을 나타내며 10.7% 증가하였다.

2003년 2분기 138만 3천원에서 2007년 3분기에 최대인 153만 4천원을 나타내었고, 2008년 1분기 153만 1천원으로 끝을 맺었다. 이명박 정부의 평균 실질 기타소비지출은 152만 7천원이며 표준편차는 3만 7천원을 나타내며 2.7% 증가하였다. 2008년 2분기에 152만 3천원으로 시작하여 2012년 2분기에 158만 2천원으로 최고점을 나타내었고, 2013년 1분기에 156만 5천원으로 끝을 맺었다. 박근혜 정부의 평균 실질 기타소비지출은 2016년 3분기까지 160만 1천원이며 표준편차는 2만 1천원을 나타낸다. 2013년 2분기에 156만 7천원으로 시작하여 2014년 4분기에 163만 7천원으로 최고점을 나타내고 있다. 박근혜 정부의 연간 평균 실질 기타소비지출은 2013년 157만 1천원, 2014년 161만 3천원, 2015년 160만 9천원, 2016년 160만 5천원으로 3년간 2.8%의 증가율을 보이고 있다. 물가상승률을 감안하면 박근혜 정부에서 기타소비지출 부담은 늘었다.

조세, 공적연금, 사회보험, 비영리단체로 이전, 가구간이전 등 비소비지출도 증가

실질 비소비지출은 비소비지출과 물가로 구성된다. 비소비지출은 조세, 공적연금, 사회보험, 비영리단체로 이전, 가구간이전 등 소비지출 및 자산구입이 아닌 금액을 말한다. 노무현 정부의 실질 비소비지출은 65만 7천원이며 표준편차는 3만 6천원을 나타내며 21.5% 증가하였다. 2003년 2분기 59만 4천원에서 2008년 1분기 최대인 72만 1천원을 끝을 맺었다. 이명박 정부의 평균 실질 비소비지출은 76만원이며 표준편차는 3만 1천원을 나타내며 12.6% 증가하였다. 2008년 2분기에 71만 9천원으로 시작하여 2012년 4분기에 81만 3천원으로 최고점을 나타내었고, 2013년 1분기에 81만원으로 끝을 맺었다. 박근혜 정부의 평균 실질 비소비지출은 2016년 3분기까지 84만원이며 표준편차는 1만 1천원을 나타낸다. 2013년 2분기에 81만 9천원으로 시작하여 2016년 3분기에 85만 1천원으로 최고점을 나타내고 있다. 박근혜 정부의 연간 평균 실질비소비지출은 2013년 82만 1천원, 2014년 83만 9천원, 2015년 84만 7천원, 2016년 84만 9천원으로 3년간 3.8%의 증가율을 보이고 있어 물가상승률을 감안하면 박근혜 정부에서 비소비지출 부담은 늘었다.

실질 전세가격지수는 전세가격지수와 물가로 구성된다. 노무현 정부의 실질 전세가격지수는 65.1이며 표준편차는 1.9를 나타내며 –2% 증감하였다. 2003년 2분기 67.37

에서 2007년 1분기에 최대인 67.66을 나타내었고, 2008년 1분기 66.04으로 끝을 맺었다. 이명박 정부의 평균 실질 전세가격지수는 70.3이며 표준편차는 6.0을 나타내며 21.4% 증가하였다. 2008년 2분기에 65.33으로 시작하여 2013년 1분기에 79.31로 최고점을 나타내었다. 박근혜 정부의 평균 실질 전세가격지수는 2016년 3분기까지 86.9이며 표준편차는 3.6%를 나타낸다. 2013년 2분기에 80.16으로 시작하여 2016년 2분기에 91.28로 최고점을 나타내고 있다. 박근혜 정부의 연간 평균 실질 전세가격지수는 2013년 81.79, 2014년 85.29, 2015년 89.11, 2016년 91.18로 3년간 13.8% 증가율을 보이고 있다. 따라서 실제 전세를 보유하고 있는 서민들은 주거 안정에 상당한 불안감을 느끼고 있는 현실을 반영하고 있다.

따라서 박근혜 정부에서 부정적인 요소는 대부분 많이 나빠졌다. 피부로 느끼는 물가는 통계치보다 훨씬 나쁘게 나타나는 것으로 보이고, 의식주와 관련된 부분에 대한 민생은 여전히 고통스럽게 나타나고 있다.

6 민생 현황과 민생 살리기

국가미래연구원은 2013년 1분기부터 매 분기마다 민생지수를 발표하고 있다. 2015년 8월에 박근혜 정부 전반기 평가 시리즈에서 민생분야를 민생지수의 변수를 바탕으로 분석하였다. 각 지표마다 좋은 부분과 좋지 않은 부분들을 나누어 살펴보았다. 이제 이러한 민생이 좋아지기 위하여 민생지수에 포함되어 있는 지표들을 어떻게 하면 상승시켜 민생이 전체적으로 좋아지는 지에 대해 고민해 보자.

박근혜 정부에서 민생지수는 하락 추세를 나타낸다.

민생지수는 통계치가 커질수록 지수에 긍정적인 영향을 미치는 고용구조, 고용의 질, 실질소득, 실질주택가격, 주가 등 5개로 구성되어 있다. 통계치가 커질수록 지수에 부정적인 요소로 실질식료품비, 실질주거광열비, 실질기타소비지출, 실질교육비, 실질비소비지출, 실질전세가격 등 6개로 이루어져 총 11개의 변수로 이루어져 있다. 2013년 1분기를 100으로 할 때, 노무현 정부인 2007년 4분기 103.5로 가장 높았다가 이명박 정부부터 등락이 일부 존재하지만 하락 추세로 접어들었다. 또한, 박근혜 정부에서는 지속적인 추세 하락을 나타내면서, 전년동기인 2014년 98.2, 2014년 4분기에 최저치인 97.8까지 하락하였다. 2015년 1분기~2분기에 반짝 반등하여 98.2를 나타내었으나, 올해 3분기 97.9로 다시 하락하고 있다.

20대 전체와 30대 여성의 고용률을 높이는 것이 핵심이다.

긍정적인 요소 5개부터 살펴보자. 고용구조는 고용률로 측정된다. 고용률은 2013년 2분기 60.2%였으나 58.8%~60.9% 사이를 나타내다가 2015년 3분기 60.9%로 2014년 3분기와 같은 값을 나타내고 있다. 따라서 고용구조는 그다지 나아지지 않았다고 볼 수 있다. 고용률에 가장 큰 영향을 미치는 변수는 세계 경제성장률과 이에 영향을 받는 국내 경제성장률이라고 볼 수 있다. 올해 미국의 경제성장률은 2.5%로 좋게 나타나고 있으나, 중국을 비롯한 국가들의 성장률은 작년 대비 낮아지고 있다. 내년에도 세계 경제전망은 하향될 것으로 보인다. 2016년 국내의 경제성장률도 2.5%~2.7%로 올해보다 높은 수준을 유지하기 어려워 보인다. 따라서 현재의 경제 사정으로는 고용률을 현재보다 높게 하기는 어려워 보인다. 따라서 다양한 일자리 정책들이 필요하다. 연령대별로 보면, 20세~29세 사이가 58.4%(실업률 7.9%), 60세 이상이 40.9%(실업률 1.8%)로 다른 연령 70% 이상에 비해 상당히 낮게 나타난다. 특히, 남자 20대도 56.4%로 나타나고 있어 30세~59세의 87%~92.4%에 비해 현저히 낮다. 여자의 고용률은 훨씬 심각하다. 전 연령대에 70%를 넘지 못하고 있으며, 20대가 60.3%, 30대가 57.2%로 다른 연령대에 비해 낮게 나타난다. 따라서 정부는 20대의 취업과 창업에 초점을 둘 필요가 있다. 또한, 여성 30대의 경우, 육아 등으로 인해 고용시장으로 다시 돌아오지 못하는 부분들을 활성화하는 새롭고 획기적인 정책이 필요가 있다.

비정규직에 대한 정규직 전환에 대한 정책이 필요하다.

고용률이 높다고 하여 무조건 좋은 것은 아니다. 고용의 질도 상당히 중요하다. 고용의 질은 임금근로자 중에서 상용근로자가 차지하는 비중을 나타낸다. 상용근로자는 3개월 중에서 45일 이상 고용된 사람까지 포함된다. 즉, 1일 단위로 고용되는 일용근로자는 제외된다. 고용의 질은 2013년 3분기 63.8%에서 현재 65.4%로 1.6% 증가하였다. 이러한 수치는 통계 작성 이후에 최고치에 가깝다. 2015년 8월 기준으로, 비정규직 근로자 중에서 한시적 근로자(근로계약기간을 정한 자 또는 정하지 않았으나 계약의 반복갱신으로 계속 일할 수 있는 근로자와 비자발적 사유로 계속 근무를 기대할 수 없는 자)가 18.8%,

시간제 근로자(파트타임 근로자)가 11.6%, 비전형 근로자(파견, 용역, 특수, 재택, 일일근로자)가 11.4%를 나타낸다. 따라서 한시적 근로자와 비전형 근로자의 일부를 정규직 형태로 유도하고, 시간제 근로자의 비중을 줄이는 정책이 필요하다.

명목소득 증가 정책이 필요하다.

세 번째 요소는 실질소득이다. 가구당 월평균 가계소득을 나타낸다. 명목 가계소득은 2013년 2분기에 약 442만원이었으나 2015년 3분기에 486만원으로 증가하였고, 전년동기 대비 1.21% 상승하였다. 물가를 감안한 실질소득은 2013년 2분기에 430만원에서 2015년 3분기에 436만원으로 증가하였고, 전년 동기 대비 실질소득은 1.26% 상승하였다. 이는 공무원 보수인상률 3.8%보다 낮다. 따라서 임금소득의 증가율이 작았기 때문에 실질소득의 증가도 작았다고 볼 수 있다. 생산성을 고려한 임금소득의 증가가 이루어진다면, 실질소득은 보다 높아질 수 있다. 내년의 국내 경기가 그다지 좋지 않을 것을 감안하면, 소비 부분과 직결되므로 명목소득을 일정 부분 증가시킬 필요가 있다.

주택 공급물량과 내년 금리를 감안하여 주택 및 금융정책을 펼쳐야 한다.

네 번째 요소는 실질주택가격이다. 실질주택가격은 2014년 3분기에 93.4이었으나 2015년 3분기에 97.25를 나타내고 있다. 즉, 물가를 감안하더라도 아파트 매매가격은 점점 증가하고 있다. 올해 상반기에 정부는 다양한 부동산 정책을 시행하고 있으며, 이에 대한 효과가 나타나고 있다고 볼 수 있다. 그러나 올해 이후에 주택 공급의 상태를 고려할 필요가 있다. 즉, 물량 측면에서도 다시 한 번 정책을 확인해 볼 필요가 있다. 또한, 미국의 최근 금리인상과 내년 3~4차례 금리가 인상되면, 국내 기준금리도 올라갈 것으로 보인다. 금리가 올라가면 주택담보대출 등에 커다란 영향을 미친다. 따라서 공급측면과 더불어 금융정책도 같이 움직여야 하며, 금리변동에 대한 충격을 최소화하여야 한다.

일부 기업 구조조정이 선제화될 필요가 있다.

마지막 긍정적 요소는 실질주식가격이다. 주식가격은 2014년 3분기에 2,041이었으나 2015년 3분기에 1,983으로 나타난다. 최근에 중국의 성장률 저하나 미국의 금리인상 예측 등 다양한 요소로 인해 1,800선까지 밀려났었다. 주가는 대외적인 요소에 의해 영향을 많이 받기는 하지만, 현재와 같이 저성장 기조 상황에서는 주식시장이 제대로 성장하기 어렵다. 현재는 성장보다는 기업부채가 매우 과다한 기업 및 매출 등 여러 지표를 통하여 기업에 대한 구조조정이 일부 필요해 보인다. 또한, 주식시장 자체에서도 공매도에 대한 규정 강화, 기업공시의 선제화 등과 같은 여러 정책이 필요하다.

식료품비에서 많이 증가한 항목 등은 유통 과정에 대한 단순화 정책이 필요하다.

부정적인 요소를 살펴보자. 의식주 중에 실질식료품비는 가구당 월평균 가계수지와 물가로 작성된다. 실질식료품비는 2014년 3분기에 32만 7천원에서 2015년 3분기에 33만 2천원으로 1.45% 증가하였다. 전년동기 대비 식료품비의 변화는 적게 변화한다고 볼 수 있다. 그러나 2014년 1분기 이후에 거의 꾸준히 증가하고 있다. 가계수지 항목을 자세히 살펴보면 2014년 3분기 대비 유지류와 육류가 12% 이상 상승하였고, 육류가공품과 채소 및 채소가공품, 조미식품도 7% 이상 증가하였다. 육류나 채소 등은 유통과정에서 가격이 높아지는 경우가 많기 때문에 피부로 느끼는 상승은 훨씬 크다. 따라서 생산단계보다는 생산이 된 후에 유통 과정을 단순화 시키는 일 등이 필요해 보인다.

실질주거광열비에서 많이 증가한
실제주거비(월세) 등에 대한 전환 대책 정책이 필요하다.

실질주거광열비는 주거광열비와 물가로 구성된다. 실질주거광열비는 2014년 3분기에 22만 7천원이었으나 2015년 3분기에 24만 6천원으로 3.38% 증가하였다. 주거에 필요한 비용도 상당히 상승하였다는 의미를 가진다. 실제주거비가 27.8% 증가하였다. 즉, 실제주거비(월세)가 매우 증가하였는데, 이는 전세가 월세로 전환하는 과정에서 일어나는 현상으로 볼 수 있다. 따라서 현재의 소득공제와 같은 세제로 일부 정책이 흡수할 수 있으나, 월세에 대한 부담은 점점 커지고 있는 상황이다. 따라서 주택정책에서 월세에 대한 정책을 다시 한 번 살펴볼 필요가 있으며, 금융정책도 수반되어야 한다.

실질교육비에서 교육 정책의 일관성이 필요하다.

실질교육비는 교육비와 물가로 구성된다. 실질교육비는 2014년 3분기에 28만 3천원에서 2015년 3분기에 28만 4천으로 0.55% 증가하였다. 명목정규교육비는 4.85% 증가하였으며, 학원 및 보습교육비는 0.86%로 낮았다. 정규교육비 중에서 초등교육비는 낮아진 반면에 고등교육비는 6.7% 증가하였다. 이는 교육에 대한 일관성이 부족하기 때문에 각종 교재 등에 대한 비용이 증가하는 것으로 보인다.

실질기타소비지출에서 간접세 항목인 주류 · 담배 항목이 크게 늘었다.

실질기타소비지출은 기타소비지출과 물가로 구성된다. 기타소비지출은 소비지출에서 식료품비, 주거광열비, 교육비를 제외한 지출을 나타낸다. 실질기타소비지출은 2014년 3분기에 162만 4천원에서 2015년 3분기에 159만 5천원으로 1.78% 감소하였다. 주류v담배가 전년동기 대비 21.5%, 오락·문화 7.4%, 보건 4.6%, 음식·숙박 1.3%로 증가하였으며, 교통 –16.7%, 가정용품·가사서비스 –4.9%, 통신 –4.4%, 기타상품·서비스 –4.2%, 의료·신발 –1.9%으로 감소하였다. 주류는 최근에 가격이 인상되었으며, 담배가격은 올해 초에 매우 높게 인상된 효과가 있다. 특히, 이 두 항목은 간접세에 해당하는 항목으로 서민들의 피부로 느끼는 인상폭은 상당히 크다.

실질비소비지출에서 가구간 이전지출과 사회보험 항목이 늘었다.

실질비소비지출은 비소비지출과 물가로 구성된다. 비소비지출은 경상조세, 비경상조세, 연금, 사회보험, 이자비용, 가구간 이전지출, 비영리단체로 이전을 나타낸다. 실질비소비지출은 2014년 3분기에 84만 2천원이었으나 2015년 3분기에 84만 5천원으로 0.44% 증가하였다. 명목관점의 세부 항목에서 가구간 이전지출이 6.3%, 사회보험이 4.2% 증가하였다. 가구간 이전지출은 경조사비나 세배돈 등을 포함하는데, 이에 대한 부담이 늘었다고 볼 수 있다. 따라서 장기적인 측면에서의 인식 변화 등이 필요해 보인다. 또한, 사회보험도 증가하고 있는데, 연금개혁 등과 같이 정부의 역할이 필요한 시점이다.

실질전세가격에서 전세가격 안정이나 적극적 세제정책이 필요하다.

실질전세가격은 2014년 3분기에 99.9이었으나 2015년 3분기에 105.2로 5.15% 증가하였다. 실질전세는 현재의 정부에서 계속하여 상승하고 있다. 전세를 계약하는 서민들은 주거 안정에 상당한 불안감을 느끼고 있는 현실이며, 월세로 전환하는 경우에는 주거비에 영향을 미친다. 전세가격 안정이나 월세전환율 감안이나 적극적 세제정책 등을 통해 주거에 대한 부담을 줄어야 한다.

민생지수 관점에서 본 민생의 삶은 힘든 것으로 보인다. 피부로 느끼는 물가는 통계치보다 훨씬 나쁘게 나타나며, 의식주와 관련된 부분에 대한 정책이 제대로 이루어지지 않고 있다. 따라서 정부는 금융, 부동산, 조세 등 여러 정책 등을 통해 민생을 좋아지도록 노력할 필요가 있다.

7

아동수당 지급이 저출산 문제를 해결할 수 있는가?

국내에 경제문제, 사회문제, 정치문제 등 여러 가지 사회문제가 발생하고 있다. 그 중에서도 장기간 우리에게 경고를 보내고 있었던 문제가 있었다. 바로 저출산·고령화문제이다. 저출산·고령화 문제는 이제 사회 곳곳에서 문제를 야기시키고 있다. 숫자로만 살펴보아도 인구증가율은 1995년까지 1%가 넘었으나 2016년 현재 0.36%를 나타내고 있으며, 2031년에는 음(-)의 인구성장률이 예측되고 있다. 또한 기대수명은 길어지고 있으며, 가임여성 1명당 출산이 약 1.2명 수준으로 낮아지고 있다. 보육, 교육, 국방, 경제 등 전방위적으로 영향을 미치는 중요한 요인이 되고 있다. 정부도 매해 예산을 증가시켜 2016년 제3차 저출산·고령사회 시행계획에 따르면 저출산 대책 예산에 21.4조원, 고령화 대책에 예산을 13.8조원을 쏟아붇고 있다. 부처별로 살펴보면, 보건복지부가 20.6조원으로 가장 많고 교육부(9.0조원), 국토부(2.4조원), 고용부(1.7조원)등 4개 부처가 전체 예산의 95.5%를 차지한다.

저출산에만 초점을 두고 보면, 고위험 산모 지원, 난임 부부, 저소득층 기저귀 분유 지원 등 임신 및 출산 관련 예산은 총 2488억원으로 저출산 예산(21조원)의 1.16%에 불과하다. 또한, 결혼의 가장 큰 어려움으로 지적되고 있는 신혼부부 주택 마련 예산은 2조 1932억 원으로, 저출산 예산(21조원)의 10.24%에 불과하다.

가정양육수당은 각 가정에 충분하지 않지만, 저출산과 보육을 해결하는데에도 도움이 되지 않는다.

현재 아이를 보육시설에 맡기지 않고 가정에서 직접 양육하면, 만0세는 월 20만원, 만1세는 월 15만원, 만2세~만7세는 월 10만원을 지원받는다. 부모가 모두 직장에 다니거나 하면, 어린이집 등에 지원을 하게 된다. 종일반은 정부가 23만원~82만원 수준으로 지원하고 있다.

이러한 양육수당이 시행된 지 몇 년 지나지 않았기 때문에 출산률에 유의적인 효과를 미쳤는 지의 여부를 알기 어렵지만, 이러한 양육수당에도 출산율은 계속하여 떨어지고 있는 것은 틀림없다. 그렇다면 양육수당을 확대하면 저출산 문제가 해결될까? 여기서 고민이 시작되어야 하며, 선택적 복지로 해결하는 문제는 저예산으로도 해결 가능하다. 즉, 현재의 양육수당으로 출산율을 절대 높일 수 없으며, 복지나 출산과 관련된 고의료비 부분에 많은 예산을 투입해도 출산율과는 전혀 상관없다는 의미가 된다. 따라서 선택적으로 예산을 지출하는 것이 출산에 훨씬 큰 도움이 된다.

또한, 이러한 양육수당으로 어린이집과 유치원에 내는 비용이 줄어들었다고 생각하면 곤란하다. 보육시간이 늘어나는 만큼 비용도 늘어나게 된다. 즉, 양육수당의 증가로 각 가정이 어린이집이나 유치원에 들이는 비용은 예전과 비슷하며, 가정에서 베이비시터를 고용하는 경우에는 비용이 보육수당 증가율보다 빠르게 늘어난다. 따라서 양육수당으로 출산과 교육에 도움이 되었다고 보기 어렵다. 이러한 상황에서 무슨 출산과 보육을 이야기 한다는 것인 지 알 수가 없다.

아동수당이 저출산 문제를 해결할 수 없다.

최근 정치권은 일정연령 이하의 자녀를 둔 가정에 매달 보조금을 주는 아동수당 제도를 내년 대선 정책 공약으로 이용하려고 하고 있다. 각 당별로 차이가 있기는 하지만, 만 12세까지 10만원~30만원을 주는 방안, 현재의 보육체계를 유지하면서 0세~6세의 모든 아동에게 10만원씩 아동수당을 지급하는 방안 등 여러 방안이 정치권에서 나오고 있다.

대상자수를 보면 12세까지 포함하는 경우, 필요한 재원은 다음과 같다. 0세~2세가 127만, 3세~5세가 127만, 6세~12세가 300만 정도이므로 약 15조원이 필요하다. 만약 현 보육체계를 유지하면서 0세~6세 아동에게 10만원을 지급하려면 약 3조원의 재원이 필요하다. 이러한 재원을 어떻게 조달할 것인가? 목적세를 신설하는 방법이나 어떠한 방법을 구상하더라도 결국 세금으로 귀착된다. 이러한 증세가 저출산 문제의 일부를 해결한다면 대환영이다. 그러나 다른 국가들을 살펴보아도 대부분 국가에 있어서 아동수당이 출산율 증가로 이어지지 않는다.

왜 젊은 사람들은 결혼하지 않고, 출산을 하지 않으려 할까?

왜 젊은 사람들이 결혼을 하지 않고, 결혼을 하더라도 출산을 하지 않고 있을까?에 대한 질문은 우리 사회 문제로 이어진다. 먼저, 결혼을 하려면 소득이 있어야 하고, 소득이 있으려면 직업이 있어야 한다. 그래야 생활을 영위할 수 있기 때문이다. 또한, 소득만 있다고 해서 결혼을 할 수 없다. 살 집이 있어야 한다. 살 집이 없는데 어떻게 결혼하고, 출산을 할 수 있을까? 저 위의 15조원이라는 큰 돈은 신혼들에게 1억원짜리 전세를 지어서 주게 되면, 15만쌍이 살 수 있는 집이 나오게 되며, 원하는 기간대로 살 권리를 주면 된다. 즉, 결혼을 하면서 같이 살 수 없는 주거문제와 부동산 가격 증가 문제부터 해결하라는 것이다. 또한, 젊은 사람들이 결혼을 하고도 출산을 하지 않는 이유는 아주 간단하다. 출산, 보육, 교육, 노동시장 이탈 등 대가를 매우 비싸게 치루어야 하기 때문이다.

인구 정책을 총괄하는 컨트롤 타워가 필요하다.

인구 정책을 총괄하는 곳이 눈에 보이지 않는다. 저출산에 대한 예산을 집계하는 것도 어렵다. 왜냐하면 여기저기에 비슷한 명목으로 예산이 들어가 있기 때문이다. 또한, 실제로 해야 하는 지원은 비중이 굉장히 낮고, 중요한 부정적인 효과는 감안하지 않는다. 이제는 이러한 인구 정책의 변화를 위해 예산부터 정책까지 총괄하는 컨트롤타워를 구축하고, 가족들이 사람답게 살 수 있도록 도와주어야 한다.

8

재경일보, 2015.02.06. 작성

연말정산, 심리적 회계와 대체가능성

2015년 새해가 밝은 지, 1개월이 지났다. 새해가 되면서 여러 가지 제도나 법규 등이 바뀌게 마련이고, 바뀐 제도들이 적용되기 마련이다. 많은 사람들은 바뀐 제도나 적용되는 제도를 서로 공유하거나 현실에 맞도록 본인의 행동을 뒤돌아 보게 된다. 올해에 바뀐 제도 중, 연말정산 시즌이 도래하면서 많은 논란과 제도변경에 대한 비난이 발생하게 되었다.

2013년 8월, 정부는 소득공제를 세액공제로 바꾸는 세법개정안을 발표하고, 증세 소득기준을 5,500만원으로 변경하였다. 1년이 넘는 시간이 흐른 2014년 연말에 세법개정안은 국회에서 의결되었고, 2015년 1월에 연말정산을 시작하게 되었다. 여기서 몇 가지 문제가 존재하고 경기변동과도 이어진다.

첫째, 근로소득 공제율 축소가 발생한다. 사실 근로소득 공제율 축소가 이번 연말정산에서 큰 변화가 있었음에도 불구하고 잘 설명되지 않는 부분이다. 기존에는 총급여액에 따라 5%~80%에 해당되던 근로소득공제율이 2%~70%로 변경되었기 때문에 정부의 시뮬레이션과 가계의 공제금액이 차이가 많이 날 수 있었던 가장 큰 요인이 될 수 있다. 이 부분에 대한 보다 충분하고 예측가능한 시뮬레이션으로 국민에게 설명하였다면 연말정산 시즌에 대한 문제가 조금 작아질 수도 있었을 것이다. 둘째, 일괄적으로 특별공제 항목의 소득공제를 세액공제로 전환한 것이 문제로 보인다. 특별공제 항목의 필요경비인 의료비나 교육비 등을 세액공제로 전환하면 중산층으로 볼 수 있는 대부분의 과세표준 구간에서 세부담이 증가할 수 밖에 없다.

셋째, 정부의 방향과 대치되는 항목 조정이 많다. 먼저, 한국의 인구 구조문제는 심각하다. 이를 위하여 출산을 장려하고 있는데, 다자녀 가구에 대한 공제 문제나 2014년에 출생한 자녀에 대한 출산이나 입양에 대한 공제도 문제가 된다. 즉, 이 부분들은 인적공제와 비슷한 측면이 많기 때문에, 세액공제로 정해질 항목들이 아니라고 볼 수 있다. 그러나 이 부분은 세액공제를 상향하여 다시 소급한다는 입장을 밝히고 있다. 또한, 노후를 위한 연금에 대한 부분은 공적 연금으로 해결할 수 없기 때문에 정부가 장려하고 있는데도 불구하고 이번에 세액공제로 바뀐 부분이다. 이 부분은 세액공제를 국민이 납득할 만한 수준으로 상향할 필요가 있다.

행동경제학에서 심리적 회계와 대체가능성으로 연말정산에 대한 해외의 사례를 살펴볼 수도 있는데, 이는 경기변동과도 연결된다. 심리적 회계란 사람들이 마음 속으로 이미 연말정산 환급에 대해서 계좌를 가지고 있다는 뜻이다. 또한, 대체가능성은 심리적 회계가 유지되면 돈을 획득한 출처나 시점에 따라 계좌가 변경된다는 뜻을 가진다. 예를 들어, 인플레이션은 존재하지 않고, 연말정산을 통해 매달 20만원을 1년 동안 받는 경우, 한 번에 240만원을 1년 후에 받는 경우, 5년 후에 240만원을 받는 경우에 대해 사람들의 심리적인 계좌는 다르게 나타난다. 매달 20만원씩 1년 동안 받는 경우, 현재소득계좌로 연결되어 한계소비성향만큼 소비를 한다. 20만원 중 반 이상을 소비하게 되고, 남은 금액도 저축보다는 투자로 이어지게 된다.

두 번째의 경우는 심리적 회계의 자산계좌로 옮겨진다. 자산계좌도 미래의 은퇴에 대한 대비 등과 같은 저축이나 투자로 이어진다. 즉, 처음의 경우보다는 한계소비성향이 낮지만 투자로 이어지는 것이 중요하다. 마지막으로 5년 후에 받는 240만원은 모두 미래소득계좌에 남게 된다. 즉, 연금이나 상속과 같이 예측가능한 미래소득에 포함시키게 되므로 한계소비성향은 매우 낮게 나타난다.

실제로 미국의 2001년 세금환급에서 정책이 제대로 홍보된 상태라면 환급을 받는 시점이 아니라 환급이 정해지는 시점부터 소비가 늘어났고, 단기간에 환급이 되기 때문에 미래소득계좌를 현재소득이나 자산계좌로 이동시켜 한계소비성향이 늘어난 것으로 보고되고 있다.

이번의 연말정산을 단순한 제도의 문제나 홍보의 문제로 보기보다 세입과 세출에 대하여 보다 공정하고 투명하게 설명하여야 했다. 국민들은 공평과세(정세), 전세, 증세가 되고, 제대로 된 복지에 세금이 이용된다면 이번과 같은 문제는 발생하지 않았을 지도 모른다.

9

일코노미

질문 1) 1인 가구 소비자를 대상으로 한 마케팅이 대두되기 시작한 사회적 배경은?

2015년 총가구는 1,901만 3천 가구에서 2043년 2,234만 1천 가구까지 증가한 후 감소, 2045년에는 2,231만 8천 가구에 이를 전망이다.

표 7.1 가구, 가구증가율 및 평균가구원수, 2000-2045

단위: 만가구, %, 명

		2000	2005	2010	2015	2017	2020	2025	2030	2035	2040	2045
일반 가구	가구	1,450.7	1,603.9	1,749.5	1,901.3	1,952.4	2,017.4	2,101.4	2,164.1	2,206.7	2,230.6	2,231.8
	증가율		1.95	1.90	1.65	1.24	1.02	0.69	0.50	0.33	0.14	−0.07
평균 가구원수		3.12	2.88	2.70	2.53	2.48	2.42	2.34	2.28	2.22	2.17	2.10

자료: 통계청

2015년에는 가구유형 중 부부+자녀가구가 32.3%(613만 2천 가구)로 가장 많고, 1인가구 27.2%(518만 가구), 부부가구 15.5%(295만 2천 가구) 등의 순으로 많다.

표 7.2 주요 가구유형별 가구, 2015-2045

단위: 만가구, %

		가구						구성비				
		2015	2017	2025	2035	2045	연평균 변화	2015	2017	2025	2035	2045
계		1,901.3	1,952.4	2,101.4	2,206.7	2,231.8	11.0	100.0	100.0	100.0	100.0	100.0
친족가구	계	1,362.0	1,373.4	1,403.9	1,416.5	1,392.8	1.0	71.6	70.3	66.8	64.2	62.4
	부부	295.2	313.0	384.9	456.0	474.2	6.0	15.5	16.0	18.3	20.7	21.2
	부부+자녀	613.2	593.3	507.5	424.8	354.1	−8.6	32.3	30.4	24.2	19.3	15.9
	부+자녀	53.5	57.0	67.2	73.8	75.1	0.7	2.8	2.9	3.2	3.3	3.4
	모+자녀	151.7	155.7	163.1	160.5	150.6	0.0	8.0	8.0	7.8	7.3	6.7
	3세대이상[1)]	103.4	100.0	85.9	74.6	64.5	−1.3	5.4	5.1	4.1	3.4	2.9
	기타[2)]	145.0	154.5	195.3	226.7	274.3	4.3	7.6	7.9	9.3	10.3	12.3
1인가구		518.0	556.2	670.1	763.5	809.8	9.7	27.2	28.5	31.9	34.6	36.3
비친족가구		21.4	22.7	27.4	26.8	29.1	0.3	1.1	1.2	1.3	1.2	1.3

주: 1) 부부+미혼자녀+부(모), 3세대이상 기타
2) 가구주+형제자매(기타 친인척), 1세대 기타, 부부+부(모), 부부+자녀+부부형제자매, 조부(모)+손자녀, 2세대 기타

2015년 전체 가구 중 1인가구 비중은 27.2%(518만 가구)에서 2045년 36.3%(809만 8천 가구)로 9.1%p(291만 9천 가구) 증가할 전망이다. 가구주 성별을 보면, 2015년 1인가구 중 남자와 여자가 각각 50%를 차지(남자 258만 8천 가구, 여자 259만 1천 가구) 한다. 2045년에 남자 1인가구 비중은 52.1%로 증가, 여자 1인가구 비중은 47.9%로 감소할 전망이다. 가구주 연령으로 보면, 2015년 1인가구 중 30대의 비중이 18.5%(95만 8천 가구)로 가장 높고, 20대 17.2%(89만 2천 가구), 50대 16.7%(86만 7천 가구) 순으로 높았다. 2045년에는 1인가구 중 70대가 21.5%로 가장 많은 비중을 차지할 전망이다.

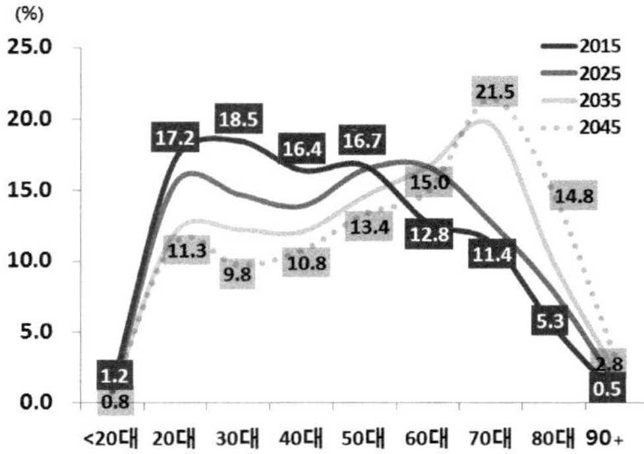

그림 7.1 1인가구 연령별 규모, 2015-2045

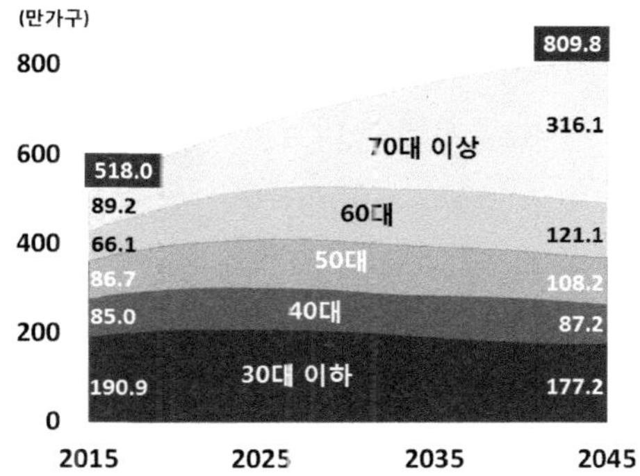

그림 7.2 1인가구 연령별 구성비, 2015-2045

자료: 통계청

이러한 원인은 여러 가지가 있다. 청년층의 구직난과 고학력화, 경제적 부담 등의 이유로 초혼 연령이 변화함에 따라 청년층의 1인 가구가 증가하고 있다. 2014년의 남녀 초혼연령은 남자 32.4세, 여자 29.8세로 2000년보다 평균 남자 3.1세, 여자 3.3세 증가하였다. 또한, 이혼율 상승과 직장문제 및 자녀교육 등을 이유로 중장년층 의 1인 가구 수가 증가하였다.

질문 2) 현재 유통시장에서의 일코노미 마케팅 규모와 현황에 대한 설명과 교수님께서 생각하시는 일코노미 시장의 전망은?

우리나라 1인 가구 전체의 소비지출 규모는 2006년 16조원으로 전체 민간소비의 3.3%를 점유하는 것으로 추정되며, 4인과 5인 이상 가구의 소비지출 규모는 각각 165조원(33.9%), 171조원(35.0%)이다. 하지만 2006년 이후 1인가구의 급격한 증가와 상대적으로 높은 소비지출증가율로 인해 2010년 1인 가구의 소비지출 구모는 60조원, 비중은 11.1%로 증가하고 있다.

전망결과에 따르면 2020년 1인 가구의 소비지출 규모는 120조원, 전체 민간소비에서 차지하는 비중은 15.9%가 될 것이다. 1인 가구의 증가추세가 지속되는 2030년까지 1인 가구가 민간소비에서 차지하는 비중은 지속적으로 증가하여 규모면에서 194조원

(19.6%) 수준에 이를 것으로 예상된다. 2030년 전체 민간소비에서 차지하는 비중은 4인(18.0%)과 5인 이상(5.4%) 가구의 비중을 추월하며 20%수준에 이를 전망이다.

주요 항목별 소비지출의 비중을 보면 1인 가구에서 가장 높은 비중을 차지한 항목은 주거·수도·광열비용으로 2012년 19.0%를 차지하고 있으며 식료품·비주류음료, 음식·숙박 등의 항목이 높다. 젊은 층의 1인 가구는 오락·문화서비스업, 이·미용서비스업, 가정용품 및 가사서비스업, 우편서비스업 등에서 4인 이상 가구에 비해 월등히 높은 수준의 증가율을 보인다. 특히, 오락문화내구재, 장난감 및 취미용품, 영상음향기기 등에 대한 소비지출 증가율이 높아 여가 및 취미활동에 대한 투자를 아끼지 않는 성향을 짐작된다. 고령층의 1인 가구는 기타의료서비스업, 복지시설 이용, 기타서비스업 등에 소비지출이 높은 것으로 판단된다. 그 외 주거관련 항목의 경우 연령과 상관없이 높은 소비지출 증가세를 보여 주거와 관련된 고정비용 항목의 지출은 지속될 것으로 전망된다.

PART

8

교육 및 정책

1

ifsPOST, 2019.10.14. 작성

수시납치, 고통평가, 오캄의 면도날, 그리고 교육개혁

바야흐로 저출산 고령화 사회이다. 여기저기서 아이들이 태어나지 않는다고 하고 있고, 60대 이상 고용이 재정으로 늘어나고 있는 상황이다. 부모 세대들은 아이들을 낳지 않는다고 난리고, 젊은 세대들은 낳을 힘도 기를 능력도 힘든 상황이며, 다음 세대에게 힘들게 공부하고, 어렵게 취업해야 하는 상황을 대물림하기 좋아하는 70년대 이후 출생자는 없다. 또한, 결혼하면 전세를 빚으로 마련해야 하고, 애를 낳아도 조금 더 큰 전세로 옮기는데 또 빚을 져야 하고, 집을 사려고 하면 엄청난 가격에 빚을 져야 한다. 따라서 출산률은 낮아질 수 밖에 없다.

저출산 기조에 따라 2021년에 학령인구가 대폭 줄어들어 3주기 대학평가를 기다리고 있는 상황이다. 장래인추계에서 학령인구(6세~21세)는 2017년 846만명에서 2035년 548만명으로 298만명이 급감한 후 2047년 524만명까지 감소할 것으로 보고 있다. 지역별로 보면 향후 30년간 영남권과 호남권에서 학령인구가 각각 45.9%(−97만명), 43.8%(−44만명) 감소할 전망이고, 2017년 대비 2047년 학령인구는 세종이 85.7%(5만명) 증가하고, 제주(−16.0%), 경기(−25.9%)를 제외한 14개 시도는 30% 이상 감소할 것으로 보고 있다. 이후 군대, 노동시장의 공급 부족 등으로 연결되어 성장률이 훨씬 감소할 수도 있는 상황이다.

단기나 중기적으로 경제정책으로 경제의 구조 등을 변화시킬 수 있다. 또한, 중기로 노동시장 또는 고용시장을 변화시킬 수 있으며 장기적으로 교육정책이 유지되어야 한다. 여기서 대학의 역할은 상당히 중요하다. 지금도 고등학교 1학년, 2학년, 3학년의 입시가 모두 다른 상황에서 시험을 준비하고 있고, 이후에도 매우 자주 교육정책은 바뀌게 된다. 답은 효율적이고 공정한 입시가 생기면 일정 기간 계속 두라는 것이다.

요즘에 개천에서 용이 날 수도 없고, 이무기도 나기 어려운 상황이다. 일단 좋은 대학을 가야하고 좋은 대학을 가야 그나마 취업률 50%인 세상에서 조금 나은 직장을 가질 수 있다. 그렇다면 대학으로 가는 교육개혁이 우선되어야 한다.

먼저 대학입시에서 수시의 비중을 최소화하고 정시의 비중을 대폭 늘리던지, 아예 수시를 폐지해야 한다. 몇 해 전부터 '수시납치'라는 말이 있다. 수시는 학교생활기록부(학생부) 종합과 내신으로 이루어진다. 학생부 내신은 말 그대로 고등학교 교과(내신)으로, 학생부 종합은 학생부에 기재된 교과 성적, 비교과 활동, 출결, 교사의 평가, 면접평가 등을 종합적으로 평가하여 입학생을 뽑게 된다. 일단 수시에 원서를 넣고 합격하면, 수학능력시험을 보더라도 정시에 지원할 수 없다. 만약 정원이 차지 않으면, 정시로 이월해서 뽑게 된다.

또한, 수행평가도 과감히 폐지하거나 최소화해야 한다. 교과는 지필평가와 수행평가로 구분된다. 수행평가는 서술형(논술형) 검사, 구술시험, 토론법, 실기시험, 연구보고서, 포트폴리오 등 매우 다양한 방법으로 측정되고 비중도 높다. 학생들이 학교 수업을 따라가고 수행하는 부분인데, 혼자 하기에는 매우 벅차 그통평가라고도 불린다. 여기서 컨설팅 업체가 낄 수도 있고, 부모의 도움이 작용할 수도 있다.

비교과도 과감히 폐지해야 한다. 여러 항목 중 자율활동, 동아리활동, 봉사활동, 진로활동(자동봉진) 등은 면접 당시에 질문하면 본인도 무엇을 했는 지 잘 모르는 경우도 많다. 그런데 이러한 항목도 대학 입장에서도 교육적 배경에 큰 도움이 안 되고, 있는 집 자식들만 잘 할 수 있는 구조로 바뀌게 된다.

여기에 오캄의 면도날(Occam's Razor)은 단순성의 원리로 불린다. 영국의 스콜라 철학자인 오캄의 윌리엄(William of Ockham)에서 따왔는데, '많은 것들을 필요없이 가정해서는 안된다', '더 적은 수의 논리로 설명이 가능한 경우, 많은 수의 논리를 세우지 말라'라는 것이다. 현대에서는 설명은 단순한 것일수록 뛰어나며 불필요한 가정이 필요없다는 의미로 쓰이고 있다. 우리 교육도 너무 복잡하고, 이미 고등학교 입학과 동시에 원하는 대학 전형에 준비하고 있지 않으면 안 된다. 여기에 학령인구가 대폭 감소하고 있는 상황에서 장기적으로 공부해야 할 과목 수를 대폭 통합 및 축소하여 단순화하여야 한다. 대학에 가서 배울 수 있는 과목을 미리 고등학교 때부터 시험 준비를 위해 배울 필요가 없다. 물론 교육시장으로 내려오면 변질되겠지만, 오히려 사회에서 이용될 수 있는 과목을 대입과 관련 없이 배울 수 있도록 해 주는 정책이 더 중요할 지도 모른다.

한경비즈니스, 2019.09.27. 작성

2

대학입시, 경제학적 측면에서도 단순하고 공정해야 한다

경제는 단기나 중기로 보고 정책을 펼쳐야 하고, 노동시장은 중기로 보아야 하며, 교육은 장기적인 정책으로 펼쳐야 한다는 것이 대부분 경제학자의 견해다. 그런데 현재 고등학교 1학년, 2학년, 3학년의 입시가 모두 다른 상황이다.

화폐 단위로 환산되는 전체 사교육비와 1인당 사교육비는 계속하여 증가하고 있다. 2018년 기준으로 전체 사교육비는 19.5조원으로 2017년 18.7조원 보다 4.4% 증가했으나 학생수는 오히려 573만명에서 558만명으로 2.5% 감소하였다. 이러한 부분을 반영하듯, 1인당 초등학생 월평균 사교육비는 26.3만원, 중학생은 32.1만원, 고등학생은 31.2만원으로 나타나고 있고 사교육 참여율과 시간도 점차 증가하고 있다.

이러한 이유는 거꾸로 생각해 보면 된다. 좋은 대학을 나와야 좋은 직장에 취업할 확률이 높고, 좋은 대학을 가려면 학교 공부만으로 되지 않는다. 그렇다면 고등학교, 중학교, 초등학교로 갈수록 사교육에 일찍 뛰어 드는 것이 낫다는 결론이 나온다. 무엇이 문제일까?

먼저 대입에서 정시의 비중을 획기적으로 늘리거나 수시의 비중을 최소화하여야 한다. 또는, 현재의 정시와 수시의 비중을 거꾸로 놓으면 된다. 예전 정부가 학생들의 다양한 장점을 살려준다는 선한 의도는 대입과 관련된 시장으로 가면서 모두 변질된다. 오히려 과목이 많아지고, 대입을 위하여 학생들이 모든 과목을 잘해야 한다는 결론에 도달하게 된다.

학교세부생활기록부(학생부)는 교과(내신)와 비교과(교과이외의 활동)으로 구분된다. 교과는 지필평가와 수행평가로 구분된다. 수행평가는 서술형(논술형) 검사, 구술시험, 토론법, 실기시험, 연구보고서, 포트폴리오 등 매우 다양한 방법으로 측정되고 비중도 높다. 학생들이 학교 수업을 따라가고 수행하는 부분인데, 혼자 하기에는 매우 벅차 고통평가라고도 불린다. 대부분 학생들은 스스로 수행하겠지만, 일부에서 컨설팅 업체를 통하거나 주위에서 도와주는 경우도 많다. 따라서 불공정한 경쟁이 될 수 있고, 학생들과 주위 사람들을 힘들게 하게 된다.

비교과는 과감히 폐지해야 한다. 여러 항목 중 자율활동, 동아리활동, 봉사활동, 진로활동 등은 학생들도 잘 모르거나 대학 입장에서도 교육에 큰 도움이 안 된다. 오히려 이러한 부분들이 하나의 스펙을 더 쌓아 대입을 쉽게 할 수 있으며, 컨설팅 업체를 통하거나 주위 지인 찬스를 쓸 수도 있다. 따라서 불공정한 경쟁을 만들 수 있다.

마지막으로 장기적으로 공부해야 할 과목 수를 대폭 통합 및 축소하여 단순화하여야 한다. 대학에 가서 배울 수 있는 과목을 미리 고등학교 때부터 시험 준비를 위해 배울 필요가 없다. 오히려 사회에서 이용될 수 있는 과목을 대입과 관련 없이 배울 수 있도록 해 주는 정책이 더 중요할 지도 모른다.

내년에 대학 구조개혁평가 3주기가 시작된다. 출산율이 줄면서 대학 정원보다 대학에 시험보는 학생이 많아지는 시기와 일치한다. 대입에서 공정하고 오캄의 면도날처럼 단순할 수 있도록 정책을 펼쳐야 한다. 현재 정부가 시장의 자율로 맡겨두고, 시간의 동태적 일관성을 가질 필요가 있다. 장기적으로 일관성이 있어야 할 교육정책이 계속해서 바뀐다면 중기의 노동시장도, 인적자본을 기반으로 하는 경제도 장담할 수 없다.

고등학교에 대한 정책은 장·단기로 이루어져야 한다

최근 서울시 교육청은 자율형 사립고등학교(자사고)의 지정 취소 결정을 하였고, 국정감사에서도 논쟁을 만들어 내고 있다. 자사고는 2010년에 다양한 교육수요를 목적으로 기존의 자립형 사립고보다 학교의 자율성을 확대시킨 것이다. 초중등교육법 시행령 제91조 제3항(자율형 사립고)에 의거해, 설립된 자사고는 학생의 학교선택권을 다양화하는 것을 목적으로 하고 있다. 이를 위하여 교육과정, 교원 인사, 학생 선발 등 학사 운영의 자율성을 최대한 보장한다. 자사고는 정부 지원없이 등록금과 재단 전입금으로 운영되어야 하며, 등록금은 일반고의 3배 수준까지 받을 수 있다. 자사고의 지정에 관한 것은 교육부 장관과 협의해 교육감이 결정한다. 그러나 2014년 6월 4일 실시된 전국동시지방선거 결과 전국 17개 시·도 가운데 13곳에서 진보교육감이 당선되었고, 진보교육감들의 공약이 자사고 폐지였다.

자사고는 2014년 현재 전국 49곳에서 운영되고 있으며, 5년 단위로 평가해 재지정이나 취소 여부를 결정하게 돼 현재 25곳에 대한 평가가 시행되었다. 그러나 고등학교 운영에 관한 것은 단기와 장기로 구분되어 정책이 시행되어야 한다.

먼저, 단기정책을 살펴보자. 자사고는 정부지원이 없어야 함에도 불구하고 정부지원이 있는 것으로 나타난다. 2011~2013년 고등학교 유형별 목적사업비 지원 현황 자료에 따르면, 교육부와 시·도교육청 등은 이 기간에 자사고에 1369억원, 사립 일반고에는 1조 6556억원의 목적사업비를 지원하였다. 즉, 자사고 1곳당 연간 9억 1000만원, 사립 일반고는 8억 6000만원을 받아 자사고의 재정지원이 6.0% 더 많다. 목적사업비란 특정사업 수행을 위해 교육부와 시도교육청 등이 각급 학교에 지원하는 경비로 시설비, 교육복지비, 방과후학교 사업비 등이 포함되었다. 목적사업비는 실정법상 자사고도 지원받을 수는 있지만, 등록금을 일반고보다 3배가량 많이 받는 대신 중앙정부와 교육청 등의 재정지원을 받지 않는다는 자사고의 기본 목표에 어긋난다. 따라서 단기적으로 원래의 정책에 맞게 정부지원은 거의 없어야 한다.

또 다른 단기정책으로 취소와 관련된 정책이 있을 수 있다. 초·중등교육법 시행령 제90조제4항에 따르면, 회계부정, 입시부정, 교육과정 부당운영 등 자시고의 지정 목적을 위반한 경우 교육감이 즉시 지정 취소할 수 있다. 재지정 평가를 받는 자사고 22곳 중 입시부정, 회계부정을 저지른 15곳은 교육감 판단으로 지정 취소가 가능하다. 이는 단기정책으로 적용이 가능하다.

장기적인 정책으로 이번의 평가에 대한 부분이다. 2010년에 처음 목적대로 학교가 설립되었고, 학교에 회계부정, 입시부정, 교육과정 부당운영 등이 없다면 지정취소가 조금 더 뒤로 미루어질 수도 있다. 왜냐하면 5년마다 한 번씩 평가되는데, 이번 평가가 최초 평가였기 때문이다. 교육이라는 것이 대부분 장기적인 정책인 것을 감안하면 평가시기를 조정하여 평가횟수가 변경되면 된다. 장기간 지속되어야 할 학교 정책이 단기에 이루어지고, 단 한 번의 평가로 학교에 대한 상황이 바뀐다면 지속성 없는 정책이 되어버린다. 또한, 신뢰없는 정책이 되어 교육정책이 효과가 없어지게 된다.

마지막으로 장기적인 대입전형을 변화시켜야 한다. 특목고와 자사고 때문에 일반고가 위기에 있다는 것은 이미 알려져 있는 사실이다. 자사고의 확대로 일반고 학생들이 명문대를 갈 수 있는 방법은 학생부 중심의 전형이 확대되어야 한다. 현재 주요 대학들은 학생부교과전형에 비중을 많이 두지 않고 있다.

4

대학구조개혁평가와 휴리스틱

최근 교육부는 대학구조개혁평가 2차 공청회를 개최하였다. 9월 30일 공개된 평가지표안보다 구체화된 방안으로 평가방식, 지표 및 배점을 포함하고 있다. 행동경제학에서 사람들이 선택을 할 때, 휴리스틱을 사용한다고 본다. 예를 들어, 컴퓨터에서 비밀번호를 입력하라고 하면 항상 같은 번호를 넣는 것이다. 이러한 방법으로 비밀번호를 덜 잊어버리게 될 것이다. 이와 같은 휴리스틱이 최적인가의 여부는 중요한 사항이 아니다. 보다 중요한 것은 최적이 아님에도 사람들이 휴리스틱을 사용하고 결과에 대해 생각한다는 것이다. 이는 정책을 입안하는데도 상당히 중요한 의미를 지닌다. 과거의 경험을 바탕으로 정책을 펼친다면, 과거의 경험이 최적이 아니었음에도 최적으로 인식하고 선택을 계속해 나가게 되고, 효율성을 담보하지 못하게 된다.

이번에 교육부가 발표한 대학구조개혁 평가지표는 크게 두 단계로 나누어진다. 1단계 평가는 모든 대학을 대상으로 그룹1과 그룹2로 구분한다. 그룹1은 다시 A, B, C등급으로 분류된다. 1단계 평가에서는 교육여건, 학사관리, 학생지원, 교육성과 등의 4가지 항목에 세부지표 11개로 구성된다. 이후 그룹2에 속한 대학은 중장기발전계획, 교육과정, 특성화를 고려한 3가지 항목에 6개 지표로 평가되어 D와 E등급으로 나누어진다. 이번 평가지표는 9월 30일 개최된 공청회에서 발표된 평가지표와 관련해 대학들을 대상으로 의견을 수렴하여 기초로 수정 및 보완하였다. 이번 평가안의 주목할 만한 특징은 지난번 안에 비해 평가지표를 대폭 간소화하고 있다는 점이다. 즉, 이전에는 11개

영역의 24개 항목, 38개 지표에서 간소화하였다고 할 수 있다. 또한, 평가의 초점은 대학이 고등교육기관으로서의 기본 요건을 충족 여부에 초점을 두고 있다. 따라서 일정 역량을 갖춘 대학들의 평가 부담을 덜 수 있는 측면에서 긍정적으로 보여 진다. 그러나 대학구조개혁평가가 소기의 목적을 달성하기 위해서는 다음과 같은 점이 추가적으로 고려되어야 한다.

먼저, 지표에서 이전과 같은 휴리스틱이 작동하였는 지에 대해 확인해야 한다. 지표를 보면 대부분 정성적인 지표보다 정량적인 지표에 초점을 두고 있다. 예를 들어, 지난 평가들에서도 사용되는 지표들로 향후의 전망을 나타내는 지표가 아니라 과거의 지표를 그대로 활용하고 있는 부분이 많이 보이고 있다. 예를 들어, 부정이나 비리와 같은 정성적인 지표를 포함하여 정성적인 지표로 활용된다면 보다 효율적일 수 있으며, 미래의 부정이나 비리 등은 사라질 수 있다. 또한, 휴리스틱에 의존하여 지표를 개발한다면 대학들도 이미 여기에 대비하여 실적을 확보하였으므로 발전해야 할 대학들의 발전을 저해하는 요소가 될 수도 있다.

이러한 휴리스틱은 인지포획(cognitive capture)과 연결된다. 정부는 9월에 권역별 토론회, 대학그룹별 협의회, 총장 간담회, 산업 및 경제계 의견 청취, 부처 협의, 대학구조개혁위원 등 총 40회 이상의 의견수렴을 했다고 발표하엿으며 대학 및 대학협의체 주요 의견을 정리하였다고 하였다. 인지포획이란 정부의 규제자 사고방식이 규제대상의 사고방식과 동일해지는 모습을 가르킨다. 즉, 규제자의 입장이 대규모이면서 최상위에 있는 사람들의 의사에만 따라간다는 뜻이 되며 대마불사와도 비슷한 의미를 가지게 된다. 학교 수요자인 학생이나 일반 교수들은 배제되어 있으며 방법론적으로도 공정하지 못하다. 여기서 공정하다는 것은 1/N 휴리스틱을 의미하지 않는다. 대학의 규모를 고려하고, 장기간의 학내 문제와 사학비리 등을 고려해서 구조조정에 먼저 들어가야 한다는 뜻이다.

마지막으로 모든 사업 평가를 여러 가지 기준으로 평가지표를 만들겠지만, 교피아의 문제는 그대로 남아 있다. 학교의 구조조정과 관련한 전권을 정부가 쥐고 있는 이상 교피아의 문제는 없어질 수 없으며 정부는 우월적 지위를 보유하게 되고, 지위를 남용할 수 있다. 이렇게 자리를 줄지어 이동하는 것을 선택한다는 점도 휴리스틱으로 볼 수 있다. 최근에 관피아 등이 없어지고 있는 상황에서 교육부 출신들이 대학으로 옮기면, 그 대학이 능력과 상관없이 좋은 평가를 받을 수도 있다. 따라서 공직자윤리법(관피아 방지법)에 따라 대학으로 이동하는 현상을 막아야 한다. 이러한 문제는 대학 구조조정에 방해가 되는 요소가 된다.

대학구조개혁의 궁극적인 목적은 학령인구 감소에 다른 대학이 스스로 존재할 수 있는 계기를 마련해 주는 것이다. 따라서 새로 도입되는 평가지표에 휴리스틱을 사용하는 것보다 다양한 의견을 듣고, 지표를 수립하여 대학과 교육의 발전에 기여할 수 있도록 기대한다.

5

디지털타임스, 2014.09.05. 작성

행동경제학적으로 살펴본 이상한 대학 구조조정 정책

행동경제학은 선택의 문제를 다룬다. 왜 사람들이 선택을 제대로 하지 못하고, 정책을 근시안적으로 펼치며, 정책적 대안을 마련해 주는 학문이다. 최근, 대학가는 비상에 걸렸다. 재정지원제한대학 평가결과에 따라 희비가 엇갈리고 있다. 재정지원제한대학에 지정되어 대학이 구성원들에게 사과하는가 하면. 학내 분규가 잇따르고 있다. 또한, 이러한 영향은 올해 하반기나 내년 상반기에 시행될 대학 구조개혁 추진에 영향을 미칠 예정으로 있다. 그렇다면 이러한 구조조정 정책이 제대로 된 정책인 것일까?

먼저, 학령인구 감소에 따른 경착륙 정책에 따른 후생손실을 누가 감당할 것인지에 대해 생각해보아야 한다. 1월의 교육부 발표에 따르면, 학령인구의 감소로 앞으로 10년 동안 대학 입학자원이 급격히 줄어들어 2023학년도(40만명)에는 현재의 입학정원보다 16만 명이 부족할 것으로 전망하고 있다. 이에 따라 정부는 현재의 입학정원을 2017년까지 4만명, 2020년까지 5만명, 2022년까지 7만명을 감축한다는 계획을 가지고 있다. 5개의 등급으로 나누어 구조개혁을 하는 것을 골자로 하고 있다. 정부는 재정지원제한대학 등을 평가하면서 최상위권 대학을 제외한 대부분 1/N에 가까운 균등배분의 단순한 논리를 가지고 입학정원을 줄이려고 하는 것으로 보인다. 현재와 같은 논리라면 대부분의 학교는 2017년까지 10% 내외의 정원을 조정하여야 하고, 최상위권에 있는 학교들은 정부의 권고를 무시하고 버티면 현재와 같이 대형화를 유지할 수 있다. 따라서 후생손실은 대부분의 대학들에서 발생하게 된다. 실제로 현재 대학의 수는 너무 많다. 장기적으로 취업률보다 재학생 충원률 등에 중점을 두고 경쟁력이 없는 대학을 먼저 정리하고 장기간의 학내 분쟁이나 부정부패 등의 비리사학을 고려하여 구조조정하는 방법을 택해야 했다. 따라서 현재의 방안은 효율적이지 못하고 사회후생의 손실을 줄이지 못할 것으로 보인다.

또한, 최근의 구조조정 정책은 행동경제학의 인지포획(cognitive capture)에 포함된다. 정부는 권역별 토론회, 대학그룹별 협의회, 총장 간담회, 산업 및 경제계 의견 청취, 부처 협의, 대학구조개혁위원 등 총 40회 이상의 의견수렴을 했다고 발표했다. 정부의 규제자의 사고방식이 규제대상의 사고방식과 동일해지는 모습을 가르킨다. 즉, 규제자의 입장이 대규모이면서 최상위에 있는 사람들의 의사에만 따라간다는 뜻이 되며 대마불사와도 비슷한 의미를 가지게 된다. 학교 수요자인 학성이나 일반 교수들은 배제되어 있으며 방법론적으로도 공정하지 못하다. 여기서 공정하다는 것은 1/N을 의미하지 않는다. 대학의 규모를 고려하고, 장기간의 학내 문제와 사학비리 등을 고려해서 구조조정에 먼저 들어가야 한다는 뜻이다.

올해 1월에 정부는 총액 5,200억원 규모로 정부재정지원사업을 평가를 예정하고 정원감축을 유도하였다. 모든 사업 평가를 여러 가지 기준으로 평가를 했겠지만, 교피아의 문제는 그대로 남아 있다. 학교의 구조조정과 관련한 전권을 정부가 쥐고 있는 이상 교피아의 문제는 없어질 수 없으며 정부는 우월적 지위를 보유하게 되고, 지위를 남용할 수 있다. 최근에 관피아 등이 없어지고 있는 상황에서 교육부 출신들이 대학으로 옮기면, 그 대학이 능력과 상관없이 사업에 선정되는 문제가 발생할 수 있다. 따라서 공직자윤리법(관피아 방지법)에 따라 대학으로 이동하는 현상을 막아야 한다. 이러한 문제는 대학 구조조정에 방해가 되는 요소가 된다. 즉, 정부 사업을 받았기 때문에 최상위권의 학교와 더불어 1/N의 감축에서 빠질 확률은 높아지게 된다. 이는 재정지원과 인원감축에 대한 분명한 이중수혜가 되며 행동경제학에서 효율성과 더불어 강조하는 공정성이 훼손되는 문제가 발생한다. 이미 금융권 등 다른 산업에서 한 차례 바람이 불고 간 후에 다시 교육권에서 재발되고 있는 것이다.

마지막으로 통폐합 문제이다. 얼마 전까지 대학이 입사해서 바로 쓸 수 있는 인력을 배출하지 못한다고 하여 비난을 받았다. 최근, 입사에서 역사나 인문학적 소양을 갖춘 인재를 뽑기를 원한다고 한다. 그러나 대학 정책으로 따지면 이러한 학과들은 취업률이 일반적으로 낮아, 구조개혁을 하게 되면 통폐합이 가장 먼저 거론된다. 그런데 사회에서 요구하는 양식과 대학이 가지고 있는 역량이 바뀌게 되면 다시 사회에서 대학을 향해 제대로 교육시키라는 문제가 발생한다. 비슷한 예로, 정부가 구조조정을 해야 하는 입장에서 주간과 야간을 동시에 운영하는 경우 1:1이 아닌 1:0.5로 감축하는 것은 공정하지 못하며 효율적이지도 않다.

정부는 너무 단기적인 시각으로 구조조정을 하고 있으며, 공정성도 없고 효율성도 낮은 정책으로 대학의 모든 구성원들의 후생을 감퇴시키고 있다. 따라서 다시 장기적이고, 효율성과 공정성이 높은 구조조정 정책을 수립하여야 한다.

6

우리의 미래인 어린이들의 첫 의무교육 과정인 초등학교의 문제점들

어린이들은 우리의 미래다. 우리의 미래인 어린이들은 초등학교 6년과 중학교 3년을 합하여 총 9년의 교육을 의무적으로 받아야 한다. 따라서 어린이집, 유치원을 지나 첫 의무교육 과정인 초등학교에 아이들이 들어가면서 공부를 시작한다. 최근 경기도의 9시 등교 등과 같은 여러 이슈가 존재하기 때문에, 초등학교에서 일어나는 문제점들을 살펴보자.

먼저, 초등학교는 의무교육 과정으로 공공의 성격을 가진다. 그러나 최근에는 사교육의 문제가 발생한다. 학교에서 원리나 개념을 익히기 보다는 학원에서 문제풀이식으로 접근하는 것이 문제이고 이는 생각보다 큰 파급효과를 낳는다. 그렇다면 사교육은 부모의 경제력과 상관이 없을까? 당연히 존재한다. 사교육을 통해 아이들의 학업성취도는 결정되어 버리는 것이 현실이다. 이러한 부의 양극화는 좋은 학교와 그렇지 못한 학교로 연결된다. 집안이 좋은 아이들은 집안이 좋은 아이들끼리 어울리게 하겠다는 목적으로 좋은 학교로 옮긴다. 이렇게 좋은 학교는 한 반에 40~50명이 되는 반면에, 그렇지 못한 학교는 한 반에 15명 정도를 유지한다. 그렇다면 교육의 효과는 어떨까? 당연히 15명이 있는 학교에서 교육의 효과가 높아짐에도 불구하고 학생수가 많은 학교에 보내게 되는 것은 효율성을 떨어뜨리게 되는 것이다.

둘째, 초등돌봄 교실이 올해부터 시행되고 있다. 초기의 시행착오를 거쳐 어느 정도

안정궤도에 오르고 있지만, 여전히 문제는 존재한다. 초등돌봄 교실은 초등 1, 2학년부터 방과 후에 방치되어 있는 아이들에게 적절한 프로그램을 제공함으로써 맞벌이 부부의, 저소득층 부부의 부담을 덜겠다는 좋은 취지에서 시행된 정책이다. 2014년 현재, 오후에 5,910개교, 저녁에 1,936개교가 운영하고 있으며, 이용항생도 20만명이 넘고 있다. 그러나 제도와 법적 근거의 한계가 존재한다. 초등돌봄 교실은 방과후 사업의 하나이기 때문에 교육부 고시에 달려있으므로 운영체계가 불안정하게 된다. 비슷한 예로, 보건복지부와 여성가족부가 운영하는 청소년 돌봄 관련 사업은 아동복지법과 청소년기본법에 의해 운영되므로 상대적으로 안정적이고 서비스의 질은 높다. 따라서 초등돌봄 교실에 대해 법적 근거를 마련해 주는 것이 좋아 보인다.

셋째, 최근 경기도에서 시행하고 있는 9시 등교 문제이다. 8월 29일 현재, 초등학교는 1,195개교 중에서 1,025개교(87.3%)가 이를 시행하고 있다. 찬반이 분분하지만, 초등학교에서는 9시 등교를 환영하는 쪽이 많다. 한창 뛰어놀고, 잘 먹고 건강해야 할 아이들이 공부에 잡혀 사는 것도 좋아 보이지는 않는다. 또한, 반대 입장은 대부분 맞벌이 부부의 경우에 출근 시간의 문제가 생긴다. 사실, 현재에도 사정이 존재하는 경우에 9시 이전에 등교해도 되는 프로그램이 존재한다. 또한, 끝나는 시간이 1시간 더 늦어진다는 문제점에 대해서도 초등돌봄 교실 등이 운영되고 있기 때문에 문제는 없어 보인다.

마지막으로, 농촌지역에서의 문제점이 존재한다. 농촌의 열악한 경제사정과 교육환경, 농촌 학생수 감소에 따른 학교의 소규모화, 교사의 열악한 근무여건 등이 존재할 수 있다. 즉, 농촌의 열악한 경제사정과 교육환경으로 농민들이 이농하고, 이로 인해 농촌 학생수가 감소하게 된다. 따라서 학교가 소규모화되고 분교가 증가하며, 소규모 학교는 통폐합되고 학교의 규모는 점점 영세화 된다. 작은 학교에 대해서는 학교 환경 개선을 중단하는 것도 문제점 중의 하나이며, 이러한 정책은 의무교육의 의미를 쇠퇴하게 만드는 것이다. 경제적 논리를 따라갈 것이 아니라 공공의 논리를 따르는 것이 옳아 보인다.

전자신문, 2017.10.30. 작성

7

유치원의 총공급, 증가시켜야 한다

이번의 오피니언을 쓰기 위하여 몇 일 동안 고민을 해왔다. 4차 산업혁명이 왜 우리나라에서만 혁명으로 불리고 원천기술은 얼마나 있을까?, 현재 잘나가는 업종인 반도체와 석유화학의 경기변동이 바뀌면 어쩌나, 2017년 3분기 경제성장률이 시장 컨센서스보다 훨씬 높은 이유와 내년의 경제성장률은 어떻게 될까? 정부가 금융을 거의 이해하지 못하는 이유는 무엇일까? 등 여러 주제들이 머리 속을 스치고 지나갔다. 그러다 갑자기 몇 년 전에 오피니언으로 어린이집, 누리과정, 고등학교 정책, 대학교 구조조정에 쓴 내용이 오버랩되면서, 대선 때도 중요 이슈였던 유치원 입학이 생각났다. 과연 오피니언을 작성한 2014년과 현재는 어떻게 바뀌었을까? 2014년 로또 뽑듯이 약 20대 1의 경쟁률을 뚫고 아파트 단지 내의 유치원 제비뽑기에 당첨된 것을 기뻐하면서도 유치원도 제대로 못가는 가족이 있는 현실에 우울해 했었다. 동네 유치원 입학을 위한 제비뽑기 하는 당일에 모든 가족이 동원되어, 제비뽑기를 하고 그 중에 한 곳이 되면 3대가 덕을 쌓아서 붙는다는 소리를 듣게 되던 때였다. 현재는 어떻게 바뀌었을까?

2017년부터 서울, 세종, 충북에서 '처음학교로'가 시범운영 되었다. 처음학교로는 유치원 검색, 입학신청, 등록을 한 곳에서 할 수 있도록 만들어진 시스템이다. 즉, 온 가족이 동원되어 현장에서 추첨하던 시스템이 없어지고, 중복으로 합격한 후에 입학자 연쇄이동으로 인한 부작용은 적어질 것이라고 정부는 설명하고 있다. 또한, 교육청은 유치원 입학관리시스템을 공립유치원과 사립유치원의 유아모집에 활용한다. 이러한 시스템은 2018학년도 입학을 위한 시스템은 11월 1일에 오픈된다. 유치원 모집은 우선모집과 일반모집으로 나누어지는데, 우선모집은 특수교육대상자, 법정저소득층가정 자녀, 국가보훈대상자, 다자녀(3명 이상), 다문화자녀, 장애부모가정자녀 등 지역이나 여건에 따라 해당 유치원장이 결정한다. 일반모집은 이보다 뒤의 기간에 원서를 접수하게 된다. 이렇게 국공립유치원과 시스템을 사용하는 사립유치원은 3곳까지 접수신청이 가능하고, 국공립유치원을 재원중일 경우에는 2곳까지 접수가 가능하다. 물론, 시스템을 사용하지 않는 사립유치원은 제한이 없다.

그러나 여전히 우려스러운 부분이 존재한다. 이러한 시스템으로 경쟁률이 떨어질까? 답은 아니다. 2017년 현재 인구통계에 따르면 0~4세가 약 219만명, 5~9세가 약 228만명이다. 유치원에 가게 되는 만3세부터 만6세까지의 4년 기준으로 약 175만명~182만명이고 평균은 약 179만명이 되고 연간 약 45만명이 된다. 교육통계에 따르면 2016년 현재, 유치원의 입학생수는 32만 5천명이며 12만 4천명인 28%는 유치원에 못 가고 있다는 결론에 도달하게 된다. 그렇다면 이 어린이들이 유치원을 가게 되면 어디를 가게 될까? 집에서 교육을 하거나 영어학원인 영어유치원, 사립 놀이학교에 보내야 한다. 많은 사람들이 영어유치원이나 사립 놀이학교가 부자들이 가는 곳으로 알고 잇지만, 동네 유치원조차 가지 못하는 가족에게는 어쩔 수 없는 선택인 셈이다. 따라서 새로운 시스템이 도입되더라도 여전히 경쟁률은 높을 것이고, 추첨에 통과하더라도 원하지 않는 곳으로 가게 된다. 만약, 부모가 현재 살고 있는 시도를 벗어나 일을 하게 되면, 대기순번이 너무나도 길어져 이러한 기회조차 없어지게 되고, 다시 비싼 영어학원이나 사립 놀이학교로 보내야 한다. 아이가 1명인 집에서는 비용을 어떻게든 견디지만, 2명이상인 집에서는 비용 감당도 힘들다.

그렇다면 정부는 장기적인 안목으로 어느 정도까지 유치원의 수를 늘려야 할까? 장래인구추계에 따르면 2016년 0세~9세 448만명에서 2025년~2030년에 평균 407만명이 되고, 약 10년 후에 0세~9세의 인구가 9%가 줄어들게 된다. 이 시점은 현재의 일본과 같이 고령화 사회와 같이 국내 생산가능인구가 줄어들기 시작한 2017년부터 거의 완전고용에 가까워 질 수 있는 시점이다. 따라서 현재의 유치원 초과공급인 28%와 장래인구 감소에 따라 9%가 감소하더라도 약 20%는 항상 초과수요 상태에 있다. 즉, 현재의 추세라면 입학대란은 시스템과 상관없이 매해 반복되어야 하고, 현재의 유치원 정책은 효율적이지 못하며 정책도 비정상적이라는 말이 된다.

경제학에서도 시장의 원리는 가격과 수량에 의해 결정된다. 공급이 불안정하거나 작으면 가격은 제대로 정해지지 않게 되며, 정부가 아무리 간접 보조를 해도 효율성은 높아지지 않는다. 현재 장래인구추계는 시도 단위까지 계산되고 있다. 최근의 빅데이터나 지방자치를 하려면 시의 경우에는 구 단위, 도에서는 면 단위 정도로 인구 추계가 가능해야 한다. 이러한 맞춤형 유치원 공급 정책을 내놓을 필요가 있다. 공립유치원을 늘리라는 것도 아니며 공립이든 사립이든 교육을 받을 수 있게 해달라는 것이다. 또한, 유치원의 공급을 늘리고 회계기준 등을 따로 마련하여 규제할 필요가 있다. 아이들이 어린이집이나 유치원에 마음놓고 갈 수 있어야 부모도 열심히 일하고 생활할 수 있다. 이러한 교육기관은 개인의 영역이 아니라 국가의 영역이다.

8

뉴스토마토, 2016.02.01. 작성

현재의 누리과정, 국민은 뒷전이다

최근 누리과정 예산 문제는 만3세~만5세의 자녀를 둔 부모 사이에 뜨거운 이슈가 되었고, 자녀가 누리과정과 관계없는 국민들에게도 복지라는 개념에서 초미의 관심사가 되고 있다. 박근혜대통령은 2012년 대선 공약으로 누리과정의 대상을 만 5세에서 만3세~만5세로 확대하였다. 이미 현 정부가 수립되기 이전에 누리과정의 대상이 점진적으로 확대되어 왔다. 그렇다면 누리과정의 문제는 무엇이고, 누리과정이 생기면서 어떠한 문제가 발생하고 있는 지에 대해 살펴보자.

첫째, 누리과정 재원의 문제로 매해 반복되는 이슈가 발생하고 있는데, 이를 해결하기 위하여 정부 대타협 기구를 설치하여야 한다. 정부는 지방재정교부금, 지자체 전입금, 지방체, 기타 자체수입 등에 누리과정 예산이 다 들어 있다고 주장한다. 교육청은 2013년 이후에 교부금 및 전입금으로 누리과정 예산을 편성할 수 없기 때문에 지방채를 발행해야 하므로 교육청의 부채는 증가하고 있다고 한다. 서로의 주장이 숫자로 보면 다 옳다. 그러나 한 쪽에서 지방채도 재원의 일부라고 보고 있는 것이고, 한 쪽에서 지방채는 부채라고 보는 것이다. 여기서 가장 큰 문제는 땜질 형태로 매해 지방채를 통해서 누리과정 예산을 편성한 문제이다. 처음부터 정부가 잘못한 것은 중기지방교육재정을 전망할 때, 경상성장률 전망을 잘못해서 생긴 문제가 발생한 것이다. 내국세의 20.27%만큼 지방재정교부금으로 쓰이고 있는데 누리과정 예산이 문제가 발생한 이유가 중기전망이 틀렸기 때문이다. 현재의 잠재성장률을 고려하면 예전과 같은 높은 성장률은 상당히 어렵다. 그렇다면 누리과정 예산과 관련하여서는 지방채 발행과 교부율 변화 두 개를 놓고, 선과 후를 정하고 협의점을 찾으면 되는 것이다. 따라서 누리과정과 관련이 있는 교육부, 교육청, 기획재정부, 보건복지부, 어린이집과 유치원, 학부모 대표가 모여 대타협 기구를 설치하여 의논하면서 예산 편성문제나 법적인 문제를 해결하여야 한다.

둘째, 누리과정과 관련된 정책실패 비용을 최소화할 필요가 있다. 정책실패가 일어나지 않게 하기 위해서는 정부나 교육청이 유치원이나 어린이집에 관리의 편의를 위해 예산을 다 주었다고 하기 전에 현장을 좀 살펴볼 필요가 있다. 누리과정을 하면서 물가상승률보다 훨씬 높게 어린이집 비용과 유치원 비용이 상승하였다. 굳이 교육부가 발표하는 통계를 대지 않아도, 2011년에 비해 정부가 누리과정을 도입하고 나서 교육비용은 매우 증가하였다. 즉, 누리과정에 보내지 않고 가정양육을 하면 양육수당을 받게 되는데, 누리과정을 보내면 양육수당은 없어지는 대신에 누리과정에 정부가 예산지원을 하게 된다. 따라서 누리과정이 생기기 전보다 비용이 줄거나 물가상승률 정도 올라야 하는데, 정부가 어린이집과 유치원에 예산을 그대로 집행하기 때문에, 각 가정의 어린이집 비용과 유치원 비용은 준 것이 아니라, 오히려 누리과정 전 비용과 물가상승률을 합한 금액보다 훨씬 늘어나 있다. 여기에 정부와 교육청이 재원 문제로 예산을 편성하지 않게 되면, 교육비용은 그 이전에 비해 수십 퍼센트 늘어나 있을 것이다. 즉, 비용을 정부가 그 만큼 올려 놓은 것이다. 따라서 그 피해는 고스란히 국민이 지게 된다. 또한, 자녀가 1명일 때와 2명 이상일 때는 비용이 매우 차이가 나게 된다. 이렇게 정부가 아이들을 볼모로 하고 있는 사이에 출산율은 점점 낮아질 수 밖에 없다.

셋째, 누리과정에 들어갈 수 없는 가정을 위하여 대안을 제시하여야 하며, 이는 고용률과 직결된다. 현 정부의 목표 고용률은 70%이다. 그런데 현재와 같은 누리과정 정책으로는 절대로 이룰 수 없다. 여자의 고용률은 살펴보면, 전 연령대에 70%를 넘지 못하고 있으며, 20대가 60.3%, 30대가 57.2%로 다른 연령대에 비해 낮게 나타난다. 30대에 고용률이 이렇게 낮은 이유가 바로 육아이다. 현재의 30대 여성이 자녀를 출산한 후에 노동시장에 재진입하려면 외부에 아이를 맡길 수 있는 환경이 되어야 한다. 그러나 서울의 동네 어린이집이나 사립유치원도 3대가 덕을 쌓아야 들어갈 수 있는 상황에서 가족들에게 맡기거나 육아도우미를 활용하는 방법이다. 그렇다면 육아도우미의 비용은 어떨까? 정부가 지하경제인데도 불구하고, 거의 손을 놓고 있는 상황에서 육아도우미 비용도 양육수당이나 누리과정 예산 때문에 상당히 심각하게 가격이 상승하였다. 따라서 안심하고 아이들 양육할 수도 없으며 비용도 엄청나기 때문에 차라리 노동시장에 재진입하지 않고, 육아에 전념하는 것이 나을 수 있다. 예를 들어, 부모는 고용하고 있는 도우미에 대해 정보를 올릴 수 있어야 하고, 정부는 시스템을 만들어서 이력제를 공급자와 수요자가 볼 수 있도록 하여야 한다.

재경일보, 2014.09.05. 작성

9

비효율적이고 비정상적인 유치원 정책

집사람이 저에게 물었습니다. 인생에서 가장 잘한 세 가지가 무엇인가요? 저는 대답하였습니다. 하나는 태어난 것이고, 또 다른 하나는 결혼한 것이고, 마지막 하나는 17대 1의 경쟁률을 뚫고 유치원 제비뽑기에 당첨된 것입니다. 우스운 이야기처럼 들리지만, 유치원에 들어가는 것이 대학교 들어가는 것보다 어려운 현실이다. 유치원 입학을 위한 제비뽑기 하는 당일에는 진풍경이 벌어진다. 최소한 2곳 이상에 원서를 내는데, 모두 같은 시간에 제비뽑기를 하기 때문에 온 가족이 동원되어 제비뽑기를 하고, 그 중에 한 곳이 되면 다행이다. 속된 말로 3대가 덕을 쌓으면 하나는 붙게 된다. 유치원은 입학부터 비용까지 모두가 부모에게 쉽지 않은 난코스이다. 유치원에 다니면서 아이들의 사회성은 시작되며, 부모는 어려운 문제들을 해결해 주어야 한다. 이번에는 유치원 정책에서 무엇이 잘못되어 있고, 경제적으로 어떤 손실이 발생되는 지에 대해 살펴보자.

먼저, 유치원의 입학대란이 매해 반복되는 이유는 므엇일까? 2013년 현재, 유치원에 가게 되는 만3세부터 만6세까지의 인구는 약 188만명이다. 2013년 현재, 유치원의 학생수는 약 65만명이다. 기본적으로 3:1의 경쟁률을 뚫어야 유치원에 갈 수 있다는 것이다. 그렇다면 3명 중의 1명은 유치원을 가게 되면 나머지는 어디를 가게 될까? 집에서 교육을 하거나 영어유치원, 사립 놀이학교에 보내야 한다. 일반적인 시각에서 영어

유치원이나 사립 놀이학교가 부자들이 가는 곳으로 인식되고 있지만, 실제로는 맞벌이 부부에게는 어쩔 수 없는 선택인 셈이다. 그렇다면 정부는 장기적인 안목으로 어느 정도까지 유치원의 수를 늘려야 할까? 장래인구추계에 따르면 0세~9세의 인구가 2013년 466만에서 2034년이 되면 약 10% 감소한 420만이 된다. 즉, 20년이 지난 후에도 지금의 경쟁률과 별 다른 차이가 없다는 뜻이 된다. 따라서 현재의 유치원 공급에 대한 정책은 단기적으로나 장기적으로나 모두 틀렸다는 뜻이 되고, 현재의 추세라면 입학대란은 매해 반복되어야 한다. 따라서 현재의 공급방식은 효율적이지 못하며 정책도 비정상적이라는 말이 된다.

유치원 정책도 어린이집과 마찬가지로 비용에 따른 후생손실이 존재한다. 정부가 2013년부터 누리과정까지 무상교육을 실시하겠다고 22만원을 지원하기 시작했으나, 국공립 유치원을 다니거나 교회나 성당같은 법인 부설 유치원을 다니는 경우가 아니라면 실제 유치원 학비를 무상으로 보기 어렵다. 8월 29일 공시된 자료를 보면, 서울 사립유치원의 평균 학부모분담금은 월평균 22만원 정도로 나타난다. 정부 청사가 있는 세종시(8만원대)와 고령화가 심해 저출산 등에 대한 정책적 지원이 많은 강원도(7만원대), 전남(8만원대), 특수지역인 제주(6만원대) 등을 제외하고는 대부분 시·도의 유치원비 학부모부담금은 10만~20만원 수준이다. 2012년 정부지원이 있기 전에는 만 4세의 전국 평균 월 유치원교육비(방과후 과정 교육비 포함)는 45만1268원으로 나타난다. 그런데 정부지원이 시작된 이후로 8월의 월평균 교육비는 2012년보다 5만7390원 오른 50만8658원이다. 서울 지역의 올해 8월 월평균 교육비는 60만2409원으로 2012년 8월(47만7277원)보다 12만5132원 올랐다. 정부지원금 22만원에서 이 같은 인상분을 빼면 실제 학부모가 체감할 수 있는 효과는 10만원 정도가 되고, 실제로 정부의 돈이 부모의 혜택으로 돌아가지 않고 있다는 점이다. 더욱 문제가 되는 것은 사립유치원부터는 사적 영역에 해당된다. 좋은 프로그램으로 높은 비용을 받는 것은 좋다. 그러나 경쟁률이 높은 상황에서 본인이 원해서 갓 수 있는 것이 아니기 때문에 이는 효율성을 낮추는 요인이 된다. 이에 대한 후생손실은 가계가 떠안게 되는 것이다.

경제학에서도 시장의 원리는 가격과 수량에 의해 결정된다. 공급이 불안정하거나 작으면 가격은 제대로 정해지지 않게 되며, 정부가 아무리 보조를 해도 효율성은 높아지지 않는다. 이럴 경우에는 어린이집과 마찬가지로 유치원의 공급을 늘리고 회계기준 등을 따로 마련하고, 규제하는 방안이 훨씬 효율적이며 공정한 결과를 낳을 수 있다. 또한, 현재 존재하는 사립유치원의 경우에는 부정한 수단이 존재하는 경우에 강력한 제재를 가해 공정한 결과를 낳을 수도 있을 것이다.

10

재경일보, 2014.08.22. 작성

사회적 효용을 극대화하는 보육정책

요즘 경제학에서 가장 큰 걱정거리는 더블딥이나 금리인하가 미치는 파급효과와 같은 어려운 이야기도 있겠지만, 가장 큰 걱정이면서 근본적인 것은 인구의 구조의 문제이다. 인구성장률이 1995년까지 1%를 넘었으나 이후 감소하는 추세를 나타낸다. 2014년 현재 0.41%를 나타내고 있으며, 2031년에는 음(–)의 인구성장률이 예측되고 있다. 기대수명은 길어지고, 가임여성 1명당 출산이 약 1.2명 수준으로 낮아지고 있기 때문이다. 그렇다면 이러한 낮은 인구성장률과 출산율은 경제적으로나 사회적으로 지대한 영향을 미치게 된다. 즉, 경제적·사회적·정치적으로 세대 내의 갈등보다 세대 간의 갈등이 커질 수 있다. 왜 인구성장률과 출산율이 낮아질까? 거기에 대한 가장 기초적인 답은 보육과 교육에 있다. 특히, 하나의 가구를 구성하고 자녀를 낳고 나면, 행복해야 할 가정이 가장 먼저 보육문제에 부딪히게 된다.

한국에서의 영유아(0세~5세) 보육은 가정에서 이루어지기도 하며, 어린이집 등과 같은 보육기관에서 이루어지기도 한다. 2013년말 기준으로, 약 100만명의 영유아가 어린이집을 이용하지 않고 있으며, 약 148만명의 영유아가 어린이집을 이용하고 있다. 어린이집을 이용하지 않는 영유아의 가정에는 양육수당이 지급되고 있으며, 어린이집을 이용하는 영유아의 가정에는 보육료를 지원받고 있다. 2014년 보육예산은 약 5조 2,000억원을 나타낸다. 이러한 막대한 예산을 투입하고도 어린이집, 보육교사, 부모는 왜 행복하지 않을까? 답은 어린이집 양과 질이 보육주체들의 생각의 기준점에서 멀기 때문이다. 기준점이란 개별 보육주체가 느끼는 만족(효용)에서 차지하는 상대적인 위치이다.

먼저, 어린이집은 2013년 현재, 전국에 총 43,770개소가 존재한다. 이 중에서 민간 어린이집과 가정 어린이집이 87.7%를 차지하고 있다. 국공립 어린이집과 직장 어린이집은 6.7%에 불과하다. 이중에서 국공립 어린이집에 영유아를 보내려면, 결혼과 동시에 예약을 해야 보낼 수 있을 정도로 숫자가 적다. 또한, 직장 어린이집은 사업주가 설치 및 동의를 해야 하기 때문에 큰 규모의 기업이 아니면 들어가기 어렵다. 따라서 부모는 민간 어린이집과 가정 어린이집을 선택할 수 밖에 없다. 또한, 민간 어린이집도 밀집된 경우에 대기를 걸고, 상당히 오래 기다려야 한다. 그렇다면 국공립 어린이집의 수를 획기적으로 확대하는 방법과 민간 및 가정 어린이집의 질을 높이는 방법 밖에 없다. 이 둘을 동시에 진행하는 경우, 보육주체의 기준점에서 가까워 질 수 있다. 이렇게 기준점이 바뀌는 것을 기준점의 업데이트라고 한다. 그러나 주의할 점은 어린이집의 수를 늘리는 것이 예산을 2014년 예산에서 확대하라는 의미는 아니다.

표준보육비용의 구성을 보면 인건비, 교재교구비, 급·간식비, 관리운영비, 시설설치비가 포함되어 만 0세가 약 71만원, 1세가 51만원, 2세가 41만원, 3세가 30만원, 4세와 5세가 28만원이다. 그러나 표준보육비를 원래의 목적대로 쓰지 않고 회계조작, 허위 교사 등록과 정부가 100% 지원하는 조리사 인건비 등을 일부 어린이집이 불법으로 이용하기도 한다. 투자를 하고도 회계적인 문제 때문에 정부지원금을 명목대로 쓰지 못하기 때문에, 민간 어린이집 인수에 대한 권리금이 따라 붙기도 한다. 이에 대한 해결방안으로 보조금 돌려막기를 해결하기 위하여 민간 어린이집 별도의 회계규칙을 두어야 한다. 또한, 인건비에 대해서 정부가 관리하지 못한다면 부모가 참여하는 운영위원회를 강화할 필요가 있다. 이러한 일부 불법적인 요소를 사전구속으로 기준점을 업데이트 시킬 필요가 있다.

보육교사 측면에서, 보육교사 1명당 보육가능한 인원은 0세는 3명, 1세는 5명, 2세는 7명, 3세는 15명, 4세는 20명이다. 민간 어린이집 1개당 아동수는 52명이고 보육교사 1인당 5.7명에 달한다. 그런데 약 6명이나 되는 영유아와 교감하며, 돌보는 것이 가능하지 않을 것으로 보인다. 가정 어린이집처럼 3.5명 수준이나 직장 어린이집의 4.4명 수준으로 낮추는 것이 바람직하다. 또한, 보육교사 처우개선도 필요하다. 2014년 현재,

보육교사 인건비는 최고호봉인 30호봉이 되어도 연봉 3,600만원에 불과하다. 2008년에 비해 월급이 30만원 정도 증가하여 6년 동안 10% 임금이 상승되었다. 만약, 어린이집이 불법으로 교사를 등록하는 경우에 보육 아동수는 2배로 늘고, 연봉은 같아진다. 따라서 이러한 보육교사에 대한 처우개선 부분을 등록이 확인되고, 강화된 운영위원회에서 확인되는 보육교사에게 직접 지급하는 것이 낫다.

부모의 측면에서 살펴보자. 어린이집 영유아 보육료 지원과 교재교구비, 차량운영비, 교사근무환경개선비 지원이 2013년 2조 7,100억원으로 전체 어린이집 영유아 인원으로 나누어도 1인당 216만원의 보육예산을 나타낸다. 실제, 국공립어린이집은 1인당 월 306만원, 민간 어린이집은 1인당 126만원 정도를 정부로부터 지원받는다. 그렇다면 1인당 126만원을 받아 부모가 직접 보육하거나, 영유아 1인당 베이비시터의 비용과 비교하면 어떨까? 만약, 효용이 126만원보다 크다면 당연히 집에서 부모가 키우거나, 집에서 돌볼 수 있는 베이비시터를 고용하는 것이 낫다. 그러나 맞벌이의 경우, 비용 증가의 문제 등 때문에 영유아를 믿고 맡길 수 있는 어린이집에 보내야 한다. 부모는 어린이집의 운영에 관심을 가지고 자신의 자녀들이 제대로 보육을 받고 있는 지에 대해 확인하고, 어린이집과 지속적인 관계를 가져야 삶의 기준점을 높일 수 있다.

마지막 보육주체는 정부이다. 정부의 정책은 인구성장률과 출산률, 어린이집에 보내는 비율 등을 고려하여 정책을 장기적으로 세워야 한다. 일시적인 출산률 변화와 같은 이벤트에 단기적으로 대응하는 것보다, 출산률 지속에 따른 현재의 어린이집의 수를 획기적으로 늘리고 질을 높여야 한다. 그러나 주의하여야 할 것은 이미 1인당 보육예산규모나 전체 예산규모가 큰 상태에서 과도하게 예산을 집행할 필요는 없어 보이며, 항목의 조정을 탁상에서 이루지 말고, 현실에 맞게 조정하여야 한다. 또한, 정부의 역할이 정부보조로 끝날 것이 아니라 정부보조의 공적인 역할인 감시의 역할도 제대로 수행하고, 민간이 수행할 수 있도록 법적·제도적·재정적으로 도와야 한다. 출산률 저하에 대한 정책적 고민이 일부 해소될 수 있을 것이다.

이러한 보육주체의 개별 효용을 극대화하면서 효용에서의 기준점을 높이면 사회적 효용도 극대화 될 수 있으며, 한국의 미래인 아이들의 삶의 만족도도 높아질 것이다.

재경일보, 2014.08.08. 작성

11

효율성과 공정성에서 살펴본 교육정책

경제학자가 교육을 경제학의 관점을 바라보는 학문이 교육경제학이다. 교육경제학도 경제학 내의 다른 전공과 비슷하게 비용과 편익을 따져 분석하는 것이 일반적이다. 그러나 세상에 비용과 편익만으로 해결되지 않는 분야가 존재한다. 이러한 분야는 앞의 비용편익분석과 같은 효율성을 극대화하는 과정과 더불어 공정성을 따져 보아야 한다.

최근에 태어난 국민은 대부분 어린이집, 유치원, 초등학교, 중학교, 고등학교, 대학교, 대학원과 같은 교육과정 중에 일부를 받거나 전체를 받게 된다. 대한민국 국민이라면 초등학교 6년과 중학교 3년을 합하여 총 9년의 교육을 의무적으로 받아야 한다. 그렇다면 현재의 미취학 아동부터 시작하여 의무교육과정, 의무교육을 넘어가는 상황이 모두 교육에 대한 상황은 모두 편익이 비용을 초과한다고 할 수 있을까? 답은 그렇지 않다. 어린이집의 경우에만 봐도 일반적으로 경제주체인 가계가 치르는 비용이 편익보다 크다. 즉, 부부가 가계에서 키우는 편익이 어린이집에 맡기는 비용보다 크지만, 생계를 위하여 비용이 큰 것을 감내할 수 밖에 없다. 이후의 과정도 대부분 비용이 편익보다 크게 나타난다. 이러한 가계를 합하면 사회적 비용이 사회적 편익보다 클 수 밖에 없다.

행동경제학에서 시간의 동태적 비일관성이라는 것이 존재한다. 예를 들어, 정부가 비행기 납치범과 협상을 하지 않는다고 사전에 계획하는 것이 최선이지만, 실제 비행기가 납치되면 협상을 하는 것이 최선이다. 그러나 여기서 시간의 흐름에 따른 비일관성이 존재하게 되고, 효율성은 떨어지게 된다. 경제학뿐만 아니라 교육도 마찬가지가 된다. 정부는 상호협력을 통해 장기적인 안목을 가지고 교육정책을 이끌어 나가야 하지만, 최근의 상황은 그렇지 못하다. 정부는 각 교육과정별로 정책을 쏟아내지만, 가계의 환영을 받지 못하고 대부분 강제에 의해 진행된다. 이런 경우에 일부 정책은 수정되고 처음의 목적을 잃어버리고 다른 곳에 편익이 발생하게 된다. 즉, 장기적인 안목에서 시간의 동태적 비일관성에 의해, 효율성은 떨어지게 된다. 중기적인 정책이나 단기적인 정책도 시간의 흐름에 따라 일정 기간 정책의 목적과 정책수단을 개발해야 하지만, 즉흥적인 정책목적과 정책수단의 변경은 효율성을 낮출 뿐이다.

공정성 측면에서도 최근의 정책들은 정책목적들을 극대화할 수 없는 것으로 보인다. 공정성이라는 것을 경제학적으로 설명해보자. 예를 들어, 눈이 많이 내리는 지역에 삽 한 자루가 1만원인데 폭설이 내려 균형가격이 5만원이 된다면, 이는 공정하지 못한 결과를 낳은 것이다.

비슷한 예로, 대학에 입학하는 학령인구 감소에 따른 대학의 구조조정이 대표적일 수 있다. 정책목적이 대학의 입장에서 대학생의 공급이 줄어들기 때문에, 현재 취업률이 낮은 과를 통폐합하거나 구조조정하거나 주간과 야간의 구조조정을 구별하는 것은 공정한 것일까? 그렇지 못하다. 공정성 측면에서는 자연스럽게 구조조정이 되게 두어야 한다. 사실 이 문제는 효율성 측면에서도 효율적이지 못하다. 시장에 맡겨두면 경쟁력이 약한 부분부터 변화가 발생하기 때문이다.

MEMO

MEMO

MEMO